KB145356

OPEN SOURCE INTELLIGENCE TECHNIQUES

공개 정보 수집 기법

인터넷에서 구할 수 있는 정보로 인텔리전스 만들기

OPEN SOURCE INTELLIGENCE TECHNIQUES

공개 정보 수집 기법

인터넷에서 구할 수 있는 정보로 인텔리전스 만들기

마이클 바젤 지음 최운석 옮김

i!i
에이콘

지은이 소개

마이클 바젤 Michael Bazzel

18년 동안 정부의 컴퓨터 범죄 조사관으로 일했다. 대부분을 FBI의 사이버 범죄 전담반에서 공개 정보 수집, 해킹 사례, 개인 데이터 삭제 방법론에 집중했다. 여러 조직의 활동적인 조사관으로서 온라인 아동 유인, 아동 납치, 유괴, 죄질이 나쁜 살인, 테러리스트 위협, 고도의 컴퓨터 침입 등 수많은 하이테크 범죄 조사에 관여했다. 조사 기법과 개인 정보 통제 전략 활용에 대해 인력 수천 명을 훈련시켰다.

현재 워싱턴 DC에 거주한다. USA 네트워크의 텔레비전 해커 드라마 미스터로봇의 기술 고문 역할도 맡고 있다. 그의 책『공개 정보 수집 기법』과『Hiding from the Internet』은 모두 미국, 유럽에서 베스트셀러였다. 이 책은 여러 정부 기관에서 정보 수집, 개인 정보 보안의 훈련 매뉴얼로 사용한다.

옮긴이 소개

최윤석(yoonsuk@gmail.com)

엠파스, SK 커뮤니케이션즈, 링크나우, 야후, KT 하이텔, 네오위즈 인터넷 등 인터넷 기업에서 검색, 소셜 네트워크, 미디어, 게임, 음악 결제 분야의 분석, 기획, 전략, 마케팅 업무를 담당했다. 현재는 신세계 I&C에서 소매, 전자 상거래 분야의 전략 업무를 맡고 있다. 서울대 불어불문학과를 졸업한 후 동 대학원을 수료했다. 에이콘출판사에서 출간한 『ROI를 높이는 실용 웹 분석』(2008), 『고객을 끌어오는 검색 엔진 최적화』(2008), 『인바운드 마케팅』(2011), 『검색 엔진 최적화 A to Z』(2012), 『A/B 테스트를 통한 웹사이트 전환율 최적화』(2013), 『액션영화에서 배우는 웹 분석 전략』(2015), 『About Face 4 인터랙션 디자인의 본질』(2015), 『Learning iBeacon 한국어판』(2015)을 번역했다.

옮긴이의 말

공개 정보 수집 기법은 온라인에 유·무료로 공개된 방법을 여러 가지로 조합해, 일반적으로 접근할 수 없다고 생각되는 특정 타깃의 상세한 정보를 수집하는 기법을 소개하는 책이다. 저자가 서문에서 밝혔듯이, 이 방법은 악용될 경우 유명인의 신상털기 등으로 활용될 위험이 있다. 그러나 악인은 이런 책을 읽지 않고도 이미 방법을 터득했을 가능성이 크므로 차라리 독자들의 선의에 맡기는 편이 나을 듯하다. 그리고 굳이 범죄자에 대한 수사가 아니더라도, 업무상 정보 검색 등에 활용할 여지가 많기에 일부 논란이 있을 만한 장을 건너뛰고, 취사 선택에 따라 특정 장을 집중적으로 활용하는 것도 한 가지 방법이라 생각한다. 사실 관점을 달리 하면 검색 엔진, 소셜 네트워크, 인물 검색, 커뮤니티 등의 고급 사용자에 이르는 길일 수도 있으며, 독자 자신의 컴퓨터 환경에 대한 여러 차원의 보안 강화 수단일 수도 있다. 후반부에 가면 조심스럽게 받아들여야 할 장들도 있으니, 부디 현명하게 필요한 부분만 취하기 바란다.

차 례

들어가며

5판

인터넷에서 정보 접근 방법의 최신성을 유지하는 과업은 어렵다. 웹사이트는 계속해서 변하거나 사라지며, 이곳에 공개된 모든 정보 수집 기법이 영향을 받는다. 이 책 중 상당 부분은 전에 활용할 수 없었던 새 기법을 포함하고 있다. 페이스북 그래프 검색 옵션은 계속 성장하고 있으며, 나도 여러 새 온라인 검색 도구를 만들어 조사 과정을 도왔다. 트위터와 인스타그램이 몇몇 기능을 없앴지만, 활용 가능한 새 기법도 아주 많다.

완전히 새로 두 장을 추가했다. 그중 첫 장은 온라인 조사용 컴퓨터를 적절히 설정해준다. 적절한 보안 프로토콜, 무료 소프트웨어를 간략히 논한다. 이어서 버추얼 머신의 중요성을 설명하고, 직접 만드는 법도 알려준다. 각 단계마다 데스크톱에 사용할 무료 버추얼 컴퓨터를 만들어줄 명시적인 세부 사항도 포함하고 있다. 책의 끝 부분에서는 온라인 조사의 새 전략을 설명한다. 조사용 운영체제를 통째로 부팅할 커스텀 USB 드라이브를 어떻게 만드는지 안내한다. 필요한 경우 조사마다 새 드라이브를 만들 수 있다. 한 세션에 이어 다른 세션이 발생할 때 어떤 감염도 불가능할 것이다. 더 이상 바이러스, 멀웨어도 걱정할 필요가 없다.

다행히 한 웹사이트의 데이터 접근 방법을 알면 다른 웹사이트에서도 적용할 수 있는 경우가 많다. 5판은 모두 2016년 5월 1일을 기준으로 작성됐다. 더 이상 효과적이지 않은 기법을 발견할 경우, 혹은 거의 분명히 발견할 테니 책 전체에서 얻은 전반적인 교훈으로 변경 사항을 헤쳐나가면서 콘텐츠를 찾아야 한다. 일단 데이터를 차츰 이해한 후에는 적응할 준비가 될 것이다. 언제나처럼 나는 온라인 블로그, 무료 뉴스레터에 업데이트를 퍼블리싱할 것이다. 온라인 훈련 프로그램 회원을 위해 새 동영상 튜토리얼도 게재할 것이다. IntelTechniques.com에서 조사 도구, 링크 등에 접근할 수 있다.

공개 정보 수집

공개 정보 수집은 종종 OSINT라 하는데, 사람마다 다른 의미일 수 있다. 공식적인 정의는 '특정 정보 수집 요건에 대처하려는 목적에, 적절한 청중을 대상으로, 적시에 수집, 활용, 배포되는 공개 활용 가능한 정보에서 산출한 모든 정보'다. CIA에서는 외국 뉴스 방송에서 획득한 정보를 뜻할 수도 있다. 변호사에게는 대중이 활용할 수 있는 공식 정부 문건에서 얻은 데이터를 뜻할지도 모른다. 대부분의 사람에게는 인터넷에서 확보한 공개적으로 활용할 수 있는 콘텐츠다.

이 책은 무엇인가?

이 책은 전반적으로 누구에 대해서든 개인 정보를 확인할 수 있는 250개 이상의 무료 공개 데이터의 출처를 포함한다. 모든 자료는 100% 무료로 대중에게 공개된다. 자료마다 설명을 포함하며 그에 관한 어떤 창조적인 검색 기법도 상세히 설명한다. 적용 가능한 경우, 실제 사례를 제공해 방법론의 가능성을 입증한다. 이 책은 어떤 순서로도 읽을 수 있고, 특정 수요가 발생할 경우에 참조할 수도 있다. 조사과정에서 성공적이라 생각했던 기법의 안내서다.

무료 온라인 정보를 찾는 것은 OSINT 분석의 마지막 단계가 아니다. 적절한 수집 방법론을 상세화하고 참조할 것이다. 획득한 데이터가 조사용이든, 배경 확인용이든, 문제 직원 확인용이든, 모든 발견 내용을 문서화해야 한다. 온라인에서 활용할 수 있는 정보에 영원히 의존할 수는 없다. 웹사이트가 폐쇄될 수도 있고, 데이터가 삭제될 수도 있다. 발견하면 관심 있는 무엇이든 보관해야 한다. 여기서 소개한 무료 소프트웨어 솔루션은 그 점에 있어 유용하다.

OSINT 검색 기법은 웹사이트에만 적용되지 않는다. 검색, 데이터 수집을 자동화하는 무료 프로그램은 많다. 이 프로그램 외에 애플리케이션 프로그래밍 인터페이스를 설명해 공개 정보 수집 조사관을 도울 것이다. 요컨대, 이 책은 공개 정보 수집의 더 정확하고 효율적인 검색을 수행하도록 돕는 참고서 역할을 한다.

이 책은 무엇이 아닌가?

개인 정보의 온라인 조사에 대한 윤리학, 정치학 관련 논쟁은 아니다. OSINT, 관리 정책의 논의에 대한 역사서도 아니다. 이런 주제를 다루는 더 좋은 책이 있다. 게다가 범죄자가 신원 정보를 도용하기 위한 안내서도 아니다. 이 책의 어떤 것도 정보 획득의 불법적 방법론을 논하지 않는다.

이 책의 대상 독자

처음 OSINT 기법의 문서화를 검토했을 때 계획은 동료들을 위한 사적 영역으로 내 웹사이트에 게재하는 것이었지만, 이 문서화는 곧 스크린샷을 포함해 250페이지 이상의 콘텐츠로 변했다. 쉽게 요약할 수 있도록 내 웹사이트에 두기에는 너무 커졌다. 계획을 바꿔, 여러 날의 훈련 세션에 수반하는 매뉴얼인 이 책으로 종합했다. 이제는 더 넓은 조사 커뮤니티가 이 기법에서 뭔가를 얻을 수 있기 바란다.

독자 중 대부분은 어떤 형태든 사법 집행 일을 한다. 경찰은 이 기법으로 실종된 아이들을 찾거나 인신매매를 조사할 때 도움을 얻을 수 있다. 정보 분석가는 소셜 미디어 포스트를 다루면서 이 방법론을 일상 업무에 적용할 수 있다. 탐정은 검색 기법으로 미제 사건을 재조사할 수 있다.

이제는 OSINT 훈련을 민간 영역, 특히 대기업의 글로벌 보안 부문에 제공한다. 이 책은 보안 팀이 회사와 관련된 더 정확하고 적절한 정보를 찾도록 돕는다. 이 방법론은 회사의 물리적 폭력부터 위조품에 이르기까지 어떤 형태든 위험 요소를 모니터링하는 직원에게 성과를 입증했다.

이 기법은 "나쁜 씨"를 찾아 뽑아버릴 책임이 있는 기관에서 사용할 것을 권장한다. HR 부서일 수도 있고, 지원자를 처리하는 직원일 수도 있으며, 최고의 인력을 찾는 "헤드헌터"일 수도 있다. 주제에 관해 온라인에서 찾은 정보는 어떤 인터뷰, 레퍼런스 체크보다 많은 정보를 제공할 수 있다.

부모, 교사에게는 이 책을 아이들이 게재한 소셜 미디어 콘텐츠를 찾는 참고서로 사용하도록 권장할 만하다. 여러 가정에서 아이들은 어른보다 인터넷을 더 많이 알고 있다. 아이들은 인터넷을 자신에게 유리하게 이용하고, 온라인에 콘텐츠를 숨기는 경우도 많다. 부모, 교사가 찾지 못하리라 생각해 종종 부적절한 콘텐츠를 게재하기도 한다. 이 책은 성인이 중요한 개인 정보를 확인하는 데도 도움을 줄 수 있다.

마지막으로 내가 의도한 청중 중 상당수는 사설 조사관이다. 이 책을 읽고 나면 컴퓨터, 인터넷을 깊이 이해하지 않고도 정보를 찾을 수 있다. 명시적 설명, 화면 캡처는 어떤 컴퓨터에서도 기법을 재창조하는 데 도움을 준다.

이 기법을 악의적으로 사용하는 사람도 이 책을 읽으리라는 사실을 안다. 동료들도 이 가능성을 우려했다. 이 기법을 문서화하려는 결정은 두 가지 생각으로 귀결된다. 첫째, 이 정보를 정말 악의적으로 사용하고 싶은 사람이라면, 이 책 없이도 그럴 것이다. 모든 내용은 상당한 검색, 시간을 투자하면 흉내낼 수 있다. 둘째, 이 정보를 적절히 사용하려는 사람에게 알려주는 것은 부적절하게 사용하는 소수가 끼치는 위험을 무릅쓸 가치가 있다고 생각한다. 이 정보로 제발 책임 있는 행동을 하기 바란다.

커스텀 검색 도구

이 책 전반에 걸쳐 자동 쿼리로 도움을 주기 위해 만든 여러 커스텀 검색 도구를 참조한다. 여러 커스텀 검색 도구 등 이 안내서에서 논한 모든 자료를 단일 리파지터리로 사용할 수 있다. 좌측에 검색 도구가 있고, 주 영역 내에 전용 쿼리 도구가 있는 사용하기 쉬운 포맷으로 소개한다. 내 웹사이트인 IntelTechniques.com의 "Tools" 탭에서 찾을 수 있다. 전체 아카이브는 이 책 내의 튜토리얼을 완료했을 때 유용하다. 아래 이미지는 커스텀 페이스북 검색 옵션을 사용하는 도구의 현 상태를 표시한다.

▲ IntelTechniques Custum Search Tools 페이지

## 01장

컴퓨터의 준비

이 책의 처음 네 판은 검색 엔진 기법으로 시작했다. 인기 있지만 덜 알려진 다양한 검색 웹사이트에서 온라인 정보를 수집하는 방법론을 제시했다. 내 자신이 참을성 없어, "바로 뛰어들어" 정보를 찾기 시작하고 싶었기 때문일 수 있다. 이 판은 아주 다르게 시작한다. 이 책 내에서 어떤 검색 방법론이든 시도하기 전에 컴퓨팅 환경을 준비해야 한다.

여러 날의 OSINT 수업을 가르친 후, 이 주제로 시작해야겠다는 동기가 생겼다. 둘째 날 여러 참석자는 강의 동안 내가 가르친 기법을 시도하기 위해 노트북을 가져왔다. 나는 쉬는 시간에 순찰차의 노트북에서 페이스북을 검색하는 경찰관, 용의자의 블로그를 브라우징하는 동안 윈도우 XP를 사용하는 사설 조사관, 어떤 안티바이러스 소프트웨어, 스크립트 차단 툴도 없이 해커의 웹사이트를 보는 글로벌 보안 전문가를 관찰했다.

이 모두에게 죄책감이 들었다. OSINT 조사 경력 초기에 나는 컴퓨터 보안, 적절한 브라우징 습관에 주의를 전혀 기울이지 않았다. 악의적인 소프트웨어는 알고 있었지만, 정말 나쁜 일이 생기면 윈도우를 재설치할 수 있을 것이라 생각했다. 반응적 사고였다. 우리 모두 온라인 조사를 수행하는 동안 적극적으로 개인 정보, 보안 취약성을 공략해야 한다고 믿는다. 이 장의 의도는 컴퓨터 보안의 완벽한 가이드, 개인 정보 전반의 매뉴얼이 되려는 데 있지 않다. 그 대신 대부분의 공격으로부터 보호해줄 가장 혜택 많은 전략을 빠르고 효율적으로 제안하기 바란다. 이 장에서 언급한 변경 사항을 적용하면, 온라인 조사, 전반적인 컴퓨팅 습관에 가치 있는 보안 층위가 생길 것이다. 17장은 온라인 조사 동안의 보호를 보증해주는 해결책을 제시한다.

가장 기본적인 출발점은 안티바이러스다. 독자 대부분이 이미 안티바이러스 솔루션이 있으니, 이런 책에서 언급하면 모욕감을 느낄 가능성이 크므로 아주 간략히만 언급한다. 마이크로소프트 윈도우를 사용 중이면, 절대적으로 안티바이러스 소프트웨어가 필요하다. 애플 컴퓨터를 사용 중이면 그렇지 않을 수도 있다. 안티바이러스 애플리케이션은 알려진 바이러스 변형들로부터만 보호해준다. 전부 막아주지는 못한다. 새 바이러스는 종종 최고의 소프트웨어 감지 솔루션도 통과할 수 있다. 더 나은 방어는 애플리케이션에 의존하는 대신 더 나은 브라우징 습관을 들이는 것이다.

무료 솔루션을 제공하는 인기 안티바이러스 업체는 많다. 대부분의 윈도우 사용자에게 나는 그냥 마이크로소프트 제품을 사용하도록 권장한다. 윈도우 7 사용자는 마이크로소프트 시큐리티 이센셜을 사용해야 하는 반면, 윈도우 8, 10 사용자는 설치 파일에 포함된 디폴트, 윈도우 디펜더를 사용해야 한다. 개인 정보에 열성인 사람은 이 충고에 동의하지 않을 것이며, 나도 그 태도는 이해한다. 마이크로소프트 제품은 컴퓨터 사용 이력을 수집해 데이터를 분석하는 경향이 있다. 불행히도 그 핵심 운영체제도 이 일을 하며, 장기적으로 비활성화하기 어렵다. 그러므로 나는 윈도우 사용자가 이미 마이크로소프트에 민감한 정보를 노출하고 있다고 믿는다. 그들의 안티바이러스 솔루션을 사용하면 수집 중인 데이터를 개선하지 못할 가능성이 있다. 그들의 애플리케이션을 사용하고 싶지 않다면, Avast 안티바이러스를 권장한다. 애플 기기를 추가로 보호하고 싶다면 Avast라는 맥 버전도 있다.

멀웨어로도 알려진 악의적인 소프트웨어로부터 보호하는 것이 본질이다. 다시 한 번 말하지만, 수많은 무료 옵션 중에서 선택할 수 있다. 나는 윈도우, 애플 사용자 모두를 위해 Malware Bytes를 추천한다. 완전히 무료이고, 철저하다. 사용 중인 모든 기기에 대해 적어도 주당 한 번은 실행, 업데이트, 스캔하도록 제안한다.

- http://www.malwarebytes.org/에 가서 "Download" 옵션을 선택한다.
- 이러면 둘째 페이지로 넘어가 버전을 선택하게 된다. "Download Free"를 선택한다.
- 다운로드한 파일을 실행해 디폴트 설치 옵션을 허용한다.

애플리케이션을 설치한 후, 스캔을 구동하기 위해 실행한다. Malware Bytes는 안티바이러스 프로그램처럼 백그라운드에서 구동하지 않는다. 다음 단계는 프로그램을 구동할 때마다 매번 따라야 한다.

- "Update" 탭을 클릭한 후 "Check for Updates"를 선택한다.
- 사용 가능한 업데이트가 조금이라도 있다면, 프로그램이 업데이트를 설치하도록 허용한다.
- "Scanner" 탭 밑에서 "Perform full scan"의 디폴트 옵션을 선택한 후 "Scan"을 클릭한다. 스캔하고 싶은 드라이버를 선택한다. 나는 윈도우 사용자에게 C 드라이브, 컴퓨터에 장착된 다른 어떤 하드 드라이브도 체크하도록 권장한다. 프로그램은 컴퓨터를 자동 스캔해 어떤 위험 요소도 제거할 것이다. 끝에 리포트를 받을 것이다. 애플 사용자는 디폴트 설정을 수용할 수 있다.

컴퓨터는 주간에도 정리해야 한다. 인터넷을 브라우징하고 애플리케이션을 사용하면서 불필요한 파일이 축적돼 운영체제가 느려진다. 나는 모든 윈도우, 애플 사용자를 위해 CCleaner를 권장한다. 무료이고, 사용하기 쉽다. 인터페이스가 심플하고, 컴퓨터에서 잠재적으로 원하지 않는 파일과 유효하지 않은 윈도우 레지스트리 항목을 정리할 때 사용한다. 다음 단계는 애플리케이션의 무료 버전을 다운로드, 설치할 것이다.

- http://www.piriform.com/ccleaner/download로 이동한다.

- "Free" 컬럼에서 "download"를 클릭한다. "Download from"이라는 헤딩 아래에 보일 것이다. 이러면 반드시 무료 버전을 다운로드하게 된다. 다운로 드는 자동으로 시작한다.

- 프로그램을 실행해 디폴트 설치 설정을 허용한다.

설치가 완료된 후, 프로그램을 구동한다. "Cleaner" 탭 아래에 여러 옵션이 있어서 제거할 데이터를 선택하게 해줄 것이다. 디폴트 옵션이 안전하지만, 나는 추가 옵 션을 활성화하는 편이다. "Analyze" 버튼을 클릭하면 프로그램을 반드시 제거하지 않고도 삭제할 파일을 확인하게 해준다. 따라서 "Run Cleaner"를 클릭하기 전에 파일을 볼 수 있을 것이다. 이 프로그램을 인터넷을 많이 사용하는 컴퓨터에서 구 동 중이라면, 불필요한 파일의 양에 놀랄지도 모른다. 처음 이 프로그램을 사용하 면, 제거 프로세스가 몇십 분, 어쩌면 한 시간이 걸릴 수도 있다. 프로그램을 주간 에 구동하면, 프로세스가 훨씬 빨리 끝날 것이다.

CCleaner의 "Registry" 탭은 불필요하거나 누락된 레지스트리 항목을 제거한다. 이러면 컴퓨터가 더 효율적으로 동작할 수 있다. 이 메뉴의 디폴트 옵션이 가장 적 절하다. "Scan for Issues"를 클릭하면 어떤 문제든 확인해준다. 이 프로세스는 빨 리 지나가야 한다. 완료되면 "Fix Selected Issues"를 클릭해 프로세스를 끝낸다.

"Tools" 탭은 컴퓨터를 시작할 때 특정 프로그램이 구동하지 않도록 쉽게 비활성 화하는 방법을 제공한다. 이 프로그램은 불필요하게 구동 중일 때 컴퓨터를 느리게 할 수 있다. 좌측 컬럼에서 "Startup" 버튼을 클릭해 찾을 수 있다. 한 번은 어도비, 자바 프로그램을 선택해 "Disable" 버튼을 적용한 적이 있다. 그러면 "No"라는 마 크가 남아 컴퓨터가 다음에 시작할 때 런칭하지 않는다. 되돌리고 싶다면, 항목을 다시 선택해 "Enable"을 선택할 수 있다.

적절한 안티바이러스, 멀웨어 방어, 정리 솔루션은 전반적인 컴퓨팅 경험을 많이 개선할 것이다. 컴퓨터가 부드럽게 구동하도록 도와주며, 악의적 파일이 운영체제를 감염시키지 않도록 방어해줄 수 있다. 어떤 온라인 조사든 통일성을 보호해줄 것이다. 나는 이 단계를 "기본"으로 추천한다. 진행 전의 최소 요건이며, 어떤 컴퓨터 사용자에게도 적용된다.

인터넷에서 고급 검색을 수행하고 싶은 사람은 다른 수준으로 진행해야 한다. 웹브라우저를 업그레이드하고, 마이크로소프트 인터넷 익스플로러, 엣지 웹브라우저에 의존하지 않아야 한다. 나는 파이어폭스, 크롬 두 웹브라우저 중 하나만 사용해야 한다고 믿는다. 이 책 중, 특히 애플리케이션 프로그래밍 인터페이스API 장의 기법 중 상당수는 마이크로소프트 웹브라우저들과 조합해 사용하면 실패한다. 적절한 애드온과 함께 더 세련된 솔루션을 요한다. 일단 파이어폭스에 집중할 것이다. 모든 조사에서 내가 선호하는 웹브라우저이기 때문이다.

여러 독자는 컴퓨터의 보안 제한 때문에 웹브라우저 등 어떤 소프트웨어도 설치할 수 없다. 파이어폭스, 크롬의 포터블 버전을 다운로드하면 이 제약이 없어지지만, 내 경험상 원래 규칙을 만든 컴퓨터 지원 인력은 이런 행동 때문에 화가 날 것이다. 제발 조직의 컴퓨터 사용 정책을 조사한 후, 컴퓨터 소유의 기기에 어떤 소프트웨어든 설치하기 바란다.

☑ 파이어폭스(mozilla.org)

이 장에서 가장 중요한 애플리케이션은 파이어폭스 웹브라우저다. 학습할 모든 검색 방법론은 웹브라우저 내에서 수행해야 한다. 대부분은 윈도우 내에 포함된 인터넷 익스플로러에 안주한다. 나는 이 웹브라우저를 OSINT 분석용으로 사용하는 것을 권장하지 않는다. 파이어폭스 웹브라우저는 "애드온" 또는 "익스텐션"이라 부르는 기능이 있다. 특정 기능을 수행하며 웹브라우저 내에서 작동하는 작은 애플리케이션이다. 검색, 문서화를 훨씬 더 쉽게 해줄 것이다. 나는 크롬 웹브라우저도 사용하며, 다른 사람에게 권장하기도 한다. 하지만 내가 필요한 익스텐션 중 상당수는 파이어폭스하고만 호환된다. 다음 안내는 윈도우에만 특수하지만, 대부분은 맥, 리눅스 사용자에게도 적용된다.

파이어폭스 다운로드와 설치는 다른 어떤 애플리케이션과도 다르지 않다. 세부 지침은 이미 웹사이트에서 활용 가능하다. 웹브라우저는 이전에 사용하던 것과 그리 달라 보이지 않을 것이다. 설치 및 실행 시 다른 웹브라우저에서 어떤 설정도 임포트하지 않도록 선택해야 한다. 그러면 원하지 않는 데이터로부터 웹브라우저를 깨끗하게 유지할 것이다. 다음 단계는 웹브라우저가 최신인지 확인한다. 우측 상단의 메뉴 버튼(수평 세 줄)에 이어 도움말 버튼(?), 마지막으로 파이어폭스 정보라는 레이블의 옵션을 클릭해 파이어폭스의 버전을 확인할 수 있다. 이러면 구동 중인 파이어폭스 버전, 최신이 아닌 버전일 경우 경고를 표시하는 새 창이 열릴 것이다. 파이어폭스 내의 옵션(윈도우)이나 환경설정(애플)에서 다음 설정도 바꾸도록 권장한다.

히스토리: "파이어폭스가" 아래의 풀다운 메뉴에서 "히스토리의 커스텀 설정 사용"을 선택한다. 이러면 웹브라우저를 닫을 때 저장하거나 저장하지 않는 모두를 선택할 수 있을 것이다. 다음으로 "내 브라우징 및 다운로드 히스토리 저장", "검색 및 폼 히스토리 저장"을 언체크한다. 이러면 파이어폭스가 브라우징 세션이 끝난 후 어떤 히스토리도 저장하지 않도록 막을 것이다. 다음으로 "웹사이트로부터 쿠키 허용"이라는 박스를 체크한다. 이러면 방문 중인 웹사이트의 쿠키를 허용할 것이다. 쿠키가 없으면 소셜 네트워크, 온라인 스트리밍 서비스, 일부 검색 엔진을 사용하기가 아주 어렵다. 다음으로 "서드파티 웹사이트 쿠키 허용" 드롭다운 아래에서 "절대 허용하지 않음"을 선택한다. 쿠키를 얼마나 유지할지를 나타내는 "허용 기간" 아래에서 "파이어폭스를 닫을 때까지"를 선택한다. 이 옵션은 브라우징 세션이 끝난 후 저장하지 않도록 보장할 것이다. 마지막으로 "파이어폭스를 닫을 때 히스토리 삭제"라는 박스를 체크한다.

보안: "웹사이트가 애드온을 설치하려 할 때 경고" 박스를 체크한다. "웹사이트의 비밀번호 저장", "마스터 비밀번호 사용" 옵션을 선택하지 않는다. 파이어폭스는 비밀번호를 저장할 때 보안 방식으로 저장하지 않는다.

여기서 상세히 설명하며, 때로 익스텐션이라 부르는 파이어폭스 애드온은 옵션마다 웹사이트를 포함할 것이다. 웹사이트를 방문해 애드온을 다운로드하거나 파이어폭스 내에서 검색할 수 있다. 전자가 보통 최상의 방법이다. 파이어폭스가 열려 있을 때 "도구"에 이어 메뉴 바에서 "애드온"을 클릭한다. 이러면 우측 상단 구석에 검색 필드가 있는 페이지가 나타날 것이다. 익스텐션 이름을 입력한 후 그곳에서 설치한다. 다음은 내 추천 항목이다.

☑ 파이어폭스 애드온(익스텐션)

파이어폭스는 수천 개의 익스텐션을 사용할 수 있다. 일부는 유용하지만 가치 없는 것도 있으며, 그냥 재미로 쓰는 것도 있다. 이 장은 그중 23개를 논할 것이다.

AddonBar Restored: 파이어폭스 내에서 운영이 중단된 애드온 바를 대체한다.

Adblock Plus: 웹사이트 내에서 광고와 동영상을 차단한다.

Copy All Links: 웹사이트에서 모든 하이퍼링크를 재빨리 복사한다.

Disconnect: 정보를 수집하지 못하도록 트래커와 분석 도구를 차단한다.

Disconnect Search: 개인 정보를 위해 프록시 서버로 쿼리를 수행한다.

Docs Online Viewer: 웹브라우저 내에서 온라인 문서를 재빨리 연다.

DownloadHelper: 버튼 한 번 클릭으로 페이지에서 미디어를 다운로드한다.

DownThemAll: 페이지에서 발견한 모든 미디어를 자동으로 다운로드한다.

Empty Cache Button: 간섭적인 쿠키, 인터넷 캐시를 즉시 삭제한다.

Exif Viewer: 사진 내에 임베딩된 메타데이터를 확인한다.

FireShot: 웹페이지의 일부, 전체 스크린샷을 생성한다.

FoxySpider: 사진, 오디오, 동영상 등을 찾아 웹사이트를 크롤링한다.

Google Translate: 우클릭으로 언어를 번역한다.

JSONView: 웹브라우저에서 API JSON을 표시한다.

List.it: 조사한 것으로부터 메모를 생성, 분류, 출력한다.

Nimbus: 큰 웹페이지를 위한 대안적인 스크린 캡처다.

NoScript: 웹사이트 내에서 어떤 스크립트도 구동하지 못하도록 차단한다.

Print Edit: 웹사이트에서 PDF 파일을 생성한다.

Resurrect Pages: 삭제된 웹사이트의 히스토리 검색을 가능하게 해준다.

Search Image Everywhere: 자동으로 리버스 이미지 검색을 수행한다.

UnMHT: 웹사이트의 오프라인 표시를 위해 압축된 MHT 파일을 생성한다.

User Agent Switcher: 다양한 웹브라우저와 기기를 에뮬레이팅한다.

Vibe: 웹브라우저 내에서 이메일, 프로필을 검색한다.

다음 페이지는 이 애드온마다 설치, 설정하는 명시적인 안내를 제공할 것이다. 나는 그 대안으로 각각 새 파이어폭스 웹브라우저로 설정해 익스포트했다. 원한다면, 턴키 솔루션으로 이 설정을 자신의 파이어폭스 웹브라우저로 임포트해도 좋다. 이 기법은 이 섹션의 끝에서 설명할 것이다.

Addon Bar Restored(addons.mozilla.org/en-us/firefox/addon/the-addon-bar/)

이 애드온은 이 장에서 언급하는 다른 익스텐션의 기능에 중요하다. 파이어폭스는 버전 29 소프트웨어에서 원래 애드온 바를 제거했다. 화면 하단 전반에 걸쳐 다양한 애드온을 표시하는 작은 바였다. 파이어폭스는 이제 모든 애드온을 화면 상단의 주 메뉴 안에 저장한다. 그러므로 애드온 바는 중복이라 불필요해졌다. 하지만 더이상 업데이트되지 않는 일부 유용한 애드온은 여전히 이 사라진 바에 설치된다. 결과적으로 비공식적인 대체재를 설치할 것이다.

파이어폭스 내에서 위 웹사이트를 방문해 애드온을 설치한다. 이러면 화면 하단에 걸쳐 새로운 수평 바가 배치된다. 나중에 이를 숨기겠지만, 필요할 때까지 보이도록 내버려둔다. 이 설치 이전에, 이제는 없어진 파이어폭스 애드온 바 내에 소프트웨어를 배치하는 애드온을 하나라도 설치했다면, 보이지 않을 것이다. 보이지 않으면 접근할 수 없다. 이 대체용 애드온으로 설치된 소프트웨어를 보고, 필요 시 이동할 수 있다. 이 바에서 표준 메뉴로 애드온을 이동한 후 숨길 수 있다. 앞으로 나올 애드온 사례가 설명에 유용하다.

List.It(welist.it)는 파이어폭스 내에서 내가 선호하는 보고 도구다. 나중에 세부 사항을 설명할 것이다. 2009년 이래 업데이트된 적 없지만, 필요 시 스스로 수정할 수 있다. 애드온이 오래됐기에 파이어폭스가 제거한 애드온 바에 설치돼 사용이 불가하다. 하지만 대체물을 설치했기에 작동한다. 위 웹사이트에서 설치하면 익스텐션을 파이어폭스가 인증하지 않는다는 에러가 나타날 수 있다. 애드온은 악의적이지 않다. 단지 지원되지 않을 뿐이고, 결코 업데이트가 안 될 뿐이다. 파이어폭스 내에서 두 세부 변경을 할 좋은 기회다.

웹사이트 주소 필드 내에 "about:config"를 입력한 후 어떤 경고도 동의한다. xpinstall.signatures.required를 검색 필드 내에서 검색한 후, 결과를 더블클릭해 "false"로 바꾼다. media.peerconnection.enabled를 검색 필드에 입력한 후, 결과를 더블클릭해 "false"로 바꾼다. 첫 액션으로 파이어폭스는 서명하지 않은 애드온을 설치할 수 있고, 둘째로 사설 개인 네트워크(VPN)를 사용하면서 IP 주소를 노출할 수 있는 취약성을 바로잡는다. 이 장의 더 나중에 VPN 사용의 중요성을 논한다.

이제 List.It 애드온을 설치할 수 있다. 설치 후 파이어폭스를 다시 시작하면 두 변화가 보일 것이다. List.It 사이드 바가 이제 나타나고, List.It 아이콘이 새 애드온 바우측 하단에 있다. 메뉴 버튼을 클릭해 커스터마이즈를 선택한다. 이제 이 아이콘을 원하는 어디든 드래그 앤 드롭할 수 있다. 나는 화면 상단의 주소 바 좌측에 있는 주 메뉴로 이동하는 편이다. 이 복구된 애드온 바 설치 없이는 아이콘을 볼 수 없으므로, 이동할 수 없을 것이다. 이 바 좌측의 "x"를 클릭하면 숨을 것이다. 커스터마이즈 메뉴로 돌아가 표시하기/숨기기 툴바 옵션을 선택하면 활성화할 수 있다. 필요할 때까지 숨기도록 권장한다. 여기에 아이콘을 배치하는, 업데이트 안 된 애드온을 설치하면, 항상 바를 표시해 아이콘을 이동하고, 바를 다시 숨길 수 있다.

Adblock Plus(adblockplus.org)

웹사이트에서 광고를 차단하는 콘텐츠 필터 애드온이다. 이 애드온은 온라인 광고 제거부터 알려진 모든 멀웨어 도메인 차단에 이르기까지 자동 설정하는 수십 개 언어에 40개 이상의 필터 구독을 지원한다. 애드블록 플러스는 다양하고, 유용한 기능을 지원하는 필터 커스터마이징도 가능하다. 애드블록 플러스를 일단 설치해 구동하면, 기본 방어를 위해 사용자 인터랙션을 요하지 않는다. 여러 사용자는 이를 적절하다고 생각할지 모른다. 나는 최대한의 방어를 위해 추가로 차단을 활성화하는 편이다.

- 위 웹사이트로 이동해 애드온을 설치한다. 웹브라우저 재시동이 필요하지 않고, 메뉴 바에 즉시 나타나야 한다.
- 웹브라우저의 우측 상단 구석에 있는 애드블록 플러스 아이콘을 클릭해 Filter 설정을 선택한다. 그러면 새 창이 열릴 것이다.
- "Allow some nonintrusive advertising"을 언체크한다. 창을 닫고 정상적인 브라우징으로 돌아간다.

이 액션은 특정 광고를 화면에 표시하는 애드블록 플러스의 "기능"을 비활성화한다. 애드블록 플러스에 돈을 내는 회사는 차단하는 애드온을 우회할 수 있도록 광고를 "화이트리스트"에 올린다. 애드블록 플러스의 표준이 허용하는 광고만 생성하도록 동의해야 한다. 위 단계는 이 기능을 비활성화해 그냥 모든 광고를 가능한 한 차단한다. 이 유틸리티는 모두 막지 못한다. 여러 광고는 여전히 표시되지만, 숫자는 극적으로 감소한다.

온라인 뉴스 웹사이트를 이동할 때 애드블록 플러스에서 가장 큰 효과를 봤다. 이 웹사이트는 페이지마다 수십 개의 광고, 팝업, 동영상으로 넘쳐난다. 전통적으로 현재 로딩이 15~20초 걸리는 웹사이트는 애드블록 플러스를 완전히 활성화할 경우, 겨우 1~2초면 로딩된다. 뉴스 웹사이트에 많은 시간을 쓴다면, 이런 애드온이 중요하다.

애드블록 플러스만 광고 차단용 옵션이 있는 것은 아니다. 여러 사용자는 보안을 통과하기 위해 회사가 돈을 내고 허용받지 않은 다른 솔루션으로 이동했다. 애드블록 플러스가 웹 경험을 느리게 하거나 다른 옵션을 시도하고 싶다면, ublock.org에서 구할 수 있는 uBlock을 추천한다. 전반적인 전제는 같다. 웹브라우저에서 로딩하려는 어떤 광고도 차단한다. uBlock이 현재 광고 회사의 돈을 허용하지 않음에 주목해야 한다. 하지만 애드블록 플러스도 시작할 때는 그렇지 않았다. 나는 고급 사용자에게 둘 다 실험해보고, 그중 하나를 선택하도록 제안한다. 둘 다 있으면 문제를 일으킬 가능성이 크다. 둘 다 모든 사용자를 위해 의도대로 페이지를 표시하려고 신뢰하는 페이지에서 애드온을 비활성화해준다. 사용할 수 있어야 할 바람직한 온라인 콘텐츠에 접근할 수 없다면, 일단 해결책으로 모든 광고 차단기를 비활성화해야 한다.

Copy All Links(addons.mozilla.org/en-us/firefox/addon/copy-all-links/)

이 단순한 애드온은 개별 웹페이지의 소스 코드 내에서 어떤 하이퍼링크도 확인한다. 운영체제 클립보드 내에 링크를 저장할 텐데, 클립보드로 선택하는 어떤 애플리케이션에도 붙여넣을 수 있다. 작은 유틸리티일 뿐이지만, 큰 프로젝트도 쉽게 완료할 수 있다. 설치 후 애드온 내 "options" 메뉴로 이동해 "Copy only clickable links"를 선택하는 것을 권장한다. 그러면 원하지 않는 여러 결과를 제거할 수 있다.

유틸리티 사용은 꽤 쉽다. 어떤 웹사이트이든, 웹페이지의 어디든 우클릭해 메뉴에서 "Copy All Links" 옵션을 하이라이트한다. 이러면 현재 탭이든, 웹브라우저의 모든 열린 탭이든 링크 복사 옵션이 나올 것이다. 이어서 링크를 공유하는 모든 파일, 파일 직접 링크, 모든 링크 중에서 무엇을 복사할지 선택할 수 있다. 나는 항상 마지막 옵션을 추천한다. 링크는 클립보드에 저장되며, 노트패드, 엑셀, 혹은 다른 어떤 생산성 애플리케이션에도 붙여넣을 수 있다. Copy All Links의 용도는 무제한이며, 아래는 내가 즐겨 쓰는 일부다.

페이스북: 타깃의 페이스북 친구 목록에 있을 때 Copy All Links로 재빨리 개별 프로필의 하이퍼링크마다 기록한다. 이어서 나중에 분석하기 위해 엑셀에 붙여넣는다.

트위터: 트위터 프로필을 보고 있을 때 이 유틸리티로 외부 웹사이트, 사진의 링크를 모두 캡처한다.

인스타그램: 타깃 팔로워의 인스타그램 API 뷰를 사용할 때(14장), 이 도구로 프로필마다 직접 링크를 캡처한다.

유튜브: 개인의 유튜브 동영상 페이지를 볼 때 Copy All Links로 보고서의 모든 동영상에 전체 링크를 붙여넣을 수 있다.

이베이: 특정 위조품의 검색 결과를 조회 중일 때 재빨리 활성화된 경매의 하이퍼링크를 복사해 곧 보고서에 직접 붙여넣을 수 있다.

백페이지: 인신 매매 희생자로 의심가는 사람의 광고 결과를 조회하는 동안 활성화된 모든 하이퍼링크를 복사한 후 다른 조사를 위해 보고서, 이메일, 메모에 직접 붙여넣을 수 있다.

이 사례에서 조사하는 동안 스크린샷을 캡처하면 결코 보이는 콘텐츠의 직접 링크를 확인할 수 없다. 링크 위를 호버링해야 일시적으로 출처가 확인된다. 스크린 캡처, 링크 컬렉션을 이 애드온과 조합하면 훨씬 더 포괄적인 보고서를 얻을 수 있다.

Disconnect(addons.mozilla.org/en-us/firefox/addon/disconnect/)

나는 이 책의 이전 판에서 웹사이트 트래킹으로부터 방어하기 위해 Ghostery를 추천했다. 지금은 Disconnect로 갈아탔다. 더 효과적이며, 개인 데이터 유출 위험이 덜하다. Disconnect는 주요 서드파티에서 사용자가 어디로 가든 웹페이지 추적을 막는 웹브라우저 익스텐션이다. Disconnect는 웹 경험을 더 사적이고, 덜 복잡하고, 더 빠르고, 안전하게 만들 수 있다. 웹사이트를 방문할 때마다 Disconnect는 웹브라우저가 방문 중인 웹사이트 외에 다른 것에 연결하려 할 때마다 자동 감지한다.

이 다른 연결 시도를 "네트워크 요청"이라 부른다. Disconnect는 이어서 이 네트워크 요청을 다양한 그룹(Google, Facebook, Twitter, Advertising, Analytics, Social, Content)으로 분류한다. Disconnect는 디폴트로 Content를 제외한 카테고리마다 네트워크 요청 전부를 차단한다. Content는 디폴트로 차단하지 않는다. 종종 차단할 경우, 방문 중인 웹사이트가 "깨지는" 네트워크 요청을 포함하기 때문이다. 그 카테고리와 연관된 아이콘을 클릭해 카테고리를 차단하거나 차단하지 않을 수 있다. 카테고리마다 우측의 "〉"를 클릭해 더 세분화할 수도 있는데, 클릭하면 그 카테고리의 모든 트래커 목록이 열린다. 차단하는 트래커를 체크하고, 차단하지 않는 트래커를 언체크한다. 마지막으로 "whitelist"를 클릭해 해당 웹사이트에서 모든 네트워크 요청을 차단하지 않을 수 있다.

대부분의 사용자에게 Disconnect의 설치, 활성화는 꽤 간단하다. 위 웹사이트에서 애드온을 설치해 웹브라우저를 재시동하도록 허용한다. 추가 액션이 필요하지 않다. 흔한 웹사이트 분석 도구를 포함하는 웹사이트를 브라우징할 때 Disconnect는 실행을 차단할 것이다. 다음 사례는 이 소프트웨어의 중요성을 확인해줄 것이다.

나는 현재 내 웹사이트인 inteltechniques.com의 동영상 훈련 부분에만 구글 애널리틱스를 사용한다. 공개 영역에는 존재하지 않는다. 이를 이용해 어떤 온라인 훈련 영역에 업데이트, 추가 설명이 필요할지 확인하기 위해 회원의 워크플로를 조회한다. 사용자가 내 동영상 중 한 편을 볼 때 대략적 위치, 컴퓨터 유형, 운영체제, 웹브라우저 세부 정보, 페이지 방문, 추정된 관심사를 알 수 있다. 이 분석은 매우 흔하며, 웹사이트의 대부분에 존재한다. 프리미엄 회원 서비스를 제공할 때는 유용하지만, 불필요할 때는 간섭적이다.

사용자가 Disconnect를 웹브라우저 내에 설치했다면, 이를 전혀 보지 못할 것이다. Disconnect는 구글 애널리틱스와 기타 여러 인기 웹 트래킹 옵션을 차단한다. 디폴트 액션이며, 설정이 필요하지 않다. 메뉴 바에서 "D"를 클릭하면 웹사이트의 화이트리스팅 옵션이 나올 것이다. 하지만 이 옵션을 클릭하면 영구적으로 어떤 의심스러운 스크립트도 현재 페이지에서 구동을 허용한다. 언제라도 되돌릴 수 있다.

Disconnect Search(disconnect.me/search)

Disconnect Search는 파이어폭스의 디폴트 검색 엔진을 대체해 모든 검색어를 Disconnect 서버를 통해 "가벼운" VPN으로 라우팅할 수 있다. 이러면 반익명 상태로 검색할 수 있다. 검색 제공업체가 검색어가 어디서 오는지 볼 수 없기 때문이다. 게다가 Disconnect Search를 디폴트 검색 엔진으로 설정하면 모든 검색어(홈페이지든, 구글닷컴이든, 주소 창이든, 검색 창이든)가 Disconnect Search로 라우팅된다.

Disconnect Search로 검색할 때 단어는 Disconnect 서버에서 선호하는 검색 엔진으로 전송된 후 돌아온다. 검색 엔진은 Disconnect가 결과를 요청했다는 것만 알 뿐, 사용자, 사용자 컴퓨터는 모른다. 결과가 마음에 들지 않으면, 검색 페이지 내 드롭다운 메뉴로 Disconnect Search가 지원하는 다른 검색 엔진을 검색할 수 있다. 예를 들면, 빙, Blekko, DuckDuckGo, 구글, 야후 등이다. 드롭다운 메뉴로 즉시 5개의 검색 엔진을 사용할 수 있으니 편하다. 다음 안내는 내 설정으로 Disconnect Search를 설치한다. 원하는 설정으로 적절히 조작해야 한다.

- 위의 웹사이트로 이동해 애드온 설치를 허용한다.

- 디폴트 설정은 메뉴 바에 아이콘을 배치하지 않는다. 메뉴 아이콘을 클릭해 커스터마이즈를 선택한다. Disconnect Search를 주 영역에서 찾아 메뉴 바로 드래그한다. "커스터마이즈 종료"를 클릭한다.

- Disconnect Search 아이콘을 클릭해 Your Address Bar 옵션을 선택한다. 이러면 주소 창이나 파이어폭스 검색 메뉴에 어떤 검색어를 입력하더라도 디폴트로 Disconnect Search를 사용할 것이다.

이 설정은 Disconnect로 모든 검색을 포워딩한다. 수동으로 직접 구글, 빙으로 검색해야 한다면, 그 페이지로 이동해 정상적으로 검색을 수행한다. 내 의견상, 이러면 조사 동안 검색 히스토리를 보호하며, 전반적인 활동의 단절은 덜하다. 구글, 빙 및 기타 엔진은 관심 있는 민감한 주제를 알지 못한다. 사용자 컴퓨터, 인터넷 연결에서 나온 모든 검색을 상세히 기록할 때 이 데이터를 추가할 수 없다. 고급 쿼리를 위해 구글이 필요할 때 정교한 검색도 쉽게 할 수 있다.

이 방법론은 친숙해지는 데 시간이 좀 걸릴 수 있다. 나는 적응하는 데 한 달이 걸렸다. 이제는 구글 결과가 비정상적으로 보이고, Disconnect 결과가 정상으로 보인다. 내가 훈련시킨 여러 사용자는 "Address Bar" 옵션을 비활성화하고, 필요 시 Disconnect 드롭다운 메뉴에서만 검색하는 편을 선호한다. 민감한 쿼리를 자주 수행하지 않는 사람이라면 이 전략을 존중한다. 이 개인 정보 애드온의 적응기 동안은 더 맞을 수도 있다.

Google Docs Viewer(addons.mozilla.org/en-US/firefox/google-docs-viewer-pdf-doc-)
검색하는 동안 여러 종류의 문서와 마주칠 가능성이 크다. 일부는 파일을 표시하기 위해 어도비 리더, 마이크로소프트 워드, 마이크로소프트 엑셀, 오픈 오피스 등특정 소프트웨어를 요한다. 이 익스텐션으로 모든 문서를 웹브라우저 내에 표시할수 있다. 구글 문서 도구로 새 탭마다 문서를 표시한다. 설치 후, 문서를 포함하는링크를 우클릭하면 "Open Link in Google Docs Viewer"라는 새 옵션을 표시한다. 그림 1.01은 파일 확장자 .doc로 끝나는 마이크로소프트 워드 문서의 구글 검색 결과를 표시한다. 첫 결과를 우클릭해 나오는 메뉴를 제시했다. Google DocsViewer 옵션을 클릭해 마이크로소프트 워드 없이 문서를 파이어폭스의 새 탭에 로딩했다. 그림 1.02는 구글 문서 도구 페이지 내에 열린 문서를 표시한다.

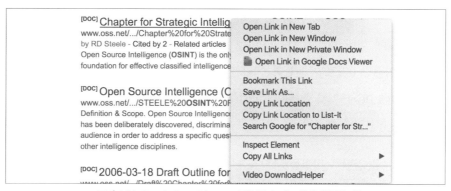

▲ **그림 1.01**: Google Docs Viewer 파이어폭스 애드온의 우클릭 메뉴

▲ **그림 1.02**: Google Docs Viewer 애드온으로 파이어폭스 내에서 연 문서

Download Helper(downloadhelper.net)

이 익스텐션은 검색 동안 찾은 미디어의 다운로드를 돕는다. 유튜브에서 찾은 동영상 등과 잘 작동한다. 이 익스텐션을 활성화하면, 회색 원 3개로 보이는 아이콘이 웹브라우저 내에 나타난다. 동영상 등 미디어 콘텐츠를 포함하는 웹사이트를 열 때면 언제나 이 원이 풀컬러로 바뀐다. 페이지의 미디어를 추출할 수 있다는 표시다. 이 애드온은 설치 후 즉시 작동하지만, 나는 OSINT 조사에 유용한 설정 변경을 발견했다. 다음 안내는 디폴트 설정을 바꾼다.

- 메뉴 바에 있는 아이콘을 클릭해 "Settings"의 아이콘을 선택한 후, 설정 옵션을 표시한다. 메뉴 좌하단의 Advanced 옵션을 선택한다.
- Behavior 탭을 클릭해 Max concurrent downloads를 20으로 바꾼다. 이러면 언제라도 동영상 4개 이상을 다운로드할 수 있다.
- More에 이어 Video Qualities를 클릭한다. Max variants를 20으로 바꾼다. 이러면 6개로만 제한하는 대신, 가능한 모든 다운로드 포맷을 표시한다. Ignore protected variants 박스를 체크한다. 이러면 추가 디코딩이 필요할 여러 옵션이 사라진다.

이제 아이콘을 클릭해 적절한 파일을 선택하면, 웹사이트에 임베딩된 미디어 파일을 추출할 수 있다. 필요한 미디어를 법정에서 사용할 것이라면, 나는 가능한 모든 크기를 다운로드하는 것을 권장한다. 개인용 아카이브만 원한다면, 가장 큰 크기를 다운로드해야 한다. 이제 타깃 동영상의 순수한 디지털 추출물이 있을 것이다. 동영상의 스크린 캡처나 녹화물보다 낫다. 데이터 손실, 아날로그 변환이 없기 때문이다. 이어서 파일을 USB, CD, DVD 등에 아카이브할 수 있다.

대용량의 동영상을 다운로드할 경우, 이 익스텐션은 일을 쉽게 해준다. 어떤 유튜브 페이지에 있든, 좌측 마우스 버튼을 누른 채 드래그해 영역을 선택하면 동영상의 어떤 영역도 하이라이트한다. 이 영역 내 어디든 우클릭해 "Video Download Helper"에 이어 "Download selected media Links"를 선택한다. 이러면 배치 다운로드 프로세스를 시작해 모든 동영상을 컴퓨터에 위치한 디폴트 저장 위치에 저장한다. 이 동영상은 MP4 포맷이다.

실제 적용: 나는 큰 조사를 도우면서 특정 사건에 관련된 유튜브 동영상의 긴 링크 목록을 받았다. 링크마다 방문해 파일을 수동으로 다운로드하는 대신, 모든 링크가 있고 포맷팅된, 빈 HTML 웹페이지를 생성했다. 파이어폭스에서 페이지를 열고 링크를 전부 하이라이트한 후 우클릭했더니 전부 한 번에 다운로드할 수 있었다. 동영상 수백 건을 아카이브하면서 동영상 이름에 따라 제목을 달면서 몇 시간 동안 구동할 수 있었다.

Down Them All(downthemall.net)

이 애드온도 대용량의 미디어 파일을 쉽게 다운로드해준다. 여러 오디오, 동영상 파일이 있는 페이지를 찾으면, 모두 수동 저장할 경우, 시간이 많이 걸린다. 게다가 우연히 파일을 건너뛸 위험이 있다. Down Them All은 해결책을 제공한다. 한 사례로 Defcon 웹사이트(defcon.org)는 Defcon 해킹 컨퍼런스마다 다운로드할 수 있는 미디어 아카이브가 있다. Defcon 23 링크를 조회하면 파일 수백 개를 얻을 수 있다. 각각 개별로 저장할 수도 있지만, 효율적이지는 않다. 타깃 페이지에 있는 동안 "Tools", "Down Them All Tools"에 이어 "Down Them All"을 클릭한다. 이러면 웹사이트 페이지에서 구할 수 있는 모든 링크와 함께 새 창을 표시한다. 커스터마이즈 옵션을 다시 방문해 드래그하면 메뉴 바에 아이콘을 추가할 수 있다.

저장하고자 하는 파일을 하이라이트하거나 우클릭한 후 "전체 선택"을 선택해 모두 저장할 수 있다. 이 창의 아래 섹션으로 데이터를 저장할 위치, 포함할 필터를 선택할 수 있다. 그림 1.03은 동영상, 문서만 페이지에서 다운로드하고, 내 다운로드 디렉터리에 저장하기로 했다. "Start"를 클릭하면 자동으로 다운로드가 시작된다. 이 파일은 꽤 커질 수 있어서 완료까지 오래 걸릴 수 있다. DVD 아카이빙이 최적이다.

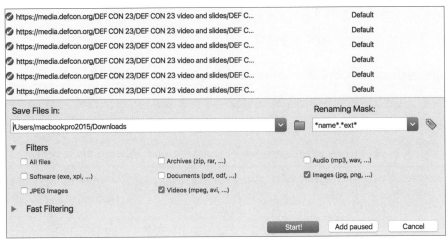

▲ **그림 1.03**: Down Them All 창

실제 적용: 이 도구는 두 가지 특수한 상황에서 내게 아주 유용했다. 조사 동안 나는 타깃 회사가 생성한 엑셀 스프레드시트 수백 건이 있는 공개 FTP 서버(2장)를 찾았다. Down Them All은 5분 내에 이 모두를 획득했다. 큰 해킹 컨퍼런스 직후, 모든 토론 동영상은 웹사이트에 게재됐다. Down Them All은 컨퍼런스 동영상 컬렉션 전체를 하룻밤 새 아카이빙했다.

Empty Cache Button(addons.mozilla.org/en-us/firefox/addon/empty-cache-button)

이 애드온은 지우개와 유사한 작은 아이콘을 웹브라우저에 생성한다. 언제라도 클릭해 그 웹브라우저 내에서 인터넷 캐시를 즉시 제거할 수 있다. 예를 들면, 메모리 캐시, 디스크 캐시, 오프라인 캐시, 패비콘 캐시 등이다. 웹브라우저를 닫을 때 이 일을 하는 유사 기능을 이전에 활성화했다. 하지만 이 새 애드온으로 현재 세션을 끝내지 않고도 캐시를 지울 수 있다. 이러면 바쁜 세션 동안 혜택일 수 있다. 다음 시나리오를 고려해보자.

웹브라우저에 여러 탭이 열려 있는데, 이전에 언급한 옵션으로 확인된 콘텐츠를 아카이브하고 싶다. 최근 검색한 제품 광고를 그중 한 페이지에서 발견한다. 페이지를 아카이브하거나 화면 캡처를 수행할 때 시각적으로 표시하고 싶지 않다. Empty Cache Button 아이콘을 클릭하면 캐시를 지운다. 페이지를 새로 고침하면 사용자, 조사와 관련 없는 새 광고가 표시될 가능성이 크다.

Exif Viewer(addons.mozilla.org/en-us/firefox/addon/exif-viewer)

이 익스텐션은 이미지에 임베딩된 Exif 데이터에 우클릭 접근을 제공한다. 9장은 Exif 데이터가 무엇이며, 얼마나 유용한지 설명한다. 이 익스텐션을 활성화하면 웹 페이지에 있는 풀사이즈 이미지를 우클릭할 수 있다. 메뉴 옵션은 "View Image Exif Data"며, 새 창은 선택 시 열린다. 이 창은 이미지에 관해 사용 가능한 메타데이터를 전부 확인한다. 그림 1.04(좌측)는 이미지의 Exif 데이터를 표시하는 새 옵션과 함께 우클릭 메뉴를 표시한다. 그림 1.04(우측)는 이미지를 캡처할 때 사용한 카메라 제조사와 모델을 확인하는 부분적인 결과를 표시한다.

▲ **그림 1.04**: 우클릭 메뉴, Exif Viewer 검색 결과

전반적으로 소셜 네트워크 사진 대부분은 어떤 메타데이터도 포함하지 않는다. 사용자 개인 정보 보호를 위해 "폐기"됐다. 하지만 여러 블로그, 개인 웹사이트는 여전히 메타데이터가 있는 이미지를 표시한다. 9장에서 이 데이터를 표시하는 온라인 웹사이트를 설명할 때 이 웹브라우저 애드온은 훨씬 더 효율적이다. 내 경험상 이 익스텐션은 숨은 콘텐츠를 찾는 시간을 늘릴 것이다.

FireShot(addons.mozilla.org/en-us/firefox/addon/fireshot/)

OSINT 조사 진행 상황의 문서화, 아카이빙은 발견한 정보만큼 중요하다. 일반적인 법칙은 발견 내용의 증거가 없을 경우, 결코 존재하지 않는 셈이라는 것이다. FireShot은 결과 모두를 캡처하기 쉬운 솔루션을 제공한다. 활성화된 이 익스텐션은 웹브라우저 우측 상단의 버튼이다. 글자 "S"가 있는 붉은 네모 같다. 아이콘 바로 우측의 아래 방향 화살표를 클릭하면 여러 옵션과 함께 메뉴가 나온다. 최상은 "Capture entire page"에 이어 "Save as PDF"를 선택하는 옵션이다. 이러면 웹브라우저에 보이는 것과 정확히 같은 전체 페이지의 PDF 문서가 생성돼 선택한 곳 어디든 저장된다. 파일은 나중에 제거 가능한 디스크에 아카이브할 수 있다. 문서 제목은 웹페이지 제목과 일치하며, 캡처 시 확인을 위해 날짜, 시간이 박힌다.

이 방법론은 여러 이유로 표준적인 화면 캡처보다 낫다. 전형적인 스크린 캡처는 전체 페이지가 아니라 가시적 영역만 캡처한다. 이어서 프로그램을 열어 데이터를 "붙여넣은" 후 파일을 저장한다. FireShot 익스텐션은 이를 자동화해 편집이 어려운 포맷으로 저장한다. 증언 동안 혜택이 있을 수 있다.

메뉴의 "Preferences" 영역에 접근한 후 매번 그냥 버튼을 클릭해 프로세스를 완료할 수 있도록 디폴트 액션을 할당할 수 있다. 나는 FireShot 환경설정 메뉴에서 다음 수정 사항을 권장한다. 이 옵션은 윈도우에서 애플 시스템과 달라 보인다.

윈도우: 이 설정은 확인 창을 표시하지 않고 전체 페이지를 PDF 파일로 저장하는 디폴트 액션을 바꾼다. 파일마다 웹사이트 제목에 이어 URL, 그 다음 캡처 날짜, 시간으로 이름이 붙는다. 워터마크도 이 정보를 보여준다.

> General: Default: Capture Entire Page and Save as PDF
> Editor: General: Confirmations: Display message=Don't Display
> Editor: Capturing: File Name: %t - %u - %y - %m - %d - %H - %M - %S

Editor: Display: Watermark: Template:

Captured: %H:%M:%S, %d-%m-%y.

Original Image size: %w x %h pixels.

Target Website: %u

애플: 맥 사용자가 사용 가능한 옵션은 그만큼 탄탄하지 않다. 다음 변경은 디폴트 액션을 PDF 파일로 전체 페이지 저장으로 만든다. 파일마다 웹사이트 파일에 이어 URL, 그 다음 캡처 날짜, 시간으로 이름이 붙는다.

General: Default: Capture Entire Page and Save as PDF

Capturing: Default Template: %t - %u - %y - %m - %d - %H - %M - %S

FoxySpider(addons.mozilla.org/en-US/firefox/addons/foxyspider)

FoxySpider로 어떤 파일 유형이든, 리치 미디어 파일 링크가 있는 섬네일 갤러리를 생성한다. 웹사이트에서 어떤 수준이든 딥 크롤링해 같은 갤러리에서 찾은 적용 가능한 파일도 표시한다. 음악, 동영상, 이미지, 문서 등 다양한 미디어 콘텐츠 페이지에 유용하다. 원하는 바를 정확히 지원하도록 검색어를 좁히거나 확장할 수 있다. 일단 섬네일 갤러리를 생성한 후, 패치된 모든 파일을 조회, 다운로드할 수 있다. FoxySpider를 설치하면 버튼이 파이어폭스 주소 창의 좌측에 나타날 것이다. 클릭해 크롤링 프로세스를 시작하는데, 현재 보는 웹페이지에서 시작한다. 생성된 갤러리에 집중하면서 크롤링하는 동안 다시 클릭하면 크롤링 프로세스가 중단된다. 어떤 검색이든 실행하기 전에 다음 수정을 고려하자.

- FoxySpider 아이콘을 우클릭해 환경설정을 표시한다. Gallery하에 섬네일 제한을 999로 바꾼다. 약간 더 빠른 응답을 위해 Fade-in 효과를 언체크한다.

- Content 메뉴에서 오디오, 문서 파일 컬렉션을 활성화한다. "Embedded files" 옵션을 비활성화한다.

다음은 내 블로그를 원 출처로 사용하는 사례다. 위 설정으로 스캔하면 약 1분 후에 완료된다. 이미지, 문서 수십 개를 찾았다. 내 문서화 옵션은 HTML 보고서로 익스포트하기, 파일 직접 다운로드하기 등이다. 그림 1.05는 중앙 상단에 이 옵션을 표시한다. HTML 보고서는 결과에 보이는 콘텐츠를 복제하는 기본 웹페이지다. 링크가 걸린 이미지에 연결되며, 어떤 콘텐츠도 다운로드하지 않는다. 다운로드 옵션으로 특정 파일을 선택하거나, 모든 파일을 선택하거나, 키워드로 파일에 필터를 건다. 필터가 걸린 결과는 선택하는 위치에 다운로드된다. 이 사례는 모든 파일을 내 데스크톱의 한 폴더에 다운로드했다. 내 블로그에서 활용 가능한 이미지 72개가 나왔다. 파일은 원래 크기였고, 조작하지 않았다. 이 자동화로 작업을 여러 시간 덜어냈다.

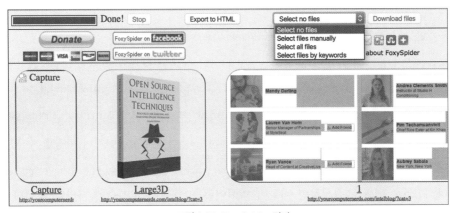

▲ **그림 1.05**: FoxySpider 결과

Google Translator(addons.mozilla.org/en-US/firefox/addon/google-translator-for-firefox/)
구글의 무료 언어 번역 서비스로 외국 텍스트를 영어로 번역한다면, 이 익스텐션은 파이어폭스 웹브라우저에 환영할 만하다. 설치하면, 하이라이트해서 우클릭하는 어떤 텍스트도 새 메뉴 옵션을 제시한다. 이러면 타깃 웹사이트를 떠나지 않고도 자동으로 텍스트를 영어로 번역한다. 소셜 네트워크 등 어떤 웹사이트에서도 작동한다. 그림 1.06은 익스텐션을 통해 영어로 번역된 트위터 포스트를 표시한다. 우클릭 메뉴는 "Translate seclection with Google Translate"를 표시한다.

▲ **그림 1.06**: 사용 중인 Google Translator Extension

JSONView(jsonview.com)

아마 눈치채지 못하겠지만, 이 익스텐션은 유용하다. JSONView로 JSON, XML 파일을 저장해서 텍스트 에디터에 표시하는 대신, 웹페이지 내에서 열어 표시할 수 있다. 이 파일은 서버 콘텐츠 등 특정 데이터 유형을 쿼리로 날릴 때 나온다. 대부분 14장의 애플리케이션 프로그래밍 인터페이스API 논의에 적용된다. 이 API 중 상당수는 파이어폭스는 물론, 어떤 웹브라우저도 의도하지 않은 뷰로 결과를 전달한다. 웹브라우저는 콘텐츠를 표시하는 대신 파일을 다운로드하려 할 수 있다. 이 익스텐션이 설치되면 API 결과는 매번 웹브라우저 내에 표시돼야 한다. 이 익스텐션이 없다면, 일부 API 검색어는 기능하지 않는다. 이 애드온으로 설정은 전혀 필요없다. 14장에서 결과가 뭉개지거나 완전히 누락돼 보이면, 이 애드온을 설치해야 한다.

List.it(welist.it)

2009년 익스텐션이지만 여전히 날마다 사용한다. 활성화되면 웹브라우저 좌측에 사이드 바가 생겨, 조사 시 메모, 링크를 위한 준비가 끝난다. 원하는 만큼 필드를 많이 생성해 수정, 이동하거나 필요 시 삭제할 수 있다. 어떤 링크도 우클릭해서 직접 목록으로 보내거나 어떤 링크든 직접 드래그 앤 드롭할 수 있다. 끝나면, 상단 부분의 출력 버튼이 기록용으로 출력하기에 적절한 포맷의 보고서를 생성한다. 우측의 흰 영역을 출력한다. 컴퓨터가 PDF 파일 출력을 지원하면, 콘텐츠를 디지털 포맷으로 쉽게 저장할 수 있다. 그렇지 않다면 CutePDF 등 무료 소프트웨어가 이 기능을 추가한다. 그림 1.07은 모의 조사를 하는 동안에 획득한 결과의 사례를 표시한다.

▲ **그림 1.07**: 부분적인 List.it 메뉴 바와 보고서 템플릿

내가 사이버 범죄 형사였을 때 이 애드온을 조사하는 내내 사용했다. 그림 1.07에 보이듯이, 수많은 항목을 생성하곤 했다. 사건 관련 내용을 조금이라도 찾으면 드래그 앤 드롭을 하곤 했다. 검색 세션이 완료되면, 이 메모를 출력해 이 출력물을 참고로 첨부하고, 사건에 관한 간략 보고서를 작성하곤 했다. 또한 디지털 PDF로 사본을 출력해 사건 관리 소프트웨어에 증거로 첨부하곤 했다. 사건을 재조사해

야 할 경우, 새 메모 목록을 생성해 새 참고자료로 확립하기 위해 사건 번호 뒤에 "(2)"를 붙이곤 했다. 웹브라우저를 닫으면 콘텐츠가 삭제되지 않지만, 메모의 "X"를 클릭하면 삭제된다. 이 장의 앞부분을 상기하면, 이 애드온의 설치는 Add-On Bar Restored 영역에 그 익스텐션을 설치한 후에 나타난다.

Nimbus(addons.mozilla.org/en-US/firefox/addon/nimbus-screenshot)

FireShot은 파이어폭스 내에서 내가 선호하는 화면 캡처 유틸리티지만, 성능이 그리 좋지 않은 경우도 있다. 활동이 많은 타깃의 페이스북 페이지가 있다면, FireShot에 비해 너무 큰 화면 캡처를 생성할 수도 있고, 렌더링 프로세스가 컴퓨터 비디오 메모리를 모두 차지해 파일을 생성하지 못할 수도 있다. 이런 일이 일어나면, 나는 첫 백업으로 Nimbus를 사용한다. Nimbus로 페이지에서 보이는 부분, 전체 페이지, 페이지의 커스텀 셀렉션 중 무엇을 캡처하고 싶은지 지정할 수 있다. 드롭다운 메뉴는 이 옵션을 제시하며, 결과는 PNG 파일로 저장된다. 온라인 조사에는 최적이 아니지만, 캡처가 전혀 없는 것보다는 낫다. Nimbus의 또 다른 기능은 캡처를 조작하는 것이다. 보통 가능한 한 가장 정통성 있고 정확한 증거를 제시하고 싶기에 이는 나쁜 관행이다. 다음 설정을 권장한다.

- Nimbus 아이콘 옆의 아래 방향 화살표를 클릭해 Options를 선택한다. 이러면 새 창이 열린다. PNG 옵션을 선택해 화질이 100%로 설정되게 한다.

- Filename Template에서 {url}-{date}-{time}을 삽입한다. 이러면 캡처 날짜, 시간과 함께 타깃 웹사이트 제목으로 모든 캡처에 이름이 붙는다.

- Enable Quick Capture 옵션을 체크해 첫 열에서 Entire Page 옵션, 둘째 열에서 Download 옵션을 선택한다. Enable Shortcuts 옵션은 언체크한다.

이 변경 후에 메뉴 바에서 Nimbus 아이콘을 클릭하면 더 이상 옵션과 함께 메뉴가 제시되지 않을 것이다. 그 대신 자동으로 전체 페이지를 선택한 후, 적절한 파일 이름을 적용하고 데스크톱에 최대 화질의 PNG 파일로 캡처를 다운로드한다. 그림 1.08은 내 커스터마이징 설정 페이지를 표시한다.

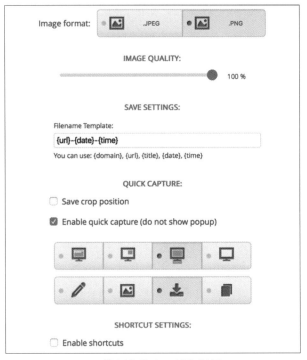

▲ **그림 1.08**: Nimbus 설정 페이지

FireShot으로 생성한 PDF 파일이 선호하는 파일 포맷인 반면, PNG 파일은 다른 장점이 있다. PNG 파일은 더 보편적이어서 애크로뱃 리더 등 PDF 뷰어 소프트웨어를 요하지 않는다. 하지만 PNG 파일은 편집이 쉽고, 파일의 통일성 확인이 어려울 수 있다. 나는 Nimbus를 FireShot의 대체재로 사용해야 한다고 믿는다.

NoScript(noscript.net)

앞에서 언급한 애드온 Disconnect는 웹사이트에 임베딩된 수많은 트래커를 차단한다. 파이어폭스만 사용 가능한 애드온 NoScript는 어떤 웹페이지든 모든 스크립트를 차단하는 성능을 보유하고 있다. 이 소프트웨어는 캐주얼한 웹조사관에게는 과할 수 있다. 개인 정보를 의식하는 사람은 이 강력한 기능 덕분에 상당한 혜택을 얻는다. 소프트웨어 설치는 위 웹사이트에서 완료할 수 있다. 이 소프트웨어의 디폴트 설정은 실제 웹페이지를 로딩할 때 실행하도록 프로그래밍된 스크립트를 모두 차단한다. 광고, 트래킹 쿠키, 애플리케이션, 웹페이지의 표시에 네이티브가 아닌 전부를 포함한다. 이 보호는 종종 웹사이트를 적절히 표시할 때 필요한 핵심 콘텐츠를 차단할 수 있다. 다음 안내는 NoScript를 어떻게 적절히 설정하는지 설명한다.

웹브라우저 메뉴 영역의 새 "S" 아이콘을 클릭하면 현재 로딩된 웹사이트의 NoScript 메뉴가 표시된다. 스크립트를 차단하고 싶다면, 이 메뉴 내의 옵션을 이용한다. NoScript가 웹사이트에서 뭔가를 차단 중이라 원하는 콘텐츠 표시를 막으면, 다음 가이드로 이슈를 수정한다. 나는 사소한 변경으로 시작해 웹사이트에 대한 NoScript의 완전한 비활성화로 끝나는 순서로 다음과 같은 행동을 취하도록 권장한다.

- 기대하던 스크립트가 차단됐는지 확인해본다. 특정 스크립트를 확인할 수 있다면, 스크립트 이름 옆의 "Temporarily allow"를 선택한다. 이러면 스크립트가 한 번 더 로딩될 수 있다. 하지만 그 웹사이트를 다음에 로딩하면, 스크립트는 다시 차단된다.

- 어떤 허용된 스크립트도 앞으로 구동하지 말아야 한다면, 어떤 행동도 취할 필요가 없다. 스크립트를 즉시 차단하고 싶다면, 스크립트 이름 옆의 "Forbid" 옵션을 클릭한다.

- 일시적으로 차단이 풀린 스크립트를 항상 허용해야 한다면, 그 스크립트 옆의 "Temporarily" 아래에 있는 "Allow" 옵션을 선택한다. 이제 항상 특정 스크립트를 어떤 웹사이트에서도 허용한다. 이는 기대하던 로그인, 소셜 네트워크를 항상 허용할 때 유용하다.

- 메뉴 하단 근처의 "Temporarily allow all this page" 옵션은 현재 웹사이트를 다시 로딩해 NoScript가 설치되지 않은 것처럼 어떤 스크립트도 허용한다. 기대하던 웹사이트에 적절히 접근할 수 없는데, 이는 어떤 스크립트가 문제인지 모를 때 유용하다.

- "Allow all this page" 옵션은 항상 모든 스크립트가 현재 웹사이트에서 구동하도록 허용한다. 이는 은행 및 기타 금융 서비스 등 신뢰하는 웹사이트를 자주 방문할 때 유용하다. 이 설정을 활성화하면 NoScript에게 그 페이지의 스크립트를 차단하지 않도록 충고한다.

- 현재 신뢰하는 웹사이트만 사용 중이라 기대하던 콘텐츠를 NoScript가 차단해 좌절한다면, "Allow Scripts Globally"를 선택할 수 있다. 이는 NoScript를 완전히 비활성화해 보호받지 못한다. 이 액션은 "Forbid Scripts Globally"를 선택해 되돌릴 수 있다.

NoScript를 완전히 활성화해 사용한다면, 이전에 언급한 Disconnect 익스텐션을 사용할 필요가 없을지 모른다. 나는 NoScript가 우월한 서비스며, 더 제대로 보호한다고 믿는다. 이 보안의 대가로 일상적인 인터넷 브라우징의 편리함을 희생한다. 이 불편함이 더 안전한 온라인 경험이라는 보상의 가치가 있기 바란다. 다음은 내 NoScript 설정이다.

- 파이어폭스 내에 디폴트 NoScript 설치하고 설정했다. 인터넷을 브라우징하고 검색할 때 모든 스크립트를 차단한다.

- 적절히 표시할 수 없는 웹사이트와 마주쳤을 때 평판 좋은 웹사이트를 단 한 번만 허용하기 위해 "Temporarily allow all this page" 옵션을 선택한다.

- 은행, 금융 서비스, 이메일, 교육 등 신뢰하는 웹사이트에 처음 연결할 때 영구적으로 모든 스크립트를 허용하도록 "Allow all this page"를 선택한다.

- 금융 거래, 사업용 웹사이트의 계정 생성 등 중요한 사업을 수행 중일 때 "Allow Scripts Globally"를 선택한다. 나는 끝나자마자 "Forbid Scripts Globally"를 선택한다. 내 개별 설정은 여전히 유지된다.

나는 OSINT 훈련 세션 중 일부에서 약간 논란의 여지가 있는 방식으로 NoScript를 사용했다. NoScript를 비활성화했지만, 스크립트를 보편적으로 허용해 팝업 과금 창이 있는 웹사이트로 이동하곤 했다. 보는 사람에게 콘텐츠에 돈을 내도록 강요하는 웹사이트의 흔한 방법이다. 웹사이트가 로딩돼 과금 창이 나타나고 신용카드 번호를 입력하기까지 웹사이트 콘텐츠를 차단할 때 나는 과금 업체 관련 스크립트를 NoScript에서 조금이라도 찾곤 했다. 이 스크립트를 비활성화해 페이지를 다시 로딩하곤 했다. 결과적으로 과금 창이 사라져, 웹사이트가 결제 없이 완전히 개방돼 조회를 허용했다.

이 기법은 명백히 윤리적 고려 사항이 있을 수 있다. 반드시 조직 내 정책, 지역 내 어떤 법규도 위반하지 않는지 확인해야 한다. 모든 과금에 효과가 있지는 않다. 보통 인기 없는 웹사이트에서 사용하는 저렴한 과금 서비스만 성공한다. 결과는 경우에 따라 다를 수 있다. 모든 웹사이트에서 모든 스크립트를 금하면, 분명히 알지도 못한 채 일부 과금을 차단한다. 설득력 있는 부인권을 위해 사용하는 전략일 수 있다. 과금 차단 목적으로 NoScript를 실행할 때 조심스럽게 진행하기 바란다.

Print Edit(https://addons.mozilla.org/en-US/firefox/addon/print-edit/)

이 장에서 논할 셋째이자 마지막 화면 캡처 도구다. 이전에 언급한 대로 FireShot은 대부분의 웹페이지를 워터마크가 있는 PDF 파일로 캡처할 때 내가 선호하는 도구다. 페이지의 일부만 캡처하거나 FireShot이 최적이 아니라면, Nimbus에 의존한다. 두 옵션은 조작되지 않고 타깃 웹사이트의 진정한 재현을 표시하는 캡처를 원할 때 훌륭하다. 나는 때로 캡처된 결과물을 변형하고 싶을 때 Print Edit를 사용한다.

이 애드온은 화면 캡처, 편집 기능을 결합한다. 페이지에서 기대하지 않은 부분을 제거한 후, 조작한 결과를 출력하거나 PDF로 저장할 수 있다. 이 도구를 사용할 때 레이아웃이 깨져 보이는 웹사이트와 여럿 마주쳤다. 디폴트로 결과물은 타깃 웹사이트에 저장된 이미지 중 상당수를 포함하지 않는다. 나는 계속 사용 전에 다음 설정을 변경하도록 권장한다.

- 어떤 웹사이트로든 이동해 메뉴 바에서 Print Edit 아이콘을 클릭한다. 이러면 페이지 상단에 옵션과 함께 편집 화면 내에 타깃 페이지가 열린다. 우측에

서 Tools에 이어 Options를 선택한다. Saving 탭 아래의 모든 박스를 언체크한다.

- Preview 버튼을 클릭해 페이지가 아카이브 시 어떻게 보일지 본다. 이미지가 누락될 가능성이 크다. Page Setup 버튼을 클릭해 Pring Background를 활성화한 후, OK를 클릭한다.

이제 타깃 웹사이트에서 어떤 이미지, 텍스트든 선택해 아카이브 전에 콘텐츠를 제거할 수 있다. 완료 후, Print 버튼을 클릭해 출력 작업을 설치된 프린터에 보내거나 PDF 옵션을 선택해 디지털 파일로 저장할 수 있다. 나는 후자를 선호한다. 최종 결과는 출력된 파일처럼 PDF 내에 페이지 구분선을 포함할 가능성이 크다. 이 애드온 내의 편집 옵션에서 Tools 옵션 아래 Fix Page Breaks를 선택해 해결할 수 있다. 대부분의 경우 불안정했다. 전반적으로 FireShot과 Nimbus는 더 전문적인 제품을 만든다. 하지만 나는 다음 시나리오에서 Print Edit에 의존했다.

아동 포르노를 조사하는 동안 아이들의 누드 그래픽 이미지를 포함하고 있는 웹사이트를 문서화해야 했다. 변형하지 않은 증거를 수집한 후, 조사 시 사용할 수 있는 정화된 버전을 생성하고 싶었다. Print Edit로 불법 이미지를 제거하되, 남은 콘텐츠를 유지할 수 있었다.

사설 조사 동안 내 사건에 관해 가치 있는 데이터가 있는 소셜 네트워크 프로필과 마주쳤다. 이 프로필은 조사와 무관한 선량한 사람들의 사진도 있었다. Print Edit로 그 무관한 사람들을 노출하지 않고, 관련 콘텐츠를 표시하는 PDF 파일을 생성했다. 나중에 내 증거를 뉴스 방송에서 봤는데, 무관한 데이터가 보도 전에 편집돼 안도했다.

Resurrect Pages(github.com/arantius/resurrect-pages)

이 익스텐션은 페이지가 사용할 수 없거나 삭제될 때마다 웹사이트의 아카이브된 버전 링크를 제공한다. Resurrect는 유효하지 않은 웹사이트를 로딩하려 할 때 표준적인 "페이지를 찾을 수 없습니다" 에러를 대체한다. 그 대신 웹사이트의 캐싱, 아카이빙된 복사본을 로딩하려는 여러 새 버튼이 보인다. 현재 버전은 온라인에 존재하지 않는 주소와 마주칠 때마다 다음 아카이브 자료 링크를 포함한다.

> **구글 캐시**: 구글에서 나온 타깃 주소의 표준 캐시
> **구글 캐시 텍스트**: 표준적인 구글 캐시를 텍스트만 표시
> **The WayBack Machine**: The Internet Archive 내 타깃 페이지 링크
> **Archive.is**: Archive.is의 타깃 주소 도메인 캡처
> **WebCite**: WebCite의 타깃 주소 도메인 캡처

이 애드온은 이 출처에서 수동으로 찾을 수 없는 콘텐츠를 전혀 제공하지 않을 것이다. 그 대신 웹사이트가 누락될 때 삭제된 정보를 찾도록 리마인더 역할을 한다. 이 자료 확인을 잊지 않게 해준다. 2014년 나는 동네에 사는 아이들의 부적절한 이미지를 업로드한 아동 성도착자에 관한 사건을 할당받았다. 보고서에 그가 이 아이들을 언급한 블로그 링크가 있었다. 내 커스텀 파이어폭스 웹브라우저에 웹사이트를 입력했더니, 그는 전체 블로그를 완전히 지웠다. Resurrect Page 애드온은 내게 그림 1.09에 보이는 링크를 제시했다. 구글 캐시, Internet Archive 옵션을 클릭하자, 내 조사에 중요한 증거가 나왔다. 2장은 웹사이트의 온라인 아카이브에 관한 추가 정보를 제공한다.

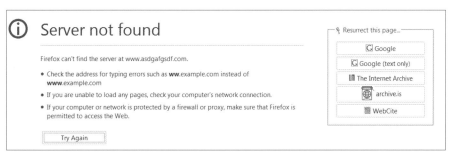

▲ **그림 1.09**: Resurrect Pages를 활성화한 404 에러

Search Image Everywhere(addons.mozilla.org/en-US/firefox/addon/search-image-everywhere)

9장은 리버스 이미지 검색 엔진, 추가 타깃 사진의 확인 방법을 설명한다. 구글 이미지, Tin Eye 등이 인기 옵션이다. 이 익스텐션은 이미지를 우클릭할 때 리버스 검색을 자동화한다. 열면 "Search Image Everywhere" 옵션이 나타나고, 실행하면 새 탭 5개가 웹브라우저에서 열린다. 탭마다 리버스 사진 서비스로 연결되며, 인터넷의 중복된 사본을 찾기 위해 타깃 사진을 분석한다. 여러 이미지를 검색할 경우 아주 편리하다. 이미지마다 열어 URL을 찾아 복사할 필요가 없다. 이 익스텐션은 이 과업을 화면 뒤에서 수행한다. 조사하기 전에 약간의 사소한 설정을 추천한다.

- 위 주소에서 익스텐션을 설치하고, 파이어폭스 애드온 페이지로 이동해 "Search Image Everywhere" 옆의 Options 버튼을 클릭한다. 이러면 이 애드온의 옵션 메뉴가 나타난다.

- 첫째를 제외한 모든 옵션에서 "show icon" 박스를 선택하지 않는다. 이러면 여러 중복 이미지가 우클릭 컨텍스트 메뉴에 나타나지 않게 막힌다.

- 첫째를 제외한 모든 옵션에서 주 검색 박스를 선택하지 않는다. 이러면 여러 중복 검색 옵션이 우클릭 컨텍스트 메뉴에 나타나지 않는다.

- "Search Image on Cydral"을 완전히 선택하지 않는다. 이 기능은 여러 해 동안 적절히 작동하지 않았다.

이제 웹브라우저 내에서 어떤 이미지든 우클릭해 "Search Image Everywhere" 옵션을 선택할 수 있다. 이제 겨우 네 탭만 열 텐데, 각각 수동 검색해서 찾아야 할, 상응하는 서비스로부터 나온 유사 이미지를 모두 포함한다.

이 애드온 때문에 타깃 웹사이트에서 항상 리버스 이미지를 확인하지 않은 핑계가 무색해진다. 9장은 이 기법의 중요성을 훨씬 더 상세히 설명한다. 이 애드온을 활성화하면 조사 시 검색을 개선할 준비가 된다.

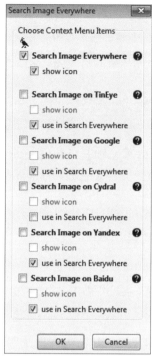

▲ **그림 1.10**: 리버스 이미지 검색 메뉴

UnMHT(addons.mozilla.org/en-US/firefox/addon/unmhr)

MHT는 웹페이지 아카이브 파일 포맷이다. MHT 파일은 웹페이지 콘텐츠를 저장해 이미지, 애플릿, 플래시 애니메이션 등 외부 리소스를 HTML 문서로 통합한다. 기본적으로 전체 웹페이지를 단일 파일로 저장한다. MHT 파일은 콘텐츠를 인터넷 익스플로러 내에 저장하던 여러 해 전, 인기를 얻었다. 파이어폭스는 네이티브 MHT 파일 지원을 보유하지 않지만, 이 익스텐션으로 추가할 수 있다. UnMHT는 MHT 파일의 읽기, 쓰기 지원을 파이어폭스에 네이티브로 추가한다.

이 애드온은 여러 이유로 혜택이 있지만, 나는 한 가지 목적에 집중한다. 이전에 언급한 세 화면 캡처 도구(FireShot, Nimbus, Print Edit)는 페이스북과 잘 연동되지 않는다. 페이스북은 의도적으로 캡처 도구를 차단하려 해, 사용자는 종종 캡처 시 빈 문서를 받는다. UnMHT는 화면 캡처 도구가 아니라 전체 웹사이트를 오프라인 용도로 단일 파일에 저장하는 프로그램이다. 그러므로 페이스북이 이런 행동을 차단하는 시도에 취약하지 않다. 이 애드온을 설치한 후 사용하기 전에 아이콘 메뉴 내 Preferences를 클릭해 다음 설명에 따라 변경을 검토하기 바란다.

- Save에 이어 General로 이동한다. "Save pages to download history"와 "Remember last used save state"를 언체크한다.

- Save에 이어 Content로 이동한다. Video/Audio, Flash/Java를 저장한다. 그러면 아카이브 내에 이런 유형의 파일을 포함한다.

- Multiple로 이동해 "Remember last used state"를 언체크한다. Save Format을 "Single File"로 바꾼다.

- Filename에 이어 General로 이동한 후, Default를 Custom으로 바꾼다. 이러면 커스텀 이름 스키마를 사용할 수 있다. Custom Filename 아래에 %TITLE%- %URL%-%YYYY%-%MM%-%DD%@%HH%-%mm%-%ss%-%ampm% 행을 추가한다. 이러면 모든 아카이브에 웹사이트 제목, URL, 캡처 날짜 및 시간이 있는 파일명을 추가한다.

이제 페이스북 프로필로 이동해 페이지(사진, 친구 등)마다 새 탭에서 열 수 있다. 우측 상단에서 UnMHT 아이콘을 클릭해 "Save multiple tabs"를 선택한다. 이러면 타깃 페이스북 프로필의 모든 열린 탭을 하나의 MHT 파일로 저장한다. 압축 파일과 유사하며, 프로필의 콘텐츠(이미지, 텍스트 등)는 파일 안에 있다. 이 파일을 이제 오프라인으로 조회하거나 증거로 저장할 수 있다. 나는 스크린 캡처 외에 훌륭한 아카이빙 옵션이라 믿는다. 두 기법 모두 모든 OSINT 조사에서 사용하며, 종종 PDF 캡처를 전체 페이지 콘텐츠가 있는 MHT 파일로 보완한다.

User Agent Switcher(addons.mozilla.org/en-US/firefox/addon/user-agent-switcher/)

가끔 파이어폭스에서 제대로 열리지 않는 웹사이트를 방문할 수 있다. 웹브라우저는 그 정체를 웹사이트에 알리는데, 웹사이트는 특정 제품에 대해 콘텐츠를 변형하거나 거부할 수 있다. 한 사례는 콘텐츠를 표시하기 위해 마이크로소프트 인터넷 익스플로러를 필요로 하는 오래된 웹사이트다. 파이어폭스가 정보를 표시할 수 있는데도 웹사이트는 웹브라우저에 데이터를 거부할 수 있다. 또 다른 사례는 컴퓨터 대신 아이폰에서 표시할 경우, 다른 콘텐츠를 표시하는 모바일 웹사이트다. 이제 모두 User Agent Switcher로 제어할 수 있다.

활성화하면 "Tools" 메뉴에 새 옵션이 생긴다. 하위 메뉴 "User Agent Switcher"는 보고한 웹브라우저를 인터넷 익스플로러의 세 버전이나 아이폰에 맞춰 변경할 옵션을 제공할 것이다. 아이폰을 선택하면 웹사이트에게 모바일 뷰를 위해 데이터를 전송하도록 요청할 텐데, 새 서비스를 노출할 수 있다. 설치 후 디폴트 옵션을 테스트하기 전에 이 애드온을 여러 추가 옵션으로 개선하는 것도 고려해보자.

- techpatterns.com/downloads/firefox/useragentswitcher.xml으로 이동해 이 파일을 다운로드한다. XML 파일 확장자로 저장된다.

- 메뉴 바에서 User Agent Switcher 아이콘을 클릭해 "Edit User Agents"를 선택한다. "Overwrite existing user agents"라는 레이블의 박스를 체크한 후 "Import"를 클릭한다. 다운로드한 XML 파일을 선택해 이 설정을 임포트한다. 현재 에이전트 수백 개가 있을 것이다.

이제 방문하는 웹사이트마다 모두 알리는 디폴트 유저 에이전트를 바꿀 수 있다. 기술에 밝은 타깃의 웹사이트를 방문할 경우, 그 사람이 수색 중임을 알 것이다. 파이어폭스 등 특정 웹브라우저를 사용 중임을 노출할 수 있다. 이제 콘텐츠를 색인하는 검색 엔진이 방문하는 것처럼 보이도록 에이전트를 구글 봇 에이전트로 바꿀 수도 있다. 이러기 위해 메뉴 바 아이콘 "Search Robots"에 이어 "Google Bot"을 클릭한다. 디폴트 파이어폭스 옵션으로 돌아가기 위해 그 아이콘에 이어 "Default User Agent"를 클릭한다. 아이콘은 사용 중일 때 파랗게 보이고, 그렇지 않을 때 회색으로 보인다.

여러 경우, 형편없는 보안 프로토콜을 우회하기 위해 사용했다. 한 조사 시 나는 항상 방문해도 없는 것처럼 보이는 해킹 그룹의 웹 포럼과 마주쳤다. 구글이 색인했겠지만, 나는 어떤 콘텐츠도 볼 수 없었다. 디폴트 에이전트를 리눅스 기기의 파이어폭스로 바꿔야 콘텐츠를 볼 수 있었다. 그 그룹은 리눅스 컴퓨터만 페이지를 조회할 수 있도록 스크립트를 활성화했다. 유효한 노력이지만, 이 도구가 그 설정을 우회하도록 막지는 못했다.

정부에서 여전히 활용하지만, 의무적으로 다양한 온라인 훈련을 완료해야 특정 인증서를 유지할 수 있다. 정부가 주재하는 이 훈련은 형편없이 설계됐고, 사용자에게 인터넷 익스플로러로만 접근하도록 강요한다. 나는 애플 컴퓨터를 사용하기 때문에 에이전트를 파이어폭스 웹브라우저 내에서 인터넷 익스플로러로 에이전트를 바꾸기까지 접속할 수 없었다. 이 변경 후 열등한 웹브라우저를 사용해 내 컴퓨터 보안을 해치지 않고도 훈련을 완료할 수 있었다.

Vibe(addons.mozilla.org/en-US/firefox/addon/vibe-for-firefox)

Vibe는 사용하기 쉬운 인력 조사 도구다. 이메일 주소와 연관된 사람을 찾을 때 사용할 수 있다. 애드온을 설치한 후, 웹사이트에 보이는 어떤 이메일 주소든 호버, 클릭한다. 소셜 네트워크 프로필일 수도 있고, 뉴스 기사일 수도 있다. Vibe는 이메일 주소로부터 관련된 이름, 직무, 이력, 소셜 미디어 핸들, 관심 있는 주제를 찾아내려 할 것이다. Vibe는 회원 정보를 요구하며, 무료로 접근을 제공한다. 무료 계정을 만든 후, 이 기법으로 획득할 수 있는 잠재적 데이터를 보기 위해 다음 데모를 완료한다.

- 타깃 이메일 주소의 구글 검색을 수행한다. 나는 lorangb@gmail.com을 사례로 사용할 것이다. 결과는 이 이메일 주소를 보유한 여러 웹사이트가 나온다.

- 타깃 이메일 주소의 어떤 참조에도 커서를 호버한다. 작은 보라색 원이 나타나야 한다. 그 원을 클릭해 Vibe 검색 사이드 바를 로딩한다. 이 사례에서 결과는 이메일 소유자 이름, 위치, 사진, 소셜 네트워크, 웹사이트 및 기타 세부

사항을 포함한다. 그림 1.11(좌측)은 이 결과의 첫 페이지를 표시하는 반면, 그림 1.11(우측)은 더 아래 부분을 표시한다. 아이콘마다 상응하는 서비스를 위해 타깃의 소셜 네트워크 프로필에 연결된다.

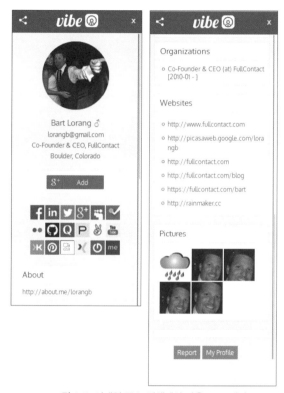

▲ **그림 1.11**: 이메일 주소 검색에서 나온 Vibe 결과

미리 설정된 프로필의 임포팅

이 시점에는 애드온이 넘쳐, 그 적절한 설정을 생각할 때 과해 보일 수 있다. 현재 여러 윈도우, 애플, 리눅스 버추얼 머신을 사용하기에, 파이어폭스 웹브라우저를 모두 업데이트해야 한다. 더 이상 웹브라우저마다 수동으로 업데이트하지 않는다. 그 대신 내가 원하는 커스터마이징이 모두 이뤄진 단일 파이어폭스 웹브라우저를 유지한다. 이어서 사용 중인 모든 컴퓨터에 걸쳐 경험을 복제하기 위해 이 설정을 다

른 어떤 웹브라우저에도 임포트한다. 다음 안내로 자신의 조사용 컴퓨터에 임포트하기 위해 같은 커스터마이징 파일을 사용할 수 있다. 세부 정보는 운영체제에 따르며, 윈도우, OS X을 모두 설명한다. 이 튜토리얼을 설정이 저장되지 않은, 새로 설치한 파이어폭스에만 실행한다. 현재 버전을 덮어쓰지 말아야 한다. 이전 설치에서 진행할 경우, 어떤 설정도 백업해야 한다.

윈도우 컴퓨터

- 다음 웹사이트로 이동해 압축된 집 파일을 다운로드한다. 파일의 압축을 데스크톱에 풀면, Profile이라는 폴더가 생긴다.

  https://inteltechniques.com/data/profile.zip

- 파이어폭스 버전을 열어 메뉴 버튼(수평선 3개)을 클릭하고, 도움말인 물음표 마크를 클릭한 후, Troubleshooting Information을 선택한다. Troubleshooting Information 탭이 열린다. Application Basics 섹션 아래의 Show Folder를 클릭한다. 프로필 파일이 있는 창이 열린다. 파이어폭스를 닫는다.

- 다운로드한 폴더의 콘텐츠를 이 폴더에 붙여넣는다. 프롬프트가 뜨면 어떤 파일도 덮어쓴다. 파이어폭스를 다시 시작한다.

애플 컴퓨터

- 위 단계를 따른다. 파이어폭스를 재시작할 때 애드온 페이지를 열어, 복사한 애드온을 모두 활성화한다. 파이어폭스를 재시동한다.

결과는 이 장에서 언급한 애드온이 모두 있는 파이어폭스의 사본이다. 여기서 논한 설정은 이미 적용됐고, 검색할 준비가 됐다. 이 프로필은 컴퓨터마다 무한히 복사할 수 있다. 이 파일을 이따금 업데이트하려 하겠지만, 설치할 때는 어느 정도 최신이 아닐 가능성이 크다. 파이어폭스 애드온 페이지에서 설정 버튼을 클릭하고 업데이트 확인을 선택해 수정한다. 가능한 어떤 애드온 업데이트도 적용한다. 즐겨찾기 바에서 이 프로필에 저장된 즐겨찾기 열이 눈에 띌 수 있다. 실제로는 타깃 페이지에서 실행할 때 기능을 수행하는 자바스크립트 프로그램이다. 다음은 이 글을 쓰는 시점의 옵션마다 설명한다.

자바스크립트 북마클릿

북마클릿은 웹브라우저에 새 기능을 추가하는 자바스크립트 명령문이 있는 즐겨찾기며, 웹브라우저에 저장된다. 북마클릿은 웹브라우저에 즐겨찾기 URL, 웹페이지 하이퍼링크로 저장되는 비간섭적인 자바스크립트다. 북마클릿 유틸리티를 즐겨찾기, 하이퍼링크 중 무엇으로 저장하든, 웹브라우저, 웹페이지에 원클릭 기능을 추가한다. 클릭할 때 북마클릿은 검색 쿼리 구동 등 광범위한 동작 중 하나를 수행한다. 예를 들어 웹페이지에서 텍스트를 선택한 후 북마클릿을 클릭하면, 선택한 텍스트로 인터넷을 검색해 검색 엔진 결과 페이지를 표시한다. 다음은 이전에 언급한 대로 무료 다운로드가 가능한 파이어폭스 프로필과 함께 포함된다. 각각 웹브라우저 내 타깃 웹사이트에 대해 특정 코드를 실행한다.

> Modified: 정적인 웹사이트의 마지막 수정일을 표시한다.
>
> Cahced: 웹사이트의 구글 캐시를 표시한다(2장).
>
> Wayback: Wayback Machine의 웹사이트 아카이브를 표시한다(2장).
>
> Source: 웹사이트의 소스 코드를 표시한다.
>
> Site: 웹사이트의 Site: 검색을 한다(2장).
>
> Translate: 전체 웹사이트를 번역한다(2장).
>
> YTPrint: 출력용으로 유튜브 동영상의 필름스트립 뷰를 생성한다(2장).
>
> YTReverse: 동영상의 리버스 이미지 검색을 한다(2장).
>
> Notes: 메모를 하기 위해 빈 페이지를 연다.
>
> FBExpand: 개인의 페이스북 타임라인에서 모든 댓글을 확장한다(3장).
>
> ClearTweetDeck: TweetDeck에 채운 트윗을 제거한다(3장).
>
> TorView: 네이티브로 표시하기 위해 프록시로 Tor 웹사이트를 연다(2장).

▲ **그림 1.12**: 다운로드 가능한 자바스크립트 북마클릿 열

☑ 크롬(google.com/chrome/browser/desktop)

크롬은 아주 가볍고, 시스템에 미치는 영향이 적다고 알려진 훌륭한 웹브라우저다. 크롬도 속성상 보안이 철저하다. 크롬은 탭마다 샌드박싱을 한다. 샌드박싱은 탭 내 콘텐츠를 그 탭 안으로 제한해 웹브라우저의 다른 탭, 컴퓨터 하드웨어를 "건드리지" 않도록 막는다. 악의적 소프트웨어를 포함하고 있는 웹사이트에 방문하거나 멀웨어 설치를 방지할 때 아주 중요하다. 항상 파이어폭스를 조사용 웹브라우저로 선호하지만, 크롬은 일상적인 웹 브라우징 시 내가 선호하는 웹브라우저다. 크롬은 조사 목적으로 이전에 파이어폭스에 관해 언급한 애드온 중 여럿을 사용할 수 있다. 하지만 크롬용 익스텐션 몇 개는 파이어폭스에서 작동하지 않는다. 여기서는 거기에 집중한다. 어떤 조사 자료를 논하기 전에 나는 크롬의 보안을 강화하도록 제안한다. 설정 메뉴에 들어가 다음 변경을 고려한다.

개인 정보: 콘텐츠 설정 버튼 옆에 "브라우징 데이터 삭제…"라는 레이블의 버튼이 있다. 이 버튼은 세션 동안 저장된 모든 데이터를 삭제해주는 대화상자를 연다. 지난 시간부터 "처음"까지의 기간 동안 정보를 제거할 수 있다. 이 기능으로 매일 브라우징 데이터를 모두 정리하고 싶을 수 있다. 그 대안으로 Click&Clean 익스텐션을 설치해 이 옵션을 자동화할 수 있다.

비밀번호와 폼: "Autofill을 활성화한 후, 클릭 한 번으로 웹 폼을 채우기", "웹 비밀번호 저장하기" 두 박스를 모두 언체크해 기능을 비활성화한다. 폼을 채우는 정보, 비밀번호를 크롬에 저장했다면, 조사를 수행하기 전에 어떤 데이터도 제거하도록 권장한다.

크롬 익스텐션: 크롬에서 애드온을 설치하기 위해 설정 메뉴로 이동한다. 크롬 인터페이스의 좌상단 측면에서 "익스텐션"을 클릭한다. 현재 크롬에 설치된 애드온이 전부 제시된다. 개인적으로 설치하거나 신뢰성을 조사하지 않은 애드온은 모두 제거하도록 권장한다. 게다가 파이어폭스를 위해 이전에 설명한 다음 익스텐션은 크롬에서 같은 방식으로 설치할 수 있다.

> Adblock Plus: 웹사이트 내에서 광고와 동영상을 차단
>
> Disconnect: 트래커, 분석 도구가 정보를 수집하지 못하도록 차단
>
> Disconnect Search: 개인 정보를 위해 프록시 서버로 쿼리 수행
>
> FireShot: 웹페이지 일부, 전체의 스크린샷 생성
>
> JSONView: 웹브라우저에 API JSON 결과 표시
>
> Nimbus: 큰 웹페이지의 대안적인 화면 캡처

크롬만 있는 다음 익스텐션은 온라인 조사에 추가 혜택을 제공할 수 있다.

Prophet(recruitingtools.com/prophet)

Prophet은 방문 중인 소셜 네트워크를 모니터링해 조사 중인 타깃에 관한 추가 세부 사항을 공급한다. Vibe와 아주 유사하지만, 계정을 요하지는 않는다. 설치 후 웹브라우저 우측 상단의 검은 화살표 아이콘을 클릭해 Prophet을 구동한다. 타깃의 소셜 네트워크 프로필에 있을 때 가장 효과가 좋다. 그림 1.13은 개인의 트위터 페이지에서 구동하는 동안의 뷰를 표시한다. 결과는 페이스북, 링크드인, Klout 프로필을 확인한다. 개인 블로그, 유튜브 동영상 채널에도 직접 연결된다. "Find Email Address" 옵션은 타깃 소유로 확인된 이메일 주소를 드러낸다.

▲ **그림 1.13**: 트위터 프로필에서의 Prophet 검색 결과

수많은 조사에서 이 익스텐션을 성공적으로 사용했다. Prophet이 데이터를 획득하기 위해 사용하는 방법론은 수동 검색으로 복제할 수 있지만, 힘든 프로세스다. 이 익스텐션은 시간을 절약해준다. 한 조사에서 나는 재빨리 협박건에 연루된 여러 트위터 프로필에 연결된 페이스북 페이지를 찾아야 했다. Prophet 사이드 바를 확장해둔 채 프로필마다 클릭해서 즉시 계정 중 대부분을 확인했다. 2시간이 걸리는 업무를 15분 이내에 완료했다. 이 도구는 트위터, 페이스북, 구글 플러스, 링크드인 프로필 등에서 실행할 때 가장 효과가 좋다. 블로그나 개인 웹사이트는 효과가 그리 좋지 않다.

Hunchly(hunch.ly)

FireShot, Nimbus를 파이어폭스, 크롬 모두와 작동하는 무료 옵션으로 설명한 반면, 둘 다 한계가 있다. 큰 소셜 네트워크 프로필과는 잘 작동하지 않으며, 둘 다 어떤 유형의 파일 관리 솔루션도 제공하지 않는다. 무료 자원에만 집중하려 하지만,

이 책은 Hunchly에 관한 논의 없이는 완료할 수 없다. Hunchly는 데이터 캡처, 분석을 OSINT 조사 동안 최적화하기 위해 설계된 유료 도구다. Hunchly는 조사 과정 동안 정보를 잃지 않도록 방문한 페이지 모두의 전체 콘텐츠를 캡처한다. 게다가 이미지에 태그를 달고, 사건이 일어나는 동안에 수행한 모든 검색을 추적해준다. Hunchly는 대신 선택한 것을 추적하는 기능이 강력한데, 그 예는 ID, 전화번호, 이메일 주소, 이름 외에 사건 관련 기타 중요 정보다. 이 선택한 것 중 무엇이라도 브라우징 중인 페이지에서 발견하면, 크롬 익스텐션은 발견됐음을 알려준다. 그 산재된 정보의 파편을 모두 기억할 필요없이 조사 전반에 걸쳐 중요한 정보를 추적해줄 수 있다.

Hunchly는 스크린샷, 메모를 위해 다른 소프트웨어로 전환할 필요없도록 구글 크롬에 완벽히 통합된다. 모든 콘텐츠를 지속적으로 캡처하는 기능과 결합해 더 이상 메모, 스크린샷 때문에 하던 일을 멈출 필요가 없다. 이러면 현재 조사에 계속 집중하게 된다. Hunchly가 캡처한 모든 데이터는 하드 드라이브에 남으며, 클라우드나 온라인 데이터베이스에 저장되지 않는다. 케이스 익스포팅으로 기기에서 백업 기기로 케이스 파일을 쉽게 이동하거나 법정에서 폭로하기 위해 데이터를 제공할 수 있다.

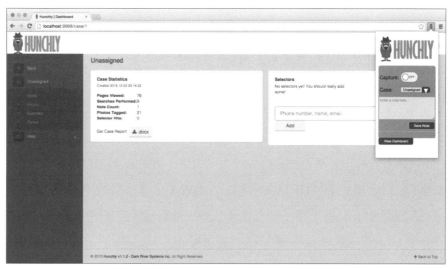

▲ **그림 1.14**: 사용 중인 Hunchly 캡처 도구

☑ Tor 웹브라우저(torproject.org)

Tor는 'The Onion Router'의 줄임말이다. 기본적으로 IP 주소를 마스킹해 거짓 주소로 인터넷을 브라우징하게 해준다. 정상적으로는 인터넷에 접속해 웹사이트로 브라우징할 때 인터넷 서비스 제공업체가 할당한 IP 주소를 확인할 수 있다. 종종 현재 있는 도시, 주, 아마 현재 위치한 사업 조직도 확인할 수 있다. 공개된 무선 인터넷 접속을 사용 중인 경우라면 빌딩도 확인할 수 있다. 웹사이트 소유자는 이 정보를 분석해 조사자를 함정에 빠뜨릴 수 있다. 이전에 설명한 파이어폭스용 Disconnect 애드온을 권장했던 여러 이유 중 하나다. Disconnect는 정보를 모니터링하는 웹사이트 내의 분석 코드 대부분을 차단하지만, 전부 막지는 못한다. 이따금 다른 국가에 있는 누군가로 보이기 위해 IP 주소를 바꿀 수 있다. 이 경우 Tor는 탁월하다.

무료로 다운로드할 수 있는 Tor 번들은 휴대가 가능하며, 설치도 필요하지 않다. 다운로드 후 파일의 압축을 풀어 데이터를 모두 추출한다. 이제 "Start Tor Browser" 아이콘을 더블클릭해 프로그램을 시작할 준비가 됐다. Tor가 처음 완료할 과업은 Tor 서버 연결 생성이다. 보통 다른 국가에 있는 서버에 연결해 그 서버로 인터넷 트래픽을 모두 라우팅한다. 연결 성공 후 파이어폭스 웹브라우저의 커스텀 버전을 로딩한다. 이제 이 웹브라우저로 방문하는 모든 웹사이트는 자신의 IP 주소 대신 새 주소로 접속 중이라고 가정한다. 이는 용의자로부터 숨은 상태를 유지하기 위해 개인 정보의 한 층위를 제공한다. 대부분의 조사에서는 과할 수 있다. 페이스북, 트위터, 유튜브 등 흔한 서비스를 검색, 모니터링만 할 경우, 이 서비스는 필요하지 않다. 기술에 밝은 해커의 개인 웹사이트, 블로그를 방문 중이라면, Tor를 고려해야 한다. Tor를 사용할 때 인터넷 속도가 극히 떨어질 수도 있는데, 이는 정상이며 불가피하다. 종종 연결이 오래 지속될수록 개선된다. 서비스를 중단하기 위해서는 그냥 웹브라우저를 닫으면 된다. 이러면 Tor 네크워크와 단절돼 모든 서비스를 중단한다. 그림 1.15는 좌측에서 Tor로 내게 할당된 IP 주소를 표시하고, 우측에서 Tor를 통하지 않은 웹브라우저를 표시한다. Tor 웹브라우저로 수행된 어떤 행동도 내 실제 인터넷 연결과 연관되지 않는다.

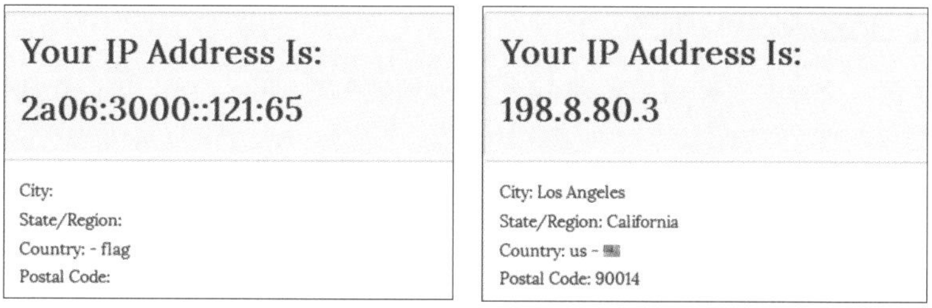

Your IP Address Is:	Your IP Address Is:
2a06:3000::121:65	198.8.80.3
City: State/Region: Country: - flag Postal Code:	City: Los Angeles State/Region: California Country: us - 🇺🇸 Postal Code: 90014

▲ **그림 1.15**: Tor IP 주소, 위치(좌측), 실제 데이터(우측)

☑ 버추얼 머신

버추얼 머신^{VM}은 특정 컴퓨터 시스템의 에뮬레이션을 수행한다. 컴퓨터 운영체제 위의 컴퓨터 운영체제다. 흔히 소프트웨어 프로그램은 운영체제 내에 실행되며, 개별 운영체제는 그 프로그램 내에서 구동할 수 있다. 버추얼 머신마다 다른 버추얼 머신, 호스트 운영체제로부터 독립적이다. 한 버추얼 머신의 환경은 다른 환경에 전혀 영향을 주지 않는다. 간단히 말해 단일 컴퓨터 내에 수많은 컴퓨터가 있는 셈이다.

버추얼 머신을 생성, 실행해주는 프로그램이 여럿 있다. VMWare, Parallels 등 상당수는 유료 프로그램이다. 둘 다 사용해봤는데, 훌륭한 제품이다. 하지만 이 섹션에서는 Virtual Box에만 집중한다. Virtual Box는 완전히 무료며, 운영하기도 쉽다. 게다가 다양한 운영체제를 구동하는 여러 방법을 여러 장으로 설명할 수 있지만, 리눅스만 논할 것이다. 여러 이유가 있는데, 일단 리눅스는 무료다. 어떤 소프트웨어를 구매하거나 라이선스를 얻지 않고도 Virtual Box로 어떤 컴퓨터든 커스텀 리눅스 버추얼 머신을 생성할 수 있다. 둘째, 리눅스는 아주 보안이 철저하다. 실제로 바이러스가 전혀 없는 환경에서 작업하면, 의심스러운 온라인 웹사이트로 이동할 때 엄청난 혜택이다. 보안이 철저한 운영체제를 구동하는 무료 버추얼 머신, 완료 시 파괴하고 재시동하는 옵션을 결합하면, OSINT 컬렉션에 최적의 시나리오를 갖춘 셈이다. 게다가 17장에서 설명할 고급 커스텀 USB 부팅 운영체제는 Virtual Box 및 기타 가상화 소프트웨어에 의존한다.

☑ Virtual Box(virtualbox.org)

Virtual Box의 기능, 성능에 관해 많은 글을 쓸 수도 있다. 설정, 애플리케이션 내에 버추얼 머신을 유지하는 법을 설명할 수 있다. 설치 안내는 virtualbox.org에 있는데, 아주 쉽다. 다른 애플리케이션을 윈도우, 맥, 리눅스 등에 설치하는 것과 마찬가지로 Virtual Box를 설치한다. 설정하는 동안 설치되는 디폴트 옵션은 수요에 충분하다. Virtual Box가 기능하는 요건은 가상화를 지원하는 컴퓨터뿐이다.

어떤 현대적인 애플 제품도 수정 없이 작동할 것이다. 지난 5년 내에 만든 대부분의 하이엔드 윈도우 컴퓨터도 문제가 없어야 하지만, BIOS(Basic Input/Output System)에서 가상화 지원을 활성화해야 할 수도 있다. 넷북, 오래된 기기, 값싼 로엔드 컴퓨터는 문제가 있을 가능성이 크다. 그 요건을 맞추는 데 의문이 든다면, 컴퓨터 모델과 함께 가상화를 검색하면 답을 찾을 것이다. 그 대안으로, 다음 튜토리얼로 Virtual Box를 설치해 새 기기를 만든다. 컴퓨터가 이를 지원하지 않는 경우, 즉시 알 수 있다. 이 섹션 중 나머지는 컴퓨터가 이 요건에 맞는다고 가정한다. 이 모든 안내는 윈도우, 맥, 리눅스 운영체제에 적용된다. Virtual Box를 설치한 후, 새 버추얼 머신을 생성해야 한다. 다음 단계는 현재 시스템과 독립적으로 작동할 새 리눅스 민트 운영체제를 생성한다.

- linuxmint.com/download.php로 이동해 리눅스 민트 운영체제의 최근 에디션을 다운로드한다. 컴퓨터가 32비트 기기라 믿을 이유가 없다면, 민트 "Cinnamon" 에디션의 64비트 버전을 다운로드한다. 이러면 ISO 확장자로 큰 파일을 다운로드한다. 민트는 리눅스의 표준 우분투 버전을 기반으로 하며, 윈도우 운영체제와 아주 유사하다(다른 리눅스 변형에 비해).

- Virtual Box를 런칭해 좌상단의 New 아이콘을 클릭한다. 새 기기에 Linux Mint라는 이름을 붙이고, Type은 Linux, Version은 Linux 2.4/3.x/4.x(64-bit)를 선택한다. continue를 클릭한다.

- 버추얼 머신에 할당하고 싶은 RAM(메모리)의 용량을 선택한다. 나는 컴퓨터

전체 RAM의 1/4을 사용하도록 권장한다. 내 테스트 기기인 맥북프로는 RAM이 16GB니, 4GB(4096MB)를 선택했다.

- 디폴트 옵션이 VDI의 동적으로 할당된 하드 디스크를 생성하도록 허용한다. 20GB의 하드 드라이브 크기를 선택해 Create를 클릭한다. 이러면 새 버추얼 머신이 Virtual Box에 추가되지만, 운영체제는 없다.

- 이 새 기기를 우클릭해 Settings를 클릭한다. Storage 탭에서 Controller 아래 CD 아이콘을 클릭하는데, "empty"라 읽혀야 한다. Live CD/DVD라는 박스를 체크한다. IDE Secondary Master를 선언하는 Optical Drive 메뉴 바로 우측의 작은 CD 아이콘을 클릭한다. Choose Virtual Optical Disk File을 클릭해 이전에 다운로드한 Linux Mint 파일로 브라우징한다. Open을 클릭한 후 OK를 클릭한다. 메뉴에서 선택한 버추얼 머신으로 주 메뉴 바에서 녹색의 Start 버튼을 클릭한다.

이제 컴퓨터의 한 창에서 리눅스 민트를 구동한다. 그림 1.16(좌측)은 내 Virtual Box 창을 표시한다. 이 버추얼 머신에서 취한 행동은 주 컴퓨터에 전혀 영향을 주지 않는다. 기기에서 파이어폭스 웹브라우저를 열고 인터넷을 사용할 수 있다. 이 창을 닫으면 액션이 저장되지 않는다. 기술적으로는 "라이브" 리눅스 환경이다. 나는 이 라이브 배포의 여러 사용법을 17장에서 논한다. 다음 단계를 실행해 리눅스를 실제 영구적인 기기로 설치하도록 제안한다.

- 버추얼 머신의 데스크톱에서 Install Linux 아이콘을 더블클릭한다. 이름을 제공하는 화면에 도달하기까지 모든 디폴트 옵션을 수용한다. 그림 1.16(우측)은 osint의 이름을 선택해 부팅 시 자동으로 로그인하도록 선택한 것이다. Continue를 클릭해 설치 완료를 허용한다.

- 기기를 재부팅하도록 프롬프트가 뜬다. 그 대신 기기를 완전히 닫는다. Virtual Box의 Settings 메뉴에서 드라이브를 생성할 때 사용한 ISO 부팅 CD를 제거한다. 이 설정은 전에 ISO 파일을 추가한 곳에 있다. 리눅스 ISO를

우클릭해 Remove Attachment를 선택한다. 이러면 이 부팅 디스크 사용을 막고, 실제 설치가 기능하도록 허용한다.

리부팅 후 이제 실제 리눅스 민트가 설치돼 있을 것이다. 다른 어떤 운영체제로도 사용할 수 있다. 이제 어떤 변경도 저장한다. 이전에 언급한 파이어폭스 애드온을 전부 설치할 수 있고, 부팅할 때마다 존재한다. 하지만 조사의 어떤 증거도 보존된다. 원하는 대로 운영체제를 설정하면, 다음 안내가 시스템을 복제한다.

- 운영체제를 종료할 때 Virtual Box 메인 창 내 버추얼 머신을 우클릭한다. 메뉴에서 Clone을 선택해 새 사본의 이름을 제공한다. Full Clone의 디폴트 옵션, Current Machine State를 선택한다. Clone을 클릭한다.

이제 이 새 제목으로 주 메뉴에 또 다른 버추얼 머신이 보인다. 이제 현재 서로 동일한 두 머신이 있다. 주 사본을 감염시키지 않고도, 이 새 클론을 실제로 조사하는 동안에 사용할 수 있다. 원래 머신의 여러 사본을 생성해 필요 시 준비할 수 있다. 머신을 한 번만 사용한 후, 머신에서 우클릭해 삭제할 수 있다. 이 기술로 기회는 무한하다. 17장은 버추얼 머신 내 리눅스의 여러 고급 기능을 논한다. Virtual Box 내에서 너무 많이 진행하기 전에, 그 장을 읽어보도록 권장한다.

중요한 일부 기능이 리눅스 운영체제에 빠져 있다. 리눅스 운영체제에서 혹은 그곳으로 파일을 복사해 붙여넣은 기능 등이다. 컴퓨터에서 알려지지 않은 드라이버 때문에 비디오 해상도도 제한될 수 있다. 다음 단계는 이 상황을 해결한다.

- 리눅스 민트 환경 내에서 Virtual Box 메뉴 바의 Devices 메뉴를 클릭한다. Insert Guest Additions CD Image를 선택한다. 팝업 박스에서 Run을 선택한다. 화면의 안내를 따라 어떤 설정도 허용한다. 새 설정을 적용하기 위해 재시작한다.

- 이 머신을 위해 Virtual Box Settings 메뉴에 진입한다. General 탭 아래의 Advanced 탭을 선택한다. Shared Clipboard를 Bidirectional로 바꾼다. 이

러면 이 머신으로, 혹은 그곳으로부터 복사해 붙여넣을 수 있다. 리눅스를 재시작해 이 변경을 적용한다. 이 기능은 나중에 중요하다.

이제 컴퓨터가 저장할 수 있는 만큼, 리눅스 버추얼 머신을 만들 수 있다. 프로세서가 지원한다면, 여러 머신을 동시에 돌릴 수 있다. 훈련 세션 동안 나는 종종 노트북에서 하루 종일 버추얼 머신 서너 대를 구동한다. 온라인 조사가 웹브라우저, 발견 내용의 문서화 방법을 요한다면, 항상 버추얼 머신을 사용할 것도 고려할지 모른다. 악의적인 소프트웨어가 없을 것이며, 다른 사건도 감염시키지 않는다. 나중에 사용, 발견하기 위해 운영체제 전체를 아카이빙할 수 있다. 리눅스로 소프트웨어 라이선스 이슈를 모두 피하고, 성능을 개선할 가능성도 크다. 가상화를 나중에 더 고급 수준으로 끌어올린다. 버추얼 머신 스냅샷은 이 장의 범위를 벗어나지만, 온라인에 안내가 많다. 전반적으로 운영체제의 현 상태에 대해 스냅샷을 뜬 후, 나중에 되돌릴 수 있다.

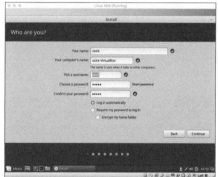

▲ **그림 1.16**: 버추얼 머신 내 리눅스 운영체제

☑ **가상 사설 네트워크**(VPN)

실제 검색 기법으로 진행하기 전, 마지막 남은 주제가 하나 있다. 내가 강력히 지원하는 기술이며, 아주 적은 비용이 든다. 나는 모든 OSINT 조사원이 가상 사설 네트워크를 보유하고 항상 사용해야 한다고 믿는다. VPN은 인터넷 등 공용 네트워크

에 걸쳐 사설 네트워크를 확장한다. 사용자는 컴퓨팅 기기가 사설 네트워크에 직접 연결된 것처럼 공유 네트워크, 공용 네트워크를 넘나들며 데이터를 주고받을 수 있다. 따라서 사설 네트워크의 기능성, 보안, 관리 정책으로부터 혜택을 얻는다. 앞서 언급한 Tor 웹브라우저와 유사하게 VPN은 온라인에서 신원을 가린다. 두 특정 사례는 이 자원의 수요를 입증해준다.

가정용 컴퓨터가 인터넷에 접속돼 있는 경우, 인터넷 서비스 제공업체[ISP]의 망을 사용한다. 방문자를 모니터링하는 웹사이트로 이동하면, IP 주소, 대략적 위치, 인터넷 제공업체 및 유형(케이블, DSL 등)이 있다.

하지만 같은 컴퓨터의 같은 인터넷 접속이라도 VPN으로 보호할 수 있다. VPN 소프트웨어는 컴퓨터를 인터넷 접속으로 그 서버 중 하나에 연결한다. 이 암호화 트래픽은 ISP가 해독할 수 없다. 트래픽이 VPN 서버에 도달하면, 데이터를 주고받고 유입되는 패킷을 되돌려준다. 방문 중인 웹사이트는 VPN 서버의 IP 주소를 보유한다고 믿는다. 인터넷 연결 유형, 위치는 모른다.

일부 독자는 왜 이 시나리오에 그냥 무료 Tor 서비스를 사용할 수 없는지 의아해할 수 있다. 사용할 수도 있지만, 항상 권장할 만하지는 않다. Tor 연결은 항상 사용하기에 너무 느릴 수 있다. 또 일부 웹사이트는 Tor 프록시를 통한 서비스 접근을 허용하지 않는다. Tor로 은행에 연결하면 경고가 뜰 가능성이 크며, 접속이 차단될 수 있다. 나는 Tor가 전체 연결을 진정 숨겨야 할 때 훌륭하다고 믿는다. 일상적인 브라우징은 VPN에 더 적절하다.

대기업에서 일한다면, 이미 기업용 VPN에 접속권이 있을 것이다. 문의해보고 옵션을 확인해야 한다. 기업 솔루션이 없는 사람은 VPN 서비스를 구매해야 한다. 무료 VPN을 나눠주는 일부 업체도 있지만, 나는 결코 권장하지 않는다. 극히 느리며, 종종 다른 사람의 트래픽을 인터넷 접속에 이용한다. 그 대신 내가 즐겨쓰는 제공업체 PIA에서 접속권을 구매하는 것도 고려할 수 있다.

Private Internet Access(PIA)는 아주 인기 있는 상용 VPN이다. 무제한 접속이 1년에 39달러 이하다. 나는 항상 내 웹사이트의 Privacy 탭 아래 최고 판매 링크를 유지한다. PIA로 전 세계 서버 수십 개에 마음대로 접속할 수 있다. 나는 서부에 있는 것처럼 보이고 싶을 때는 캘리포니아, 동부에 있는 것처럼 보이고 싶을 때는 뉴욕을 선택한다. BBC를 온라인으로 보면서 제한을 우회하기 위해 런던을 선택할 수 있고, 캐나다 사용자처럼 보여야 할 때 토론토를 선택할 수 있다. 연간 접속권은 동시에 기기 5대까지 사용할 수 있다. 내 개인적인 VPN 정책은 꽤 단순하다. 항상 인터넷에 연결하는 어떤 기기도 VPN을 사용한다. 데스크톱, 노트북, 휴대폰 등이다.

요약

이 책의 나머지를 진행하기 전에, 이 장의 콘텐츠 중 상당 부분을 실행해야 한다고 믿는다. 여기서 논한 방법론은 사용자, 컴퓨터, 인터넷 접속을 보호하는 데 유용하다. 웹브라우저, 익스텐션은 온라인 조사를 쉽고 더 효율적으로 만든다. 캐주얼한 검색 사용자는 버추얼 머신, VPN이 필요하지 않을 수 있다. 하지만 폭력적인 인물로부터의 위협을 모니터링하는 글로벌 보안 팀은 이것 없이 지낼 여유가 없다. 특수한 수요에 가장 적용 가능한 순서로 다음 요약을 고려해보자.

- 컴퓨터를 알려진 바이러스, 멀웨어로부터 보호한다.
- 적어도 주당 한 번은 시스템 클리너를 실행한다.
- 파이어폭스, 크롬 등 더 나은 웹브라우저를 설치한다.
- 조사의 효율성을 높이는 웹브라우저 애드온을 고려한다.
- 버추얼 머신을 디플로이해 사용할 때마다 깨끗한 운영체제를 제공한다.
- VPN으로 보안이 철저하고 마스킹된 인터넷에 접속한다.

검색 엔진

02장

여러 조사원에게 첫 단계는 인기 검색 엔진이다. 미국 내 양대 주자는 구글과 빙이다. 이 장은 둘 외에 기타 엔진의 고급 사용법을 상세히 파고든다. 이 기법 중 대부분은 어떤 검색 엔진에도 적용할 수 있지만, 여러 사례는 이 둘에 특수하다.

☑ 구글(google.com)

구글 검색, 구글 해킹에만 할애된 책도 여럿 있다. 대부분은 침투 테스트, 컴퓨터 네트워크 보안에 집중한다. 훌륭한 정보로 가득하지만, 종종 빠른 개인 정보를 찾는 조사관에게는 과하다. 몇 가지 간단한 규칙은 더 정확한 데이터를 찾아줄 수 있다는 것이다. 현존하는 어떤 책도 실제 웹브라우저에서 실행하는 이 기법을 대체하지 못한다. 검색할 때 망가지는 것이 전혀 없다. 실행해보면서 고급 옵션에 친숙해지면 된다.

따옴표

따옴표 내에 타깃 이름을 배치하면 정보를 빨리 한 번 훑어볼 때 엄청난 차이가 난다. 인용부호 없이 내 이름 검색을 수행하면, "Michael", "Bazzell" 단어를 포함하는 4만 7,300페이지가 나타난다. 이 페이지는 반드시 이 두 단어를 서로 나란히 둘 필요가 없다. 단어 "Michael"은 다른 사람의 이름일 수 있는 반면, "Bazzell"은 또 다른 사람의 이름 옆에 있을 수 있다. 이 결과는 부정확한 정보를 제공할 수 있다. "Michael Santo", "Barry Bazzell"의 참조를 포함할 수 있지만, 내 이름은 아니다. 기술적으로 페이지에 단어 "Michael", "Bazzell"가 나타나기에, 목록에서 결과에 걸린다. 그러지 않으려면 항상 타깃 이름 주변에 인용부호를 사용해야 한다. 인용구를 포함해 단어 "Michael Bazzell"를 검색하면, 검색 결과가 4,090개로 줄어든다.

이 페이지마다 단어 "Michael", "Bazzell"를 서로 인접해 포함한다. 구글 및 기타 검색 엔진이 관련된 이름을 검색하는 기술을 갖췄지만, 항상 완벽하지는 않고, 인용부호로 검색할 때는 적용되지 않는다. 예를 들어 인용부호 없는 "Michael Bazzell" 검색은(Michael 대신) Mike Bazzell을 참조하는 페이지를 찾는다. 인용부호가 있는 검색은 이 결과를 찾지 못했다. 어떤 검색어든 주변에 인용부호를 배치하면, 구글에게 정확히 요청한 대로 검색하도록 알려준다. 타깃 이름이 "Michael"이면, "Mike"에 대해 추가 검색어를 고려할 수 있다. 인용부호 있는 검색 결과가 없거나 적다면, 인용부호를 제거하고 다시 검색해야 한다.

이 검색 기법은 이메일 주소, ID를 검색할 때 중요할 수 있다. 인용부호 없이 "michael@inteltechniques.com"의 이메일 주소를 검색하면, 검색 결과 8,070건이 나온다. 인용부호와 함께 "michael@inteltechniques.com"을 검색하면, 실제로 그 이메일 주소를 포함하는 결과 4건만 나온다. "Michael Bazzell" 등 인용부호 있는 검색 결과가 너무 많을 때는 검색어를 더해야 한다. 내 이름 뒤에 단어 "police"를 더하면, 결과는 4,090개에서 1,870개로 줄어든다. 이 결과는 단어 "Michael", "Bazzell"이 서로 나란히 있고, 단어 "police"가 페이지 어딘가에 있는 페이지를 모두 포함한다. 모두 나에 관한 결과가 아닐지도 모르지만, 대부분은 그러하며, 쉽게 요약할 수 있다. 타깃의 직업, 거주 도시, 일반적 관심사, 대학교를 더하면 무관한 결과를 제거할 수 있다.

검색 연산자

대부분의 검색 엔진은 검색 필드 내에 명령문 사용을 허용한다. 이 명령문은 실제 검색어의 일부는 아니며, 연산자라 불린다. 연산자 검색은 대개 두 부분이며, 각각 콜론(:)으로 구분한다. 콜론 좌측은 site(웹사이트), link(웹 링크), ext(파일 확장자) 등 연산자 유형이 있다. 우측은 타깃 도메인, 파일 유형 등 연산자 규칙이 있다. 다음은 연산자, 가장 적절한 용도를 설명한다.

웹사이트 연산자

구글 및 기타 검색 엔진은 검색 문자열 내 연산자 사용을 허용한다. 연산자는 검색어에 추가되는 텍스트며, 기능을 수행한다. 내가 즐겨쓰는 연산자는 "site:" 기능이다. 이 연산자는 검색 결과에 두 혜택을 제공한다. 일단 특정 도메인에 있는 페이지 결과만 제공한다. 둘째, 그 도메인에서 검색어가 있는 결과를 모두 제공한다. 나는 데모를 위해 내 이름을 다시 사용한다. 구글에서 "Michael Bazzell" 검색을 수행했다. 결과 중 하나는 웹사이트 forbes.com 링크다. 이 검색 결과는 나에 대한 참조가 있는 그 도메인의 여러 페이지 중 하나다. 하지만 이 검색은 그 안에 내 이름이 있는 도메인 내 여러 페이지 중 하나만 표시했다. 관심 타깃을 포함하는 특정 도메인의 모든 페이지를 조회하고 싶다면, 웹사이트 연산자가 필요하다. 나는 다음 이 그젝트 검색을 했다.

Site:forbes.com "Michael Bazzell"

결과는 콘텐츠에 내 이름이 있는 forbes.com 내의 7개 페이지 모두였다. 이 기법은 어떤 도메인에도 적용할 수 있다. 소셜 네트워크, 블로그, 검색 엔진이 색인한 다른 어떤 웹사이트도 포함한다.

이 기법을 사용하는 또 다른 방법은 특정 도메인의 일부인 모든 페이지를 찾는 것이다. site:inteltechniques.com의 검색 쿼리는 내 개인 웹사이트에서 공개로 찾을 수 있는 560페이지 전부를 표시한다. 실제 웹사이트로 이동하지 않고도 타깃의 개인 웹사이트 콘텐츠 전부를 검토하는 홀륭한 방법이다. 웹사이트 내에서 클릭하다 콘텐츠를 놓치기가 쉽다. 이 기법을 써서 요약하기 쉬운 포맷으로 모든 페이지를 본다. 또한 저자가 공개 페이지에서 링크를 걸었을 경우, 그 사람이 "비공개"로 간주할 웹사이트 내 페이지 중 일부가 실제로는 공개일 수 있다. 구글이 페이지를 색인한 후에는 콘텐츠를 "site" 연산자로 볼 수 있다.

실제 적용: 나는 개인적인 배경 확인을 수행하는 동안 일관되게 웹사이트 연산자를 사용한다. 한 번은 아주 공적인 지위의 지원자 휴대폰 번호를 받았다. 이 번호의 craiglist.org 검색은 결과가 없었다. "site:craigslist.org", 휴대폰 번호의 구글 검색 결과는 지원자가 스스로를 남창으로 프로모션하는, 만료됐지만 아카이브된 포스트를 노출했다. Craigslist 검색의 추가 방법론은 이 책의 나중에 자세히 다룬다. 게다가 "site:amazon.com", 타깃 이름의 검색은 흥미로운 정보를 노출할 수 있다. 이전에 약물, 알콜 의존성이 없다고 선언하는 진술서에 서명한 지원자의 최근 배경 확인은 유해한 결과 몇 가지를 산출했다. 검색은 사용자가 아마존에 남긴 등록 리뷰를 제공했다. 통제된 약물에 지속적으로 중독됐을 때 도움이 된 구매 서적을 참조했다. 다시 한 번 말하지만, 이 결과는 타깃의 수많은 일반 검색 결과 중 어딘가에 나타났을 수 있다. 하지만 웹사이트 연산자는 내가 살펴봐야 하는 결과로 정확히 안내했다.

파일 유형 연산자

구글, 빙 모두에서 작동하는 또 다른 연산자는 파일 유형 필터다. 단일 파일 유형 확장자로 어떤 검색 결과든 필터링해준다. 구글이 이 연산자를 "ext"로 줄이도록 허용하는 반면, 빙은 그렇지 않다. 그러므로 검색 사례에서는 원래 "filetype" 연산자를 사용한다. 시스코 사에 관련된 파워포인트 프레젠테이션 파일을 찾으려는 다음 검색어를 고려해보자.

"Cisco" "PowerPoint"

결과는 콘텐츠에 단어 Cisco, PowerPoint가 있는 웹사이트 90만 9,000개다. 하지만 모두 실제로 파워포인트 문서는 아니다. 다음 검색어는 정확도를 위해 사례를 상세화한다.

"Cisco" filetype:ppt

결과는 콘텐츠에 Cisco가 있는 2만 8,300개의 마이크로소프트 파워포인트 프레젠테이션이다. 이 검색은 예전 파워포인트 포맷인 PPT만 찾았지만, PPTX 확장자가 있는 새 파일은 더 이상 찾지 않았다. 그러므로 다음 두 검색어가 더 철저하다.

"Cisco" filetype:ppt
"Cisco" filetype:pptx

둘째 검색어는 추가로 파일 1만 2,000개를 제공했다. 이러면 파워포인트 파일이 총 4만 개라 과하다. 나는 조사 목적으로 가장 최근 콘텐츠에 초점을 맞추기 위해 내 결과를 더욱 필터링한다. 다음 검색어는 슬라이드 콘텐츠에 정확한 Cisco Confidential이 있는 더 최근의 파워포인트 파일만 표시한다.

"Cisco Confidential" filetype:pptx

결과는 정확히 관련된 파워포인트 파일 976건이다. 이 기법은 용도가 다양하다. filetype:doc "resume" "target name" 검색은 종종 휴대폰 번호, 개인용 주소, 이력, 학력 정보, 추천, 기타 인터넷에 의도적으로 결코 게시하지 않을 개인 정보가 있는, 타깃이 만든 이력서를 제공한다. "filetype" 연산자는 어떤 웹사이트에서든 파일 유형으로 어떤 파일도 확인할 수 있다. "site" 연산자와 조합해 단일 도메인 내 어떤 파일 유형도 모두 찾을 수 있다. 다음 검색으로 웹사이트 irongeek.com에 저장된 여러 문서를 찾을 수 있었다.

site:irongeek.com flletype:pdf
site:irongeek.com filetype:ppt
site:irongeek.com filetype:pptx

이전에 구글, 빙은 MP3, MP4, AVI 등 유형별로 미디어 파일을 색인했다. 도용된 콘텐츠의 남용 때문에 더 이상 작동하지 않는다. 다음 확장자가 색인돼 가치 있는 결과를 제공한다.

7Z: 압축 파일	ODS: 오픈오피스 스프레드시트
BMP: 비트맵 이미지	ODT: 오픈오피스 텍스트
DOC: 마이크로소프트 워드	PDF: 어도비 애크로뱃
DOCX: 마이크로소프트 워드	PNG: 이미지
DWF: 오토데스크	PPT: 마이크로소프트 파워포인트
GIF: 애니메이션 이미지	PPTX: 마이크로소프트 파워포인트
HTM: 웹페이지	RAR: 압축 파일
HTML: 웹페이지	RTF: 리치 텍스트 포맷
JPG: 이미지	TXT: 텍스트 파일
JPEG: 이미지	XLS: 마이크로소프트 엑셀
KML: 구글 어스	XLSX: 마이크로소프트 엑셀
KMZ: 구글 어스	ZIP: 압축 파일
ODP: 오픈오피스 프레젠테이션	

하이픈(-)

이전에 언급한 검색 연산자는 특정 데이터를 포함하기 위한 필터다. 그 대신 결과에 나타나지 않도록 일부 콘텐츠를 제외할 수 있다. 하이픈은 검색 엔진, 소셜 네트워크 대부분에 어떤 결과든 즉시 뒤따르는 텍스트를 제외하도록 알려준다. 절대 하이픈, 필터링할 텍스트 사이에 공백을 두지 말아야 한다. 다음은 제외할 텍스트를 포함해 내 이름을 검색한 것이다. 검색어마다 구글이 반환하는 결과 수가 이어진다.

"Michael Bazzell" 8,770

"Michael Bazzell" -police 7,670

"Michael Bazzell" -police -FBI 7,000

"Michael Bazzell" -police -FBI -osint 6,010

"Michael Bazzell" -police -FBI -osint -books 4,320

"Michael Bazzell" -police -FBI -osint -books -open source 404

"Michael Bazzell" -police -FBI -osint -books -open source -mr. robot 9

마지막 검색어는 제한된 단어 중 무엇이든 포함하는 결과를 모두 제거했다. 아홉 페이지는 여전히 내 이름으로 다른 사람을 참조한다. 검색 필터에서 내 목표는 전체 결과를 관리 가능한 수로 줄이는 것이다. 검색 결과가 과할 때 서서히 제외할 단어를 추가해 분석 데이터량에 영향을 준다.

InURL 연산자

웹사이트 URL, 주소 내 데이터만 집중하는 연산자를 지정할 수 있다. 이전에 앞서 논한 연산자는 웹페이지 내 콘텐츠에만 적용된다. 이 기법으로 내가 즐겨찾는 검색어는 익명 접속을 허용하는 파일 전송 프로토콜(FTP) 서버를 찾는 것이다. 다음 검색어는 파일 내 OSINT 단어를 포함하는 PDF 파일이 있는 FTP 서버를 전부 확인한다.

inurl:ftp -inurl:(http|https) filetype:pdf "osint"

다음은 이 검색의 작동 방식과 이유를 해부한다.

inurl:ftp - 구글에게 URL에 "ftp"가 있는 주소만 표시하도록 안내한다.

- inurl:(http|https) - 구글에게 URL에 http나 https가 있는 주소를 모두 무시하도록 안내한다. 구분자는 백슬래시 키 위에 있는 파이프 부호(|)다. 구글에게 "OR"을 알려주며, 반드시 어떤 표준 웹페이지도 제외한다.

filetype:pdf - 구글에게 PDF 문서만 표시하도록 안내한다.

"osint" - 구글에게 결과 콘텐츠에 정확한 단어 osint가 반드시 있어야 함을 안내한다.

명백히 이 연산자로 표준 웹페이지, 문서, 파일을 찾을 수 있다. 다음 검색어는 "wp"(워드프레스)라는 폴더 내에 있는 computercrimeinfo.com에서 나온 블로그 포스트만 표시한다.

inurl:/wp/ site:computercrimeinfo.com

InTitle 연산자

InUTL과 유사한 "InTitle" 연산자는 웹페이지를 페이지의 실제 콘텐츠를 제외한 세부로 필터링한다. 이 필터는 페이지 제목 내에 특정 콘텐츠가 있는 웹페이지만 제시한다. 실제 인터넷의 모든 웹페이지는 페이지의 공식 제목이 있다. 종종 페이지 소스 코드 내에 있으며, 콘텐츠 내 어디에도 표시하지 않을 수 있다. 웹마스터 대부분은 검색 엔진이 가장 잘 색인할 제목을 세심히 생성한다. 구글에서 "osint video training"을 검색하면, 11만 5,000개의 결과가 나온다. 하지만 다음 검색은 863개로 필터링한다. 페이지 제목이라는 제한된 공간 내에 검색어가 있는 웹페이지만 포함한다.

intitle:osint video training

OR 연산자

결정적이지 않은 검색어가 있을 수 있다. 종종 철자가 틀리는 성이 특이한 타깃이 있다. "OR"(대문자) 연산자는 구글에게 A와 B가 아니라, A나 B를 검색하라고 알려준다. 각 결과 수를 포함하는 다음 사례를 고려해보자.

"Michael Bazzell" OSINT 1,390
"Mike Bazzell" OSINT 794
"Michael Bazzell" OR "Mike Bazzell" OSINT 1,800
"Michael Bazell" OR "Mike Bazell" OSINT 74
"Michael Bazzel" OR "Mike Bazzel" OSINT 75

아스테리스크 연산자(*)

아스테리스크는 구글에 하나 이상의 단어를 나타내되, 와일드카드로 간주된다. 구글은 *를 검색 문자열 내 단어(들)에 대해 플레이스홀더로 취급한다. 예를 들어 "osint * training"은 구글에게 "osint"로 시작해 그 다음 단어가 하나 이상 있고, 그 다음 "training"이 있는 문구를 포함하는 페이지를 찾도록 알려준다. 이 검색어에 맞는 문구는 "osint video training", "osint live classroom training" 등이다.

범위 연산자(..)

"범위 연산자"는 구글에게 두 구분자 사이로 검색하도록 알려준다. 서수, 연도일 수 있다. 한 사례로 OSINT Training 2015..2016은 단어 OSINT, training이 있고, 2015, 2016 사이에 어떤 숫자가 있는 페이지가 나온다. 나는 이것으로 독자가 관점을 표현하는 댓글 시스템이 있는 온라인 뉴스 기사 결과를 필터링했다. 다음 검색은 페이지 내에서 댓글이 1에서 999 사이인 실종자 Bonnie Woodward의 정보가 있는 웹사이트를 확인한다.

"bonnie woodward" "1 ..999 comments"

☑ 구글 검색 도구

모든 검색 결과 페이지 상단에 텍스트 바가 있다. 이것으로 이미지, 지도, 쇼핑, 동영상 등 다른 구글 서비스 내에서 현재 검색어로 검색할 수 있다. 이 바의 마지막 옵션은 "검색 도구" 링크다. 이 링크를 클릭하면 바로 아래에 새 옵션이 있는 열이 생긴다. 이러면 새 필터가 생겨 기대하던 결과에만 집중한다. 필터는 구글 검색 유형마다 다양하다. 그림 2.01은 시간 메뉴가 확장된 표준 검색을 표시한다.

"전체" 메뉴로, 보이는 검색 결과의 시간 범위를 선택할 수 있다. 디폴트는 "전체"로 설정돼 어떤 결과든 필터링하지 않는다. "1시간 전"은 1시간 내에 색인된 결과만 표시한다. 주, 월, 년 등 다른 옵션도 마찬가지다. 마지막 옵션은 "기간 설정"이다. 검색을 원하는 정확한 날짜 범위를 지정할 수 있는 팝업 창이 나타난다. 알려진 시간 내에 게재된 온라인 콘텐츠를 분석하고 싶을 때 유용하다.

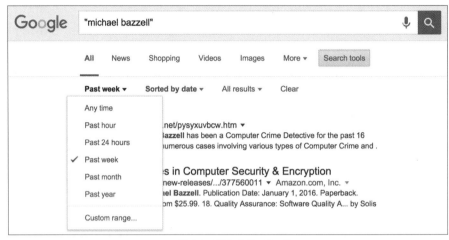

▲ **그림 2.01**: 구글 검색 도구 메뉴

실제 적용: 실종자 사건을 맡을 때마다 나는 즉시 인터넷을 검색했다. 사건이 할당되면, 여러 매체의 웹사이트는 사건을 보도했고, 소셜 네트워크는 가족을 향해 동정어린 댓글로 가득했다. 이 트래픽을 피하기 위해 나는 검색 도구를 실종일의 결과만 나타나도록 설정했다. 그러면 실종이 공개되기 전에 희생자에 관해 게재된 온라인 콘텐츠에 집중할 수 있었다. 종종 더 관련된 용의자 리드로 이어지기도 했다.

오래된 결과

구글은 검색 결과 내에 날짜 정보를 아주 산발적으로 제공한다. 때로 검색 결과를 구글 색인에 추가한 날짜가 보일 때도, 보이지 않을 때도 있다. 관련 결과를 확인하기 위해 이 정보를 원할 때 좌절할 수 있다. 구글에게 항상 검색 결과마다 날짜를 보여주도록 강제하는 별로 알려지지 않은 기법이 있다.

검색 옵션 메뉴하에 "시간" 옵션을 선택할 때는 항상 결과마다 옆에 날짜가 보인다. 최근 정보만 검색 중이라면, 이슈가 해결된다. 하지만 특정 날짜의 참조 없이 표준적으로 검색하면, 결과마다 옆에 있는 날짜가 빠진다. 이를 해결하기 위해 기원전 1년 1월 1일과 "오늘" 사이에 색인된 결과가 모두 있는 특정 검색을 할 수 있다.

이 경우 모든 표준 구글 검색 끝에 "&tbs=cdr:1,cd_min:1/1/0"를 추가하는 방법이 적절하다. 그림 2.02(상단)는 단어 OSINT Tools의 표준 검색 결과를 표시한다. 검색의 정확한 URL은 "google.com/?#q=osint+tools"다. 결과가 항목 옆에 날짜를 포함하지 않는 점에 주목한다. 그림 2.02(하단)는 끝에 특정 날짜 데이터를 추가한 검색 결과를 표시한다. 이 검색의 정확한 URL은 다음 주소다.

google.com/?#q=osint+tools&tbs=cdr:l,cd_min:1/1/0

결과에 구글의 콘텐츠 색인 날짜가 포함돼 있음에 주목한다. 이제 가장 최근 정보를 찾기 위해 이 결과를 정렬할 수 있다. 검색 도구 메뉴는 "모든 결과"나 "있는 그대로" 보겠다고 선택할 수 있는 "모든 결과" 메뉴도 제공한다. 모든 결과는 표준 구글 검색을 수행한다. 있는 그대로 옵션은 정확히 입력한 대로 검색한다. 있는 그대로는 구글이 종종 표준 결과 이상으로 결과를 제시한다는 혜택이 있다. 약간 더 깊이 파고들어, 제공받은 정확한 검색어를 근거로 추가 결과를 제공한다.

About 172,000 results (0.27 seconds)

Links - OSINT Training by Michael Bazzell
https://inteltechniques.com/links.html
OSINT Training by Michael Bazzell, Mike Bazzell, Open Source Intelligence. ... Custom Search Tools. Facebook Search Tools · Twitter Search Tools · Instagram ...

Jan 1, 1 BC – Today ▾   Sorted by relevance ▾   All results ▾   Clear

Links - OSINT Training by Michael Bazzell
https://inteltechniques.com/links.html
Jan 1, 2016 - OSINT Training by Michael Bazzell, Mike Bazzell, Open Source Intelligence. ... Custom Search Tools. Facebook Search Tools · Twitter Search Tools · Instagram ...

▲ **그림 2.02**: 날짜 삽입이 있는(상단) 결과, 없는(하단) 결과

☑ 구글 커스텀 검색 엔진(google.com/cse)

이제 구글의 힘을 활용할 수 있으니, 자신만의 커스텀 검색 엔진을 생성하는 것도 고려할 수 있다. 구글로 검색하고 싶은 정확한 유형을 지정한 후, 수요에 딱 맞는 개별 검색 엔진을 생성할 수 있다. 소셜 네트워크 콘텐츠만 검색한다는 여러 특수한 웹사이트는 단지 구글 커스텀 엔진을 사용한다. 첫 사례를 위해 특정 웹사이트 2개만 검색하는 기본 커스텀 검색 엔진을 생성한다.

구글 계정에 로그인한 후, 위에 리스팅된 웹사이트로 이동한다. 엔진을 생성한 적이 전혀 없다면, 첫 엔진을 생성하라는 프롬프트가 뜬다. 검색하고 싶은 첫 웹사이트를 입력한다. 내 사례는 inteltechniques.com을 검색한다. 어떤 웹사이트이든 검색하도록 입력하면, 구글은 자동으로 추가 웹사이트를 입력할 다른 필드를 생성한다. 내가 검색할 둘째 웹사이트는 computercriminfo.com이다. 커스텀 엔진 이름을 제공하고 "생성하기"를 선택한다. 이제 커스텀 검색 엔진이 있다. 이 검색 엔진을 웹사이트에 임베딩하거나 어떤 웹브라우저에서도 접근 가능하도록 공개 URL을 조회할 수 있다.

이 기본 기능은 꽤 강력할 수 있다. 8장에서 논하는 내 커스텀 Pastebin 검색 엔진 뒤에 숨은 방법론이다. 그 사례는 특정 주제의 완전한 정보를 얻기 위해 특정 웹사이트 101개를 뒤지는 커스텀 검색 엔진을 생성했다. 구글 커스텀 검색 엔진의 첫 레이어일 뿐이다. 구글은 그 커스텀 엔진에 추가 요소를 제공한다. Refinements라는 레이블의 이 새 레이어로 한 커스텀 검색 엔진 내에 여러 액션을 지정할 수 있다. 최상의 설명은 고유한 사례 2개를 제공하는 방법이다.

첫 사례로 나는 여러 소셜 네트워크를 검색하는 커스텀 검색 엔진을 생성하고 싶다. 게다가 검색 결과 상단에서 여러 탭에 걸쳐 네트워크마다 결과를 분리한다. 첫 단계는 이전에 했던 방법처럼 새 커스텀 검색 엔진을 생성한다. 이전에 언급한 두 웹사이트를 지정하는 대신 다음과 같이 검색할 웹사이트를 확인한다.

Facebook.com   YouTube.com

Twitter.com   Plus.Google.com

Instagram.com   Tumblr.com

LinkedIn.com

활동적인 소셜 네트워크의 전체 목록은 아니지만, 이 글을 쓰는 시점에 가장 인기 있는 소셜 네트워크를 나타낸다. 이 시점에 커스텀 검색 엔진은 이 웹사이트만 검색하고, 검색 결과 페이지로 통합된 결과를 모두 제공한다. 이제 소셜 네트워크의 결과마다 분리하는 상세화를 추가한다.

이 웹사이트를 추가한 후, 제어판 옵션으로 이동해 커스텀 검색 엔진 설정을 조회한다. 좌측 메뉴에서 "검색 기능"이라는 옵션이 보인다. 이는 "상세화"라는 레이블의 페이지 상단에 새 옵션을 제시한다.

이 사례에서 웹사이트마다 새 상세화를 추가하기 위해 "추가" 버튼을 클릭한다. 검색 결과 내에 나타나기를 바라는 순서와 같게 생성해야 한다. 이 데모를 위해 나는 순서 대로 다음 상세화를 생성했다.

Facebook   LinkedIn

Twitter   YouTube

Google+   Tumblr

Instagram

상세화마다 생성될 때 검색의 상세화 방식에 두 옵션이 있다. "이 레이블이 있는 웹사이트에 우선순위 부여" 옵션은 매칭 규칙을 강조하지만, 결과가 너무 적을 경우 규칙을 벗어나기도 한다. "이 레이블이 있는 웹사이트만 검색"인 둘째 옵션은 구글에게 검색 요청 내에 머물러 다른 웹사이트를 노출하지 않도록 강제한다. 나는 상세화마다 둘째 옵션을 사용하도록 추천한다.

상세화를 했으니, 웹사이트에 각각 할당해야 한다. "설정" 메뉴 옵션으로 돌아가, 소셜 네트워크 웹사이트마다 선택해 설정 메뉴를 연다. "Label"이라는 드롭다운 메뉴를 선택해 적절한 상세화를 선택한다. 웹사이트마다 이 프로세스를 반복해 진행 상황을 저장한다. 이제 여러 특정 소셜 네트워크 웹사이트를 검색할 뿐 아니라 네트워크마다 결과도 분리할 수 있는 커스텀 검색 엔진이 있다. 제어판 뷰로 돌아가 공개 URL 버튼을 선택해 새 엔진의 정확한 주소를 본다. 그 주소로 가면 아주 평범한 검색 엔진이 보인다. 이제 원하는 어떤 검색어(들)를 검색해 지정한 소셜 네트워크만 결과를 얻을 수 있다. 게다가 모든 결과나 특정 네트워크의 결과만 볼 수 있다. 그림 2.03은 내가 osint 단어를 검색할 때 결과를 표시한다. 나는 이 사례에서 twitter.com의 결과만 표시하려고 트위터 상세화를 선택했다.

▲ **그림 2.03**: 구글 커스텀 검색의 트위터 상세화

이제 생성한 이 새 검색 엔진을 즐겨찾기해 검색 타깃이 있을 때마다 방문할 수 있다. 웹사이트에 특수하지 않은 상세화를 추가해 커스텀 검색 엔진을 또 다른 수준으로 끌어올릴 수 있다. 다음 사례는 인터넷 전체를 검색하되, 파일 유형으로 필터링해주는 검색 엔진을 만든다.

새 커스텀 검색 엔진을 생성해 "Documents"라는 제목을 달자. 검색할 웹사이트로 "google.com"만 추가한다. 실제로는 google.com을 검색하고 싶지 않지만, 제어판에 도달하려면 웹사이트가 필요하다. 엔진을 저장하고 제어판을 열어 옵션을 설정한다.

"검색할 웹사이트" 부분에서 "포함된 웹사이트만 검색" 옵션을 선택해 "전체 웹을 검색하지만 포함된 웹사이트를 강조" 옵션으로 바꾼다. 검색할 웹사이트에서 google.com을 삭제한다. 이제 커스텀 검색 엔진은 기본적으로 모든 것을 검색한다. 본질적으로 구글 홈페이지와 같은 일을 한다. 이제 상세화를 추가해 검색 결과를 필터링할 수 있다. 검색 기능 메뉴로 이동해 새 상세화를 추가한다. 새 상세화에

"PDF"라는 제목을 붙이고, "이 레이블이 있는 웹사이트에 우선순위 부여"라는 디폴트 설정을 내버려두고, "옵션 단어(들)" 필드에 다음을 입력한다.

ext:pdf

이러면 수행하는 어떤 검색에서도 PDF 문서만 분리하는 상세화가 생긴다. 이 설정을 저장해 새 상세화를 생성한다. DOC라는 제목을 붙이고, 디폴트 검색 설정은 내버려둔 채, 옵션 단어(들) 필드에 다음을 배치한다.

ext:doc OR ext:docx

이러면 검색 결과 동안 마이크로소프트 워드 문서를 분리하는 새 탭이 생성된다. doc, docx 포맷을 모두 입력해 반드시 더 새 문서, 오래된 문서를 얻는다. 단어 "OR"은 구글에게 두 포맷 중 하나를 검색하라고 알려준다. 유형별로 다음 언어로, 다음 문서 유형마다 이 프로세스를 반복한다.

XLS(Excel Spreadsheets) - ext:xls OR ext:xlsx OR ext:csv
PPT(PowerPoint Files) - extppt OR ext:pptx
TXT(Text Docs) - ext:txt OR ext:rtf
WPD(Word Perfect Docs) - ext:wpd
ODT(Open Office Docs) - ext:odt OR ext:ods OR ext:odp
ZIP(Compressed Files) - ext:zip OR ext:rar OR ext:7z

그림 2.04는 새 엔진 내의 단어 osint 검색 결과를 표시한다. 단어가 있는 파워포인트 45건을 드러내는 PPT 탭이 선택돼 있다. 이 기법은 가능성이 무한하다. mp3, mp4, mpeg, avi, mkv 등 확장자가 있는 오디오, 동영상 파일 검색 엔진을 만들 수 있다. jpg, jpeg, png, bmp, gif 등 확장자가 있는 이미지 분리 엔진을 만들 수 있다. 이 모두를 특정 웹사이트만 검색하는 커스텀 엔진으로 복제할 수도 있다. 회사에 대한 위협을 모니터링한다면, 회사 도메인 하나 이상에 나타나는 파일만 분리할 수도 있다.

▲ **그림 2.04**: 구글 커스텀 검색 내 파워포인트 파일 상세화

나는 독자를 위한 서비스로 공개적으로 사용 가능한 여러 커스텀 검색 엔진을 생성했다. 내 웹사이트의 OSINT Links 섹션 아래에서 접속하거나 다음 주소로 이동할 수 있다.

Social Networks: https://inteltechniques.com/OSINT/social.networks.html
Smaller Networks: https://inteltechniques.com/OSINT/smaller.networks.html
Dating Sites: https://inteltechniques.com/OSINT/dating.networks.html
Pastebins: https://inteltechniques.com/OSINT/pastebins.html
Cloud Documents: https://inteltechniques.com/OSINT/docs.html
Document Formats: https://inteltechniques.com/OSINT/docs.format.html

커스텀 구글 검색 엔진의 부정적인 측면은 가장 상관도 높은 100개의 결과만 표시한다는 점이다. 페이지당 10개에 10페이지로 제시된다. 아주 구체적인 단어를 검색하면, 이슈가 아닐 수 있다. 하지만 표준 검색은 제한될 수 있다. 해결책은 커스텀 검색 엔진의 URL 수정이다. 한 사례로 나는 이전에 생성한 소셜 네트워크 엔진을 사용한다. 이 엔진의 공개 URL은 다음과 같다.

https://www.google.com/cse/publicurl?cx=001580308195336108602:oyrkxatrfyq

이 엔진의 트위터 옵션 내에서 "OSINT Tools"로 검색했다고 가정한다. 구글은 결과 927개를 사용할 수 있다고 선언한다. 하지만 이 커스텀 엔진은 처음 100개만 조회한다. 검색 엔진 ID를 복사하면, 이 제한을 결과 1,000개로 끌어올리는 새 주소를 생성할 수 있다. 다음 URL은 이 특수한 검색 엔진을 확장한다.

www.google.com/custom?cx=001580308195336108602:oyrkxatrfyq&num=1OO&filter=O

룩앤필이 다르지만 결과는 같다. 하지만 이제 결과 100개마다 10페이지씩 총 결과 1,000개가 조회 가능하다.

☑ 구글 알리미(google.com/alerts)

타깃을 찾다가 검색 엔진을 철저히 사용했을 때 새 콘텐츠가 게재되는지 알고 싶을 것이다. 같은 타깃에 대해 새로운 것이 있는지 보기 위해 구글 결과를 매주 확인하려면 지겹다. 구글 알리미를 활용하면, 구글에게 새 정보를 찾도록 작업시킨다. 지메일 등 어떤 구글 서비스로도 로그인해서 새 구글 알리미를 생성해 검색어, 전송 옵션, 알리미를 보낼 이메일 주소를 지정한다. 내 알리미 중 하나는 구글이 웹사이트 내 어디서든 "Open Source Intelligence Techniques"를 언급하는 새 주소를 찾을 때 일간으로 이메일을 보낸다. 내 알리미 중 또 하나는 내 개인용 웹사이트다. 현재 내 웹사이트를 또 다른 웹사이트가 언급하거나 링크를 걸 때 이메일을 받는다. 부모들이 이것으로 웹사이트, 블로그에서 아이를 언급하면 알림을 받을 수 있다. 지속적으로 타깃의 정보를 찾는 조사관에게 유익할 것이다.

Talk Walker Alerts(talkwalker.com/en/alerts)

구글 알리미가 현재 검색어에 관한 이메일 알림의 표준이지만, 다른 옵션도 있다. 어떤 사람은 개인 정보 유출 우려 때문에 구글을 사용하지 않는다. 일부는 그냥 완벽한 결과를 얻기 위한 대안을 원한다. Talk Walker Alerts는 구글 알리미와 아주 유사하다. 구글 계정이 필요하지 않은 차이점이 주요하다. Talk Walker의 대안은 Mention(mention.com/en/)이다. 이 세 서비스를 모두 적용해 키워드, 이메일 주소, ID, 실명을 모니터링하면, 최선의 결과가 나올 것이다.

실제 적용: 형사는 15살 짜리가 집을 떠나 미지의 장소에서 친구들과 지내기로 한 가출 사건을 맡았다. 여러 철저한 인터넷 검색 후, 가출자 이름, 거주 도시로 구글 알리미를 설정했다. 사흘 내에 알리미 중 하나는 가출을 확인한 블로그, 현재 머물고 있는 곳에 관한 내용이었다. 아이는 30분 내에 집으로 돌아왔다.

☑ 빙(bing.com)

구글만 훌륭한 검색 엔진은 아니다. 구글이 오늘날 사용하는 검색 엔진 중 압도적인 선택을 받지만, 특히 주제에 관해 어떤 정보도 찾기 어려울 때는 다른 웹사이트도 무시하지 말아야 한다. 빙은 마이크로소프트의 구글 경쟁 제품이며, 훌륭한 검색 경험을 제공한다. 2009년부터 야후 검색(yahoo.com)은 검색 결과를 산출하기 위해 빙 검색 엔진을 사용했다. 야후 검색은 빙으로 이미 검색했을 경우 중복된다. 수많은 구글 관련서에서 설명한, 그리고 이 책에서 이전에 설명한 내용은 어떤 검색 엔진에도 적용 가능하다. "웹사이트" 연산자, 인용부호 사용은 모두 빙도 구글과 정확히 같게 작용한다. 빙도 지난 24시간, 주, 월의 결과만 보여주는 시간 필터링 검색을 도입했다. 빙에만 적용되는 중요한 추가 연산자가 몇 가지 있다. 빙은 타깃 웹사이트가 링크 거는 웹사이트를 모두 열거하는 옵션을 제공하는데, 검색 엔진 중 유일하게 이 서비스를 제공한다.

빙 LinkFromDomain

나는 빙에서 "LinkFromDomain:inteltechniques.com"을 검색했다. 전체 검색 문자열에 공백이 없음에 주목한다. 이 연산자는 내 웹사이트 내 어떤 페이지든 링크거는 웹사이트를 모두 포함하는 결과를 생성한다. 조사관에게 유용하다. 타깃의 웹사이트를 발견할 때 이 웹사이트가 커서 페이지, 블로그 항목 수백 개가 있을 수 있다. 모두 클릭할 수도 있지만, 때로 링크가 숨어서 눈으로 페이지를 관찰하면 보이지 않을 수 있다. 이 연산자로 빙에게 웹사이트의 실제 코드에서 나온 링크를 추출하도록 한다.

빙 Contains

이전에 나는 구글에서 특정 파일 확장자가 있는 파일 검색을 논했다. 설명했던 "filetype", "ext" 연산자 모두 빙에서도 동작한다. 하지만 빙은 여기에 옵션을 하나 더 제공한다. "contains" 연산자로 파일 유형 검색 파라미터를 확장할 수 있다. 한 사례로 "filetype:ppt site:cisco.com"의 빙 검색은 결과 3,200개가 나온다. cisco.com 도메인에 저장된 파워포인트 파일을 포함한다. 하지만 이 결과는 반드시 다른 웹사이트에 저장된 파워포인트 파일에 걸린 cisco.com 웹사이트 링크를 포함하지는 않는다. "contains:ppt site:cisco.com"의 빙 검색은 결과 7,200개가 나온다. 다른 도메인에 저장됐더라도 cisco.com 도메인의 페이지에서 링크 건 파워포인트 파일을 포함한다. hp.com의 파워포인트 파일에 링크 건 cisco.com 페이지가 있을 수도 있다. 대부분 이 검색 때문에 filetype 검색을 할 필요가 없지만, 둘 다 시도해야 한다.

구글 이미지(images.google.com)

구글 이미지는 검색어를 기반으로 그래픽 이미지를 찾아 웹을 뒤진다. 구글은 이미지의 키워드를 기반으로 이 이미지를 획득한다. 이 키워드는 이미지의 파일명, 이미지를 가리키는 링크 텍스트, 이미지에 인접한 텍스트에서 취한다. 주제와 관련된 이미지 전부의 완벽한 리스팅은 결코 아니며, 거의 언제나 타깃과 무관한 이미지도 찾는다. 흔한 이름의 경우, 이름을 인용부호에 넣고, 대상이 살고 있는 도시, 근무지, 고향, 개인적 관심사를 뒤에 붙여야 한다. 이러면 주제에 가장 관련된 결과로 필터링할 수 있다. 결과를 표시할 때 "검색 도구" 버튼을 클릭하면, 새 필터 메뉴 6개를 제시한다. 이 메뉴로 특정 크기, 색상, 시간 범위, 라이선스 유형의 이미지만 포함하도록 결과를 필터링할 수 있다. 구글 이미지의 가장 유용한 기능은 리버스 이미지 검색 옵션이다. 나중에 상세히 설명한다.

빙 이미지(bing.com/images)

구글과 유사하게 빙도 훌륭한 이미지 검색을 제공한다. 두 웹사이트 모두 현재 결과의 끝에 이르면, 더 많은 이미지를 자동으로 로딩한다. 이러면 추가 페이지를 계속 로딩할 필요가 없어지고, 더 빠른 브라우징으로 이어진다. 빙도 구글에서 사용 가능한 고급 옵션을 제공하며, 사각형, 넓은 레이아웃 등 특정 레이아웃의 파일만 필터링하는 기능을 추가한다. 빙은 "얼굴만", "얼굴과 어깨" 등 옵션으로 사람 이미지 필터를 제공하며, 모든 이미지 검색과 함께 추천 필터도 제공한다. 이미지 검색 링크를 클릭하면, 열거된 조건을 근거로 특정 타깃의 추가 사진을 제공할 수 있다. 이 정보는 전에 알려지지 않은 관계의 추가 검색으로 이어질 수 있다.

☑ 웹 아카이브

이따금 웹사이트에 접근하려는데, 찾고 있던 정보가 더 이상 거기 없을 수 있다. 아마 제거됐거나, 수정됐거나, 아마 전체 페이지가 영구 삭제됐을 수 있다. 웹 아카이브, 혹은 "캐시"가 해결할 수 있다. 나는 이 웹사이트의 역사적 사본이 어떤 유형이든 온라인 조사를 수행할 때 가장 중요한 자원 중 하나라 믿는다. 이 섹션은 가장 효과적인 것부터 가장 효과가 없는 것까지 현재 옵션을 설명한다.

구글 저장된 페이지(google.com)

구글 검색을 수행할 때는 웹사이트 링크 바로 아래의 주소에 주목한다. 클릭하면 메뉴를 제시하는 녹색의 아래 방향 화살표가 보인다. 이 메뉴는 "저장된 페이지"라는 제목의 링크를 포함한다. 클릭하면 관심 페이지의 이전 날짜 버전을 로딩한다. 그림 2.05는 페이지의 저장된 버전이 있는 결과가 나오는 phonelosers.org의 검색을 표시한다. 이 버전은 현재 날짜의 4일 전에 취했으며, 현재 버전과 다른 정보를 표시한다. 이 메뉴에서 보이는 둘째 옵션은 "유사한 페이지"라는 제목인데, 열거된 결과와 유사한 콘텐츠가 있는 웹페이지를 확인한다.

저장된 버전으로 조회하고 싶은 웹사이트의 특정 페이지가 있다면, 저장된 페이지에 링크 건 정확한 웹사이트를 구글에 입력한다.

예를 들어 장난 전화의 오디오 아카이브인 The Phone Show 팟캐스트의 이전 뷰를 보고 싶다면, 나는 웹사이트 "www.phonelosers.org/snowplowshow"를 구글로 검색한다. 이러면 각각 저장된 뷰가 있는 하위 페이지와 메인 랜딩 페이지가 나온다. 이 페이지 중 무엇이든 완전히 오프라인이면, 구글은 마지막으로 획득한 버전을 표시용으로 유지한다.

빙 저장된 페이지(bing.com)

빙도 구글과 유사하게 여러 웹사이트의 캐싱된 뷰를 제공한다. phonelosers.org 등과 같은 도메인명을 검색하면, 결과가 여럿 나온다. 첫 결과는 실제 웹사이트에 링크 건다. 웹사이트 이름 바로 옆에 있는 녹색의 아래 방향 화살표를 클릭하면 "저장된 페이지" 옵션이 나온다. 이 링크를 클릭하면 빙이 수집한 타깃 웹사이트의 이전 버전을 표시한다. 그림 2.05는 메뉴 옵션을 표시하는데, 이는 구글과 아주 유사하다.

▲ **그림 2.05**: 구글, 빙, 얀덱스, 바이두의 캐시 메뉴 옵션

얀덱스 저장된 페이지(yandex.com)

러시아 검색 엔진 얀덱스는 나중에 자세히 설명하지만, 현재는 캐시 옵션도 있음에 주목해야 한다. 얀덱스는 구글, 빙과 아주 유사하게 검색 결과 제목 바로 아래에 녹색 드롭다운 메뉴를 제시한다. Cached 페이지 옵션을 선택하면, 페이지의 가장

최근 얀덱스 아카이브를 표시하는 새 탭이 열린다. 상단 배너는 캡처한 날짜, 시간, 원래 웹사이트 주소, 결과 내에서 선택한 키워드를 하이라이트하는 검색 옵션을 표시한다. 얀덱스의 가장 큰 강점은 업데이트 부족이다. 언뜻 이해가 가지 않겠지만, 오래된 캐시는 조사에 아주 유용할 수 있다. Phone Losers 웹사이트가 타깃이라 가정하자. 이 글을 쓰는 2016년 1월 10일 시점에 구글, 빙, 얀덱스의 이 페이지 캐시는 다음 날짜다.

> **구글**: 2016년 1월 10일
> **빙**: 2016년 1월 9일
> **얀덱스**: 2016년 1월 2일

구글과 빙은 종종 실제 뷰와 동일해 보이는 가장 최근 결과를 유지하는 경향이 있다. 하지만 일주일 이전에 나온 얀덱스 옵션은 수정된 콘텐츠가 있을 가능성이 더 크다. 종종 얀덱스 버전보다 더 오래된 페이지의 캐시된 버전은 바이두로 찾을 수 있다.

바이두 캐시(baidu.com)

이 중국 검색 엔진은 웹사이트의 캐싱된 사본에 있어서 가장 생산적이지는 않지만, 무시하지는 말아야 한다. 해외 엔진은 더 나중에 자세히 설명한다. 바이두 검색 결과는 대체로 중국어지만, 여전히 텍스트를 읽을 수 없는 사람에게도 가치가 있을 수 있다. 검색 결과마다 하단에 결과 콘텐츠를 호스팅하는 웹사이트의 녹색 링크가 있다. 드롭다운 메뉴도 있지만, 캐시 옵션은 없다. 그 대신 이 링크 바로 우측에 있는 중국어 단어를 찾는다. 그림 2.05는 '百度快照'로 표시된다. 이 링크를 클릭하면 캐시 결과와 함께 새 탭이 열리는데, 바이두는 스냅샷으로 참조한다. 내 경험상 이 링크 걸린 옵션이 있다고 해서 항상 캐싱된 버전이 있다는 뜻은 아니다.

Archive.is(archive.is)

웹페이지의 역사적 아카이브에 두 추가 옵션이 있다. 하지만 이 중 아무것도 그리 인기가 없고, 내가 이 서비스로 성공한 적도 거의 없다. Archive.is는 도메인을 검색해 홈페이지의 어떤 캡처된 아카이브도 표시해준다. 어떤 캡처된 페이지든 전체 도메인을 검색하는 와일드카드 서비스도 제공한다. 어떤 아카이브된 페이지에 대해서도 inteltechniques.com을 검색하고 싶다면, 나는 검색 필드에 다음 두 쿼리를 입력한다.

> https://inteltechniques.com/*
>
> *.inteltechniques.com

첫째는 선택한 도메인에서 어떤 아카이브된 페이지도 찾는다. 둘째엔 mail.inteltechniques.com이나 ftp.inteltechniques.com 등 어떤 하위 도메인도 찾는다. 나는 이 서비스로 하위 도메인 검색 결과를 받은 적이 거의 없다. Archive.is의 강점은 robots.txt 파일의 noarchive 규칙을 무시하는 태도에 있다. 이 파일은 더 나중의 장에서 자세히 설명한다. 간략히 요약하면 검색 엔진에게 웹사이트 색인 시 허용 가능한 방법을 안내하는 웹 서버 내 규칙이다. noarchive 기능은 검색 엔진에게 결코 웹사이트의 어떤 것도 아카이브하지 말라고 알려준다. 한 사례로 내 웹사이트 inteltechniques.com은 이를 활성화했다. 그러므로 구글, 빙, 얀덱스, 바이두는 그 도메인에서 어떤 페이지의 캐시도 보유하지 않는다. 하지만 Archive.is는 보유하며, 지난 3년 간의 여러 버전이 있다. 결과적으로 이 서비스는 전통적인 엔진의 페이지 캐싱을 차단하는 기술에 숙련된 타깃을 다룰 때 항상 확인해야 한다.

Coral(coralcdn.org)

이 서비스는 웹 아카이빙에 다른 방법을 제공한다. 웹사이트의 통시적 캐시를 제공하는 대신, 인터넷 연결로 획득할 수 없는 웹사이트의 스냅샷을 반환한다. 나는 제공하는 서버의 과부하로 웹사이트에 연결할 수 없었던 과거에 여러 번 사용했다. 작은 웹사이트가 Reddit 등과 같은 서비스에서 즉시 인기를 얻어, 방문이 너무 많을 때 생길 수 있다. 원하던 페이지를 로딩할 수 없는 경우, 나는 Coral로 조회하려 한다. 이를 위해 웹사이트 주소에 ".nyud.net"을 붙인다. inteltechniques.com을 조회할 경우, inteltechniques.com.nyud.net의 정확한 주소로 이동한다. 이러면 타깃 페이지의 현재 스냅샷이 생성된다. 그렇지 않을 경우, 높은 수요 때문에 제한되는 온라인 콘텐츠를 확보해주는 일련의 서버가 획득한다.

The Wayback Machine(archive.org/web/web.php)

The Wayback Machine은 웹사이트를 역사적으로 조회할 때 훨씬 더 철저한 옵션 목록을 제공한다. phonelosers.org를 검색하면 12/21/1997부터 01/9/2016까지의 날짜로 웹사이트의 총 868개 캡처를 표시한다. 링크를 클릭하면 웹사이트가 어떻게 변해 왔는지 많은 양을 표시한다. 그래픽도 아카이빙돼 항상 어떤 사진을 인터넷에 올려야 하는지 한 번 더 생각해야 함을 입증한다. 아카이빙된 페이지의 뷰마다 사용자에게 원래 웹 서버의 실제 페이지처럼 링크로 클릭하게 해준다. 페이지마다 상단의 타임라인을 클릭하면 선택한 날짜에 대해 조회된 페이지를 로딩한다(그림 2.06).

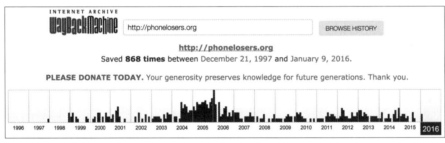

▲ **그림 2.06**: 아카이빙된 웹사이트의 Wayback Machine 결과

모든 자원의 검색

가끔 온라인 캐시로부터 전체 웹사이트를 추출해 재구성한다고 주장하는 웹사이트가 있다. 내 경험상 이 중 무엇도 이제까지의 수작업 대비 완벽한 통시적 뷰를 제공하지 못했다. 빙, 얀덱스 등의 엔진은 캐시를 표시할 때 고유 코드를 생성한다. 이 액션은 자동화된 검색 도구의 아카이빙 정보 수집을 막는다. 나는 자원마다 이동하는 옵션 외에 무엇도 필요한 콘텐츠를 제시하지 못하리라 믿는다. 이 서비스마다 Archives라는 제목의 개별 폴더에 즐겨찾기해 타깃 도메인이 있을 때 탭마다 연다.

타깃 도메인을 수집해 적절한 아카이브 페이지로 전달하는 온라인 도구도 제작했다. 이는 도메인 검색을 논하는 12장에서 자세히 설명한다.

마지막으로 웹사이트 전부가 존재하고, 변형되지 않은 듯할 때, 이 자원의 유용성을 인정해야 한다. 캐시는 삭제돼 완전히 비어 있는 웹사이트에서 잘 작동하지만, 정상으로 보이는 웹사이트에서는 완전히 다른 이야기를 들려줄 수 있다. 관심 있는 웹사이트, 프로필, 블로그를 발견할 때마다 나는 즉시 콘텐츠 변경을 확인하려고 캐시를 관찰한다. 사소한 변경도 아주 중요할 수 있다. 영원히 삭제하려는 정보를 강조한다. 이 세부 사항은 조사의 수수께끼에 중요한 단서일 수 있다. 대부분은 이 기법이 존재하는지도 모른다.

구글 번역기(translate.google.com)

여러 웹사이트는 영어가 아닌 언어로 존재한다. 인터넷의 팬으로서 우리는 자국 내 웹사이트에 집중하는 경향이 있다. 다른 언어로 소개된 다른 나라에 호스팅된 웹사이트에도 정보가 풍부하다. 구글 번역기는 어떤 웹사이트, 문서에서도 텍스트를 취해 다양한 언어로 번역한다. 보통 서비스는 복사해 붙인 텍스트의 언어를 자동으로 확인한다. 기대하던 출력물을 선택하면, 번역을 제공한다.

그 대안으로 원클릭으로 전체 웹사이트를 번역하면, 웹사이트 레이아웃의 네이티브 뷰가 나온다. 개별 텍스트를 검색 창에 복사하는 대신, 번역을 원하는 웹사이트의 정확한 URL(주소)을 입력하거나 붙여넣는다. "번역" 버튼을 클릭하면 웹사이트의 새 페이지가 로딩되는데, 영어로 번역된다. 이 번역은 경우에 따라 완벽하기도 하지만, 좀처럼 완벽하지 않다. 하지만 페이지에 제시된 콘텐츠의 개념은 제시한다. 트위터, 인스타그램 등 소셜 네트워크 웹사이트도 작동한다.

빙 번역기(bing.com/translator)

구글이 무료 번역 서비스를 도입한 후 몇 년이 지나, 빙도 자체 제품을 만들었다. 언뜻 보면 구글 제품의 복제물 같아 보인다. 하지만 빙은 내가 번역할 때마다 구글과 함께 사용할 만한 고유의 기능이 있다. 기본적인 빙 번역 웹사이트로 외국어 텍스트를 복사해 검색 창에 붙여넣으면, 즉시 번역을 제공한다. 미국에서 조회하면 디폴트로 영어가 나온다. 구글과 유사하게 타깃 페이지의 모든 번역을 수행하기 위해 전체 외국어 웹사이트를 입력하거나 붙여넣을 수도 있다. 바로 여기서 유사성은 멈춘다.

전체 페이지를 번역하고 영어로 결과를 본 후, 뷰를 제어해 원래 텍스트, 번역된 텍스트를 모두 포함시킬 수 있다. 디폴트 뷰는 번역된 텍스트 위에 커서를 호버할 때 원래 텍스트를 표시한다. 다음 옵션으로 페이지를 원래대로 조회하고, 텍스트 위에 호버해서 번역을 볼 수 있다. 마지막 두 옵션으로 상하단이나 나란히 번역을 조회할 수 있다. 이 뷰 옵션은 증거를 문서화할 때 유용할 수 있다. 보는 사람이 외국어를 구사하지 않아도 콘텐츠를 더 쉽게 요약할 수 있다.

Online Translator(online-translator.com)

추가로 온라인 번역 도구 수십 개를 구할 수 있다. 거의 전부가 한 번에 작은 양의 텍스트를 번역해준다. 일부는 구글, 빙 번역 서비스를 사용한다. 마지막으로 언급할 가치가 있는 온라인 번역 도구 하나 'Online Translator'다. 구글, 빙과 유사하게 전체 웹사이트를 번역해주는 다른 수십 가지 옵션과 구별된다. 이 서비스는 독립적인 번역을 제공하며, 고유한 셋째 출처로 간주할 수 있다.

나는 훈련을 실시하는 동안, 조사 시 세 서비스 중 무엇을 사용하느냐는 질문을 종종 받는다. 내 답은 셋 모두다. 두 가지 이유로 중요하다. 명백히, 아주 유사한 고유의 번역 세 가지를 얻는 혜택이 있다. 특히 어떤 언어든, 문법적으로는 바르지 않을 수 있는 트윗, 기타 축약된 메시지를 번역할 때는 사소한 변형도 중요하다. 둘째로 조사를 하는 동안 실사를 뜻한다는 이유다. 항상 요건을 뛰어넘고 싶다. 서로 다른 세 서비스를 통한 외국어 웹페이지 번역은 편견 없는 조사를 수행하려는 내 욕구를 강조한다.

영어 아닌 구글 결과

내게 유용한 정보를 전부 영어 웹사이트 내 표준 검색으로 확보하지는 못한다. 타깃이 다른 나라 출신일 수도 있고, 다른 나라와 관련이 있을 수 있다. 구글, 빙이 해결하려고 했지만, 기술은 아직까지 완벽하지 않다. 구글에는 위치별로 바뀌는 검색 웹사이트, 알고리즘이 있다. 예를 들어 google.fr은 구글의 프랑스어 검색 페이지다. 전반적으로 같은 결과를 산출할 수도 있지만, 보통 google.com과 순서가 다르다. 구글은 google.com/language_tools에 각 국가 버전마다 링크가 있는 페이지를 유지한다. 그래서 변형을 위해 웹사이트마다 검색할 수 있지만, 나는 더 선호하는 방법이 있다.

2Lingual(2lingual.com/2lingual-google)

이 페이지로 구글의 두 국가 웹사이트에 걸쳐 한 검색을 수행할 수 있다. 구글 검색은 평이한 검색 창과 두 국가의 선택을 표시한다. 결과는 서로 나란히 단일 컬럼으로 표시된다. 게다가 외국어 결과는 영어로 자동 번역된다. 이 기능은 원할 경우 비활성화할 수 있다. 스폰서 결과(광고) 처음 몇 개는 유사하지만, 이어지는 공식 결과는 다르다. 이 웹사이트는 여러 국가로 타깃을 검색하는 것이 얼마나 중요한지 누군가에게 입증할 때 유용하다.

구글 입력 도구(google.com/inputtools/try)

내게 유용한 외국어 검색의 마지막 기능이 하나 있다. 구글 입력 도구로 어떤 언어든 선택해 입력할 수 있다. 위 웹사이트로 이동해 타깃 검색의 언어를 선택한다. 그림 2.07에서 나는 아랍어를 언어로 선택해 내 이름을 표준 영어 키보드로 입력했다. 결과는 내 이름이 전통 아랍 문자로 표시되는 방식이었다. 트위터에서 이 기법으로 가장 성과를 봤다. 어떤 검색어든 트위터에 공급할 때 결과는 입력한 키보드, 제공된 언어로만 필터링된다. 트위터에서 "Michael"을 검색하면 영어로 철자법이 정확한 결과만 제공한다. 하지만 아랍 출력물을 검색하면 Michael의 아랍 철자를 포함해 트윗을 제공한다. 이 기법은 외국어로 사용자 이름을 찾을 때 특히 중요하다.

▲ **그림 2.07**: 영어에서 아랍어로의 구글 입력 도구 번역

☑ 구글 그룹(groups.google.com)

구글 그룹은 유즈넷 그룹, 유즈넷 아닌 구글 그룹 모두에 접근해준다. 유즈넷 그룹은 메일링 리스트와 유사하다. 유즈넷 아카이브는 전부 있고, 1981년까지 거슬러 올라간다. 여러 사람이 실명, 이메일 주소로 그 그룹에 게시했기에, 논란 있는 주제의 의견을 쉽게 확인할 수 있다. 게다가 실명 검색은 종종 검색 사용자에게 알려지지 않은 이전 이메일 주소를 제공한다. 앞으로 검색할 때 새 정보를 제공한다. 보통 등록자에게는 아무런 해가 가지 않지만, 관심 타깃을 전반적으로 조망해준다. 더 새로운 그룹 중 상당수는 구글로 생성됐고, 실제로 상상할 수 있는 어떤 관심사를 추적한다. 사용자 대부분은 실명, ID, 이메일 주소, 혹은 이 셋 모두의 조합을 계속 사용한다. 이 게시물의 검색은 구글 검색과도 유사하다. 특정 구글 그룹만 찾지 않는 한, "모든 그룹" 옵션을 체크해두는 편이 좋다.

☑ 야후 그룹(groups.yahoo.com)

구글 그룹이 구글 아닌 온라인 그룹 중 상당수가 검색하지만, 야후 그룹을 전부 선택하지는 않는다. 야후 그룹 콘텐츠 중 대부분은 공개며, 회원 가입 없이 조회를 허용한다. 실명, ID로 검색하면 종종 결과가 나온다. 나는 야후 메일 주소가 있는 타깃이 있을 때마다 야후 그룹으로 @yahoo.com 앞의 ID를 검색한다. 야후 메일 주소를 보유한 많은 사람을 여러 해 동안 간직했다. 야후 그룹은 인터넷 초기에 아주 인기가 있었다. 내 경험상 구글 그룹에서 지메일 사용자보다 야후 그룹에서 야후 사용자의 콘텐츠를 찾을 가능성이 더 크다.

구글, 야후 그룹에서 나는 여러 성과를 거뒀다. 대부분 아동 성애자, 배경 확인과 관련됐다. 아동 성애자 건에서 다양한 야후 그룹의 통시적 대화를 근거로 새 증거를 확인했다. 새 희생자를 확인하거나, 새 사건을 발견한 적은 전혀 없지만, 세부 사항은 아이들에 대한 부적절한 관심의 패턴을 보여, 현재 혐의를 보강했다. 배경 확인에서는 이 콘텐츠가 극히 가치 있었다. 지원자의 블로그, 소셜 프로필은 정리하기 쉽지만, 이 그룹에서 지난 일을 지우기는 쉽지 않다. 많이들 단지 콘텐츠를 잊는데, 종종 10년 전에 게시한 것이다. 한 사례에서 지원자는 어떤 약물도 남용한 적이 전혀 없다고 주장하는 진술서에 서명했다. 하지만 구글이 색인한 뉴스 그룹 게시물은 여러 해 동안 코카인 중독과 씨름했음을 드러냈다.

구글 뉴스 아카이브(news.google.com)

타깃 관련 정보의 놀라운 자료일 수 있다. 과거에는 누군가 새 지리적 영역으로 이주하면, 과거는 남겨두고 새로 시작할 수 있었다. 오늘날은 어렵다. 구글 뉴스 아카이브는 온라인 아카이브, 뉴스 아카이브 파트너 프로그램에서 디지털화한 콘텐츠 모두에서 콘텐츠를 지속적으로 추가한다. 출처는 대도시, 작은 동네, 그 사이 어디에서든 나오는 신문을 포함한다. 위에서 참조한 링크로 날짜, 언어, 특정 간행물 등의 필터와 함께 타깃 이름을 상세히 검색할 수 있다. 검색 창 우측의 아래 방향 화살표를 클릭해 이 메뉴를 표시한다. 이러면 재빨리 이전 거주 지역, 부고란을 통한 가족 구성원, 이벤트, 시상식, 조직 등을 통한 지인 등 타깃의 이력을 확인할 수 있다.

Newspaper Archive(newspaperarchive.com)

이 유료 서비스는 세계 최대의 신문 아카이브 컬렉션을 제공한다. 전체 일간 신문의 고해상도 PDF 스캔은 1800년대부터 현재까지의 날짜에 이른다. 이 책의 첫 네 판은 구글 웹사이트 연산자, 저장된 결과로 돈을 내거나 구독하지 않고 이 신문 컬렉션의 모든 페이지를 실제로 어떻게 획득하는지 설명했다. 이 취약성은 모두 패치돼 어떤 기법도 작동하지 않는다. 다행히 Newspaper Archive는 여전히 모든 아카이브의 무제한 접근을 14일 무료 체험으로 제공한다. 여러 번 체험할 수 있지만, 매번 고유의 신용카드, 이메일 주소를 요한다. 여러 도서관은 이 서비스에게 전체 마이크로필름 아카이브를 스캔해 온라인에 무료로 공개하도록 요청했다. 홈페이지에 이 무료 대안은 전혀 언급이 없지만, 검색을 하면 적절한 곳으로 안내한다. 구글에서 다음을 검색하면 아카이브에 접근할 때 돈을 대신 내주는 공공 도서관 수백 곳을 확인할 수 있다.

site:newspaperarchive.com "This archive is hosted by"

검색의 첫 부분은 구글에게 newspaperarchive.com만 찾도록 알려준다. 둘째 부분은 "This archive is hosted by"가 결과에 나타나도록 강제한다. 컬렉션을 무료로 사용 가능한 다양한 도서관의 랜딩 페이지를 확인한다. 여전히 서비스로 등록해야 하지만, 이 컬렉션에 돈은 필요하지 않다.

Newspaper Archive의 무료 체험, 무료 도서관 컬렉션이 콘텐츠를 충분히 제공하지 않는다면, 다음 옵션을 고려해보자.

Old Fulton(fultonhistory.com/Fulton.html): 미국, 캐나다의 신문 스캔 3,400만 건

Library of Congress US News Directory(http://chroniclingamerica.loc.govl): 미국에서 1836~1922년 사이의 스캔한 신문

Library of Congress US News Directory(http://chroniclingamerica.loc.gov/search/titles/): 미국에서 1690년부터 현재까지 스캔한 신문

구글 고급 검색(google.com/advanced_search)

이 장에서 논한 검색 옵션이 너무 기술적이면, 구글은 프로세스를 단순화하는 고급 검색 페이지를 제공한다. 위 웹사이트로 이동하면 연산자를 입력할 경우 가능한 같은 옵션을 웹페이지로 제시한다. 옵션에 친숙해지는 데는 유용하지만, 나중에 사용하려면 연산자를 이해하는 편이 더 유익하다. 고급 검색 페이지로 검색 시 인용부호와 마찬가지로 검색 중인 특정 문구를 지정할 수 있다. 이전에 사용한 site, filetype 연산자는 이 페이지에서 기대하던 필터를 입력해 사용할 수 있다. 이 페이

지의 파일 유형 옵션이 인기 파일 유형에 제한되는 반면, filetype 연산자는 다른 여러 파일 확장자를 처리할 수 있다.

빙 고급 검색(search.yahoo.com/web/advanced)

빙은 구글과 유사한 고급 검색 페이지를 제공하지 않는다. 하지만 야후가 빙 검색을 사용하기에, 대체재로 야후 고급 검색을 사용할 수 있다. 이 페이지로 개별 단어, 정확한 문구, 빠진 단어, 특정 도메인, 파일 포맷, 언어로 필터링하는 검색을 쉽게 생성할 수 있다.

Advangle(advangle.com)

구글, 빙을 위해 복잡한 웹 검색 쿼리를 간단하고 편리하게 구축해준다. 이 서비스로 도메인, 언어, 퍼블리싱 날짜 등 다양한 파라미터로 재빨리 쿼리를 구축해 즉시 이 쿼리 결과를 구글, 빙 검색 엔진에서 볼 수 있다. 새 결과를 확인하기 위해 검색을 저장하는 경우, Advangle 계정에 쿼리를 저장할 수 있다. 쿼리의 어떤 조건도 완전히 제거하지 않고, 일시적으로 비활성화할 수 있다. 이러면 서로 다른 조건의 여러 조합을 재빨리 시도해 수요에 무엇이 가장 적절한지 선택할 수 있다. 그림 2.08은 내 정확한 이름의 필터로 내 웹사이트에서 지난 달 이내에 PDF 파일만 검색하는 페이지를 표시한다. 구글, 빙의 "Open" 옵션은 이 옵션에 필요한 정확한 단어와 함께 새 탭을 연다.

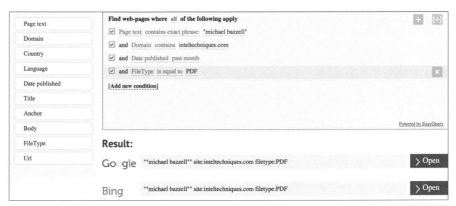

▲ **그림 2.08**: 사용 중인 Advangle 검색 메뉴

추가 구글 엔진

구글은 일부 검색 결과를 전문적이고 더 작은 검색 엔진으로 분리했다. 각각 고유의 인터넷 검색 유형에 집중한다. 다음 엔진은 표준 구글, 빙 검색에서 발견하지 못할 결과를 제시할 수 있다. 이 고유한 검색의 일부 결과는 표준 구글 결과에서도 나타나지만, 대부분은 주요 페이지에서 숨어 있다.

블로그(google.com/search?q=SEARCH-TERM-HERE&tbm=nws&tbs=nrt:b)

구글은 블로그 검색을 2014년에 제거했다. 하지만 현재 전통적인 구글 검색어 뒤에 "&tbm=nws&tbs=nrt:b"를 입력하면 이 검색 데이터베이스에 접근할 수 있다. 이 옵션은 블로그 결과만 표시한다. 상용 웹사이트가 아닌, 사용자가 등록한 콘텐츠만 검색하고 싶을 때 아주 유용하다. 위 웹사이트는 표준 구글 검색 옵션을 표시하지만, 결과는 훨씬 달라 보인다. 내 이름의 표준 구글 검색은 내 웹사이트, 트위터, 아마존 페이지를 첫 결과에 드러낸다. 구글 블로그 옵션은 내 이름을 언급하는 개인 블로그 4개를 노출한다. 이 결과는 표준 구글 검색에서 묻힐 가능성이 크다. 결과적으로 이 방법론은 개인 블로그 결과를 즉시 표시한다.

특허(google.com/webhp?tbm=pts)

구글은 아마 인터넷에서 최상의 특허 검색 옵션일 것이다. 어떤 분야의 특허든, 전체 특허 데이터베이스를 검색해준다. 특허 관련 이름, 특허 자체의 어떤 세부 사항을 검색할 때도 유용하다. 추가로 도움이 필요하면 구글은 google.com/advanced_patent_search로 특허 고급 검색을 제공한다.

학술 검색(scholar.google.com)

구글 학술 검색은 일련의 퍼블리싱 포맷에 걸쳐 학술 자료의 전체 텍스트를 색인하며, 무료로 접근 가능한 웹 검색 엔진이다. 유럽, 미국에서 가장 큰 학술 자료 간행사의 공인된 온라인 저널 외에 여러 책, 기타 저널이 있다. 내가 이 유틸리티에서 즐겨찾는 기능은 판례, 법정 기록 검색이다. 사설 서비스로는 돈이 드는 여러 법정 기록을 이 무료 웹사이트에서 찾았다.

Google What Do You Love?(wdyl.com)

또 다른 구글 검색 옵션은 모든 이름, 주제 검색도 허용하는 "what do you love?" 페이지다. 결과는 구글 검색 서비스 전부에 걸친 검색의 모음이다. 지역 데이터, 동영상, 문서, 블로그, 도서, 이미지 등을 포함한다. 타깃에 관해 간략한 커서 검색을 수행할 때만 유용했다. 나는 쉽게 찾을 수 있는 온라인 콘텐츠량을 재빨리 판단할 때 사용했다.

Keyword Tool(keywordtool.io)

Keyword Tool은 구글, 빙, 유튜브, 앱 스토어의 자동완성 데이터를 표시한다. 구글은 검색어를 입력하는 동안 재빨리 추천어를 제시하는데, 이를 자동완성이라 한다. 구글에 "macb"를 입력하면, 사람들이 그 글자를 입력할 때 가장 인기 있는 검색어 중에서 선택할 수 있는 프롬프트를 띄운다. 이 정보로 조사 관련 새 검색어를 입력할 수도 있다. 구글 대비 Keyword Tool의 장점은 구글이 가장 인기 있는 입력어 4개만 제공하는 데 있다. Keyword Tool은 가장 인기 있는 검색 입력어 10개를 제공한다. 게다가 인기어를 나라별로 구분하도록 선택할 수도 있다. 구글이 표시하지 않는 유사어로 결과를 볼 수도 있다.

실제 적용: 이 기법을 여러 업체 조사 동안 성공적으로 사용했다. 최근에 리콜한 결함 있는 제품의 보고서를 조사해 달라는 중견 업체의 요청을 받았다. 고객 불만을 보고 싶었던 것이다. 전형적인 리뷰 웹사이트를 검색한 후, Keyword Tool로 검색했다. 이 특정 제품명 관련 아홉 번째 인기 검색어가 제품명의 잘못된 철자였다. 내 검색이 이 콘텐츠를 누락할 정도로 틀린 철자였다. 이 정보를 안 후, 고객에 관련된 더 많은 데이터를 찾을 수 있었다.

다른 대안

구글, 빙은 훌륭하지만, 모두 잘하지는 못한다. 항상 전문 검색 엔진의 수요가 있다. 이 엔진은 보통 다른 영역에서 검색 성능이 부족하지만, 특정 검색 방법 한 가지는 탁월하다. 이 장에서 열거한 웹사이트는 검색 트래픽에 관한 한 극소수를 나타낸다. 종종 더 인기 있는 엔진에서 나중에는 당연히 여길 기술을 구현하는 웹사이트다.

iSEEK(iseek.com)

유용한 웹사이트 하나는 iSEEK다. 이 웹사이트는 저장된 타깃 관련 정보를 근거로 검색 결과 카테고리를 제공한다. "Glenn McElhose"를 검색하면 구글, 빙과 유사한 결과를 제공한다. 하지만 추가 기능이 있다. 화면 좌측 컬럼에는 검색 결과가 생성한 카테고리가 있다. 결과는 타깃 관련 화제, 인물, 장소, 조직을 포함한다. 이 카테고리를 클릭하면, 선택한 화제, 인물, 장소, 조직만 맞춰 검색 결과를 필터링한다. 선택한 것을 다시 클릭하면, 결과의 필터링이 해제된다. 타깃의 이름이 흔할 때 아주 유용하다. 결과는 과할 수 있지만, 카테고리는 결과를 더 관리 가능하게 해주는, 적용 가능한 필터를 제공한다.

iBoogie(iboogie.com)

이 엔진은 이전 판에서 언급됐다가 사라진 후 삭제됐는데, 이제 다시 서비스 중이다. iSeek와 비슷하게 수많은 검색 결과를 재빨리 이동해주는 클러스터링 결과를 표시한다. 메타 검색, 클러스터링을 조합해 여러 출처의 검색 결과를 전달하고, 구조화된 콘텐츠로 조직한다. 실시간에 동적이며, 브라우징, 탐구를 위한 주제의 계층구조(클러스터)를 사용자에게 제시한다. 클러스터 레이블은 검색 결과의 주요 화제를 확인하기에, 더 이상 여러 페이지에 걸쳐 검색 대상을 찾을 필요가 없다. 내 성, 이름을 검색할 때 즉시 다음 카테고리에 결과 수백 개를 제시했다. 특정 콘텐츠에만 초점을 맞추기 위해 각각 확장할 수 있다.

Open source intelligence	Security
Mike bazzell	Michael bazzell profile
Training by michael bazzell	Mr. Robot
Crime	Advisor
Assigned to the FBI cyber	Address - bazzell phone
Michael bazzell books	Hiding from the internet
Law enforcement	High school

Carrot2(carrot2.org)

검색 결과를 주제별로 그룹핑하는 또 다른 클러스터링 검색 엔진이다. 이 서비스가
다른 서비스와 구분되는 점은 결과를 조회, 필터링하기 위해 서로 다른 세 레이아
웃 포맷을 제공한다는 것이다. 초기 검색은 이전에 언급한 웹사이트와 유사하게 좌
측 메뉴에 카테고리를 산출한다. "Cirlces", "Foam Tree" 탭은 텍스트 옵션을 인
터랙티브한 그래픽으로 바꾼다. 섹션마다 크기는 그 화제에 맞는 검색 결과량과 상
관관계가 있다. 한 사례에서 내 이름의 검색은 "OSINT Training"으로, 나와 관련
된 가장 큰 주제를 드러낸다. 그 부분을 클릭하면, 우측에 관련 항목만 있도록 검색
결과를 필터링한다.

Exalead(exalead.com)

파리에 본사가 있는 이 검색 엔진은 미국에서 많은 인기를 얻었다. 주요 검색 엔
진은 여러 인기 검색어 관련 결과를 제공한다. 인터넷 프레전스가 강하지 않은 개
별 타깃은 이 웹사이트에서 결과를 별로 많이 얻지 못했다. 하지만 이 웹사이트는
두 영역에서 탁월하다. 문서에서 언급한 타깃을 포함하는 문서를 찾는 데 효과적이
다. 다른 엔진에서 사용한 "filetype" 연산자도 여기서와 마찬가지로 작동한다. 문
서 검색 옵션도 이 책의 더 나중에 논할 메타데이터 스크레이퍼 FOCA에 포함됐다.
Exalead 검색 엔진인 Voxalead는 특정 단어를 오디오, 동영상 파일에서 검색한다.
STT 기술 덕분이다. Voxalead는 파일의 발화한 모든 오디오에서 검색한 텍스트

참조를 검색한다. 결과는 타임라인 뷰로 제시된다. 현재 이 새 제품의 결과 대부분은 뉴스 매체, 공개 뉴스 동영상 파일에 링크 건다.

Million Short(millionshort.com)과 Million Tall(milliontall.com)

이 웹사이트는 다른 어떤 검색 엔진에서도 찾을 수 없는 특이한 기능을 제공한다. 가장 인기 있는 웹사이트 100만 개와 가장 인기 없는 웹사이트 100만 개에 링크 거는 결과를 제거한다. 이러면 인기 있는(혹은 인기 없는) 결과를 제거해 덜 알려진(혹은 원하는 경우, 잘 알려진) 웹사이트에 집중한다. 상위 결과 10만 개, 1만 개, 1,000개, 100개를 제거(혹은 포함)할 수 있다.

☑ Tor 검색 엔진

Tor는 익명 커뮤니케이션을 가능하게 해주는 무료 소프트웨어다. 이름은 원래 소프트웨어 프로젝트명 The Onion Router에서 추출한 약어다. Tor는 사용자 위치, 활용을 네트워크 감시, 트래픽 분석 수행자에게 감추기 위해 릴레이 6,000개 이상으로 구성된, 세계적인 무료 자원봉사 네트워크로 인터넷 트래픽을 돌린다. Tor를 사용하면, 인터넷 활동의 사용자를 추적하기가 더 어려워진다. Tor 네트워크에 호스팅된 웹사이트에도 적용된다. 보통 이 웹사이트는 불법 마약 거래상, 아동 포르노그래피 교환, 무기 거래를 포함한다. 이 웹사이트가 공개적으로 조회 가능한 네트워크에 호스팅되지 않기에, 찾아서 접속하기가 어렵다. 두 검색 엔진, 프록시가 이 프로세스를 돕는다.

Ahmia(ahmia.fi)

아주 강력한 Tor 검색 엔진이다. 어떤 검색도 모든 Tor 웹사이트를 색인해 찾을 수는 없지만, 내가 본 옵션 중 가장 철저하다. 모든 결과에는 두 가지 조회 옵션이 있다. 첫째는 .onion 네트워크 내 Tor 결과의 직접 링크다. Tor Browser Bundle로 Tor 네트워크에 연결되지 않으면, 이 링크는 작동하지 않는다. 둘째 옵션에는 "Proxy"라는 레이블이 있다. 이 링크는 결과를 Tor2Web 프록시로 라우팅해 Tor

네트워크 연결로 조회할 수 있다. 그림 2.09는 "OSINT" 검색 결과 내에 이 링크를 표시한다.

The Global Intelligence Files - List of Releases -- Proxy

The Global Intelligence Files - List of Releases ![WikiLeaks logo](/static/gfx/WL_Hour_Glass_small.png) List of Releases Articles the gifiles (es) Stratfor on the Australian Assange WikiLeaks' Impact is Stratfor's Bottom Line Stratfor Sydney Based Watch Officer Connection to Woman in Assange Case...

jwgkxhsz5zpcdelt.onion — 3 days ago — Report Abuse

▲ **그림 2.09**: 프록시 링크를 이용한 Ahmia Tor 검색 결과

Onion Cab(onion.cab)

Ahmia와 유사한 이 엔진은 숨은 Tor 웹사이트를 확인하려 한다. 그만큼 철저하지는 않지만, 다른 데서 찾을 수 없는 옵션을 포함한다. 나는 "OSINT"라는 단어를 검색하는 동안 결과를 얻지 못했다. "Only show domains which were online during the last 24 hours" 옵션을 언체크해야 디폴트로 표시되지 않은 결과를 얻을 수 있다. 이 페이지는 더 이상 온라인이 아니지만, 설명문 내에 제한된 정보는 어떤 정보와 원래 주소를 제공한다. 모든 결과는 Onion Cab의 자체 Tor 프록시로 페이지를 여는 활성 하이퍼링크를 포함한다. 이러면 Tor 네트워크에 연결되지 않아도 콘텐츠를 볼 수 있다. 그림 2.10은 이 옵션을 표시한다.

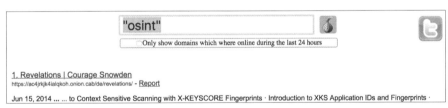

▲ **그림 2.10**: 프록시 링크를 이용한 Onion Cab Tor 검색 결과

Onion Link(onion.link)

이전 두 엔진과 유사한 Onion Link는 Tor 네트워크 내에서 웹사이트를 확인하려 한다. 구글 커스텀 검색 엔진(CSE)을 쓰며, 검색 결과마다 ".link"를 추가한다. 이러

면 Onion Link 자체의 Tor 연결로 이 링크를 열 수 있는데, 자체 캐싱 출처에서 데이터를 추출하는 것 같다. 이러면 페이지 로딩이 더 빨라져 페이지 조회가 훨씬 더 쉬워진다. 구글에 의존한 페이지 색인은 약간 아마추어같지만, 결과는 종종 다른 Tor 엔진과 다르다.

Tor2Web(tor2web.org)

libertygb2nyeyay.onion과 같은 URL을 보면, 언제나 Tor Onion 웹사이트다. 앞서 언급한 대로 Tor 네트워크에 연결되지 않고는 이 링크에 직접 연결할 수 없다. 하지만 콘텐츠를 표시하기 위해 주소 내의 ".onion"을 ".onion.to"로 대체할 수 있다.

위 사례에서 웹사이트 libertygb2nyeyay.onion.to로 이동하면 Tor2Web 프록시로 콘텐츠를 표시한다. Tor2Web으로 연결해주는데, 이어서 Tor로 어니언 서비스와 소통해 응답을 다시 릴레이해준다. 트위터 링크를 확인할 때 유용하다. 그림 2.11은 페이지 상단에 Tor2Web배너가 있는 이 사례를 표시한다.

▲ **그림 2.11:** 공개 접속 내에서 숨은 Tor 웹사이트를 표시하는 Tor2Web 프록시

☑ 해외 검색 엔진

미국을 기반으로 하는 검색 엔진은 모든 국가에서 주요 검색 웹사이트는 아니다. 미국 외의 검색 웹사이트에 방문하면 구글, 빙에 나타나지 않은 결과를 제공한다. 러시아에서는 얀덱스가 주로 선택받는 검색 엔진이다. 얀덱스는 yandex.com에서 영어 버전을 제공한다. 이 결과는 종종 구글과 유사하다. 하지만 보통 다른 우선 순위를 갖는다. 과거에 나는 이 웹사이트에서 특이한 정보를 발견했다. 중국에서는 대부분 바이두를 사용한다. 영어 버전은 제공하지 않는다. 하지만 웹사이트는 여전

히 사용 가능하다. 검색어를 입력한 후 키보드의 "엔터"를 누르면 중국어 텍스트를 이해하지 못해도 검색은 수행한다. 구글, 빙에서 볼 수 없는 새 결과는 드물지 모르지만, 이따금 볼 만한 웹사이트다.

얀덱스(yandex.com)

이 책의 이전 판에서는 얀덱스를 간략히 참조했고, 재빨리 지나갔다. 나는 지난해에 섹션을 확대할 만한 얀덱스의 여러 고급 기능을 발견했다. 시각적으로 얀덱스 홈페이지, 검색 결과 페이지는 추가적인 검색 연산자가 없다. 이 옵션은 검색어 내에 직접 명령문을 발급해야만 사용 가능하다. 구글 검색보다 복잡할 수도 있지만, 결과는 훨씬 더 새 데이터가 있을 수 있다. 이 검색어 중 일부는 일상 용도로는 과하지만, 브랜드 평판 모니터링을 수행하거나 철저히 배경 확인을 하는 사람은 활용할 수도 있다.

정확한 단어: 구글, 빙과 유사하게 인용부호는 정확한 단어를 검색한다. "Michael Bazzell"을 인용부호 내에 검색하면, 그 단어를 검색하고, "Mike"나 "Bazel"을 피한다.

누락된 단어: 문구의 모든 단어를 알지 못한 채, 정확한 문구를 검색할 수 있다. "Open Source * Techniques"를 인용부호 안에 검색하면, 아스테리스크(*)가 위치한 곳에 어떤 단어가 있든, 그 문구를 포함하는 결과를 모두 확인한다. 이 책의 제목이 있는 결과만이 아니라, "Open Source Development Techniques", "Open Source Responsive Techniques"의 결과도 확인했다. 이 검색은 개인의 중간 이름을 확인할 때 아주 유용하다. "Michael * Bazzell"은 더 흥미로운 결과를 산출했다.

같은 문장 내의 단어: 앰퍼샌드(&)는 이 쿼리에서 여러 단어를 검색하고 싶을 때 사용한다. "Hedgehog & Flamingo"에서 인용부호가 없으면, 한 문장 내에 이 단어가 모두 있는 모든 웹사이트를 확인한다. 서로 근처에 있는 두 단어가 있는 문장만 있는 결과를 원하면, "Hedgehog /2 Flamingo"를 검색한다. 이러면 각각 두 단어 내에 Hedgehog, Flamingo 단어가 있는 문장을 포함한 웹사이트를 확인한다.

같은 웹사이트 내의 단어: 이전 방법과 유사하게, 이 검색은 전체 웹사이트 내에서 검색된 단어를 확인한다. "Hedgehog && Flamingo"에서 인용부호가 없으면, 같은 페이지 내에 그 단어가 모두 있는 페이지를 확인하지만, 반드시 같은 문장일 필요는 없다. 서로 일정한 문장량 내에서 그 두 단어가 있는 결과만 포함하도록 검색을 제어할 수도 있다. "Hedgehog ?? /3 Flamingo" 검색은 인용부호 없이 서로 세 문장 내에 이 두 단어가 있는 웹사이트를 확인한다.

특정 단어를 포함: 구글, 빙은 단어 주변에 인용부호를 배치하면, 그 단어를 포함하는 페이지를 확인한다. 얀덱스는 플러스 기호(+)로 가능하다. Michael +Bazzell은 페이지에 Michael이 아니라 Bazzell이 있도록 강제한다.

어떤 단어든 검색: 구글, 빙은 검색어 내에 "OR"을 사용해 검색한 모든 단어에 대한 결과를 얻을 수 있다. 얀덱스는 파이프 기호(|)로 가능하다. 키보드의 백슬래시(\) 위에 있다. "+Bazzell Michael|Mike|M" 검색이 인용부호가 없으면, Michael Bazzell, Mike Bazzell, M Bazzell 결과가 나온다.

단어 제외: 구글, 빙은 하이픈(-)으로 검색어에서 단어를 제외한다. 얀덱스는 기술적으로 지원하지 않지만, 잘 작동하는 것 같다. 얀덱스의 공식 연산자는 틸드(~)다. 전형적인 검색어는 인용부호 없는 "Michael Bazzell ~ Mike"와 같다. Michael Bazzell을 포함하지만, Mike Bazzell은 포함하지 않는 웹사이트를 확인한다. 나는 더 이상 작동하지 않을 때까지 하이픈(-)을 고수한다.

여러 동일한 단어: 얀덱스의 옵션을 배우기 전에, 과거에 내가 여러 번 필요했던 기술이다. 특정 단어를 한 번 이상 포함하는 웹사이트를 검색할 수 있다. 전체 이름에 동일한 단어가 둘 있는 사람을 검색하는 경우다. "Carina Abad Abad"가 이 시나리오에 맞는다. 인용부호로 결과 대부분을 확인할 수 있지만, Abad.Abad, Abad-

Abad, AbadAbad 등 정확하지 않으면 모두 필터링한다. 바로 여기서 느낌표(!)가 개입한다. "!Carina !Abad !Abad" 검색이 인용부호가 없으면, 여백이든 구두점이든 상관없이 이 세 단어가 있는 어떤 결과도 확인한다.

특정일의 검색: 구글이 날짜별로 검색을 필터링하는 메뉴를 제공하는 반면, 얀덱스는 일을 더 어렵게 만든다. 검색어 내에 날짜 기간을 지정해야 한다. 다음 쿼리는 옵션을 설명한다.

> date:20111201..20111231 OSINT - 2011년 12월 1~31일 사이에 OSINT를 언급한 웹사이트
>
> date:2011 * OSINT - 2011년에 OSINT를 언급한 웹사이트
>
> date:201112* OSINT - 2011년 12월에 OSINT를 언급한 웹사이트
>
> date:>20111201 OSINT - 2011년 12월 1일 이후 OSINT를 언급한 웹사이트

표준 연산자: 전에 설명한 구글, 빙의 연산자 대부분은 얀덱스에도 작동한다. Site, Domain, Inurl, Intitle 명령문도 마찬가지로 작동한다. 얀덱스는 help.yandex.com/search/how-to-search/search-operators.xml에 연산자 목록이 있다. 모든 얀덱스 연산자는 함께 작동하며, 여러 연산자로 아주 구체적인 검색어를 형성할 수 있다. 그림 2.12는 Michael Bazzell 문구, OSINT 단어가 있는 반면, Mike 단어는 제외하며, 2013년 이후의 모든 웹사이트 검색 결과를 표시한다.

▲ **그림 2.12:** 커스텀 얀덱스 검색

Search Engine Colossus(searchenginecolossus.com)

이 웹사이트는 실제로 모든 국가의 모든 검색 엔진을 색인한다. 메인 페이지는 알파벳 순의 국가 목록이 있다. 이 링크마다 그 나라에서 활발한 검색 엔진 목록에 연결된다. 나는 미국 기반의 주제를 검색할 때 이 서비스를 기피한다. 하지만 내 타깃이 특정 국가와 강한 유대관계가 있을 경우, 항상 이 웹사이트로 그 지역에서 사용하는 엔진을 조사한다.

덕덕고(duckduckgo.com)

깔끔한 인터페이스의 이 검색 엔진은 두 가지 고유 서비스를 제공한다. 사용자의 아무것도 추적하지 않아 많은 인기를 얻었다. 구글 등의 엔진은 사용자의 검색 히스토리, 방문한 웹사이트를 모두 기록, 유지한다. 개인 정보 옹호자와 민감한 조사를 하는 사람에게는 관심사일 수 있다. 게다가 위키피디아, 울프람알파 등의 크라우드소싱 웹사이트에서 얻은 정보로 전통적인 결과를 보완해 상관도를 개선한다. 더 인기 있는 검색 엔진보다 여기서 더 적은 결과를 얻겠지만, 결과의 정확도는 개선된다.

Start Page(startpage.com)

덕덕고와 유사한 Start Page는 전통적인 검색 엔진에 접속 정보를 노출하지 않는, 개인 정보에 초점을 맞춘 검색 엔진이다. 여기서 차이는 덕덕고가 여러 출처를 조합하는 반면, Start Page가 구글 결과만 포함하는 데 있다. 여기서 혜택은 구글 고급 검색 옵션을 사용하면서도 여전히 신원을 보호한다는 데 있다. 날짜, 이미지, 동영상 필터링이 있다. 그림 2.13에 보이는 대로 "프록시" 링크로 어떤 결과도 열 수 있다는 혜택도 있다. 검색 결과마다 옆에 있는 "Proxy" 레이블의 이 옵션은 Start Page 서버로 링크 걸린 페이지를 열어, 그 웹사이트에 콘텐츠를 표시한다. 타깃 웹사이트의 연결을 모니터링하는 모든 사람으로부터 IP 주소를 보호한다. 이 기법이 완전하지는 않지만 유효한 보호 층위를 제공한다. 내 검색 전략은 내 컴퓨터, 인터넷 연결을 관련짓고 싶지 않은 민감한 검색을 할 때마다 Start Page가 관여한다. 기술에 숙련된 스토커 용의자 등 아주 민감한 주제와 연관된 조사를 포함할 수도 있다.

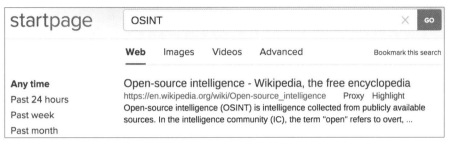

▲ **그림 2.13**: Start Page 검색 결과

☑ FTP 검색

나는 파일 전송 프로토콜(FTP) 서버 검색이 온라인 조사원 대부분이 놓치는, 인터넷에서 가장 큰 영역이라 믿는다. FTP 서버는 파일을 저장할 때 사용하며, 공개 IP 주소가 있는 컴퓨터다. 강제적인 접근 정보로 보안 처리를 할 수 있지만, 그런 경우는 거의 없다. 대부분은 공개며, 웹브라우저에서 접근 가능하다. 파일 전송을 위한 FTP의 전반적인 사용은 10년 전에 비하면 아주 적지만, 서버는 여전히 충분히 있다. 나는 FTP 정보를 구글에서 검색하는 수동적인 방법을 선호한다. 앞서 언급한 대로 구글, 빙은 FTP 서버에서 대부분 공개로 활용 가능한 데이터를 색인한다. 원하지 않는 정보를 필터링하려면 커스텀 검색 문자열이 필요하다. 제목에 단어 "confidential"가 있는 모든 파일을 찾으면, 나는 구글, 빙에서 다음과 같이 검색한다.

inurl:ftp -inurl:(http|https) "confidential"

결과는 ftp 서버에서 파일만 포함시키고(inurl:ftp), 어떤 웹페이지도 제외하며, (-inurl:(http|https)), 단어 "confidential"이 있도록 강제한다(""). 나는 이 쿼리로 타깃 회사의 여러 민감한 문서를 찾았다. 위 검색은 FTP 결과 10만 7,000건이 나온다. 그러나 이 특정 히트 수만 추적할 가치가 있는 데이터는 아니다. 다음 사례를 고려해보자. 나는 제목, 콘텐츠에 "cisco"가 있으며, FTP 서버에 저장된 PDF 문서

를 찾고 싶을 경우, 다음 검색을 구글에서 한다.

inurl:ftp -inurl:(httpIhttps) "cisco" filetype:pdf

수많은 도메인에 호스팅된 여러 FTP 서버 내에서 이 결과는 옵션 2만 개다. 첫 결과는 Southwest Cyberport FTP 서버에 호스팅돼 있으며, 다음 주소의 PDF 문서에 연결된다. 텍스트북의 한 장인 것 같다.

ftp://ftp.swcp.com/pub/cisco/03chapOl.pdf

수동으로 마지막 "01", "02"를 바꾸면 책의 둘째 장이 로딩된다. 하지만 문서 이름을 완전히 삭제해 "cisco" 제목의 디렉터리를 브라우징하면 더 쉽다. 다음 주소의 첫 부분은 그 폴더의 콘텐츠를 표시하는 반면, 둘째는 "pub" 폴더의 콘텐츠를 표시한다. 웹브라우저에 직접 복사해 결과를 본다.

ftp://ftp.swcp.com/pub/cisco/
ftp://ftp.swcp.com/pub/

이런 수동 내비게이션은 종종 전통적인 검색이 보류하지만, 공개로 활용 가능한 수많은 문서를 드러낸다. 나는 회사, 정부 기관, 군대가 호스팅한 극히 민감한 파일을 찾았다. 파일 전송 프로토콜(FTP) 서버 대부분은 구글이 색인하지만, 탐구할 만한 다른 서드파티 옵션이 있다. 나는 설명문의 끝에서 검색어 "Cisco", "PDF"가 포함된 결과 수를 확인한다.

Global File Search(globalfilesearch.com)

Global File Search는 이 공개 서버에서 파일을 검색하는 몇 가지 웹 기반 엔진 중 하나를 제공한다. 이 글을 쓰는 시점에 웹사이트는 공개 FTP 서버 내에 243TB의 파일을 색인했다고 주장한다. 어떤 업체든 정보를 검색하는 사람이라면 이 웹사이트를 살펴봐야 한다. 결과는 보통 아주 적지만, 아주 신뢰할 만하다.

"Cisco" "PDF": 121

File Mare(filemare.com)

다른 것보다 더 적은 데이터량을 색인했지만, File Mare를 방문해 가능한 한 FTP 콘텐츠를 찾아야 한다. 이 웹사이트의 데이터 중 상당수는 더 이상 사용할 수 없다. 하지만 기대하던 콘텐츠가 있는 이전 FTP 서버의 IP 주소를 알면, 가치가 있을 수 있다. 그 공개 주소로 이동하면, 아직 색인하지 않은 새 문서를 노출할 수 있다.

"Cisco" "PDF": 5,739

Napalm FTP(searchftps.org)

이 FTP 검색 엔진은 종종 아주 최근 콘텐츠를 제공한다. 결과마다 뒤에 노출된 위치에서 데이터의 마지막 확인 날짜를 표시한다. 여전히 서버에 존재하는 관련 정보를 찾아줄 수 있다. 네 서비스 모두에서 결과 대부분을 생성했지만, 상당수는 더 이상 타깃 FTP 서버에서 사용 가능하지 않다. 일부는 캐싱 사본으로 재구성할 수 있지만, 전부는 아니다.

"Cisco" "PDF": 7,947

Mamont(mmnt.ru)

이 러시아 FTP 서버로 콘텐츠의 호스팅 국가별 검색 결과를 분리할 수 있다. IP 주소로 판단할 가능성이 크다. 필터링된 결과 중 대부분이 정확하겠지만, 나는 어떤 외국 옵션이든 그만두기 전에 글로벌 결과로 검색하도록 권장한다. 이 엔진에서 나는 "Search within results" 옵션을 즐겨 쓴다. 내 검색을 수행한 후, 이 옵션을 체크해 내 검색 필드를 정리한다. 나는 "router"를 입력하고, 다시 검색을 클릭한다. 단어 router를 포함하는 원래 히트 내에서 결과 436개가 프롬프트로 뜬다. 수동으로 복제할 수도 있지만, 이 옵션을 높이 산다.

"Cisco" "PDF": 4,673

비교하자면 구글은 inurl:ftp -inurl:(httpIhttps) "Cisco" "PDF"로 2만 3,600개를 찾았다.

Nerdy Data(search.nerdydata.com)

구글, 빙, 기타 검색 엔진은 웹사이트의 콘텐츠를 검색한다. 시각적으로 웹페이지 내에 존재하는 데이터에만 집중한다. Nerdy Data는 웹사이트의 프로그래밍 코드를 검색한다. 이 코드는 종종 최종 사용자에게 보이지 않으며, 사용자 대부분이 친숙하지 않은 HTML 코드, 자바스크립트, CSS 파일 내에 존재한다. 이 코드는 일부 시나리오의 조사에 가치가 있을 수 있다. 웹사이트 소스 코드 조회는 페이지의 백그라운드에서 우클릭한 후, "소스 보기"를 선택한다. 다음 두 사례는 이 서비스의 가능성 중 일부를 설명한다.

12장에서 타깃 웹사이트와 연관된 추가 웹사이트를 확인하는 무료 서비스를 배운다. 이 서비스의 백본은 웹사이트의 프로그래밍 데이터 색인에 의존한다. Nerdy Data는 이 데이터를 검색하는 가장 순수한 방법일 수 있다. 내 웹사이트 중 하나인 yourcomputernerds.com의 소스 코드를 관찰하면, 하단에서 내가 구글 애널리틱스 서비스를 사용한다는 사실을 알 수 있다. 이 서비스는 웹사이트의 방문자 수, 방문자가 있는 일반적인 영역을 확인한다. 다음은 실제 코드다.

```
<script type="text/javascript">
try {var pageTracker = _gat._getTracker("UA-8231004-3");
pageTracker._trackPageviewO;
}catch(err) {}</script>
```

여기서 중요한 데이터는 "UA-8231004-3"이다. 내 구글 애널리틱스 고유 번호다. 내가 서비스를 사용하는 어떤 웹사이트도 페이지 소스 코드 내에 그 숫자가 있다. Nerdy Data에서 그 숫자를 검색하면, 흥미로운 결과를 얻는다. Nerdy Data는 computercrimeinfo.com, 내가 법률 회사를 위해 유지하는 두 웹사이트 등 그 숫자를 사용하는 세 웹사이트를 확인했다. 종종 타깃의 웹사이트 소스 코드 내에서 가치 있는 정보를 발견할 수 있다.

여러 웹 디자이너, 프로그래머는 다른 웹사이트에서 코드를 훔친다. 과거에는 이미 의심 가는 웹사이트를 알지 않는 한, 확인하기가 어려웠다. Nerdy Data로 문제의 코드를 검색해 자신의 소스 코드 내 데이터를 소유하는 웹사이트를 확인할 수 있다. 2013년에 나는 내 자신의 유사한 검색 서비스를 만드는 데 영감을 준 YGN Ethical Hacker Group의 커스텀 검색 웹사이트를 찾았다. 내게 더 아이디어를 줄, 이 기본 코드를 소유한 다른 어떤 검색 웹사이트가 있는지 궁금했다. 웹사이트 소스 코드를 보고, 그 서비스에 꽤 고유해 보이는 코드 일부를 찾았다. 나는 다음 코드로 Nerdy Data에서 검색했다.

```
<li> http://yehg.net/q?[keyword]&c=[category](q?yehg.net&c=Recon)</li>
```

이 코드는 검색 웹사이트의 자바스크립트 프로그래밍 내에 있었다. 검색 결과는 같은 코드를 보유한 웹사이트 13개를 확인했다. 이 결과 중 둘은 제작자 웹사이트에 호스팅됐고, 추가 정보를 제공하지 않았다. 결과 중 셋은 더 이상 사용 불가한 페이지에 링크가 걸려 있었다. 결과 중 셋은 타깃 웹사이트 내의 코드, 기능의 개선법을 논할 뿐인 페이지에 링크가 걸려 있었다. 하지만 결과 중 넷은 검색한 프로그래밍 코드도 사용하는 유사한 검색 서비스를 확인했다. 이는 내가 흥미 있던 웹사이트에 관련된 새 검색 서비스를 드러냈다. 같은 기법으로 코드 자산을 도용하는 웹사이트를 확인하거나, 희생양을 속여 클로닝된 웹사이트를 사용하게 하려고 생성된 페이지를 찾거나, 전 세계적으로 해킹 웹사이트에서 사용 중인 특정 프로그래밍 함수의 인기를 검증할 수 있다. Nerdy Data에서 다른 검색의 가능성도 감지할 수 있다. 이 옵션은 이 책의 다른 영역에서 설명한다.

Qwant(qwant.com)

Qwant는 여러 검색 엔진 유형의 결과를 한 페이지로 조합한다. 2년 동안의 연구 끝에 2013년 런칭했다. Web, News, Knowledge, Social, Shopping이 제목인 컬럼에 결과를 표시하는 인터페이스는 쉽게 소화할 수 있다. 구글의 "느낌"이 나며,

레이아웃을 기호에 따라 바꿀 수 있다. 내 이름의 디폴트 검색은 구글, 빙과 유사한 예상된 결과를 제공했다. 상단의 "People" 탭을 클릭하면, 다른 엔진에서 찾은 새 결과를 소개한다. 결과는 나와 이름이 같은 사람으로부터 나오거나, 그 사람에 관한 트위터, 페이스북, 링크드인, 마이스페이스의 최근 포스트가 있다.

☑ IntelTechniques Search Tool(inteltechniques.com/OSINT/user.html)

이 시점에는 검색 옵션이 너무 많아 압도될 수도 있다. 조사하는 동안 모든 옵션을 활용하지는 않는다. 타깃의 초기 검색 동안, 나는 기본에 의존한다. 일단 구글, 빙, 얀덱스, 더 작은 구글 검색 엔진들을 검색한다. 나는 이 초기 검색을 돕기 위해 재빨리 기본에 도달하게 해주는 커스텀 도구를 생성했다. 그림 2.14는 이 온라인 웹 사이트의 현재 상태를 표시한다.

▲ **그림 2.14**: IntelTechniques 커스텀 검색 엔진 도구

주요 검색 옵션으로 개별적으로 직접 구글, 빙, 야후, 얀덱스, Exalead, Start Page, 구글 뉴스그룹, 구글 블로그, FTP Servers, 구글 학술 검색, 구글 특허, 구글 뉴스, 바이두, 덕덕고, Qwant로 검색할 수 있다. 수행하는 검색마다 웹브라우저의 새 탭에 열린다. 이 도구는 간단한 자바스크립트 기반이며, 쿼리는 결코 내 서버에서 보이거나 저장되지 않는다. 검색은 모두 컴퓨터의 웹브라우저 내에서 출처로부터 직접 이뤄진다.

마지막 검색 옵션으로 열거된 모든 서비스에 걸쳐 검색될 모든 검색어를 제공할 수 있다. 서비스마다 인터넷 웹브라우저의 새 탭에 결과를 채운다. 사용 중인 웹브라우저에 상관없이, 도구가 작동하려면 내 도메인의 팝업을 허용해야 한다. 이 도구에서 이전에 논한 검색 연산자를 모두 사용할 수 있다.

03장

소셜 네트워크

개인의 삶에 관한 세부 사항을 저장하는 소셜 네트워크는 수백 개 있다. 예전에는 작은 친구, 가족 집단에 유지했던 정보가 이제 공개 웹사이트로 세상에 브로드캐스팅된다. 이 웹사이트의 검색은 언제나 정보 수집에서 우선순위가 높다. 이 장은 어떤 타깃에도 적용 가능한 새 기법 몇 가지를 확인한다. 이 방법론 중 어떤 것도 진행 전에, 가짜 계정을 논해야 한다.

일부 네트워크의 검색 옵션은 계정 로그인이 없다면 엄격히 제한된다. 사실 나는 깨끗한 계정을 준비하지 않은 채, 페이스북에서 어떤 검색이든 시도하도록 권장하지 않는다. 여기서 언급한 소셜 네트워크 전체의 가짜 계정은 무료며, 가공의 정보로 완료 가능하다. 하지만 일부 네트워크는 이 과업을 더 어렵게 만든다. 구글 등의 서비스는 모두에게 여러 지메일, 구글 플러스 계정을 거의 검증 없이 제공하는 반면, 페이스북, 트위터, 인스타그램, 야후는 허가된 접근을 받기 전에 여러 과정을 거친다. 나는 검증 요건, 우회 방법을 포함해, 가장 인기 있는 서비스를 아래에 요약했다. 이 기법은 가짜 계정을 차단하는 다른 서비스에서도 성공적이었다.

페이스북: 새 계정 생성이 가장 어렵다. 신규 사용자 대부분에게 페이스북은 인증 문자를 전송, 확인할 수 있는 휴대폰 번호를 제공하도록 요구한다. 구글 보이스 계정 등 VOIP 번호를 제공하면 작동하지 않는다. 나는 유일한 해결책을 발견했다. VPN, Tor 웹브라우저, 기타 보유 중인 이메일 계정을 마스킹하는 IP 주소를 끄고, 거주지의 인터넷 접속으로 연결한다. 계정 생성 동안 지메일, 야후 등 인기 무료 이메일 플랫폼이 아닌, 보유 중인 무료 이메일 주소를 제공한다. 도메인을 소유하면 효과적이다. 이 글을 쓰는 시점에 나는 My Way(myway.com)에서 생성한 무료 이메일 계정으로 성공했다. 이 계정을 사용하는 페이스북 사용자는 너무 적어서 의심받는 플래그가 달리지 않는다.

트위터: 여기서 소개한 트위터 기법 중 상당수는 계정을 요하지 않는다. 하지만 서드파티 솔루션은 사용 시 트위터에 로그인하도록 강제한다. (공개 와이파이가 아닌) 거주지, 회사 인터넷 접속으로 합법적인 이메일 주소를 제공하는 한, 이슈가 없다.

인스타그램: 인스타그램은 트위터와 유사하다. 같은 인터넷 접속으로 하루에 여러 계정을 생성하지 않는 한, 익명 계정 생성에 저항이 없다.

야후: 야후 이메일 계정은 나중에 중요한 페이스북 검색 기법에 필요하다. 불행히도 야후는 새 계정에 아주 방어적이다. 신규 사용자 대부분은 페이스북처럼 현재 휴대폰 번호를 제공해야 한다. 그 상황과 비슷하게 새 계정을 지난 30일 이내에 생성하지 않은 IP 주소에서 등록하는 동안 잘 알려지지 않은 이메일 제공업체를 제공하면 이 장애를 통과한다.

일부 독자는 정보 검색을 위해 그냥 사적이고, 정확한 소셜 네트워크 계정을 사용할 수 있다고 가정할 수 있다. 사실 가능하지만 위험하다. 인스타그램 등 일부 서비스는 결코 타깃에게 특정 프로필로 검색했음을 알리지 않는다. 페이스북 등 다른 서비스는 사실 결국은 타깃에게 관심 있음을 알린다. 보통 친구 추천 형식이다. 어떤 서비스든 항상 실제 계정에서 용의자에게 실수로 클릭 한 번 잘못하면 친구 요청을 보낸다. 이런 이유로 나는 결코 모든 조사 시 실제 소셜 네트워크 프로필을 사용하지 않는다. 소셜 네트워크에서 하나를 의심하거나 삭제할 경우에 대비해 언제나 여러 계정을 유지한다.

잠복 근무는 검색 기법에 관한 이 책의 범위를 벗어난다. 이 장은 현재 실명이 아니며, 개인 신원 정보를 보유하지 않는 소셜 네트워크 계정을 생성했다고 가정한다. 이제 소셜 네트워크 프로필을 파고들어 데이터를 추출할 때다.

페이스북(facebook.com)

페이스북 사용자는 다른 소셜 네트워킹 웹사이트 사용자보다 보안이 철저하다. 새 페이스북 사용자는 디폴트로 프로필을 생성하는 동안 개인 정보 설정을 계정에 지정해야 한다. 페이스북 개인 정보 정책에 지속적으로 저항하는 개인 정보 옹호자 덕분이다. 이 사용자 설정 중 상당수는 개인 정보를 보호하지 않고, 사용자 정보를 누구든 보게 노출한다. 이 섹션은 공개 프로필에서 볼 수 없는 사용자 정보를 획득하는 방법을 아주 많이 설명한다.

일단 로그인하면 어떤 페이스북 페이지 상단에든 간단한 검색 필드가 있다. 타깃의 실명을 입력하면 어떤 결과로 이어져야 한다. 페이스북 사용자는 트위터와 달리 보통 프로필을 만들 때 실명을 사용한다. 이 프로필은 보통 회사, 졸업한 고등학교 반, 대학 동창에도 링크 걸린다. 일단 사용자 프로필을 찾은 후에는 디폴트 뷰가 "타임라인" 탭이다. 성별, 지역, 가족 구성원, 친구, 결혼 유무, 관심사, 학력, 이력 등 기본 정보가 있다. 이 페이지에는 흔히 사용자의 사진, 페이지의 최근 포스트가 모두 존재한다. 활성 사용자가 십억 명 이상 있으니, 타깃과 같은 이름으로 여러 사용자 프로필을 찾을 가능성이 크다. 적절한 타깃을 찾기 위해 할 수 있는 일이 몇 가지 있다.

타깃 이름이 톰 존슨이면, 할 일이 많다. 그의 페이스북 페이지를 결코 찾지 못한다는 뜻은 아니지만, 타깃에 도달하려면 추가 조치를 취해야 한다. 이름으로 검색하면, 여러 이름이 드롭다운 메뉴에 나타난다. 명백히 페이스북에 있는 톰 존슨의 완벽한 목록은 아니다. 이 목록 하단에 타깃 이름이 있는 프로필 전부를 보는 옵션이 있다. 이 목록을 스크롤한 후, "결과 더 보기"를 선택해 타깃 이름이 있는 프로필을 계속 로딩할 수 있다. 이를 뒤지며, 사진, 지역, 이 뷰에 표시된 추가 정보 등을 근거로 타깃을 확인해볼 수 있다.

페이스북은 2013년에 그래프 검색을 도입했는데, 인물 검색 페이지에 보이는 검색 필터 일부를 제거했다. 이 필터는 여전히 2014년 내내 사용 가능했지만, 사용하려면 검색 폼에 특정 단어를 입력해야 했다. 종종 "일리노이 주 시카고에 사는 톰 존슨이라는 사람" 등 흔한 문구로도 가능하다. 워딩이 완벽하다면, 정확한 결과를 얻을 수 있다. 페이스북은 2015년 2월 검색 필드 내에서 사용자 프로필의 상세 검색 기능을 제거했다. 이 시기 전에는 페이스북 페이지에 다음 쿼리를 직접 입력해 매칭되는 결과를 얻을 수 있었다.

> "존 스미스"라는 사람
>
> 마이크로소프트에서 일하는 사람
>
> 시카고에서 일하는 사람
>
> 시카고에 사는 사람
>
> OSINT를 좋아하는 사람
>
> 알링턴 고등학교를 다닌 사람
>
> 1980년에 태어난 사람
>
> 페루를 방문한 사람
>
> 러시아어를 할 줄 아는 사람

이 검색어 중 상당수는 여전히 기능하지만, 당연히 얻을 수 있는 결과를 전부 얻지는 못한다. 키워드로 검색어를 조합해 필터링된 콘텐츠를 획득할 수도 있다. 2015년 이전에는 마이크로소프트에서 일하는 사람, 시애틀에 사는 사람, 스타벅스를 좋아하는 사람이 적절하게 나왔다. 오늘날은 그 검색이 에러를 낳는다. 하지만 이런 검색어 유형을 재창조해 이전보다 더 상세한 정보를 얻을 수 있다. 페이스북은 이제 이런 유형의 정보를 검색하기 위해 특수한 주소(URL)를 요한다. 이전 옵션 만큼 사용자 친화적이지는 않지만, 특정 쿼리마다 재창조할 수 있다. 다음 섹션은 검색 가능한 정보 유형, 주소마다 필요한 상세 구조를 확인한다. 끝에서 나는 전체 프로세스를 단순화하는 내 커스텀 온라인 페이스북 검색 도구를 제시한다.

이름

페이스북은 여전히 어떤 페이지에서든 타고난 이름 검색을 제공한다. 하지만 나는 커스텀 주소로 더 나은 결과를 얻었다. 다음 URL은 내 이름으로 어떤 프로필이든 확인한다. URL 내 "%20"이 공백임에 주의해야 한다. 웹브라우저 대부분은 공백을 이 포맷으로 자동 변환한다. 검색 필드에 "People named Michael Bazzell"을 입력해 복제할 수 있다.

https://www.facebook.com/search/str/Michael%20Bazzell/users-named

직업

페이스북은 회사의 현재, 과거 직원을 찾을 수 있다. 수상한 회사를 조사 중인데, 조사를 도울 수 있는 직원과 접촉하고 싶을 경우, 유용할 수 있다. 나도 직장에 있는 동안 불법 행동을 저지른 직원의 정보를 수집하려고 이를 사용했다. 용의자의 직장 동료를 알면 인터뷰를 하는 동안 가치가 있을 수 있다. 용의자와 함께 일하지만, 반드시 친구는 아닌 사람의 이름을 알면, 더욱 가치가 있을 수 있다. 그들이 아마 타깃 친구들 중 한 명 만큼 용의자와 정말 친하지는 않을 수 있기에, 증인이 될 수 있도록 집중 공략할 수 있다. 마이크로소프트 직원의 페이스북 프로필 전부를 찾고 싶다면, 다음 주소는 그 결과를 제공한다. 이 글을 쓰는 시점에 "People who work at Microsoft"를 검색해도 성공적이었다.

https://www.facebook.com/search/str/Microsoft/pages-named/employees/present

이 주소 내에서 "present"를 "past"로 바꾸면 더 이상 타깃 회사에서 고용하지 않는 사람의 프로필을 확인할 수 있다. 검색 옵션을 URL 하나로 조합할 수도 있다. 검색 구조마다 단일한 주소로 배치하고 끝에 "intersect"를 더해야 한다. "Mike Smith"라는 이름의 전직 마이크로소프트 직원을 모두 검색하고 싶다면, 다음 주소로 결과를 얻을 수 있다.

https://www.facebook.com/search/str/Mike%20Smith/users-named/str/
Microsoft/pages-named/employees/past/intersect

지역

지역별로 프로필을 검색하면 타깃 이름을 모를 때 유용할 수 있다. 타깃이 사는 도시를 안다면, 필터로 사용할 수 있다. 현재 덴버에 사는 사용자를 모두 확인하기 위한 검색 주소는 다음과 같다.

https://www.facebook.com/search/str/denver/pages-named/residents/
present

이러면 방대한 양의 프로필이 드러난다. 더 많은 검색 기준을 더해 필터링할 수 있다. 다음 URL은 덴버에 사는 사용자면서 요리사인 사람만 표시한다.

https://www.facebook.com/search/str/Denver/pages-named/residents/
present/str/chef/pages-named/employees/present/intersect

타깃 이름이 Ellen임을 알고, 덴버에 사는 요리사면, 다음 URL은 이 검색에 매칭되는 페이스북의 한 사람을 확인한다. 다시 한 번, 이전 결과에서 현재를 과거로 바꾸는 기능에 주목하자.

https://www.facebook.com/search/str/Denver/pages-named/residents/
present/str/chef/pages-named/employees/present/str/Ellen/users-
named/intersect

좋아요

페이스북으로 관심 주제별로 결과를 필터링할 수 있다. 사람들이 페이스북 페이지에서 "좋아요" 버튼을 클릭할 때 그 프로필은 이 데이터로 검색할 수 있다. 버드와이저에 "좋아요"를 클릭한 페이스북 사용자를 모두 조회하는 URL은 다음과 같다.

https://www.facebook.com/search/str/budweiser/pages-named/likers

예전에 나는 커뮤니티 컬리지에서 일어난 한 사건의 조사 요청을 받았다. 특정 지역 음악 그룹의 스프레이로 칠한 로고 옆에서 상스러운 낙서가 발견됐다. 나는 페이스북에서 이 밴드에 "좋아요"를 클릭한, 타깃 고등학교에 다니는 사람을 검색했다. 학교를 다니며 밴드의 팬인 4명의 대상 목록이 나왔다. 4명 모두 취조받았고, 이 중 1명은 현장에 있었다는 것을 자백하고 죄를 시인했다. 밴드 스라이스를 좋아하는 하버드 대학생을 검색하면, 다음 주소가 결과를 낳는다.

https://www.facebook.com/search/str/Harvard/pages-named/students/str/Thrice/pages-named/likers/intersect

학력

페이스북은 이름을 모른 채 특정 학교 학생을 검색하게 해주기도 한다. 이러면 사건의 잠재적인 증인 목록을 만드는 데 유용할 수 있고, 친구 관계를 분석할 수 있다. 다음 검색은 현재, 과거 하버드 대학생을 확인한다.

https://www.facebook.com/search/str/harvard/pages-named/students

나이

내 타깃이 페이스북에서 가명을 쓰거나 내가 모르는 예명을 쓸 때는 나이 범위 검색이 유용했다. 실제 정보를 제공하지만, 페이스북에서 이름을 바꿔 탐지를 피하는 성범죄자를 확인할 때도 사용했다. 타깃 나이 범위, 거주 도시를 선택하면, 기준에 맞는 페이스북 페이지를 제공한다. 대상에 적용되지 않는 여러 결과를 받을 수도 있지만, 이 페이지에서 타깃을 발견하면 보상감을 느낀다. 다음 URL은 37세에서 40세 사이의 브래드 오닐이라는 사람을 확인한다.

https://www.facebook.com/search/str/Brad%200'Neal/users-named/str/37/40/users-age-2/intersect

타깃의 정확한 생일을 알면, 이 데이터로 검색할 수 있다. 타깃 이름이 팀 스미스며, 1980년에 태어났다면, 다음 주소는 적절한 결과를 표시한다. 같은 이름에 필터링된 수많은 사람은 겨우 일곱 명으로 줄어든다.

https://www.facebook.com/search/str/Tim%20Smith/users-named/str/1980/date/users-born/intersect

방문

페이스북은 사용자의 방문 장소에 "체크인"하게 해준다. 이 데이터의 검색은 특정 지역, 이벤트에 위치하는 사람을 확인할 수 있다. 리글리 구장의 모든 방문 사용자를 검색하는 주소는 다음과 같다. 타깃을 확인하려면 추가 필터를 쉽게 추가할 수 있다.

https://www.facebook.com/search/str/wrigley%20field/pages-named/visitors

언어

여러 사람은 페이스북 프로필 내에서 구사하는 언어를 확인한다. 이전과 유사한 쿼리로 이 콘텐츠를 검색할 수 있다. 덴버에 살며 일본어를 구사하는 사용자를 모두 확인하는 URL은 다음과 같다.

https://www.facebook.com/search/str/Japanese/pages-named/speakers/str/Denver/pages-named/ residents/present/intersect

성별

타깃의 이름을 모를 때 이전 기법으로 프로필을 필터링할 가능성이 크다. 성별로 더 필터링하면 종종 경우의 수가 절반으로 줄어든다. 과거에는 검색 필드에 "마이크로소프트에서 일하는 여성"과 같이 직접 입력할 수 있었다. 오늘날은 더 이상 작동하지 않는다. 하지만 이전 모든 주소의 끝 근처에 "/males", "/females"를 추가해 성별로 필터링할 수 있다. 다음 주소는 시애틀에 사는 마이크로소프트 여직원 전체의 페이스북 프로필을 표시한다. 내 커스텀 페이스북 검색 도우미의 마지막 섹션은 더 나중에 설명하겠지만, 검색하는 동안 사용자 성별을 쉽게 지정할 수 있다.

https://www.facebook.com/search/str/seattle/pages-named/residents/present/str/microsoft/pages-named/employees/present/females/intersect

포스트

초판에서 나는 페이스북 포스트 콘텐츠 검색을 위해 서드파티 웹사이트를 추천했다. 이 웹사이트 중 일부는 여전히 남아 있지만, 대부분 폐쇄됐거나 기능을 중단했다. 더 영구적인 해결책을 제시하기 위해 나는 페이스북 전반에 안정적인 방법을 확인했다. 페이스북 계정에 로그인한 동안 공개 포스트의 콘텐츠 내에서 네이티브로 검색할 수 있다. 하지만 이 글을 쓰는 시점에 기본 검색 옵션은 적절한 수준으로 기능하지 않는다. 페이스북 검색 필드의 "OSINT" 단어 검색은 콘텐츠 내에 단어가 있는 일부 페이스북 포스트를 확인했다. "OSINT"에 관한 포스트 검색도 결과를 낳지만, 두 방법 모두 가능한 모든 공개 포스트를 확인하지 못했다. 이 검색이 완벽하게 작동하지 않는 이유는 알려지지 않았다. 하지만 페이스북이 이런 검색을 지원한다는 것은 잘 알려져 있다.

검색 필드에서 검색하는 대신 URL로 쿼리를 수행해야 한다. 다음 주소를 웹브라우저에 직접 입력하면 이전에 실패한 검색에 성공할 수 있다. 사례마다 검색 필드가 동일하지만, 직접 URL이 의미 있는 결과를 추출함에 주목하자.

https://www.facebook.com/search/str/OSINT/stories-keyword

실제 적용: 직원이 수천 명인 큰 회사에서 어떤 직원이든 온라인에서 출시 전 제품의 민감한 정보를 논하는지 알고 싶었다. 특정 직원 프로필을 여러 번 검색했더니 결과가 나오지 않았다. 비밀 프로젝트 이름의 페이스북 검색은 부적절한 정보를 유출하는 두 직원을 확인했다.

☑ 프로필 정보

이 시점에는 타깃의 프로필을 찾아, 공개 활용 가능한 콘텐츠를 분석하고, 주제별로 검색할 수 있지만, 단지 빙산의 일각이다. 페이스북은 모두의 소셜 네트워크 활동에서 추가 정보를 많이 수집한다. 누군가 뭔가를 "좋아요"를 클릭하거나 사진에 태그가 달릴 때마다 페이스북은 그 정보를 저장한다. 최근까지 때로 불가능하지는 않더라도, 찾기 어려웠다. 항상 타깃의 프로필 페이지에서 찾을 수는 없지만, 새 페이스북 그래프 검색으로 이 정보를 파고들 수 있다.

페이스북에서 이 데이터 검색의 공식적인 방법은 결함이 있다. 찾는 바를 입력하면, 페이스북은 네트워크 내에서 친밀한 친구, 사람을 근거로 결과를 제시한다. 한 사례로, 내가 톰 메릿이 "좋아요"를 클릭한 사진을 검색하면, 결과가 나타나지 않는다. "Photos liked by"를 입력한 후 내 친구 중 한 명의 이름을 입력하면 제대로 작동한다. 타깃이 친구 목록 내에 있을 가능성이 낮기에, 이 정보를 획득하려면 창의적이어야 한다.

다음 세부 검색을 하기 위해 타깃의 사용자 번호를 알아야 한다. 이 번호는 페이스북에서 숨길 정보를 검색해줄 고유의 식별자다. 2015년 중반 이전에 모든 페이스북 사용자의 사용자 번호를 확인하는 가장 쉬운 방법은 그래프 API였다. 사용자의 메인 프로필에서, 주소의 "www"를 "graph"로 대체하면, 그 사용자의 프로필 ID 번호를 얻을 수 있었다. 지금은 페이스북이 사용자 이름으로 그래프 API를 검색하는 기능을 제거했기에, 더 이상 작동하지 않는다. 하지만 여전히 두 검색 옵션으로 이 강력한 숫자를 획득할 수 있다.

첫째는 어떤 사용자든 페이스북 프로필의 소스 코드를 조회하는 옵션이다. 이 프로세스는 웹브라우저마다 다양하다. 파이어폭스, 크롬은 그냥 페이스북 프로필 페이지에서 우클릭해 소스 보기를 선택한다. 우클릭하는 동안 어떤 하이퍼링크도 호버하지 않도록 주의한다. 새 탭은 그 개별 프로필의 소스 코드 텍스트온리 뷰로 열어야 한다. 웹브라우저의 이 페이지에서 "profileid="를 검색한다. 이러면 이 페이지에서 특정 단어를 포함하는 코드 일부를 확인한다. 한 사례로, 다음은 검색 결과 바로 앞뒤에 있는 소스 코드다.

   ?profileid=651620441&offset= 3"

이 사례에서 이 프로필의 사용자 ID는 651620441이다. 다음 안내에서 수많은 검색어에 이 숫자를 사용한다. 내 커스텀 페이스북 검색 도구로 즉시 어떤 프로필이든 사용자 ID 번호를 획득할 수 있다. 이 도구는 나중에 설명한다. 이 숫자로 계정의 훨씬 더 많은 세부 사항을 획득할 수 있다. 이 대상이 "좋아요"를 클릭한 페이스북의 어떤 사진이든 보고 싶다면, 다음 주소를 웹브라우저에 입력한다.

   https://www.facebook.com/search/651620441/photos-liked

이 기본 구조는 웹사이트(facebook.com), 액션(search), 사용자 번호(651620441), 요청한 정보(photos-liked)를 포함한다. 타깃이 "좋아요"를 클릭한 사진이 있기에, 결과에는 찾기 어려운 다른 사람 페이지의 사진이 있다. 타깃 이름만으로 이 정보를 페이스북에 요청하면 거절당한다. 타깃의 이름이 흔하면, 작동하지 않는다. 여기서 설명한 방법은 타깃의 사용자 이름을 알기에 작동한다. 이 검색의 여러 다른 옵션이 있다. 다음 주소로 이동하면 타깃의 더 많은 정보를 볼 수 있다(사용자 번호 651620441). 주소마다 목록 다음에 설명한다. 651620441을 타깃의 사용자 ID로 대체해야 한다. 나머지 페이스북 기법은 페이스북 프로필 언어 설정이 영어(미국)로 설정될 경우만 작동한다. 다른 어떤 언어든 에러가 나온다.

   https://www.facebook.com/search/651620441/places-visited
   https://www.facebook.com/search/651620441/recent-plaees-visited
   https://www.facebook.com/search/651620441/places-cheeked-in
   https://www.facebook.com/search/651620441/places-liked
   https://www.facebook.com/seareh/651620441/pages-liked
   https://www.facebook.com/search/651620441/photos-by
   https://www.facebook.com/search/651620441/photos-liked
   https://www.facebook.com/search/651620441/photos-of

https://www.facebook.com/search/651620441/photos-commented
https://www.facebook.com/search/651620441/videos
https://www.facebook.com/search/651620441/videos-by
https://www.facebook.com/search/651620441/videos-of
https://www.facebook.com/search/651620441/videos-liked
https://www.facebook.com/search/651620441/videos-commented
https:/ /www.facebook.com/search/651620441/apps-used
https://www.facebook.com/search/651620441/friends
https://www.facebook.com/search/651620441/events
https://www.facebook.com/search/651620441/events-joined
https://www.facebook.com/search/651620441/stories-by
https://www.facebook.com/search/651620441/stories-commented
https://www.facebook.com/search/651620441/stories-tagged
https://www.facebook.com/search/651620441/groups
https://www.facebook.com/search/651620441/employees
https://www.facebook.com/search/651620441/relatives

"place-visited" 옵션은 타깃이 물리적으로 방문했고, 페이스북에게 위치 정보 수집을 허용한 지역을 표시한다. 종종 스마트폰으로 의도하지 않게 이뤄진다. 이것으로 알리바이를 부인하거나, 여행 여부를 검증할 수 있다.

"recent-places-visited" 옵션은 타깃이 최근 물리적으로 방문했고, 페이스북에 위치 정보 수집을 허용한 지역을 표시한다. 이 기능은 항상 신뢰할 만하지 않고, "최근"이라는 한정적 타임프레임은 확실하지 않다.

"places-checked-in" 옵션은 타깃이 페이스북 앱으로 "체크인"한 지역을 표시한다. 거짓일 수 있지만, 이 결과는 보통 "places-visited"보다 정확하며 믿을만하다.

"places-liked" 옵션은 타깃이 "좋아요"를 클릭한 어떤 물리적 지역도 표시한다. 종종 여행지, 즐겨찾는 술집, 특정 음식점을 확인한다. 조사관, 추적자에게 가치 있는 정보일 수 있다.

148

"pages-liked" 옵션은 타깃이 "좋아요"를 클릭한 어떤 페이스북 페이지도 표시한다. 종종 좋아하는 스포츠 팀, 음악 그룹, TV 프로그램 등 타깃의 관심사를 표시한다. 이 결과에는 "liked by" 레이블의 버튼이 있다. 클릭하면 그 항목에 "좋아요"를 클릭한 페이스북의 모두를 확인한다. 조사 중인 어두운 술집의 방문자를 재빨리 확인한다.

"photos-by" 옵션은 사용자가 업로드한 페이스북 사진을 표시한다. 이미 타깃의 사진 페이지에서 볼 수 있을 가능성이 크다. 하지만 검색은 잠재적으로 추가 이미지를 드러낼 수 있다.

"photos-liked" 옵션은 이전 페이지에서 설명했다. 타깃에게 사적인 프로필이 있다면 유용할 수 있다. 관심 있는 사진이 다른 누군가의 공개 프로필에 있으면, 모두 볼 수 있다.

"photos-of" 옵션은 타깃의 태그가 달린 어떤 사진도 표시한다. 이 검색은 이미 여러 조사에서 아주 효과를 입증했다. 즉시 타깃의 프로필에서 보이지 않을 타깃의 추가 사진을 찾는다. 한 개인의 페이지에서 비공개 사진이 다른 이의 페이지에서는 그렇지 않은 경우 유용하다.

"photos-commented" 옵션은 타깃이 사진에 댓글을 남긴 프로필의 어떤 사진도 표시한다. 타깃이 사진에 "좋아요"를 클릭하지 않았고, 태그도 달리지 않을 수 있기에 중요하다. 이 옵션은 중복 결과를 낳을 수 있지만, 항상 확인해야 한다.

"videos" 옵션은 타깃의 프로필에 보이는 동영상을 표시한다. 타깃과 직접 연결될 수도, 아닐 수도 있다. 대상에 개인적 유대가 없는, 원 출처에 링크 걸린 동영상일 수도 있다.

"videos-by" 옵션은 실제 타깃이 업로드한 동영상을 표시한다. 대상에게 훨씬 더 사적이며, 보통 더 관련 있는 콘텐츠를 포함한다.

"videos-of" 옵션은 "photos-of" 필터와 유사하다. 동영상 자체 내에 타깃의 이미지를 포함할 동영상을 표시한다. 동영상 내에서 누군가의 "태깅"과 비교할 수 있다.

"videos-liked" 옵션은 타깃이 "좋아요"를 클릭한 어떤 동영상도 표시한다. 타깃, 종종 타깃 부모의 개인적 관심사를 확인할 때 사용할 수 있다.

"videos-commented" 옵션은 타깃이 동영상에 댓글을 남긴 프로필의 어떤 동영상도 표시한다. 다시 한 번, 이는 타깃이 동영상에서 "좋아요"를 클릭하지 않았거나 태그가 달리지 않을 수 있기에 중요하다. 이 옵션은 중복 결과를 낳을 수 있지만, 항상 확인해야 한다.

"apps-used" 옵션은 페이스북으로 설치한 앱을 표시한다. 보통 다른 사람과 플레이 가능한 게임이다. 이 중 상당수는 "IOS" 등 작동 환경을 지정한다. 타깃이 안드로이드 기기 대신 아이폰, 아이패드를 사용 중임을 나타낸다.

"friends" 옵션은 타깃의 페이스북 친구 전체 목록을 표시한다. 메인 프로필 페이지에 보이는 목록과 같다. 결과를 얻지 못하면, 타깃은 친구 목록을 "비공개"로 설정한 셈이다.

"events" 옵션은 타깃이 참석하도록 초대받은 어떤 페이스북 이벤트도 표시한다. 종종 파티, 회사 이벤트, 콘서트, 기타 사교 모임 등이다. 보통 타깃의 프로필에 리스팅되지 않은 이벤트를 표시한다.

"events-joined" 옵션은 타깃이 참석하겠다고 승인한 페이스북 이벤트만 표시한다. 현재 이벤트에 참여 중인 타깃의 "초대장" 혹은 확인 형식일 수 있다. 나는 이 자료로 용의자의 알리바이를 취조한 적이 있다.

"stories-by" 옵션은 타깃의 공개 포스트를 전부 표시한다. 종종 타깃의 프로필에서 현재 보이지 않는 포스트를 확인한다.

"stories-commented" 옵션은 타깃이 댓글을 입력할 경우, 어떤 사용자의 공개 포스트도 표시한다. 비공개 프로필인 타깃의 커뮤니케이션을 확인할 때 유용하다. 표준적인 개인 정보 옵션은 공개 포스트의 댓글 히스토리 검색을 막지 못한다.

"stories-tagged" 옵션은 타깃이 태그로 걸린 어떤 포스트도 표시한다. 이 태깅은 보통 포스트의 관심 때문에 실행된다.

"groups" 옵션은 타깃이 회원인 어떤 그룹도 표시한다. 타깃의 더 강한 관심사를 확인할 때 효과적이다. 내 경험상 타깃은 뭔가에 "좋아요"를 클릭해도 틀림없이 관심이 강하지 않다. 하지만 주제 관련 그룹에 타깃이 가입한 경우는 보통 관심이 강하다.

"employees" 옵션은 타깃과 같은 회사의 피고용인 프로필을 표시한다. 잠재적인 동료를 빨리 확인하는 방법이다. 적절히 기능하려면, 타깃이 회사, 이전 회사를 프로필에 포함해야 한다.

"relatives" 옵션은 타깃이 친척으로 확인한 사람의 목록을 표시한다. 종종 타깃이 친구 목록을 "비공개"로 설정하더라도 친척은 표시한다.

☑ 친구의 정보

이따금 타깃의 페이스북 프로필에 최소한의 정보만 있을 수 있다. 이전에 언급한 기법은 타깃이 어떤 콘텐츠도 프로필에 제공하지 않은 경우, 가치 있는 정보를 전혀 찾지 못할 수 있다. 그러므로 페이스북 친구들의 전반적 관심사는 타깃의 분석을 도울 수 있다. 다음의 직접 주소는 개인의 친구에만 초점을 맞춘다. 결과는 친구들 간의 가장 큰 공통성부터 가장 적은 공통성의 순서로 항목을 표시한다. URL마다 설명은 목록 뒤에 나온다. 이전 사례와 유사하게 사용자 번호는 이미 주소에 포함돼 있다(678216059). 사용자 번호를 타깃으로 대체해야 한다.

> https://www.facebook.com/search/678216059/friends/places-visited
> https://www.facebook.com/search/678216059/friends/recent-places-visited
> https://www.facebook.com/search/678216059/friends/places-cheeked-in
> https://www.facebook.com/search/678216059/friends/places-liked
> https://www.facebook.com/search/678216059/friends/pages-liked
> https://www.facebook.com/search/678216059/friends/photos-by
> https://www.facebook.com/search/678216059/friends/photos-liked
> https://www.facebook.com/search/678216059/friends/photos-of

https://www.facebook.com/search/678216059/friends/photos-commented
https://www.facebook.com/search/678216059/friends/videos
https://www.facebook.com/search/678216059/friends/videos-by
https://www.facebook.com/search/678216059/friends/videos-of
https://www.facebook.com/search/678216059/friends/videos-liked
https://www.facebook.com/search/678216059/friends/videos-commented
https://www.facebook.com/search/678216059/friends/apps-used
https://www.facebook.com/search/678216059/friends/friends
https://www.facebook.com/search/678216059/friends/events
https://www.facebook.com/search/678216059/friends/events-joined
https://www.facebook.com/search/678216059/friends/stories-by
https://www.facebook.com/search/678216059/friends/stories-commented
https://www.facebook.com/search/678216059/friends/stories-tagged
https://www.facebook.com/search/678216059/friends/groups
https://www.facebook.com/search/678216059/friends/employees
https://www.facebook.com/search/678216059/friends/relatives

"friends/places-visited" 옵션은 타깃의 친구들이 방문하는 흔한 장소를 표시한다. 지역 내 어울릴만 한 곳, 즐겨찾는 술집을 확인할 수도 있다.

"friends/recent-places-visited" 옵션은 타깃의 친구들이 최근 방문한 흔한 장소를 표시한다. 더 관련된 관심 장소를 확인할 수도 있다.

"friends/places-checked-in" 옵션은 타깃의 친구들이 페이스북 앱, 웹사이트로 체크인한 흔한 장소를 표시한다. 더 정확한 관심 장소를 확인할 수도 있다.

"friends/places-liked" 옵션은 타깃의 친구들이 페이스북에서 "좋아요"를 클릭한 흔한 장소를 표시한다. 조사관의 관심 장소를 확인할 수도 있다.

"friends/pages-liked" 옵션은 타깃의 친구들이 페이스북에서 "좋아요"를 클릭한 흔한 장소를 표시한다. 보통 장소 대신 관심 제품, 항목을 확인한다. 나는 타깃의 친구들이 대체로 약물 및 기타 범죄 활동에 관심이 있는지 판단할 때 사용했다.

"friends/photos-by" 옵션은 타깃의 친구들이 업로드한 사진을 표시한다. 관심사, 대상이 방문한 최근 장소를 재빨리 확인할 수 있다. 가끔 이 컬렉션에서 타깃의 태그가 달리지 않은 사진을 찾을 수도 있다.

"friends/photos-liked" 옵션은 타깃의 친구들이 "좋아요"를 클릭한 사진을 표시한다. 타깃, 친구들 모두의 관심을 나타낼 수 있다.

"friends/photos-of" 옵션은 타깃의 친구들이 태그로 달린 사진을 표시한다. 친구들이 방문한 최근 장소를 확인하는 이미지를 재빨리 표시한다.

"friends/photos-commented" 옵션은 타깃의 친구들이 댓글을 남긴 페이스북 사진을 표시한다. 종종 찾기 어려운 커뮤니케이션을 포함한다.

"friends/videos" 옵션은 타깃의 친구들 페이지에 있는 동영상을 표시한다.

"friends/videos-by" 옵션은 타깃의 친구들이 업로드한 동영상을 표시한다.

"friends/videos-of" 옵션은 타깃의 친구들이 있는 동영상을 표시한다. 타깃이 참석한 이벤트에서 촬영한 동영상이 있을 수 있다.

"friends/videos-liked" 옵션은 타깃의 친구들이 "좋아요"를 클릭한 동영상을 표시한다. 타깃, 친구들 모두의 관심을 나타낼 수 있다.

"friends/videos-commented" 옵션은 타깃의 친구들이 댓글을 남긴 페이스북 동영상을 표시한다. 종종 찾기 어려운 커뮤니케이션을 포함한다.

"friends/apps-used" 옵션은 타깃의 친구들이 페이스북에서 사용하는 앱을 표시한다.

"friends/friends" 옵션은 타깃의 페이스북 친구들의 친구들을 표시한다.

"friends/events" 옵션은 타깃의 친구들이 페이스북에서 참석하도록 초대받은 흔한 이벤트를 표시한다. 곧 있을 대규모 지역 모임을 확인할 수 있다. 나는 이 정보로 수배된 도주범 감시를 성공적으로 수행했다.

"friends/events-joined" 옵션은 타깃의 친구들이 참석한 흔한 이벤트를 표시한다.

"friends/stories-by" 옵션은 타깃의 친구들이 올린 페이스북 포스트를 표시한다.

"friends/stories-commented" 옵션은 타깃의 친구들이 남긴 댓글이 있는 흔한 페이스북 포스트를 표시한다. 종종 찾기가 아주 어렵지만, 가치 있는 커뮤니케이션을 표시할 수 있다.

"friends/stories-tagged" 옵션은 타깃의 친구들이 재미있다고 태깅한 흔한 페이스북 포스트를 표시한다.

"friends/groups" 옵션은 타깃의 친구들 중 대부분을 포함하는 페이스북 그룹을 표시한다. 타깃의 관심사를 찾을 때 가치 있는 또 다른 출처다.

"friends/employees" 옵션은 타깃의 친구들과 같은 곳에서 일하는 사용자 프로필을 표시한다. 타깃과 관련 있지만, 반드시 타깃의 프로필 내에 리스팅되지 않은 집단을 발견하도록 안내할 수 있다.

"friends/relatives" 옵션은 타깃의 페이스북 친구들의 친척을 표시한다. 나는 예전에 조사의 협조자를 찾을 때 그 가치를 발견했다. 살인 사건 조사 동안 관련자 중 상당수가 경찰 진술을 거부했다. 하지만 친척에게 연락하면 종종 도와줬다. 게다가 확인된 친척의 사용자 번호로 이 검색을 반복하면, 종종 추가로 리스팅되지 않은 친척을 표시한다.

☑ 공통적인 결과

이전 옵션들은 개별 타깃의 민감한 정보를 쉽게 표시해준다. 이 쿼리를 추가적인 개인에 반복하면, 흔한 패턴을 인식할 수도 있다. 프로필로는 명확하지 않은 개인 간 관계를 확인할 수 있다. 두 사람 모두 지역 이벤트에 참여했거나, 흔하지 않은 페이지에서 "좋아요"를 클릭했거나, 특정 사진에 댓글을 달았거나, 소그룹에 참여한 사실을 알면 조사의 새 단계로 넘어갈 수 있다. 이 정보 중 상당수는 개인의 프로필에 보이지 않는다. 공통 정보를 찾아, 여러 프로필을 수동 분석하는 대신 조합된 결과만 표시하는 특정 URL 주소를 고려하자.

페이스북은 이런 분석을 표준 검색 필드 내에서 지원한다. "Pages liked by Mark Zuckerberg and Chris Hughes"를 입력하면, 두 대상 모두 "좋아요"를 클릭한, 프로필, 페이지가 많이 표시된다. 이런 검색의 결점은 페이스북 프로필당 고유하지 않은 점이다. Chris Hughes라는 이름의 프로필은 수십 개 있다. 이 네이티브 검색은 Chris Hughes가 문제의 인물인지 알 수 없다. 그러므로 나는 결코 이렇게 작성된 쿼리를 추천하지 않는다. 그 대신 다음 URL은 마크 주커버그(페이스북 사용자 번호 4), 크리스 휴즈(페이스북 사용자 번호 5)가 모두 "좋아요"를 클릭한 페이지만 표시한다.

> https://www.facebookcom/search/4/pages-liked/5/pages-liked/intersect

이 특정 구조는 쿼리의 기능에 중요하다. URL은 이전 섹션에서 배운 같은 단어로 시작한다(facebook.com/search/user number/pages-liked). 추가 사용자의 둘째 검색이 이어진다(second user number/pages-liked). "intersect"라는 마지막 단어는 페이스북에 열거된 두 사용자 모두에 적용되는 결과만 리스팅하도록 안내한다. 이 검색에 사용자를 계속 추가할 수도 있다. 다음 URL은 마크 주커버그(페이스북 사용자 번호 4), 크리스 휴즈(페이스북 사용자 번호 5), 아리 하짓(페이스북 사용자 번호 7)이 "좋아요"를 클릭한 페이스북 페이지 5개를 표시한다.

> https://www.facebookcom/search/4/pages-liked/5/pages-liked/7/pages-liked/intersect

이 방법론은 개인에 관해 이전에 설명한 기법 전부에 적용할 수 있다. 다음 URL 쿼리는 마크 주커버그, 아리 하짓 간의 공통 요소를 확인한다. 한 자리의 사용자 번호 때문에 내가 이 사례를 사용 중이라는 점도 지적해야겠다. 사용자 번호 검색은 훨씬 더 길어, "17893008278"과 같을 가능성이 크다.

https://www.facebook.com/search/4/places-visited/7/places-visited/intersect

https://www.facebook.com/search/4/recent-places-visited/7/recent-places-visited/intersect

https://www.facebook.com/search/4/places-checked-in/7/places-checked-in/intersect

https://www.facebook.com/search/4/places-liked/7/places-liked/intersect

https://www.facebook.com/search/4/pages-liked/7/pages-liked/intersect

https://www.facebook.com/search/4/photos-liked/7/photos-liked/intersect

https://www.facebook.com/search/4/photos-of/7/photos-of/intersect

https://www.facebook.com/search/4/photos-commented/7/photos-commented/intersect

https://www.facebook.com/search/4/videos/7/videos/intersect

https://www.facebook.com/search/4/videos-of/7/videos-of/intersect

https://www.facebook.com/search/4/videos-liked/7/videos-liked/intersect

https://www.facebook.com/search/4/videos-commented/7/videos-commented/intersect

https://www.facebook.com/search/4/apps-used/7/apps-used/intersect

https://www.facebook.com/search/4/events/7/events/intersect

https://www.facebook.com/search/4/events-joined/7/events-joined/intersect

https://www.facebook.com/search/4/stories-commented/7/stories-commented/intersect

https://www.facebook.com/search/4/stories-tagged/7/stories-tagged/intersect

https://www.facebook.com/search/4/groups/7/groups/intersect

https://www.facebook.com/search/4/employees/7/employees/intersect

https://www.facebook.com/search/4/relatives/7/relatives/intersect

https://www.facebook.com/search/4/friends/pages-liked/7/friends/pages-liked/intersect

실제 적용: 나는 공범인 용의자가 조사받는 중인지 모른다고 주장하는 용의자와 취조실에 있었다. 두 용의자 간에 공통적이면서, 드물지만 구체적인 페이스북의 관심사, 사진을 찾으면, 항상 취조 시 기선을 제압할 수 있었다. 용의자는 우연의 일치를 설명하기 어렵다. 한 사건에서 서로를 모른다고 잡아떼던 두 용의자는 페이스북에서 오래전에 잊혀진 사진의 댓글 영역에 함께 파티에 가자는 말을 했다.

공통 친구

페이스북은 종종 타깃의 친구 전부를 표시한다. 하지만 두 사용자에게 공통인 친구는 네이티브로 표시하지 않는다. URL 트릭으로 가능하다. 일단 유용한 시나리오를 검토하자.

살인 혐의로 두 용의자를 구속한 사법 집행관은 이 둘로부터 별로 협조를 얻지 못한다. 둘 다의 친구인 사람만 확인하면, 사건을 직접 아는 사람을 인터뷰할 기회가 생길 수 있다.

두 학생 간의 지속적 이슈를 해결하려는 선생, 카운셀러가 상황을 이야기하도록 유도하는 데 어려움을 겪는다. 가볍게 용의자 모두의 친구인 몇 사람과 얘기하면, 실제 문제의 더 나은 세부 사항으로 이어질 수 있다.

마지막으로 불륜을 저지른 배우자의 증거를 탐정이 찾고 있다. 불륜을 저지른 배우자, 새 파트너 모두의 친구가 쓰는 페이스북 페이지에서 사진을 관찰하면, 조사의 마지막 단서를 제공할 수도 있다.

이 검색을 할 주소의 구조는 다음과 같다.

https://www.facebook.com/USER NAME ONE/friends?and=USER NAME TWO

바트 로랑(bart.lorang), 마크 셰이커(mark.shaker.39) 모두의 친구만 표시하고 싶다면, 다음 주소가 적절하다.

https://www.facebook.com/bart.lorang/friends?and=mark.shaker.39

이 정확한 검색은 문제의 16명을 확인했다. 바트 로랑의 친구가 비공개라는 사실이 더 흥미롭다. 아무것도 볼 수 없어야 하는데 볼 수 있다. 그러므로 둘째 사용자 이름을 바트와 친구인 다른 사람으로 수정하면 이 "비공개" 친구 중 더욱 많은 수를 표시할 가능성이 크다. 이 링크는 즐겨찾기로 저장할 수 있고, 종종 이 친구 무리에 추가되는 새 사람을 확인할 수 있다. 이전 데이터 화면 캡처와 새 검색을 비교하면, 이 집단에서 제외된 사람도 확인할 수 있다. 이 예전 친구들이 더 이상 받아들이지 않는 개인은 이 집단이 조사 중인 사건에 관련된 경우, 훌륭한 인터뷰 후보일 수 있다.

두 사용자가 페이스북에서 친구였던 기간을 발견하려고, 유사한 기법을 사용해 즉시 두 사용자의 공통성을 볼 수 있다. URL 구조는 다음과 같다.

    https://www.facebook.com/USERNAME 1?and=USER NAME 2

이전에 언급한 두 사용자의 정보를 보고 싶다면(마크 주커버그, 크리스 휴즈), 다음 URL을 입력한다.

    https://www.facebook.com/zuck?and=ChrisHughes

이 검색이 페이스북 사용자 이름, 사용자 번호를 사용한다는 점에 주목하자. 위 사례는 페이스북 친구 관계가 2006년 11월에 시작됐음을 확인하며, 둘 다 페이스북에서 일하고, 하버드에서 공부했음을 표시한다. 이 기법은 두 페이스북 사용자의 주된 공통 영역을 조사관에게 재빨리 알려줄 수 있다.

비즈니스 프로필

여러 페이스북 프로필은 개인에 결부되지 않는다. 그 대신 회사, 웹사이트 등 기타 단체에 관련된 공개 페이지다. 개인 프로필과 유사하게, 각각 고유의 프로필 ID 번호가 할당된다. 개인과 마찬가지로 이 숫자를 고급 검색에 사용할 수 있다. 나는 직원 검색으로 시작한다. 전에 설명한 대로 그냥 "people who work at Microsoft"를 검색 바에 입력해도 괜찮은 결과가 나올 수 있다. 고유한 이름인 여러 기업에 효과적이지만, 그렇지 않으면 효과가 없다. 한 사례로 회사 Target을 고려해보자. "people who work at Target"을 검색하면 여러 결과를 제공한다. 그들 내에 유통 대기업 타깃, Target Photography, Target Co., Target Shooting Range 등의 참조가 포함된다. 프로필 번호로 검색하면, 이 이슈가 해결된다.

개인 프로필과 유사하게, 페이지에서 우클릭해 "소스 코드 보기"를 선택하면, 프로필 뒤의 텍스트온리 코드가 표시된다. "profileid="를 검색하면, 그 페이지의 사용자 번호가 나온다. 대안으로 더 쉬운 해결책을 찾기 위해 잠시 후 논하는 커스텀 검색 도구를 사용할 수 있다. 이 숫자를 다음 URL에 입력하면, 특정 업체 직원만 나온다. 그래서 우리는 텍스트 검색 문자열이 아니라, 정확한 사용자 번호를 적용한다.

https://www.facebook.com/search/str/191491890970373/employees

같은 기법으로 특정 항목의 페이지에 정확한 사용자 번호를 지정해 그 회사에 "좋아요"를 클릭하고, 방문하고, 체크인한 사람을 발견할 수 있다. 다음 링크는 앨튼 경찰서의 사용자 번호 프로필 ID로 이 검색을 복제한다.

https://www.facebook.com/search/str/191491890970373/visitors/intersect
https://www.facebook.com/search/str/191491890970373/users-checked-in/intersect
https://www.facebook.com/search/str/191491890970373/likers/intersect

이벤트 검색

페이스북 이벤트는 회원이 친구들에게 커뮤니티에서 곧 있을 이벤트를 알리고, 사교 모임을 조직하는 방법이다. 이벤트는 이벤트명, 네트워크, 호스트 이름, 이벤트 유형, 시작일, 위치, 초대받은 친구의 손님 목록을 요한다. 이벤트는 공개일 수도, 비공개일 수도 있다. 비공개 이벤트는 검색에서 발견할 수 없고, 초대로만 알 수 있다. 초대받지 않은 사람은 비공개 이벤트의 설명문, 타임라인, 사진을 볼 수 없다. 페이스북이 현재 대부분의 검색에서 이벤트 탭을 표시하지만, 6개의 특정 URL 주소는 더 나은 결과가 나오는, 더 정확한 쿼리를 생성한다. 다음 주소는 일리노이 주

앨튼에서 곧 있을 이벤트를 확인한다.

https://www.facebook.com/search/in-future/date/events/str/Alton,%20IL/
pages-named/events-at/intersect/

일리노이 앨튼(%20는 "공백"을 나타냄)의 지역 키워드 검색을 기반으로 한다. 설명문
에 Alton, IL가 있는 결과를 포착하지만, 그렇지 않은 일부는 누락할 수도 있다. 곧
있을 이벤트의 정확한 위치를 알면, 관련 업체 프로필의 프로필 ID 번호로 검색할
수도 있다. 다음 주소는 일리노이 앨튼의 특정 술집이 곧 개최할 이벤트를 모두 확
인한다.

https://www.facebook.com/search/in-future/date/events/str/333100363450/
events-at/intersect/

문제의 지역을 모니터링하는 경찰, 학교 이벤트를 통제하는 교사, 다음 번 큰 파티
를 확인하는 부모에게 유용할 수 있다. 어떤 것도 찾고 있는 결과를 표시하지 않으
면, 다음 웹 주소로 곧 있을 이벤트의 총칭적인 키워드 검색을 시도할 수 있다. 설
명문 내 어디든 "protest", "police"가 있는 이벤트가 모두 나온다.

https://www.facebook.com/search/events/?q=protest%20police

이 셋 모두, 앞으로 있을 이벤트에 집중한다. 각각 대체해 이미 끝난 과거 이벤트로
관심을 돌릴 수 있다. 다음 주소는 이 검색을 반복하지만, URL에 "in-past"를 붙여
이전 이벤트만 포함한다.

https://www.facebook.com/search/in-past/date/events/str/Alton,%20IL/
pages-named/events-at/intersect/

https://www.facebook.com/search/in-past/date/events/str/333100363450/
events-at/intersect/

https://www.facebook.com/search/in-past/date/events/str/protest%20
police/keywords_events/intersect/

☑ IntelTechniques 페이스북 검색 도구(inteltechniques.com/osint/faccbook.html)

이제 쉬운 포맷으로 이 검색을 모두 어떻게 구현할지 궁금할 수 있다. 나도 같은 생각이라, 이 과업을 처리하기 위해 나 자신만의 웹 도구를 개발했다. 올인원 옵션에 접근하려면, 위 웹사이트로 이동하자. 전에 고급 프로필 검색 옵션을 설명할 때 참조한 페이지다. 이 페이지의 원편 전체로 이 섹션에서 언급한 페이스북 그래프를 전부 검색할 수 있다. 이 도구의 현 상태는 143쪽에서 확인할 수 있다.

검색의 첫 그룹으로 이메일 주소, 휴대폰 번호 프로필을 찾을 수 있다. 휴대폰별로 검색하는 더 안정적인 방법은 잠시 후 설명한다. 다음 옵션은 사용자 이름을 제공하면 어떤 개인, 기업 프로필의 프로필 ID 번호(사용자 번호)도 표시한다. 타깃 사용자 번호를 입력하고, 남은 검색 필드에 이 번호를 채우기 위해 등록할 필드가 바로 아래 있다. 단일 타깃의 가능한 모든 검색을 할 때 유용하다.

다음 섹션은 전에 논한 개별적인 "liked", "tagged", "event", "by" 정보를 표시한다. 다음 옵션은 웹브라우저 개별 탭에서 한 번에 모든 검색을 한다. 반드시 작동을 위해 페이스북 계정에 로그인한다. 웹브라우저와 상관없이, 팝업을 허용해야 작동한다. 탭마다 이 정보에 대한 페이스북의 제한을 우회하기 위해 3초 지연 후 열린다.

다음 그룹은 전에 설명한 공통의 친구를 검색한다. 페이스북 사용자 번호 대신 사용자 이름에 가장 효과적이다. 마지막 그룹은 전에 논한 가장 인기 있는 공통점 검색을 대체하며, 사용자 번호가 필요하다. 이 도구의 필드 모두는 필요한 데이터 유형을 지정한다.

이 검색 페이지의 오른편 전체는 개별 프로필 외의 페이스북 검색에 초점을 맞춘다. 이름, 지역, 회사, 기타 전에 언급한 필터로 검색할 수 있다. 검색 창마다 그 안에서 검색 유형을 확인한다. 한 사례로 셋째 검색 옵션에 "Microsoft"를 입력하면, 즉시 이전에 마이크로소프트에서 일했다는 프로필을 표시한다. 더 아래 옵션으로 검색어를 조합할 수 있다. "OSINT", "Microsoft"를 "People who like… and worked at…" 옵션에 입력하면 OSINT 페이스북 페이지에서 "좋아요"를 클릭한 예전 마이크로소프트 직원 프로필을 표시한다. 이 도구는 이전에 언급한 방법론으로 직접 할 수 없는 일은 하지 않는다. 검색을 쉽게 하려는 목적이다.

하단 근처의 Multiple Variabls 옵션으로 여러 필터를 선택해 적절한 검색을 시작할 수 있다. 다음 옵션 중 많든, 적든 마음대로 선택해 자체적인 커스텀 검색을 생성할 수 있다. 입력마다 뒤에 "AND"를 클릭하면 추가 검색 필드가 나온다.

Name	Language Spoken
Current Employer or Title	School Affiliation
Previous Employer or Title	Places Visited
Current Home Location	Pages Liked
Previous Home Location	Year Born

성별 검색 옵션으로 가장 인기 있는 사용자 검색을 복제해 성별로 필터링할 수 있다. 이때 남성, 여성만 포함됨을 지적해야 한다. 일부 사용자는 트랜스젠더 등 다른 성별을 선택했지만 이러한 경우는 드물다. 또한 일부 사용자는 성별을 전혀 선택하지 않으니 주의해야 한다. 마지막으로 페이지 검색 섹션은 전에 소개한 다양한 검색 방법론을 돕는 자잘한 도구 모음이다. 포스트 검색, 회사 필터, 이벤트 쿼리를 여기서 모두 찾을 수 있다. 일부는 사용자 ID 번호가 필요함에 주목하자. 일부는 아니며, 전부 적절히 표시돼 있기는 하다.

Search is Back(searchisback.com)

2015년 말, 새 페이스북 검색 도구가 출현해 유사한 검색 옵션을 제공했다. 기능 중 상당수는 Intel Techniques 페이스북 검색 도구와 중복되지만, 새 옵션이 몇 개 있다. 성별, 결혼 유무, 지역, 관심사를 결합하는 기능은 고유하며, 가공할 만하다. 시카고에 살며, 술을 좋아하고, 지역 고등학교에 다니는 독신 여성을 검색하면, 정확한 결과를 표시한다. 이런 검색은 페이스북의 네이티브 검색에서 명백한 이유로 제거됐다. 하지만 이 도구는 결과를 재창조하는 데 문제가 없다.

일단 타깃의 프로필을 찾으면, 이동하기는 꽤 쉽다. 정보가 공개면, 클릭해서 대상의 친구, 사진, 포스트, 기본 정보를 볼 수 있다. 프로필이 비공개면, 이 화면에서 볼 수 있는 내용이 제한될 수 있다. 프로필에서 "Friends" 링크를 클릭하면 중앙 컬럼에 친구 목록이 로딩된다. 대상의 관련자를 확인할 때 유용할 수 있다. 일부는 어떤 유형이든 관계가 있는 타인만 열거하는 반면, 상당수는 실제로 알든 모르든, 친구 수백 명을 열거한다. 다행히 페이스북은 이 목록을 필터링하는 검색 바를 제공한다. 이름 또는 이름 일부를 입력하면 즉시 목록이 필터링된다. 이름, 성에 모두 작동한다.

프로필에서 댓글을 찾을 때 결코 이 댓글이 조작되지 않았다고 가정하지 말아야 한다. 사용자는 페이스북으로 언제든 포스팅된 텍스트를 수정할 수 있다. 다행히 어떤 변경이 이뤄질 경우, 단어 "Edited"가 댓글 아래에 나타난다. 이 링크를 클릭하면 새 팝업 창이 로딩돼 댓글 수정 및 그 날짜, 시간을 모두 표시한다.

"Photos" 옵션은 타깃이 프로필에 올려둔 공개 사진을 표시한다. 디폴트 뷰는 앨범마다 확인하는 사진을 열거한다. 앨범 내 전체 사진 수는 앨범명 아래에 열거된다. 사진, 앨범 이름을 클릭하면, 앨범을 아이콘 뷰로 연다. 사용자의 페이지가 비공개로 표시되면, 정보는 제한된다. 보통 여전히 사진 한 장, 최근 추가한 친구 등의 일반적인 월wall 정보를 포함한다. 모든 정보를 숨길 수도 있지만, 아주 드물다. 이전에 설명한 검색 방법론은 찾을 수 없을 이 콘텐츠 중 상당수를 공개한다.

이메일 주소별 검색

페이스북에는 유용한 검색 기능이 또 있다. 이메일 주소를 입력하면, 그 이메일 주소로 생성된 어떤 프로필도 확인한다. 과거에는 어떤 페이스북 페이지든, 주 검색 필드에 이 주소를 제공할 수 있었다. 이 기법은 더 이상 작동하지 않는다. 그 대신 주소, URL로 검색어를 등록해야 한다. 다음 웹사이트 주소는 tom.smith@gmail.com으로 등록된 어떤 페이스북 프로필도 확인한다.

https://www.facebook.com/search/results.php?q=tom.smith@gmail.com

프로필에 링크 걸며, 계정 관련 기본 정보를 제공한다. 프로필에 실명 대신 별명이 있는 사람을 찾을 때 유용할 수도 있다. 게다가 별명으로 이메일 주소를 사용하지 않는 사람이 생성한 가명의 프로필을 제공할 수도 있다.

전화번호별 검색

2012년 11월 이전에는 전화번호를 페이스북 검색 폼에 입력할 수 있었고, 결과는 그 번호로 생성된 어떤 프로필도 확인했다. 페이스북이 보통 회원 등록 프로세스 완료를 위해 휴대폰 번호를 요한 이래, 이런 검색은 아주 성공적인 결과가 나왔다. 페이스북은 휴대폰 번호와 관련된 사용자의 훌륭한 데이터베이스가 있다. 불행히도 이 기능은 보안 연구원이 취약성을 공개한 후, 페이스북이 제거했다. 이 기능은 2014년에 여러 달 동안 다시 나타났지만, 나중에는 제거했다. 다행히 이 장애물을 우회할 방법이 있다.

페이스북 계정, 야후 이메일 계정이 이 기법에 필요하다. 웹브라우저로, 한 탭에서 익명 페이스북 계정에 로그인하고, 다른 탭에서 야후 메일의 익명 이메일 계정에 로그인한다. 야후 이메일 계정이 없다면, mail.yahoo.com의 생성 프로세스는 쉽다. 야후 계정의 "Contacts" 페이지에서 "Add a New Contact"를 선택한다. 이러면 타깃 전화번호를 입력하는 폼이 나온다. "Name" 필드는 어떤 데이터든 포함할 수 있으며, 나는 보통 001로 시작하는 번호를 사용한다. 이 항목을 저장하고 페이스북 페이지로 간다. 페이지 우측 상단 부분의 이름 옆에 있는 "친구 찾기" 버튼을 클릭한다. 이러면 친구를 페이스북으로 임포팅하는 여러 옵션이 나온다. 마지막 옵션을 선택해 야후 이메일 주소를 제공한다. 팝업 창에서 "동의"를 클릭해 야후 연락처에 페이스북의 접근을 허용한다고 확인해야 한다. 페이스북은 이어서 타깃 전화번호와 연관된 모든 사용자 프로필을 확인한다. 페이스북은 이 친구를 추가하도록 권장하겠지만, 그 옵션을 선택하지 말아야 한다. 선택하면, 타깃이 계정으로부터 친구 요청을 받는다.

어떤 개인 정보도 없는 프로필만 로그인하는 것이 얼마나 중요한지 상기해준다. 타깃이 결코 자신의 정보를 수색 중임을 모르면 익명 프로필은 검색 기법을 사용하는 동안 실수가 있을 경우, 신원이 위협을 받지 않도록 보장한다. 이 기법은 보통 휴대폰 번호가 어떻게 등록됐든 상관없이, 휴대폰 번호의 현재 사용자를 확인한다. 종종 전통적인 자료로 확인할 수 없는 선불 카드 전화 소유자 확인에도 성공한다.

페이스북에서 전화번호로 검색하는 더 쉬운 방법이 하나 있는데, 나는 여전히 작동해서 놀랐다. 비밀번호를 잊었을 경우, 재설정해주는 페이스북 웹사이트가 있다. 이 페이지를 방문하기 전에 페이스북에서 완전히 로그아웃해야 하는데, 다음 주소에서 찾을 수 있다.

https://www.facebook.com/login/identify?ctx=recover

이메일 주소, 전화번호, 사용자 이름, 실명 등을 허용하는 검색 필드 하나를 제시한다. 타깃에 관련된 정보 중 아무것이나 입력하면, 용의자의 전체 이름으로 프로필을 확인하는 결과가 나온다. 본질적으로 세상에서 가장 방대한 휴대폰 번호 검색 엔진을 제공한다. 제공된 정보는 부분적인 이메일 주소를 확인할 수도 있고, 계정에 결부된 전체 전화번호 중 마지막 두 자리를 확인할 수도 있다. 이 화면에서 "계속"을 클릭하지 말아야 한다. 그 개인에게 비밀번호 재설정 요청을 보내기 때문이다. 그 사람의 계정을 잠그거나, 내가 접근하게 해주지도 않지만, 의심을 살 수 있다. 다음 요약은 제공되는 타깃의 정보 유형마다 페이스북이 제공하는 세부 사항을 설명한다.

전체 이름: 페이스북은 실명, 프로필 사진, 부분적인 이메일 주소, 편집된 전화번호를 제공한다.

이메일 주소: 페이스북은 실명, 프로필 사진, 확인된 이메일 주소, 부분적이며 추가적인 이메일 주소, 편집된 전화번호를 제공한다.

휴대폰 번호: 페이스북은 실명, 프로필 사진, 부분적인 이메일 주소, 확인된 전화번호, 편집된 추가 전화번호를 제공한다.

사용자 이름: 페이스북은 실명, 프로필 사진, 부분적인 이메일 주소, 편집된 휴대폰 번호를 제공한다.

이 프로필 사진은 검색 결과에 리스팅된 실명으로 페이스북에서 직접 검색할 때 적절한 타깃을 확인할 수 있다. 이 도구로 어떤 시나리오는 타깃인 페이스북 프로필의 휴대폰 번호를 확인할 수도 있다. 타깃이 facebook.com/jarvists라고 가정하자. 이 비밀번호 복구 페이지로 이동해 실명으로 jarvists를 제공하면, 실명, 부분적인 이메일 주소, 휴대폰 번호의 마지막 두 자리 등 타깃의 정보가 나온다. 남은 번호는 편집된다. 같은 페이스북 사용자가 2015년 이전의 스냅챗 사용자기도 하면, 악용 가능한 취약성이 있을 수 있다. 여러 해 동안 스냅챗 사용자는 휴대폰 번호를 쿼리해 잠재적인 친구를 확인할 수 있었다. 재빨리 프로그래머들은 모든 가능한 휴대폰 번호를 등록해 방대한 사용자 데이터베이스를 수집할 수 있음을 깨달았다. 데이터는 온라인에 유출됐고, lastpass.com/snapchat에서 검색할 수 있었다. 타깃 사용자 이름의 검색은 여기서 계정에 결부됐지만, 개인 정보를 위해 마지막 두 자리를 마스킹한 휴대폰 번호를 드러낸다. 페이스북 비밀번호 재설정 도구, 스냅챗의 유출된 데이터 테스트 페이지 사이에서 수백만 명의 완전한 휴대폰 번호를 확인할 수 있다.

사용자 이메일 주소의 확인

야후는 전통적인 검색이 할 수 없는 추가 정보를 제공할 수 있다. 야후는 페이스북 계정에 연관된 주소를 근거로 일부 페이스북 사용자의 이메일 주소를 추출할 수 있다. 이 방법은 타깃 프로필과 페이스북 친구일 경우에만 작동한다. 종종 타깃의 간단한 친구 요청이 연결 허용을 초래한다.

야후 이메일 계정에 로그인한 동안 "Contacts" 탭을 클릭한 후, "Import Contracts" 버튼을 클릭한다. 이러면 네 가지 옵션이 나오는데, 이 중에서 "Facebook"이라는 첫 옵션을 선택해야 한다. 야후가 페이스북 연락처에 접근하기 바라는지 확인 요청을 받는다. 야후는 이어서 페이스북 친구를 확인해 그 정보를 야후 연락처로 추출한다. 종종 사용자의 전체 이름, 타깃에 관련된 어떤 이메일 주소도 포함한다.

비공개 친구

여러 페이스북 사용자는 페이스북 친구 목록을 비공개로 만들었다. 이러면 커스텀 검색 도구 페이지의 "Displays Friends" 옵션, 네이티브 프로필 뷰로는 어떤 친구도 리스팅되지 않는다. 페이스북은 이 보안 옵션을 선택할 때 정보를 숨기려고 노력한다. 하지만 이 세부 사항을 몰래 확인하는 방법이 있다. 다음 안내는 보호된 프로필의 친구 목록도 확인한다. 일부 새 계정은 이 기법을 차단한 듯하지만, 137쪽에서 설명한 방법론은 타깃의 친구들이 "비공개"로 설정하더라도 작동한다.

- 새 페이스북 계정을 생성한다. 전에 결코 사용한 적이 없는 계정이어야 한다. 또한 어떤 개인 데이터도 제공하지 말아야 한다.
- 계정 내 "친구 찾기" 탭을 클릭한다. 페이스북에 친구 추천이 없는지 확인한다.
- 타깃의 프로필을 검색한다. "친구 추가" 버튼을 클릭한다. 즉시 이 버튼에 호버링해 "친구 요청 취소"를 선택한다.
- "친구 찾기" 탭을 다시 클릭한다. 이제 타깃의 친구 목록을 제시받는다.

이 기법을 사용하는 동안 우려되는 사항이 있다. 가장 중요한 점은 타깃이 친구 요청 알림을 받을 수 있다는 것이다. 새(그리고 총칭적인) 계정을 사용 중이면, 타깃은 신원을 알지 못한다. 페이스북 사용자의 대부분은 주간 단위로 알지 못하는 친구 요청을 무작위로 받는다. 게다가 이 기법의 정확도를 알 방법도 없다. 내 테스트에서 목록은 실제 동일했다.

변경된 사용자 이름

지속적인 조사를 하면, 타깃의 페이스북 사용자 ID 번호를 기록해야 한다. 페이스북 프로필의 실명, 사용자 이름을 변경하면, 이 사용자 ID는 항상 실계정에 연결된다. 전의 Graph 사례는 페이스북 사용자 번호 651620441을 표시했다. 이제 항상 다음 주소로 이동해 이 프로필을 표시할 수 있다.

facebook.com/651620441

이 사용자가 사용자 이름을 bart.lorang.2로, 혹은 실명을 John Doe로 바꾸면, 위 주소는 여전히 프로필을 찾는다. 표준 검색은 그러지 못한다. 타깃의 활동을 추적하는 가장 쉬운 방법이다. 이 대상의 페이지에 대해 즐겨찾기를 생성하려면, 반드시 이름 대신 번호를 사용해야 한다. 젊은 사람들, 온라인 범죄자에게 아주 인기 있어, 이 정보를 종종 바꾼다. 모니터링하는 당국에 혼란이 생긴다. 타깃의 새 사용자 이름은 친구 페이지에 자동으로 업데이트된다.

임베딩된 사진

다른 어떤 온라인 증거도 마찬가지지만, 타깃의 문제가 되는 페이스북 사진은 모두 다운로드, 아카이빙해야 한다. 이 장에서 설명한 어떤 방법으로든 사진을 찾은 후, 클릭해서 페이스북의 디폴트 이미지 뷰어 내 이미지를 확대한다. 페이스북은 업로드한 사진을 모두 압축하는데, 이 뷰는 원래 압축된 버전보다 작다. 사진을 수동 저장하는 최상의 방법은 사용 중인 웹브라우저에 따라 다양하다. 전반적으로 우클릭해 "다른 이름으로 이미지 저장"을 선택하면 된다.

사진의 추적

이 책의 첫 두 판에서는 페이스북에 호스팅된 사진을 추적하는 웹사이트를 논했다. 페이스북 아닌 웹사이트에 올린 이미지와 마주쳤지만, 원래 링크가 명백히 페이스북 서버에서 나오면, 이 서비스로 이미지에 연결된 페이스북 프로필을 확인할 수 있다. 문자 메시지, 채팅방으로 보낸 페이스북 사진 링크를 검색할 때도 사용할 수 있다. 이 서비스 외에 비슷한 다른 서비스는 2013년 기능을 중단했다. 하지만 여전히 이런 검색을 수동으로 할 수 있다. 다음 시나리오는 그 프로세스를 설명한다.

온라인 포럼, 블로그에 올린 사진을 찾았다고 상상해보자. 문자 메시지로 보냈을 수도 있다. 실제 이미지 링크는 다음의 주소다. 다음 링크는 사진에 직접 연결된다.

https://fbcdn-sphotos-c-a.akamaihd.net/hphotos-ak-xpa1/t31.0-8/1614393_10101869091776891_1149281347468701704_0.jpg

도메인 "fbcdn.net"는 이 이미지가 페이스북 서버에 저장돼 있고, 페이스북 프로필에 연결돼 있음을 가리킨다. 하지만 연관된 프로필은 알 수 없다. 이 링크에 열거된 숫자의 세 그룹이 있고, 각각 밑줄(_)로 구분된다. 둘째 숫자에 관심을 두자(10101869091776891). 다음 구조를 근거로 새 주소를 구성해야 한다.

https://www.facebook.com/photo.php?fbid=NUMBER

이 주소 끝에 둘째 숫자를 입력하면, 문제의 이미지를 소유한 원래 사진 페이지로 연결된다. 이러면 프로필에서 이 사진의 소유자, 태그 달린 모든 정보, 추가 날짜, 사진의 모든 댓글을 확인한다. 이 사례의 실제 주소는 다음과 같다.

https://www.facebook.com/photo.php?fbid=10101869091776891

이제 마크 저커버그가 원래 이 사진을 그의 페이스북 페이지에 게시했음을 안다. 그 페이지를 분석해 게시 날짜와 이미지를 참조한 모든 커뮤니케이션을 판단할 수 있다. 연결된 사진이 비공개면, "페이지를 찾을 수 없습니다"라는 에러가 나온다.

페이스북 친구 추출

나는 최근에 명백한 해결책이 없는 페이스북 시나리오를 제시받았다. 타깃의 페이스북 프로필을 찾았는데, 방대한 "친구" 목록이 있다고 가정하자. 이 목록을 문서화하고 싶은데, 스크린샷이 충분히 괜찮지 않다. 계정마다 하이퍼링크를 포착하고 싶은데, 조작하거나 다른 데서 임포팅할 수 있는 데이터 세트가 있다. 이 데이터를 "긁을" 수 있다고 주장하는 여러 철지난 온라인 도구가 있지만, 무엇도 작동하지 않는다. 올해 초 페이스북은 약관(TOS)을 바꿔, 이제 어떤 친구 데이터 긁기도 차단한다. 게다가 페이스북 API도 더 이상 이 데이터의 디플로이를 허용하지 않는다. 해결책은 있지만, 약간의 기술적 작업이 필요하다.

일단 타깃의 페이지를 확인한다. 이 사례를 위해 나는 다음 공개 프로필을 사용한다.

https://www.facebook.com/darya.pino/friends

그녀에게 여러 친구가 있어서 나는 키보드의 스페이스 바를 눌러 전체 페이지를 로딩한다. 이제 전체 친구 목록을 하이라이트해 Ctrl+C, 우클릭 후 복사하기 등으로 데이터를 복사한다. 첫 친구의 좌측 위를 바로 클릭해 마지막 친구의 우측 아래 영역까지 누르고 있는 편이 가장 낫다. 친구 목록은 하이라이트된다. 이제 마이크로소프트 엑셀을 열어 B행의 "B"를 클릭해 전체 행을 하이라이트한다. Ctrl+V, 우클릭 후 붙여넣기 등으로 콘텐츠를 붙여넣는다. 이러면 혼란스러워 보이지만 데이터는 있다. 이미지는 사용자 데이터 상단에 있을 텐데, 마지막 보고서를 위해 작동하지 않는다.

F5로 "이동" 메뉴를 열어 좌하단에서 "특수"를 선택한다. "개체"를 선택해 OK를 클릭한다. 이러면 그 이미지 전부를 선택한다. 딜리트 키를 눌러 삭제한다. 이제 텍스트 데이터만 보인다(하이퍼링크와 함께). 이제 행 A의 "A"를 클릭해 컨트롤 V, 우클릭 후 붙여넣기로 친구 콘텐츠를 다시 붙여넣는다. 이 행의 어떤 셀이든 우클릭해 "내용 지우기"를 선택한다. 이러면 어떤 텍스트도 제거되지만, 이미지는 유지된다.

행 A, B 사이에 마우스를 놓고 행 A의 크기를 조정해 이미지 중 하나를 약간 더 크게 만든다. 행 B도 마찬가지로 텍스트 전부에 맞춘다. "찾아서 바꾸기" 기능으로 "친구 추가"의 모든 인스턴스를 찾아, 공백으로 대체한다. 이러면 그 불필요한 항목이 제거된다. "홈" 메뉴에서 "포맷"을 선택한 후, "열 높이 자동 맞추기"를 선택한다. 이러면 불필요한 공백이 제거된다. 행 B를 선택해 텍스트를 좌측 들여쓰기한다. 최종 결과는 이미지, 이름, 타깃의 페이스북 페이지 활성 링크 전부가 포함돼 있는 깔끔한 스프레드시트다. 일을 하는 가장 깔끔한 방법은 아니지만, 작동은 한다.

페이스북은 지속적으로 검색 기능에 사소한 변경, 중대한 수정을 한다. 이 안내 중 일부는 언젠가 작동하지 않을 수 있고, 다음 날이 되면 꽤 동작할 수도 있다. 이 섹션이 페이스북에서 다음 타깃을 완벽히 분석하는 법의 새 아이디어를 제시했기 바란다.

☑ 트위터(twitter.com)

트위터는 포스트마다 140자로 제한하는 소셜 네트워크, 마이크로블로깅 서비스다. 2014년에 트위터는 트위터 포스트, 즉 "트윗"이 매일 5억 건 이상 게재된다고 보고했다. 기본적으로 사용자는 프로필을 만들고 주제에 관한 생각, 현재 위치, 저녁 계획, 아마 중요하다고 느끼는 뭔가의 링크를 알리는 트윗을 올린다. 사용자는 다른 사용자를 "팔로우"하고, 지속적으로 다른 사용자가 무엇을 올리는지 볼 수 있다. 마찬가지로 사용자의 "팔로워"는 지속적으로 그 사용자에게 어떤 일이 일어나는지 볼 수 있다. 전제는 단지 친구들 모두 외에 나머지 세상이 볼 수 있도록 삶의 작은 일면을 공유하는 것이다. 사용자 대부분은 휴대폰으로 서비스를 활용하는데, 사용자 위치를 포착하고, 지역 기능을 활성화할 경우, 정보를 브로드캐스트할 수 있다. 트위터에서 정보 얻기는 다양한 절차로 수행할 수 있다.

트위터 검색(twitter.com/search)

공식 웹사이트의 검색 인터페이스다. 결과는 과할 수 있으며, 관심사와 무관할 수 있다. 최근 뉴스, 가십, 트렌드를 트위터에서 찾을 때만 적절하다.

트위터 고급 검색(twitter.com/search-advanced)

이 페이지로 특정 인물, 키워드, 지역 검색이 가능하다. 여기서는 주제 검색이 종종 이전 7일에서 10일로 제한된다는 문제가 있다. 개별 프로필은 스크롤하려는 의지만큼, 훨씬 이전으로 거슬러 올라가 트윗을 보여준다. 최근 데이터를 검색하기는 좋을 수 있지만, 주제의 완전한 아카이브는 표시하지 않는다.

이 트위터 검색은 정확한 단어 배치를 확인하는 데 인용부호를 활용한다. 정확한 결과를 얻으려면 "This exact phrase" 박스에서 검색할 수 있다. "None of these words" 박스에 어떤 단어든 입력하면 선택한 단어(들)가 있는 어떤 포스트도 필터링한다. "Hashtags" 옵션은 트위터 해시태그로 정의한 주제를 언급하는 특정 포스트를 찾는다. 관심 주제를 확인하는 파운드 부호(#)가 앞에 있는 단일 단어다. 이것으로 사용자는 메시지 등록 사용자의 사용자 이름을 알지 못하고도 특정 주제를 팔로우할 수 있다.

"People" 섹션으로 특정 사용자의 트윗을 검색할 수 있다. 트위터 도메인 뒤의 주소 창에 사용자 이름을 입력해도 가능하다. 이전 사용자의 사례는 www.twitter.com/JohnDoe92다. 최근 트윗을 포함해 사용자 프로필을 표시한다.

"To these accounts" 필드로 특정 트위터 사용자 이름을 입력할 수 있다. 결과는 사용자의 관심에 맞게 보낸 트윗에만 있다. 타깃의 관련자, 타깃이 읽으려는 정보를 확인할 수 있다. "to:사용자이름"을 입력하면 이 옵션을 복제한다. inteltechniques가 타깃이라면, "to:inteltechniques"를 어떤 트위터 검색 필드 내에 입력할 경우, 고급 검색 옵션에 이름 입력하기와 같은 결과를 제공한다.

""Places" 필드는 우편번호, 거리 선택을 입력할 수 있다. 디폴트인 15mi 설정은 적용한 우편번호의 주변 15마일 이내에서 올린 트윗을 산출한다. 나는 1km 옵션을 선택하도록 권장한다. 검색할 수 있는 가장 좁은 반경이기 때문이다. 잠시 후 나는 지역에 대해 더 효과적인 검색 기법을 설명한다.

이 검색 중 어떤 결과든, 타깃에 관해 놀라울 정도로 사적인 정보를 제공할 수 있다. 콘텐츠 중 상당수는 쓸모없는 잡담일 수 있다. 이 데이터로 여러 조사를 할 수 있다. 사법 집행 당국은 이 데이터로 용의자의 알리바이를 검증, 부인할 수 있다. 용의자가 취조 시 주말 내내 시카고에 있었다고 진술하지만, 트위터 피드는 세인트루이스의 레스토랑에 관한 트윗을 표시하면, 뭔가 설명해야 한다. 사설 탐정은 이 콘텐츠를 불륜, 부정적인 문서로 사용할 수도 있다. 가끔 어떤 개인의 트윗 내에서 불법 행동의 증거가 발견되면 시민이 당국에 연락하기도 한다.

실제 적용: 여러 사건에서 경찰관은 이 서비스로 가출한 아이들을 찾았다. 게다가 10대들은 트위터 같은 웹사이트에 기물 파손, 절도, 폭력 등 자신의 행동을 자랑하는 경향이 있다. 이 포스트가 범죄를 저질렀음을 입증하지 않더라도, 재판 시 훌륭한 근거가 되고, 배심원에 대한 호소력을 제공한다.

☑ 트위터 인물 검색(twitter.com/#!/who_to_follow)

타깃의 트위터 프로필을 찾기가 쉽지 않을 수 있다. 페이스북, 구글 플러스와 달리, 트위터 사용자 대부분은 프로필 이름으로 실명을 사용하지 않는다. 실명을 검색할 곳이 필요하다. 나는 트위터의 "Who to follow" 검색 페이지를 권장한다. 이 페이지를 로딩하면 어떤 실명도 처리 가능한 트위터 바 아래의 단일 검색 옵션이 나온다. 목록을 스크롤해가면서 나는 사진 아이콘, 간략한 설명문을 관찰해 타깃을 확인한다. 사용자 이름을 클릭하면 추가 정보와 함께 사용자의 트위터 프로필이 열린다.

Followerwonk Bios(followerwonk.com/bio)

트위터의 Who To Follow 옵션은 타깃이 계정을 생성할 때 쓴 정확한 이름을 알 경우 훌륭하다. 실명이 불확실하거나 타깃이 아주 흔한 이름이라면, Followerwonk로 찾고 있는 프로필을 확인할 수 있다. 이 서비스로 관심 프로필을 찾을 어떤 키워드로도 트위터 프로필을 검색할 수 있다. 디폴트인 "Profiles" 검색, 더 집중된 "Twitter Bios Only" 옵션을 선택할 수 있다. 주 검색 박스 아래 "More Options"은 Location, Name, Follower 세부 등 수많은 필드를 표시한다. "John Smith"를 검색하면 트위터 프로필 2만 1,156건이 드러난다. 하지만 "New York City" 출신의 "John Smith"를 검색하면 겨우 프로필 81개만 드러난다. 트윗을 적어도 100건 이상 올리지 않은 프로필을 필터링하면, 겨우 프로필 31개만 드러난다. 타깃 확인을 위해 조회할 수 있는 프로필의 관리 가능한 숫자다.

트위터 디렉터리(twitter.com/i/directory/profiles)

여전히 타깃의 프로필을 찾을 수 없다면, 트위터 디렉터리에 의지해야 한다. 이 우스꽝스럽지만 어려운 괴물은 트위터 프로필 수백만 개를 알파벳 순으로 브라우징하게 해준다. 일단 타깃의 이름 첫글자를 선택한다. 광범위한 옵션이 나타난다. 이어서 타깃이 리스팅되는 범위를 선택하면, 그 선택은 "Mike Hall - Mike Hirsch" 등 이름 범위 옵션 수백 개와 함께 새 창이 열린다. 기준에 맞는 실제 프로필 목록에 도달하기까지 이 드릴다운 방법론을 계속 사용해야 한다. 나는 이 방법을 즐기지 않지만, 때로 다른 방법이 없을 수도 있다. 예전에 나는 실명의 철자법 틀린 버전을 사용한 타깃을 이렇게 찾았다.

비밀번호 재설정 요청(twitter.com/account/begin_password_reset)

휴대폰 번호를 페이스북 비밀번호 재설정 페이지에 제공하면 번호 소유자가 드러나는 방법론을 전에 설명했다. 트위터는 유사한 조회 도구가 있지만, 개인을 완전히 확인하지 못한다. 이 페이지로 전화번호, 이메일 주소, 사용자 이름을 입력할 수 있다. 결과는 휴대폰 번호의 마지막 두 자리, 편집된 이메일 주소를 포함한다. 이 데이터로 전에 수집한 데이터를 검증하거나 야후, 구글 등 타깃이 사용하는 이메일 제공업체를 확인할 수 있다.

트위터 API 뷰

2013년 6월 11일은 내게 슬픈 날이었다. 여러 해 동안 나는 트위터 애플리케이션 프로그래밍 인터페이스(API)로 사용자 계정 내에 숨은 정보에 접근할 수 있었다. 하지만 트위터는 이 날짜에 원래 API를 폐쇄했고, 그것으로 가능하던 모든 기법을 제거했다. 다행히 내가 원래 API로 얻은 정보 중 상당수는 현재 더 새로운 방법으로 활용 가능하다.

지역별 검색

특정 지역에서 발생한 사건을 조사 중인데, 알려진 관련자가 없다면, 트위터의 GPS 위치만으로 검색할 수 있다. 트위터 고급 검색으로 우편번호별로 검색할 수 있지만, 너무 방대하다. 어떤 트위터 페이지든 다음 특정 검색은 GPS 좌표 43.430242, -89.736459의 1km 내에서 올린 트윗을 표시한다.

    geocode:43.430242,-89.736459,1km

이 검색에 공백은 없다. 어떤 지도 뷰도 없는 목록이다. 가장 최근 결과가 상단에 있는 연대기 순이다. "1km"은 1km의 검색 반경을 가리킨다. 5, 10, 25로 안심하고 변경할 수 있다. 다른 어떤 숫자든 부정확한 결과를 제공하는 경향이 있다. "km"을 "mi"로 바꿔, km 대신 마일로 전환할 수도 있다. 웹브라우저 주소 창에서 이 검색을 표시하고 싶다면, 다음 페이지는 같은 결과를 로딩한다.

https://twitter.com/search?q=geocode:43.430242,-89.736459,1km

결과가 과하다면 이 검색어 중 어디에도 검색 파라미터를 추가할 수 있다. 다음 검색은 "fight" 단어도 언급하면서, 리스팅된 GPS 좌표에서 게시된 트윗만 표시한다. 위 검색에서 공백은 "km", "fight" 사이뿐임에 주목하자.

geocode:43.430242,-89.736459,lkm fight

필수 검색어와 옵션 검색어

필수, 옵션 단어 모두의 특정 검색을 요하는 시나리오가 있을 수 있다. 트위터는 이를 위해 퍼블리싱된 해결책을 제공하지 않는다. 하지만 이런 검색은 지원한다. 마이클 파커라는 이름의 타깃에 대한 위협을 조사 중이라고 가정하자. 폭력을 언급하며 그에 관해 사람들이 트윗을 올리고 있다고 믿는다. 그의 이름만 검색하면 많은 결과가 나온다. 폭력적인 단어를 포함하는 포스트만 원하기에, 어떤 트위터 페이지든 다음 검색은 적절할 수 있다.

"Michael Parker" kill OR stab OR fight OR beat OR punch OR death OR die

인용부호 내 이름은 트위터에게 그 정확한 단어의 결과만 제공하도록 강제한다. 이것이 필수 옵션이다. 단어 kill, stab, fight, beat, punch, death, die는 모두 옵션이다. 단어 "OR"이 각각 사이에 있기 때문이다. 이 단어는 대문자여야 하며, 옵션 단어 중 하나만 검색 결과 내에 필요로 한다.

날짜 범위 검색

모호한 단어를 검색 중이면, 날짜별로 필터링하고 싶을 수 있다. 이 옵션은 현재 고급 검색 페이지에서 사용 가능하지만, 나는 트위터가 이 과업을 어떻게 수행하는지 이해해야 한다고 믿는다. 여러 주, 몇 달 전에 발생한 폭파 위협을 조사 중이라고 가정하자. 단어 "bomb threat"으로 트위터에서 검색하면, 최근 포스트만 적용될 가능성이 크다. 그 대신 날짜에 특정한 검색을 고려하자. 어떤 트위터 페이지든 다음 쿼리는 2015년 1월 1일에서 2015년 1월 5일 사이의 "bomb threat"을 언급한 포스트를 모두 제공한다.

    since:2015-01-01 until:2015-01-05 "bomb threat"

내가 선호하는 이 검색 기법의 용도는 "to" 연산자, 이름 검색(혹은 둘 다)과 조합하는 것이다. 표준 프로필, 트위터 피드 검색이 보통 허용하는 것보다 시간상 훨씬 더 이전으로 거슬러 올라가게 해준다. 트위터 사용자 Ambermac이 타깃인 사례를 고려해보자. 실제 트위터 페이지를 방문해 트윗을 수천 개를 거슬러 이동할 수 있다. 하지만 모든 트윗을 확보하기 전에 끝에 다다른다. 트위터의 제한, 웹브라우저, 컴퓨터의 한계 때문일 수 있다. Ambermac은 현재 트윗 3만 7,700건이 있다. 모든 트윗을 조회할 수 있더라도, 공개로 그녀에게 보낸 메시지, 멘션이 있는 포스트는 보지 못한다. 나는 이 검색을 연도별로 나눠, 그녀에게 직접 보낸 메시지와 멘션을 포함하도록 권장한다. 트위터 내 다음 검색은 2012년 1월 1일부터 2012년 12월 31일까지 트위터 사용자 이름 Ambermac의 트윗을 모두 표시한다.

    from:ambermac since:2012-01-01 until:2012-12-31

적절히 수집해 아카이빙할 수 있는, 더 소화 가능한 트윗 컬렉션을 생성할 수 있다. 포스트 수천 건이 있는 타깃과 관련된 조사에서 나는 여러 연도에 걸친 트위터 내에서 여러 검색을 수행한다. 다음은 2006년 이래 Ambermac이 게시한 트윗의 연간 셋을 수집한다.

    from:ambermac since:2006-01-01 until:2006-12-31
    from:ambermac since:2007-01-01 until:2007-12-31

```
from:ambermac since:2008-01-01 until:2008-12-31
from:ambermac since:2009-01-01 until:2009-12-31
from:ambermac since:2010-01-01 until:2010-12-31
from:ambermac since:2011-01-01 until:2011-12-31
from:ambermac since:2012-01-01 until:2012-12-31
from:ambermac since:2013-01-01 until:2013-12-31
from:ambermac since:2014-01-01 until:2014-12-31
from:ambermac since:2015-01-01 until:2015-12-31
```

같은 기법을 수정해 이 연도에 대해 Ambermac이 수신한 트윗만 표시할 수 있다. "from"을 "to"로 대체해 이 결과를 얻는다. 2008 포스트는 다음과 같이 나타난다.

```
to:ambermac since:2008-01-01 until:2008-12-31
```

이 옵션 모두를 단일 결과로 조합할 수 있지만, 전에 언급한 더 정확한 옵션을 시도한 후에야 권장한다. 다음 검색은 이론적으로 Ambermac의 발신 트윗, 수신 트윗, 멘션을 모두 표시해야 하지만, 항상 완전하지는 않다. 다음은 2008년에 대해 이 데이터를 포함한다.

```
"ambermac" since:2008-01-01 until:2008-12-31
```

날짜 범위 검색은 용도가 여러 가지다. 지원되는 어떤 트윗 검색도 날짜와 조합해 작동한다. 조사에 관련된 특정 날짜의 지역 검색을 포함할 수 있다.

첫 트윗(discover.twitter.com/first-tweet)

2014년에 트위터는 어떤 사용자든 첫 트윗을 조회하는 기능을 발표했다. 재미를 위한 목적이며, 사람들이 트위터 계정을 어떻게 시작했는지 보자는 것이다. 나는 이 정보에 연관된 날짜, 시간에 더 관심이 있다. 결과마다 사용자의 첫 포스트가 지니는 정확한 날짜, 시간을 포함한다. 어떤 사람이 특정 트위터 계정을 사용한 기간을 확인한다.

First Tweet - Keyword(http://ctrlq.org/first)

트렌드를 타는 해시태그, 유니크한 키워드를 추적 중이라면, 처음 그 주제를 올린 사용자를 알고 싶을 수 있다. 트위터에서 네이티브로 가능하지는 않지만, 이 웹사이트로 검색할 수 있다. 어떤 사람이 OSINT의 해시태그(#OSINT)를 처음 사용한 때의 결과는 2008년 10월 27일의 날짜, 메시지를 드러낸다. 전에 나는 이것으로 포스트에 아주 구체적인 텍스트가 있는 부적절한 미성년자 사진을 올린 혐의자를 판단한 적이 있다. 너무나 많이 리트윗됐기에, 이 도구로 재빨리 원래 포스트를 찾아야 했다.

First Follower(socialrank.com/firstfollower)

트위터에서 타깃의 첫 팔로워를 알면 유익할 수 있다. 타깃을 트위터에 소개한 사람일 수 있고, 종종 예전 동료를 확인할 수 있다. 정보의 한 가지 파편만 원하면, First Follower는 결과를 제시한다. 하지만 이 아이디어를 Tweet Tunnel로 더욱 극단까지 밀고가도록 권장한다.

Tweet Tunnel(tweettunnel.info)

이 웹사이트는 타깃을 팔로우하기 시작한 순서로 어떤 사람의 트위터 팔로워를 전부 확인한다. 타깃 트위터 사용자 이름을 주 메뉴의 "FIRST FR" 옵션 아래 입력하면, 첫 팔로워로 시작하는 팔로워들이 보인다. 종종 타깃이 계정을 시작했던 때부터의 친구들이나 더 관련된 최근 인맥을 확인할 수 있다.

삭제, 정지, 누락된 트윗

트위터 사용자는 조사가 진행 중이라는 의심이 들면 자신의 계정을 삭제할 수 있다. 이런 경우, 트위터 검색은 어떤 포스트도 표시하지 않는다. 게다가 어떤 사람은 범죄성의 개별 트위터 포스트만 삭제하되, 관련 없는 포스트는 프로필에 남겨둬, 전체 계정을 삭제할 때 받을 의심을 방지할 수도 있다. 일부 사용자는 트위터 서비스 약관을 위반해 계정이 정지될 수도 있다. 이 시나리오 중 일부에서 여전히 다양한 기법으로 누락된 일부 포스트를 추출할 수 있다.

구글 저장된 페이지(google.com)

최근 메시지의 일부나 전체를 제거한 트위터 사용자와 마주치면, 나는 그 프로필의 저장된 페이지를 검색한다. 다양한 방법이 있고, 가장 흔한 방법을 데모한다. 이 사례에서 "just deleted all my Tweets"로 트위터를 검색했다. 최근에 모든 콘텐츠를 삭제했다고 게시한 사용자를 여러 명 제시했다. 이렇게 데모에 좋은 타깃을 확인할 수 있었다. 내가 찾은 첫 사용자는 "AimeeLakic"이었다. 그녀는 트윗 하나만 있었고, 콘텐츠를 삭제했다고 언급했다.

이어서 구글에 가서 "Twitter AimeeLakic"을 검색했다. 첫 검색 결과는 사용자의 실제 트위터 페이지 링크였다. 그 링크를 클릭하는 대신 URL 옆의 작은 녹색 "아래 방향 화살표"를 클릭하고, "저장된 페이지"를 선택해 프로필의 구글 저장된 페이지 보기를 선택했다. 이 뷰는 이 계정에서 삭제한 트윗 6건을 확인했다. 이 정도면 충분할 수 있다. 가끔 나는 조사 몇 주 전, 몇 달 전 삭제한 콘텐츠를 확인해야 한다. 이전 기법은 그리 도움이 되지 않는다. 구글 저장된 페이지가 아마 실제 페이지의 최근 사본이기 때문이다. 캐시는 보고 싶은 트윗도 누락시킬 수 있다. 이 사례를 위해 나는 이 글을 쓰는 날에 트윗을 모두 삭제한 또 다른 사용자를 선택했다. 트위터 사용자 MLGReilly는 "Just deleted all my Tweets"라는 제목의 트윗 하나만 보유했다. 나는 구글로 이동해 다음과 같이 검색했다.

    site:twitter.com/MLGReilly

구글에게 웹사이트 twitter.com/MLGReilly만 검색하도록 안내한다. 트위터가 모든 트윗에 대해 개별 페이지를 생성하며, 페이지마다 twitter.com에 이어 개인의 사용자 이름으로 시작하기에, 많은 결과 목록을 얻는다. 이 결과는 트위터에서 제거된 여러 개별 메시지를 포함한다. 전반적으로 구글은 타깃 사용자 이름을 언급하는 고유한 페이지 349개를 찾았다. 링크를 열면, 특정 메시지가 트위터에서 제거됐다는 알림을 받는다. 실제 링크를 클릭하는 대신 "저장된 페이지"를 클릭해야 한다. 그래픽의 저장된 보기는 전체 대화를 표시하지 않으며, 저장된 결과 내 어떤 링크를 클릭해도 실제 페이지로 돌려보낸다. 그 대신 저장된 페이지 상단의 "텍스트 버전"을 선택한다. 이러면 캐싱된 트위터 메시지 페이지의 텍스트 보기가 나온다. 복사하기/붙여넣기로 콘텐츠를 아카이빙할 때 유용하다.

이 프로세스는 빙, 얀덱스의 저장된 보기 옵션으로 반복해야 한다. 인용부호 내에 "Twitter"를 타깃의 트위터 이름 뒤에 붙여 검색하는 편이 가장 좋았다. 첫 결과는 보통 분석을 기다리는, 저장된 옵션이 있는 타깃의 프로필이다. 9장에서 논할 Twicsy는 트위터의 사진 아카이브다. twicsy.com/u/username으로 이동하면 종종 삭제된 포스트의 사진이 드러난다.

모든 조사가 고유하지만, 나는 출처를 모두 확인해야 함을 입증하고 싶다. 이 글을 쓰는 시점인 2016년 1월 12일 동부시간 19:15에 나는 "Deleted all my Tweets"를 실제로 검색했다. 내가 찾은 첫 사용자는 "drunkdrxws"였다. 프로필의 유일한 포스트는 그림 3.01에 보이는 정확한 트윗이었다. 내 첫 단계는 구글이었다. 프로필의 저장된 보기는 2015년 11월 11일부터 2015년 12월 18일 사이의 포스트 12건을 낳았다. 구글 결과 페이지는 2014년 1월 14일부터 2015년 4월 12일 사이의 무작위적인 트윗 5건도 추가로 포함시켰는데, 부분적으로 그림 3.02에 보인다. 얀덱스, 빙 결과는 삭제된 포스트 12건을 검증하며, 구글 저장된 페이지 결과를 반복했다. 그림 3.03은 두 달 전의 얀덱스 캐싱 옵션 중 하나를 표시한다. 웹사이트 twicsy.com/u/drunkdrxws는 추가로 삭제된 포스트에서 나온 이전에 트윗된 상응하는 메시지와 함께, 사진 수십 장 이상을 드러냈다. 그림 3.04는 2013년 포스트를 표시한다. 마지막으로 트위터에서 to:drunkdrxws를 검색하면, 타깃이 프로필에서 삭제한 수신 메시지 수백 건이 드러났지만, 트위터 서버에서 나오지는 않았다. 이 전체 검색은 다음 섹션에서 논하는 내 커스텀 트위터 검색 도구를 사용하면 3분도 안 걸린다. 결코 삭제된 계정 전체를 재구축하지는 못하지만, 이 기법으로 획득한 포스트는 전에 보유하지 못했다.

michelle
@drunkdrxws

⚙ 👤 Follow

i deleted all my tweets lmfao

7:12 PM - 12 Jan 2016

▲ 그림 3.01: 트윗 삭제를 알리는 실제 트위터 포스트

michelle on Twitter: "QqA opll# : 772-6755 ;) phone number ...
https://twitter.com/drunkdrxws/status/284136713553596416 ▾
@LLLOVE_JB There's nothing funny about a ton of Beliebers blowing up your phone
number for no reason!!!! #harrassment. 0 retweets 0 likes. Reply. Retweet.

drunkdrxws - Twitter
https://twitter.com/drunkdrxws/status/564623393756938240
Feb 8, 2015 - "@ThisIsZaman: KIM WAS LOOKING AT CHRIS WHEN KATY PERRY
WAS TALKING ABOUT DOMESTIC VIOLENCE ...

drunkdrxws - Twitter
https://twitter.com/drunkdrxws/status/587337747473498112/photo/1 ▾
Apr 12, 2015 - @BethanyMota THIS IS INSANE!! toronto and all around the world.
Congrats with all the success, love you beth pic.twitter.com/dmWdafqZaF.

michelle on Twitter: "@babyyyrauhl @justinbieber i know ...
https://twitter.com/drunkdrxws/status/428296936265773056
@babyyyrauhl @justinbieber i know right lol. Favorite 1; chels: 2:42 PM - 28 Jan 2014. 0
retweets 1 favorite. Reply. Retweet. Retweeted. Favorite. 1. Favorited. 1.

michelle on Twitter: "can i start studying already, fuck its like ...
https://twitter.com/drunkdrxws/status/423298457063784448 ▾
Jan 14, 2014 - can i start studying already, fuck its like 10:40 pm. Retweet 1; Likes 3;
gabyyy · Allie Marie · Soccer Polls · buterasbiebsmiles. 7:39 PM - 14 Jan ...

▲ 그림 3.02: 삭제 후 복구된 트위터 포스트의 구글 저장된 페이지

michelle @ drunkdrxws · 21 Nov

I see bare directioners tweeting about getting tickets to Justin's
concert in Toronto. I honestly just want to cut all your heads off

▲ 그림 3.03: 얀덱스가 캐싱한, 삭제 후 복구된 트위터

drunkdrxws: mine and @LiveForBieberxx meet and greets with @Jessewelle
@PhillyChic5 and @IlSuperwomanll #bufferfestival #Toronto
http://t.co/jsLhrTDyeT - 2013-11-09 18:41:54

MORE PICS FROM MICHELLE

▲ **그림 3.04**: 삭제 후 복구된 Twicsy의 메시지와 사진

☑ IntelTechniques Twitter Search Tool(inteltechniques.com/osint/twitter.html)

나는 이 수동 트위터 기법 중 상당수를 매일 사용한다. 같은 주소, 검색을 반복적으로 입력하지 않기 위해 올인원 솔루션으로 커스텀 웹페이지를 만들었다. 위 웹사이트로 이동해 이 자료에 접근한다. 이 페이지는 제공된 정보를 근거로 웹 주소를 구조화해 실행하는 임베딩된 자바스크립트가 있다. 그림 3.05는 이 도구의 현 상태를 표시한다. 친숙해 보이지 않는 유틸리티는 모두 이 책의 남은 페이지에서 설명한다. 이 도구는 여기서 읽은 트위터 검색 중 상당수를 복제한다. 좌측 첫 옵션은 거기 들어갈 때 타깃의 트위터 이름으로 검색 필드를 모두 채운다. 옵션마다 옆의 "Go"를 클릭하면 웹브라우저 새 탭에서 쿼리를 실행한다. 상기하자면 이 페이지는 검색에서 어떤 정보도 절대 수집하지 않는다. 모두 자신의 웹브라우저에서 수행된다.

사용자별 지역 정보

사람들은 대부분 스마트폰으로 트위터에 게시한다. 이러면 사용자는 포스퀘어 등 지역을 인식하는 앱을 활용할 수 있는데, 이것으로 장소에 "체크인"해 친구들에게 지역을 알려줄 수 있다. 개인 정보에 신경 쓰는 개인은 계정의 지역 기능을 비활성화하는 반면, 여러 사용자는 항상 지역을 브로드캐스트하기를 즐긴다. 트위터를 포스트하는 동안 사용자 지역을 확인하기는 때로 다양한 방법으로 가능하다. 2014년 이전은 모든 사용자의 모든 포스트에 대해 GPS 세부 사항을 확인하기가 간단했다. 오늘날 이 확인 기법 중 대부분은 더 이상 작동하지 않는다. 타깃이 지역 기반 설정을 트위터에서 비활성화할 경우, 다음의 제한된 방법만 효과적임을 주목하기 바란다.

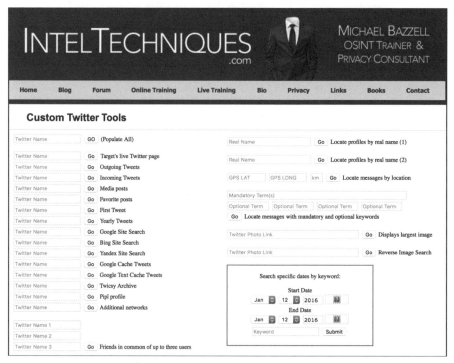

▲ **그림 3.05**: IntelTechniques의 커스텀 트위터 검색 도구

GeoSocial Footprint(geosocialfootprint.com)

이 서비스는 가장 최근 포스트 200건에서만 지역 데이터를 검색한다. 타깃의 현재 위치, 최근 위치를 확인할 때 좋은 자료다. 이 웹사이트의 사용은 꽤 단순해서 트위터 계정도 필요하지 않다. 결과가 항상 신뢰할 만하지는 않았지만, 검색할 가치는 있다. 메인 페이지에서 타깃의 트위터 사용자 이름을 입력한 후 "Retrieve

Tweets"를 클릭한다. 이러면 그 타깃의 최근 위치를 확인하는 마커와 함께 지도가 나온다. 마커마다 클릭해 메시지의 콘텐츠를 볼 수 있지만, 날짜, 시간은 없다. 전반적인 뷰는 타깃의 일반적 위치를 재빨리 살펴보게 해준다.

이 포스트의 세부 정보를 표시하기 위해 "Download Tweets" 버튼을 클릭한다. "Download"라는 제목의 파일 확장자 없이 플레인 텍스트를 낳는다. 노트패드 등 텍스트 뷰어에서 이 파일을 열어, 콘텐츠를 표시한다. 아래 텍스트는 이전 검색 동안 받은 실제 콘텐츠다. 메시지 콘텐츠는 공간, 개인 정보를 위해 편집했다. 메시지마다 실제 GPS 좌표, 날짜, 시간을 조회할 수 있다는 점에 주목하자. 스프레드시트, 데이터베이스로 임포트할 수도 있다.

Sat Jan 10 09:22:46 +0000 2015,37.7296498,-122.4118834,Having our second unit be able to

SatJan 1009:21:30 +0000 2015,37.7296699,-122.4118867,These Warrior games have been amazing.

Sat Jan 1009:20:45 +0000 2015,37.7296699,-122.4118867,"@ItsFoodPorn: The whole point of dating

Sat Jan 1009:18:08 +0000 2015,37.7296397,-122.4117785,You'd almost swear lmma thoughtful person

Tweetpaths(tweetpaths.com)

어떤 검색이든 수행하기 위해 트위터 계정 정보로 Tweetpaths에 로그인해야 한다. 결과는 최근 트윗 75건으로 제한된다. 하지만 고급 옵션으로 이 제한을 확장할 수 있다. GeoSocial Footprint와 유사하게 타깃의 트위터 이름을 입력하면, 결과적인 지도는 타깃이 게시하는 동안 위치를 찾을 수 있는 지리적 영역에 초점을 맞춘다. 팝업 창은 선택한 메시지의 세부 정보를 확인한다. 날짜의 특정 범위를 검색하고 싶다면, 검색 필드 바로 아래의 "Show advanced options" 링크를 클릭한다. 이러면 메뉴가 확장돼 시작일, 종료일을 입력할 수 있다. 검색을 트윗 제한 75개 이상으로 확장할 수도 있다. 타깃이 활성 사용자면, 한 주에 한 번 검색해 결과를 문서화하고 싶을 수 있다. GeoSocial Footprint와 유사하게 결과가 항상 신뢰할 만하지는 않다. 내 경험상 가능한 지역 태그 달린 결과 중 20% 이내만 받는다.

Tweetpaths는 같은 지도에서 여러 사용자를 확인할 수 있는 기능이 훌륭하다. 그림 3.06은 구글 위성 뷰를 활성화한 지도를 표시한다. 트위터 사용자 세 명을 검색했고, 결과는 각각 다른 색 마커로 확인한다. 사건 동안 같은 지역에 존재하는 셋 이상의 타깃을 표시해 유용할 수 있다. 이 서비스로 어떤 활동이든 보려면 사용자 이름이 필요하다. 여러 새 웹사이트가 나타나, 관련 사용자 이름을 전혀 알지 못하고도 특정 영역에서 나온 최근 트윗을 조회하게 해줬다. 검색하는 동안 이 두 옵션이 실패하면, Teaching Privacy(app.teachingprivacy.com)의 트위터 지역 확인 시도도 고려해보자.

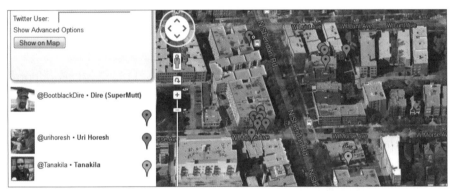

▲ **그림 3.06**: 위성 뷰와 여러 계정의 Tweetpaths 검색 결과

물리적 위치별 정보

지역별 포스트 확인의 수동 트위터 검색 방법은 전에 설명했다. 이 기법은 최근 정보, 실시간 정보에 최상이다. 특정 지역에서 나온 이전 포스트에서 통시적 세부가 필요할 수 있다. 유용한 여러 서드파티 웹사이트가 있다.

EchoSee(app.echosee.net)

트위터에 대해 최상의 지역 기반 검색 웹사이트 중 하나는 EchoSee라는 서비스다. 캐나다의 이 프리미엄 웹사이트는 트위터, 인스타그램, Panoramio, 포스퀘어, 플리커 데이터를 한 화면에 표시한다. 이 추가 네트워크는 나중에 설명하겠지만, 이 원스톱 샵은 이 조합된 데이터의 훌륭한 자료다. 여기서 언급하는 무료 버전은 트위터, 플리커만 수색한다. 이 메인 페이지는 샌프란시스코 지역에 초점을 맞춘 구글 지도 위성 뷰를 제시한다. 인터랙티브한 지도를 클릭해 다른 지역으로 이동하거나 검색 필드에 주소를 입력할 수 있다. 일단 관심 영역을 지도에 표시한 후 "Select Area" 버튼을 클릭해 검색하고자 하는 주변에 박스를 그린다. 지도는 그 지역에서 나온 포스트를 채우고, 마커는 소셜 네트워크를 확인한다. 아래에 결과의 콘텐츠가 보인다. 검색한 지역에서 나온 메시지, 사진을 확인한다. 그림 3.07은 야구장 검색을 표시한다.

▲ **그림 3.07**: EchoSee의 주변 검색에서 나온 지도 결과

그림 3.08은 지도 아래 나타나는 부분적인 메시지를 표시한다. 선택한 부분은 구장 내 필드에서 나온 수많은 포스트를 확인한다. 이 웹사이트의 장점 하나는 트윗을 전달하는 기기, 서비스를 확인하는 데 있다. 그림 3.08에서 플리커에 올라간 메시지를 볼 수 있다. 종종 안드로이드, 아이폰 기기로 올린 포스트를 확인한다. 이 사소한 정보 파편은 조사의 전반적 그림을 구성할 수 있다.

▲ 그림 3.08: EchoSee의 주변 검색에서 나온 메시지 결과

Internet AWACS(internetawacs.jesterscourt.cc/launchfeed-firehose.php)

이 웹사이트는 지리적으로 태그가 달린 트위터 포스트를 실시간으로 표시한다. 글로벌 서비스기에, 도착하는 포스트는 무작위며, 타깃 지역으로 구분되지 않는다. 시각적으로는 흥미롭지만, 이 기능은 타기팅된 조사에 그리 가치가 없다. 하지만 "Attempt Geoloc Footprint On User" 옵션으로 개별 사용자 이름의 진입은 가능하다. 여기서 그 사용자의 지역과 함께 어떤 최근 포스트도 찾으려는 새 탭이 나온다. 내 경험상 이전 옵션으로 달성한 결과와 같다. 무작위적인 포스트의 실시간 스트림도 선택한 사용자마다 최근 트윗만 로딩하는 링크가 있다.

MapD: MIT(http://mapd.csail.mit.edu/tweetmap/)

MapD는 MIT, 하버드 간의 협업으로 개발한 방대한 데이터베이스 플랫폼이다. 현재 대학마다 각각 이 데이터의 인터페이스가 있는데, 통시적 트윗에서 나온 트위터 포스트 지역을 공급한다. 인터페이스마다 새 정보 검색 방법을 제공한다. 이 웹사이트는 주제, 사용자 이름, 지역 등으로 검색할 수 있다. 이 세 옵션 모두를 조합해 상세 검색을 할 수도 있다. "What"이라는 첫 검색 필드는 어떤 키워드도 수용하며, 기준에 맞는 지역을 활성화한 트윗을 확인할 수 있다. "Where"라는 둘째 필드는 GPS 좌표, 우편번호, 도로 주소를 수용할 수 있다. 이 데이터는 맵을 더 세부 수준으로 줌한다. 좌측 컬럼은 지도 뷰로 나타나는 트위터 메시지 콘텐츠를 표시한다. 마지막으로 우측 하단 그래프는 선택한 지역의 메시지량을 확인한다. 하단 우측 화살표 버튼을 클릭하면, 지도를 "재생"하고 포스트의 연대기 순으로 트윗을 하이라이트한다.

이 웹사이트를 일단 로딩하면, 어두운 지도가 위성 뷰 없이 표시된다. 우측 상단 영역의 파란 플러스 기호를 클릭해 바꿀 수 있다. 보이는 점마다 클릭하면, 메시지 세부가 표시된다. 정확한 날짜, 시간, 메시지 내용, 트윗을 올린 사용자가 있다. 좌하단 영역은 더 흔히 메시지에 나타나는 단어를 확인하는 단어 클라우드다.

MapD: Havard(http://worldmap.harvard.edu/tweetmap)

이 데이터 인터페이스의 하버드 버전은 더 적은 옵션에 기본적이다. 바람직한 특성처럼 들리지 않을 수 있다. 하지만 깔끔한 인터페이스는 MIT 산출물에서 적절히 작동하지 않는 기능에 공간을 제공한다. 페이지는 지도의 지역에서 올라온 트윗 그룹 주변에 작은 박스를 표시한다. 이 네모는 보이는 지도의 어떤 부분을 클릭해도 실행된다. 네모 안에 존재하는 어떤 트위터 포스트도 트윗과 그 모든 세부를 확인할 팝업 창에 제시된다. 하단 박스로 키워드의 날짜별 결과를 필터링할 수 있다. 적절한 해상도의 모니터에서 표시하면 더 낫고 여유로운 뷰를 제공한다.

전반적으로 이 두 서비스 모두 여러 해에 걸쳐 수집한 동일 데이터를 표시한다. 개인적인 선호가 생기기까지 둘 다 실험해야 한다. 나는 MIT 옵션이 더 고급이므로 더 나은 길이라 믿는다. 실시간 스트리밍 데이터를 조회하기 위해서는 또 다른 서비스를 사용해야 한다. 삭제된 계정을 조사할 때 이 서비스가 더 가치 있다. 용의자가 트위터 프로필에서 모든 메시지를 삭제해도, 이 두 서비스는 콘텐츠를 수집했을 수 있다. 타깃의 트위터 이름을 검색하면 결과가 드러난다.

One Million Tweet Map(onemilliontweetmap.com)

이 서비스는 세계 지도에 최근 트윗 100만 건만 표시한다. 종종 "파이어호즈"라 불리는 활용 가능한 모든 트윗에 접근하지는 않지만, 매초 새 트윗을 제공한다. 나는 지역에 관한 완전한 데이터를 위해 결코 이 지도에 의존하지 않는다. 하지만 큰 이벤트를 모니터링하면 쉽게 조회되는 포맷으로 실시간 정보를 제공할 수 있다. 나는 마우스 스크롤 휠로 관심 지역을 줌하는 것을 권장한다. 일단 단일 트윗을 볼 수 있는 수준이면, 어떤 것도 클릭해 콘텐츠를 볼 수 있다. 새 정보가 올라오면 페이지는 자동으로 새로 고침한다.

이메일 주소별 검색

기술적으로 트위터는 이메일 주소를 제공해 트위터 사용자를 검색하도록 허용하지 않는다. 이런 검색을 트위터에서 시도하면, 그 이메일 주소로 사용자 프로필이 존재해도 결과를 받지 못한다. 이 제한을 우회하려면 트위터로 커뮤니케이션할 온라인 이메일 제공업체의 제공 기능을 사용할 수 있다.

이 기법은 트위터 계정, 야후 이메일 계정을 요한다. 웹브라우저로 한 탭에서 가짜 트위터 계정에 연결하고, 다른 탭에서 야후 메일의 가짜 이메일 계정에 연결한다. 야후 이메일 계정이 없다면, 생성 프로세스는 mail.yahoo.com에서 쉽게 이뤄진다. 야후 계정의 "Contacts" 페이지에서 "Add a New Contact"를 선택한다. 타깃의 이메일 주소를 입력할 수 있는 폼이 나온다. "Name" 필드는 어떤 데이터도 포함할 수 있으며, 나는 보통 001로 시작하는 숫자를 사용한다. 이 항목을 저장하고 트위터 페이지로 간다. 설정 메뉴에서 "Find Friends" 옵션을 클릭한다. 이러면 친구를 트위터로 임포트하는 여러 옵션이 나온다. Yahoo 옵션을 선택해 야후 이메일 주소를 제공한다. 팝업 창에서 "I agree"를 클릭해 야후 주소록에 트위터 접근을 허용하고 싶다는 것을 확인해야 한다. 트위터는 이어서 타깃 이메일 주소와 연관된 어떤 사용자 프로필도 확인한다. 트위터는 이 친구를 추가하도록 권장하겠지만, 그 옵션을 선택하지 말아야 한다. 그러면 계정으로부터 타깃에게 노티가 전송된다.

임베딩된 사진

사용자가 트윗 내에 디지털 사진을 포함시키는 경우가 아주 많다. 여러 방법으로 할 수 있다. 방법에 상관없이 항상 조사 때문에 관심을 가지고 있는 어떤 사진이든 사본을 저장해야 한다. 이 부분은 가능한 한 가장 큰 사진을 획득하는 이상적인 프로세스를 설명한다. 사람들이 트위터에 사진을 추가할 가능성이 가장 큰 방법은 네이티브 트위터 사진 표시다. 그 사람이 이 임베딩된 사진 공유 기능을 사용하면, 실제 사진의 작은 버전, 어떤 사람의 피드에 있는 데이터 스트림 내 링크가 보인다. 이 사진을 클릭하면, 더 큰 뷰로 팝업 창에서 열린다. 이제 사진에서 우클릭해 파일을 저장할 수 있다. 하지만 트위터로 가능한 가장 큰 크기가 아니다. 그 대신 사진을 우클릭해 "새 탭에서 이미지 열기"를 선택한다. 이러면 실제 이미지만 포함하는 새 탭이 열린다. 이미지 주소는 jpg 등과 같은 파일 확장자로 끝날 가능성이 크다. 이 이미지 URL의 가장 끝에 인용부호 없는 ":orig"를 추가한다. 사진의 새 버전이 열린다. 이 버전은 더 크게 보이며, 더 큰 해상도일 가능성이 크다.

한 사례로 나는 트위터의 다음 주소에서 이미지를 찾았다. 이어서 끝에 ".orig"를 추가해 훨씬 더 세부 사진을 받았다. 둘째 링크는 이 구조를 입증한다.

https://pbs.twimg.com/media/BstXzBYCAAECMmL.jpg
https://pbs.twimg.com/media/BstXzBYCAAECMmL.jpg:orig

이런 사진을 추출해주는 서드파티 옵션은 여럿 있다. 이 서비스가 항상 적절히 작동하지는 않기에, 나는 의존하지 않는 편이다. 차라리 실제 출처에서 나온 트위터 정보를 아카이브하는 편이다. 추가 문서화, 아카이브 옵션은 나중에 설명한다.

트위터 포스트에서 사진이 인스타그램으로 링크 걸리면, 가능한 한 최상의 화질로 디지털 버전을 다운로드해야 한다. 그림 3.09는 인스타그램 사진에 링크가 있는 트위터 포스트를 표시한다. 이 링크는 인스타그램 페이지 내 사진을 로딩하는 새 탭을 연다. 이 사진은 데이터를 다운로드, 저장할 어떤 옵션도 있지 않다. 거기서 우클릭하면 표준 웹사이트처럼 이미지를 다른 이름으로 저장, 다운로드할 옵션이 주어지지 않는다. 그 대신 수동으로 이 파일을 아카이브해야 한다.

▲ **그림 3.09**: 인스타그램 링크가 있는 트위터 포스트

인스타그램에 임베딩된 사진을 아카이브하는 프로세스는 웹브라우저에 따라 다르다. 가장 쉬운 방법은 파이어폭스다. 관심 이미지에 우클릭해서 "백그라운드 이미지 보기"를 선택한다. 이러면 실제 jpeg 이미지가 나오는데, 다시 우클릭해 저장하고, "다른 이름으로 이미지 저장"을 선택할 수 있다. 인터넷 익스플로러를 사용 중이면, 이미지에서 우클릭해 "소스 보기"를 선택할 수 있다. 이 웹페이지의 코드를 텍스트온리로 표시하는 새 창이 열린다. 좌측에 숫자 컬럼이 있을 텐데, 프로그래밍 코드의 행마다 행 번호를 가리킨다. 라인 170의 영역에 사진 파일의 주소(URL)가 보인다. 이 전체 크기 이미지의 실제 위치다. 이 정보를 복사해 웹브라우저에 붙여넣어 이미지를 로딩한다. 이 시점에 우클릭해 쉽게 저장할 수 있다. 소스 코드의 다음 부분은 위에서 참조한 이미지 위치를 확인한다.

```
<meta property="og:image" content="https://scontent-lax3-1.
cdninstagram.com/hphotos-xpt1/t51.2885-15/e35/12338607_1670929406524
300_587102211_n.jpg"/>
```

크롬을 사용 중이라면, 이미지를 우클릭할 경우 "다른 이름으로 저장" 옵션이 보인다. 불행히도 전체 페이지를 저장하는 옵션이며, 항상 원래 사진을 포함하지는 않는다. 인터넷 익스플로러처럼 사진에서 우클릭해 "소스 코드 보기"를 선택한다. jpeg 파일의 전체 주소를 확인할 소스 코드와 함께 새 창을 연다. 이 주소를 복사해 어떤 웹브라우저에든 붙여넣으면, 파일을 쉽게 저장할 수 있다. 사파리가 디폴트 웹브라우저인 맥 사용자는 같은 소스 보기 방법을 사용할 수 있다. 하지만 라인 번호는 보이지 않는다. 여전히 jpeg 파일 주소는 보일 테니, 같은 방법으로 다운로드할 수 있다.

All My Tweets(allmytweets.net)
이 웹사이트는 사용자의 트위터 포스트를 한 화면에 모두 깔끔히 표시한다. 최근 포스트로 시작해 각각 한 행에 이전 포스트를 나열한다. 이 뷰는 스크롤 가능한 한 화면에 메시지를 3,200건까지 표시한다. 대량의 데이터를 소화하는 두 분석 방법을 제공한다. 키보드에서 **CTRL+F**를 누르면 검색 박스가 나온다. 어떤 검색어도 입력해 관련 메시지에 직접 이동할 수 있다. 페이지는 아카이빙, 분석 지원을 위한 배포용으로 출력할 수 있다. 활성 사용자의 트윗을 전부 읽을 때 내가 선호하는 방법이다. 또한 한 프로필 내내 지속적으로 모든 페이지 끝에서 추가 트윗을 로딩하지 않아도 된다. 필요한 경우 이 서비스의 대안은 Twime Machine(twimemachine. com)이다.

Conweets(conweets.com)

All My Tweets는 타깃이 퍼블리싱한 포스트를 찾을 때 훌륭한 자료일 수 있다. 하지만 대화의 한 면만 보여준다. 타깃과 관련된 모든 사용자에 같은 행동을 수행해야 한다. Conweets는 이 문제를 없애줄 수 있다. 이 웹사이트로 두 트위터 사용자를 입력할 수 있는데, 그들 간의 대화를 확인한다. 최근부터 가장 오래전까지 순서대로 트윗을 표시한다. 섹션마다 대화를 시작한 사람, 날짜를 확인한다. 외관은 주고받는 문자 메시지 세션과 유사하다. 공개로 보이는 트윗만 받는다. 그림 3.10은 결과를 표시한다.

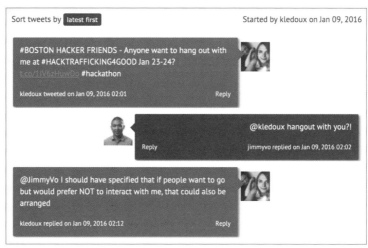

▲ **그림 3.10**: Conweets의 대화

Twitter Archiver(labnol.org/internet/save-twitter-hashtag-tweets/6505)

Twitter Archiver는 트위터 스트림을 저장, 업데이트하는 가장 단순한 온라인 도구다. 설정에 몇 분 걸리는 구글 애드온이며, 위 웹사이트에 완전한 동영상 튜토리얼이 있다. 이 도구는 구글 문서 도구 스프레드시트로 공급된 검색어에 매칭되는 트윗을 모두 포착한다. 이 도구로 어떤 해시태그로든 트윗을 모니터링하거나, 키워드에 관해 사람들이 하는 말을 익히거나, 인기 검색어를 추적하거나, 어떤 지리적 위치에서 나온 트윗도 저장하거나, 특정 사용자를 모니터링할 수 있다. 이 웹사이트에서 Twitter Archiver를 설치한 후, 구글 드라이브 계정 내에 새 구글 스프레드시트가 생성된다. 애드온 메뉴로 가서 Twitter Archiver를 선택한 후 Authorize 메뉴를 선택한다. 구글 스프레드시트가 트위터에 대신 접근하게 허용한다. 앱이 이 퍼미션으로 트윗을 가져와야 하기 때문이다. 트위터 계정에 어떤 것도 결코 올리지 않는다. 일단 트위터 계정을 인증한 후 Twitter Archiver 메뉴로 다시 가, 새 검색 규칙을 생성한다. 전에 설명한 트위터 고급 검색 페이지와 아주 유사하다. 특정 검색어, 정확한 문구, 사용자, 트위터가 지원하는 전에 설명한 검색 등을 언급하는 규칙을 생성할 수 있다.

트위터 검색 쿼리를 생성한 후 "Start Tracking" 버튼을 클릭해 Twitter Archiver를 초기화한다. 내부적으로 시트는 트위터에 연결해 검색어(들)에 매칭되는 통시적 트윗을 끌어온다. 이 트윗을 구글 스프레드시트 내 별도의 시트에 작성한다. 초기 셋을 끌어온 후, 아카이버는 트위터를 매시간 폴링해 마지막 구동 이래 게시된 매칭되는 트윗을 끌어온다. 트윗 외에 Twitter Archiver 앱은 트윗의 리트윗, 즐겨찾기 숫자, 사용자 친구 수, 팔로워 수, 인증 여부 등 다른 데이터도 임포트한다. 특정 검색어의 트윗 아카이브를 중단하고 싶다면, Twitter Archiver 메뉴로 가서 Saved Searches 메뉴를 선택할 경우, 기존의 저장된 검색어 목록이 보인다. 드롭다운에서 삭제하고 싶은 것을 선택해 Delete 버튼을 누른다.

전반적으로 이 서비스는 극히 탄탄하며 가치 있다. 나는 여러 기능의 완벽한 이해를 위해 튜토리얼 동영상을 보도록 강력히 권장한다. 페이지는 다른 검색어로 이동하는 동안 자동 업데이트된다. 결과는 돌아오는 동안 분석을 기다린다. 결과의 익스포트는 나중에 마이크로소프트 엑셀로 열거나 다른 어떤 유틸리티로도 임포트할 수 있는 표준 CSV 파일을 지원할 정도로 쉽다.

Sleeping Time(sleepingtime.org)

이 웹사이트로 정확한 트위터 프로필 이름을 검색할 수 있고, 이 사용자의 평균 수면 기간을 얻는다. 통시적 트윗은 포스트 시간에 따라 분석된다. 특정 기간 동안 포스트가 없기 때문에 데이터는 이어서 사용자가 보통 자는 시간을 제안하는 형태로 제시된다. Kevin Mitnick의 쿼리는 트윗에 의하면 그가 밤 12시부터 아침 7시까지 잘 가능성이 크다는 점을 드러낸다. 아이디어는 아마 재미로 보는 웹사이트로 실행됐지만, 꽤 유용할 수 있다.

실제 적용: 경찰은 종종 용의자와 접촉할 때 용의자 입장에서 놀라움의 요소를 원한다. 수색 영장을 실행하든, 단지 집에 있을 가능성이 가장 클 때에 대상과 접촉하든, 개인의 습관을 알면 유용할 수 있다. 개인의 가능한 수면 패턴을 찾으면, 빈 집에 나타날 가능성이 줄거나, 단지 대상이 어디선가 이상한 밤 근무를 한다는 사실을 발견할 수 있다. Sleeping Time은 조사관에게 평균 수면 시간이 새벽 2시부터 오전 10시임을 알려줄 수 있어, 대상을 집에서 잡을 기회를 만든다. 영장 송달자, 개인 탐정, 수금원, 영업사원에게조차 효과적이다.

☑ Tweet Deck(tweetdeck.com)

Tweet Deck은 트위터 소유며, 트위터의 "파이어호즈"를 활용할 수 있다. 이 엄청난 데이터 스트림은 트위터에서 활용 가능한 공개 포스트를 모두 포함한다. 여러 트위터 서비스는 이 스트림에 접근권이 없기에, 결과가 제한적이다. Tweet Deck으로 계정을 생성해 로그인해야, 서비스를 사용할 수 있다. 이 사용자 계정은 트위터 계정과 같지 않다. 웹사이트의 "Create Account" 버튼은 프로세스를 안내한다.

익명 정보도 허용되며 선호한다. 좌상단 영역의 플러스 기호(+)는 뷰에 새 컬럼을 추가한다. 여러 옵션이 제시되지만, "Search", "User"가 가장 흔하다. "Search" 옵션은 트위터에서 어떤 키워드든 검색하게 해주는 컬럼을 생성한다. 다음은 검색 사례 목록 조사관에게 주는 혜택이다.

"Victim Name": 살인 조사관은 희생자를 언급하는 사람을 모니터링할 수 있다.

"School Name": 학교는 의심스러운 활동에 관해 학교를 언급하는 누구든 모니터링할 수 있다.

"Subject Name": 조사관은 관련 정보에 관해 실종자 이름을 모니터링할 수 있다.

"Event": 직원은 페스티벌, 공연 등의 특별한 이벤트를 논하는 누구든 모니터링할 수 있다.

"Child Name": 선생은 문제를 확인하기 위해 학생 이름의 언급을 모니터링할 수 있다.

"User" 옵션으로 트위터 사용자 이름을 입력해 사용자에 관해 주고받은 공개 메시지를 모두 모니터링할 수 있다. 조사의 여러 대상을 프로필 사용자로 확인하면, 프로필마다 별도 컬럼에 로딩해 모니터링할 수 있다. 이따금 모니터링 중 서로 연락하는 두 프로필이 나온다. Tweet Deck에서 전에 언급한 Geo 검색을 사용할 수도 있다. "geocode:43.430242,-89.736459,lkm"를 검색하는 컬럼은 지정된 범위 내에 올린 트윗의 실시간 피드를 표시한다. 더 정확한 "geocode:43.430242,-89.736459,lkm fight" 검색은 결과를 필터링하기 위해 키워드를 추가한다. 그림 3.11은 검색 유형을 조합한 Tweet Deck의 한 인스턴스를 표시한다.

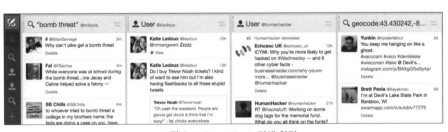

▲ **그림 3.11**: Tweet Deck 검색 화면

Tweet Deck의 컬럼은 일관된 크기다. 표시에 맞는 것 이상으로 더 많은 컬럼을 생성하면, 좌우 화살표와 함께 "Columns" 옵션이 내비게이션을 제공한다. 이러면 화면 해상도와 무관하게 수많은 검색 컬럼이 가능하다. 이전에 논한 다른 서비스 대비 Tweet Deck의 장점이다. Tweet Deck은 내가 주로 쓰는 트위터 도구 중 하나다. 모든 조사 동안 어느 시점에는 사용한다. 검색 동안 쓰기 전에, 모든 기능에 친숙해지도록 권장하겠다.

Hootsuite Feed(hootsuite.com)

Tweet Deck이 내가 선호하는 실시간 트위터 정보 뷰어지만, 많은 사용자를 위해서는 잘 표시가 안 된다. 내가 화면을 방안 가득한 사람들이 보도록 디지털 프로젝터로 브로드캐스트하는 중이라면, 텍스트는 보통 너무 작아서 거리가 멀면 정확히 보이지 않는다. Hootsuite는 이 문제의 해결책을 제공한다. 트위터에서 누구든 "OSINT"를 언급할 때 실시간 피드를 표시하고 싶다면, 트위터 계정에 연결한 후, 웹브라우저에서 다음 웹사이트로 이동할 수 있다.

https://hootsuite.com/feed/OSINT+Search

위 주소에서 "OSINT"를 어떤 관심 단어(들)로든 대체할 수 있다. 결과는 아주 먼 거리에서도 볼 수 있는 아주 큰 폰트의 실시간 스트림이다. 트위터 스트림을 운영 센터에서 집단 모니터링하는 상황에 유용하다.

Twinangulate(twiangulate.com)

트위터 프로필에 리스팅된 상호적인 친구, 맞팔로워를 재빨리 확인할 때 내가 추천하는 두 웹사이트 중 하나다. 두 특정 계정에서 상호적인 친구를 확인한다. 한 사례로 내 대상 중 하나와 521명이 친구였다. 하지만 내 조사에서 둘 다 타깃인 친구는 겨우 15명이었다. 이러면 대상의 무리에서 재빨리 핵심 사용자를 확인할 수 있다. 15명의 대상 모두, 전체 이름, 사진, 약력, 위치 등 결과 내에 리스팅됐다. Twiangulate가 과거에 내게 도움이 됐지만, 현재 나는 더 나은 해결책으로 Followerwonk를 추천한다.

Followerwonk(followerwonk.com)

내가 트위터 분석을 그룹핑할 때 사용하는 둘째 웹사이트는 Followerwonk다. 이 서비스는 Twiangulate보다 많은 옵션을 제공해 사용자를 세 명까지 비교하게 해준다. 페이지 상단의 둘째 탭은 "Compare Users"라는 제목인데, 더 철저한 검색을 허용한다. 그림 3.12는 세 대상의 분석을 표시한다. 첫째, 둘째 대상이 트위터에서 팔로우하는 어떤 사람도 공통점이 없음을 알 수 있다. 실제 삶에서 서로 아는 사람이 없거나, 흥미롭다고 생각하는 사람들에 있어서 단지 취향이 다를 수 있다. 하지만 첫째, 셋째 대상은 트위터에서 팔로우하는 79명이 공통적이다. 실제 삶에서 서로 알며, 공통적인 친구도 있음을 강하게 나타낸다. 이 결과 옆의 링크를 클릭하면, 그림 3.13에 보이는 이 사람들의 신원이 나타난다.

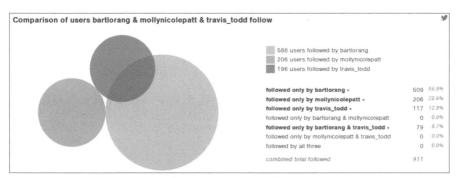

▲ **그림 3.12**: Followerwonk 사용자 비교

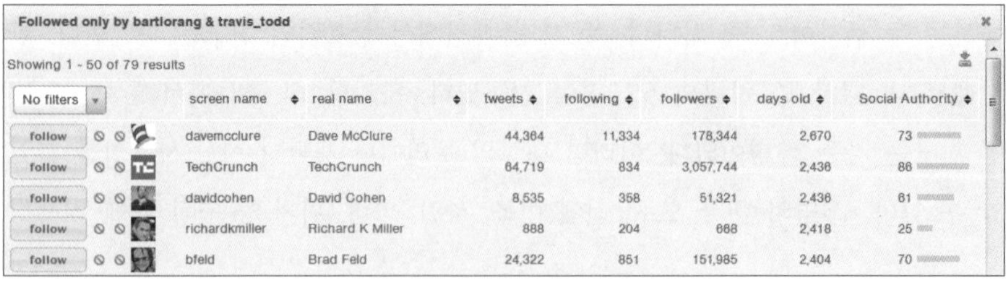

▲ **그림 3.13**: Followerwonk 사용자 목록

198

Followerwonk의 디폴트 검색은 좋은 출발점이다. 더 가치 있는 검색은 이 사용자를 팔로우하는 사람들을 분석하는 것이다. 이전 사례는 타깃이 팔로우하는 사람을 확인했다. 종종 아마 조사에 영향을 주지 않을 유명인, 회사, 프로필을 포함한다. 하지만 타깃을 팔로우하는 사람들은 조사 시 관련 있는 실제 사람일 가능성이 더 크다. 그림 3.14는 검색 기준을 검색 버튼 옆의 드롭다운 메뉴에서 "Compare their followers"로 바꿀 때 같은 타깃의 결과를 표시한다. 이제 첫째, 둘째 대상에게 여전히 공통적인 사람이 하나도 없음이 보인다. 첫째, 셋째 대상은 트위터 피드를 모두 팔로우하는 200명이 있다. 결과 링크를 클릭해 이 200명을 확인할 수 있다.

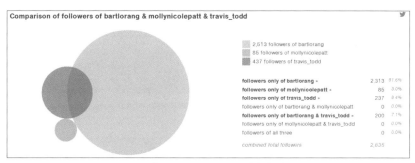

▲ **그림 3.14**: Followerwonk 사용자 비교

Followerwonk는 사용자 분석을 위해 다른 검색 기능도 보유한다. 화면 상단의 첫째 탭은 어떤 단어(들)도 검색해 그 단어를 포함하는 트위터 약력을 모두 확인한다. 셋째 탭은 "Analyze Followers"라는 제목인데, 단일한 트위터 핸들을 입력하게 해주고, 사용자가 팔로우하는 사람이나 그 사용자를 팔로우하는 사람을 분석하게 해준다. 둘째 옵션이 보통 더 관련 있는 결과를 제공한다.

이 검색 동안 제공되는 정보는 사용자에 관한 수많은 파이 차트, 그래프를 표시한다. 트위터 계정에 연결된 사람의 대략적 위치를 확인하는 지도가 가장 유용하다. 그림 3.15는 전에 검색한 사용자 중 한 명의 지도를 표시한다. 이는 타깃의 관심 지역을 재빨리 나타낸다. 그림 3.16은 덴버 근처 지역의 상세 수준을 표시한다. 작은 점마다 타깃을 팔로우하거나 일반적인 지역에서 살거나 일하는 사람의 트위터 계정을 확인한다. 이 지역 데이터는 아주 모호하며, 보통 지도의 주소와 정확한 상관 관계는 없다. 시내, 도시 등 트위터에서 타깃과 친구인 사람의 일반적인 지역만 확인해야 한다. 과거에 나는 이 데이터로 살인 희생자와 같은 지역에 있는 사람에만 집중했다. 일시적으로 다른 주, 국가에 사는 사람을 제거했다. 재빨리 접촉해서 인터뷰할 수 있는 대상에 우선순위를 부여했다.

▲ 그림 3.15: 타깃과 연결된 Followerwonk 사용자 지도

▲ 그림 3.16: 연결된 사용자의 Followerwonk 지도 상세 뷰

가짜 팔로워

완전히 가짜인 트위터 계정 수는 놀라울 정도로 많다. 프로필을 실제보다 더 인기 있어 보이게 하려는 수상한 사람들이 매일 사고판다. 나는 이 가짜 팔로워로 가득한 타깃 프로필을 많이 봤다. 사기성 프로필, 정통성 있는 프로필을 구별할 때 유용한 웹사이트가 2개 있다. 첫째는 트위터 계정에 로그인해야 한다.

Status People(fakers.statuspeople.com)

이 서비스는 팔로워가 구사하는 언어, 지난 100일 간 트윗을 올리지 않은 사람, 250명 이하를 팔로우하는 사용자 등 추가 정보를 제공하는 강점이 있다. 약점은 유료 서비스며, 무료는 볼 수 있는 것을 제한한다는 점이다. 무료 체험 동안 트위터 핸들 2개만 검색이 허용되며, 가짜 프로필은 2개만 확인할 수 있다. 웹사이트는 형편없는 디자인이기에, 나는 서비스에 신용카드를 제공하는 데 회의적이다.

Twitter Audit(twitteraudit.com)

이 서비스는 트위터 계정을 요하지 않지만, 결과도 정확하지 않다. 감사마다 사용자의 트위터 팔로워 5,000명을 무작위로 추출해 팔로워마다 점수를 계산한다. 이 점수는 트윗 수, 마지막 트윗 날짜, 친구 대비 팔로워 비율을 근거로 한다. 이 점수로 주어진 사용자가 실제인지, 거짓인지 판단한다. 물론 점수를 매기는 방법은 완벽하지 않지만, 팔로워가 많은 사람이 비유기적, 사기성, 부정직한 수단으로 팔로워 수를 늘렸는지 판단하는 좋은 방법이다.

BackTweets(backtweets.com)

BackTweets은 고유한 서비스를 하나 제공한다. 특정 웹사이트 링크가 있는 트위터 포스트를 모두 확인한다. 이 도구는 포스트가 bit.ly 등 URL 단축 서비스를 사용해도 작동한다. 불법 웹사이트를 홍보하는 주제, 시위의 팔로워를 찾거나, 웹사이트 인기를 확인하는 데 사용할 수 있다.

기타 트위터 웹사이트

매주 트위터가 세상과 공유하는 공개 데이터를 활용하는 새 웹사이트가 나온다. 이웹사이트는 트위터가 메인 페이지에서 허용하지 않는 정보의 고유한 검색 방법을 제공한다. 이 부분적인 목록은 타깃의 정보를 찾는 좋은 출발점이다.

Trendsmap(trendsmap.com)

트위터의 트렌드 모니터링은 글로벌 규모로 정보를 제공한다. 현재 특정 지역에서 다른 단어보다 더 많이 올라오는 키워드는 관심 대상일 수 있다. 곧 표면에 나타날, 관심을 요하는 이슈를 확인할 수 있다. 이런 분석은 시위, 기념일 등 대형 이벤트 동안 흔하다. 여러 웹사이트가 이 서비스를 제공하지만, 나는 Trendsmap을 선택한다. 주제, 지역으로 검색할 수 있다. 지역 검색은 올라오는 인기 키워드 외에 활용도의 정점을 확인하는 히트맵도 제공한다.

Mention Map(mentionmapp.com)

이 서비스는 사용자의 트위터 연결, 주제의 시각화를 표시한다. 트위터 트래픽을 근거로 다른 사용자와의 연결을 확인한다. 연결선의 넓이는 더 강한 연결을 확인한다. 그림 3.17은 미쉘 펀처(SultryAsian)와 크리스 해드내기(humanhacker), 데이브 케네디(hackingdave) 등의 연결을 표시한다. 공식 트위터 피드를 분석하지 않고도 강한 연관 관계를 빨리 관찰하게 해준다. 최근 트윗 200개만 추출해 그 안의 커뮤니케이션만 분석하는 점에 주의하자. 이 사례에서 나는 즉시 그녀가 다른 누구보다 humanhacker에게 메시지를 많이 보냈음을 알 수 있다.

Twitonomy(twitonomy.com)

나머지보다 눈에 띄는 한 트위터 분석 웹사이트는 Twitonomy다. 내가 단일 트위터 핸들에 대해 찾은 가장 완벽한 분석 서비스다. 전형적인 사용자 검색은 스크린샷 네 페이지를 채운다. 사용자 "humanhacker"의 검색은 다음 세부 사항을 드러냈다.

8,689건의 트윗을 올렸다.
170명을 팔로우한다.
17,079명의 팔로워가 있다.
2009년 6월 14일에 트위터에 가입했다.
일평균 5건의 트윗을 올린다.
4,175명의 다른 트위터 사용자를 멘션했다.

그에게 보낸 포스트 중 34%에 응답했다.

621건의 포스트를 리트윗했다.

이 페이지의 나머지 부분은 현재 포스트, 팔로워, 팔로우하는 사람들, 즐겨찾기, 목록을 확인한다. 주요 분석 부분은 일간, 시간당 평균 포스트 수를 확인한다. 사용자가 어떤 플랫폼으로 트윗하는지도 표시한다. 그림 3.18은 이 부분을 표시한다. 이데이터는 타깃에게 안드로이드, 아이폰이 있고, 트위터 시간 중 대부분은 맥 컴퓨터에서 보낸다는 점을 노출한다. 선호하는 웹브라우저, 체크인 유틸리티, 사진 공유서비스, 동영상 공유 서비스도 확인한다. 다른 정보로는 "즐겨찾기", "리트윗"이 가장 많은 트윗, 가장 자주 답변한 사용자, 다른 사람보다 멘션을 많이 한 사용자 등이 있다. 관심 있는 트위터 이름이 있다면, 나는 Twitonomy로 검색하도록 강력히추천한다.

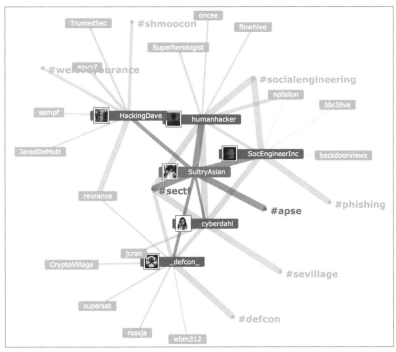

▲ 그림 3.17: Mention Map으로 매핑된 사용자 이름

▲ **그림 3.18**: 사용자 플랫폼을 확인하는 Twitonomy 검색 결과 부분

Tinfoleak(tinfoleak.com)

이 트위터 분석 도구는 단순하지만 철저한 보고를 제공한다. 이 웹사이트는 이 서비스로 트위터 계정에 로그인하도록 요구하지만, 우회할 수 있다. 도메인에 이어 타깃 사용자 이름, .html 순의 포맷인 주소로 직접 연결할 수 있다. 다음 웹사이트로 이동하면, 내 사용자 이름의 보고서가 보인다.

http://tinfoleak.com/reports/inteltechniques.html

보고서는 타깃 관련 다음 정보가 있다.

Twitter ID #	Location	Hashtags
Account Creation Date	Time Zone	User Mentions
# of Followers	Number of Tweets	Metadata from Images
# Following	Twitter Clients Used	Geo-Location Data

기타 트위터 분석기

개인의 트윗을 분석하고 요약 보고를 제공하는 웹사이트는 수십 가지가 있다. 각각 여기서 설명하면 너무 중복이다. 다음은 선호하는 것을 찾기까지 시험해야 할 웹사이트 목록이다.

FollerMe(foller.me)

Twtrland(twtrland.com)

Twitalyzer(twitalyzer.com)

TheArchivist(tweetarchivist.com)

TweetReach(tweetreach.com)

TweetTopic(tweettopicexplorer.neoformix.com)

실제 적용: 부모는 트위터 검색에서 혜택을 얻을 수 있다. 아이 프로필을 찾으면 부모와 공유하지 않는 아이의 삶 중 일부의 자세한 세부를 제공할 수 있다. 한 경우, 나는 인터넷의 위험을 걱정하는 부모 집단에게 소개했다. 그 후 한 부모는 아이의 프로필을 찾았더니, 우울증, 자살할 생각을 언급하는 트윗이 가득했다. 부모는 아이가 그런 생각을 하는 줄 몰랐다. 그 상황에 전문적인 도움을 구했고, 부모는 아이가 매일 방과 후 방문하는 특정 장소도 확인했는데, 전에 부모가 모르던 곳이었다.

마이스페이스(myspace.com)

이 책의 이전 판은 마이스페이스에 상당 부분을 할애했다. 타깃의 프로필에 숨은 동영상, 사진, 댓글을 표시하는 법을 논했다. 2013년 마이스페이스는 전체 웹사이트 디자인을 개편했고, 원래 기법은 모두 비활성화됐다. 여전히 정보 검색은 가능하지만, 방법은 훨씬 더 전통적이다. 사용자 프로필 중 대부분은 비공개로 표시돼 콘텐츠를 전혀 볼 수 없다. 2015년에 다시 표면에 떠오른 새 옵션으로 비공개 동영상 파일을 표시할 수 있었지만, 그 해의 더 나중에 비활성화됐다. 마이스페이스는 음악가들의 허브가 됐고, 조사에 가치 있는 콘텐츠는 거의 없다.

☑️ 구글 플러스(plus.google.com)

구글의 소셜 네트워크는 꽤 단순하다. 모든 구글 플러스 페이지의 상단에는 실명을 검색하는 검색 바가 있다. 구글이 ID를 사용하도록 허용하는 경우는 드물며, 서비스는 실명을 요구한다. 타깃의 프로필을 찾은 후, 포스트, 어바웃, 사진, 동영상 옵션을 클릭할 수 있다. 이 페이지는 사용자가 공급하는 타깃의 정보를 표시한다. 좌측 컬럼은 사용자가 올린 사진, 사용자의 "서클"에 관련된 사람들의 요약된 목록을 표시한다. 이 서클은 구글이 사용자들 간의 관계를 확인하는 방법이다. 우측 컬럼은 사용자의 다른 네트워크의 추가 프로필 외에 사용자가 업로드한 링크를 확인한다.

많은 사람에게 plus.google.com 이동은 소셜 네트워크에 가입해 달라는 구글의 요청을 나타낸다. 어떤 지메일 계정에도 로그인한 경우, 우회하기 어려울 수 있다. 이 함정을 피하려면 단어 "plus"에 이어 어떤 타깃 이름이든 구글에서 검색하는 해결책이 있다. 다음 사례는 케빈 로즈의 구글 플러스 프로필 검색이다.

plus Kevin Rose

첫 결과는 구글 플러스 프로필 페이지 링크다. 찾고 있는 타깃이 아니더라도, 이제 프로필 검색 바에 무제한으로 접근한다. 이 검색 바는 이제 이메일 주소를 쿼리로 허용한다. 사용자가 구글 플러스 프로필을 생성하면, 지메일 계정 등 주 이메일 주소를 제공한다. 타깃의 이메일 주소를 입력하면 재빨리 적절한 프로필을 확인한다. 이 프로필 중 대부분은 대중에게 공개된다. 개인 정보 설정을 조정해 민감한 콘텐츠를 제어할 수 있지만, 이는 드문 일이다. 프로필이 보호받고 있으면, 나는 콘텐츠를 표시할 해결책을 알지 못한다.

☑️ 링크드인(linkedin.com)

사업 관련 소셜 네트워킹 웹사이트에 관한 한 링크드인은 가장 인기 있다. 현재 전 세계적으로 회원이 3,960만 명 이상이다. 웹사이트는 검색 사용자에게 어떤 데이터도 접근하기 전에 무료 프로필을 만들도록 권장한다. 필수적이지는 않으며, 이름 검색은 쉽다. 무료 계정에 등록하지 않고는 보이지 않는 일부 보호받는 영역이 있다. 어떤 소셜 네트워크와 마찬가지로 나는 최소한의 세부만 있는 기본 계정을 생성하도록 권장한다. 메인 페이지의 하단 섹션은 실명을 사용하는 검색을 제공한다.

이 검색은 종종 같은 이름으로 여러 대상을 확인하는 여러 결과로 이어진다. 그 결과 페이지의 우측 상단 부분은 국가별로 필터링하는 검색의 기본 상세화만 제공한다. 더 많은 결과를 필터링하려면 서비스에 로그인해야 한다.

계정에 로그인한 후, 검색 필드는 모든 페이지의 상단 부분에 표시된다. 실명, 회사명, 업계를 입력해 타깃을 찾을 수 있다. 실명을 알면 가장 유용하다. 결과 페이지는 타깃의 회사, 지역, 산업, 사진을 포함한다. 적절한 타깃을 확인한 후, 이름을 클릭하면 그 사용자의 프로필이 열린다. 흔한 이름을 검색하면, 화면 좌측 부분의 필터가 옵션을 제한해준다. 이 정보를 검색하는 동안 필터링하고 싶다면, 일반적인 검색 필드 바로 우측의 고급 검색 링크를 사용할 수 있다. 이것으로 원하는 정확한 검색어를 구조화할 수 있다.

링크드인 프로필은 종종 풍부한 정보를 포함한다. 이 네트워크를 주로 사업상 네트워킹에 사용하기에, 신뢰도가 보통 가속화한다. 이 네트워크의 사람들 중 상당수는 이것으로 사업상 관계를 맺는다. 프로필 중 일부는 휴대폰 번호 등 완전한 연락처 정보가 있다. 이 웹사이트는 타깃의 배경 확인을 수행할 때 첫 단계 중 하나다. 타깃 프로필은 종종 이전 회사 정보, 동료 정보, 현재 동료가 있다. 이름, 회사 검색 외에, 누군가의 프로필에 나타나는 어떤 키워드도 검색할 수 있다. 여러 사람의 프로필에 전화번호가 있기에, 특정 휴대폰 번호의 사용자를 확인하는 쉬운 방법일 수 있다. 이 프로필을 방문하면, 추가 정보, 타깃 번호도 확인할 수 있다.

회사별 검색

특정 회사 직원을 검색 중이라면, 회사 이름으로 검색해도 종종 프로필이 많이 나온다. 불행히도 이 프로필 중 무엇을 클릭해도 이름, 편집된 세부와 함께 아주 제한된 뷰만 나온다. 직원 이름은 사용 불가하지만, 사진, 직무 설명은 보통 보인다. 이제 추가 정보를 얻으려고 완전한 프리미엄 계정으로 업그레이드하거나 타깃과 같은 무리에 속해야 한다. 그 대신 다음 기법을 고려하자.

타깃 회사의 회사명, 타깃인 개인의 회사를 검색한다. 그림 3.19에서 나는 검색 바에 "DoubleTree by Hilton"을 검색해 링크드인의 공식 회사 페이지를 확보했다. 우측 하단 구석은 직원 프로필을 6,000명 이상 표시하는 "전체 보기" 옵션을 표시한다. 이 옵션을 클릭하면 그림 3.20에 보이는 프로필이 나온다. 이름이 편집돼 있고, "링크드인 회원"만 사용 가능함에 주목한다. 첫 결과를 클릭하면 타깃의 프로필이 열리지만, 모든 세부는 여전히 그림 3.21에 보이는 대로 편집돼 있다. 이 세부를 드러내려고 진행할 수 있는 방법이 세 가지 있다.

▲ **그림 3.19**: 링크드인 회사 프로필

▲ **그림 3.20**: 회사 검색의 직원 결과

▲ **그림 3.21**: 편집된 직원 프로필

일단 "링크드인 회원" 제목 아래 있는 회사 이름 등의 직무 설명 전체를 복사한다. 이 사례는 "Front Desk at The Fess Parker A DoubleTree by Hilton Resort"다. 다음과 같은 구글 커스텀 검색에서 사용한다.

site:linkedin.com "Front Desk at T he Fess Parker A DoubleTree by Hilton Resort"

리스팅된 결과는 개인 프로필부터 쓸모없는 디렉터리까지 다양하다. 이 사례에서 둘째 결과는 직원 이름을 확인했고, 결과 요약에서 같은 제목의 설명문을 확인한다. 이 결과를 클릭하면 그림 3.22에 보이는 대로 편집 없이 타깃의 링크드인 프로필이 열린다.

이를 달성하는 둘째 방법은 "사람들이 본 다른 프로필" 컬럼에 있는 프로필로 이동하는 것이다. 이 페이지는 타깃의 페이지를 방문한 사람이 링크드인 세션 동안 본 다른 사람이 있다. 이 사람은 타깃의 친구, 동료가 아닐 수도 있지만, 페이지 방문자 간에 관계가 있다. 우리 사례에서 그림 3.22는 타깃의 프로필과 연결된 3명을 표시한다. 처음 사람을 클릭하면 그 개인의 페이지와 함께 연결된 사람이 나온다. 이 프로필에 타깃의 페이지 링크가 있다. 하지만 이름이 이제 나오며, 링크를 클릭하면 가리지 않은 전체 프로필을 표시한다.

Snezana Sibalic
Front Desk at The Fess Parker A DoubleTree by Hilton Resort

Santa Barbara, California | Hospitality

Current	DoubleTree by Hilton
Previous	Somewhere Hospitality and Leisure Company/RSR Group, Hotel Polar Star, Ambasador hotel Podgorica
Education	Faculty of Economics-Studies of Management , Podgorica , Montenegro

People Also Viewed

Jovana Medenica
Senior Project Manager at Cinavision
Soniq TV Platform

Aleksandra Davic
flydubai

NATASA STANISAVLJEVIC
.....

▲ **그림 3.22**: 완전한 직원 프로필

마지막으로 리버스 이미지 검색을 타깃 프로필과 관련된 사진에서 하는 마지막 옵션이 있다. 이런 검색의 완전한 세부 사항은 나중에 소개한다. 나는 이 데모를 위해 크롬 웹브라우저에서 사진을 우클릭해 구글 이미지 검색을 선택한다. 첫 결과는 타깃이 아니지만, 페이지를 클릭하면 타깃의 가리지 않은 페이지 링크가 나온다.

국가별 검색

링크드인은 미국 회사지만, 글로벌 소셜 네트워크다. 타깃이 특정 국가에 있으면, 그에 따라 검색을 필터링할 수 있다. uk.linkedin.com(영국), ca.linkedin.com(캐나다), br.linkedin.com(브라질) 등 외국 하위 디렉터리로 이동해 수동으로 할 수 있다. 이 지겨운 검색 방법은 구글 커스텀 검색 엔진으로 대체할 수 있다. inteltechniques.com/osint/linkedin.country.html로 이동한다. 단일 검색 필드가 보인다. 쿼리를 수행하면 새 창이 나와, 링크드인 검색 결과를 국가별로 필터링한다.

PDF 프로필 뷰

일부 링크드인 프로필은 네트워크로 그 사람과 연결되지 않으면 일부 세부 사항을 가린다. 이 경우, 파란 "InMail 보내기" 버튼 옆의 아래 방향 화살표를 선택해 "PDF 저장"을 선택한다. 이러면 이력서 포맷으로 전체 콘텐츠가 있는 문서가 열린다. 종종 프로필에 나타난 데이터와 동일하지만, 가끔 그 이상을 제공한다.

Recruit'em(recruitin.net)

Recruit'em은 소셜 네트워크에서 사람을 찾아주는 도구다. 구글로 공개 활용 가능한 웹페이지를 찾는 기본 불리언 문자열을 생성한다. 링크드인, 구글 플러스, 깃허브, Xing 등을 타기팅한다. 세부적인 구글 연산자를 사용하면 결과를 대체할 수 있지만, 이 단순한 인터페이스를 사용자 대부분은 선호할 수 있다. 새 인재를 찾는 채용 담당자가 사용하도록 설계됐지만, 조사관도 이름 검색이 부적절할 경우, 프로필을 찾을 때 사용할 수 있다.

텀블러(tumblr.com)

텀블러는 2013년 야후가 인수했다. 절반은 소셜 네트워크며, 절반은 블로그 서비스다. 많은 활성 사용자로 인기를 얻고 있다. 이 글을 쓰는 시점에 블로그 2억

2,300만 개가 있고, 포스트가 1,030억 개 있다. 이 포스트는 텍스트, 사진, 동영상, 다른 네트워크 링크가 있을 수 있다. 검색 방법, 레이아웃은 더 이상 사용자 친화적이지 않다. 검색 기능은 검색어로 만든 사람이 특별히 태그를 단 블로그만 확인한다. 나는 2장에서 설명한 구글 커스텀 검색 엔진을 사용하도록 권장한다. 한 사례로 공식 텀블러 검색 내에서 "bazzell"을 검색했더니 결과가 3건 나왔다. 이어서 구글에서 다음 검색을 했더니, 적절한 결과를 275건 얻었다.

    site:tumblr.com "bazzell"

비공개 프로필 접근

비공개로 표시된 프로필에 일종의 "백도어 진입"을 허용하던 과거의 여러 "핵"이 있었다. 이 방법이 알려지면, 소셜 네트워크 호스트가 보통 취약성을 수정한다. 공개적으로 이 보안 데이터에 접근할 수 있다는 웹사이트, 애플리케이션은 거의 언제나 사기거나 비밀번호를 가려채려 한다. 내 경험상 이런 함정을 피해 활용 가능한 공개 정보를 전부 찾는 편이 가장 좋다. 이 글을 쓰는 시점에 한 윈도우 애플리케이션은 최근 비공개 페이스북 계정으로부터 모든 정보를 획득할 수 있다고 주장하며 등장했다. 프로그램은 작동하지 않았고, 그 대신 악의적인 바이러스를 설치했다. 너무 좋아보이면 수상하기 마련이다.

☑ 연락처 악용

이 장의 더 이전에 나는 페이스북에 공급하기 위해 야후 계정에 연락처로 휴대폰을 어떻게 추가하는지 설명했다. 페이스북이 야후로부터 직접 번호를 받으면, 연락처가 "친구"라 믿는다. 그러므로 번호마다 연관된 이름, 계정을 확인한다. 나는 이 기법을 연락처 악용이라 부르며, 페이스북/야후 연결은 이런 활동 중 유일한 옵션이 아니다. 다음 세부 사항은 한 서비스로 다른 서비스 정보를 얻는 법을 확인한다. 기본적으로 한 서비스에 세부를 추가하면, 다른 서비스에게 조회할 권한이 없는 정보를 제공하도록 납득시킬 수 있다. 몇 가지 데모가 설명을 돕는다.

트위터는 이메일 주소, 휴대폰의 네이티브 검색을 지원하지 않는다. 하지만 인증된 지메일 계정에 연결하면, 지메일 계정 내 연락처 목록 내에서 트위터 사용자를 검색한다. 페이스북/야후 기법만큼 단순하지는 않다. 지메일이 연락처 정보를 내보내기 위해 타깃과 이메일 커뮤니케이션이 이뤄져야 한다. 통제된 환경에서 나는 다음 테스트를 수행했다. 나는 저스틴 사이츠의 이메일 주소를 새 위장 지메일 계정에 추가했다. 이어서 새 트위터 계정에 내 지메일 연락처를 검색해 "친구 찾기"를 시도하도록 요청했지만, 결과가 없었다. 그 다음 저스틴의 이메일 계정에 빈 메시지를 보낸 후, 트위터 내에서 "친구 찾기" 시도를 반복했다. 저스틴의 계정이 표시됐다. 지메일 계정에서 어떤 이메일 주소로도 메시지를 보낸 후, 트위터에게 그 계정을 확인해 친구를 찾도록 요청하면, 이 이메일 주소를 상호 참조를 위해 트위터로 넘긴다.

지메일은 구글 플러스와 긴밀히 연결된다. 보낸 메시지, 받은 메시지 내 어떤 이메일 주소도 호버하면, 지메일은 그 연락처를 구글 플러스 데이터베이스에서 검색한다. 이어서 팝업 창에 나타난 프로필 아이콘을 클릭해 관련 프로필에 직접 이동한다. 이메일 주소 검색을 구글 플러스에서 지원하지만, 일부 쿼리는 알 수 없는 이유로 실패한다. 위장된 지메일 계정에서 타깃과 커뮤니케이션하면, 보낸 메시지가 응답이 없더라도, 구글 플러스에 연결될 자격이 생겨, 타깃을 "서클"에 있다고 간주한다.

이 기법은 여러 소셜 네트워킹 환경으로 작동한다. 나는 위장용 야후, 지메일 계정을 내 타깃의 연락처 정보 추가 및 이 데이터를 근거로 한 친구 찾기를 네트워크에 요청하기 위해서만 유지한다. 종종 내 타깃이 실명 외에 가짜 계정으로 프로필을 제시받는다. 여러 사람이 가짜 프로필을 만들 정도로는 교활하지만, 너무 게을러서 위장용 이메일 주소, 구글 보이스 번호에 연결하지는 않는다. 16장은 추가적인 악용을 위해 안드로이드 에뮬레이터에서 이 기법을 어떻게 사용하는지 설명한다.

04장

온라인 지도

온라인 위성 지도는 더 이상 뉴스거리가 아니다. 대부분 이미 자신의 주소를 "구글 링"해 하늘에서 집을 봤을 것이다. 이 뷰는 줌 기능을 사용할 때 놀라울 정도로 세부적일 수 있다. 이 무료 서비스 덕분에, 이제 거리에서 숨은 골목, 창고, 이면 도로가 보인다. 여러 전술 단위는 거주지에 수색 영장을 집행하기 전, 이 데이터를 검토한다. 항공 지도는 출입문, 탈출 경로, 계단, 여러 장애물 위치를 표시할 때 유용하다. 급속도로 스트리트뷰 옵션이 늘어나, 이제 데이터가 더 많이 생긴다. 이 장은 구글, 빙, 기타 지도 서비스의 상세한 활용에 대해 설명한다. 끝에서 관심 타깃과 연관된 가능한 뷰를 모두 수집하기 위해 자동 솔루션을 제공하는 내 커스텀 지도 도구를 소개한다.

☑ 구글 지도(maps.google.com)

2014년 구글은 온라인 지도 서비스에 여러 변화를 줬다. 디폴트 뷰가 전체 화면인 스트리트 뷰로 신기능을 도입했다. 그래서 구글 검색 바, 사이드 메뉴, 웹브라우저 메뉴, 기타 다른 항목이 더 큰 뷰를 차단하지 않게 제거했다. 게다가 구글은 전체 지도 경험을 정돈해 모두 더 사용하기 편하게 만들었다. 불행히도 조사원, 연구원에게 유용했던 기능 중 상당수도 삭제했다. 다행히 이 누락된 기능 중 일부는 다시 활성화됐다. 구글 지도의 다음 기본 사항은 모든 사용자에게 디폴트다.

검색 바: 구글 지도 검색 바는 이제 사실상 어떤 입력도 허용한다. 전체 주소, 부분 주소, GPS 좌표 등이 즉시 지도 뷰를 제시한다. 회사명, "카페" 등 업태명은 관심 지역을 하이라이트한다. 이 검색 필드는 첫 단계다. 어떤 조사 관련 검색도 시도하면, 구글이 얼마나 정확한지 놀랄 수 있다. 검색 필드 옆의 좌측 화살표를 클릭해 이 전체 메뉴를 펼칠 수 있는데, 지도의 전체 화면 뷰를 돌려준다.

위성/어스 뷰: 어떤 지도든 좌하단 영역은 위성, 어스 뷰를 제공한다. 위성 뷰는 거의 직선으로 내려다보는 하늘에서 본 직접적인 뷰다. 어스 뷰는 유사하지만, 틸트 옵션을 제공한다. 어스 뷰일 때 작은 사각형 4개 같은 지도 우측의 작은 아이콘을 클릭한다. 이러면 뷰가 45도 전환되고, 둘째 클릭은 추가로 45도를 전환한다. 셋째 클릭은 표준 위성 뷰로 되돌린다. 이 버튼 위의 로테이션 아이콘으로 기대하던 결과 뷰를 회전할 수 있다. 지도의 위성 뷰는 이제 잘 알려져 있지만, 잘 알려지지 않은 채 지속적으로 개선 중이다. 타깃 지역의 위성 뷰는 항상 모든 조사에 필수적이다.

스트리트 뷰: 스트리트 뷰 옵션이 사용 가능하면, 구글은 지역 내 거리에서 지역 사진을 포착한 셈이다. 우측 하단 메뉴의 작은 오렌지색 남자를 드래그 앤 드롭하면 지정한 영역의 그라운드 레벨로 스트리트 뷰가 열린다. 앞으로 클릭하거나, 클릭해 드래그하거나, 스크롤해 줌하면 이 뷰를 뚫고 이동할 수 있다. 이 뷰는 더블클릭해서 줌할 수 있고, 좌클릭을 유지한 채 마우스를 드래그해 좌우로 패닝할 수 있다. 거리 영역을 더블클릭하면 그 지역의 뷰로 창을 새로 고침한다. "지도로 돌아가기"를 좌하단에서 클릭하면 표준 지도 뷰로 돌아간다.

역사적인 스트리트 뷰: 2014년 말 구글은 어떤 단일 지역도 모든 저장된 스트리트 뷰 이미지의 표시 기능을 제공했다. 이 옵션은 좌상단 구석의 검색 영역에 있는 표준

스트리트 뷰 레이아웃에서 쓸 수 있다. 작은 시계를 클릭해 팝업 창을 연다. 이 새 뷰로 다양한 뷰를 제공하는 슬라이더 바를 움직일 수 있다. 이미지를 캡처한 달, 연도도 문서화하기 위해 나타난다. 그림 4.01은 3년 전부터 주차장의 추가 뷰를 제시하는 이 방법을 표시한다. 추가 옵션은 9년 전의 뷰를 포함한다. 종종 조사 관련 추가 차량, 누락된 구조물을 드러낸다.

▲ **그림 4.01**: 구글 지도의 역사적인 스트리트 뷰 옵션

거리 측정: 구글 지도는 2015년 고전적인 지도 인터페이스를 완전히 비활성화한 후, 거리 측정 도구를 재도입했다. 지도, 위성 뷰에서 출발점을 우클릭해 "거리 측정"을 선택한다. 지도에서 어디든 클릭해 측정하려는 경로를 생성한다. 추가로 클릭하면 추가 측정 지점이 더해진다. 한 지점을 드래그해 움직일 수도 있고, 한 지점을 클릭해 제거할 수도 있다. 검색 박스 아래에 mi, km 모두로 총 거리가 나타난다. 끝나면, 지도에서 우클릭해 "측정값 지우기"를 선택한다.

GPS 좌표: 어떤 지점도 클릭하면 선택한 지역의 정확한 GPS 좌표를 확인하는 하단 중앙의 작은 창이 로딩된다. 보이지 않으면, 어떤 지점이든 우클릭해 "여기는 무엇인가요"를 선택한다.

☑ 빙 지도(bing.com/maps)

빙은 구글 지도와 유사하게 지도 뷰, 위성 뷰, 스트리트 뷰를 제공한다. 빙은 구글에서 항상 사용 가능하지 않은 기능을 제공한다. 빙에는 지역의 네 가지 구별된 각도의 뷰를 표시하는 "버즈아이 뷰"가 있다. 표지판, 광고, 보행자, 기타 뚜렷히 보이는 물체를 표시한다. 구글도 그 자체로 45도 위성 뷰를 전개 중이지만, 커버 영역은 이 글을 쓰는 시점에 거의 없다. 내 경험상 빙이 제공하는 위성 사진이 종종 품질 면에서 구글 지도보다 우월하다. 커스텀 지도 모두로 몇 페이지에서 나란히 비교할 수 있다. 디폴트로 이 뷰는 항상 지역의 남측에서 북쪽을 바라본다. 곡선의 우측 상단 구석에 있는 화살표로 지역의 서쪽, 북쪽, 동쪽을 표시하는 세 가지 추가 뷰로 이동할 수 있다.

Dual Maps(data.mashedworld.com/dualmaps/map.htm)

이 웹사이트는 구글 지도, 빙 지도 모두에서 한 지역의 위성 뷰를 동시에 제공한다. 좌측의 구글 뷰는 좌하단 구석에 검색 필드도 있다. 이 필드에서 주소를 검색하면, 두 지도 모두 같은 주소가 중앙에 온다. 서비스마다 저장된 위성 이미지를 비교해 준다. 더 나은 사진이 있는 서비스를 재빨리 확인할 수 있다. 재빨리 나란히 비교해 줄 수 있지만, 곧 소개할 자동 솔루션이 더 낫다.

노키아 지도(here.com)

지역의 대안적인 위성 뷰 중 노키아 지도가 또 다른 옵션이다. 상세 뷰를 표시하는 지역은 제한적이지만, 조사할 가치는 있다. 대도시 사진을 검색하면, 3D 뷰는 빌딩, 구조물을 아주 상세히 표시한다. 이 사진은 구글, 빙 데이터와 독립적이다.

Flash Earth(flashearth.com)

이 여러 가지 위성 사진 웹사이트는 나사, 빙, 노키아, ArcGIS, MapQuest의 뷰를 제시한다. 가끔 ArcGIS 데이터는 구글, 빙보다 최신이다. 부드러운 인터페이스는 어떤 지역이든 활용 가능한 이미지를 쉽게 비교해준다.

역사적 사진

단일 지역의 서로 다른 위성 사진을 조사하면 여러 혜택이 있다. 이 뷰는 서비스마다 저장된 현재의 모든 콘텐츠다. 하지만 이 지도 서비스는 지속적으로 제품을 업데이트하며, 보통 가장 최근 옵션을 제시한다. 이미지를 업데이트하기 전에 사용 가능했던 이전 콘텐츠를 표시하고 싶을 수 있다. 15장은 예전 이미지를 추출하는 소프트웨어 옵션을 설명한다. 게다가 일부 웹 기반 서비스도 대안적인 뷰를 제공한다.

Historic Aerials(historicaerials.com)

여러 해 전의 위성 사진이 필요하면, Historic Aerials를 방문할 수 있다. 특히 이전 10년의 사진을 표시하면, 품질은 종종 형편없다. 주소를 입력한 후, 페이지 좌측에 모든 가능한 옵션이 나온다. 그림 4.02는 20년 기간에 걸쳐 같은 지역의 여러 결과를 표시한다. 이 뷰는 전에 언급한 서비스 모두와 구별된다.

▲ **그림 4.02**: Historic Aerials을 통한 여러 지역 뷰

실제 적용: 여러 위성 뷰를 조합하면 타깃의 거주지에 관해 더 많은 정보가 나온다. 수색 영장 집행 전에 가능한 한 많은 지도 정보를 수집하면 경찰에게 유리하다. 그린 지도, 집 바로 위의 위성 사진, 하늘로부터의 네 가지 각도 있는 뷰, 거리에서 본 집, 이웃 집들의 완전한 뷰를 차를 포함해 업데이트해 보여준다. 물리적 장벽, 도주 경로, 설치된 CCTV 등 잠재적 위협을 확인할 때 사용할 수 있다.

Satellite Imagery Update Notification(followyourworld.appspot.com)

시간이 지나며 구글이 계속 지구의 새 위성 뷰를 생성하리라 가정해도 안전하다. 특정 관심 지역이 있다면, 새 이미지를 표시할 수 있는 순간에 공지받고 싶을 수 있다. 이 구글 서비스는 정확히 그 일을 한다. 구글 계정에 로그인한 후, 주소, GPS, 랜드마크로 특정 지역을 선택할 수 있다. 구글은 이제 이 지역의 위성 사진이 업데이트될 때마다 이메일을 보낸다. 현재 조사 중인 원격지를 모니터링할 때 유용하다.

Panoramio(panoramio.com)

Panoramio는 지도 웹사이트보다 사진 웹사이트에 가깝지만, 사진 매핑이 초점이다. 이 서비스로 사용자는 찍은 장소를 확인하려고 지오태깅한 디지털 사진을 업로드할 수 있다. 이어서 키워드 대신 지역에 따라 이미지를 검색한다. 관광 명소가 아닌 지역을 검색하면 종종 지역의 정보를 제공할 수 있는 사적인 이미지를 드러낸다. 디폴트 뷰는 구글 어스 소프트웨어에서 쓸 수 있는 인기 이미지를 표시한다. "Also show photos not selected for Google Earth" 옵션을 선택하면 표시된 이미지에 추가된다. 우측 상단 부분의 단일 검색 필드로 도시, 주, 우편번호, 전체 주소 등으로 검색할 수 있다.

IntelTechniques Maps Search Tool(inteltechniques.com/OSINT/maps.html)

Dual Maps 옵션이 단일 지역의 여러 위성 뷰에 대해 기호를 만족시키지 못하면, 내 온라인 커스텀 지도 도구가 필요할 수 있다. 이 웹페이지로 어떤 주소, 랜드마크도 검색 필드에 입력할 수 있는데, 그러면 타깃의 GPS 좌표가 있는 구글 지도 API 페이지가 나온다. 거기서부터 도구에 GPS 좌표를 입력할 수 있는데, 그러면 새 탭 안에 여러 제공업체의 위성 사진을 표시한다. 현재 구글 위성, 빙 위성, 빙 버즈아이(북, 동, 남, 서), 구글 스트리트 뷰, 빙 스트리트 뷰, MapQuest 위성 뷰, Here 위성 뷰, Wikimapia 위성 뷰, ArcGIS 위성 뷰, 얀덱스 위성 뷰, Panoramio 사진 뷰에서 이미지를 가져온다. 그림 4.03은 도구의 현재 뷰를 표시한다. 다음 페이지의 그림

4.04부터 4.17은 시카고 리글리 구장을 검색할 때 순서대로 이 제공업체의 결과를
표시한다.

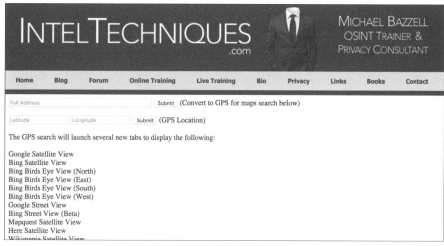

▲ **그림 4.03**: IntelTechniques Custom Maps Search Tool

▲ 그림 4.04: 구글 위성 뷰

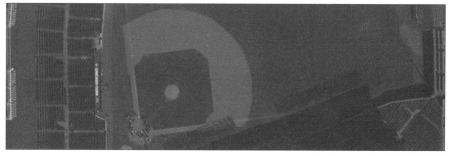

▲ 4.05: 빙 위성 뷰

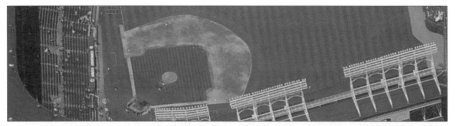

▲ 그림 4.06: 빙 버즈아이 뷰(북)

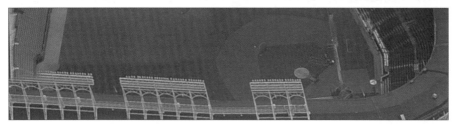

▲ 그림 4.07: 빙 버즈아이 뷰(동)의 고유한 위성 뷰

▲ 그림 4.08: 빙 버즈아이 뷰(남)

▲ 그림 4.09: 빙 버즈아이 뷰(서)

▲ **그림 4.10**: 구글 스트리트 뷰

▲ **그림 4.11**: 빙 스트리트 뷰의 고유한 위성 뷰

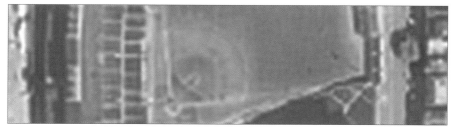

▲ **그림 4.12**: MapQuest 위성 뷰

▲ **그림 4.13**: Here 위성 뷰

▲ **그림 4.14**: WikiMapia 위성 뷰

▲ **그림 4.15**: ArcGIS 위성 뷰의 고유한 위성 뷰

▲ **그림 4.16**: 얀덱스 위성 뷰

▲ **그림 4.17**: Panoramio의 고유한 위성 뷰

나는 조사를 하는 동안 실제로 이 도구를 사용한다. 내게 타깃의 거주지 주소, 사건 현장의 회사 주소가 있다면, 이 위성 뷰는 관련성이 있다. 개별 장소의 열네 가지 고유한 뷰는 10년 전에는 상상할 수도 없었지만, 오늘날은 당연하게 여긴다. 이 이미지가 존재할 때 캡처해야 한다. 이 서비스는 알 수 없는 이유로 사라지거나, 새 콘텐츠로 이미지를 덮어쓴다. 조사를 하는 동안 이 뷰를 아카이브하면, 증거를 영구적으로 보관할 수 있다.

Classic Maps(gokml.net/maps#)

이 책의 이전 판은 사용자가 종종 Classic Maps라 부르는 원래 구글 지도의 접근 방법을 설명했다. 여전히 구글의 클래식 뷰를 추가 도구와 함께 제시하는 여러 URL이 있다. 구글은 공식적으로 이 숨은 웹사이트를 모두 비활성화했지만, 여전히 옵션이 하나 남아 있다. Gokml.net은 구글 지도의 클래식 버전과 아주 유사한 인터랙티브한 지도 도구를 호스팅한다. 구글의 지도 데이터 실시간 스트림을 사용하지만, 현재 구글 지도에서 더 이상 사용 불가한 옵션을 표시한다. 대부분은 페이지 레이아웃과 관련 있고, 뷰를 커스터마이징할 수 있다. 뷰를 수평, 수직으로 나눌 수 있어, 한 쪽은 스트리트 뷰, 한 쪽은 위성 뷰 등이다. 어떤 새 콘텐츠도 제시하지 않지만, 추가로 뷰 옵션을 제공한다. 이 페이지가 사라질 경우에 대비해 나는 다음 주소의 사본을 유지한다. 이 파일을 컴퓨터에 다운로드해 선택한 웹브라우저에서 파일을 실행한다.

https://inteltechniques.com/OSINT/iframe/classic.maps.html

Scribble Maps(scribblemaps.com)

구글, 빙 등의 지도 서비스에서 디폴트 뷰는 상황에 충분할 수도 있다. 가끔 필요에 따라 지도를 수정하거나 커스터마이징하고 싶을 수 있다. 사법 집행부는 재판에서 사용할 지도를 생성할 수 있고, 사설 탐정은 지도를 커스터마이징해 고객에게 제시할 수 있으며, 보안 책임자는 이 서비스로 이전에 안내하는 동안 찾은 부적절한 트윗을 문서화할 수 있다. Scribble Maps는 자신만의 지도를 생성하고, 어떤 유형이든 시각적 도움을 최종 산물에 추가하는 가장 쉬운 방법 중 하나를 제공한다.

Scribble Maps의 새 지도에서 디폴트 뷰는 지구 전체, 기본 옵션 메뉴를 표시한다. 우측 상단 구석의 작은 "x"를 클릭해 메뉴를 닫는다. 이어서 관심 영역을 수동으로 줌인하거나, 지도 상단 지역 바에 주소를 입력한다. 이러면 지도의 관리 가능한 영역이 나온다. 우측 하단 구석으로 전통적인 지도 뷰에서 위성, 하이브리드 뷰로 전환할 수 있다.

지도 상단의 메뉴로 지도에 형태, 선, 텍스트, 이미지를 추가할 수 있다. 이 지도의 실행은 결코 여기서 출력한 어떤 안내로도 대체할 수 없다. 이 애플리케이션의 기본을 마스터하면 가끔 사용해도 쉽다. 그림 4.18은 제목, 선, 마커, 그래픽을 보여주는 빠른 샘플 지도를 표시한다. 메뉴는 좌상단 부분에서 볼 수 있다. 다 끝나면 "Menu" 버튼이 지도를 출력, 저장, 익스포트할 여러 옵션을 제시한다. 나는 Free Map Tools(freemaptools.com)도 강력히 추천한다. 이 서비스는 관심 지점 주변의 반경 매핑 등 여러 고급 옵션을 제공한다.

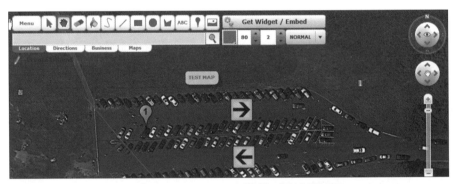

▲ **그림 4.18**: Scribble Maps로 생성한 기본 커스텀 지도

05장

인물 검색 엔진

구글, 빙이 인터넷 콘텐츠 검색에 특화된 것처럼 인물 검색 엔진은 특정 인물의 콘텐츠 검색에만 특화된다. 이 웹사이트 중 상당수는 구글, 빙 등 검색 엔진으로 데이터 취합에 도움을 얻은 후, 소화하기 쉬운 요약 스타일의 인터페이스를 제시한다. 여기서 열거하는 웹사이트마다 장단점이 있다. 표준 검색은 모두 무료다. 하지만 웹사이트마다 어떤 형식으로든 매출을 발생시킨다. 보통은 종종 웹사이트 내 보고서 기능으로 보이는 광고를 표시해 이뤄진다. 모든 무료 옵션을 모두 쓸 때까지 프리미엄 유료 서비스 중 어떤 것도 구매할 만하지는 않다.

이 장은 세 부분으로 제시된다. 이름별 검색, 이메일별 검색, 사용자 이름별 검색이다. 이름 부분은 집 주소, 전화번호를 찾으려는 지정된 검색 엔진에 집중한다. 이 세부는 미국 내 타깃에 초점을 맞추지만, 이 장의 나머지는 글로벌이다. 이메일 부분은 타깃 이메일 주소 확인 방법, 그 데이터의 검색 방법을 설명한다. 사용자 이름 부분은 개인의 익명을 발견한 후 온라인 콘텐츠를 모두 어떻게 확인하는지 설명한다. 이 작업은 모두 함께 어우러진다. 실명은 종종 사용자 이름으로 이어지고, 그 반대도 가능하다.

☑ That's Them(thatsthem.com)

2014년 말, 새 웹사이트가 인물 검색 서비스의 혼잡한 무대에 순식간에 등장했다. 표면상, 단지 공개로 가능한 정보를 취합한 또 하나의 서비스일 뿐이다. 자세히 살펴보면 결과적으로 That's Them은 다른 어디서도 무료로 활용 가능하지 않은 정보가 있다. 이 서비스는 여러 옵션이 있는데, 대부분은 이 책에서 논한다. 이 장의 목적에 맞춰, 웹사이트 상단 메뉴의 "Name and Address" 검색 옵션에 초점을 맞춘다. 도시, 주와 함께 전체 이름을 입력하는 편이 좋다. 하지만 지역 없이 성, 이름도 결과를 표시한다.

That's Them은 프리미엄 서비스를 제공하지 않는다. 모두 무료다. 서비스는 장래의 요금을 막으려면, 기부를 고려해 달라고 요청한다. 캘리포니아의 "Leo Laporte"를 검색하면 그림 5.01과 같은 결과가 나온다. 분명히 개인의 연령대, 출생월, 휴대폰 번호, 전화번호, 전체 주소, 종교, 재무적 세부 정보를 표시한다. 내 이름을 검색해 결과의 정확도를 테스트했다. 내 프로필은 정확히 유사한 정보 외에 내 현재 차량의 정확한 차량 번호도 확인했다. 이런 데이터는 어떤 요금도 없어 인상적이다. 종교와 재무 정보의 세부 사항은 신뢰하기 어려웠다. 추가 정보의 구매 옵션은 서드파티 회사의 광고며, 피해야 한다. 2015년에 That's Them은 표시된 정보 일부에 하이퍼링크를 추가했다. 이제 주소를 클릭해 다른 거주자를 볼 수 있다.

▲ **그림 5.01**: 한 이름의 That's Them 검색 결과

☑ Pipl(pipl.com)

이 웹사이트는 "웹에서 가장 포괄적인 인물 검색"이라고 주장한다. 성, 이름을 타깃 관련 도시, 주와 함께 입력하면, 정보로 가득한 새 페이지가 생성된다. 타깃의 지역이 불확실하면, 그냥 이름, 성을 입력한다. 보이는 데이터의 첫 그룹은 지역 정보마다 함께 검색어에 매칭되는 대상을 확인하는 "Suggested Searches"다. 타깃의 마지막에 알려진 지역 근처에 있는 일반 지역의 거주자가 조금이라도 있으면, 링크를 조사해야 한다. 다음 그룹은 다양한 소셜 네트워크에서 나온 이미지 아이콘이다. 각각 원래 이미지 위치에 링크 걸리는데, 이는 사용자의 소셜 네트워크 프로필의 일부다.

"Profiles" 섹션은 검색한 이름의 사용자가 보유한 소셜 네트워크 프로필 링크를 소개한다. 흔한 네트워크는 트위터, 페이스북, Meetup, 마이스페이스, 유튜브 등이다. 다음 섹션은 타깃 이름의 웹페이지 히트가 있다. 보통 공급된 타깃 이름이 꽤 정확하다. 표준 검색 엔진이 제공하는 일반 웹페이지보다 개인 웹사이트, 블로그를 더 강조하는 경향이 있다. 궁극적으로 Pipl의 Pipl 프로필로 실제 타깃을 확인한다. 그러려면 받은 결과를 필터링해야 한다. 한 사례로 나는 지역 없이 이름을 검색했다. "Suggested Results"는 타깃의 지역 정보를 제공했다. 이 결과는 타깃의 많은 정보와 함께 Pipl 프로필에 링크 건다.

이 페이지의 좌측 컬럼은 지역, 연령의 추천 필터가 있다. 흔한 이름의 경우, 결과의 필터링을 돕는다. 일단 타깃의 Pipl 프로필을 찾은 후 Pipl이 타깃의 활용 가능한 모든 소셜 네트워크 연관성을 표시한다. 호스트 프로필에 링크 거는 추가 사진 아이콘이 있다. 이 페이지의 링크 중 상당수는 광고주 웹사이트로 보내는 "Sponsored" 링크다. 다행히 Pipl은 이 모든 링크를 단어 "Sponsored"로 표시한다. 나는 이 함정은 피한다. 종종 링크는 꽤 노골적인 정보를 제공하기에, 추가 데이터 클릭은 불필요하다. 때로 전체 전화번호, 연령, 가족 구성원 이름 등이 스폰서 웹사이트를 방문하지 않아도 되는 것처럼 보인다. "School & Classmates" 섹션, 스폰서 링크는 실제 링크를 클릭하지 않고도, 항상 링크 텍스트에 다닌 학교, 다닌 해, 학교 위치가 있다.

"Professional & Businesses" 섹션은 보통 링크드인 프로필로 제한된다. 이 소셜 네트워크는 이전 장에서 설명했다. 페이지의 나머지는 타깃에 대해 얼마나 많은 정보를 활용할 수 있는지에 따라 다르다. Pipl은 결코 타깃의 모든 데이터를 제시하지 않는다. 단지 관련 콘텐츠를 확인하는 가치 있는 출발점일 뿐이다. 여기서 획득한 정보는 장래의 검색에 가치가 있을 수 있다. Pipl은 API로 검색도 허용하는데, 이 책의 나중에 설명한다.

2013년 중반, Pipl은 타깃의 가치 있는 정보를 제공하지 않는 광고, 스폰서 링크로 유효하고 유용한 링크를 대체했다. 다음에 이어지는 웹사이트 등 무료 검색 웹사이트 대부분에서 유행이었다. 콘텐츠를 구매하도록 속이려는 어떤 광고의 함정에도 빠지지 말아야 한다.

PeepDB(peepdb.com)

이 웹사이트는 고유한 검색 인터페이스 2개를 제공한다. 메인 페이지는 상태마다 드릴다운 옵션 외에 성, 이름의 검색 필드를 제공한다. 2015년 이전에 나는 모두에게 드릴다운 옵션만 사용하도록 권장했지만, 이름 검색은 이제 그리 잘 작동하지 않는다. 둘 다 설명하겠다. 성, 이름을 입력하고, 타깃의 주를 선택한다. 주 선택을 피하면 앨러바마가 디폴트다. 타깃 이름이 흔하면, 여러 경우의 수를 거쳐야 할 수 있다. 개인의 링크마다 클릭하면, 편집된 정보와 함께 새 페이지가 열린다. "Get the uncensored listing" 링크를 클릭하면 캡처를 완료해 인간임을 입증하도록 요청하며, 이어서 어떤 편집도 없이 전체 리스팅을 표시한다.

대안으로 미국의 주를 나타내는 링크 50개가 있다. 타깃의 주를 선택하면, 새 페이지가 알파벳 26자를 모두 함께 표시한다. 타깃의 성에서 첫 글자를 선택하면, 또 다른 페이지가 로딩된다. 타깃의 성에서 첫 두 글자를 선택한 후, 마지막으로 타깃의 성에서 첫 세 글자를 선택한다. 이러면 결국 방금 선택한 기준에 맞는 주 모두의 목록이 나올 것이다. 스크롤해 대상을 찾거나 페이지 좌하단 부분의 검색 옵션을 사용한다. 타깃의 이름 철자에 확신이 없을 때 유용하다.

Zaba Search(zabasearch.com)

이 웹사이트는 일견에 여러 검색 옵션이 있다. 불행히도 하나를 빼고는 Intelius 웹사이트로 포워딩하는데, 요금을 요구한다. 그래도 이 페이지에 아주 특별한 무료 옵션 한 가지가 있다. 어떤 실명, 거주 주를 제공해도, 전체 이름, 출생일, 주소, 전화번호와 함께 결과 페이지를 제공한다. 내 경험상 종종 리스팅되지 않는 전화번호, 주소를 포함한다. 실제로 이 결과 페이지에서 다른 무엇을 클릭해도 스폰서 링크로 안내한다. 나는 이 자료를 사용하지만, 첫 결과 페이지에서 얻은 정보에만 의존한다.

Intelius(intelius.com)

Intelius는 요금을 받고 인물 관련 보고서를 제공하는 프리미엄 서비스다. 정보 중 대부분은 공개 자료에서 나오지만, 그중 일부는 비공개 데이터베이스에서 나오는 것 같다. 주 웹사이트의 어떤 정보를 검색해도, 항상 가격 옵션 메뉴로 링크 걸린다. 정보는 결코 무료로 표시되지 않는다. 하지만 보고 옵션을 열거하는 페이지는 흥미로운 정보가 몇 가지 있다. 그림 5.02는 전형적인 결과를 표시한다. 이 무료 미리보기는 정확한 나이, 보유한 익명, 거주 도시, 이전 회사, 다닌 대학, 친척을 확인한다. 대상이 기혼이면, 보통 배우자를 확인한다. 대부분 그 사람 부인의 처녀 때 이름을 확인한다. 이 주 화면에서 보이지 않는 어떤 것도 돈을 내야 한다. 결코 이 데이터 중 어떤 것도 구매할 만하지 않다. 사용자는 보통 결과에 실망한다.

▲ **그림 5.02**: 일부 무료 콘텐츠를 제공하는 Intelius 페이지

Radaris(radaris.com)

이 서비스는 Intelius와 유사성이 많다. 하지만 데이터 세트는 고유하다. 사업 모델은 전체 프로필을 구매하도록 유도한다. 나는 미리보기에서 제한적으로 사용 가능한 무료 콘텐츠만 서비스를 사용한다. 이름을 검색한 후 가장 적절한 타깃을 선택해 결과 우측 하단의 "Full Profile"을 선택한다. 어떤 무료 정보든 전체 보기를 연다. 종종 타깃의 중간 이름, 나이, 현재 주소, 이전 주소, 전화번호, 소셜 네트워크 링크가 있다. Background Check 옵션은 내가 권장하지 않는 서드파티 프리미엄 웹사이트로 포워딩한다.

Spokeo(spokeo.com)

Spokeo는 아마 가장 잘 알려진 인물 검색 엔진이다. 이 서비스는 아주 구별되는 버전 두 가지가 있는데, 무료, 프리미엄이다. 프리미엄 서비스는 대량의 정확한 데이터를 제공하지만, 3개월에 비용이 약 15달러다. 무료 버전은 내비게이션이 쉬운 인터페이스를 제공한다. 타깃 이름 검색 결과는 주, 도시를 선택한 후 제시된다. 타깃 이름이 있는 주, 도시만 보인다. 마지막 선택은 실제 관심 타깃을 확인하는 부분적인 주소를 제시한다. 기본적으로 이 프로필에 보이지 않는 어떤 것도 돈이 든다. 프로필의 어떤 링크도 가격과 함께 회원 체계를 제시한다. 무료로도 여전히 얻을 수 있는 데이터가 많다.

무료 버전은 타깃의 연령대를 확인하지만, 정확한 해의 출생일은 아니다. 보통 마지막 알려진 주소, 전화번호는 전체 정보를 볼 수 없게, 부분적으로 제외된다. 하지만 위성 지도 뷰는 종종 시각적으로 정확한 거주지를 확인한다. 보통 보이는 도로명을 알면, 훌륭한 출발일 수 있다. "Family Tree" 섹션은 가족 구성원 이름, 대략적인 연령대가 있다. 이 무료 프로필의 어떤 추가 정보도 완전히 부정확하거나 신뢰할 수 없었다.

Reverse Genie People(revertsegenie.com/people.php)

2015년 초 Reverse Genie는 기존의 이메일, 전화 검색 서비스에 인물 검색을 추가했다. 사용 가능한 가장 강력한 인물 검색 옵션은 아니지만, 가끔 다른 데서 제공하지 않는 데이터를 제공한다. 결과 중 대부분은 단지 페이스북 프로필에 링크 건다. "full report"를 조회하면 결제를 요청하는 프리미엄 서비스로 안내한다.

Yasni(yasni.com)

표면상, Yasni는 또 다른 표준 인물 검색 엔진으로 보인다. 나오는 콘텐츠 중 상당수는 중복 데이터지만, Yasni가 달리 작동하는 영역 몇 가지가 있다. 홈페이지는 세 검색 옵션을 제공한다. OSINT 목적 대부분에 마지막 옵션이 바람직한 검색이다. 실명, 사용자 이름을 허용하고, 결과 페이지로 전송한다. 실명 검색은 타깃 이름 관련 링크를 많이 제시한다. 다른 엔진처럼 이 결과 중 상당수는 타깃 아닌 사람에 관련된다. 결과 페이지의 첫 박스는 검색으로 확인된 사용자의 도시를 표시하는 "lives/works in" 옵션이 있다. 타깃에 적절한 지역을 클릭하면 특정 타깃 관련 검색 결과를 모두 제공하는 새 결과 페이지를 로딩한다. 이 링크는 모두 검색 엔진, 연산자로 찾을 수 있지만, 그 기법으로는 노력을 요한다. 그래도 타깃에 관련된 완벽한 결과를 얻으려면 여전히 표준 검색 엔진을 방문해야 한다. 이 Yasni 페이지는 타깃에 관한 뉴스 기사, 웹사이트, 소셜 네트워크를 확인할 것이다. 디폴트로 검색은 다국적으로 수행된다. Yasni는 독일 웹사이트며, 미국 외의 검색도 서비스의 장점이다. 검색 바는 특정 국가로 결과를 필터링하는 옵션이 있지만, 미국은 옵션으로 열거되지 않는다. 타깃이 다른 국가에 살고 있다면, Yasni는 훌륭한 도구다.

Advanced Background Checks(advancedbackgroundchecks.com)

프리미엄 옵션의 광고가 있는 또 다른 서비스다. 놀랍게도 데이터 아카이브 중 대부분은 요금이 전혀 없이 무료다. 주 검색 결과는 편집돼 보이며, 전체 주소, 전화번호는 가려져 있다. 여러 서비스가 있는데, 그 세부를 클릭하면 사용자에게 요금을 내도록 프롬프트를 띄운다. 그 대신 이 서비스는 전체 기록을 드러내는 새 페이지를 연다. 종종 집 주소, 집 전화번호, 나이, 친척이 있다. "See full info" 버튼을 클릭하면 이전 주소, 이전 전화번호, 가명 등이 드러난다. 이 서비스는 전반적으로 미국 타깃에 유용하다.

Peek You(peekyou.com)

이 웹사이트는 실명, 사용자 이름, 전화번호 검색 옵션을 제공한다. 실명 검색은 극히 유용할 수 있다. 전형적인 결과는 집 주소, 나이, 전화번호, 관련자가 있다. 이 서비스의 추가 레이어는 소셜 네트워크 사용자 이름의 존재다. 이 하이퍼링크를 클릭하면 잠재적인 이메일 주소, 소셜 네트워크 프로필이 나온다.

Zoom Info(zoominfo.com)

Zoom Info는 타깃 관련 업무, 경력 정보에 특화된다. 검색 결과는 이력, 회원, 제휴 관계, 학력에 집중된 사용자 프로필로 제시된다. 여러 온라인 출처에서 데이터를 추출해 충분한 정보를 취합한 후, 대상의 현재, 이전 회사를 판단하는 것으로 보인다. 이 프로필은 개인 웹사이트, 블로그를 스크랩해 자동 생성된다. 내 프로필에서 콘텐츠 중 대부분은 개인 웹사이트, 뉴스 웹사이트, 법률 블로그, 내 회사 웹사이트에서 획득한 듯하다. 모두 정확하지는 않지만, 프로필은 내 이력의 꽤 완전한 뷰를 생성한다.

결과 수백 건이 나오는 흔한 이름의 경우, 페이지 좌측 검색 메뉴는 프로필로 필터링한다. 타깃의 직함, 회사명, 위치 등을 공급하면 더 관리 가능한 옵션이 나온다. 이 필터는 한 번에 하나만 적용해 원하지 않는 정보를 필터링하지 말아야 한다. Zoom Info는 배경 확인에 가치 있는 자료일 수 있다. 여러 지원자가 지원 시, 지원자에게 부정적인 리뷰를 하는 이전 회사를 생략한다. 이 웹사이트는 접촉할 회사를 확인할 수 있다. 이력에서 어떤 회사명이든 하이라이트하면 연락처 정보, 매출, 직원 수, 회사의 소셜 네트워크 웹사이트 링크 등 회사 정보를 포함하는 팝업 창이 나온다.

"Companies" 탭을 클릭하면 회사 정보의 수동 검색이 허용된다. 물리적 존재가 없는 웹사이트가 있다. 이 프로필은 계열사, 인수합병을 확인하는 관련 회사 링크도 있다. 이는 회사 자산 조사관에게 좋은 기법일 수 있다. 검색 웹사이트 대부분과 유사하게, 고급 데이터 중 일부는 유료 계정을 요한다.

IntelTechniques Person Search Tool(inteltechniques.com/osint/person.html)

무료 인물 검색 도구가 많아서 과할 수 있다. 각각 장단이 있고, 무엇도 결과의 정확도가 일관되지 않는다. 지난 몇 년간 나는 수동으로 각 웹사이트를 방문해 타깃 정보를 입력했다. 이러면 보통 작지만 가치 있는 정보 조각이 각 서비스에서 나온다. 오늘날 나는 가능한 모든 웹사이트를 동시에 검색하기 위해 만든 커스텀 검색 도구를 사용한다. 이 무료 도구는 수동으로 찾을 수 없는 어떤 정보도 찾지 못한다. 그 대신 프로세스를 자동화해 시간을 절약해준다. 그림 5.03은 이 웹사이트의 현재 상태를 표시한다. 서비스마다 검색 필드 내에 타깃의 성, 이름을 입력하거나 검색 필드의 마지막 셋에 이 정보를 한 번만 입력할 수 있다. 후자의 옵션은 여러 새 탭을 열어 서비스마다 검색한다. 도메인의 팝업을 허용하지 않는 한, 웹브라우저가 이런 활동을 차단하는 경향에 주의하자. 이 도구는 현재 Pipl, That's Them, Spokeo, Reverse Genie, Advanced Background Check, Yasni, Radaris, Zaba Search, Intelius, PeekYou, WebMii, 링크드인, 트위터를 검색한다.

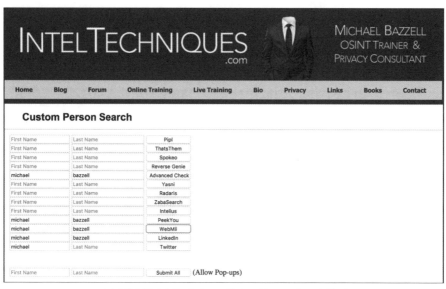

▲ 그림 5.03: IntelTechniques Custom Person Search Tool

종합

무료 인물 검색 엔진들에서 얻은 결과는 중복처럼 보인다. 같은 정보를 반복하는 영역이 분명히 있다. 하지만 결과를 검증하고 신뢰를 구축할 때 유용하다. 가끔 중복으로 보이던 결과가 추가 세부 사항을 제시한다. 현재 아파트 번호가 있는 동일 주소의 셋째 보고가 있을 수 있다. 서비스마다 타깃 관련 고유의 세부 사항을 제시하는 방법을 표시하기 위해 나는 쿼리를 수행해 결과를 모두 문서화했다. 로코 카스토로라는 타깃을 선택했다. 그는 GPS가 있는 아이폰 사진을 올려 인터뷰를 하는 동안 존 맥아피의 위치를 우연히 노출한 기자다. 나는 이름, 성만으로 검색을 시작했다. 정보를 보고한 서비스가 있는 다음 세부 사항을 확인했다.

Full Name: Rocco Carl Castoro(Pipl, Intelius)

Age: 33(Pipl, Intelius, Radaris)

DOB: 01/23/1982(Yasni, WebMii)

Current Address::XXXXX Beadel St, Apt 1f, Brooklyn, NY(PeekYou, Spokeo)

Current Address: 11211 xx:xxxx St, Brooklyn, NY(Yasni, Intelius)

Telephone Numbers: 352-362-7905, 352-335-5305(Pipl, Radaris)

Previous Address: 3640 Beneva Oaks Blvd, Sarasota, FL(Radaris, Pipl)

Previous Telephone: 941-922-3117(Pipl, That's Them)

Mother: Karen Castoro-56(Intelius, Pipl)

Father: John Castoro-57(Intelius, Pipl)

Email Addresses:rocco.castoro@asaprent.com, rocco.castoro@vice.com(Yasni)

High School: Cardinal Mooney High School, Sarasota, FL, 1996-2000(Yasni)

College: University of Florida(LinkedIn)

Employer: Vice Media(Intelius, Yasni)

Facebook Profile: rcastoro(Yasni)

Twitter Profile: rocco_castoro(peekYou)

YouTube Channel: UCn8zNIfY AQNdrFRrr80ibKw(peekYou)

Languages Spoken: Italian(That's Them)

Religion: Catholic(That's Them)

이 요약은 5분 이내에 가능했다. 시간을 내서 소셜 미디어 링크를 계속 분석할 경우 무엇을 찾을 수 있는지 상상해보자. 위 결과는 모두 공개 데이터에서 얻었다. 이 인물 검색 엔진은 이 정보 취합에 큰 도움이 된다.

How Many of Me(howmanyofme.com)

이 미니멀한 웹사이트는 특정 이름으로 얼마나 많은 사람이 존재하는지 알아내기 위한 인터페이스를 제공한다. 내 이름은 미국에 16명 있다. 센서스 데이터에서 얻었고, 타기팅된 검색이 얼마나 효과적인지 판단할 수 있다. 예를 들어 타깃 이름이 고유하다면, 여전히 소셜 네트워크 웹사이트 링크에 대해 수많은 결과를 얻을 수 있다. 이 프로필 모두를 타깃에 적용 가능한지 판단하기 위해 How Many Of Me 는 타깃이 그 이름을 가진 유일한 사람인지 알려준다. 이름이 흔한 사람은 이 웹사이트에서 어떤 정보도 제공하지 못한다. 나는 과거에 온라인에서 적절한 가명을 결정하기 위해 사용한 적이 있다.

Classmates(classmates.com)

Classmates는 인터넷 검색 사용자에게 저평가된 자료다. 불행히도 무료 계정을 생성해 웹사이트의 가치 있는 정보를 활용해야 한다. 이 무료 계정은 가공의 정보가 있을 수 있으며, 프리미엄 기능에 접근하려면 웹사이트에서 프로필을 완성해야 한다. 로그인 후 성, 이름으로 검색할 수 있다. 다닌 학교를 알면, 결과는 훨씬 더 정확하다. 다닌 학교 외에 타깃이 학교를 다니고 있다고 해도 정보를 제공한다. 이 웹사이트에 대한 내 새로운 관심사는 스캔한 졸업사진을 사용할 수 있다는 점이다. 컬렉션은 전혀 완벽하지 않지만, 브라우징 가능한 완전한 졸업사진이 놀라울 정도로 많다. 작은 동네, 대도시를 포함한다. 한 검색 시 Classmates는 1946년 앨튼 고등학교 졸업사진의 한 페이지를 표시하는 뷰어를 임베딩했다. 이 콘텐츠를 분석하면 시간이 많이 걸릴 수 있다. 졸업사진은 한 번에 한 페이지씩 수동으로 브라우징해야 하기 때문이다. 획득한 정보는 전에 수행한 어떤 인터넷 검색과도 구별된다.

Mocavo(mocavo.com)

Classmates에 찾고 있던 졸업사진이 없다면, Mocavo는 다음 단계다. 이 졸업사진 컬렉션은 날마다 늘어나며, 스캔 품질도 훌륭하다. 그래도 웹사이트 검색은 어려울 수 있다. 모든 검색은 프리미엄 계정을 구매하도록 권장하는 팝업이 뜨는 동안 중단된다. 그래도 강제는 아니다. 이 창의 좌하단 부분에 무료 기본 계정 생성을 허용하는 링크가 있다. 생성 후 웹사이트를 검색하고 싶을 때마다 새 정보를 공급해야 한다. 이 요건을 피하고, 졸업사진만 브라우징하고 싶다면, 직접 주소를 공급해야 한다. 다음 주소를 웹브라우저에 입력하면, 특정 간행물을 필터링, 브라우징할 수 있는 웹사이트의 졸업사진 부분으로 포워딩된다.

http://www.mocavo.com/yearbooks

첫 검색 필드를 피한다. 그러면 계정 생성의 요건이 제시되기 때문이다. 그 대신 더 아래로 스크롤해 졸업사진 브라우징 영역으로 내려간다. 우측의 작은 검색 필드를 사용하거나 카테고리를 선택해 특정 위치를 확인할 수 있다. 한 사례에서 나는 일리노이 시카고 지역의 "Woodrow" 키워드로 어떤 졸업사진이든 확인하는 검색을 했다. 보이는 첫 링크는 1936년 우드로 윌슨 주니어 컬리지의 졸업사진을 열었다. 검색 필드 내에서 검색하면 강제적인 계정 요건이 다시 나오지만, 졸업사진 링크를 클릭하면 회원이 아니어도 전체 간행물을 브라우징할 수 있다. 무료 계정 등록은 짜증나는 일을 대부분 없애주고, 어떤 필드로든 검색할 수 있다. Mocavo가 findmypast.com과 합병했으니, 서비스 단절을 경험할 수 있다.

☑ 이력서

이력서 검색은 전에 2장에서 언급했다. 특히 단어 "resume"가 파일, 파일명에 있다면, 그 방법론은 여러 문서를 확인한다. 이 결과는 조사할 가치가 있는, 활용 가능한 콘텐츠 중 일부일 뿐이다. 나는 이력서가 보통 다른 어디에도 올라가지 않는 민감한 정보가 있기에, 이상적인 타깃이라 믿는다. 여러 사람이 휴대폰 번호, 개인 이메일 주소를 이력서에 포함하지만, 결코 이 세부 사항을 소셜 네트워크에 둘 생각은 하지 않는다. 타깃이 알든 모르든, 이력서가 공개 활용이 가능하면 좋은 정보를 수집할 수 있다. 다음 기법은 이 가치 있는 데이터를 찾도록 돕는다.

검색 엔진

구글, 빙 내 상세 검색은 웹사이트, 클라우드 기반 문서 스토리지 서비스에 공개 호스팅된 여러 이력서를 확인한다. 타깃 이름이 마이클 바젤이면 구글, 빙, 얀덱스에서 다음의 정확한 검색어가 가치 있었다.

"Michael Bazzell" "Resume"
"Michael Bazzell" "Curriculum Vitae"
"Michael Bazzell" "CV"
"Michael Bazzell" "Resume" filetype:doc
"Michael Bazzell" "Curriculum Vitae" filetype:doc
"Michael Bazzell" "CV" filetype:doc
"Michael Bazzell" "Resume" filetype:pdf

"Michael Bazzell" "Curriculum Vitae" filetype:pdf

"Michael Bazzell" "CV" filetype:pdf

"Michael Bazzell" "Resume" site:docs.google.com

"Michael Bazzell" "Curriculum Vitae" site:docs.google.com

"Michael Bazzell" "CV" site:docs.google.com

이 쿼리는 텍스트로 어떤 이력서든 찾을 가능성이 크지만, 여러 이력서 이미지는 실패한다. 수많은 이력서 호스팅 웹사이트는 다양한 데이터 스크레이핑 엔진이 이력서 모음을 수색해 콘텐츠를 "도용"함을 깨달았다. 그래서 일부 서비스는 쉽게 검색 가능한 텍스트가 없도록 이력서 이미지를 저장한다. 괜찮은 보호 층위지만 구글을 막기에는 충분하지 않다. 구글이 광학적 문자 인식(OCR)으로 이미지를 스캔하기에, 이미지 내에 어떤 단어가 있는지 안다. 전통적인 엔진에서 위 검색을 한 후, 구글 이미지(images.google.com)에서 시도한다. 구글 이미지에서 "MaryJohnson" "Resume"를 검색하면 이력서 수백 건이 드러난다. 각각 수동으로 조사하면 여러 민감한 정보 파편이 확인된다.

인디드(indeed.com)

인디드는 강력한 이력서 데이터 컬렉션이 있다. 단어 "resume"이 콘텐츠 페이지 중 어디에도 없더라도, 표준 검색을 하는 동안 이 데이터를 획득할 가능성이 크다. 인디드의 "Find Resumes" 옵션 하에 타깃 이름을 입력하면 새 결과가 나올 수 있다. 연락처 정보는 보통 편집된다. 하지만 세부 경력, 학력, 위치는 흔히 존재한다.

Sales Maple(salesmaple.com)

이 서비스는 종종 전체 이메일 주소, 연락처 번호가 있는 프리미엄 전문가 데이터 베이스를 제공한다. 무료 연락처 검색은 편집된 데이터가 있지만, 여전히 가치 있는 콘텐츠를 추출할 수 있다. 우측 상단의 "Contacts" 옵션으로 이동하면, 이름, 성, 이메일 주소, 도메인 등과 같은 검색 옵션이 나온다. 불행히도 한 필터로 조합할 수 없다. 성 검색은 이름이 극히 고유하지 않는 한, 타깃에 관해 가치가 가장 많다. 결과는 전체 이름, 타깃에 관련된 회사 도메인을 확인한다. 전체 이메일 주소를 노출하지 않지만, 이 장의 더 나중에 논할 방법으로 이 정보를 활용해 주소를 판단할 수 있다. 이 서비스의 무료 에디션은 추가 데이터를 제공하지 않는다.

Ripoff Report(ripoffreport.com)

타깃이 어떤 사업이든 대중과 수행하면, 어떤 시점에 누군가를 화나게 할 가능성이 크다. 타깃이 정기적으로 나쁜 서비스를 제공하거나, 의도적으로 사업상 사기를 저지르면, 화가 난 희생양이 많을 가능성이 크다. Ripoff Report는 사용자가 등록한 회사, 개인 관련 불만의 모음이다. 전에 모르던 희생양이 제공한 정보에서 혜택을 얻는 수상한 사람을 여러 번 조사했다.

이메일 검색

타깃의 이름이 흔하면 결과에서 길을 잃기 쉽다. 나처럼 꽤 고유한 이름도 거의 20명의 주소, 프로필, 전화번호가 나온다. 타깃 이름이 John Smith면 문제가 있다. 그래서 나는 항상 이메일 주소로 검색한다. 타깃의 이메일 주소, 특정 사용자 이름이 있다면, 더 빠른 속도로 훨씬 더 나은 결과를 얻는다.

John Wilsons는 수천 명 있지만, john.wilson.77089@yahoo.com는 단 한 명이다. 주요 검색 엔진, 페이스북에서 이 주소를 인용부호 안에 넣어 검색하면 새 정보가 나올 수 있다. 검색에 절대 아무 결과가 없다면, 이메일 주소를 검증하고 싶을 수 있다.

Mail Tester(mailtester.com)

이메일 주소로 타깃을 검색할 때 절대 결과가 없을 수 있다. 이 경우 검색 중인 이메일 주소가 유효한지 검토해야 한다. 주소를 부정확하게 복사했거나, 글자가 누락됐을 수 있다. 이메일 주소의 유효성을 검증할 수 있다는 온라인 웹사이트가 여럿 있다. 대부분은 웹 기반 무료 이메일 제공업체 중 상당수에서 작동하지 않는다. 이 무리 중 돋보이는 서비스가 Mail Tester다. 서비스의 목적은 이메일 주소가 활성인 지, 현재 사용 중인지 확인하는 것 뿐이다. 이메일 주소를 입력한 후, 주소가 유효 한지 확인하는 결과 페이지가 나온다. 유효하지 않은 노티는 조사 중인 이메일 주 소가 없다는 뜻이다.

Verify Email(verify-email.org)

Mail Tester가 기능하지 않거나, 부정확한 결과를 제시하면, Verify Email을 시도 할 수 있다. 이메일 주소가 유효한지 확인하는 유사 서비스다. 결과는 Mail Tester 와 동일하다. 이 서비스로 Mail Tester의 응답을 쿼리로 검증할 수 있다.

Email Hippo(tools.vertifyemailaddress.io)

또 다른 이메일 검증 도구지만 Email Hippo는 다른 데 없는 추가 기능을 제공한 다. 타깃 주소를 검증하며, 응답은 컬렉션으로 하단에 나타난다. Export 옵션을 선 택하면, 결과를 모두 PDF 문서, 워드 문서, 엑셀 스프레드시트로 다운로드할 수 있 다. 일간으로 무료 검색 20개만 허용됨에 주의한다. 내 경험상 대부분의 조사에 이 정도면 충분했다.

Peep Mail(samy.pl/peepmail)

Peep Mail은 이전 두 사례에서 사용한 기법을 취해 유효한 이메일 주소를 확인하 고, 새 주소를 발견한다. 두 가지 정보를 요청한다. 전체 이름은 타깃의 실명이다. 도메인 필드는 타깃이 다니는 회사의 인터넷 도메인이어야 한다. 타깃의 이름이 Jarrett Ford며, 일리노이 앨튼 경찰서에서 일하면, 다음은 적절한 검색 정보다.

Full Name: Ford Jarrett
Domain: altonpolice.com

성을 먼저 배치하면 보통 결과가 더 낫다. 회사 도메인을 모르면 보통 인터넷 검색으로 찾을 수 있다. 구글에서 "Alton, Illinois police department"의 첫 검색 결과는 도메인이 "altonpolice.com"으로 확인된다. 이 정보로 Peep Mail을 검색하면 대상의 이메일 주소를 ford@altonpolice.com으로 확인한다. 이제 이 이메일 주소로 새 검색을 해 관련 콘텐츠, 소셜 네트워크를 확인할 수 있다. Peep Mail이 나온 이래, 여러 추가 서비스가 이 프로세스를 복제했다. 각각 고유의 룩, 기능의 규칙이 있다. 나는 무료 서비스 중 다음으로 성과를 거뒀다.

  Find Any Email(findanyemail.net)
  Voila Norbert(voilanorbert.com)

이메일의 가정

타깃의 이메일 주소를 모를 수 있다. 한 주소를 알지만, 나머지는 아닐 수 있다. 어쨌든 가능한 이메일 주소를 가정해 존재하는지 검증 도구로 보면 생산적이다. 예를 들어 타깃 이름이 Jay Stewart인데, 이메일 주소가 jayspice2003@yahoo.com이면, 나는 jayspice2003@gmail.com, jayspice2003@hotmail.com, jayspice2003@live.com 주소를 추가로 검색한다. 이제 시작일 뿐이다. 그에 대해 이메일 주소가 전혀 없지만, 일리노이의료위원회에 일하는 사실을 알면, 다음 이메일 주소로 검색할 수 있다.

  jstewart@medicaldistrict.org
  j.stewart@medicaldistrict.org
  jay.stewart@medicaldistrict.org
  stewartj@medicaldistrict.org

단지 잠재적인 주소의 가정일 뿐이다. 전부는 아니더라도 대부분은 존재하지 않고 내게 아무것도 제공하지 못한다. 하지만 기존 주소를 확인하면, 이제 나는 검색할 새 퍼즐 조각이 있는 셈이다. 가능한 주소 목록을 작성하면 시간이 많이 걸릴 수 있다. 더 쉽게 해줄 온라인 스프레드시트가 있다. 다음 링크는 나중에 논할 내 이메일 검색 도구를 연다. 하단에 있는 구글 문서 2개는 우리의 과업을 돕는다.

https://inteltechniques.com/osint/email.search.html

그림 5.04(좌측)는 전에 언급한 정보로 첫 문서를 사용해 완료된 검색의 부분적인 결과를 표시한다. 알려져 있다면 이름, 중간 이름, 성을 제공해야 한다. "domain" 은 개인이 고용된 회사가 사용하는 웹 도메인이어야 한다. 타깃이 마이크로소프트에서 일하면, microsoft.com이고 캐터필러에서 일하면, cat.com이다. 이 정보를 완성하자마자 스프레드시트는 검색, 검증의 준비가 된 잠재적인 이메일 주소를 48~60개 생성한다. 이전 장에서 논한 대로 수동으로, 혹은 15장에서 논하지만 애플리케이션의 도움으로 완료할 수 있다. 이 주소를 모두 검색하면 많은 일로 보일 수 있고, 실제로도 그렇다. 하지만 조사를 다음 단계로 넘기는 장애물일 뿐이라면, 그 시간을 모두 쓸 가치가 있다.

이 부분의 처음에서 지메일, 야후 등 개인 이메일 계정의 추측을 언급했다. 이미 트위터 핸들 등 타깃의 사용자 이름을 알면, 잠재적인 이메일 주소 목록을 생성해야 한다. 나는 이 목적으로 구글 스프레드시트도 생성했다. 이 문서는 위 주소에서 전에 언급한 도구 아래에 위치한다. 그림 5.04(우측)는 전에 사용한 예제 데이터와 함께 이 문서를 표시한다. 첫 항목 셀은 타깃의 사용자 이름용이다. 이 제공업체로 잠재적인 이메일 주소 목록을 생성한다.

핫메일	T-online.de	GMX	Me
Live Mail	지메일	Lavabit	AOL
AIM	Hushmail	iCloud.com	페이스북
Zoho	아웃룩	야후	Web.de

결과 아래에 있는 마지막 링크는 이 잠재적인 이메일 주소를 근거로 쿼리를 수행하는 커스텀 구글, 빙 검색이다. 검색은 주소마다 정확한 확인을 위해 인용부호 내에 배치한다. 다음 페이지는 Email Permutator 웹사이트에서 제공한 정보에서 생성한 이메일 주소 목록 67개도 표시한다. 이름, 성의 조합 외에 추가적인 별명, 처녀 시절 이름도 있다.

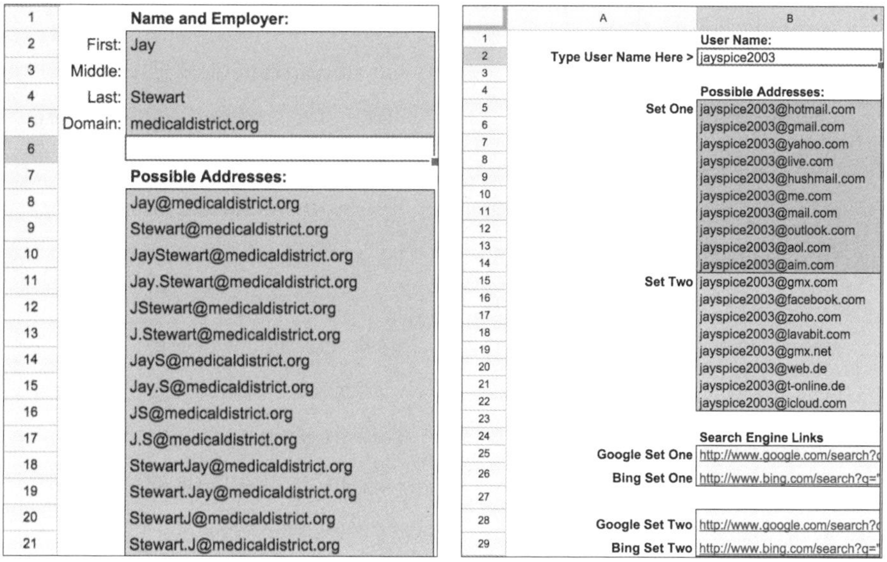

▲ **그림 5.04**: 잠재적인 개인 이메일 주소를 제공하는 구글 문서

jay@medicaldistrict.org

spice@medicaldistrict.org

stewart@medicaldistrict.org

jaystewart@medicaldistrict.org

spicestewart@medicaldistrict.org

jay.stewart@medicaldistrict.org

spice.stewart@medicaldistrict.org

jstewart@medicaldistrict.org

sstewart@medicaldistrict.org

j.stewart@medicaldistrict.org

s.stewart@medicaldistrict.org

jays@medicaldistrict.org

spices@medicaldistrict.org

jay.s@medicaldistrict.org

spice.s@medicaldistrict.org

js@medicaldistrict.org

s.s@medicaldistrict.org

jay-stewart@medicaldistrict.org

spice-stewart@medicaldistrict.org

j-stewart@medicaldistrict.org

s-stewart@medicaldistrict.org

jay-s@medicaldistrict.org

spice-s@medicaldistrict.org

j-s@medicaldistrict.org

s-s@medicaldistrict.org

stewart-jay@medicaldistrict.org

stewart-spice@medicaldistrict.org

stewart-j@medicaldistrict.org

stewart-s@medicaldistrict.org

s-jay@medicaldistrict.org

s-spice@medicaldistrict.org

s-j@medicaldistrict.org

ss@medicaldistrict.org

j.s@medicaldistrict.org

s.s@medicaldistrict.org

stewartjay@medicaldistrict.org

stewartspice@medicaldistrict.org

stewart.jay@medicaldistrict.org

stewart.spice@medicaldistrict.org

stewartj@medicaldistrict.org

stewarts@medicaldistrict.org

stewart.j@medicaldistrict.org

stewart.s@medicaldistrict.org

sjay@medicaldistrict.org

sspice@medicaldistrict.org

s.jay@medicaldistrict.org

s.spice@medicaldistrict.org

sj@medicaldistrict.org

ss@medicaldistrict.org

s.j@medicaldistrict.org

s-s@medicaldistrict.org

jay_stewart@medicaldistrict.org

spice_stewart@medicaldistrict.org

j_stewart@medicaldistrict.org

s_stewart@medicaldistrict.org

jay_s@medicaldistrict.org

spice_s@medicaldistrict.org

j_s@medicaldistrict.org

s_s@medicaldistrict.org

stewart_jay@medicaldistrict.org

stewart_spice@medicaldistrict.org

stewart_j@medicaldistrict.org

stewart_s@medicaldistrict.org

s_jay@medicaldistrict.org

s_spice@medicaldistrict.org

s_j@medicaldistrict.org

s_s@medicaldistrict.org

Email Permutator(inteltechniques.com/OSINT/email.html)

이 문서 둘 다 distilled.net의 롭 우스베이의 Email Permutator 프로젝트에서 영감을 얻어 만들었다. 여러 유사한 시도가 이뤄져, 원 디자인을 개선했다. 전망을 보인 노력 하나가 Email Permutator+였다. 하지만 현대적인 웹브라우저는 이제 그 웹사이트를 악의적인 것으로 차단한다. 나는 조사 시 가치가 있는 개선된 기능을 제공하는 자체 도구를 만들었다. 이 버전의 장점은 별명, 여러 메일을 검색 목적으로 입력할 수 있다는 점이다. 이어서 여러 추가적인 잠재적 주소를 생성한다. 별명 필드는 이메일 주소를 최근 결혼 후 바꾸지 않았을 경우에 대비해 처녀 시절 이름에도 사용할 수 있다. "Spice"라는 별명을 추가해 전에 참조한 정보만 검색해도

222쪽에 열거한 잠재적인 이메일 주소 67개가 나온다.

이 도구는 잠재적인 이메일 주소 검색의 두 국면을 제공한다. 디폴트로 자동 제공된 커스텀 이메일 도메인 외에 추가 인기 도메인 11개도 확인한다. 디폴트 "Global" 설정에 있는 도메인은 핫메일, 지메일, 야후, Live, Hushmail, Me, Mail, 아웃룩, AOL, iCloud, GMX다. 그림 5.05(좌측)는 전에 사용한 세부 등 도구의 첫 국면 중 현 상태를 표시한다. 결과는 그림 5.05(우측)에 보이는 잠재적인 이메일 주소 420개다. 이 결과에 여러 도메인의 잠재적인 주소가 있음에 주목하자.

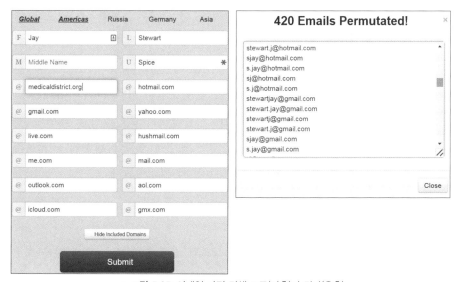

▲ **그림 5.05**: 이메일 가정 검색 도구(좌측)과 결과(우측)

도구의 둘째 국면은 첫 검색 박스 바로 아래에 있다. 이것으로 생성된 잠재적인 이메일 주소의 전체 목록을 복사해 검색 박스에 붙여넣을 수 있다. 이 도구는 구글, 빙, 페이스북으로 이메일 주소마다 직접 검색 링크를 생성한다. 이제 링크마다 클릭해 선택한 이메일 주소를 검색할 수 있다. 구글, 빙 컬럼은 정확한 이메일 주소의 인용부호 달린 검색을 여는 반면, 페이스북 링크는 선택한 주소로 생성된 어떤 프로필도 표시한다. 그림 5.06은 결과 중 일부만 표시한다. 이 방법은 여전히 시간을 소비할 수 있지만, 수동 입력만큼 지루하지는 않다. 러시아, 독일, 아시아 옵션은 포함된 도메인을 지역마다 가장 인기 있는 도메인으로 변경한다.

Google Links	Bing Links	Facebook Links
jay@medicaldistrict.org	jay@medicaldistrict.org	jay@medicaldistrict.org
spice@medicaldistrict.org	spice@medicaldistrict.org	spice@medicaldistrict.org
stewart@medicaldistrict.org	stewart@medicaldistrict.org	stewart@medicaldistrict.org
jaystewart@medicaldistrict.org	jaystewart@medicaldistrict.org	jaystewart@medicaldistrict.org

▲ **그림 5.06**: 이메일 가정 검색의 하이퍼링크 결과

이 기법은 어떤 도메인 이름에도 효과적이다. 그 결과를 막기 위해 예상되는 어떤 도메인도 제거할 수 있다. 타깃 회사의 도메인을 아는 것은 훌륭한 시나리오다. 개인의 이메일 주소 확인은 종종 소셜 네트워크, 블로그, 기타 온라인 계정으로 이어진다. 나는 휴대폰 번호와 연관된 이메일 주소를 확인하려는 유사 도구도 유지한다. 휴대폰의 이메일을 위한 네트워크 제공업체의 도메인 이름, 타깃의 휴대폰 번호를 연결한다. 소셜 네트워크 검증 메시지에 사용하는 주소도 표시할 수 있다. 계정을 연결하려는 희망으로 다양한 이메일 검색 엔진에 결과를 제공한다. 도구는 inteltechniques.com/intel/osint/cellperm.html에 호스팅된다.

Bulk Validation(e-mailvalidator.com)

이전 기법으로 잠재적인 이메일 주소를 생성하면, 유효한 계정, 그렇지 않은 계정을 구별할 방법이 필요하다. 전에 설명한 메일 검증 방법으로 개별적으로, 혹은 위에 열거한 웹사이트로 벌크로 할 수 있다. 벌크 검색은 Permutator 도구로 생성한 어떤 유효한 이메일 주소도 확인한다. 수동 검색에 비해 시간이 절약된다. 무료 계정을 생성해야 하는데, 무료는 검색어 100개로 제한된다. 이 기법에는 충분하다. 새 계정 생성은 유효한 이메일 주소만 요하며, 소유 관계는 검증되지 않는다.

Email Format(email-format.com)

이전 이메일 가정 기법이 비생산적이거나 수요에 너무 과하면, Email Format을 고려할 수 있다. 이 웹사이트는 제공된 도메인명을 검색하고, 직원 주소의 이메일 구

조를 확인하려 한다. medicaldistrict.org를 검색할 때 그 도메인하의 여러 이메일 계정을 제공했기에, 직원 이메일이 이름에 이은 성의 포맷이라 가정했다. 타깃은 그 규칙에 따르면 jstewart@medicaldistrict.org의 이메일 주소를 가진다.

Toofr(toofr.com)

같은 기법을 수행하는 더 세련된 방법은 Toofr다. 프리미엄 서비스로 등록된 계정으로 무료 검색이 월간 12건 허용된다. 15장에서 설명할 API 옵션도 있다. 이 정보는 특정 사업의 검증된 이메일 주소 수를 근거로 한다. 결과를 지속적으로 분석하며, 검색 내에 제공된 이름 정보로 가정한다.

Emails 4 Corporations(sites.google.com/site/emails4corporations)

Toofr와 유사한 무료 이메일 포맷 확인 서비스다. 이메일 포맷이 알려진 약 1,000개 회사만 검색한다. 2013년 이래 업데이트가 안 된 듯하다.

That's Them Email/User Name(thatsthem.com)

불행히도 That's Them 뒤의 가치 있는 인물 검색은 그 이메일, 사용자 이름 검색 옵션으로 이어지지 못했다. 내가 이 서비스로 검색한 이메일 주소, 사용자 이름 중 대부분은 결과가 없었다. 하지만 가끔 전체 이름, 주소, 전화번호, 차량 정보 등 세부 정보를 받았다. 드물기는 하지만, 나는 That's Them이 이메일, 사용자 이름 검색 자료의 목록 내에 있어야 한다고 믿는다.

Pipl(pipl.com)

Pipl은 효과적인 실명 검색 엔진으로 전에 설명했다. 그 이메일 검색 옵션도 그만큼 탄탄하다. 어떤 이메일 주소도 입력하면 모든 가능한 정보의 서류 스타일 보고서가 나온다. 이 데이터 중 상당수는 이미 다른 출처에서 나왔다. 하지만 사용자 이름 부분은 종종 본 적이 없는 세부 사항이 있는데, 다른 검색 결과에 나타나지 않는 관련 대상, 관련 없는 내용이 있을 수 있다. 더 세부적인 보고서를 원하면, 14장에서 설명하는 Pipl의 애플리케이션 프로그래밍 인터페이스^API 버전을 고려한다.

Whoismind(whoismind.com)

또 다른 단일 목적의 검색 도구다. 입력한 타깃 이메일 주소로 등록된 도메인명만 확인한다. 내가 모르던 웹사이트를 등록했을 수도 있는, 기술에 숙련된 타깃일 때 유용하다. 더 이상 존재하지 않는 도메인에도 효과적이다.

위협 받은 계정

이메일 주소는 정기적으로 위협을 받는다. 해커 집단은 종종 Pastebin 등의 웹사이트에 이메일 주소와 상응하는 비밀번호 데이터베이스를 공개로 올린다. 이런 웹사이트는 8장에 자세히 나온다. 위협 받은 계정의 증거를 수동 검색하면 복잡할 수 있고, 결과도 좀처럼 완벽하지 않다. Have I Been Pwnd(haveibeenpwned.com), Breach Alarm(breachalarm.com), Leaked(leaked.xj1.fr/index.php) 등 여러 신규 서비스가 이런 조사를 돕는다. 이 서비스는 입력한 모든 이메일 주소에 관해 최소한의 정보 하나만 제공한다. 공개로 알려진 어떤 해킹된 이메일 데이터베이스에 그 주소가 나타나는지 알기 위해 노출한다. 결코 소유자, 이메일 내용, 비밀번호를 밝히지는 않겠지만, 타깃의 이메일 계정이 어느 시점에 위협 받았다고 알려준다. 자신의 주소를 확인하기도 좋은 웹사이트다.

☑ IntelTechniques Email Address Search Tool(inteltechniques.com/osint/email.search.html)

나는 검색 엔진 도구, 페이스북 도구 등과 유사한 커스텀 이메일 주소 검색 도구를 만들었다. 이 웹사이트는 기본적으로 이전 장과 여기서 소개한 이메일 검색 도구 중 상당수의 지름길이다. Populate All, Submit All 버튼을 추가하면 구글, 빙, Validation, Pipl, 페이스북, Breach Alarm, Pwned List, 뉴스그룹, 블로그, FTP 서버, WhoisMind로 이메일 주소 검색 프로세스를 자동화한다. 그림 5.07은 페이지의 현 상태를 표시한다.

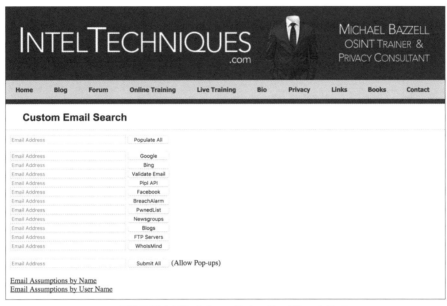

▲ 그림 5.07: IntelTechniques Custom Email Search Tool

☑ 사용자 이름 검색 엔진

일단 온라인 서비스의 사용자 이름을 확인한다. 이 정보는 훨씬 더 많은 데이터로 이어질 수 있다. 활발한 인터넷 사용자는 종종 같은 사용자 이름을 여러 웹사이트에 걸쳐 사용한다. 예를 들어 마이스페이스 사용자 "amandag62002"는 트위터, 알려지지 않은 수의 다른 웹사이트에서 같은 "amandag62002"일 수 있다. 이메일 주소를 확인하면, 이제 타깃의 사용자 이름이 생길 수 있다. 대상이 mpulido007@gmail.com을 이메일 주소로 사용하면, 수많은 웹사이트에서 사용자 이름으로 mpulido007을 사용할 가능성이 크다. 타깃이 여러 해 동안 인터넷 사용자였다면, 이 지메일 계정은 아마 타깃이 사용한 첫 이메일 주소가 아닐 것이다. mpulido007@yahoo.com, mpulido007@hotmail.com, mpulido007@aol.com

을 검색하면 새 정보를 발견할 수도 있다. 이 새 사용자 이름 정보를 수동으로 검색하는 것은 좋은 출발점이다. 사용 가능한 소셜 네트워크 수백 개의 정보를 유지하기란 불가능하다. 다음 서비스를 방문하면 여러 웹사이트에 걸쳐 사용자 이름을 검색할 수 있고, 누락된 프로필 링크를 보고한다. 서비스마다 세부 사항에 이어 기능 비교표를 제공한다.

KnowEm(knowem.com)

KnowEm은 가장 포괄적인 사용자 이름 검색 웹사이트 중 하나다. 메인 페이지는 가장 인기 있는 소셜 네트워크 웹사이트에 대해 공급된 사용자 이름의 존재를 즉시 확인하는 단일 검색 필드를 제공한다. 사용자 이름 "inteltechniques"를 검색하면 상위 25개 네트워크에서 그 사용자 이름의 사용 가능 여부 정보를 제공한다. 네트워크 이름이 약간 투명하고 단어 "available"이 지워졌다면, 그 웹사이트에서 공급된 사용자 이름을 사용하는 대상의 프로필이 있다는 뜻이다. 웹사이트가 투명하지 않고 단어 "available"이 오렌지색에 언더라인이면, 공급된 사용자 이름에 대해 그 웹사이트에 사용자 프로필이 없다. 온라인 조사자에게 이 "사용할 수 없다"는 지시는 웹사이트에 방문해 사용자 프로필을 찾아야 한다는 뜻이다. 결과는 타깃 사용자 이름이 플리커, 텀블러는 아니지만, 딜리셔스, 트위터에서는 사용 중일 수 있다. 결과 좌하단 구석의 링크는 공급된 사용자 이름에 대해 소셜 네트워크 500개 이상을 검색하는 새 페이지를 연다. 이 검색은 카테고리별로 완료되며, "blogging" 카테고리는 자동 검색된다. 이 페이지를 아래로 스크롤하면 추가 카테고리가 14개 나오는데, 카테고리 제목마다 옆에 있는 버튼은 "check this category"라 한다. 이 검색은 시간이 걸릴 수 있다. 고유한 사용자 이름에 관한 시나리오에서 이 검색은 시간을 들일 가치가 충분하다.

Name Chk(namechk.com)

Name Chk는 유사 서비스를 제공한다. KnowEm처럼 많은 웹사이트를 검색하지는 않지만 조사자에게 훌륭한 편의성을 제공한다. 페이지 상단에서 고유한 사용자 이름을 검색 필드에 입력하면 즉시 그 이름의 존재를 인기 소셜 네트워크 118개에서 확인한다. 녹색 배경색, 단어 "available"은 그 사용자 이름이 그 웹사이트에서 사용 중이지 않는 반면, 붉은 배경색, 단어 "taken"은 사용자 계정이 그 웹사이트에서 사용 중임을 나타낸다. 이 웹사이트의 장점은 Download Results를 클릭하면 로데이터와 함께 CSV 스프레드시트가 나온다는 것이다.

Check User Names(checkusernames.com)

이 웹사이트는 KnowEm 검색 엔진, Name Chk의 기능을 결합한다. 대략 KnowEm에 있는 웹사이트 중 3분의 1을 검색하지만, 확인 후에는 타깃의 프로필에 직접 링크를 건다. 이 서비스가 자체적인 내부 구조가 아니라 KnowEm에 의존하기에, 종종 장애를 경험한다.

Name Checkr(namecheckr.com)

이 서비스는 2014년 말에 나타났고, 이전 경쟁사로서 같은 유형의 검색을 수행한다. 여기서 다른 웹사이트보다 빨리 검색을 수행한다는 약간의 장점만 있다. 게다가 타깃 사용자 이름으로 확인한 어떤 계정으로도 이동하는 활성 하이퍼링크가 있다.

User Search(usersearch.org)

이 서비스는 활성 프로필 결과만 제공하는 점에서 다른 곳에 비해 약간 돋보인다. 공급한 사용자 이름에 대해 가장 인기 있는 웹사이트 중 45개(기본 옵션)에서 존재를 검색하거나 웹사이트(고급 옵션) 총 115개를 검색해 타깃에 매칭된다 확인된 프로필 목록이 나온다. 이 서비스는 모든 옵션 중 가장 느리지만, 더 정확한 결과로 계정을 검증한다는 뜻이다. 이메일 주소 검색은 가끔 가치 있었다. 하지만 전화 검색 옵션은 아직 정확한 결과를 낳지 못하고 있다.

NameVine(namevine.com)

이 사용자 이름 검색 서비스는 나머지에 누락된 고유 기능을 제공한다. 어떤 부분적인 사용자 이름을 입력해도 시작할 수 있고, 즉시 상위 10위 소셜 네트워크 내에서 등록된 계정을 확인한다. 타깃이 사용 중인 정확한 이름을 확실히 알지 못할 때 유용하다. 타깃의 트위터 사용자 이름이 "Bazzell"이면, 이전 서비스는 이 이름도 보유하는 추가 계정을 쉽게 확인한다. 타깃이 사용자 이름 끝에 숫자를 추가할 수 있다면, 모든 경우의 수 검색에 시간이 좀 걸릴 수 있다. NameVine으로 사용자 이름 끝에 숫자를 재빨리 바꿔, 즉시 결과를 얻을 수 있다. 트위터, 페이스북, 핀터레스트, 유튜브, 인스타그램, 텀블러, 워드프레스, 블로거, 깃허브를 검색한다. 매칭되는 어떤 ".com" 도메인도 확인한다. 이 서비스의 혜택은 여러 검색을 하는 속도다.

Pipl(pipl.com)

Pipl은 개인의 실명, 이메일 주소를 검색하는 훌륭한 웹사이트라 논했다. 이 웹사이트는 사용자 이름으로 사람을 찾을 때도 마찬가지로 수행한다. 사람 검색을 수행하는 필드에 사용자 이름을 삽입하면 소셜 네트워크의 사용자 이름으로 대상의 결과를 표시한다. 나이, 지역, 회사, 관심사 등 사용자 관련 중요 정보를 판단하려 한다. 마지막으로 사용자의 소셜 네트워크 계정과 연관된 작은 이미지를 표시한다. 사용자 이름으로 검색하는 중요한 부분은 잘 알려지지 않은 사용자 이름을 검색하는 것이다. 위 사례 모두에서 사용자 이름 "inteltechniques"를 사용했다. 타깃이 이 이름을 사용 중이라는 사실을 알면, "inteltechniques2", "inteltechniques3", "inteltechniques4" 등의 사용자 이름을 재빨리 관찰하고 싶을 수 있다. 이 프로필이 타깃에 속하지 않을 수도 있지만, 어쩌면 누락된 신규 프로필을 발견할 수도 있다.

Peek You(peekyou.com)

이 책의 이전 버전은 Peek You를 다음에 나오는 "추가 웹사이트" 섹션에 열거했다. 최근에 이 서비스는 새 검색 옵션, 더 나은 정확도를 도입했다. 표준 랜딩 페이지는 개인의 이름, 성을 검색하도록 권한다. 원하지 않는 결과를 제거하는 국가별 필터 옵션이 있다. 종종 타깃의 트위터 페이지, 페이스북 프로필, 관련 계정을 확인한다. 이 기본 데이터는 서비스 제공 항목 중 시작일 뿐이다. "Username" 검색 옵션은 특정 사용자 이름으로 사용자 계정을 보유한 소셜 네트워크를 확인해 Knowem과 유사한 쿼리를 수행한다. 가끔 다른 서비스가 누락한 새 인터넷 프로필을 찾았다. "Work" 검색 옵션은 회사별로 사람을 찾는다.

Lullar(com.lullar.com)

Lullar는 이메일 주소, 사용자 이름, 실명 등으로 검색한다. 검색은 이메일 주소, 사용자 이름이 있을 때 탁월하지만, 신뢰할 만한 결과를 위해 실명 옵션은 추천할 만하지 않다. Lullar는 검색 결과에 다른 접근법을 취한다. 검색을 수행할 때 결과 페이지는 거의 즉시 나타난다. Lullar가 실제로 사용자 프로필의 어떤 실제 분석도 수행하지 않기 때문이다. 표시 결과는 그 프로필의 주소, URL 등을 근거로 타깃의 프로필 페이지를 여는 링크일 뿐이다. 예를 들어 사용자 이름 "JohnDoe911"을 검색하면, Lullar는 어떤 웹사이트도 확인해 이 사용자가 프로필이 있는지 보지 않는다. 그 대신 그 사용자 이름에 기능하는 적절한 링크를 생성한다. 트위터의 경우 twitter.com/#!/search/JohnDoe911을 생성한다. 이 링크는 이 주소에 프로필이 있든, 없든 제시된다. 종종 기능하지 않는 링크가 나오는 단점이 있다. 긍정적인 면은 기능하는 링크가 생기면 다른 엔진이 아직 색인하지 않은 새 링크일 수 있다는 점이다.

나는 종종 이 서비스를 두 시나리오에서 사용한다. 부분적이거나 의심스러운 사용자 이름이 있으면, Lullar로 검색해 프로필이 어떻게 보이는지 살펴본다. 그러면 즉시 내가 잘못된 타깃 이름을 조사 중인지 알려줄 수 있다. 다른 시나리오는 내가 대안, 가명이 있는 이메일 주소, 사용자 이름과 마주치는 경우다. 내 타깃의 사용자 이름이 TheJohnDoe2면, 사용자가 TheJohnDoe3, TheJohnDoe4나 아마 TheJohnDoe도 보유하는지 궁금하다. 여러 번 사용자는 보조적인 사용자 이름이 필요하며, 주 이름과 아주 유사한 이름을 선택한다. Lullar는 계정 사용자의 실명과 상관없이 이 프로필에 어떤 콘텐츠가 나타나는지 보여준다. 이러면 원하지 않는 프로필로 이어질 수 있지만, 타깃의 전에 알려지지 않은 프로필을 찾을 때 아주 성공적이었다.

궁극적으로 이 웹사이트 중 무엇이 기호에 맞게 가장 효과가 좋은지 판단해야 한다. 나는 필요 시 모두 사용하도록 권장한다. 절대적인 실명이 있을 때는 KnowEm이 최상의 출발점인 반면, 여전히 사용자 이름을 확인하려 하는 경우에는 NameVine이 유용하다. 다음 표는 결과가 타깃 페이지에 직접 연결되든, 아니든 검색한 네트워크 수, 추가 기능을 확인한다.

서비스	웹사이트 수	활성 링크	기능
Knowem	596	NO	
NameCheck	118	NO	CSV 다운로드
CheckUserNames	160	NO	
NameCheckr	48	YES	도메인 확인
UserSearch	115	YES	
NameVine	10	YES	실시간 결과
Pipl	경우에 따라 다름	YES	긍정적인 결과
Lullar	25	YES	

스냅챗(lastpass.com/snapchat)

스냅챗 사용자 데이터베이스 악용은 페이스북 휴대폰 검색을 논하던 3장에서 설명했다. Lastpass는 이 데이터 세트 내의 어떤 사용자 이름도 쿼리하는 온라인 검색 도구를 유지하며, 어떤 유출된 정보도 확인한다. 여러 사용자 이름에 대해 이 도구는 전화번호 10자 중 첫 8자를 표시한다. 완전하지는 않지만, 지역 코드, 사용자 이름 프리픽스를 확인할 수 있는데, 도시, 주 등 대략적 위치를 확인할 수도 있다.

스카이프 사용자 이름(web.skype.com)

스카이프 사용자 이름 확인은 중요한 리드일 수 있다. 새로 발견한 데이터의 추가 검색으로 안내할 수도 있다. 불행히도 사용자 이름은 스카이프에서 실명을 조사할 때 사용할 수 없다. 하지만 빠른 방법은 이름, 이메일 주소를 검색할 때 어떤 스카이프 사용자 이름도 드러낸다. 웹사이트, 애플리케이션 내에서 스카이프 계정에 로그인하는 동안 검색 영역으로 이동한다. 이 섹션으로 실명, 이메일 주소를 입력할 수 있는데, 이어서 스카이프 사용자 디렉터리 검색을 수행한다. 어떤 결과도 아래에 즉시 나타난다. 이 결과를 클릭하면 사진 등 사용자의 기본 프로필 세부가 표시된다. 사용자가 사진을 포함하지 않으면, 실루엣 그래픽이 나타난다. 이미지 포맷을 우클릭해 "새 탭에서 이미지 열기"(크롬)나 "이미지 보기"(파이어폭스)를 선택한다. 새 탭에는 이미 사용 가능한 이미지가 있다. 하지만 URL 내 주소는 타깃의 스카이프 사용자 이름을 드러낸다. 다음 URL은 lorangb@gmail.com의 이메일 주소로 스카이프 사용자의 프로필 이미지에서 생성했다. 타깃의 스카이프 사용자 이름을 bart.lorang으로 확인한다. 사용자 이름은 항상 URL 내 단어 "users"에 이어 포워드슬래시(/) 2개 사이에 있다.

https://api.skype.com/users/bart.lorang/profile/avatar?cacheHeaders=1

타깃이 스카이프 사용자면 이 기법은 이메일 주소를 여러 네트워크에 걸쳐 존재할 수 있는 사용자 이름으로 풀이할 수 있다.

☑ IntelTechniques User Name Search Tool(inteltechniques.com/OSINT/username.html)

커스텀 이메일 검색 도구와 유사한 이 페이지는 전에 언급한 기법 중 일부를 자동 검색하는 것을 돕는다. 그림 5.08에 보이는 이 페이지로 단일 사용자 이름을 입력해 검색 옵션 모두를 채울 수 있다. 이어서 수동 쿼리를 실행하거나 마지막 옵션으로 모든 검색의 경우의 수를 시도할 수 있다. 상기하자면 "Submit All" 옵션을 사용하는 경우 IntelTechniques.com 도메인의 팝업을 허용해야 한다. 이 도구는 현재 KnowEm, NameVine, CheckUserNames, Pipl, Pipl API, PeekYou, ThatsThem, UserSearch, 트위터, 페이스북, 유튜브, 텀블러, 인스타그램, 구글 플러스, 이메일 가정으로 타깃 이름을 검색한다. 보통은 내가 타깃 사용자 이름이 있을 때의 첫 단계다.

▲ 그림 5.08: IntelTechniques의 사용자 이름 커스텀 검색 도구

☑ 대학 홈페이지

이 사용자 이름 자동 검색은 아주 생산적일 수 있다. 하지만 모든 온라인 커뮤니티에서 계정을 찾지는 못한다. 태핑하지 못한 큰 자료 하나가 대학의 비공개 웹페이지, 사용자 이름이라는 방대한 존재다. 거의 모든 대학이 학생마다 대학 이메일 주소를 발급한다. 보통 다음과 같은 표준 이름 규약을 따른다.

lastname.flrstname@university.edu

학교가 사용하는 규약을 확인할 수 있고, 타깃의 전체 이름을 알면, 학생의 이메일 주소를 판단할 수 있다. 이 주소는 누락된 어떤 웹사이트, 소셜 네트워크에 대해서도 검색할 수 있다. 게다가 주소 첫 부분은 보통 홈페이지를 위해 학생에게 발급된 사용자 이름이다. 타깃은 이 이메일 주소를 온라인에서 전혀 사용한 적이 없을 수 있고, 검색 결과도 비어 있을 수 있다. 그렇다고 데이터가 없다는 뜻은 아니다. 타깃이 대학에 다니는 동안 일종의 홈페이지를 만들었을 가능성이 높다. 콘텐츠를 찾기는 쉽다.

이전에 설명한 검색이 타깃이 다닌 대학을 찾는 데 도움이 됐기를 바란다. 대학 웹사이트 검색은 대학이 사용하는 도메인명을 드러낸다. 예를 들어 에드워즈빌의 서던 일리노이 대학 웹사이트는 siue.edu다. 이제 그 정보를 취해 그 도메인의 어떤 개인 페이지에 대해서도 특정 검색을 할 수 있다. 검색은 다음과 같이 보인다.

    site:siue.edu laura

무작위로 Laura라는 이름을 선택해 SIUE 도메인에서 학생, 직원의 개인 웹사이트를 모두 확인한다. 결과 중 하나는 "Laura Swanson" 소유의 개인 웹사이트 링크였다. 링크는 다음과 같다.

    www.siue.edu/~lswanso/

개인 웹사이트의 이름 규약이 틸드에 이어 이름 첫글자 다음, 성의 첫 6자다. 관심 타깃이 "Scott Golike"면 개인 웹사이트는 아마 다음 위치에 있을 것이다.

    www.siue.edu/~sgolike/

학교가 발급한 이메일 계정이 sgolike@siue.edu라 가정할 수도 있다. 전에 논한 기법으로 몇 가지 검색하면 이 주소가 타깃 소유인지 확인할 수 있다. 페이스북 프로필에 이메일로 검색하는 기법은 버려진 프로필을 확인할 수도 있다.

이제 이 학교 개인 페이지로 이동해 콘텐츠가 있는지 살펴볼 수 있다. 있다면 데이터를 수집해 정보, 추가 조사의 리드를 분석할 수 있다. 이 주소에 페이지가 없더라도 그곳에 데이터가 전혀 없다는 뜻은 아니라 이 웹사이트에 현행 콘텐츠가 없다는 뜻일 뿐이다. 학생이 졸업하면 대학은 보통 서버에서 모든 사적인 콘텐츠를 제거한다. 전에 논한 대로 결코 관찰을 멈출 구실이 아니다. 이제 타깃의 URL을 취해 The Wayback Machine(wayback.archive.org)에서 검색한다.

한 사례로 나는 "Laura Swanson"에 대한 위의 첫 개인용 링크로 이동할 수 있다. 그림 5.09는 www.siue.edu/~lswanso/의 실제 페이지 중 일부를 표시한다. 이 페이지가 존재하지 않고 웹사이트에 콘텐츠가 없으면, The Wayback Machine을 확인할 수 있다. 그림 5.10은 이 개인 페이지의 검색 결과를 표시하고, 이 웹사이트의 1997년까지 거슬러 올라가는 수많은 아카이브를 확인한다. 이 옵션을 모두 확인하면 2005년 버전(그림 5.11), 1997년의 첫 캡처(그림 5.12) 등 웹사이트의 여러 다양한 버전이 나온다. 관습적 검색으로 밝힐 수 없는 새 데이터가 나온다. 개인 웹사이트를 찾을 때는 이전 버전을 아카이브해야 한다.

▲ 그림 5.09: 대학 웹사이트의 현행 개인 페이지

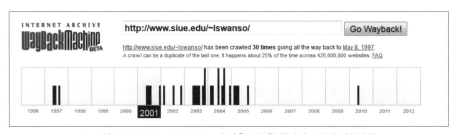
▲ 그림 5.10: Wayback Machine의 사용 가능한 웹사이트 버전 타임라인

▲ 그림 5.11: 웹사이트의 이전 버전

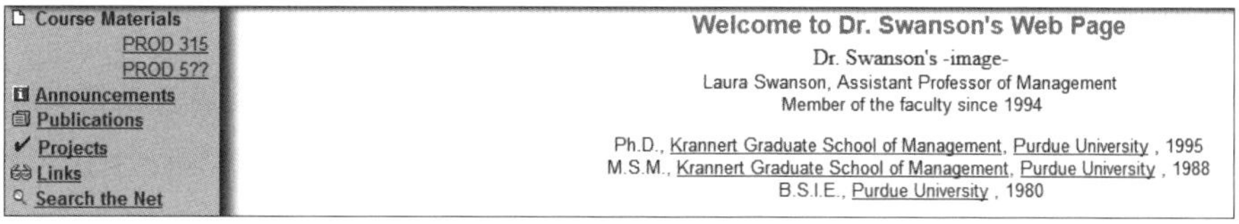

▲ **그림 5.12**: 웹사이트의 이전 버전

실제 적용: 또 다른 기관을 돕는 동안 용의자가 우선순위 높은 조사에서 드러났다. 온라인 검색을 모두 시도했으나, 대상을 찾는 데 가치 있는 것이 전혀 드러나지 않았으며, 삭제된 학생 개인 페이지를 이 방법으로 찾았다. 친구, 룸메이트, 가족 구성원, 전에 알지 못한 관심사 목록이 있었다. 이 정보는 몇 시간 내에 그 개인을 찾는 데 도움이 됐다.

일부 기관은 모든 학생, 단과에 대해 표준 이름 규약을 따르지 않는다. 게다가 학생 2명 이상이 같은 사용자 이름을 만들 정도로 유사한 이름인 경우가 있다. 보통은 이 중복을 제거할 계획이 준비돼 있다. 때로 사용자 이름에 숫자 "2"를 붙일 정도로 간단하다.

대학만 회원 이름을 근거로 개인 웹페이지를 만들지는 않는다. 여러 인터넷 서비스 제공업체는 구독자마다 제공업체 메인 웹사이트의 일부로 온라인 개인 공간을 허용한다. 컴캐스트는 구독자 사용자 이름을 제목으로 한 폴더에 스토리지 25MB를 제공한다. 예를 들어 고객 이메일 주소가 laurenanddan@comcast.net이면, 서비스 사용자 이름은 laurenanddan이다. 개인 웹페이지를 보는 URL은 다음과 같다.

home.comcast.net/laurenanddan

다음은 "laurenanddan"을 사용자 이름 사례로 사용한, 추가 인터넷 제공업체의 개인 웹페이지 주소 목록 샘플이다. 타깃의 지역에서 인터넷 제공업체도 검색해 The Wayback Machine, 구글 저장된 페이지, 빙 저장된 페이지, 얀덱스 캐시, 기타 2장에서 논한 다른 서비스에서 삭제된 페이지를 찾아야 한다.

추가 웹사이트

새 웹사이트가 나오는 만큼이나 빠르게 일부 웹사이트는 폐쇄하는 경향이 있기에, 모든 인물 검색 엔진을 논하기란 불가능하다. 더 큰 웹사이트가 더 작은 웹사이트를 인수해 검색을 더 큰 웹사이트로 포워딩하는 경우도 흔하다. 이 여러 웹사이트를 방문해보면 정보가 중복돼 있음을 알게 될 것이다. 이 장에서 상세히 적은 웹사이트를 모두 검토한 후, 여전히 정보가 더 필요하면 다음을 검색할 수 있다.

YoName(yoname.com)
InfoSpace(infospace.com)
Whozat(whozat.com)
WebMii(webmii.com)
CVGadget(cvgadget.com)

## 06장

소셜 네트워크 트래픽

누군가의 소셜 네트워크 프로필을 찾으면 그들의 정보가 꽤 많이 드러난다. 단지 타깃 이름만 알면 어디서 더 많은 정보를 찾는지 확인하는 인물 검색 엔진을 활용할 수 있다. 때로 조사관은 타깃의 이름을 모른다. 흔한 시나리오는 사건의 조사관이다. 특정 폭력 범죄, 캠퍼스 폭파 위협, 특정 사업 관련 부적절한 잡담일 수 있다. 이 모든 시나리오는 소셜 네트워크 트래픽을 모니터링하는 검색 엔진을 요한다. 이런 서비스는 풍부하다. 일부는 사건 후의 반응적 조사에 더 효과가 좋은 반면, 대화 모니터링 중의 적극적 조사 동안 강점을 보이는 것도 있다. 이 장의 웹사이트 중 상당수는 서로 같은 결과를 찾는다. 모두 시중에 있으므로 연습해서 어떤 서비스가 수요에 가장 적절한지 확인할 수 있다.

전반적으로 소셜 네트워크 트래픽을 검색하는 가장 강력한 방법론 중 일부는 이미 3장의 페이스북, 트위터에서 논했다. twitter.com 등의 출처에서 트래픽을 검색하면 보통 여러 출처의 웹사이트를 취합할 때보다 더 정확하고 업데이트된 콘텐츠를 제공한다. 게다가 구글, 빙으로 특정 서비스를 검색하면 때로 다른 곳에서 얻기 어려운 결과를 재빨리 찾을 수도 있다. 2장에서 설명한 웹사이트 연산자 활용으로 더 발전할 수 있다. 소셜 네트워크의 직접 검색, 타기팅된 검색 엔진 쿼리 외에 다른 옵션도 있다. 이 장에서 언급하는 서비스의 정확도는 달마다 변한다. 이 웹사이트 중 일부가 조사에 가치가 있기 바란다. 이 장의 옵션은 보완적으로 사용해야 하며, 이전 방법론에서 얻은 결과를 대체해서는 안 된다.

☑ 커스텀 검색 엔진

2장은 구글의 커스텀 검색 엔진 생성을 논했다. 생성한 최종 산물로는 Social Networks Search Engine, Smaller Networks Search Engine이 있었다. 둘 다 인기 소셜 네트워크, 덜 알려진 소셜 네트워크 모두를 빠르고 철저히 검색한다. 종종 타깃이 연루된 커뮤니케이션을 확인할 수 있다. 특정 주제, 사용자 이름, 실명, 사건 등에 관한 일반적 내용의 초기 검색에 최상이었다. 이 엔진은 모두 Intel Techniques 웹사이트의 **Links > Custom Search Tools** 아래서 찾을 수 있다. 게다가 아래 URL에서 접근할 수 있다.

> Social Networks: https://inteltechniques.com/OSINT/social.networks.html
> Smaller Networks: https://inteltechniques.com/OSINT/smaller.networks.html

Social Networks 엔진은 페이스북, 트위터, 구글 플러스, 인스타그램, 링크드인, 유튜브, 텀블러에서 구글이 색인한 모든 콘텐츠를 검색한다. 서비스마다 엔진 상단의 개별 탭에 결과를 분리한다. Smaller Networks 엔진은 마이스페이스, 오컷 아카이브, TheHoodUp, BlackPlanet, MiGente, AsianAve를 수색한다.

Social Searcher(social-searcher.com)

나는 전에 Social Searcher의 첫 버전에서 검색하지 말도록 사용자에게 권장했다. 그 후 그 무료 서비스에 의존해 주요 소셜 네트워크에 있는 데이터를 소비했다. 어떤 키워드, 사용자 이름, 단어든 제공하면 페이스북, 트위터, 구글 플러스, 전반적인 웹에서 최근 결과를 얻을 수 있다. 쿼리에 매칭되는 새 콘텐츠의 노티를 위해 이메일 얼럿도 생성할 수 있다. 이 웹사이트의 고유한 기능 중 하나는 검색 결과를 CSV 포맷으로 익스포트하는 무료 기능이다. 다음의 작은 일부는 단어 "OSINT" 검색 동안 익스포트했다. 이것으로 다른 정보와 함께 트위터 사용자 이름, 날짜 및 시간, 전체 메시지를 얻었다. 스프레드시트 포맷으로 유지하면 놀라울 정도로 유용할 수 있다. 이 문서는 레딧, 데일리모션 수십 건 등 다른 네트워크의 포스트도 있다. 문서는 다른 어떤 데이터 수집 시스템에서도 쉽게 임포트할 수 있다.

http://twitter.com/borderpol Sun Feb 0122:43:51

Experts raise alarm as plague kills dozens in Madagascar http://t.co/gyetAXF6zd

http://twitter.com/dzhray Sun Feb 0122:1 1:48

RT @Robert4787: @dzhray I hope so. Robert at OSINT NEWS: http://t.co/WHZS

Ice Rocket(icerocket.com)

Ice Rocket은 깔끔한 인터페이스, 빠른 결과를 제공한다. 모든 소셜 네트워크 트래픽을 한 결과로 병합하는 대신 출처마다 별도 뷰로 구분한다. 디폴트 뷰는 블로그를 검색한다. 모든 페이지에서 검색 필드 위의 세 탭은 Blogs, Twitter, "Search All"의 결과를 제공한다. 이 중 어떤 탭을 클릭해도 단어를 재입력하지 않고 이전 검색어를 검색한다. 블로그를 검색할 때 좌측 메뉴로 오늘, 지난 주, 지난 달, 어떤 때든 검색 결과를 지정할 수 있다. 마지막 옵션으로 특정 날짜 범위를 정의해 검색 결과를 제한할 수 있다. 트위터 검색으로 최근 트래픽으로 시작해 지난 24시간부터 트윗을 확인한다. 이 트윗의 압축된 뷰는 사진 아이콘, 사용자 이름, 메시지, 링크, 해시태그를 모두 단일한 수평선으로 제시한다. "Search All" 기능은 이 검색 모두를 단일 페이지로 조합해 제시한다. 결과가 별로 나오지 않는 키워드가 있을 경우 편리하다. 디폴트로 이 페이지에서 콘텐츠를 자동 새로 고침하는 기능이 비활성화된다. 이 실시간 스트림을 활성화하려면 화면 우측 상단 구석의 시간 간격을 선택한다.

Social Mention(socialmention.com)

Social Mention은 다른 소셜 검색 웹사이트 대부분과 상당 부분 같은 트래픽을 검색한다. 조사자에게 유용한 검색 결과에서 실시간 통계를 제공하는 몇 안 되는 웹사이트 중 하나다. 이 정보의 새 출처는 감정 판독, 열정 판독, 댓글당 평균 타임프레임, 수행한 검색의 인기 키워드가 있다. 이 데이터는 조사자에게 검색의 전반적인 결과가 부정, 긍정, 중립 중 무엇인지 알려준다. 더구나 가장 많이 사용하는 키워드 확인은 검색할 추가 단어의 추가 정보를 제공할 수도 있다. 전반적으로 Social Mention은 개인 블로그, 사진 공유 웹사이트, 뉴스를 포함하도록 데이터 출처를 확대했다.

딜리셔스(delicious.com)

딜리셔스는 인터넷 즐겨찾기를 저장, 공유, 발견하는 소셜 북마크 웹 서비스다. 야후 소유며, 사용자가 수백만 명이다. OSINT 조사에서 이 웹사이트의 혜택은 두 가지다. 표준적인 주제 검색은 조사 시 대상의 관심사를 확인하는 반면, 사용자 검색은 그 개인의 관심 웹사이트를 확인한다. 두 검색 모두 장애물이 있지만, 두 기법으로 우회할 수 있다. 키워드 검색은 조사 주제에 관해 페이지를 즐겨찾기한 대상을 확인한다. 어떤 확인된 대상의 다른 관심사에 관해서도 잠재적 타깃, 정보를 제공한다. 딜리셔스는 최근 이 정보를 표시하는 홈페이지의 검색 옵션을 제거했지만, 구글로 같은 결과를 아카이브할 수 있다.

버스 내 폭력 사건을 조사 중이라고 가정하자. 관련 동영상을 유튜브에 업로드했는데, youtube.com/watch?v=lQJFv9SMSMQ에서 동영상을 찾았다. 동영상을 보고 업로드한 사람의 정보를 수집한 후, 동영상을 찾아, 본 지역 내 다른 사람을 알고 싶다. 다른 사람에게 보여주려고 즐겨찾기를 저장한 실제 증인을 확인할 수도 있다. 다음 구글 검색으로 딜리셔스에서 그 동영상이 있는지 검색할 수 있다.

    site:delicious.com "lQJFv9SMSMQ"

여기서 언급한 동영상 검색은 즐겨찾기에 같은 동영상이 있는 16명을 확인했다. 결과 중 하나는 사용자 이름, 동영상 관련 댓글을 확인했다. 사용자 이름을 클릭하면 최근으로 시작해 연대기 순으로 그 개인의 즐겨찾기 전부가 있는 페이지가 열린다. 사용자 프로필은 사용자 실명, 가입일, 마지막 접속일을 표시할 가능성이 크다. 사용자의 즐겨찾기 링크도 볼 수 있다. 그리고 이것으로 이동하면 대상의 관심사, 취미, 활동의 아주 상세한 뷰가 생길 수 있다. 사용자가 링크 수백, 수천 건을 보유하면, 전부 내비게이션하기 부담스러울 수 있다. 새 딜리셔스 웹사이트는 개인의 링크로 검색하는 공식 방법을 제공하지 않지만, URL 트릭으로 가능하다.

https://delicious.com/b8akaratn

이제 사용자 프로필에서 링크 459개를 전부 필터링하고 싶어서 단어 "vegan"이 있는 것만 표시하고 싶다고 가정하자. 다음 주소를 어떤 웹브라우저에도 직접 입력할 수 있다.

https://delicious.com/b8akaratn/vegan

이 기법으로 관심 있는 어떤 콘텐츠도 재빨리 찾을 수 있다. 여러 링크가 있는 관심 타깃이 있다면, 나는 "map", "maps", "directions", "route" 등이 있는 어떤 즐겨찾기도 상세 검색한다. 종종 온라인 지도 서비스에서 저장한 길찾기 정보를 확인한다. 때로 대상의 거주지를 출발점으로 포함한다. 웹브라우저의 흥미로운 즐겨찾기를 잠시 생각해보자. 공개라면 무엇을 말해주는가? 타깃의 트위터 이름을 알면, 웹 주소에 직접 입력해 페이지가 있는지 볼 수 있다. 타깃의 트위터 이름이 "bbrenner"면, 다음 URL을 웹브라우저에서 로딩할 수 있다.

delicious.com/bbrenner

딜리셔스를 사용하지 않는 대상이 더 많을 수 있다. 하지만 제대로 찾으면 타깃의 관심사, 스킬, 장래 계획, 친구, 학력, 회사의 훌륭한 정보를 제공할 수 있다. 사용자가 더 새로운 기술로 이동했더라도 이전의 즐겨찾기는 중요한 이야기를 들려줄 수 있다.

스텀블어폰(stumbleupon.com)

딜리셔스의 아주 인기 있고 더 현대적인 대안은 스텀블어폰이다. 반드시 즐겨찾기 서비스는 아니지만, 사람들이 즐겨찾는 링크를 친구와 공유하는 방법이다. 서비스 내에서 직접 검색하기는 불가능하지는 않더라도 어렵다. 전에 언급한 동영상을 구글에서 "site" 연산자로 검색해 스텀블어폰의 포스트 하나를 확인했다. 이 링크를 클릭하면 스텀블어폰 환경에서 동영상이 열린다. 디폴트 뷰는 동영상을 공유한 사람에 관해 아무것도 말해주지 않는다. 하지만 동영상 우측 상단 구석의 작은 느낌표를 클릭하면 사용자 정보를 로딩한다. 여기서 언급한 링크는 사용자 이름 iyannaw08이 올렸다. 이 정보를 지금 검색해 이 대상을 더 알아볼 수 있다. 그 사용자에 관한 구글의 다음 쿼리는 스텀블어폰의 추가 포스트를 17개 제시한다.

site:stumbleupon.com iyannaw08

Topix(topix.com)

Topix는 뉴스 기사를 주제, 지역별로 카테고리화하는 뉴스 애그리게이터로 시작했다. 곧 인터넷 트롤, 선정적인 댓글의 놀이터가 됐다. 서비스는 현재 엔터테인먼트 뉴스, 콘텐츠 생성에 집중하지만, 지역 커뮤니티는 여전히 아주 활동적이다. 이 지역에서 회사 리뷰, 불만, 개인적 모욕, 간헐적인 신체적 위협을 찾는다. 홈페이지로 이동하면 유명인의 가십만 나오지만, 지역 포럼으로 이동하면 훨씬 더 조사에 가치 있는 것이 나온다. 다음 페이지는 해외의 지역 선택 도구가 나오는데, 우편번호로 검색하는 편이 가장 좋다.

http://www.topix.com/pick-local

타깃 지역의 지역 뉴스 페이지로 연결한다. 다양한 뉴스 기사를 볼 가능성이 큰데, 각각 기사 하단에 댓글이 있을 수 있다. 타깃의 지리적 영역 내에서 어떤 포스트의 최근 댓글도 보고 싶다면, 아무 뉴스 포스트나 클릭해 타깃 지역의 도시명에 이어 나오는 "Discussions"가 보일 때까지 스크롤한다. 정치적 논평부터 문자로 서로 싸우는 시민까지 전부 있는 최근 가장 활발한 포럼 포스트 목록이 나온다. 다음 사례는 일리노이 에드워즈빌 지역의 트래픽을 찾는 정확한 절차를 설명한다.

나는 www.topix.com/pick-Iocal로 이동해 검색 필드에 62025를 입력했다. URL www.topix.com/city/edwardsville-il로 이동했다. 첫 뉴스 기사를 클릭해 "Edwardsville Discussions"가 보이기까지 스크롤했다. 그 링크를 클릭해 www.topix.com/forum/city/edwardsville-il의 개별 웹페이지로 이동했다. 거기서 여러 지역 거주자 간의 수많은 대화를 봤다. 다음은 첫 결과를 있는 그대로 추출했다.

> Topic: 전체 이름(편집)
>
> Yadier 2004: Does anyone know her?
>
> Bme1980: Yes, she's like my sister. Why?
>
> base 216: i know her as well go way back
>
> her43: Who is asking and why do you want to know?
>
> Payup2: She A Thief And Owes Alot Of Money To A Few People. She Will Pay It!

Topix에서 타깃 도시의 정확한 URL을 알면 도시명 앞에 "/forum/"을 추가해 댓글로 직접 이동할 수 있다. 타깃 도시의 Topix 주소가 www.topix.com/Houston이면, www.topix.com/forum/Houston으로 직접 이동할 경우 이 페이지가 나온다.

나머지 전부

이전 판 독자는 이 장이 전작보다 훨씬 짧아 보일 수 있다. 과거 버전은 여러 화면 캡처, 폐쇄된 여러 서비스가 있었다. 지적인 독자를 존중해 이 장에 어떤 이미지도 포함하지 않는다. 이 검색 옵션은 전부 사용하기 아주 쉽고, 기능도 꽤 명백하다. 이 장의 세부는 종종 새 판이 나온 후 가장 먼저 철이 지나버린다. 새롭거나 곧 나올 소셜 미디어 모니터링 옵션을 모두 과하게 설명하는 대신 직접 조사하도록 여기에 자료 목록을 남긴다. 모두 장점과 (여러) 단점이 있다. 여기서 완벽한 해결책을 찾을 수도 있지만, 비슷한 것을 더 많이 볼 가능성도 크다.

KeyHole (keyhole.co)

Board Reader (boardreader.com)

48ers (48ers.com)

HashAtIt (hashatit.com)

UVRX (uvrx.com/social.html)

Trackur (trackur.com)

Addictomatic (addictomatic.com)

07장

온라인 커뮤니티

온라인 커뮤니티는 소셜 네트워크와 아주 유사하다. 소셜 네트워크는 여러 관심사의 폭넓은 청중에 재단되는 반면, 이 커뮤니티는 보통 특정 서비스, 라이프스타일에 연관된다. 여러 온라인 커뮤니티는 검색 엔진이 색인하지 않는다. 그러므로 타깃의 참여를 구글, 빙으로 항상 발견하지는 못한다. 타깃의 관심사, 취미를 이전 검색 기법으로 찾을 때면 언제라도 그 주제에 맞는 온라인 커뮤니티를 찾아야 한다. 종종 타깃에게 아주 개인적, 사적인 정보를 찾을 수 있다. 여러 사람이 개인 정보를 전혀 신경 쓰지 않고 이 커뮤니티에 글을 올린다. 일부 커뮤니티는 콘텐츠를 보려고 할 때 등록을 요하지만, 보통 무료다. 가끔 페이지의 캐싱된 버전을 등록하지 않고도 사용할 수 있다. 이 장은 이 커뮤니티에 침투해 획득한 정보를 극대화하는 방법을 제공한다.

크레이그즈리스트(craigslist.org)

크레이그즈리스트는 세계 모든 곳의 거대한 단일 온라인 클래서파이드 광고다. 이 웹사이트는 아파트를 찾거나, 지역에서 차량 구매의 여러 옵션을 제공하거나, 집에서 운전해 갈 수 있는 거리 내에서 상상할 수 있는 어떤 품목, 서비스를 찾을 때도 도움이 돼, 수고를 덜 수 있다. 크레이그즈리스트가 검색 옵션을 제공하지만, 결과는 활성 포스트로만 제한된다. 한 번에 한 카테고리만 검색할 수 있다. 포스트를 개별적으로 브라우징할 수 있지만, 과하다.

정부 조사관, 사설 탐정은 이 웹사이트에서 도난품을 찾는 데 많은 성과를 거뒀다. 일단 현 지역의 크레이그즈리스트 웹사이트를 찾아야 한다. 종종 그냥 craigslist. org만 방문해도 지리적 영역의 랜딩 페이지로 이동한다. 그렇지 않은 경우는 국가에 이어 주, 그 다음 광역으로 이동해 주변 리스팅을 본다. 최근 도난이 발생했다면, "for sale" 섹션의 실시간 검색이 결과가 나올 수도 있다. 나는 메인 페이지 검색은 권장하지 않는다. 고급 옵션이 없기 때문이다. 그 대신 아무 섹션 제목이나 클릭한다. 예를 들어 "for sale" 섹션을 클릭하면 그 영역으로 이동한다. 페이지 상단에 이 섹션 내 모든 카테고리를 검색하는 검색 필드가 있다. 게다가 가격대, 이미지를 포함하는 포스트, 포스트 제목에 나타나는 단어 등으로 필터링할 수 있다.

그림 7.01부터 7.04까지 검색 결과의 차이를 볼 수 있다. 첫째는 포스트 어디서든 "laptop"을 검색했는데, 세인트루이스 지역에 포스트 455건이 나왔다. 둘째 검색은 같은 단어지만 포스트 제목에 단어가 있는 결과만이다. 이는 세인트루이스 지역에 315건이 나왔다. 셋째 검색은 "laptop Edwardsville"이었는데, 전체 포스트 내였고, 일리노이 에드워즈빌 지역에서 단어 laptop이 있는 포스트 4건이 나왔다. 마지막으로 같은 검색에 "Gallery" 옵션을 추가하면 항목 이미지가 나온다. 이 중 어느 것이든 도난품이면, 조사관은 이 사진으로 희생양이 제공한 세부 사항을 확인할 수 있다.

▲ **그림 7.01**: 검색어별 크레이그즈리스트 검색

▲ 그림 7.02: 제목 내 검색어가 있는 크레이그즈리스트 검색

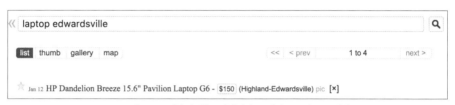

▲ 그림 7.03: 지역이 있는 검색어별 크레이그즈리스트 검색

▲ 그림 7.04: 검색어, 지역, 이미지를 통한 크레이그즈리스트 결과 페이지

크레이그즈리스트는 최근 리스트 뷰, 갤러리 뷰, 지도 뷰로 결과를 보는 새 기능을 추가했다. 이 지역은 정확한 GPS 위치가 아니라 항목의 도시만 가리킨다. 갤러리 뷰를 도난품 확인을 위한 '사진 라인업'으로 쓸 수 있다. 지도 뷰는 주변 지역에서 항목을 찾을 때만 유용할 수 있다. 모든 결과 페이지 우측 상단에 있는 네 가지 새 옵션으로 최신 리스팅(디폴트), 상관도, 저가, 고가 순으로 항목을 정렬할 수 있다. 판매 중인 품목이 있는 페이지 대부분으로 개인이 파는 항목만 리스팅되도록 결과를 필터링할 수도 있다. 이러면 회사, 딜러가 제거된다. 디폴트는 둘 다 보여주며, 결과 수가 과하지 않는 한, 그대로 두는 편이 낫다.

도둑이 크레이그즈리스트에서 품목을 팔면, 보통 거래 완료 후 포스트를 삭제한다. 포스트가 삭제되면, 크레이그즈리스트 검색 결과에 리스팅되지 않는다. 바로 여기서 구글, 빙이 개입한다. 구글, 빙 모두 크레이그즈리스트 포스트에서 정보를 수집해 검색 결과에 포함시킨다. 이 컬렉션은 결코 완벽할 수 없지만, 대량의 포스트 아카이브는 사용할 수 있다. 구글, 빙을 (인용부호 없이) "site:craigslist.org"로 검색하면 크레이그즈리스트에서 아카이빙된 활성 포스트, 제거된 포스트 모두 검색한다. 이전 사례와 유사하게, 인용부호 없이 "site:craigslist.org laptop Edwardsville"을 검색할 수 있다. 이 검색은 구글에서 이 기준에 맞는 결과 572건이 나왔다. craigslist.org의 실시간 검색으로 사용 가능한 현재 포스트 외에 크레이그즈리스트에서 최근 삭제된 포스트도 포함한다. 크레이그즈리스트의 특정 지역만 집중하고 싶다면, 검색을 "site:stlouis.craigslist.org laptop Edwardsville"로 바꾼다. 이 사례는 크레이그즈리스트의 세인트루이스 섹션 리스팅만 보여준다. 커스텀 검색에서 어떤 지역도 사용할 수 있다.

아직 현행인 결과는 활성 포스트에 링크 걸고, 포스트의 콘텐츠를 모두 표시한다. 검색 결과가 크레이그즈리스트에서 삭제된 포스트에 링크 걸리면, 표준적인 "페이지를 찾을 수 없습니다" 에러가 나온다. 그래도 이 검색 페이지에서 공급된 텍스트를 관찰해 이 삭제된 포스트에서 추가 정보를 얻을 수 있다. 간략한 설명은 종종 이메일 주소, 전화번호를 노출한다. 일부 리스팅은 캐싱된 뷰가 있을 수 있지만, 최근에는 드물었다. 검색 결과 수천 건을 구글, 빙이 제시하는 시나리오에서 검색어를 추가해 더 관리 가능한 포스트량으로 필터링할 수 있다. 제품 제조사, 모델 번호를 추가하면 재빨리 도난된 자산을 확인할 수도 있다.

관심 제품이 아닌 단어로 검색할 수도 있다. 크레이그즈리스트의 많은 사용자는 웹사이트에서 보낸 이메일로 커뮤니케이션하고 싶지 않다. 사용자 대부분은 선호하는 연락 방법으로 포스트에 전화번호를 포함시킨다. 이 전화번호 중 압도적인 대다수가 포스트를 등록하는 사용자의 휴대폰 번호다. 전화번호의 관련자를 확인하려는 조사관에게 엄청난 정보일 수 있다. 범죄자가 현금으로 휴대폰을 구매해 필요한

만큼 통화 시간을 추가하는 경우도 흔하다. 그러면 전화번호로 누군가 범죄자를 확인하기 어려워진다. 아이러니컬하게도 같은 범죄자가 세상이 보도록 공개 인터넷 웹사이트에 이름 외에 전화번호도 게시한다. 때로 누군가 휴대폰, 전화번호 모두 같은 포스트에 올린다. 이러면 조사관은 이 두 번호를 조합한 후, 재빨리 인터넷 검색을 하면, 전화번호 소유자를 확인할 수 있다.

크레이그즈리스트 포스트의 검색 방법은 포스트의 사용자 이름 확인도 있다. 크레이그즈리스트는 사용자 이름, 이메일 주소를 포스트에 삽입하지 않도록 장려하지만, 대부분은 이 제약을 어떻게 우회하는지 알아냈다. 포스트에 이메일 주소를 입력하는 대신 이메일 주소 첫 부분(사용자 이름), 둘째 부분(도메인명) 사이에 공백을 삽입한다. 예를 들어 이메일 주소를 JohnDoe911@gmail.com으로 입력하는 대신 계정을 "JohnDoe911 at gmail com"으로 확인할 수도 있다. 이러면 크레이그즈리스트 서버가 텍스트를 이메일 주소로 확인하지 않고, 포스트를 금하지 않기에 충분하다. 조사관에게 다행히도 이 정보는 크레이그즈리스트, 기타 검색 엔진이 색인, 추출한다.

공식 크레이그즈리스트 웹사이트, 구글, 빙에서 어떤 키워드로든 "site" 연산자로 검색할 수 있다. 빙은 구글보다 많은 아카이빙된 크레이그즈리스트 포스트 결과를 제공한다. 그러나 빙에서 성공하지 못하면, 구글도 검색해야 한다. 여러 사설 탐정은 "personals" 섹션에 관심을 둔다. "Casual encounters" 영역은 혼외 정사 용으로 잘 알려져 있다. 어떤 지리적 영역에 존재하든 상관없이 모든 활성 크레이그즈리스트 포스트만 검색하고 싶다면, totalcraigsearch.com, adhuntr.com, searchalljunk.com 등의 웹사이트를 사용할 수 있다.

크레이그즈리스트는 관심이 생길 만한 고급 검색 연산자 몇 가지가 있다. "low miles" 등 인용부호와 함께 문구 검색을 지원한다. 하이픈(-) 연산자를 허용해 honda black -red 등과 같은 단어를 제외한다. 이 검색은 "honda", "black"은 있지만, "red"는 없는 포스트를 찾는다. 파이프 기호(|)는 honda | Toyota 등 "OR" 검색을 제공한다. 이 검색은 "honda"나 "toyota"가 (혹은 둘 다) 있는 포스트를 찾

는다. 쿼리가 복잡할 때 단어를 괄호 안에 그룹핑할 수 있다. red(toyota | honda) −2000 −2001을 검색하면 "red"가 있고, "honda"나 "toyota"가 (혹은 둘 다) 있지만, 2000이나 2001은 없는 리스팅을 찾는다. 와일드카드는 다음과 같이 허용된다.

hond* civ*("honda civic", "honda civil" 등에 매칭)
wood floo*("wood floors", "wood flooring" 등에 매칭)
iphone*("iphone", "iphones", "iphoneS" 등에 매칭)

크레이그즈리스트의 이메일 얼럿 기능 때문에 이런 목적의 서드파티 도구는 불필요하다. 계정에 로그인 후 얼럿을 커스터마이징해 특정 검색어를 찾을 때 이메일을 받을 수 있다.

실제 적용: 여러 도둑은 훔친 물품을 처리하기 위해 인터넷을 향한다. 이베이는 서비스 사용에 은행 정보, 신용카드를 요하는 반면, 대부분의 도둑은 크레이그즈리스트의 익명성을 선호한다. 내 지역 경찰서는 가치 있는 도난된 관악기를 이 방법으로 찾는 데 성공했고, 도둑을 구속할 덫을 쳤다. 종종 도둑은 빨리 현금을 얻으려고 물품을 기꺼이 갖다준다. 조사 동안 내게 유용한 또 다른 팁은 유사한 배경 찾기다. 나는 차량, 주머니에서 아이폰을 훔치는 조직원 집단을 찾았을 때 그들은 즉시 크레이그즈리스트에 팔려고 했다. 합법적인 아이폰 수백 개가 리스팅돼 있기에, 도난된 품목을 찾기가 어려울 수 있다. 배경의 유사성을 찾아, 목록을 흥미로운 후보군으로 필터링할 수 있었다. 여러 포스트에서 식탁, 바닥 등 고유한 배경을 찾으면, 의심스러울 수 있다. 게다가 "hurry", "must sell today", "I will come to you" 등을 포함하는 포스트는 불법 행동을 나타냈다.

이베이(EBay.com)

이베이는 온라인 경매 웹사이트다. 웹사이트가 판매용 품목을 올릴 때 사용자 재무 정보, 유효한 신용카드를 요하기에 여러 도둑은 도난품을 처리하기 위해 크레이그즈리스트로 이동했다. 이베이는 경매에 대해 제한하는 필터를 특정 지역, 지역으로부터 특정 거리로 허용하는 고급 검색을 제공한다. 어떤 검색 페이지도 새 옵션을 표시하는 "Advanced" 버튼이 있다. 이 옵션 중 제목이 "show results"인 카테고리가 있다. 이 카테고리의 마지막 옵션은 제목이 "items near me"다. 여기서 우편번호를 선택해 결과를 선택한 우편번호로부터 최소 10마일로 필터링할 수 있다. 이제 어떤 품목이든 검색할 수 있고, 결과는 모두 특정 우편번호 근처의 판매자로부터 나온다. 이 지역 옵션은 다른 키워드를 검색하는 동안 활성화된다. 이 검색은 만료되지 않은 현행의 경매만 검색한다. 과거 경매를 검색하기 위해서는 "Search including" 카테고리하의 "Completed listings" 옵션을 선택한다.

Flippity(flippity.com)

공식 이베이 웹사이트의 지역 기능에 대한 대안이 Flippity다. 이 웹사이트는 전에 언급한 기능을 수행하지만, 사용자 입장에서 작업이 더 적다. 검색 결과는 원하는 대로 반경을 최소화, 확대하는 기능의 지도에 나타난다. 특정 커뮤니티에서 판매 중인 어떤 품목도 모니터링하는 빠른 방법이다.

GoofBid(goofbid.com)

모두가 철자법 확인을 사용하지는 않는다. 일부 사람, 특히 범죄자는 품목을 서둘러 리스팅해 철자법, 문법이 맞는지 확인하지 않고 판매한다. 철자가 틀린 다양한 단어로 수많은 검색을 할 수 있지만, GoofBid도 사용할 수 있다. 이 웹사이트는 정확한 철자의 키워드 검색을 취해 같은 검색을 가장 흔히 철자가 틀리는 검색어 변형으로 시도한다. 한 번은 내가 "saxaphone"을 판매하는 도둑을 잡는 데 유용했다. 이 서비스의 또 다른 대안은 Fat Fingers(fatfingers.com)다.

Search Tempest(searchtempest.com)

크레이그즈리스트, 이베이에서 여러 지리적 영역을 검색하면, 자동 솔루션을 원할 수 있다. Search Tempest로 검색 지역, 반경을 지정할 수 있다. 크레이그즈리스트, 이베이, 아마존에서 품목을 수집한다. 검색을 특정 지역으로 좁히려면 키워드를 지정할 수 있다. 일부 사용자가 간과하는 기능 중 하나는 만료된 포스트를 표시하는 옵션이다. 이 기능은 모든 페이지 우측 상단 부분에 있는 환경설정 메뉴하의 "Hide Expired Posts"라는 제목이다. 디폴트로 이 옵션은 저자가 제거한 어떤 포스트도 숨기려 선택한다. 활성인 크레이그즈리스트 검색에서 보이지 않는 만료된 포스트를 표시하려면, 이 옵션을 비활성화할 만하다.

이 기능을 입증하기 위해 2015년 2월 1일에 세인트루이스 크레이그즈리스트 페이지에서 "Jailbroken Apple TV 2"를 검색했다. 당시 가능한 항목이 2개 나왔다. 같은 검색을 site:stlouis.craigslist.org "jailbroken apple TV 2"의 정확한 검색으로 구글에서 반복했다. 2014년 12월 26일 자의 가장 오래된 것부터 결과 5개가 나왔다. 구글은 보통 과거 60일까지의 포스트만 노출한다. 이어서 Search Tempest에서 같은 검색을 해 역시 2014년 12월 26일 자의 가장 오래된 것부터 결과 6개를 얻었다. 하지만 Search Tempest 설정을 "Hide Expired Posts"에서 "No"로 바꾸자, 추가로 2014년 11월 20일 자의 가장 오래된 것과 함께 결과 2개를 얻었다. 이 링크를 클릭하자, 포스트가 삭제됐다고 알려주는 크레이그즈리스트 에러 페이지가 나왔다.

실제 적용: 수많은 차량 강도를 조사하는 동안 형사는 도둑이 고가의 카오디오 장비를 노리고 있음을 알았다. 모델 번호의 정확한 세부 사항 없이 모호하게 카오디오 장비를 검색하면 과했다. 형사는 이베이의 고급 검색 옵션으로 해당 우편번호인 지역에서 판매 중인 카오디오 검색을 지정할 수 있었다. 즉시 주간으로 전선이 노출된 중고 카오디오를 판매하는 한 개별 사용자의 패턴이 나왔다. 도난품이 보고서와 일치한다는 것을 검증한 후, 이베이에 소환장을 보내, 계정 생성 이래 인증된 실명, 은행 정보, 빌링 주소, 모든 거래의 완전한 이력을 받았다. 형사는 용의자를 구속하려 거주지의 수색 영장을 확보했다.

☑ 데이팅 웹사이트

바람 피는 배우자, 배경 정보, 개성, 지원자 세부 사항 등을 조사할 때 데이팅 웹사이트는 흥미로운 증거로 이어질 수 있다. 데이팅 프로필의 존재는 그 자체로 어떤 의미가 없다. 수백만 명이 이 서비스로 짝을 만나는 데 성공한다. 타깃의 프로필을 찾으면, 보통 다른 데서 찾을 수 없는 개인 정보로 이어진다.

매치(match.com)

온라인 데이팅 웹사이트 중 가장 인기 있기에, 여기서 타깃 프로필을 찾을 가능성이 가장 크다. 적절히 검색해 완전한 프로필을 조회하려면 계정이 필요하다. 계정 생성은 간단하며 무료다. 거짓 정보로 계정을 생성할 수도 있다. 이 무료 체험으로 다른 사용자와 접촉할 수 없지만, 제한 없이 브라우징할 수 있다. 프로필 대부분은 실제 실명에 결부되지 않는다. 다른 웹사이트, 소셜 네트워크에서 타깃 사용자 이름을 알면, 이 사용자를 매치에서도 검색할 가치가 있다. 타깃의 정확한 우편번호로 검색을 제한하면 프로필에서 정확한 정보를 사용하는 한, 효과있을 수 있다. 타깃의 관심사를 알면 프로필 확인에도 도움이 된다. 그렇지 않으면 연령대, 일반 지역을 제한하면, 타깃을 확인하기 위해 사진으로 브라우징 가능한 여러 프로필이 나온다. 다른 인기 데이팅 웹사이트는 Plenty of Fish(plentyoffish.com), eHarmony(eharmony.com), OK Cupid(okcupid.com) 등이다.

내 경험상 사용자가 데이팅 웹사이트 하나에 프로필이 있으면, 다른 데도 있을 가능성이 아주 크다. 보통 웹사이트마다 사용자 이름 검색으로 찾을 수 있다. 프로필에서 타깃의 어떤 사진도 리버스 이미지 검색을 하는 기법도 성공적이다. 이 방법론은 9장에서 설명한다.

실제 적용: 2013년에 나는 캐나다에서 OSINT 과정을 교육 중이었다. 휴식 시간 동안 참석자 중 한 명이 데이팅 웹사이트 Plenty of Fish에 연관된 성폭행 사건에 도움을 청했다. 알려지지 않은 용의자가 온라인 서비스로 여성을 만나 강간했다. 프로필의 모든 정보는 거짓이었고, 사진도 도움이 되지 않았다. 이런 상황에서 과거

에 효과적이던 구글 검색을 함께 했다. 프로필을 위해 약력에 적힌 문장마다 복사한 후 붙여넣었다. 결국 아주 고유하며 문법이 형편없는 워딩이었다. 이 문장의 인용부호 있는 구글 검색은 한 결과만 제공했다. 자신을 설명하는 같은 문장을 실명으로 쓴 용의자의 실제 프로필이었다. 합법적인 페이지의 고화질 사진으로 용의자임을 검증했다. 24시간 내 구속했다.

애슐리매디슨(ashleymadison.com)

이 웹사이트 모토는 "삶은 짧으니 외도하자"다. 웹사이트의 전제는 기혼자가 다른 기혼자와 만나 바람 피는 곳이다. 등록은 무료며, 무제한 브라우징이 허용된다. 웹사이트로 누군가와 접촉하면 돈이 든다. 다른 데이팅 웹사이트처럼 많은 사용자가 여기서 다른 공개 프로필과 같은 사용자 이름을 사용한다. 고급 검색 옵션으로 사용자 이름을 검색할 수 있다. 이 정보가 사용 불가라면, 지역, 나이, 인종 등 표준 필터는 원하지 않는 결과를 필터링한다. 이 웹사이트는 이혼 소송 고객을 대변하는 변호사가 고용한 사설 탐정의 첫 단계. 2015년 애슐리매디슨은 해킹 당해 전체 고객 데이터베이스가 도용됐다. 관련 당사자는 모든 회원의 이메일 주소, 모든 유료 회원의 신용카드 정보 등 데이터 전체를 유출했다. 누구든 이메일 주소로 연락해 그 사람 계정이 있는 지 확인해주는 여러 웹사이트가 출현했다. 이 글을 쓰는 시점에 웹사이트 "ashley.cynic.al"은 이 계정에 대해 무료 쿼리를 제공한다.

추가 데이팅 웹사이트

모두 유사하게 기능하는 여러 온라인 데이팅 웹사이트가 있다. 상위 100위 데이팅 웹사이트를 확인하는 전용 웹사이트는 "100bestdatingsites.org"에서 찾을 수 있다. 매치, eHarmony, Adult Friend Finder, Christian Mingle, Plenty of Fish, Farmers Only 등이 가장 인기 있다. 나는 다음 URL에 어떤 사용자 이름, 키워드로도 검색하는 커스텀 페이지를 유지한다.

https://inteltechniques.com/OSINT/dating.networks.html

True Dater(truedater.com)

온라인 데이팅 관계의 리뷰 포털이다. 짐작하겠지만 대부분은 부정적이다. 누군가 온라인에서 만난 나쁜 놈, 자신을 악용하려는 사기꾼, 알고 보니 기혼자인 상대 등에 관해 불평하는 곳이다. 여기서 검색은 데이팅 웹사이트에서 제공된 사용자 이름으로 이뤄지니, 타깃의 사용자 이름은 먼저 확인해야 한다.

Meetup(meetup.com)

Meetup은 반드시 데이팅 웹사이트는 아니다. 사용자, 그룹, 이벤트로 구성된다. 사용자마다 개인의 관심사, 사진, 사용자 이름이 있는 프로필을 만든다. 그룹은 사용자 1명 이상이 만드는데, 특정 지역의 일반 관심사에 집중한다. 한 사례는 "휴스턴 강아지 공원 애호가"인데, 휴스턴 기반의 강아지 공원에서 만나는 개 주인의 그룹이다. 그룹마다 회원이 참석할 수 있는 이벤트를 올린다. Meetup에 올린 이벤트 중 대부분은 공개로 볼 수 있고, 누구나 참석할 수 있다. 일부 그룹은 이벤트 지역을 비공개로 표시하는데, 지역을 보려면 회원이어야 한다. 회원은 무료며, 개인 정보는 불필요하다.

실제로 어떤 페이지의 관심사, 지역으로도 Meetup을 검색할 수 있다. 일단 그룹 페이지를 찾은 후 그룹 회원을 브라우징할 수 있다. 이 그룹 페이지는 그룹이 스폰서하는 어떤 장래, 과거의 이벤트도 확인한다. 이 과거 이벤트는 이벤트에 참석한 사용자 외에 이벤트의 피드백도 확인한다. 이 웹사이트는 더 이상 사용자 이름의 검색 옵션을 제공하지 않는다. 그러려면 구글, 빙 등 검색 엔진을 사용해야 한다. "site" 연산자로 구글 검색을 하면 Meetup에서 "John Morrison"에 관해 결과 466건이 드러난다. 정확한 검색은 site:meetup.com "John Morrison"이다. 이 결과는 타깃 관련 관심사, 지역을 추가해 필터링할 수 있다. 사용자 프로필은 종종 소셜 네트워크, 웹사이트 관련자로부터 온 메시지의 링크가 있다. 게다가 이 프로필은 사용자가 참석할 어떤 장래의 Meetup 이벤트도 확인한다. 이 때문에 웹사이트는 민사 영장 송달관, 탐정, 뉴스 매체가 이들을 기피하는 사람을 찾으려고 사용했다.

☑ 포럼과 게시판

온라인 포럼은 어떤 주제든 고유한 토론의 장을 제공한다. 주제를 생각할 수 있다면, 사람들로 가득한 전체 웹사이트가 아마 주제 관련 토론을 호스팅할 것이다. 보통은 '사용자 포럼'이라 한다. 때때로 이 웹사이트는 검색 엔진 색인에서 제외된다. 그래서 찾기 어려워질 수 있다. 포럼 검색 웹사이트의 새 세대가 이 빈 곳을 채운다. 다음 웹사이트마다 포럼 커뮤니티, 게시판, 토론 스레드, 기타 메시지를 주고받는 일반 관심사 그룹을 검색한다.

Oh My God I Love It(omgili.com)

OMGILI는 온라인 포럼 검색의 내 첫 옵션이다. 여기서 콘텐츠는 서드파티 포럼 웹사이트에만 제한되지 않는다. OMGILI는 다른 웹사이트, 포럼 관련 댓글을 위해 그 자체의 포럼도 있다. 여기서 사용자 이름을 검색하면 가장 유용하다. 주제 검색도 효과적일 수 있지만, 정확한 주제를 검색해야 할 수도 있다. 디폴트 검색은 현재 하루로만 제한됨에 주의하자. 검색 영역에서 바꿔 "any time"을 선택할 수 있다.

Board Reader(boardreader.com)

Board Reader는 키워드, 언어, 데이터 범위, 특정 도메인을 선택할 수 있는 고급 검색을 제공한다. 다른 포럼 검색 웹사이트에서 결과 필터링에 문제가 있다면 유용하다.

실제 적용: 경찰이 누군가 상해를 입은 폭력 사건을 조사 중이었다. 알려지지 않은 용의자는 희생양을 온라인 게임 포럼에서 만난 사람인데, 즉시 확인되지 않았다. 희생양의 협조를 구한 후, 이 포럼 검색 웹사이트로 용의자가 사용하는 다른 게임 웹사이트를 찾았다. 이 웹사이트 중 하나에서 그가 공개로 사기 건에 참여했다고 자랑했다. 형사들은 그에게 접촉해 '익명의' 용의자를 구속할 수 있었다.

크레이그즈리스트 포럼(craigslist.org)

언급할 만한 개별 온라인 포럼 하나는 크레이그즈리스트 포럼이다. 이 포럼은 지역 대신 주제로 분류하지만, 지역 필터링을 지원한다. 이 포럼은 검색 엔진 대부분에서 색인하지 않으니, 수동 검색이 콘텐츠를 보는 유일한 방법이다. 이 지역을 검색하기 위해 무료 사용자 계정을 만들어야 한다. 여느 때처럼 가공의 정보를 프로필에 사용할 수 있다. 로그인 후 이 메인 페이지에서 사용자 이름이 아니라 키워드로 검색할 수 있다. 이 옵션은 어떤 주제든 검색어에 매칭되는 포스트를 확인한다.

"Handle" 옵션은 사용자 이름으로 검색하지만, 어떤 주제든 클릭해야 보일 수 있다. 나는 추가로 "Handle" 검색 옵션을 표시하는 "Yoga" 룸에 입장했다. 개별 사용자의 포스트를 확인한다. 이 "handle" 옵션은 조사관에게 유용했다. 일반 규칙으로 사람들 대부분은 여러 웹사이트에 걸쳐 같은 사용자 이름을 사용한다. 크레이그즈리스트도 예외는 아니다. 타깃의 사용자 이름을 확인했다면, 크레이그즈리스트 포럼 검색은 볼 가치가 있다. 검색할 때마다 결과가 나오지는 못하지만, 결과가 나오면 댓글은 보통 원색적이다.

크레이그즈리스트 포럼에서 타깃 사용자 이름을 찾으면, 사용자 이름 검색은 사용자 프로필 페이지에서 풍부한 정보를 제공한다. 종종 포워딩 이메일 주소, 가입일, 사진, 지난 31일 동안 올린 포스트를 50개까지 표시한다. 타깃의 훌륭한 정보를 제공할 수 있다.

온라인 신문 댓글

실제로 모든 신문은 현재 일종의 온라인 매체가 있다. 대부분 디지털 에디션으로 독자는 개별 기사에 댓글을 남길 수 있다. 이 댓글은 보통 웹페이지의 하단에 보인다. 이 댓글이 뉴스 기사마다 뉴스로서 가치를 더하는지는 논란의 여지가 있지만, 콘텐츠는 조사에 중요할 수 있다. 지난 몇 년간 신문 대부분은 그 자체의 디지털 댓글 전송 시스템을 웹사이트에 호스팅했다. 종종 질서를 유지하고, 독자 간 분쟁을 막고, 직접적 위협을 제거하는 동안 엄청난 골칫거리가 됐다. 오늘날 뉴스 웹사이트 대부분은 서드파티 서비스로 이 댓글을 호스팅한다. 가장 인기 있는 것은 페이스북, Disqus다. 페이스북을 활용하면, 사람들은 대부분 실명을 사용하고, Disqus에서 사용자 이름만 사용할 때보다 더 잘 행동한다. 댓글 활동의 어떤 불만도 페이스북으로 넘어갈 수 있다. 기술적으로 그 콘텐츠를 저장하기 때문이다. 페이스북 댓글은 3장에서 설명한 기법으로 검색할 수 있다.

Disqus 댓글 시스템에서 콘텐츠를 검색하려면, 커스텀 구글 검색을 할 수 있다. 일단 Disqus 시스템을 구글이 어떻게 인식하는지 이해해야 한다. Disqus 계정에 로그인 옵션이 있는데, 승인을 표시하기 위해 댓글마다 "upvote", "downvote"를 할 수 있다. Disqus에서 제공해 이 페이지에 보이는 단어는 검색에 중요하다. 단어 "comments"는 Disqus가 제공한 모든 환경에서 보이며, disqus.com 링크도 있다. 그러므로 다음 구글 검색은 Disqus 댓글 전송 시스템이 있고, OSINT도 참조하는 어떤 웹사이트도 제공한다.

"osint" "disqus" "comments"

우연히 이 세 단어가 모두 있지만, Disqus는 아닌 일부 결과도 산출하지만 드물다. 또한 어떤 댓글도 없는 페이지도 있다. 실제 일부 댓글이 있는 결과만 받기 위해 구글 검색을 다음과 같이 바꾼다.

"osint" "disqus" "1..999 comments"

구글에게 키워드 "OSINT", "Disqus"가 있고, 1에서 999 사이로 어떤 수의 정확한 문구에 바로 이어서 "comments" 단어도 있는 결과만 표시하게 안내한다. "0"이나 "1000" 이상을 제외한 어떤 수의 댓글도 있는 결과를 제공한다. "1..999" 부분은 특정 범위 내에서 어떤 수도 표시하는 구글의 범위 연산자다.

인종에 특수한 커뮤니티

한 특정 인종에 집중하는 여러 소셜 네트워크가 있다. 이 커뮤니티는 다른 인종의 가입을 금하지는 않지만, 회원 중 대다수는 단일 인종이다. Black Planet(blackplanet.

com)은 대규모의 아프리카계 미국인 웹사이트며, MiGente(migente.com)는 대규모의 라틴계 미국인 웹사이트고, Asian Avenue(asianave.com)는 대규모의 아시아계 미국인 회원제다. 각각 철저한 검색 기능이 있다. 가장 쉬운 옵션은 타깃 프로필을 확인하는 사용자 이름 제공이다.

The Hood Up(thehoodup.com)

이 흥미로운 웹사이트는 "Where American Hoods Connect"라는 부제가 있다. 인덱스 페이지는 공개 토론용 카테고리가 있는데, East Coast, West Coast, Midwest, "Down South"다. 이 웹사이트의 전제는 검열 없는 환경에서 "갱스터", "후드"가 서로 소통하려는 곳이다. Midwest 그룹을 간단히 살펴보면 범죄 활동, 갱, 폭력의 수많은 대화가 나온다. 페이지마다 어떤 키워드든 검색 옵션이 있다. "Chicago Gaylords"를 검색하면 갱의 역사부터 현재 및 장래 계획의 토론까지 전부 논하는 포스트가 799건 나온다. 그 어떤 것도 시카고 경찰청의 조폭 관련 부서에 도움이 되는 정보다.

☑ 온라인 매춘

크레이그즈리스트는 예전에 전국의 여러 창녀가 "손님"을 만나는 채널로 활용됐다. 마찬가지로 여러 사람이 이 웹사이트로 창녀를 찾았다. 2009년 일리노이 검사 리사 매디건은 크레이그즈리스트에게 불법 활동을 알리는 이 포스트를 호스팅하는 "Erotic Services" 섹션을 제거하도록 납득시켰다. 오늘날은 크레이그즈리스트에서 매춘을 제공하는 포스트를 찾기 어렵다. 불행히도 그렇다고 창녀와 고객이 불법 행동을 중단했다는 뜻은 아니다. 그 대신 새로운 수단을 찾았다. 매춘, 인신 매매를 돕는 온라인 웹사이트는 많다. 대형 주자 중 일부를 여기 열거한다.

Backpage(backpage.com)

크레이그즈리스트가 "Erotic Services" 섹션을 중단했을 때 트래픽은 즉시 Backpage로 이동했다. 이 웹사이트에서 지역을 선택한 후, "Adult" 영역 등 카테고리 메인 페이지가 나온다. Escorts, Body Rubs, Stripper & Strip Clubs, Dom & Fetish, Trans-Sexuals, Male Escorts, Adult Jobs 등의 하위 섹션이 있다. 이 섹션의 포스트에 노골적인 매춘 광고가 있어도 놀랄 일이 아니다. 거의 모두 사진이 있는데, 상당수가 누드며 다양한 서비스 가격이 있다. 휴대폰 번호는 흔하지만, 보통 텍스트로 표기된다. 사용자는 지역 코드를 "314"로 입력하는 대신 "three one four"로 입력할 수 있다. 그래서 조사관은 검색에 창의성을 발휘해야 한다. 검색 필드는 모든 페이지 상단에 있고, 어떤 키워드 검색도 허용한다. 여러 10대 매춘 사건이 Backpage 방문으로 시작했다.

실제 적용: 코네티컷 브릿지포트의 공무원은 Backpage 조사 후 14세 소녀를 포함하는 매춘 조직을 여러 번 구속했다. 그런 이야기는 전국적으로 흔하다. 어떤 주요 도시도 간단히 살펴보면 다음 고객을 기다리는 여러 창녀를 표시한다.

National Blacklist(nationalblacklist.com)

흥미로운 매춘 관련 새 블랙리스트 서비스가 2013년에 세 가지 등장했다. National Blacklist가 첫째며, 가장 인기 있다. 이 웹사이트는 자칭 정확한 레지스트리로 "콜걸 커뮤니티에 봉사"한다. 포스트를 등록한 사용자 대부분은 불러놓고 나타나지 않거나, 성적인 서비스에 돈을 내지 않거나, 어떤 식이든 창녀를 괴롭히는 사람에 관해 다른 여성에게 경고하는 콜걸로 보인다. 포럼은 도시별로 분류되며, 시카고는 현재 포스트가 5,000건 이상 있다. 웹사이트는 검색 기능을 제공하지 않는다. 도시별로 브라우징하거나 구글 "site" 연산자로 찾는 편이 좋다.

Backpage Blacklist(backpageblacklist.com)

이 서비스는 불러놓고 나타나지 않는 경우를 창녀가 보고하고, 원하지 않는 만남 후 "사건 보고서"를 제출하는 채널을 제공한다. 웹사이트는 보고서 내의 휴대폰, 키워드로 검색하게 해준다. 누구나 검증 없이 이 서비스에 무엇이든 올릴 수 있기에, 항상 정보가 얼마나 정확한지 의문을 가져야 한다. 나는 예전에 이 웹사이트 중 하나에서 배경 확인 목적으로 타깃이 보유한 휴대폰 번호를 발견했다. 면접하는 동안 그는 그 활동을 고백했다.

City Vibe(cityvibe.com)

이 웹사이트는 지리적 위치를 선택한 후 "콜걸" 검색을 제공한다. 그러면 돈을 받고 다양한 서비스를 제공하는 지역 여성의 포스트로 가득한 페이지가 나온다. 상당수는 누드 사진, 제공 서비스의 세부 사항, 요금 세분화, 어떤 지역으로 여행이 가능한지(아웃콜), 고객이 찾아와야 하는지(인콜) 여부가 있다. 정보가 더 많은 개인 웹사이트 링크도 제공한다. 사용자가 흔히 연락용으로 휴대폰 번호를 포함시키기도 한다. 이 웹사이트의 검색 기능은 꽤 취약하다. 사용자 이름 검색은 보통 결과를 제시하지만, 전체 전화번호 검색은 종종 결과가 나오지 않는다. 정정하기 위해 전화번호 마지막 네 자리만 검색하면 결과가 나온다. 여러 번 이러면 같은 연락처 번호를 쓰는 여러 여성을 발견하지만, 종종 실제로는 포주와 연결된다. 사법 집행 당국은 이 웹사이트로 매춘 소탕을 위한 함정 수사를 준비한다.

콜걸 리뷰 웹사이트

이런 서비스는 일부 독자가 이해하기 어려울 수 있다. 나도 처음 발견했을 때 놀랐다. 바로 여기서 매춘 고객이 서로 접촉하며, 창녀의 경험을 리뷰로 남긴다. 이 "손님"들은 가격, 청결도, 광고 사진의 정확성 등 미묘한 세부적 경험을 문서화한다. 게다가 경찰의 잠복 작전을 처음 알리는 곳이다. 사법 집행에 중요하다. 담당자의 안전도 이슈를 낳을 수 있기 때문이다. 장래의 가짜 광고에 새 이름, 사진을 사용해야 할 때 경찰도 이렇게 판단할 수 있다. 이 데이터는 구속된 창녀의 리뷰를 문서화하는 목적도 있다. 법정에서 검찰 측에 가치를 입증할 수 있다. 여러 서비스가 있으며, 모든 광역은 고객이 선호하는 웹사이트가 있다. "Escort reviews Anaheim"을 구글로 검색하면 인기 옵션에 도달한다. 물론 애너하임을 관심 도시로 대체한다. 다음 기법은 조사 관련 서비스를 확인할 때 유용하다.

The Erotic Review(theeroticreview.com)

매춘 고객이 지역 내 사용 중인 어떤 개별 서비스도 모르면, The Erotic Review는 확실한 방법이다. 사실상 모든 광역이 여기 있다. 이 웹사이트 중 상당 부분은 프리미엄 회원으로 가입하지 않는 한, 사용할 수 없다. 하지만 기본 조사용으로 볼 수 있는 무료 콘텐츠도 풍부하다. 포스트 중 대부분은 이 책에 부적절하다.

Rate That Provider(ratethatprovider.com)

Rate That Provider 등 여러 웹사이트는 포럼에 접근하려면 계정을 요한다. 가짜로 생성할 수도 있고, 종종 검색 엔진으로 제약을 우회할 수도 있다. 인용부호 없이 구글에서 "site:ratethatprovider.com chicago"를 검색하면 포럼 포스트로 결과가 3만 2,500건 확인된다. 보통 이 링크는 로그인 페이지로 포워딩한다. 콘텐츠를 보기 전에 정보를 제공해야 한다. 링크마다 구글 저장된 페이지에 접근하면, 이 요구를 우회해 가입하지 않고 콘텐츠 정보를 표시할 가능성이 크다. 사실상 이 포럼의 모든 포스트는 이 방법으로 접근 가능하다.

Escort Ads(escortads.xxx)

포르노그래피 광고가 스폰서하는 이 성인 웹사이트로 매춘업자 용의자의 휴대폰 번호를 입력할 수 있다. 결과는 번호 관련 모든 프로필이 있다. 이 결과를 조합해 광고가 게재된 도시, 광고에 사용한 나이, 게재된 모든 사진을 편리하게 요약해 표시한다. 중복 사진도 제거한다.

실제 적용: FBI 작전에 참여하는 동안 나는 10대 창녀, 포주에 의해 섹스 산업에 강제로 끌려들어온 여성을 찾는 데 집중했다. 섹스 노동자가 출장만 하는지 판단하는 쉬운 방법 하나는 Escort Ads 웹사이트의 번호 검색이었다. 포스팅이 있는 도시가 많이 나오면, 풀타임 섹스 노동자며, 혼자 이동하지 않을 가능성이 컸다. 출장하는 창녀와 접촉할 때마다 함정 수사에 끌려들어온 포주가 확인됐다.

아마존(amazon.com)

아마존은 최대의 온라인 소매업체다. 사용자는 웹사이트에 몰려들어 상상 가능한 무엇이든 구매한다. 주문 품목을 수령한 후 아마존은 종종 사용자에게 품목의 평가를 요청하는 이메일을 생성한다. 이 리뷰는 사용자가 계정에 로그인할 경우만 생성할 수 있다. 이 리뷰는 현재 사용자 프로필 내의 사용자와 연관된다. 엄청난 수의 사용자가 이 제품 리뷰를 생성하고 아마존 계정의 프로필에 실제 정보를 제공한다. 아마존은 사용자 이름별로 이 정보를 검색하는 영역이 없지만, 검색 엔진으로 할 수 있다. 타깃 이름 앞에 site:amazon.com을 구글에서 검색하면 아마존 프로필, 여러 품목 리뷰에 링크 걸린다. 첫 링크는 사진, 지역, 구매한 제품의 사용자 리뷰가 있는 사용자 프로필을 표시한다. 구글, 빙으로 프로필 검색을 허용하지 않는 웹사이트에서 그런 검색을 하는 이 기법은 사실상 어디에나 적용할 수 있다. 여러 웹사이트는 프로필 검색을 권장하지 않지만, "site:targetwebsite.com John Doe" 등을 구글에서 검색하면 기준에 매칭되는 콘텐츠 링크가 나온다. 개인 프로필이 있을 수 있는 웹사이트를 전부 찾을 때 어려움이 발생한다. 이제 주요 커뮤니티는 검색할 수 있지만, 덜 알려진 네트워크 모두를 따라가기는 어렵다. 바로 여기서 전에 언급한 사용자 이름 검색 엔진이 유용하다.

아마존은 네이티브로 Wish List 검색 옵션을 제공하지 않는다. amazon.com/gp/registry/search에 있는 내부 페이지로 이동하면, 어떤 이름, 이메일 주소를 입력하더라도 타깃의 위시 리스트, 베이지 레지스트리, 웨딩 레지스트리 등을 검색할 수 있다. 이런 정보가 범죄 심문 동안 유용했다. 이 세부가 어떤 범죄 활동을 암시하지도 않지만, 용의자에게 이 정보를 내가 안다고 말하면 흥미로울 수 있다. 나의 예전 용의자는 아동 포르노그래피 조사에 관해 자신에게 불리한 증거가 없다고 확신했다. 내가 "정보를 살짝 흘려" 그가 2년 전 크리스마스 때 원했던 책을 안다고 하자, 그의 거만한 태도는 두려운 표정으로 바뀌었다. 그는 내 조사에 점점 자신이 없어졌다.

핀터레스트(pinterest.com)

핀터레스트는 사용자가 인터넷 어디에서도 찾은 사진, 링크, 콘텐츠를 공유하는 온라인 '핀보드'다. 사용자에게 관심 항목을 리브로드캐스트하는 방법이다. 핀터레스트에서 그 사용자를 팔로우하는 사람은 사용자가 검색하고 읽는 것의 업데이트를 받을 수 있다. 메인 웹사이트의 검색 기능은 키워드 검색에만 유용하다. 어떤 단어도 검색해서 설명문 내 단어가 있는 포스트를 확인한다. 내 성을 검색하면 여러 사람의 사진이 나온다. 링크마다 클릭하면 사진의 전체 페이지 보기, 모든 관련 댓글이 나온다. 이 페이지는 콘텐츠를 업로드한 사람의 전체 이름, 원래 온라인 출처도 확인한다. 사용자의 전체 이름을 클릭하면 모든 "핀"된 콘텐츠가 있는 사용자 프로필이 열린다. 불행히도 어떤 사람의 전체 이름, 사용자 이름을 핀터레스트에서 검색해 프로필 페이지 링크를 얻지는 못한다. 이러려면 구글을 사용해야 한다. 다음 구글 검색은 사용자 이름, "Helen Cargile"의 프로필 페이지 링크를 확인한다.

Site:pinterest.com "Helen Cargile"

이 검색은 사용자 이름을 "cornhuskdolls"로 확인한다. 그 사람의 사용자 이름은 알지만, 실명은 알지 못하면, 검색을 Site:pinterest.com "cornhuskdolls"로 바꿀 수도 있다.

☑ 레딧(reddit.com)

레딧은 등록된 사용자가 링크, 텍스트 형식으로 콘텐츠를 등록하는 소셜 뉴스, 엔터테인먼트 웹사이트다. 이어서 다른 사용자는 등록 내용을 업보트, 다운보트하는데, 이것으로 포스트 순위를 매기고, 웹사이트 페이지 내 위치를 결정한다. 등록 내용은 이어서 모든 항목의 "댓글" 페이지에서 토론한다. 서브레딧이라는 카테고리가 있는데, 사실 상상할 수 있는 어떤 주제도 다룬다. 몇 년 전 레딧은 인기 전문 웹사이트였지만, 아직 기술 커뮤니티 내에 잘 보존된 비밀이었다. 오늘날은 거의 가정에서도 아는 이름이다. 타깃이 인터넷에 조금이라도 관심 있다면, 아마 레딧에 들러봤을 것이다. 2016년 1월 현재, 서브레딧 85만 3,000개가 있고, 등록 사용자

3,600만 명이 있다. 이 카테고리 중 셋은 조사자의 여러 조사에 도움이 되는데, 여기서 개괄한다.

Reddit Bureau of Investigation(reddit.com/r/rbi)

이 활성 커뮤니티는 다른 레딧 사용자가 범죄 및 기타 문제를 해결하는 데 도움을 준다. 인터넷 전문가는 집 나간 부모를 찾아주며, 컴퓨터 전문가는 도난된 기기를 추적하도록 돕고, 사설 탐정은 조사 기법을 돕는다.

실제 적용: 나는 이 서브레딧을 과거 3년간 여러 차례 사용했다. 가장 성공적인 사건은 자동차 뺑소니였다. 2013년에 노던일리노이 경찰청의 자동차 사망 사고 조사를 도왔다. 가해자는 그 지역에서 도망갔고, 할머니가 죽었다. 가해 차량의 세 파편이 현장에 남았다. 나는 이 정보를 지역 매체에 올린 후 RBI에 등록했다. 몇 분 내에 여러 자동차 바디 샵 직원이 부품을 추적했고, 결국 10년된 차량의 특정 연식, 모델과 결부지었다. 이 정보는 대상의 구속으로 이어졌다. 관련 없는 또 다른 뺑소니 사고 희생자는 용의 차량의 흐릿한 사진을 올렸고, 도움을 청했다. 몇 시간 내에 한 레딧 사용자는 디지털 보정 기법으로 번호판을 확인했다.

Pic Requests(reddit.com/r/picrequests)

내 작업의 끝없는 좌절은 흐릿하거나, 포커스가 나갔거나, 입자가 거친 디지털 이미지다. 흔히 이미지 속에 뭔가 가치 있는 것을 확인하려다 보면 너무 어둡거나 밝은 감시 카메라 사진을 받곤 한다. 이따금 한 번만 더 선명히 터치하면 유용할 소셜 네트워크의 이미지를 발견하곤 한다. Pic Requests는 이때 구세주다. 이 서브레딧은 포토샵으로 사실상 어떤 이미지에도 마술을 부리는 디지털 사진 전문가들로 구성된다. 여러 레딧 사용자는 오래된 사진에 색을 입히거나, 찢어진 사진을 디지털로 복구하거나, 원하지 않는 대상을 이미지에서 제거해 달라는 요청을 하곤 한다. 나는 여러 감시 카메라 이미지를 이 그룹에 업로드해 도움을 청했다. 사용자들은 흐릿한 번호판의 숫자를 확인하고 어두운 감시 카메라 사진을 유용한 증거로 바꿔 놀라운 도움을 줬다.

What Is This Thing?(reddit.com/r/whatisthisthing)

나는 이 서브레딧의 결과에 항상 놀란다. What Is This Thing은 사실상 어떤 것도 디지털 사진을 올릴 수 있고, 세부, 추가 정보를 제공하는 하는 동안 누군가 그것이 무엇인지 정확히 맞추는 곳이다. 여러 사용자는 수집품 중 뭔가 가치 있는 것을 확인하려는 희망으로 골동품, 미묘한 품목의 이미지를 올린다. 나는 이것으로 문신의 의미, 그래피티, 정치인에게 보낸 수상한 품목, 자동차 부품, 조사 동안 제시받은 다른 어떤 것도 확인한다.

실제 적용: 2012년에 나는 "Jane Doe"의 사망 건 조사를 도와 달라는 요청을 받았다. 나는 중국 기호로 보이는 등의 문신을 정화된 버전으로 등록했다. 5분 내에 한 레딧 사용자가 그 기호와 의미, 아마 조사에 관련될 중국 지역의 참고 사항을 확인했다. 그 사례를 리버스 이미지 검색했더니 희생양이 연루된 인신 매매 조직의 정보로 이어졌다. 이 글을 쓰는 시점에 한 사용자는 그림 7.05에 보이는 문신의 정보를 요청한다. 레딧 사용자 "hihrince"는 문신을 디하이드록시페닐아세트알데히드의 참조로 확인했고, 사용자 "xgloryfades"는 화학 합성물의 설명을 제공했으며, 사용자 "WTF-BOOM"은 같은 문신을 한 50명 이상의 온라인 사진 링크를 제공했다. 모두 한 시간에 걸쳐 발생했다.

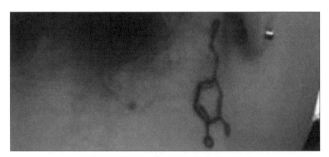

▲ **그림 7.05:** 레딧에 등록된 알려지지 않은 문신

레딧에서 이 기법을 사용하려면, 몇 가지를 고려하기 바란다. 지금 무료 계정을 만들어, 계속 사용해야 한다. 새 계정을 만들고 몇분 뒤에 도움을 청하면, 무례하다

간주될 수 있다. 나는 오래전에 만든 것처럼 보이는 계정을 사용하는 편이다. 댓글 히스토리가 있는 레딧의 활성 회원으로 보이면, 다른 활성 회원이 도움을 주도록 유도할 수도 있다. 결코 요청이 까다로워서는 안 된다. 이 사람들이 자원봉사로 도와준다는 점을 기억해야 한다. 상당수는 다른 데서 찾을 수 없는 스킬 세트를 보유하고 있다. 나는 결코 이미 공개로 활용 가능하지 않은 콘텐츠도 업로드하지 않는다. 디지털 이미지가 언론에 배포되면, 문제 없이 레딧에도 올린다. 내 타깃 이미지가 이미 공개된 소셜 네트워크에 있으면, 레딧에 링크를 걸지 못할 이유가 없다.

레딧 검색

레딧의 검색 옵션은 완벽하지는 않지만, 관심 포스트를 확인하는 최선의 옵션이다. 모든 페이지의 우측 상단 검색 영역으로 어떤 항목이든 쿼리를 보낼 수 있다. 결과는 서브레딧 수천 개 등 모든 페이지에서 나온다. 더 상세 검색을 원하면, 구글, 빙을 사용할 수 있다. 다음 쿼리는 서브레딧 "RBI"의 "surveillance" 단어가 있는 어떤 포스트도 확인한다.

site:reddit.com/r/rbi "surveillance"

다른 어떤 카테고리 내에서도 관심 단어를 찾도록 이 검색을 수정할 수 있다. 카테고리 옵션을 제거해 전체 웹사이트를 검색할 수도 있다. 레딧 내 검색은 특정 사용자의 포스트를 검색하지 않는다. 타깃 사용자 이름을 알면, 주소(URL)에 입력할 수 있다. 다음 사례는 사용자 "jforrler"의 레딧 페이지를 제시한다.

http://www.reddit.com/user/jforrler

이 페이지는 그 대상의 모든 포스트, 댓글을 표시한다. 사용자가 포스트를 지울 수 있음에 주의해야 한다. 최근에 일어난 일이라 의심이 들면, 이 사용자를 구글 검색해 프로필의 "저장된 페이지" 사본을 확인할 수 있다. 그러면 과거에 내게 여러 결과가 나왔다.

온라인 캘린더

여러 온라인 커뮤니티는 구글 캘린더 등의 서비스로 디지털 캘린더를 만든다. 일부는 회원이 곧 있을 이벤트를 볼 수 있게 의도적으로 공개로 만든다. 하지만 개인의 캘린더 중 놀라운 수가 배우자, 가족과 공유한 후 우연히 공개된다. 구글은 공개 캘린더 항목을 검색 가능한 온라인 문서로 취급한다. 다음 검색은 "doctor appt"라는 문구가 있는 구글 캘린더 항목 3,646개를 드러낸다.

    site:google.com/calendar "doctor appt"

이 결과 중 상당수는 특정 사용자, 구글 계정과 연관될 수 없는 개인의 캘린더 항목이다. 하지만 다음 검색은 "doctor appt" 문구와 함께 항목이 있는 완전한 공개 캘린더만 표시한다.

    site:google.com/calendar/embed "doctor appt"

이 결과 중 하나는 그림 7.06에 나타난다. 이 책에서 사용하도록 편집했지만, URL 포맷은 화면 상단에서 볼 수 있다. 다음 URL 구조는 특정 이메일 주소와 연관된 공개 구글 캘린더를 모두 표시한다.

    https://calendar.google.com/calendar/embed?src=test@gmail.com

그림 7.06에서 이 사용자의 전체 이름(편집), 시간대, 이메일 주소(편집)를 볼 수 있다. 캘린더 항목은 일정 잡힌 미팅, 친구 생일, 저녁 계획, 쓰레기 버리는 시간, 약속 취소를 확인한다. 좌상단의 좌우 화살표로 누구나 과거, 미래의 캘린더 항목을 내비게이션할 수 있다. 이 글을 쓰는 시점에 공개 구글 캘린더 거의 100만 건을 이 방법으로 찾을 수 있었다.

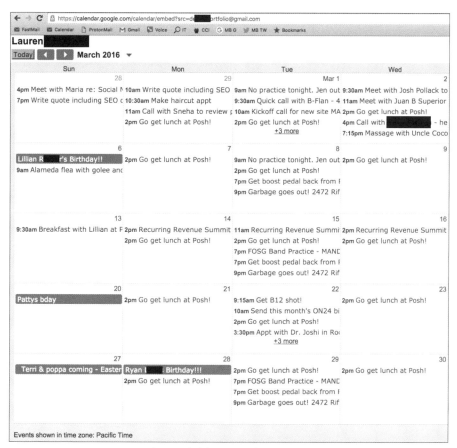

▲ 그림 7.06: 이메일 주소로 찾은 공개 구글 캘린더

## 08장

문서

이 시점까지 논한 공개 정보 수집은 타깃의 가치 있는 정보가 있는 웹사이트에 집중했다. OSINT 조사 동안 종종 누락되는 정보 수집 카테고리가 문서다. 이런 데이터는 보통 세 종류 중 하나다. 첫째는 파일 콘텐츠에 타깃의 정보가 있는 문서다. 타깃이 존재하는지 모르는 온라인 PDF 파일이 있을 수 있다. 둘째는 실제 타깃이 만든 문서다. 이 파일은 의도와 달리 공개로 보게 될 수 있다. 마지막으로 셋째는 실제 문서 출처의 중요 정보가 있을 수 있는 문서 내 저장된 메타데이터다. 다음 기법은 문서의 수동 검색, 추출을 설명한다. 이 책의 더 나중에 자동 소프트웨어 솔루션을 상세히 설명한다.

☑ 구글 검색(google.com)

특정 웹사이트에서 공개 활용할 수 있거나 특정 주제 관련 문서를 찾는 가장 기본 방법은 구글이다. 2장에서 설명한 "filetype" 검색 연산자는 이 과업을 위해 사용할 수 있다. cryptome.org 도메인에 저장된 모든 마이크로소프트 워드 문서의 검색 쿼리 사례는 다음과 같다.

site:cryptome.org filetype:doc or site:cryptome.org filetype:docx

특정 주제를 참조하는 문서를 모두 찾고 싶다면, 열거된 특정 웹사이트 없이 filetype 연산자를 사용할 수 있다. Harrodsburg First Program 회원 목록을 포함하는 엑셀 스프레드시트 모두의 검색 쿼리 사례는 다음과 같다.

filetype:xls "Harrodsburg First"

이 검색은 엑셀 문서에 대해 결과 27건이 나온다. 첫 결과는 회원 이름, 관련 회사, 주소, 전화번호, 웹사이트가 있는 스프레드시트다. 특정 인물 이름을 어떤 스프레드시트에서도 검색하고 싶다면, 다음 쿼리를 입력한다.

filetype:xls TARGET NAME

다음 표는 가장 흔한 문서 파일 유형, 관련 파일 확장자가 있다. 2장에서 설명한 대로 구글, 빙 모두 파일 연결과 상관없이 어떤 파일 유형도 검색할 수 있다.

마이크로소프트 워드	DOC, DOCX
마이크로소프트 엑셀	XLS, XLSX, CSV
마이크로소프트 파워포인트	PPT, PPTX
어도비 애크로뱃	PDF
텍스트 파일	TXT, RTF
오픈 오피스	ODT, ODS, ODG, ODP
워드 퍼펙트	WPD

이 파일 유형을 모두 즉시 검색하고 싶다면, 구글, 빙의 다음 문자열은 OSINT 주제로 문서 대부분을 찾는다. 그 단어를 관심 있는 다른 어떤 것으로도 바꿀 수 있다.

OSINT filetype:pdf OR filetype:doc OR filetype:xls OR filetype:xlsx OR filetype:docx OR filetype:ppt OR filetype:pptx OR filetype:wpd OR filetype:txt

이 쿼리는 기본적으로 검색 엔진에게 PDF 파일, 마이크로소프트 워드 파일 등에서 단어 OSINT를 어떤 식의 참조든 찾아, 결과를 모두 표시하라고 해준다. 2장에서 설명한 구글 커스텀 검색 엔진은 이 정확한 검색 유형의 훌륭한 자원이다. 하지만 나는 수동 검색 프로세스를 이해하도록 강력히 권장한다. 그러면 어떤 자동화 솔루션보다 훨씬 더 통제력이 생긴다. 이 책의 첫 세 판은 여러 서드파티 문서 검색 서비스가 있었다. 대부분 사라졌거나, 현재는 구글 커스텀 엔진에 전적으로 의존한다. 그러므로 나는 더 이상 이 중 무엇도 추천하지 않는다. 단지 구글, 빙에서 적절히 구조화된 문서 검색과 경쟁할 수 없기 때문이다.

구글 문서 도구(docs.google.com)

사용자가 생성한 문서를 인터넷에 저장하는 아이디어는 많은 인기를 얻었다. 이 파일을 "클라우드에" 보관하면 CD, 플래시 드라이브 등 기기의 개인용 스토리지 수요가 없어진다. 게다가 인터넷 파일 저장으로 저자는 인터넷에 연결된 어떤 컴퓨터에서도 접근해 편집할 수 있다. 이 문서 호스팅 웹사이트의 흔한 용도는 편집 국면 동안만 저장하는 것이다. 일단 문서를 완성한 후 더 이상 필요하지 않으면, 사용자는 공개 뷰에서 제거하기를 잊을 수 있다. 구글은 가장 인기 있는 문서 저장 웹사이트 중 하나다. 원하는 경우 사용자는 저장된 문서를 자신의 웹사이트에 임베딩할 수 있다. 웹사이트 검색은 상대적으로 쉽다.

여러 구글 메일(지메일) 사용자는 구글의 구글 문서 도구, 구글 드라이브라는 문서 스토리지를 위해 구글 무료 서비스를 활용한다. 문서를 생성할 때 디폴트로 비공개며, 대중에게 보이지 않는다. 하지만 사람들이 친구, 동료와 문서를 공유하고 싶을 때 공유 속성을 바꿔야 한다. 파일을 개별 구글 사용자와 비공개 공유하기도 가능하지만, 많은 사람은 문서 공개가 더 쉽다고 생각한다. 이 사용자 대부분은 아마 파일이 의도하는 수신자 외에 누구나 볼 수 없다고 가정한다. 결국 다른 사람의 문서를 누가 검색하는가? 바로 우리다.

구글 문서 도구, 구글 드라이브 웹사이트는 이 공개 파일을 검색하는 옵션을 제공하지 않지만, 구글 검색으로 검색할 수 있다. 구글 문서 도구가 공개 파일 중 대부분의 검색 엔진 색인을 허용하기에, 특정 검색 방법으로 찾을 수 있다. 다음 검색 사례는 google.com에서 수행할 몇 가지 옵션을 설명한다. 정확한 검색은 예상되는 결과와 함께 열거된다. 문서 검색의 여러 가능성 중 출발점으로 사용해야 한다.

site:docs.google.com "resume" - 2만 2,700건의 온라인 이력서

site:docs.google.com "resume" "Williams" - 2,491건의 Williams라는 이름의 이력서

site:docs.google.com "Corey Trager" - 타깃 소유의 문서(이력서) 1건

site:docs.google.com 865-274-2074 - 타깃의 번호가 있는 문서 1건

구글은 사용자가 생성한 문서를 분류한다. 아래 사례는 유형별로 문서를 표시하는 검색을 확인한다.

site:docs.google.com/presentation/d - 파워포인트 프레젠테이션 865만 6,000건

site:docs.google.com/drawings/d - 구글 플로차트 드로잉 6만 8,600건

site:docs.google.com/file/d - 이미지, 동영상, PDF 파일, 문서 694만 5,000건

site:docs.google.com/folder/d - 폴더 내 파일 모음 9만 4,000건

site:docs.google.com/open - 외부 문서, 폴더, 파일 140만 건

2013년 구글은 "drive.google.com" 도메인에 사용자가 생성한 문서를 배치했다. 그러므로 전에 설명한 방법으로 어떤 검색을 수행해도 "docs" 대신 "drive"로 반복해야 한다. 전화번호의 이전 검색은 다음과 같다.

site:drive.google.com 865-274-2074

마이크로소프트 원드라이브(onedrive.live.com)

구글 드라이브와 유사하게 마이크로소프트 원드라이브는 문서의 저장, 공유 기능을 제공한다. 서비스는 구글 드라이브 만큼 인기 있지는 않다. 하지만 공개로 볼 수 있는 문서 수천 건이 발견을 기다린다. 공유 파일은 onedrive.live.com 도메인에 저장된다. 이력서의 쿼리는 다음과 같다. 이 검색은 구글, 빙에서 수행할 수 있다. 구글 결과는 개인 정보가 있는 이력서 파일 3,550건이었다.

site:onedrive.live.com "resume"

아마존 웹 서비스(aws.amazon.com)

아마존 웹 서비스는 "클라우드"에 호스팅된 스토리지, 인터넷 애플리케이션을 공급하는 방대한 서버 모음이다. 비싼 하드웨어를 구매하는 대신 여러 회사, 개인은 이 서버 공간을 임대한다. 적절히 검색하면 이 서버에 다운로드 가능한 문서가 많이 있다. 다음 구조는 google.com에서 색인한 문서를 확인한다.

site:s3.amazonaws.com

다음 검색 사례는 옵션 중 몇 가지를 설명한다. 정확한 검색은 예상되는 결과와 열거한다. 문서 검색의 여러 가능성을 위한 출발점으로 사용해야 한다.

site:s3.amazonaws.com ext:xls "password" - 엑셀 스프레드시트 2만 7,000건
site:s3.amazonaws.com(504) 390-6582 - 타깃 번호가 있는 PDF 파일 1건
site:s3.amazonaws.com "lionheart201" - 사용자 이름의 참조가 있는 PDF 파일 1건

프레젠테이션 리파지터리

즉시 접근 가능한 온라인 스토리지가 전에 없이 많기에, 여러 사람이 파워포인트와 기타 프레젠테이션 유형을 클라우드에 저장한다. 여러 무료 서비스는 이 수요를 충족했다. 그중 다음은 공개 활용 가능한 문서 중 대부분이 있다.

슬라이드셰어(slideshare.net)
ISSUU(issuu.com)
프레지(prezi.com)

슬라이드셰어와 ISSUU는 웹사이트의 네이티브 검색을 허용한다. 하지만 프레지는 이 옵션이 없다. 이 셋 모두에서 웹사이트 연산자와 함께 커스텀 구글 검색을 권장할 만하다. 단어 OSINT가 있는 프레젠테이션을 슬라이드셰어에서 찾고 싶다면, 다음 쿼리를 사용한다.

site:slideshare.net "OSINT"

☑ 커스텀 검색 엔진

이 연산자가 과하면, 2장에서 설명한 구글 커스텀 검색 엔진(CSE)을 검토하자. 여기서 논한 방법 중 대부분에 적용된다. 이 엔진은 어떤 기대하는 키워드도 간단한 검색 필드를 준비해 제시한다. Search by Service CSE의 결과는 구글 드라이브, 슬라이드셰어, 아마존 AWS, 드롭박스, ISSUU, Scribd, DocStoc, 프레지에서 얻은 콘텐츠가 있다. Search by Filetype CSE는 가장 흔한 파일 유형으로 결과를 필터링한다. 다음 링크는 이 엔진으로 직접 이동한다.

> https://inteltechniques.com/intel/OSINT/docs.html(Search by Service)
> https://inteltechniques.com/intel/OSINT/docs.format.html(Search by Filetype)

Scribd(scribd.com)

Scribd는 여러 해 동안 선도적인 클라우드 스토리지 문서 서비스였다. 2014년 이래 e북 판매로 초점을 돌렸다. 하지만 수많은 저장된 문서에 여전히 접근 가능하다. 타깃이 올린 후 잊었을 통시적인 콘텐츠에 가치가 있다. 검색 필드는 웹사이트의 모든 페이지 상단에서 펼칠 수 있는 메뉴에 있다. 타깃 이름을 검색하면 간행물의 어떤 페이지에서도 타깃 이름이 있고, 이 서비스로 저장된 모든 공개 서적이 나온다. 메뉴에서 "Documents"를 클릭하면 더 상관도 높은 정보가 나온다. 문서 중 대부분은 의도적으로 웹사이트에 저장되며, 범죄 활동의 어떤 확증도 없다. 그 대신 OSINT 조사를 위한 주 용도는 수많은 회사 관련 문서다. 어떤 대기업의 이름을 입력해도, 조회 가능한 회사 관련 문서의 여러 페이지가 나온다. 종종 회사의 보안 인력이 온라인에 올리도록 승인하지 않을 문서도 있다. "공식 용도에 한 함"의 약어인 "FOUO"로 검색하면 결과가 수백 건 나온다. 어떤 것도 기밀로 분류되지 않았지만, 공개 웹사이트에 올리려는 의도는 아니었다. 관리 불가한 결과량이 나오면, 필터 옵션은 첫 문서 결과 바로 위에 나타난다. 이것으로 언어, 크기, 파일 유형, 업로드 날짜를 검색할 수 있다.

문서를 업로드한 사용자 확인은 문서 찾기 만큼이나 쉽다. 문서가 있는 페이지의 중상단에 파일을 업로드한 대상을 확인하는 영역이 있다. 웹사이트에서 이 사용자의 프로필 링크 역할도 한다. 프로필은 사용자가 제공한 모든 정보 외에 그 사용자의 웹사이트 내 최근 활동 피드도 표시한다. 특정 사용자가 업로드한 다른 문서도 확인한다.

위키리크스(search.wikileaks.org)

일부 웹사이트는 대중에게 민감하고 기밀로 분류된 문서를 유출하는 목적으로 제작됐다. 위키리크스가 그런 웹사이트다. 브래들리 매닝이라는 군인이 웹사이트에 기밀로 분류된 정부 정보를 업로드한 이유로 2010년 구속됐을 때 위키리크스는 여러 가정에도 알려졌다. 이어서 사람들은 이 논란을 일으킨 문서, 동영상을 보러 웹사이트에 몰려들었다. 공식 위키리크스 웹사이트는 결국 효과적인 검색 옵션을 제공한다. 어떤 검색어도 입력하면 그 단어가 있는 유출된 문서의 결과를 모두 제공한다. 정부, 민간 부문 모두 이 웹사이트, 그 기관의 확인된 정보에 친숙하다.

Cryptome(cryptome.org)

민감하고 기밀로 분류된 정보를 대중에 발표하는 또 다른 웹사이트가 Cryptome 다. 정보 중 대부분은 언론 자유, 암호화, 스파이, 감시에 관련된다. 콘텐츠 중 상당 부분은 음모 이론으로 간주할 수 있지만, 여러 공식 문서가 매일 발표된다. Cryptome는 웹사이트 검색을 제공하지 않으며, 이 서비스에 맞추는 서드파티 제공업체도 없다. 그러므로 구글, 빙에 의존해 문서를 찾아야 한다. 다음과 같이 구조화된 쿼리는 잘 기능한다.

    site:cryptome.org "NAME OR TOPIC"

검색어 "bradley manning"을 사용한 이 기법은 그의 조사에 관한 문서 77건에 링크 건다.

메타데이터 뷰어

원본 문서를 온라인에서 찾으면, 명백히 파일의 가시적 콘텐츠를 분석해야 한다. 파일명, 적힌 텍스트, 문서의 원위치 등이다. 더 깊이 파고들면 더 정보를 노출한다. 단지 파일 콘텐츠만 봐서는 볼 수 없는 문서에 임베딩된 데이터가 있다. 이 데이터를 '메타데이터'라 하는데, 어떤 조사에는 아주 가치 있다. 이 데이터는 종종 문서가 생성된 컴퓨터 이름, 컴퓨터, 네트워크 사용자 이름, 사용한 소프트웨어 버전, 컴퓨터가 연결된 네트워크 관련 정보가 있을 수 있다. 이 모든 정보를 표시하는 최상의 방법은 책의 더 나중에 논할 소프트웨어 솔루션이다. 이 "숨은" 정보를 웹브라우저로 온라인에서 조회할 수도 있다.

여러 온라인 웹사이트는 분석용으로 문서를 업로드할 수 있다. 이러려면 아래 상세히 적은 페이지에서 "browse" 버튼을 클릭한다. 이러면 파일 탐색기로 분석을 원하는 문서를 선택할 수 있다. 결과는 종종 생성일, 수정일, 원제목, 문서 생성에 사용한 세 가지 애플리케이션, 사용자 이름을 확인한다. 이 사용자 이름을 전에 논한 기법으로 더 검색하면, 문서 저자의 풍부한 정보가 나올 수 있다. 다음 웹사이트로 로컬 저장 문서를 업로드하거나 파일 URL을 분석용으로 등록할 수 있다. 이 기법에 주의하기 바란다. 문서가 온라인에 이미 올라가 있다면, URL 분석을 허용해도 위험이 거의 없다. 하지만 인터넷에 결코 있었던 적이 없는 로컬 저장 파일은 다시 생각해야 할 수 있다. 내용이 민감하면 어떤 서비스에도 업로드하고 싶지 않을 수 있다. 파일에 기밀로 분류된 정보가 있으면, 책임을 면하기 어려울 수 있다. 이 상황은 15장에서 논하는 방법을 사용한다. 우려되지 않으면 다음도 꽤 효과적이다.

Extract Metadata(extractmetadata.com)
Jeffrey's ExifViewer(regex.infolexif.cgi)
Metashield Analyzer(metashieldanalyzer.elevenpaths.com)

실제 적용: BTK 킬러라고도 알려진 데니스 린 레이더는 위치타 경찰청에 살인을 암시하는 마이크로소프트 워드 문서가 있는 플로피 디스크를 보냈다. 경찰은 이 문서의 메타데이터를 검토해 "Dennis"라는 대상이 만들었다고 판단했다. 루터교 교회

링크도 이 데이터 내에 있었다. OSINT 검색을 이 두 정보로 수행해 용의자를 확인해 구속할 수 있었다.

Free OCR(free-ocr.com)

텍스트 콘텐츠를 위해 색인하지 않은 PDF 파일을 이따금 찾을 수 있다. 이런 PDF 파일은 텍스트 중 어떤 부분도 복사해 붙여넣을 수 없다. 형편 없는 스캔 기법 때문이거나 의도적으로 콘텐츠의 외부 사용을 금하기 위함일 수 있다. 이 텍스트를 요약 보고서용으로 캡처하고 싶을 수 있다. Free OCR에 이 파일을 업로드해 텍스트 문서로 변환할 수 있다. OCR은 광학적 문자 인식의 약어다. 기본적으로 컴퓨터는 문서를 "읽어" 콘텐츠의 텍스트가 무엇인지 판단한다. 결과는 복사해 붙여넣기 기능이 있는 새 문서다.

☑ 차량 렌털 기록

차량 렌털의 세부는 기술적으로 문서는 아니지만, 데이터는 이 카테고리에 가장 잘 맞는 듯하다. 다음 옵션은 훈련하는 동안 논란의 여지가 있었고, 모두에게 적절하지 않을 수 있다. 나는 이 방법을 이론적으로 소개하며, 기법이 조사에 적절한지 평가해야 한다. 여러 차량 렌털 회사가 영수증에 온라인 접근하는 옵션을 제공한다. 아마 영업 시간 후 회사에 차량을 남기고 나중에 영수증이 필요한 고객을 위해 설계됐을 것이다. 이 문서를 추출하는 프로세스는 자신의 기록을 얻기 위해서만 설계됐지만, 다른 사람의 기록을 조회하기도 아주 쉽다.

Enterprise(enterprise.com)

모든 Enterprise 웹페이지 하단에는 "Print your receipt" 옵션이 있다. 클릭하면 어떤 세부든 표시하기 전에 완료해야 하는 폼이 나온다. Enterprise는 타깃의 국가, 운전면허번호, 성이 필요하다. 이 정보를 제공하면 지난 여섯 달간 사용자의 전체 렌털 이력이 나온다. 내 자신의 데이터로 테스트하면 2년치 데이터가 나온다.

문서마다 그 렌털의 전체 영수증으로 링크 걸린다. 이 영수증은 시작일과 시간, 종료일과 시간, 차량 제조사 및 모델, 픽업 장소, 전체 마일리지, 대여자 이름, 결제 형식이 있다. 이 정보는 어떤 약물 사건, 사설 탐정에게도 아주 유용하다.

허츠(hertz.com)

Enterprise와 유사하게 Hertz도 모든 페이지 하단에 "Find a receipt" 제목의 링크가 있다. 운전면허번호, 신용카드로 검색할 수 있고, 매칭되는 성이 필요하다. 영수증은 Enterprise 데모 사례와 아주 유사하다.

Alamo(Alamo.com)

Alamo도 영수증 추출 링크에 "Find a Receipt"라는 제목을 붙였고, 모든 페이지 우측 하단 영역에 위치한다. 프로세스는 이전 두 사례와 동일하다. 날짜 범위를 선택해야 한다는 차이만 있다. 나는 보통 현재일 한 해 전으로 시작일, 현재일로 종료일을 선택한다.

E-Z Rental(e-zrentacar.com/ez_rental_receipt.asp)

이 회사는 쉽게 찾을 수 있는 검색 옵션이 없다. 위 링크는 완료 후 등록해야 하는 요청 폼으로 연결한다. 타깃의 운전면허번호, 우편번호가 있어야 한다. 영수증을 이메일로 보낼 수 있는 유효한 이메일 주소도 있어야 한다. 개인적으로 이 옵션을 과거에 사용한 적이 없다.

아마 나머지 차량 렌털 업체의 다른 옵션도 있을 것이다. 구글, 빙은 대상을 찾아줄 수 있다. 이 옵션 중 대부분은 타깃의 운전면허번호를 알아야 한다. 사법 집행부만 가능하겠지만, 공개된 솔루션은 13장을 참고하자.

☑ 페이스트 웹사이트

페이스트 웹사이트는 기술적으로 문서는 아니다. 사용자가 공개 조회하도록 텍스트를 업로드할 수 있는 웹사이트다. 원래는 텍스트를 대량 저장할 곳이 필요한 소프트웨어 프로그래머를 위해 설계됐다. 텍스트에 링크를 생성하면 사용자는 링크를 다른 프로그래머와 공유해 코드를 리뷰한다. 여전히 흔한 관행이지만, 다른 사용자는 이 기술을 악용할 방법이 있다. 여러 해킹 집단은 인터넷 중 이 영역으로 위협 받은 계정 정보, 사용자 비밀번호, 신용카드 번호, 기타 민감한 콘텐츠를 저장한다. 이 수요에 맞는 웹사이트가 수십 곳 있으며, 극히 일부만 검색 기능이 있다.

Pastebin(pastebin.com)

Pastebin은 미국에서 가장 인기 있는 페이스트 웹사이트다. 이 웹사이트는 지난 몇 년간 콘텐츠 1,300만 페이지를 생성했다. 해커 집단은 종종 이 웹사이트로 불법 획득한 데이터를 대중에게 발표한다. 최근 발표로는 미주리 퍼거슨 근처의 여러 경찰관 집주소, 개인 정보가 있다. 웹사이트에서 검색을 허용하는 웹사이트 중 하나다. 이 기능은 "site" 연산자와 같은 방식으로 구글로 검색을 수행한다. 타깃 이름, 이메일 주소, 회사명을 입력하면, 대중을 위한 의도가 아닌 비공개 정보를 노출할 수 있다. 사법 집행을 위해 도난된 신용카드 번호 중 마지막 네 자리를 입력하면, 도둑의 사용자 이름을 확인할 수도 있다. 성공하면 타깃은 나라 밖에 있을 가능성이 크다. 그럼에도 불구하고 사건에 가치 있는 정보며, 희생양의 인상적인 설명이다. 불행히도 사용자 대부분은 디폴트 사용자 이름을 "Guest"로 남긴다.

온라인 페이스트 웹사이트가 100개 이상 있고, 월간으로 점점 더 늘어난다. 모두 검색하면 과할 수 있다. 모든 알려진 페이스트 웹사이트를 쿼리하는 커스텀 검색 웹사이트는 다음 주소에 있다. 이 글을 쓰는 시점에 범죄 정보를 호스팅하는 데 흔히 사용하는 웹사이트를 100개 이상 검색할 수 있다. 웹사이트의 완전한 목록은 웹사이트에 있다.

https://inteltechniques.com/OSINT/pastebins.html

## 09장

사진

모든 피처폰, 스마트폰의 카메라 덕분에 디지털 사진 업로드는 소셜 네트워크 사용자 간에 극히 흔하다. 이 이미지는 공개 정보 수집 분석 기술에 완전히 새 요소를 만들 수 있다. 이 장은 다양한 사진 공유 웹사이트 외에 특정 검색 기법을 확인한다. 트위터 사진만도 적절히 찾기 위해 고유의 검색이 필요하다. 나중에는 사진을 찍은 장소, 카메라 제조사, 모델, 일련번호, 사진의 크롭하지 않은 원본 뷰, 같은 카메라로 찍은 온라인의 다른 사진 모음까지 새 수준의 정보를 드러내는 사진 메타데이터를 설명한다. 이 정보를 읽은 후, 온라인 사진이 온라인에 있어야 하는지 의문이 들 수도 있다.

☑ 구글 이미지(images.google.com)

내 실제 훈련 세션 동안 항상 참석자에게 플리커, 피카사 등 다양한 사진 공유 웹사이트에서 개별 검색을 피하도록 권장한다. 이 검색 가능한 웹사이트 중 대부분을 구글 등 기타 검색 엔진이 이미 색인했기 때문이다. 플리커에서 "Oakland

Protest"를 검색하면 매칭되는 특정 서비스의 이미지만 확인한다. 하지만 같은 검색을 구글 이미지에서 하면 플리커와 추가 서비스 수백 개에서 그 단어에 매칭되는 사진을 확인한다. 구글의 표준 검색 엔진과 유사하게 검색 도구로 날짜별 필터링할 수 있다. 게다가 사진 대비 라인 드로잉 등 타깃 이미지를 크기, 색상, 유형별로 더 분리할 수 있다. 나는 더 이상 수많은 사진 공유 웹사이트에 걸쳐 수동 검색하지 않는다. 그 대신 구글 이미지로 시작한다.

빙 이미지(bing.com/images)

구글과 유사하게 빙도 이미지 검색을 제공한다. 구글 옵션만큼 유용하지는 않지만, 결코 간과해서는 안 된다. 여러 경우 나는 구글 결과에서 누락된 가치 있는 사진 증거를 빙에서 찾았다. 기능은 동일하며, 날짜, 크기, 유형, 라이선스 유형으로 검색 결과를 필터링할 수 있다. 타깃 관련 데이터를 검색할 때 절대적으로 필요하지 않는 한, 어떤 필터도 피하려 한다. 일반적으로 항상 더 적은 데이터보다는 더 많은 데이터를 원한다.

☑ 리버스 이미지 검색

컴퓨터 프로세싱 파워, 이미지 분석 소프트웨어의 진보로 여러 웹사이트에서 리버스 이미지 검색이 가능하다. 표준 온라인 검색은 관련 결과를 위해 검색 엔진에 텍스트를 입력하지만, 리버스 이미지 검색은 분석을 위해 이미지를 검색 엔진에 제공한다. 결과는 사용하는 웹사이트에 따라 다르다. 일부는 다른 웹사이트에 나타나는 동일한 이미지를 확인한다. 타깃이 같은 이미지를 사용하는 다른 웹사이트를 확인할 때 사용한다. 타깃 사진이 소셜 네트워크에 있으면, 그 사진의 리버스 분석은 타깃이 같은 이미지를 사용하는 다른 웹사이트를 제공할 수도 있다. 표준 검색 엔진으로는 결과 확인이 안 될 수도 있다. 가끔 타깃이 가명으로 웹사이트를 생성하지만, 사진은 자신의 실제 사진을 사용할 수도 있다. 가명을 알지 않는 한, 결코 웹사이트를 찾지 못한다. 이미지로 웹사이트를 검색하는 것은 가명의 프로필을 찾는 유일한 방법일 수 있다. 일부 리버스 이미지 웹사이트는 더 나아가 매칭되기에 충분할 정도로 유사한 타깃의 다른 사진을 확인한다. 일부는 이미지 분석을 근거로 사진 속 대상의 성별, 나이도 판단한다. 이런 분석은 예전에는 비싼 사설 솔루션에 한정됐다. 이제는 이 서비스가 대중에게 무료다.

구글 리버스 이미지 검색(images.google.com)

가장 강력한 리버스 이미지 검색 서비스 중 하나는 구글에 있다. 2011년에 전개된 이 서비스를 종종 간과한다. 어떤 구글 이미지 페이지도 검색 필드가 있다. 이 필드 내 우측 끝에 약간 투명한 밝은 회색 카메라 아이콘이 있다. 그림 9.01(첫째)은 이 검색 필드를 표시한다. 이 아이콘을 클릭하면 온라인 이미지 주소, 컴퓨터 이미지 파일 업로드를 허용하는 새 검색 창이 열린다. 온라인 검색을 활용하려면, 실제 온라인 사진의 정확한 링크가 있어야 한다. 웹사이트에서 이미지 찾기만으로는 충분하지 않다. 그 자체로 웹브라우저에서 이미지를 본 후, 이미지 주소를 복사하고 싶을 것이다. 실제 위치에서 이미지를 보고 싶다면, 나는 이미지를 우클릭해 파이어폭스 웹브라우저에서 "이미지 보기"를 선택한다. 크롬 사용자는 "새 탭에서 이미지 열기"가 보이며, 인터넷 익스플로러 사용자는 이미지 URL을 확인하는 "속성"이 보인다. 이 링크가 리버스 이미지 분석에 필요하다. 이 링크를 구글 이미지 리버스 온라인 검색에 붙여넣으면, 결과는 다른 유사한 이미지, 다른 웹사이트의 정확히 중복되는 이미지다. 이 웹사이트를 방문하면 타깃의 추가 정보가 나온다.

이 서비스를 사용하는 방법은 구글 이미지 검색 페이지 내의 타깃 검색도 있다. 결과 내 이미지는 클릭 시 추가 옵션을 제시한다. 이미지의 더 큰 버전은 검은 박스 내에 로딩된다. 이미지 우측의 세 옵션으로 이미지가 저장된 페이지를 방문하거나, 전체 크기로 이미지를 표시하거나, "이미지로 검색"할 수 있다. "이미지로 검색" 링크를 클릭하면 타깃 이미지와 유사한 다른 이미지와 함께 새 검색 결과 페이지가 나온다. 이러면 대상 관련 정보가 더 있는 다른 웹사이트에 연결된다.

빙 리버스 Image Match

2014년 빙은 "Image Match"라는 자체 리버스 이미지 검색 옵션을 런칭했다. 이 기능은 검색 필드 우측의 Image Match 아이콘을 클릭해 빙 이미지 내 어떤 페이지에서도 구동할 수 있다. 그림 9.01(둘째)은 이 옵션을 표시한다. 이 서비스는 구글처럼 탄탄하지는 않다. 내 경험상 종종 매칭은 되지만 훨씬 적은 결과를 얻었다. 몇몇 경우는 구글이 찾지 못하는 매칭된 이미지를 얻었다.

Tin Eye(tineye.com)

Tin Eye는 리버스 이미지 분석을 하는 또 다른 웹사이트다. 결과는 정확한 중복 이미지에 집중하는 경향이 있다. 여기서 결과는 보통 구글에서 찾은 결과보다 적다. 서비스마다 종종 다른 데서 못 찾는 이미지를 찾기에, 이 기법을 사용할 때 모두 검색해야 한다. 그림 9.01(셋째)은 검색 메뉴를 표시한다. 좌측 아이콘은 사용자에게 이미지 업로드를 위한 하드 드라이브 경로를 제공하도록 프롬프트를 띄우지만, 검색 필드는 URL을 허용한다.

얀덱스(images.yandex.com)

러시아 검색 웹사이트 얀덱스에는 리버스 이미지 검색을 할 수 있는 이미지 검색 옵션이 있다. 다른 방법과 유사하게 관심 온라인 이미지의 전체 주소를 입력해 추가 웹사이트에서 중복 이미지를 검색한다. 2015년 얀덱스는 사용자에게 컴퓨터의 이미지 업로드를 허용했다. 전반적으로 이 결과는 제한된다. 하지만 이 옵션은 어떤 해외 조사에도 중요하다. 그림 9.01(넷째)은 우측 부분 끝의 리버스 이미지 검색 아이콘을 표시한다.

바이두(stu.baidu.com)

얀덱스와 유사하게 중국 검색 엔진 바이두도 리버스 이미지 검색을 제공한다. 바이두는 현재 웹사이트의 영어 버전을 제공하지 않고, 중국어 텍스트만 표시한다. 위 웹사이트로 이동하면 온라인 이미지 주소를 허용하는 검색 박스가 나온다. 결과는 바이두가 색인한 웹사이트의 유사 이미지를 확인한다. 그림 9.01(다섯째)은 중국어로만 가능한 검색 페이지를 표시한다. 어떤 이미지 URL도 여기에 입력하고 엔터를 누른다.

실행 중인 서비스에 상관없이, 나는 민감한 이미지에 주의하도록 요구한다. 메타데이터를 위해 온라인 문서를 분석하는 내 관점과 유사하게, 이 엔진에 온라인 이미지를 등록해도 무해하다고 믿는다. 사진이 이미 온라인에 공개됐다면, 두 번째 노출해도 거의 위험이 없다. 내 우려는 아동 포르노그래피와 기밀로 분류된 사진이다. 전직 아동 포르노 조사관, 포렌식 검사관으로서 온라인에서 추가 증거 사본을 찾고 싶은 적이 여러 번 있었다. 하지만 그럴 수 없었다. 아무도 모르겠고, 사진은 결코 나타나지 말아야 할 어떤 곳에도 결코 나타나지 않지만, 불법 대상의 리버스 이미지 검색은 불법이다. 기술적으로 아동 포르노그래피를 (구글에) 배포한다. 대규모 FBI 테러 조사 작업을 하는 동안 리버스 이미지 검색하고 싶은 사진을 10장 보유했다. 사진은 기밀로 분류된 사건의 일부였기에, 그럴 수 없었다. 전반적으로 결코 이런 사진을 하드 드라이브에서 등록하지 말아야 한다. 항상 유령처럼 다시 돌아온다.

리버스 이미지 검색을 요하는 공개 이미지가 있을 때마다 나는 항상 이 다섯 가지 서비스를 모두 확인한다. 바이두에서 좀처럼 결과를 얻지 못했지만, 매번 몇 초면 확인 가능하다. 이 실사는 과거에 보람이 있었다. 이 수동 검색은 생각만큼 반드시 시간이 많이 걸리지도 않는다. 일단 직접 URL 등록을 관찰해야 한다. 다음 사례에서 타깃 이미지가 inteltechniques.com/intellbook1.html 웹페이지에 있는 이 책의 표지라고 가정하자. 실제 타깃 이미지는 온라인 URL(https://inteltechniques.com/img/osint.cover.med.jpg)에 저장된다. 다음 직접 주소는 열거된 서비스마다 리버스 이미지 검색을 한다.

구글: https://www.google.com/searchbyimage?site=search&sa=X&image_url=https:// inteltechniques.com/img/osint.cover.med.jpg

빙: http://www.bing.com/images/searchbyimage?FORM=IRSBIQ&cbir=sbi&
imgur1=https://inteltechniques.com/ img/ osint.coveLmed.jpg

Tineye: http://www.tineye.com/search/?url=https://inteltechniques.com/
img/osint.coveLmed.jpg

얀덱스: https://www.yandex.com/images/search?img_url=https://
inteltechniques.com/img/osint.coveLmed.jpg &rpt=imageview

바이두: http://image.baidu.com/n/pc_search?querylmageUrl=https://
inteltechniques.com/img/osint.coveLmed.jpg

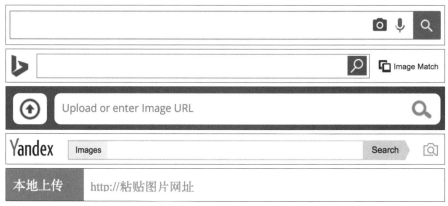

▲ **그림 9.01**: 구글, 빙, Tineye, 얀덱스, 바이두의 리버스 이미지 검색 옵션

☑ IntelTechniques Reverse Image Search Tool(inteltechniques.com/OSINT/reverse.image.html)

나는 수동으로 이 모두를 웹브라우저에 입력하도록 권장하지 않는다. 이미지 검색
웹사이트마다 이동해 사진 URL을 붙여넣으면 더 효율적이다. 하지만 이 전체 프로
세스를 자동화하는 온라인 도구를 만들었다. 첫째 필드로 온라인 이미지의 전체 주
소를 입력할 수 있다. Populate All 버튼은 이 데이터를 모든 필드에 공급한다. 다
음 검색 옵션은 여기서 구글, 빙, Tineye, 얀덱스, 바이두에 대해 설명한 기법을 대

체한다. 이 페이지의 마지막 옵션은 위 검색을 다섯 네트워크 모두에 걸쳐 웹브라우저에서 5개의 개별 탭을 실행한다. 그림 9.02는 이 도구의 현 상태를 표시한다.

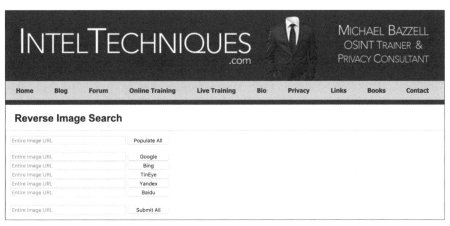

▲ **그림 9.02**: IntelTechniques Reverse Image Search 도구

Plag Hunter(plaghunter.com)

이 독일 업체는 리버스 이미지 검색 모니터링 서비스를 제공한다. 라이선스 있는 이미지의 허가 없는 배포를 모니터링하는 개인을 겨냥하지만, 조사는 무료 체험을 활용할 수 있다. 실종된 아이 사진 등 미래에 게재될 온라인 이미지를 확인하는 데 유용할 수 있다. 알려진 인신매매 희생양 사진이 여러 매춘 포럼에 걸쳐 게재될 때 모니터링하려고 쓸 수도 있다. 무료 계정 생성 후, 포털의 대시보드에 로그인해 이동한다. Images 탭에서 모니터링을 위해 온라인 이미지 URL을 제공할 수 있다. 페이지는 즉시 미디어의 관련 이미지, 출처를 확인한다. 서비스는 계속해서 이미지를 찾아 인터넷을 뒤져 새로운 결과가 발견되면 이메일을 보낸다. 이 글을 쓰는 시점에 서비스는 아주 신규라서 별로 가다듬어지지 않았다. 하지만 엄청난 잠재력을 보여준다.

Image Raider(imageraider.com)

Image Raider는 또 다른 언급할 만한 리버스 이미지 룩업 엔진이다. 구글, 빙, 얀 텍스 리버스 이미지 검색으로 결과를 제공한다. 하지만 이 도구는 눈에 띄는 추가 기능이 몇 가지 있다. Image Raider로 한 번에 이미지 20건을 입력할 수 있는데, 이 도구로 멀티 리버스 이미지 검색을 구동할 수 있다는 뜻이다. URL, 컴퓨터 직접 업로드로만 이미지를 제공하는 다른 이미지 검색 도구와 달리, 이 서비스는 출처 이미지를 제공하는 여러 옵션이 있다. 다른 방법 중에서도 웹페이지 URL을 추가할 수 있고, 그 페이지의 모든 이미지를 수집해 검색 구동을 위한 입력으로 사용할 수 있다. 플리커, DevianArt, 500px 계정에서도 직접 추가할 수 있다.

Karma Decay(karmadecay.com)

이 서비스는 인터넷 조사관에게 유용한 아주 특정한 전문성이 있다. 웹사이트 레딧 에 나타나는 긍정적인 결과만 제공하는 리버스 이미지 검색 엔진이다. 원래는 누군 가 전에 웹사이트에 올라간 사진을 다시 올릴 때 사용자가 확인하는 방법으로 런칭 했다. 사용자가 이어서 등록 내용을 "다운보트"하면 프론트 페이지에서 제거된다. 조사 시 이 방법으로 레딧에 있는 개인 사진의 모든 사본을 찾을 수 있다. 이미지 링크를 제공하거나 컴퓨터에서 이미지를 업로드할 수 있다.

실제 적용: 이 리버스 이미지 검색 웹사이트는 조사관에게 여러 용도가 있다. 2011 년에 나는 인기 있는 역사적 묘지의 손괴 사진을 검색했다. 결과는 블로그에서 사 건을 자랑하는 용의자의 유사한 사진이 있었다. 구속, 봉사 활동이 곧 이어졌다. 나 는 사설 탐정과 작업하는 동안 고객의 호텔 이미지를 사용하는 다른 호텔을 웹사이 트에서 모두 찾아 달라는 요청을 받았다. 리버스 이미지 검색은 허가 없이 라이선 스 걸린 사진을 사용하는 회사 수십 곳을 확인했다. 민사 소송으로 이어졌을 것이 다. 2013년, 한 연방 요원은 내게 인신 매매 사건의 협조 요청을 했다. 영어를 거의 못하는 여성을 구금 중이었다. 매춘 수사 동안 구속됐는데, 인신 매매의 희생양이 라는 의심이 들었다. 한 온라인 매춘 광고의 리버스 이미지 검색은 그녀의 다른 모

든 광고를 찾았는데, 최근 일하던 지역, 포주에게 연결된 휴대폰 번호, 모든 활동의 대략적 날짜를 확인했다.

Pictriev(pictriev.com)

Pictriev는 사람 얼굴이 있는 사진을 분석해 개인의 추가 이미지를 찾는 서비스다. 결과는 인터넷에서 존재감이 큰 공인의 이미지일 경우 최상이지만, 덜 알려진 대상도 효과적이다. 추가 기능은 타깃의 성별, 나이 예측이다.

☑ 트위터 이미지

트위터가 나온 처음 여러 해 동안은 서버에 어떤 사진도 호스팅하지 않았다. 사용자가 포스트에 사진을 첨부하고 싶으면, 서드파티 사진 호스팅이 필요했다. 항상 무료에, 양도 많다. 종종 단축 링크를 메시지에 추가했는데, 사진 경로로 포워딩됐다. 트위터는 이제 트위터 포스트에서 사용하는 사진을 호스팅할 수 있지만, 서드파티 호스트도 여전히 폭넓게 사용한다. 이미지 중 대부분은 인스타그램에 호스팅되는데, 3장에서 설명했고, 앞으로 나올 페이지에서 더 상세히 설명한다. 이미 타깃의 트위터 페이지를 확인했다면, 아마 이미 포스트와 함께 업로드한 사진을 보기 위해 필요한 링크가 있을 것이다.

여러 트위터 메시지는 포스트 내에 이미지를 직접 임베딩했다. 트위터는 현재 사진 결과의 키워드 검색을 허용한다. 네이티브 트위터 검색 필드에서 어떤 검색을 수행한 후에도, 결과는 상단 필터 메뉴에 있다. 결과는 메시지, 해시태그 내의 검색된 키워드 참조가 있는 이미지만 있다. 이 검색을 사람, 동영상, 뉴스 등으로 필터링할 수도 있다. 3장은 이미 가능한 한 높은 해상도의 이미지 사본을 얻는 프로세스를 설명했다. 아직 확인된 타깃이 없다면, 검색 엔진으로 이미지를 찾아야 한다. 표준 구글, 빙 검색만으로 항상 충분하지는 않다.

Twicsy(twicsy.com)

Twicsy는 아주 사용자 친화적인 웹사이트인데, 호스트에 상관없이 모든 트위터 사진을 검색할 수 있다고 자랑한다. 거의 54억 건의 사진을 색인했고, 매일 새 사진 수백만 건이 추가되었다고 추산한다. 상단 검색 바가 유일한 검색 옵션이며, 주제, 이름, 지역 등 어떤 단어도 처리할 수 있다. 각 이미지를 클릭하면 Twicsy의 다른 페이지로 이동하는데, 전체 트위터 메시지, 이미지의 더 큰 버전, 같은 사용자가 업로드한 추가 사진을 표시한다. 가능한 한 큰 사본을 다운로드하려고 이미지의 원래 호스트로 이동하기 위해 포스트의 텍스트 내 링크를 클릭하면 사진 공유 웹사이트로 포워딩된다. 3장에서 설명한 대로 Twicsy는 사용자가 의도적으로 삭제한 이미지의 훌륭한 리파지터리일 수 있다. 단지 타깃이 포스트, 이미지를 트위터 계정에서 삭제했다고 해서 Twicsy도 사본을 지웠다는 뜻은 아니다.

Twipho(twipho.net)

Twipho는 트위터 사진을 모두 검색하지는 않지만, Twicsy의 괜찮은 대안이다. 게다가 올라오는 최근 트위터 이미지를 실시간 스트림으로 표시한다. 이 서비스는 트위터 계정에 로그인해야 한다. "Find photos near me" 옵션은 IP 주소를 근거로 지역을 확인해 일반 지역에서 태깅된 트위터 사진을 표시한다. 고급 필터는 없다. 인구 많은 지역을 검색하면, 보통 유용하지 않다. 하지만 지방의 시골 지역을 검색하면 훌륭한 결과가 나올 수 있다.

☑ 인스타그램(instagram.com)

인스타그램은 현재 페이스북이 소유하는 사진 공유 서비스다. 활성 사용자가 3억 명 이상 있어, 일간으로 모바일 기기에서 콘텐츠를 업로드하는 사람 수도 7,500만 명 이상이다. 이 애플리케이션은 단독으로 작동하거나 트위터와 상호적으로 사진을 배포한다. 이 서비스는 사진을 공유하는 트위터 사용자 대부분에게 아주 인기가 있으므로 무시하지 말아야 한다. 트위터 웹사이트를 통한 인스타그램 콘텐츠 검색은 모든 콘텐츠를 제공하지 않는다. 인스타그램 홈페이지도 검색 기능이 없다. 인스타그램의 검색 데이터베이스를 사용하고 싶다면, instagram.com/Ambermac 등 계정에 직접 연결해야 한다. 하지만 이 검색 필드는 검색어에 연관된 사용자만 확인한다. 진정한 키워드 검색은 제공하지 않는다. 전통적인 검색 엔진, 서드파티 서비스에 의존해야 한다. 나는 인스타그램 검색 필드 대신 커스텀 구글 검색에서 더 좋은 결과를 찾았다. 구글의 다음 쿼리는 "OSINT"를 언급하는 인스타그램 포스트를 표시하는 결과를 63건이 나온다. 인스타그램에서 검색한 이 단어는 직접적인 사용자 결과 5건이 나왔다.

    site:instagram.com "OSINT"

Iconosquare(iconosquare.com)

인스타그램 조사를 위한 현재 내 첫 단계다. 타깃의 사용자 이름을 알면, 웹사이트 내 어떤 페이지에서도 검색할 수 있다. 직접 접근을 위해 웹사이트 주소 뒤에 이름을 직접 입력할 수 있다. 다음 사례에서 열거된 주소는 인스타그램 계정 "ambermac"에 직접 안내한다.

    http://iconosquare.com/ambermac

일단 사용자 페이지에 있으면,(제공될 경우) 사용자의 실명, 간략한 약력, 결부된 소셜 네트워크의 모든 링크, 인스타그램에서 사용 가능한 모든 공개 사진 등 계정의 상세 정보가 보인다. 사진마다 클릭하면 전체 크기 이미지, 사진 관련 모든 댓글을 표시한다. 계정 사용자 이름을 모르면, 가능한 계정을 이 웹사이트에서 검색할 수 있다. 위 사례의 경우 나는 "amber"를 검색해 내 타깃을 확인하기 위해 결과를 분석했다. 이 웹사이트는 신뢰할 만한 키워드 검색을 제공하지 않는다. 이 경우에는 Websta를 쓴다.

Websta(websta.me)

이 페이지의 검색 필드로 어떤 키워드 검색어도 검색할 수 있다. 개인의 이름, 이벤트, 지역, 관심 키워드일 수도 있다. 나타나는 결과에는 댓글 내용, 사용자 이름 내에서 검색한 단어가 있다. 이미지를 클릭하면 사진이 확대돼 계정의 사용자 이름, 모든 댓글, 이미지 관련 모든 태그가 드러난다.

Worldcam(worldc.am)

이 인스타그램 검색 웹사이트는 사진을 찾는 데 새 변화를 준다. 이 웹사이트에서 폭력 사건이 발생한 술집 등 특정 지역을 지정하면, 그 지역에서 포착한 사진이 나온다. 웹사이트 로딩은 대략적 위치를 확인하는 데 시간이 걸린다. 두 검색 필드도 보인다. 일단 기대하던 지역이 리스팅될 때까지 도시, 주를 입력해 둘째 필드를 완성한다. 웹사이트가 지역 포맷을 지정하도록 하고, 주를 추가해 정정하지 말아야 한다. 리스팅이 보일 때까지 첫 필드 내에 타깃 지역을 입력한다. 이 항목을 선택해 사진 업로드를 허용한다. 특정 사건을 조사하거나, 회사 내부 정보를 수집하거나, 이미지 배경에 보이는 직원을 확인할 때 사용할 수 있다. 항목마다 날짜, 계정 보유자의 사용자 이름, 사진의 간략한 설명을 확인한다.

Gram Feed(gramfeed.com)

이전 서드파티 서비스로 로그인 정보를 전혀 제공하지 않고 인스타그램을 검색할 수 있다. 아주 편리하지만, 결과가 제한될 수도 있다. 인스타그램 사용자 이름, 비밀번호를 요구하는 서비스는 "익명의" 웹사이트에 보이지 않는 확장된 콘텐츠를 종종 전달할 수 있다. Gram Feed는 모든 검색 결과 표시를 위해 인스타그램 계정으로 서비스 인증을 요구한다. 나는 어떤 개인 정보도 포함하지 않는 익명 계정을 보유할 때 이 방법론을 권장한다. 정보 검증 후 키워드별 사진, 사용자 이름별 프로필, 지역별 포스트를 검색할 수 있다. 인스타그램 API의 직접 검색 외에 내가 찾은 가장 포괄적인 서비스다. 빠른 검색, 인터랙티브한 지도 때문에 이 옵션에는 나머지에 비해 돈 보인다. 키워드, 날짜별로 모든 결과를 필터링하는 독특한 기능이 있다.

인스타그램 프로필 이미지

인스타그램 검색에서 대처해야 하는 마지막 장애물이 하나 있다. 관심 프로필을 확인할 때 항상 페이지 상단에 프로필 이미지가 있다. 150*150 픽셀 이미지인데, 작고, 고도로 압축된다. 2015년 인스타그램은 이 섬네일, 원본 이미지 저장 방식을 바꿨다. 이 기법은 이 작은 섬네일 이미지를 찾아 원래 업로드한 고해상도의 전체 이미지를 확인하는 목표가 있다. 한 예로 나는 사용자 "Johnny"를 선택한다. 그의 프로필은 instagram.com/johnny에 있다. 그의 프로필 사진을 우클릭해 새 탭에서 이미지 열기(크롬)나, 이미지 표시(파이어폭스)를 선택하면, 사용자의 아주 작은 사진을 표시하는 다음 URL이 나온다.

> https://scontent-sjc2-1.cdninstagram.com/hphotos-xtp1/t51.2885-19/s150x150/917360_1513292768967049_387615642_a.jpg

s150x150을 표시하는 부분에 주의하자. 인스타그램에게 그 사용자의 150픽셀 섬네일을 추출해 표시하도록 알려준다. URL 중 그 부분을 제거하면, 훨씬 다른 결과를 얻는다. 그 대신 다음 URL로 이동한다.

> https://scontent-sjc2-1.cdninstagram.com/hphotos-xtp1/t51.2885-19/917360_1513292768967049_387615642_a.jpg

결과는 전체 해상도의 원본 이미지다. 이 이미지의 세부는 프로필에서 제시된 원래 섬네일보다 월등하다. 이 기법은 2015년 초 이래 프로필 이미지를 업데이트한 사용자만 효과적임에 주의하자.

인스타그램 비공개 계정

프로필을 비공개로 만든 사용자의 인스타그램 포스트를 표시하는 방법은 알려져 있지 않다. 하지만 사용자가 다른 소셜 네트워크로 게재하면 한 기법이 유용할 수 있다. 한 예로 instagram.com/shoegirlcorner에 있는 인스타그램 사용자 shoegirlcorner를 검토하자. 이 비공개 계정은 프로필 사진, 사용자 관련 일반 세부 사항만 드러낸다. 포스트는 모두 차단된다. 이전 기법으로 전체 프로필 이미지를 표시할 수 있다. 이 사진의 리버스 이미지 검색을 하면, Loida Casares의 링크드인 프로필로 연결된다. 구글에서 Twitter Loida Casares를 검색하면, 이 트위터 사용자의 트위터 계정이 나온다. 그 페이지를 방문해 Instagram을 검색하면 사용자가 인스타그램 계정에 연결된 트위터 사진을 올린 여러 포스트가 드러난다. 아무런 이미지나 클릭하면 전체 포스트가 드러난다. 비공개 인스타그램 프로필로 이 이미지에 결코 직접 연결할 수는 없지만, 여러 사용자는 이 이미지를 공개 트위터 피드로 올린다. 인스타그램 포스트는 비공개가 아니며, 프로필 페이지만 제약 사항이 있다.

☑ 인스타그램 API

인스타그램에서 데이터를 검색할 때 내가 즐겨쓰는 방법은 애플리케이션 프로그래밍 인터페이스(API)다. 이 방법은 14장에서 자세히 설명하지만, 여기서는 데모가 적절하다고 믿는다. 여러 신뢰할 만한 출처는 인스타그램이 2016년 여름에 API를 폐쇄할 수 있음을 시사한다. 그런 일이 일어나기까지 이 유틸리티에 접근하려면 다음 웹사이트로 이동한다.

https://inteltechniques.com/osint/instagram.html

내가 만든 API 프로세스를 단순화하는 페이지며, 사용자 친화적이다. 그림 9.03은 도구의 현 상태를 표시한다. 첫 옵션으로 인스타그램 사용자 이름을 입력할 수 있다. 한 개인의 프로필 페이지, 개별 포스트, 전에 논한 방법 등으로도 찾을 수 있다. 결과는 마지막 행에 다음 정보가 있다.

"full_name":"Maria Bazzell","id":"6095673"}]}

끝의 숫자는 검색한 사람의 사용자 번호다. 그 번호를 커스텀 도구의 둘째 옵션에 배치하면, 그 계정의 표준 API 뷰가 나온다. 15장에서 설명하는 커스텀 웹브라우저 익스텐션을 사용하면, 이 뷰는 아주 가독성 높다. 그렇지 않으면, 결과는 무작위적인 텍스트처럼 보인다. 이 페이지 내에 타깃 관련 사진, 친구, 일반 정보 링크가 있다.

타깃이 모바일 기기를 사용하는데 위치 설정을 켠 경우, 사용자의 포스트마다 GPS 정보가 보인다는 점이 가장 중요하다. 다음 텍스트는 이 사용자의 결과 중 일부다.

```
"profile_picture":"http:\\images.ak.instagram.com\profiles\
proflle_6093_75sq_13043058.jpg" "full_name":"MariaBazzell",
"id":"6095673"}
"location": {"latitude":26.340095093,"longitude":127.783305254} ,
"created_time":"1381461909",
"text":"Love the new hair!",
"from": {"username":"mverduzco20",
```

구글, 빙 지도의 GPS 좌표를 배치하면, 사용자가 이 메시지, 사진을 올린 위치가 확인된다. API 뷰는 최신을 상단에 두며, 연대기 순으로 최근 포스트를 모두 표시한다. 셋째, 넷째 옵션은 사용자가 인스타그램에서 팔로우하는 사람들 목록 사용자를 팔로우하는 사람을 표시한다. 넷째 옵션은 공급된 사용자 프로필에 대해 구글 저장된 페이지 검색의 텍스트온리 버전을 표시한다. 현재 인스타그램 사용자 프로필을 표준 구글 저장된 페이지로 시도하면, 즉시 인스타그램의 플레이스홀더 검색 페이지로 포워딩된다. 다행히 텍스트온리 뷰를 하면 이 짜증나는 일을 우회한다. 한 사례로 Ambermac이 최근 인스타그램에서 모든 포스트를 삭제했다고 가정하자. 실제 페이지로 이동하면 아무런 정보도 제공하지 않는다. 프로필에 대해 다음의 직접적인 구글 저장된 페이지 검색을 하면, 총칭적인 검색 페이지로 포워딩된다.

http://webcache.googleusercontent.com/search?q=cache:instagram.com/ambermac

하지만 이 요청 끝에 "/&hl=en&strip=1&vwsrc=0"을 추가하면, 구글에게 저장된 페이지의 텍스트 버전만 표시하도록 안내하는데, 검색 페이지로 자동 포워딩하지 않는다. 이 기법은 타깃이 최근 프로필을 공개에서 비공개로 바꿨을 때 가치가 있다. 다음은 이 사용자 이름에 적절하다.

http://webcache.googleusercontent.com/search?q=cache:instagram.com/ambermac/&hl=en&strip=1&vwsrc=0

비공개 계정인 사용자의 인스타그램 포스트를 찾는 또 다른 팁은 트위터 검색이다. 타깃의 인스타그램 이름이 Ambermac이면, 그 이름을 트위터에서 검색한다. 프로필이 있으면 트위터로 배포된 인스타그램 사진을 찾을 가능성이 크다. 인스타그램의 개별 포스트(사진)는 비공개가 아니다. 프로필만 비공개며, 사용자의 콘텐츠를 보지 못하게 한다.

커스텀 인스타그램 페이지의 마지막 옵션으로 위치의 GPS 위경도를 그 지점 주변에서 검색하고 싶은 거리와 함께 입력할 수 있다. 미주리 세인트루이스 부시 구장의 GPS 좌표 검색은 여러 결과가 나온다. 다음은 사진 링크, 포스트의 정확한 좌표를 확인하는 부분적 응답이다.

```
type: "image",
location: {latitude: 38.630882947,longitude: -90.191408481},
link: "http://instagram.com/p/geBKNESEUO/",
likes: {count:7
```

링크 걸린 이미지는 세인트루이스 구장 1km 내에 있는 아치 아래에 서 있는 남자다. 범죄 현장을 조사하는 조사관, 시위를 모니터링하는 경비 조직, 학생 활동을 긴밀히 관찰하는 학교가 이 옵션을 사용할 수 있다. 또한 3장에서 설명한 EchoSec도 특정 장소의 인스타그램 포스트를 표시하는 훌륭한 도구임을 기억해야 한다. 불행히도 Echosec은 인스타그램을 탐구하려면 유료 회원이어야 한다. 하지만 다음 서비스는 현재 완전히 무료다.

Yomapic(yomapic.com)

Yomapic은 Echosec과 아주 유사하다. 첫째, 완전 무료다. 둘째, 인스타그램, VK의 장소를 근거로 한 사진만 검색하며, 트위터의 소셜 네트워크 포스트 기반이 아니다. 심플한 인터페이스로 지역명으로 텍스트 검색을 하거나, 특정 지점을 선택할 때 쓰는 인터랙티브한 지도를 사용할 수 있다. 관심 지역을 선택한 후 우측 컬럼은 그 지역에서 올라온 사진으로 채워진다. 위성 뷰의 핑크색 마커는 포스트마다 위치를 확인한다. 결과는 보통 상단의 최근 포스트, 하단 방향의 이전 주 포스트가 있다.

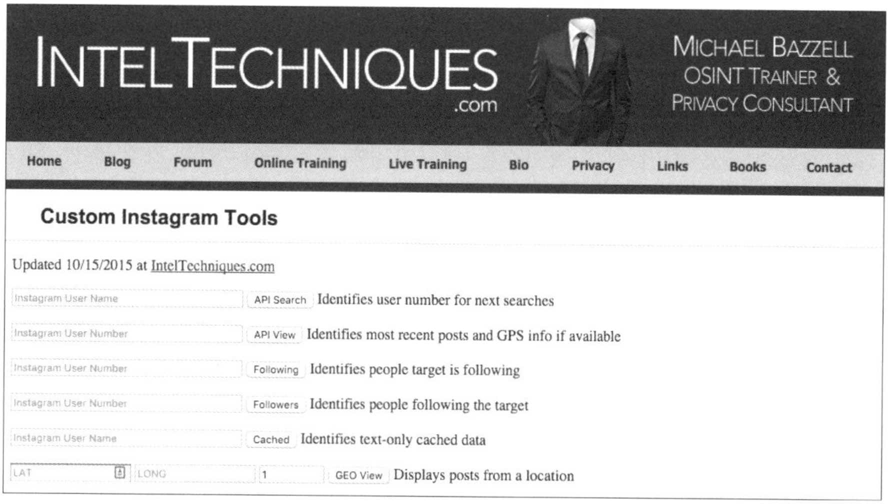

▲ 그림 9.03: IntelTechniques 커스텀 인스타그램 검색 도구

일단 인스타그램의 관심 타깃을 찾은 후, 증거를 아카이브해야 한다. 15장은 자동 솔루션을 소개하지만, 일단 수동 접근법에 집중해야 한다. 타깃은 포스트에 사진이 있다. 이 이미지를 클릭하면 개별 이미지의 약간 더 큰 뷰, 이미지에 결부된 타깃의 메시지, 팔로워의 댓글이 나온다. 많이들 이 이미지를 우클릭하면 다운로드 옵션이 나오리라 가정한다. 불행히도 인스타그램은 이 다운로드 대화 창을 막는다. 우클릭해 "다른 이름으로 저장"을 선택하면 저장된 콘텐츠의 더 작은 압축된 이미지와 함께 전체 웹페이지를 저장한다. 가능한 한 가장 큰 크기, 고해상도 이미지를 추출하는 목표여야 한다. 3장은 소스 코드와 URL 옵션을 제시하지만, 또 다른 방법이 있다.

The Data Pack(http://www.thedatapack.com/toolslinstagram–download)

이 서비스는 인스타그램 포스트의 URL 소스 코드 검토 프로세스를 단순화해 고해상도 이미지의 직접 링크를 확인한다. 이 서비스를 사용하려면, 타깃의 인스타그램 페이지로 이동해 관심 이미지를 클릭한다. 그러면 인스타그램 뷰어에 임베딩된 이미지, https://www.instagram.com/p/BAR5-0qFZbF와 비슷한 URL이 나온다. URL을 복사해 The Data Pack에 붙여넣고 엔터를 누른다. 우클릭해 쉽게 저장 가능한 가장 큰 이미지가 나온다.

☑ 사진 공유 웹사이트

타깃 관련 사진을 찾기 위해 이미지를 웹사이트에 저장해야 한다. 가장 흔한 온라인 디지털 사진 스토리지는 사진 공유 웹사이트다. 이 웹사이트로 사용자는 사진을 계정, 프로필에 업로드할 수 있다. 이 이미지는 인터넷에 연결된 누구나 검색할 수 있다. 이 호스트 중 거의 모두가 사용자에게 무료며, 파일은 사용자가 제거하기까지 웹사이트에 머문다. 이런 서비스는 수십 개 있는데, 상당수가 여러 GB의 스토리지를 허용한다. 구글 이미지, 빙 이미지 검색이 대부분의 사진 공유 호스트에 적절하다고 전에 언급했지만, 플리커는 언급할 가치가 있다.

플리커(flickr.com)

현재 야후 소유인 플리커는 인터넷에서 가장 인기 있는 사진 공유 웹사이트 중 하나다. 상당수가 트위터, 인스타그램 때문에 버렸지만, 상당량의 이미지는 무시할 수 없다. 이 이미지 중 대부분은 아마추어 사진가가 업로드했고, 조사관에게 거의 정보가 없다. 하지만 온라인 조사관에게 유용할 "모래밭" 속의 여러 이미지가 여전히 있다. 메인 웹사이트는 주제, 지역, 사용자 이름, 실명, 키워드로 일반 검색을 허용한다. 이 검색어는 수많은 결과를 피하기 위해 가능한 한 구체적이어야 한다. 온라인 사용자 이름은 종종 사용자의 플리커 사진 앨범으로 데려다준다.

개인 사진, 사용자의 포토앨범, 관심사별 사진 그룹을 찾은 후, 타깃의 프로필 데이터를 분석할 수 있다. 사용자 이름, 카메라 정보, 관심사가 있을 수도 있다. 다양한 사진을 클릭하면 사용자 댓글, 다른 사용자의 응답, 사진에 관한 지역 데이터가 나올 수 있다. 이 데이터의 분석, 문서화는 장래의 검색을 도울 수 있다. Occupy Wall Street 시위자의 사진을 플리커로 검색하면 결과가 15만 7,000건 나온다.

My Pies Map(mypicsmap.com)

플리커는 이미지 내에 저장된 메타데이터를 제거하지 않는 몇 안 남은 웹 서비스 중 하나다. 잠시 후 상세히 설명할 데이터는 종종 사진의 포착 지역을 확인할 수 있다. 플리커가 사용자 사진의 위치를 표시하려고 자체적인 인터랙티브한 지도를 제공하지만 거의 적절히 작동하지 않는다. My Pies Map은 이런 쿼리에 좋은 대안이다. 홈페이지로 플리커 사용자 번호, 포토셋 ID 번호를 입력할 수 있다. 나는 보통 특정 플리커 사용자의 사진 위치를 볼 때만 사용한다. 지역마다 줌인해 사진, 지역마다 정확한 세부를 볼 수 있다. 타깃이 방문한 지역을 재빨리 판단하는 훌륭한 자료일 수 있다.

플리커 지도(flickr.com/map)

플리커는 가능한 한 모든 사진의 지리적 위치를 찾는다. 사진 찍은 지역을 확인하려 한다. 보통 이 정보를 Exif 데이터에서 얻는데, 이는 잠시 후 논한다. 사용자가 제공한 정보를 근거로 이 사진에 태그도 달 수 있다. 플리커는 검색 파라미터를 근거로 지도를 채우는 지도 기능을 제공한다. 이 기법으로 거의 성과를 거둔 적이 없다. 플리커 사진의 지도를 위해 나는 EchoSec을 선호한다. 이 놀라운 무료 서비스는 3장에서 설명했다.

피카사 웹 앨범(picaseweb.google.com)

피카사는 원래 무료로 다운로드할 수 있는 사진 관리용 애플리케이션을 제공하는 개인 소유 업체였다. 구글이 인수한 후 이 애플리케이션은 개선됐고, 오늘날 폭넓게 사용한다. 최근 구글은 피카사 사용자의 사진을 개별 사용자마다 구글 플러스 계정으로 이동시켰다. 이 공개 사진 검색은 공식 구글 플러스 채널로는 어려워졌다. 다행히 구글은 웹사이트의 웹 앨범 섹션을 폐쇄하지 않았다. 여기서 공개 피카사 웹 앨범에 업로드한 어떤 사진도 검색할 수 있다. 다른 사진 공유 웹사이트와 유사하게 피카사도 어떤 입력도 받는 검색 필드를 제공한다. 필터로는 얼굴 있는 사진, 없는 사진으로 제한하기, 측면 비율과 크기 선택, 사진, 동영상 표시, 카메라 제조사 선택 등이 있다.

IntelTechniques Social Images Search Tool(inteltechniques.com/intel/osint/images.html)

검색 엔진 도구, 소셜 네트워크 도구, 문서 검색 도구와 유사하게, 나는 커스텀 이미지 검색 도구도 유지한다. 구글의 커스텀 검색 엔진(CSE)이며, 트위터, 페이스북, 인스타그램, 링크드인, 구글 플러스, 마이스페이스, 플리커, 피카사의 결과를 검색, 필터링한다. 그림 9.04는 검색어 OSINT와 함께 이 도구의 배너를 표시한다. 이 사례는 이 키워드로 인스타그램의 이미지를 45개 확인한다. 결과는 배너 아래에 나타난다.

▲ **그림 9.04**: 네트워크별로 이미지를 필터링하는 구글 CSE

☑ Exif 데이터

디지털 카메라로 포착한 디지털 사진은 모두 Exif 데이터로 알려진 메타데이터를 보유한다. 사진, 카메라의 정보를 제공하는 코드 레이어다. 모든 디지털 카메라는 이 데이터를 이미지마다 쓰지만, 데이터량, 유형은 다양할 수 있다. 이 데이터는 사진마다 "막후에" 임베딩되는데, 포착된 이미지를 표시해서는 보이지 않는다. 이때 필요한 Exif 리더는 웹사이트, 애플리케이션에서 찾을 수 있다. 어떤 웹사이트는 서버에 저장하기 전에 이 데이터를 제거, "왜곡"한다는 것을 명심해야 한다. 예를 들어 페이스북은 데이터를 삭제하는 반면, 트위터, 플리커는 종종 그러지 않는다. 디지털 사진을 온라인에서 찾는다고 해서 항상 이 데이터가 나오지는 않는다. 전체 크기에 압축이 안 된 이미지를 찾으면, 여전히 데이터가 있을 가능성이 크다. 이미지를 더 작은 파일 크기로 압축했다면, 이 데이터는 종종 유실된다. 디지털 카메라 카드에서 직접 제거한 이미지는 모두 항상 데이터가 있다. 온라인에서 검색할 때 이미지의 가장 큰 버전을 확인하고 싶은 이유 중 하나다. 이 데이터를 확인하는 소프트웨어 애플리케이션은 나중에 논한다. 정보를 보는 가장 쉬운 방법은 온라인 뷰어다.

Jeffrey's ExifViewer(regex.info//exif.cgi)

나는 Jeffrey's ExifViewer가 Exif 데이터를 표시하는 온라인 표준이라 생각한다. 이 웹사이트는 온라인에서 찾았거나 컴퓨터에 연결된 드라이브에 저장된 모든 이미지의 분석을 허용한다. 홈페이지는 두 검색 옵션을 제공한다. 첫째로 온라인 이미지 주소를 복사해 붙여넣어 분석할 수 있다. 둘째 옵션의 "browse"를 클릭하면 분석용으로 컴퓨터에서 파일을 선택하는 파일 탐색기 창이 열린다. 지원 파일 유형도 이 페이지에서 확인한다. 결과의 첫 섹션은 보통 이미지를 포착할 때 사용한 카메라 제조사, 모델을 제공한다. 여러 카메라가 사용한 렌즈, 노출 설정, 플래시 사용 여부, 포착한 날짜와 시간, 파일 크기도 확인한다. 한 사례로 나는 사용한 카메라가 캐논 EOS Digital Rebel에 18-55mm 렌즈, 풀 55mm 설정임을 알 수 있다. 자동 노출을 선택했고, 플래시는 꺼져 있었으며, 사진은 2011년 5월 7일 2:30pm에 찍었다. 이 모두가 조사관에게 중요하지는 않겠지만, 정보의 모든 부분이 중요하다.

분석 페이지를 스크롤하면, 이어서 아마 조사관에게 거의 정보를 제공하지 않는 여러 카메라 설정이 확인된다. 어퍼쳐 정보, 노출 시간, 샤프니스, 새츄레이션, 기타 이미지 세부 사항이 있다. 이 데이터에 일련번호 필드가 섞인다. 최신 SLR 카메라에 아주 흔하며, 저렴한 카메라에는 존재하지 않는다. 이 카메라는 보통 카메라 제조사, 모델, 일련번호가 포착한 사진에서 모두 확인 가능하다. 이미지에 연관된 카메라 일련번호는 가치 있는 데이터일 수 있다. 분석가가 타깃의 카메라에서 찾은 다른 사진과 연관지을 수 있다. "익명" 이미지를 온라인에서 찾았는데, Exif 데이터에 일련번호를 포함하고, 다른 이미지를 조사 중인 타깃에서 발견했다면, 이 두 사진을 분석할 수 있다. 카메라 일련번호 외에 제조사, 모델이 일치하면, 두 이미지를 같은 카메라로 찍었을 가능성이 아주 크다. 그래도 이 데이터를 조작할 수 있음을 알아둬야 한다(15장에서 보겠지만). Exif Tool 등의 소프트웨어로 사용자는 이 데이터를 수정할 수 있다. 인기 있는 전술은 아니지만, 여전히 가능하다. 여기서 어려운 부분은 일련번호만 아는 사진 찾기다. 두 가지 신규 서비스가 도움이 된다.

Stolen Camera Finder(stolencamerafinder.co.uk)

이 웹사이트는 온라인에서 도둑이 사용 중일 경우, 도난 사건의 희생양이 카메라를 찾도록 도우려고 설계됐다. 그 용도를 위해 도난된 카메라로 찍은 사진을 찾아, 분석하기 위해 웹사이트에 등록한다. 이 분석은 가능한 한 일련번호를 확인한다. 찾는다면 이 서비스는 같은 일련번호의 사진이 있는 플리커 등 사진 공유 웹사이트 링크를 제시한다. 아주 창의적이며, 자신의 조사를 위해 같은 서비스를 사용할 수 있다. 홈페이지에서 하단 중앙 부분의 "no photo?" 링크를 클릭한다. 그러면 이제 일련번호를 수동으로 입력할 수 있다. "page" 링크를 클릭하면 결제 옵션이 나온다. 2013년 이 웹사이트는 프리미엄 서비스가 됐고, 전체 사용은 더 이상 무료가 아니다. 하지만 여전히 관련 데이터를 추출할 수 있다. 이미지 섬네일을 클릭하면 찾은 이미지의 압축된 버전과 함께 새 창이 열린다. 잠시 후 설명할 리버스 이미지 검색을 하면 종종 온라인에 나타나는 이 사진의 원본을 확인한다. 종종 사진가의 사용자 이름도 확인하는데, 추가 정보로 이어질 수 있다. 제조사, 모델 번호도 검증해야 한다. 서로 다른 카메라 제조사의 일련번호가 중복될 수 있기 때문이다.

Camera Trace(cameratrace.com/trace)

이 서비스를 제공하지만 여전히 무료인 추가 웹사이트로는 Camera Trace가 있다. 카메라 일련번호를 입력하면 웹사이트는 그 카메라로 찍은 온라인 사진을 모두 찾는다. 이 서비스는 플리커, 500px을 모두 색인한다고 주장하며, 곧 Smugmug, 피카사, Photobucket도 추가할 계획이다. 일련번호 "123"으로 샘플 검색을 하면 웹사이트가 결과에 포함되지 않는데도 파노라미오의 결과가 드러난다. 웹사이트는

328

사용자에게 더 많은 이미지가 데이터베이스에 나타나면 연락해주는 프리미엄 서비스에 등록하도록 강요한다. 이 요금은 카메라당 10달러다. cameratrace.com/law-enforcement의 웹사이트는 서비스가 사법 집행에 대해 무료라 선언한다.

GPS

여러 새 SLR 카메라, 거의 모든 휴대폰 카메라는 현재 GPS가 있다. GPS를 켠 상태에 사용자가 카메라 설정에서 사진의 지오태깅을 비활성화하지 않으면, 사진의 Exif 데이터에서 위치 데이터를 얻는다. 사진 9.05(좌측)는 GPS가 있는 카메라로 찍은 이미지 분석을 표시한다. 데이터는 이전 분석과 유사하지만, 새 "Location" 필드가 있다. 이 필드는 사진에서 포착한 GPS 좌표를 풀이해 사진의 위치를 확인한다. 이 결과 페이지를 더 따라 내려가면, 웹사이트는 사진 관련 GPS의 정확한 지점을 확인하는 구글 지도 이미지를 표시한다. 그림 9.05(우측)는 방향 확인자가 있는 위성 뷰를 표시한다. 휴대폰 대부분은 가속계가 있기에, 기기는 카메라가 향하는 방향을 문서화한다. 안드로이드, 아이폰 기기 대부분은 이 기능이 있다. 결과는 사용자 기기의 GPS 설정에 따라 다르다.

Camera:	Apple iPhone 5
Lens:	4.1 mm
Exposure:	Auto exposure, Program AE, $^1\!/452$ sec, f/2.4, ISO 50
Flash:	Off, Did not fire
Date:	**March 24, 2013** 5:13:57PM (timezone not specified) (1 year, 10 months, 13 days, 18 hours, 20 minutes, 25 seconds ago, assuming image timezone of 6 hours behind GMT)
Location:	Latitude/longitude: **38° 30' 43.8" North, 90° 30' 0" West** (38.512167, -90.500000)
	Location guessed from coordinates: *1526 Atlantic Crossing Drive, Fenton, MO 63026, USA*
	Map via embedded coordinates at: Google, Yahoo, WikiMapia, OpenStreetMap, Bing (also see the Google Maps pane below)
	Altitude: 180 meters (591 feet) Camera Pointing: West-northwest Timezone guess from earthtools.org: 6 hours behind GMT
File:	**2,448 × 3,264 JPEG (8.0 megapixels)** 2,315,242 bytes (2.2 megabytes)
Color Encoding:	**WARNING:** Color space tagged as sRGB, without an embedded color profile. **Windows and Mac browsers and apps treat the colors randomly.** Images for the web are most widely viewable when in the sRGB color space and with an embedded color profile. See my Introduction to Digital-Image Color Spaces for more information.

Apply other tools to this image via ImgOps.com

▲ **그림 9.05**: 지도 뷰로 위치를 확인하는 Jeffrey's Exif Viewer 결과

크롭한 이미지

Exif 데이터에서 찾을 수 있는 정보는 사진 내 섬네일 이미지의 존재도 있다. 디지털 카메라는 포착한 사진의 작은 버전을 생성해 Exif 데이터에 저장한다. 이 아이콘 크기 이미지는 전체 파일 크기를 거의 늘리지 않는다. 사용자가 이미지를 크롭할 때 이 원본인 더 작은 버전은 덮어썼을 수도 있고, 아닐 수도 있다. 포토샵, 마이크로소프트 포토 에디터 등의 프로그램은 데이터를 덮어써, 두 이미지를 동일하게 유지할 것이다. 온라인 크롭 도구 등 다른 프로그램은 이 데이터를 덮어쓰지 않는다. 원본의 크롭하지 않은 이미지가 크롭한 사진의 Exif 데이터 내에 존재하는 결과가 나온다. 이 한 사례는 그림 9.06에 보인다. 온라인에서 찾은 크롭한 사진을 Jeffrey's Exif 뷰어로 검토한다. 크롭한 전체 크기의 큰 사진은 좌측에 보인다. 임베딩된 더 작은 원본 사진은 크롭할 때 덮어쓰지 않았다. 이제 이미지가 크롭 전에 어땠는지 볼 수 있다. 이 기법은 아동 포르노그래피 제작자를 확인하려고 경찰이 사용했다. 이 아동성애자는 불법 이미지에서 자신을 크롭해 확인을 피한다. 아이들 사진을 경찰이 발견하면, 원본인 크롭하지 않은 이미지면 충분히 확인해 성추행건으로 기소할 수 있다. 사법 집행에만 제한되지 않는다. TV 유명인인 캐서린 슈와츠의 일부 기술에 숙련된 팬은 2003년 그녀의 블로그에서 크롭한 사진을 검토했다. Exif 데이터 내에 가슴을 노출한 크롭하지 않은 버전이 있었고, 곧 인터넷 전반에 유행했다.

실제 적용: 민사 소송에서 한 주체는 업무, 보행, 정상 생활을 못하게 만든 상해 건을 주장했다. 소송에 따르면 고통, 치상을 주장했고, 일을 못해서 생기는 장래의 금전적 보상을 요구했다. 대상의 온라인 포토앨범을 간단히 스캔해보니, 낚시 여행, 소프트볼 게임, 가족 휴가가 드러났다. Exif 정보 데이터는 그대로 있었기에, 정확한 날짜, 시간, 지역, 카메라가 확인, 보존됐다. 대상은 소송을 취하했다.

▲ **그림 9.06**: 원본의 크롭하지 않은 사진을 표시하는 Jeffrey's Exif Viewer 요약 결과

Exif Search(exif-search.com)

이미지에 저장된 메타데이터를 검색하는 아이디어는 여러 해 동안 온라인 조사관의 흥미를 끌었다. 여러 사람은 구글이 이 장애를 넘지 못함에 놀랐다. Exif Search는 이 메타데이터에서 제한된 검색을 허용하는 서비스지만, 완벽함과는 거리가 멀다. 메인 페이지로 시작일, 종료일 옵션이 있는 단일 검색 필드가 있다. 이 글을 쓰는 시점에 날짜 선택기는 완벽히 기능하지 않았고, 검색 필드도 지역, 키워드, 카메라 정보 등의 필터를 지정하지 못했다. 다행히 이 서비스는 직접 URL 기반 검색을 허용하기에, 주소를 조작해 아주 구체적인 검색을 할 수 있다. 다음은 이 서비스에서 적절한 정보를 얻기 위해 자신의 주소를 구조화해준다.

지역별로 검색하기 위해 Exif Search로 네이티브로 도시명을 입력할 수 있다. 하지만 아주 광범위하며, 여러 원하지 않는 결과를 제시할 수 있다. 그 대신 정확한 GPS 좌표를 지정해 그 위치에서 5km 내 모든 결과를 얻을 수 있다. 웹브라우저에 입력할 정확한 주소는 다음 URL에서 예시한다. 이 사례에서 위도는 44.121923이며, 경도는 -123.215868이다. 이 수치를 자신의 수요에 맞춰 바꿀 수 있다.

http://www.exif-search.com/index.php?la=44.121923&lo=-123.215868

카메라 제조사, 모델을 ExifSearch에 입력하면, 이 단어에 대해 키워드만 검색한다. 그 대신 메타데이터의 기기 정보에서 검색 대상을 지정하는 직접 URL을 고려하자. 다음 주소는 캐논 5D 카메라로 포착한 사진의 결과를 산출한다. 주소의 "%20"은 공백 한 칸을 나타냄에 주의하자.

http://www.exif-search.com/index.php?q=Canon%205d&device=1

URL 내에서 날짜 범위 검색도 할 수 있다. 다음 사례는 2014년 1월 1일부터 2014년 1월 31일까지 포착한 이미지를 검색한다.

http://www.exif-search.com/index.php?SD=2014-01-01&ED=2014-01-31

어떤 검색 옵션도 단일 URL로 조합할 수 있다. 다음 주소는 2014년 1월 1일부터 2014년 1월 31일 사이 애플 아이폰으로 44.121923, -123.215868의 GPS 좌표에서 찍은 사진을 모두 검색한다.

http://www.exif-search.com/index.php?la=44.121923&10=-123.215868&SD
=2014-01-01&ED=2014-01-31&q=apple%20iphone&device=1

직접 URL 검색 쿼리가 과하면, 내가 이 목적을 위해 만든 커스텀 온라인 모두를 사용할 수 있다. inteltechniques.com/OSINT/photos.html로 이동하면 같은 웹페이지 내에 결과를 제시하는 검색 옵션이 나온다.

Online Barcode Reader(online-barcode-reader.inliteresearch.com)

바코드는 수십 년 동안 존재했다. 계산대에서 제품, 가격을 확인할 수 있는 다양한 제품에 출력된 수직선 이미지다. 오늘날의 바코드는 훨씬 더 진보해 작은 이미지에 대량의 텍스트 데이터가 포함할 수 있다. 더 새로운 바코드가 개인 휴대폰으로 스캔할 수 있도록 존재한다. 이미지는 웹사이트 링크, 프로그램 다운로드 안내, 비밀

텍스트 메시지를 제공할 수 있다. 나는 일반적으로 알지 못한 채 악의적 링크를 열수 있기에, 모바일 기기로 알려지지 않은 바코드를 스캔하지 말도록 충고한다. 하지만 온라인 바코드 리더로 이 흥미로운 이미지에 어떤 정보가 숨어 있는지 확인할 수 있다. 그림 9.07은 Online Barcode Reader의 바코드 검색 옵션을 표시한다. 1D, PDF417, Postal, DataMatrix, QR, ID 바코드를 포함한다. 바코드 이미지 유형을 선택한 후, PDF, TIFF, JPEG, BMP, GIF, PNG 파일 중 하나를 4MB까지의 크기로 선택해 컴퓨터에 저장할 수 있다. 콘텐츠에 바코드가 있는 사진, 웹사이트에서 다운로드한 디지털 코드일 수 있다. 코드의 스크린 캡처도 효과적일 수 있다. 와이파이가 있는 비행기에 앉아 있는 동안 내 앞에 있는 잡지 꽂이에서 버려진 탑승권 사진을 캡처했다. 바코드 리더는 코드에 저장된 텍스트 정보를 확인했는데, 문서에 텍스트로 존재하지 않았다.

▲ **그림 9.07**: Online Barcode Reader의 바코드 입력 샘플

☑ **Image Manipulation**(fotoforensics.com)

포토샵 등의 소프트웨어로 조작된 이미지를 인터넷에서 흔히 찾을 수 있다. 시각적으로 분석해 이 사진이 조작됐는지 판별하기란 불가능하지 않지만, 어려운 경우가 많다. 이 웹사이트는 한 기법으로 사진이 조작됐는지만이 아니라, 사진의 어떤 부분이 변했는지도 판단한다. 한 웹사이트는 기술의 작용 방식을 다음과 같이 설명해준다.

"오차 수준 분석ELA는 의도적으로 이미지를 95% 등 알려진 오차율로 재저장한 후, 이미지 간의 차이를 연산한다. 거의 변화가 없다면, 셀은 그 품질 수준에서 오차의 지역적 최솟값에 도달한 셈이다. 하지만 대량의 변화가 있다면, 픽셀은 지역적 최솟값이 아니며, 사실상 원본인 셈이다."

이 웹사이트로 디지털 이미지를 업로드할 수 있다. 업로드 성공 후, 이미지를 정상 뷰로 표시한다. 이 이미지 아래에 어두워진 중복 이미지가 있다. 이미지 중 어떤 하이라이트된 영역도 조작 가능성을 시사한다. 이 웹사이트로 결코 이미지를 터치, 조작하지 않았다고 단정적으로 선언할 수는 없지만, 조사관은 정보 수집 목적으로만 분석할 수 있다. 그림 9.08은 원본의 조작하지 않은 이미지를 표시하는 반면, 그림 9.09는 Foto Forensics를 통한 이미지 분석을 표시한다. 이 웹사이트는 인터넷, 컴퓨터에서 업로드한 파일의 이미지 분석을 제공한다. 업로드한 어떤 이미지도 웹사이트의 컬렉션에 속하며, 직접 URL이 발급됨에 주의해야 한다. 누군가 이미지 URL을 찾기는 어렵겠지만, 여전히 민감한 사진은 보안 위험을 제기할 수 있다.

▲ **그림 9.08**: 조작한 사진(우측)과 비교한 원본 사진(좌측)

▲ **그림 9.09**: Foto Forensics의 원본 사진(좌측)과 조작한 사진(우측)

Izitru(izitru.com)

이전 서비스는 조작한 사진의 영역을 확인한다. 편집된 콘텐츠가 명백하지 않다면, 추가 분석을 제공하는 서비스를 원할 수 있다. Izitru는 조사에 필요한 세부 사항을 제공할 수 있다. 나는 휴대폰 카메라의 원본 사진으로 테스트를 수행했다. 그림 9.10(위)은 수정하지 않은 이미지의 결과를 표시한다. 그림 9.10(아래)은 이미지의 작은 세부를 수정한 후 결과를 표시한다. 복사 대신 재저장된 이미지 확인은 민사 소송에서 가치가 있을 수 있다.

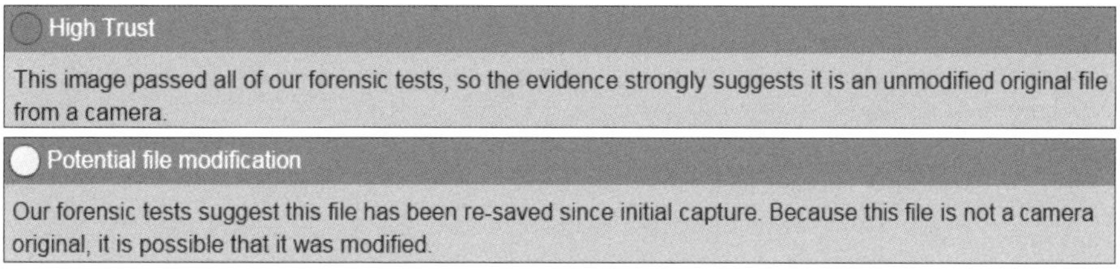

> ○ High Trust
>
> This image passed all of our forensic tests, so the evidence strongly suggests it is an unmodified original file from a camera.
>
> ● Potential file modification
>
> Our forensic tests suggest this file has been re-saved since initial capture. Because this file is not a camera original, it is possible that it was modified.

▲ **그림 9.10**: 수정하지 않은 이미지(위)와 조작한 이미지(아래)의 Izitru 결과

10장

동영상

온라인 동영상은 거의 온라인 사진만큼이나 흔하다. 데이터 기능이 있는 전화의 카메라는 동영상 카메라 역할을 할 수 있다. 어떤 상황에서 동영상을 인터넷에 업로드하는 것은 사진보다 쉽다. 유튜브 등과 같은 동영상 공유 웹사이트는 동영상 퍼블리싱을 쉽게 만들어줬다. 조사를 위해 동영상은 엄청난 정보량이 있을 수 있다. 어떤 비정상적 사건이 발생할 때마다 사람들은 전화로 녹화한다. 이 동영상은 범죄 활동, 당황스러운 행동, 민사 소송에 사용할 증거를 포착할 수도 있다. 이 동영상의 확보는 제작보다 쉽다.

☑ 유튜브(YouTube.com)

여러 동영상 공유 웹사이트 중 유튜브가 가장 인기 있다. 공식 유튜브 웹사이트는 동영상이 매분 48시간 분량 업로드돼 매일 업로드되는 콘텐츠만 거의 8년 분량이라고 선언한다. 더 나아가 동영상을 매일 40억 건 이상 조회한다 진술한다. 이 인상적인 통계는 동영상을 완전한 OSINT 분석의 일부로 포함할 필요성을 확인한다. 유튜브는 모든 페이지의 메인 검색 창에서 쉽게 검색할 수 있다. 이 필드는 어떤 검색어도 허용하며, 동영상 콘텐츠, 사용자 이름을 확인한다. 유튜브에 동영상을 업로드하는 사용자는 자체 "채널"이 있다. 동영상이 이 채널에 업로드되면, 사용자 채널을 찾을 경우, 그 사용자가 업로드한 동영상을 확인할 수 있다. 여러 사람이 유튜브를 소셜 네트워크로 사용하기에, 동영상 관련 댓글을 남기고, 다양한 주제 관련 토론에 참여한다. 관심 동영상을 찾으면, 이 텍스트 정보도 추출해야 한다. 동영상 아래의 댓글마다 댓글 남긴 사용자 이름이 있는데, 그 사용자 프로필에 링크 걸린다.

"school bus fight"을 검색하면 유튜브에서 동영상 링크가 34만 2,000건 나온다. 도시, 학교명 등 검색어를 추가하면 도움이 되지만, 여러 기대하던 동영상이 막혀, 나타나지 않을 수도 있다. "필터" 옵션은 검색 범위를 제한하기 위해 확장할 수 있다. 이 버튼은 첫 동영상 결과 위에 있다. 업로드 날짜(날짜 범위), 유형(동영상 대 채널), 시간(짧은 동영상, 긴 동영상), 기능(동영상 화질)로 정렬하는 기능 등 추가 필터 옵션을 제공한다. "school bus fight" 사례는 "이번 주 업로드" 옵션을 선택했다. 그래서 어떤 조사 목적으로도 쉽게 검토할 수 있는 동영상 437건만 나왔다. 어떤 동영상 페이지든 좌하단 부분은 이 동영상을 등록한 사용자 프로필 링크가 있다. 이 프로필 페이지는 그 사용자가 업로드한 모든 동영상, 추가 프로필 정보가 있다. 여러 유튜브 "핵"이 지난 몇 년간 등장했다. 상당수는 유튜브가 환경에 변화를 주며, 작동을 중단했다. 여전히 기능하는 것 중 다음 기법이 내 조사에 유용했다.

Print a Video(labnol.org/internet/print-youtube-video/28217)

labnol.org의 아밋 아가르왈은 동영상 전반에 걸쳐 슬라이드 바를 이동하면 보이는 유튜브 스토리보드의 추출법을 개발했다. 이 작은 스크린샷은 여전히 동영상 업로드 프로세스 동안 포착한 프레임의 스틸 이미지다. 동영상을 재생하는 동안 실행된 자바스크립트는 결과와 함께 새 탭을 연다. 위 웹사이트는 코드를 저장하기 위해 방문해야 한다. 페이지에서 안내한 대로 파이어폭스, 크롬 즐겨찾기 툴바에 버튼을 드래그 앤 드롭할 수 있다. 그림 10.01은 이 방법을 사용한 결과의 부분적인 표시다. 쿼리 동안 제시된 프레임 101개 중 10개를 표시한다.

▲ **그림 10.01:** 유튜브의 스토리 보드 캡처

나이 및 로그인 제한의 우회

여러 유튜브 동영상은 폭력적, 성적이거나, 그렇지 않아도 어린 시청자에게 부적절하다는 태그가 붙어 있다. 어떤 동영상은 불명확한 이유로 콘텐츠를 보려면 구글 계정 로그인을 요구한다. 어쨌든 조사에 불필요한 장애물이다. OSINT 조사관으로서 조사를 하는 동안 어떤 개인 계정, 가짜 계정에도 로그인하지 않는다. 구글 제품으로 계정에 로그인하는 동안 언제나 구글은 사용자의 모든 동작을 문서화해 불편할 수 있다. 한 가지 쉬운 기법은 이 제약을 제거하는 것이다. 다음 웹사이트로 이동해 동영상을 표시하지 못함에 주목하자. 구글 계정에 확인된 나이로 로그인하지 않으면, 성인 콘텐츠 경고가 보인다. 이 동영상은 재생할 수 없다.

https://www.youtube.com/watch?v=SZqNKAd_gTw

이 사례에서 유튜브 동영상 ID는 "SZqNKAd_gTw"다. 이 동영상을 서드파티 서비스 없이 유튜브로, 개인 구글 계정 정보를 공급하지 않고도 조회하려면, 다음 URL을 생성할 수 있다. "SZqNKAd_gTw"를 타깃 동영상의 ID로 대체한다. 결과는 전체 화면 뷰로 제한된 동영상이다. 일부 사용자는 이 기법이 조회 가능 국가의 제한이 있는 동영상도 우회한다고 한다.

https://www.youtube.com/v/SZqNKAd_gTw

이 기법의 작동이 중단되면, 구글 아닌 서비스로 같은 결과를 아카이브할 수도 있다. 다음 웹사이트로 이동해 같은 동영상(SZqNKAd_gTw)에 접근한다.

http://www.nsfwyoutube.com/watch?v=SZqNKAd-gTw

모든 주소가 아주 유사함에 주목하자. 이 마지막 링크는 서드파티 웹사이트 NSFWYouTube로 안내할 텐데, 나이 요건의 증거도 제거한다. 이 사례의 콘텐츠가 아주 불편한 동영상이 있음에 주의하기 바란다. 그래서 유튜브가 차단했다.

전체 화면으로 동영상 우회하기

최근에는 내가 재생하는 아주 긴 유튜브 동영상의 시작부에 30초짜리 광고가 있다. 대량의 동영상을 분석할 때는 좌절감을 느낀다. 간단한 URL 트릭으로 이 짜증나는 현상을 우회할 수 있다. 다음 주소로 이동하면 시작부에 긴 광고가 눈에 띈다.

> http://www.youtube.com/watch?v=IEIWdEDFlQY

동영상이 웹브라우저 전체 화면에서 재생되도록 강제하려면, 이 주소를 약간 변형한다. 그러면 어떤 광고도 우회한다. URL은 다음과 같다.

> https://youtube.googleapis.com/v/IEIWdEDFIQY

동영상 프레임의 표시

사용자가 동영상을 업로드할 때 유튜브는 적절한 쿼리를 등록할 경우 공개로 볼 수 있는 이미지 프레임 4개를 캡처한다. 다음 주소로 이동해 한 동영상 사례를 로딩하자.

> https://www.youtube.com/watch?v=gsnmUdGnJhc

같은 동영상 ID로 다음 주소로 이동해 주요 스틸 프레임을 조회한다. 동영상이 재생 전 유튜브 내에서 로딩될 때 보이는 이미지다.

> http://i.ytimg.com/vi/OmZyrynlk2w/0.jpg

주 이미지를 표시하는 주소만 유일한 옵션은 아니다. 적어도 이 특정 동영상에서 다음 주소로 최소 이미지 4개를 추출할 수 있다. 각각 이전 장에서 설명한 리버스 이미지 기법으로 검색할 수 있다.

http://i.ytimg.com/vi/OmZyrynlk2w/0.jpg
http://i.ytimg.com/vi/OmZyrynlk2w/1.jpg
http://i.ytimg.com/vi/OmZyrynlk2w/2.jpg
http://i.ytimg.com/vi/OmZyrynlk2w/3.jpg

국가 제한의 우회

유튜브의 여러 동영상은 일부 국가만 조회가 허용되고, 다른 국가는 차단된다. 국가 제한 때문에 재생할 수 없는 동영상과 마주치면, 옵션이 있을 수 있다. 다음 기법은 국가마다 다르다. 동영상이 미국 아닌 국가에서 차단되면, 차단을 풀 가능성이 높다. 동영상이 미국 시청자에게 차단돼 있다면, 성공률은 낮다. 더 진행하기 전에 동영상이 어떤 지리적 영역에서 제한됐는지 확인할 것을 고려하자. 이 경우 polsy.org.uk 국가 제한 확인기에 의존한다. 국가 제한이 된 동영상을 확인한 후, 동영상 ID를 다음 URL에 붙여넣는다. 다음 동영상 ID(ijM5SGxwT8)가 미국에서 차단됨에 주목한다.

http://polsy.org.uk/stuff/ytrestrict.cgi?ytid=iJ7M5SGxwT8

결과는 세계 지도가 있는 페이지다. 회색 국가는 타깃 동영상 조회를 허용하는 반면, 적색 국가는 그렇지 않다. VPN 없이 네이티브로 이 동영상을 조회해주는 기법을 나는 전혀 모르지만, 이전 섹션에서 설명한 기법으로 스틸 프레임 4개를 쉽게 조회할 수 있다. 다음의 정확한 URL은 볼 수 없는 콘텐츠를 표시한다.

http://i.ytimg.com/vi/iJ7M5SGxwT8/0.jpg
http://i.ytimg.com/vi/iJ7M5SGxwT8/1.jpg
http://i.ytimg.com/vi/iJ7M5SGxwT8/2.jpg
http://i.ytimg.com/vi/iJ7M5SGxwT8/3.jpg

동영상이 미국 외에 어디서든 차단되면, 다음 기법은 효과가 있다. 이 모든 사례에서 vg7wh_zf2X0은 차단된 타깃 동영상이다. 다음 URL은 당시 차단된 정확한 국가에 따라 콘텐츠 차단을 풀 수 있다.

https://www.youtube.com/v/vg7wh_zf2X0

https://www.genyoutube.com/watch?v=vg7wh_zf2X0

https://www.ssyoutube.com/watch?v=vg7wh_zf2X0

메타데이터와 리버스 이미지 검색(www.amnestyusa.org/citizenevidence)

유튜브 동영상의 세부 사항 중 대부분은 동영상이 저장된 네이티브 페이지에서 볼 수 있다. 가끔 이 데이터 중 일부는 개인 정보 설정, 프로필 개인화 때문에 보이지 않을 수 있다. 모든 가능한 정보를 추출 중이라는 것을 확인하기 위해 유튜브 서버 에서 보이는 데이터를 조사해야 한다. 이때 가장 쉬운 방법은 앰네스티 인터내셔널 의 Youtube Data Viewer다. 어떤 유튜브 동영상이든 선택해 페이지 전체 주소를 복사한다. 동영상 주소를 이 서비스에 붙여넣는다. 동영상 제목, 설명문, 업로드 날 짜, 업로드 시간, 스틸 이미지 4개, 리버스 이미지 검색을 할 수 있는 옵션이 있다. 스틸 프레임 옆의 "reverse image search"를 클릭하면 선택한 이미지의 구글 리 버스 이미지 검색이 열린다. 유튜브 동영상은 꽤 잘 작동하지만, 여러 네트워크에 걸친 완전한 리버스 동영상 검색은 이 장의 나중에 설명한다.

즉각적인 다운로드 옵션

유튜브 동영상을 추출할 때 내가 선호하는 방법은 1장에서 웹브라우저 익스텐션을 논할 때 설명했다. 하지만 소프트웨어, 웹브라우저 플러그인을 사용할 수 없는 경 우 쉬운 옵션이 또 있다. 어떤 유튜브 동영상이든 시청하는 동안 컴퓨터에 동영상 을 다운로드하려면 주소 앞에 단어 "PWN"을 추가할 수 있다. 테스트를 하기 위해 다음 웹사이트로 이동한다.

http://www.youtube.com/watch?v=OmZyrynlk2w

이제 "PWN"을 다음 주소처럼 시작부에 추가한다.

http://www.pwnyoutube.com/watch?v=OmZyrynlk2w

동영상 다운로드, 오디오만 다운로드, 동영상을 다른 포맷으로 변환, 전에 설명한 나이 제한 우회 등 여러 옵션이 있는 새 페이지가 나온다.

☑ **IntelTechniques YouTube Search Tool**(inteltechniques.com/osint/youtube.html)

이 시점에 과하다는 느낌이면, 나도 이해한다. 어떤 주소가 기법마다 가장 적절한지 나 자신도 혼란스러워, 프로세스를 도와줄 웹페이지를 만들었다. 위 주소로 이동해 올인원 옵션에 접근한다. 이 페이지로 관심 동영상마다 사용자 ID만 입력할 수 있다. 임베딩된 자바스크립트는 내 서버가 아니라 사용자 웹브라우저로 각 주소를 공식화해 실행한다. 전에 설명한 프로세스를 단순화한다. 이 옵션은 동영상 ID를 취해 광고 우회, 나이 제한 우회, 국가 제한 우회와 함께 전체 화면 뷰를 제공한다. 동영상이 제한된 국가, 타깃 동영상의 다운로드 옵션을 확인한다. 타깃의 네 스틸 프레임을 표시하고, 이 페이지 내 어떤 유튜브 동영상도 전체 메타데이터 뷰를 수행한다. 그림 10.02는 이 도구의 현 상태를 표시한다.

▲ **그림 10.02**: IntelTechniques Custum YouTube Search 도구

☑ 리버스 동영상 검색

유튜브 동영상의 네 스틸 캡처에서 리버스 이미지 검색 수행을 하기 전에 간략히 논했다. 이미지에 대해 9장에서 언급한 기법을 사용한다. 공식 리버스 동영상 검색 옵션은 없지만, 동영상의 스틸 캡처에 기법을 적용하면 놀라운 결과를 제공할 수 있다. 이 방법은 유튜브만 한정되지 않는다. 비미오, 페이스북, 바인, Liveleak, Backpage 등 동영상에도 리버스 이미지 검색을 수행할 수 있다. 온라인 동영상의 인기가 이미지를 따라잡으며, 항상 리버스 동영상 검색을 고려해야 한다. 타깃의 관심 동영상을 호스팅하는 추가 웹사이트를 확인한다. 기법을 설명하기 전에 이런 활동을 수행할 이유를 검토하자.

학교의 자료 담당자, 인력은 항상 부적절한 동영상 소재가 온라인에 올라오는지 고지받는다. 폭력, 악의적 계획, 집단 따돌림 등으로 구성된 동영상을 확인하면, 상황에 충분히 관심을 갖게 된다. 하지만 다른 웹사이트에서 수많은 사본을 확인하면, 상황의 심각성을 이해하는 데 도움이 된다.

시위 집단의 위협을 모니터링하는 글로벌 보안 부문은 이 활동의 관련 동영상과 마주칠 가능성이 크다. 하지만 다양한 웹사이트에서 수많은 사본을 확인하면 종종 주요 출처의 동영상에서 보이지 않는 논평, 온라인 토론, 추가 위협이 노출된다.

인신 매매 조사관은 현재 Backpage 등 매춘 제공업체에 올라온 동영상을 리버스 검색할 수 있다. 수많은 지리적 영역에 동일 동영상이 존재하면, 세부 사항을 브로드캐스트하는 포주의 이동, 의도를 부각시킬 수 있다.

리버스 동영상 검색이 왜 일상 조사의 일부여야 하는지 끝없는 이유가 있다. 다음 방법은 가장 인기 있는 동영상 웹사이트로 착수하게 해준다. 이 기법은 새 관심 서비스를 찾으면 반복할 수 있다. 끝에서 전체 프로세스를 자동화하는 내 커스텀 리버스 동영상 검색 도구를 공유한다.

유튜브: 전에 설명한 대로 유튜브는 업로드한 모든 동영상에 대해 스틸 프레임 4개를 제공한다. 그 안내 동안 개괄한 URL을 확보해 구글, 빙, 얀덱스, Tineye, 바이두

마다 9장에서 설명한 대로 리버스 이미지 검색 목적으로 제공한다.

비미오: 비미오는 네이티브로 스크린캡처를 여러 프레임 표시하는 동영상 ID가 있는 URL을 제공하지 않는다. 하지만 모든 동영상의 단일 고해상도 스틸 캡처는 제공한다. 비미오의 애플리케이션 프로그래밍 인터페이스API에 저장되지만, 쉽게 얻을 수 있다. 한 사례로 https://vimeo.com/99199734에 있는 타깃을 생각해보자. 99199734는 그 동영상에 제공된 고유한 ID다. 그 숫자로 https://vimeo.com/api/oembed.json?url=https://vimeo.com/99199734에 있는 동영상의 API 뷰에 접근한다. 이 주소는 다음 콘텐츠와 함께 텍스트온리 페이지를 표시한다.

```
type: "video",
version: "1.0",
provider_name: "Vimeo",
provider_urI: "https://vimeo.com/",
title: "Billy Talent 'Try Honesty'",
author_name: "S M T",
author_url: "https://vimeo.com/user10256640",
is_plus: "0",
html: "<iframe src="https://player.vimeo.com/video/99199734"
width="480" height="272" frameborder="0" titIe="Billy Talent
&#039;Try Honesty&#039;" webkitallowfullscreen mozallowfullscreen
allowfullscreen> </iframe>",
width: 480,
height: 272,
duration: 247,
description: "Music Video Directed by Sean Michael Turrell. *Winner
MuchMusic Awards Best Rock Video.",
thumbnail_url: "https://i.vimeocdn.com/video/513053154_295x166.jpg",
thumbnail_width: 295,
thumbnail_height: 167,
upload_date: "2014-06-25 21:29:06",
video_id: 99199734,
uri: "/videos/99199734"
```

이 주제와 관련된 부분은 섬네일 URL이다. 그 주소에 이어 비미오 동영상 시작부에서 사용하는 큰 이미지의 정확한 주소가 나온다. 또한 이 뷰가 정확한 업로드 날짜, 시간을 확인함에 주목하자. 동영상 페이지 뷰는 날짜를 "1 Year Ago"로만 확인한다. 섬네일 URL의 리버스 이미지 검색은 같은(혹은 유사한) 동영상을 호스팅하는 추가 웹사이트를 산출한다.

페이스북: 비미오와 유사하게 페이스북도 동영상 데이터의 API 뷰를 제공한다. 이 사례를 위해 페이스북 프로필에 임베딩된 동영상을 조회한다고 가정한다. 재생되는 동안 동영상을 우클릭해 "Show Video URL" 옵션을 선택할 수 있다. 이러면 재생 중인 페이스북 동영상의 주소와 함께 작은 박스가 나온다. 이 사례에서 다음을 사용한다.

https://www.facebook.com/billytalent/videos/10153157582551992/

10153157582551992는 미디어의 동영상 ID다. 다음 주소를 웹브라우저에 입력하면 이 동영상의 페이스북 데이터에 대해 텍스트온리 뷰가 드러난다.

https://graph.facebook.com/10153157582551992/

이 페이지 하단 방향으로 하이트 값, 위드 값, "picture" 등 동영상의 세부가 보인다. 이 이미지는 동영상 미리보기로 표시되는 동영상 프레임 캡처다. 이 사례에서 다음 데이터가 관심사다.

```
embed_html: "<iframe
src="https://www.facebook.com/video/embed?video_id=10153157582551992"
width="1280" height="720" frameborder="0"></iframe>",
filter: "native",
height: 720,
picture: "https://scontent.xx.fbcdn.net/hvthumb-xta1/v/ t15.0-
0/10604952_10153157584261992_10153157582551992_3872_390_
b.jpg?oh=c95500e68298c
6b7ba320affceb196f9&oe=57341265",
width: 1280
```

"picture" 바로 뒤 URL로 이 동영상의 추가 사본을 확인하려 리버스 이미지 검색을 할 수 있다. 이 사례에서 이 이미지의 리버스 검색은 추가 관심 페이지 43건을 드러낸다. 각각 콘텐츠 관련 타깃 동영상, 댓글을 포함한다.

바인: 바인 스크린 캡처를 확인할 때 API 접근을 요하지는 않는다. 그 대신 개별 동영상 페이지의 소스 코드를 조회한다. 타깃 바인 동영상이 https://vine.co/v/eUHhwnul2K6 URL에 있다고 가정하자. 페이지에서 우클릭해 소스 코드 텍스트를 조회한다. .jpg를 검색해 첫 검색 결과의 전체 URL을 복사한다. 이 사례는 다음 주소다.

> https://v.cdn.vine.co/r/videos/52B2D72BF71256379457258811392_4f9b166
> 3eae.0.2.4118830718360994298.mp4.jpg

그 URL로 이동하면 타깃 동영상의 큰 주요 화면 캡처가 나온다. 다양한 서비스로 리버스 이미지 검색을 하면 같은 콘텐츠를 보유하는 추가 웹사이트를 확인한다. 보통은 타깃 친구들의 소셜 네트워크 프로필이다.

인스타그램: 인스타그램은 이미지를 보유하는 방식과 마찬가지로 동영상도 호스팅할 수 있다. 바인과 유사하게 인스타그램은 타깃 동영상의 소스 코드를 조회해야 한다. 여기서 페이지 상단 근처 meta property="og:image"의 디스크립터가 보인다. 다음 URL은 이 동영상의 주요 화면 캡처 주소다. 이 사례는 다음 주소다.

> https://igcdn-photos-g-a.akamaihd.net/hphotos-ak-xft1/t51.2885-15/e15/
> 12237557_1654671668132782_1953483052_n.jpg

Liveleak: 인스타그램과 유사하게 LiveLeak는 모든 동영상 페이지의 소스 코드 뷰에서 상단 근처에 meta property="og:image"를 표시한다. 한 사례로 타깃이 http://www.liveleak.com/view?i=9d4_1447939701에 있는 버스 내 싸움 관련 동영상을 생각해보자. 그 페이지의 소스 코드는 다음 주소에 위치한 스틸 이미지를 드러낸다.

https://cdn.liveleak.com/80281E/ll_a_u/thumbs/2015/Nov/19/
d5e7c911321a_sf_5.jpg

Backpage: Backpage 동영상의 스틸 이미지를 얻는 기법은 다른 것과 아주 유사하지만, 주요 차이점이 하나 있다. 동영상을 호스팅하는 어떤 페이지의 소스 코드를 관찰하든, 어떤 jpg 이미지, "os:image" 디스크립터도 드러나지 않는다. Backpage는 그 이미지를 .png 포맷으로 저장하며, 이 이미지 링크는 소스 코드 뷰에서 png를 검색해 찾을 수 있다. 다음은 Backpage 프로필의 페이지 소스에서 나온 실제 결과다.

```
video src="http://video.backpage.com/1-5d953c0e3f9ee71d653611.mp4.mp4"
poster="http://videothumb.backpage.com/1-5d953c0e3f9ee71d653611.mp4.
mp4-00002.png"
```

둘째 URL은 이 동영상의 미리보기 프레임의 전체 크기 이미지다. 리버스 검색은 성 매매에 관한 이 동영상의 여러 추가 사본을 확인한다.

기타: 모든 동영상 공유 웹사이트에 이 프로세스를 반복하면 곧 중복이 될 수 있다. 그 대신 다음을 고려하자. 사실상 모든 온라인 동영상은 재생 전, 검색 결과에서 동영상을 대표하기 위해 표시되는 스틸 이미지를 보유한다. 이 이미지는 소스 코드에 보이는 직접 링크일 가능성이 크다. 이 이미지를 다양한 리버스 이미지 검색 웹사이트에 제공하면, 알려지지 않은 웹사이트에서 타깃 동영상의 추가 사본을 표시할 가능성이 크다.

☑ IntelTechniques Reverse Video Search Tool(inteltechniques.com/OSINT/reverse.video.html)

내가 호스팅하는 이전 검색 도구와 유사하게 이 페이지는 여기서 설명한 안내를 자동화한다. 이 페이지는 유튜브, 비미오, 페이스북, 바인, 인스타그램, LiveLeak 동영상 ID를 기다리는 검색 필드가 있다(그림 10.03). 또한 동영상을 포함하는 어떤 Backpage 프로필에서도 전체 URL을 허용한다. 전체 URL은 페이지 네이밍 체계 때문에 필요하다. 실행 시, 여러 새 탭이 구글, 빙, TinEye, 얀덱스, 바이두에서 그 동영상의 리버스 이미지 검색과 함께 열린다. 마지막 옵션으로 찾은 이미지 모두의 전체 URL을 입력할 수 있으며, 리버스 이미지 프로세스가 수행된다. 나는 거의 매일 이 도구에 의존하는데, 모두들 유용하다고 생각하길 빈다. 이 도구 생성에 사용한 코드 중 상당 부분은 automatingosint.com의 저스틴 자이츠가 제공했다. OSINT 기법을 파이선 스크립트로 적용하는 그의 훈련은 가치가 있었다.

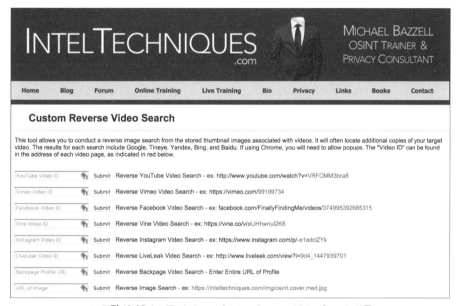

▲ **그림 10.03**: IntelTechniques Custom Reverse Video Search 도구

이런 출처는 인터넷의 동영상 공유 서비스만이 아니다. 위키피디어는 이런 웹사이트 수십 개를 확인하지만, 각각 검색하면 지루할 수 있다. 이 웹사이트는 더 이상 mp4, mpg, flv 등 표준 확장자인 동영상 파일 페이지에 국한되지 않는다. 오늘날은 인스타그램, 바인 등의 서비스로 예전 동영상 표준을 따르지 않는 동영상을 임베딩할 수 있다. 여러 새 서비스는 시청자에게 진정한 동영상처럼 보이지만, 사실은 애니메이션 gif 파일을 제시한다. 다행히 구글, 빙 같은 검색 엔진은 모든 유형에 걸쳐 검색을 제공한다.

구글 동영상(videos.google.com)

"school bus fight"를 유튜브에서 검색하면 결과가 34만 2,000건 나온다. 하지만 구글 동영상은 결과가 300만 건 나온다. 이전 유튜브 검색 외에 검색 기준에 맞는 다른 웹사이트에서 어떤 동영상도 확인한다. 종종 뉴스 웹사이트, 소셜 네트워크가 호스팅한 중복 동영상으로 이어진다. 구글은 재생 시간, 포착한 날짜 및 시간, 동영상 출처로 결과를 필터링할 수 있다. 어떤 구글 동영상 결과 페이지든 상단 메뉴는 이 옵션을 표시한다. 어떤 출처든 이 주에 올라온 짧은 시간의 동영상 필터를 포함해 단어 "female street fight"를 구글 검색하면 결과가 900건 이상 나온다. 이 결과는 검색어로 더 필터링하거나 스틸프레임으로 재빨리 조회해 조사의 상관도를 판단할 수 있다.

빙 동영상(videos.bing.com)

빙을 동영상 검색 시 즐겨찾는 웹사이트로 만든 기능 중 하나는 즉각적인 동영상 재생 옵션이다. 동영상 검색 결과 페이지를 조회 중일 때 그냥 동영상 스틸 샷 위에 커서를 호버하면 동영상 시작부에서 동영상 재생이 시작된다. 이러면 동영상의 가치를 판단하기 위해 동영상 페이지마다 이동할 필요가 없어진다. 빙은 길이, 출처별로 필터링도 제공한다. 검색 결과 페이지마다 상단의 "보기 선택" 툴바로 상관도 순, 최신 순으로 결과를 정렬할 수 있다. 구글, 빙으로 동영상을 찾을 때 나는 세이프 서치 기능을 끄는 것을 권장한다. 이 기능은 성인 콘텐츠를 표시하지 않도록 일부 동영상을 금하도록 설계돼 있다. 조사 시 종종 이런 동영상이 필요하다.

실제 적용: 재개발 사업에서 발생한 심각한 폭력 건을 조사하는 동안 지역 경찰서는 구글 동영상에서 "fight" 단어, 발생한 도시를 검색했다. 첫 결과는 현장의 5ft 내에서 구경꾼이 찍은 싸움의 구글 동영상이었다. 휴대폰으로 포착한 이 동영상은 싸움의 모든 증인도 표시했다. 아무도 협조를 원하지 않았지만, 동영상 덕분에 필요하지도 않았다.

페이스북 동영상

페이스북은 페이스북 프로필에 사용자가 임베딩한 동영상을 호스팅한다. 이미 타깃의 페이스북 페이지를 찾았다면, 월 포스트를 스크롤할 경우, 계정에 업로드한 어떤 동영상도 제시할 가능성이 크다. 구체적 타깃이 없는데 이 동영상을 키워드로 검색하고 싶다면, 검색 엔진으로 가능하다. 구글 동영상은 동영상 검색에 페이스북 동영상이 있다. 검색에 단어 Facebook이 있으면, 페이스북 페이지에서 찾은 동영상을 강조한다. 검색 기준에 맞는 모든 페이스북 동영상을 제시하지는 않는다. 2장에서 논한 site 연산자로 검색어를 지정해 페이스북 프로필에서 찾은 동영상만 포함시킬 수 있다. 모든 페이스북 프로필은 페이스북 메인 도메인의 동영상 하위 카테고리 아래에 호스팅된다. 예를 들어, 페이스북의 동영상 주소는 다음과 같이 보인다.

http://www.facebook.com/video/video.php?v=1537495389593

끝의 숫자는 고유한 동영상 하나와 결부된다. 특정 동영상의 구글 커스텀 검색은 이럴 수 있다.

site:facebook.com/video "school bus fight"

이 검색은 단어 "school bus fight"가 있고, 페이스북 동영상 서버에 저장된 어떤 동영상도 찾는다. 찾은 동영상 중 대부분은 페이스북 동영상 페이지에 링크 걸리고, 페이스북 계정에 로그인하지 않고도 재생된다. 관심 동영상을 찾은 후, 동영상을 다운로드하기는 어려울 수 있다. 페이스북은 네이티브로 다운로드 옵션을 제공하지 않지만, API 뷰로 쉽게 어떤 콘텐츠든 아카이브할 수 있다. 이전 페이스북 리버스 동영상 검색 논의에서 다음 동영상 페이지를 사례로 사용했다.

https://www.facebook.com/billytalent/videos/10153157582551992/

10153157582551992는 이 미디어의 동영상 ID다. 다음 주소를 웹브라우저에 입력하면, 이 동영상의 페이스북 텍스트온리 뷰가 드러난다.

https://graph.facebook.com/10153157582551992/

이 페이지 하단에 다음과 유사한 코드 행이 보인다.

```
source: "https://video.xx.fbcdn.net/hvideo-xft1/v/t43.1792-
2/10575621_10153157584221992_398195468_n.mp4?efg=eyJybHIiOjIxNDUsInJ
sYSI6MjMx NCwidmVuY29kZV90YWciOiJsZWdhY3l1faGQifQ%3D%3D&rl=2145&vabr=
1430&oh=81 58345aa6ad8308975155e14c4e0334&oe= 56B809D7",
```

이 사례에서 https로 시작해 56B809D7으로 끝나는 전체 URL을 웹브라우저 주소
필드에 복사할 수 있다. 결과는 페이스북 페이지에 임베딩되지 않은 채 네이티브로
재생되는 전체 화면 동영상이다. 이 페이지를 웹브라우저의 파일 메뉴 내에 저장하
면, 실제 동영상을 MP4 포맷으로 아카이브한다. 그러면 스크린 캡처, 다양한 온라
인 다운로드 도구로 동영상 유실을 겪지 않고 가능한 한 최상의 품질이 나온다. 이
방법은 타깃 동영상에 대해 가능한 한 가장 순수한 사본을 제공한다.

World Star Hip Hop(worldstarhiphop.com/videos)

최근에 이 동영상 공유 웹사이트는 매체, 사법 집행 모두에서 많은 관심을 모았다.
웹사이트는 폭력적 다툼, 성적 활동, 힙합 음악 동영상이 있는 것으로 악명 높다.
단어 "fight"로 검색하면 최근 아마추어 동영상이 100건 이상 나오는데, 대부분 휴
대폰으로 찍었고, 끔찍한 결말로 끝나는 최근의 야만스러운 거리 싸움을 묘사한다.
웹사이트는 매일 평균 순방문자 700만 명을 기록한다. 틀림없이 그 방문자 중 일부
는 사건 해결을 기대하는 사법 집행부다.

Internet Archive(archive.org/details/opensource_movies)

이 웹사이트의 전제는 공개된 영화의 영구 저장인데, 상용, 아마추어 발표작도 있
을 수 있다. 모든 페이지 처음에 있는 검색 옵션으로 웹사이트의 특정 섹션을 검
색할 수 있다. "community video"를 선택하면 아마추어 동영상 중 최상의 결과
를 제공한다. 많은 반정부, 반미 동영상이 존재하며, 즉시 다운로드할 준비가 돼 있
다. 유튜브와 달리 이 웹사이트는 동영상을 업로드한 사용자를 확인하기가 쉽지 않

다. 게다가 같은 사용자가 업로드한 다른 동영상도 링크를 걸지 않는다. 그러기 위해 아주 특정한 텍스트 데이터를 찾아야 한다. 한 사례로 Internet Archive 사용자 Enver_Awlaki가 타깃인 경우를 생각하자. 동영상 프로필은 http://www.archive.org/details/Enver_Awlaki에 있다. 그 동영상 페이지 중 하나는 https://archive.org/details/Awlaki_to_americans에 저장된다.

페이지 중앙의 큰 동영상 프레임 아래 좌하단의 여러 옵션이 있다. 다양한 파일 유형의 동영상 파일을 지정할 수 있다. 그 아래 "Show All" 제목의 링크가 있다. 링크를 클릭하면, 다음과 같이 동영상과 결부된 실제 파일의 텍스트 뷰가 나온다.

```
Awlaki_to_americans.thumbs/            03-Jul-2012 13:47    -
Awlaki_to_americans_archive.torrent    25-Mar-2014 01:16    27.0K
Awlaki_to_americans_files.xml          25-Mar-2014 01:16    22.4K
Awlaki_to_americans_meta.xml           25-Mar-2014 01:15    568.0B
awlaki-high.flv                        03-Jul-2012 14:25    111.3M
awlaki-high.gif                        31-Mar-2012 23:06    232.7K
awlaki-high.mp4                        31-Mar-2012 23:22    96.1M
awlaki -high.ogv                       31-Mar-2012 23:41    70.9M
awlaki -high.wmv                       31-Mar-2012 18:22    580.9M
awlaki-low.gif                         31-Mar-2012 23:01    233.8K
awlaki-low.mp4                         31-Mar-2012 19:12    71. 5M
awlaki-low.ogv                         31-Mar-2012 23:54    72.2M
awlaki-medium.gif                      31-Mar-2012 23:02    215.1K
awlaki-medium.mp4                      31-Mar-2012 22:40    145.1M
awlaki-medium.ogv                      01-Apr-2012 00:08    71.4M
```

이 목록의 넷째 링크는 동영상과 결부된 메타데이터로 포워딩한다. 이 데이터는 다음과 같이 업로드에 사용한 제목, 설명문, 제작자, 이메일 주소, 업로드 날짜가 있다.

```
<mediatype>movies</mediatype>
<collection>opensource_movies</collection>
<title>Awlaki_to_americans</title>
<description>UmmaNews</description>
<subject>ummaNews</subject>
<creator/>
```

```
<identifier>Awlaki_to_americans</identifier>
<uploader>ibnumar@islamumma.com</uploader>
<addeddate>2012-03-31 22:47:36</addeddate>
<publicdate>2012-04-01 00:09:10</publicdate>
```

이 뷰는 동영상 콘텐츠를 업로드한 사람의 이메일 주소를 ibnumar@islamumma. com으로 재빨리 확인한다. 또한 업로드 및 퍼블리싱의 정확한 날짜, 시간도 표시한다. 이 사례에서 저자가 한 시간 넘게 기다려 콘텐츠를 퍼블리싱했음에 주목하자.

TV News Archive(archive.org/details/tv)

이 글을 쓰는 시점에 archive.org의 또 다른 일부인 TV News Archive는 2009-2016년 사이의 TV 뉴스 방송 동영상 85만 2,000건을 수집했다. 더구나 동영상마다 클로즈드캡션 텍스트를 추출해 이 데이터의 검색 옵션을 제공한다. 그래서 재빨리 관심 동영상을 찾도록 이 방송 동안 구두로 진술한 어떤 단어도 검색할 수 있다. 단어 "Bazzell"을 검색하면 방송에서 내 성을 언급한 누군가의 동영상 30건이 나온다. 어떤 결과든 선택하면 클로즈드캡션에서 동영상, 모든 텍스트를 재생한다. 좌측 메뉴를 프로그램 제목, 방송국, 날짜, 언어, 주제별로 필터링할 수 있다. 나는 회사를 위해 잠재적인 임원 수준 신규 채용자를 검증할 때 가치 있는 자료임을 발견했다.

YouTube Closed Captions(downsub.com)

유튜브는 가능한 한 여러 동영상의 캡션 자막을 제공한다. 이 자동 프로세스는 오디오, 동영상 파일 내에서 어떤 발화된 대화도 옮겨, 단어를 텍스트로 문서화한다. 동영상을 보는 동안 이 텍스트를 보기 위해 동영상 박스 좌하단 영역의 클로즈드캡션 아이콘ᶜᶜ을 클릭한다. 아이콘이 붉은색으로 변하면, 자막이 나타난다. 이 자막은 동영상과 결부된 작은 텍스트 파일에 있다. 또한 텍스트마다 발화한 프레임을 확인하는 타임스탬프도 있다. 유튜브는 이 텍스트 파일을 획득할 방법은 제공하지 않지만, Downsub은 제공한다. 클로즈드캡션이 있는 어떤 유튜브 동영상이든 전체 URL을 복사한다. 이 링크를 이 웹사이트에 붙여넣고 프로세스를 실행한다. 동영상 내 캡션을 위한 다운로드 링크를 표시한다. 언어마다 링크는 .srt 파일 확장자와 함께 텍스트 파일을 다운로드한다. 이 자동 캡션은 보통 완전히 정확하지 않다. 속어, 중얼거리는 말은 적절히 옮기지 못할 수 있다. 유튜브 동영상을 보고서 일부로 수집해 등록할 때마다 나는 이 캡션 파일도 확보하도록 권장한다. 실제 텍스트가 정확하지 않을 수 있지만, 동영상의 특정 부분을 확인하는 공식 절차 동안 도움이 될 수 있다.

바인(vine.com)

바인은 모든 동영상을 6초 길이로 제한하는 전에 언급한 동영상 공유 서비스다. 아주 인기 있고 여러 사람이 트위터, 인스타그램과 조합해 사용한다. 바인은 결국 동영상, 사용자의 안정적인 검색 옵션을 제공한다. 게다가 구글, 빙을 사용해야 한다. 두 서비스 모두 "site" 연산자로 관심 정보를 검색한다. 가장 흔한 검색은 실명, 사용자 이름이다. 다음 사례는 "Mike Skinner"가 올린 모든 바인 동영상에 대해 쿼리를 날린다.

    site:vine.co "mike skinner"

검색할 도메인이 "com"이 아닌 "co"임에 주목하자. 결과는 그 사용자의 동영상 52건을 확인한다. 링크마다 짧은 동영상을 재생하고, 창을 나가기까지 루프로 반복한다. 동영상마다 있는 텍스트 메시지도 검색할 수 있다. 다음 검색은 콘텐츠에 "fight", "Nashville" 단어가 모두 있는 바인의 어떤 동영상도 찾는다.

    site:vine.co "fight" "nashville"

☑ 실시간 동영상 스트림

현재 발생 중인 어떤 실시간 이벤트도 조사 중이면, 실시간 스트리밍 동영상 웹사이트는 유용한 정보 수집의 보고일 수 있다. 이 서비스는 한 개인이 휴대폰 카메라를 수백만 명에게 방송할 수 있는 즉각적인 동영상 스트리밍 기기로 바꾸는 능력을 제공한다. 사용자가 스마트폰에 호스트 서비스의 애플리케이션을 다운로드하는 설정이 흔하다. 애플리케이션 런칭은 전화의 동영상 카메라를 켜고, 동영상 스트림은 이동 통신 데이터 연결, 와이파이로 호스트에 전송된다. 호스트는 이어서 즉시 이 실시간 스트림을 여러 명의 시청자가 동시에 보도록 웹사이트에서 방송한다. 평균 지연 시간 5초는 흔하다. 현재 이 무료 서비스를 제공하는 여러 업체가 있다. 다음은 조사 수요를 위해 내가 선호하는 순서대로 열거한다. 웹사이트마다 검색 옵션이 있어, 보기 원하는 실시간 이벤트를 설명하는 키워드를 입력할 수 있다. 타깃을 모니터링하는 동안 이 서비스의 트위터 링크도 볼 수 있다.

유스트림(ustream.tv)   Bambuser(bambuser.com)

LiveStream(livestream.com)   YouNow(younow.com)

Veetle(veetle.com)   VaughnLive(vaughnlive.tv)

LiveU(liveu.tv)

실제 적용: 여러 대형 이벤트 동안 나는 유스트림으로 내 정보 수집 중 대부분을 포착했다. 한 조사에서 곧 공무원, 민간인 모두에게 폭력적으로 변한 대규모 시위 동안 소셜 네트워크를 모니터링하는 과업을 맡았다. 트위터, 페이스북은 가끔 흥미로운 정보를 제공했지만, 유스트림은 즉시 사법 집행부, 소방서, 응급 의료 기관의 전반적 반응에 엄청난 영향을 준 생생한 세부를 제공했다. 실시간 동영상 스트림은 발생 중인 새 문제, 의료적 관심이 필요한 폭력의 희생양, 즉각적 반응을 요하는 방화범의 방화를 확인하는 데 도움이 됐다.

페리스코프

페리스코프는 2015년 1월에 제품이 공개 런칭하기 전에 트위터가 인수한 iOS, 안드로이드 동영상 스트리밍 앱이다. 그 사용은 모바일 기기를 요하며, 페리스코프 스트림을 위해 웹 기반 공식 검색, 플레이어도 없다. 몇몇 서드파티 자원이 출현했지만, 재생, 검색 기능은 안정적이지 않았다. 다음 웹사이트는 실시간 스트림 검색, 재생 창을 제공한다.

Perisearch: perisearch.net

Lookats: lookats.com

GetExplore: getxplore.com

Stream Along: streamalong.tv

On Periscope: onperiscope.com

미어캣

미어캣은 사용자가 모바일 기기로 실시간 동영상 스트리밍을 방송할 수 있는 또 다른 모바일 앱이다. 일단 등록하면 페이스북, 트위터 계정 연결 옵션이 생기며, 실시간 중계를 하자마자 팔로워에게 직접 스트리밍된다. 앱은 iOS, 안드로이드 모두 사용 가능하다. 앱은 2015년 2월에 출시됐고, 페리스코프에 이어 두 번째로 인기 있는 앱 동영상 스트리밍 서비스다. 검색 옵션은 공식 미어캣 채널로 사용할 수 있지만, 서드파티 옵션이 더 안정적이다.

Meerkat Streams: meerkatstreams.com

Meerkat Map: meerkatmap.co

나는 서드파티 서비스를 사용하는 대신 페리스코프, 미어캣 스트림에 집중한 트위터 검색으로 더 많은 성과를 거뒀다. 어떤 서비스에서 실시간 스트림을 방송하든, 사람들은 청중을 갈망한다. 동영상을 실시간으로 스트림한 후에는 시청자가 볼 수 없기에, 팔로워에게 일종의 방송 알림이 있어야 한다. 대체로 트위터다. #periscope나 #meerkat으로 총칭적인 검색을 수행하면 수많은 결과가 표시된다. 사용자 이름, 키워드, 지역을 추가하면 더 소화 가능하고, 기대하던 목록으로 필터링할 수 있다.

## 11장

전화번호와 주소

전화번호와 주소 정보를 검색한다고 주장하는 웹사이트는 수백 개 있다. 놀라울 정도로 정확한 결과부터 광고만 있는 웹사이트까지 다양하다. 타깃 전화번호가 있다면, 번호 사용자, 번호가 일반 전화일 경우 주소를 확인할 수 있어야 한다. 이어서 추가 정보, 검색으로 이어질 수 있다. 휴대폰 번호 중 대부분은 현재 누구의 이름으로 등록됐는지 확인 가능하다. 주소가 있다면, 주소의 관련자, 대상이 사용 중인 모든 전화번호를 확인하고 싶을 것이다. 이 부분은 이 과업을 도와주는 웹사이트를 부각시킨다.

☑ 전화번호

구글, 빙은 예전에는 타깃 전화번호의 기본 정보를 찾기가 쉬웠다. 이 웹사이트들은 여전히 가치 있는 정보를 제공할 수 있지만, 결과에 표시하는 스팸의 양이 과하다. 이 정보는 보통 적절한 무료 검색으로 찾을 수 있는 콘텐츠와 같다. 이 함정에 빠지지 않는 편이 좋다. 전화번호에서 전통적인 검색을 무시할 수는 없지만, 최상의 결과에 도달하려면 쿼리를 커스터마이징해야 한다. 고급 전화번호 명의자 확인을 설명하기 전에, 적절한 검색 엔진 구조를 관찰해야 한다.

사람들은 대부분 전화번호 명의자를 확인할 때 첫 단계로 전통적인 검색 엔진을 사용한다. 번호는 보통 202-555-1212 등 표준 포맷이다. 하이픈(-)은 종종 데이터를 제외하는 연산자로 인식하기에, 일부 검색 엔진이 혼란에 빠질 수 있다. 일부 엔진은 쿼리로 202는 검색하되, 555, 1212는 무시하는 쿼리로 간주할 수 있다. 게다가 이 검색은 콘텐츠 내에 202-555-1212가 있는 웹사이트는 확인하지만, (202) 555 1212가 있는 웹사이트는 무시할 수 있다. 타깃 번호가 아니면, 모든 경우의 수를 다 쓰기 위해 다음 모두를 검색해야 한다. 인용부호는 하이픈을 연산자로 간주하지 않도록 할 때 중요하다.

"2025551212"   "(202) 5551212"   "(202)555-1212"
"202-555-1212"   "(202) 555-1212"   "(202)5551212"
"202.555.1212"   "(202) 555.1212"
"202 555 1212"   "(202)5551212"

우스꽝스러울 수 있지만, 아직 끝나지 않았다. 경매 웹사이트 등 여러 웹사이트는 사용자에게 전화번호를 올리지 못하게 하지만, 사람들은 이 제약을 우회한다. 번호 중 일부를 입력해 연락처 정보를 노출한다. 옵션의 완벽한 목록은 아니지만, 다음도 검색해야 한다.

"two zero two five five five one two one two"
"two zero two five five five 1212"
"two zero two 555 one two one two"
"two zero two 555 1212"

"202 five five five one two one two"
"202 555 one two one two"
"202 five five five 1212"

이 목록은 (202) 555 twelve twelve가 있는 포스트는 포착하지 못하지만, 요점은 이해했을 것이다. 구글로 입력한 후, 빙으로 각각 시도해야 한다. 나는 항상 이 기법을 자동화, 단순화하는 온라인 도구를 제공하기 위해 다음 웹사이트에 전화 검색 도구를 만들었다.

https://inteItechniques.com/intel/OSINT/telephone.html

나중에 그림 11.01에서 표시하는 이 페이지 하단 부분으로 숫자, 글자인 타깃 전화번호를 입력할 수 있다. 등록 버튼을 클릭하면, 웹브라우저 내에 새 탭 8개를 여는 일련의 자바스크립트 명령문이 구동된다. 처음 4개는 타깃 데이터가 있는 커스텀 구글 검색이며, 마지막 4개는 빙에서 프로세스를 반복한다. 다음 네 검색을 두 서비스 모두에서 하는데, 전에 입력한 사례 데이터를 사용한다.

"2025551212"OR"202-555-1212"OR"202.555.1212"OR"202 555 1212"

"(202) 5551212"OR"(202) 555-1212"OR"(202) 555.1212"OR "(202)5551212"OR"(202)555-1212"OR"(202)555.1212"

"two zero two five five five one two one two"OR"two zero two five five five 1212"OR"two zero two 555 one two one two"OR"two zero two 555 1212"

"202 five five five one two one two"OR"202 five five five one two one two" OR"202 five five five 1212"

이 쿼리가 인용부호로 정확한 결과를 획득하고, OR 연산자로 서로 독립적으로 여러 옵션을 검색한다는 점에 주목하자. 이 방법으로 실제로는 틀렸지만, 맞는 것처럼 보이는 결과를 얻을 가능성이 크지만, 어떤 관련 결과도 누락될 가능성은 줄어든다. 번호 검색의 훌륭한 출발점이지만, 다음 방법보다 훨씬 덜 안정적이다.

☑ 콜러 ID 데이터베이스

2013년에 나는 리버스 콜러 ID 데이터를 실험했다. 전화 콜러 ID 표시의 전화번호를 확인하는 데이터베이스와 같다. 종종 번호 관련 이름이 있다. 최근까지 전화번호에만 나타났지만, 변화가 있었다. 현재 여러 휴대폰 번호는 관련 이름 정보가 있다. 이 이름 정보는 보통 휴대폰 서비스 제공업체에서 추출한다. 다른 방법으로는 추적 불가능한 휴대폰 번호를 검색하는 동안, 이 결과의 정확도는 충격적이었다.

내 조사 중 이 기법은 구독자 정보를 발견하려 법원 영장을 획득할 필요를 없앴다. 이 글을 쓰는 날에 한 동료는 이 기법으로 강도 용의자를 확인했다. 최근 크레이그 즈리스트에서 도난품을 찾았는데, 설명문에 휴대폰 번호가 있었다. 이 번호의 리버스 콜러 ID는 희생양의 인근 지역 거주자 소유였다. 이 결과는 수색 영장, 도난된 가전 제품 모음으로 이어졌는데, 수천 달러 상당이었고, 거의 크레이그즈리스트에서 판매했다.

이 데이터에 접근 가능한 이유는 콜러 ID 옵션을 아직 보유하지 못한 전화 시스템에 필요하기 때문이다. 인터넷으로 운영하는 VOIP^{Voice Over Internet Protocol} 시스템이라는 새 시스템은 콜러 ID 데이터를 네이티브로 받지 못한다. 전화 회사에서는 제공하기에 우리는 당연히 받아들인다. 오늘날 여러 회사는 리셀러로부터 이 데이터의 접근권을 구매해야 한다. 그래서 우리에게 기회가 생긴다.

나는 벌크로 콜러 ID 데이터를 개인 기업에 제공하는 회사를 모두 찾아 인터넷을 뒤졌다. 그들 모두에게 연락했고, 대부분 서비스 테스트용 무료 체험을 제공했다. 이제 그 모두를 테스트했고, 쉽게 접근 가능하며, 최상의 결과를 제공하는 회사를 확인했다. 이 서비스 모두 애플리케이션 프로그래밍 인터페이스(API)로 데이터를 제공한다. 완전한 접근은 14장에서 설명한다. 일단 특정 웹 주소로 개별 주소를 검색하는 방법만 집중한다.

Privacy Star(http://www.privacystar.com/reverse-lookup)

항상 사용 가능하며, 가장 정확한 콜러 ID 웹사이트는 아니지만, 유일하게 계정을 만들지 않고도 사용 가능한 웹사이트 기반 옵션 두 가지 중 하나다. 이 주소는 스마트폰 앱으로 판매하는 콜러 ID 서비스의 테스트 웹페이지로 연결시킨다. 24시간 내에 룩업을 5번만 시도할 수 있다. 하지만 임시 인터넷 파일을 삭제하거나 다른 웹브라우저로 전환하면 종종 이 제약이 재설정된다. 일반 전화, 휴대폰 보유자를 확인할 때 좋은 출발점이지만, 결코 이것만 검색하면 안 된다.

WhoCalld(whocalld.com)

Privacy Star와 유사하지만, 이 서비스로 콜러 ID 데이터베이스 내에서 단일한 전화번호 룩업만 가능하다. 현재, 이전 휴대폰 서비스 제공업체도 확인한다. 검색은 좀처럼 한눈에 전화번호 보유자를 확인하지 못한다. 페이지 중간에 있는 "Update" 버튼을 클릭하면 리버스 콜러 ID 기능을 업데이트해 번호 관련 이름을 표시한다. 데이터 스크레이핑 엔진의 악용을 막으려는 것 같다. 내 검색 중 대부분은 다른 서비스와 중복되는 정보를 드러냈다. 결과에 대한 확신을 높이기 위해 가치가 있을 수 있다.

Open CNAM(opencnam.com)

Open CNAM은 두 가지 수준의 콜러 ID 서비스를 제공한다. 기본 수준은 무료며, 일반 전화 대부분에서 작동한다. 일부 휴대폰은 보유자를 표시하지만, 대부분은 프리미엄 서비스를 사용하도록 권장하는 에러를 제시한다. 다음 주소를 어떤 웹브라우저에도 입력하면, 주소에서 제공하는 전화번호 관련 결과를 제공한다.

http://api.opencnam.com/v2/phone/+16184633505

결과는 API 인터페이스를 통해 전달되는데, 텍스트온리다. 다음과 같이 보인다.

ALTON CITY OF

이 결과는 정확히 이 번호에서 전화를 받을 경우, 콜러 ID 화면에 나올 결과다. 프리미엄 버전에 대해서는 잠시 후에 논한다.

Caller ID Service(calleridservice.com)

Caller ID Service는 휴대폰 검색 시 좋은 정확도를 제공했다. 서비스에 등록해야 무료 체험에 접근권을 얻을 수 있고, 프로세스는 아주 쉽다. 다음 웹사이트로 이동해 요구하는 정보를 완성한다.

secure.calleridservice.com/index.cgi?mod=join

완료하자마자 대략 무료 검색 성공 20회에 유효한 API 라이선스 키를 메일로 받는다. 빈 결과는 부과되지 않는다. 메시지에 포함된 링크를 클릭해 이 주소를 검증해야 한다. 정확한 실제 이메일 주소를 제공했는지 검증하는 방법이다. 다음 정보가 내 계정에 전송됐다.

> Username: jwilson555
> Password: mb555555
> Auth KEY: 0b253c059b9f26e588ab101f4c2332b496e5bf95
> Balance: 0.12

이제 콜러 ID 정보 요청을 등록할 수 있다. 이러려면 실명, 인증 키, 검색할 타깃 전화번호가 있는 API 요청을 공식화해야 한다. 생각보다 쉽다. 검색할 번호만 있으면 된다.

> cnam.calleridservice.com/query?u=jwilson555&k=c2332b496e5bf95
> &n=6187271233

도메인(calleridservice.com), 사용자 이름(jwilson555), 인증 키(c2332b496e5bf95), 타깃 번호(6187271233)를 쿼리한다. 서비스는 이 휴대폰 번호가 크레이그 윌리엄스 소유임을 확인했다.

첫 쿼리의 주소는 즐겨찾기로 저장하도록 권장할 만하다. 하지만 주소 끝의 타깃 전화번호를 없애야 한다. 그러면 이 템플릿을 로딩할 때마다 서비스에서 크레딧을 부과하지 않는다. 이어서 새 관심 타깃 번호를 즐겨찾기 끝에 추가해 쉽게 검색할 수 있다. Caller ID Service는 무료 검색에 0.12달러를 부과하며, 쿼리 25회까지 허용한다. 추가 무료 체험을 확보하기 위해 다른 이메일 주소면 충분하다.

Service Objects(serviceobjects.com/developers/lookups/geophone-plus)

2014년 Service Objects는 GeoPhone Plus 2 제목의 무료 온라인 전화번호 룩업 데모를 제거했다. 하지만 여전히 무료 검색 500회를 허용하는 무료 API 라이선스를 생성할 수 있다. 이 웹사이트로 이동해 "Free API Trial Key" 상품을 완료한다. 다음과 같은 이메일을 받는다.

> This is your DOTS GeoPhone Plus 2 API Trial License Key: WS77-OAZ3-xXxX
> This license key is used to authenticate your real-time transactions using our API. It includes 500 free transactions that can be used within a 30-day period.

이제 커스텀 URL 내의 이 키로 일반 전화, 휴대폰 번호의 등록된 소유주를 검색할 수 있다. 정확한 포맷은 다음과 같다. "8475551212"를 타깃 전화번호로 바꾸고, "WS77-OAZ3-xXxX"를 무료 라이선스 키로 바꿔야 하므로 주의한다.

> http://trial.serviceobjects.com/gppl2/api.svc/GetPhoneInfo?PhoneNumber=8475551212&TestType=full&LicenseKey=WS77-OAZ3-xXxX

응답은 XML 데이터 포맷이다. 하지만 쉽게 읽을 수 있다. 아래는 한 사례다.

```
<Provider><Name>NEW CINGULAR WIRELESS PCS, LLC - IL</Name>
<City>NORTHBROOK</City>
<State>ILLINOIS</State>
<LineType>WIRELESS</LineType>
<Name>JOHN ADORJAN</Name>
<Address>12142 S. 22nd<Address/>
<City>Chicago<City/>
<State>IL <State/>
<DateFirstSeen>2014-06-20</DateFirstSeen>
```

이 항목은 2014년 6월 이래 Cingular에서 제공한 무선 서비스로 타깃 번호를 확인한다. 번호의 등록된 소유자는 시카고 12142 S. 22nd에 거주하는 John Adorjan이다. 리버스 콜러 ID 룩업 전에 이 정보는 영장을 요했다.

한 최근 사례의 Service Objects에서 검색한 휴대폰 번호는 결과에서 "Jennifer S"라는 이름을 드러냈다. 이 대상과 인터뷰하는 동안 "Jennifer S"는 다른 가족과 공유하는 전화 청구서에서 계정을 확인하는 방법임을 밝혔다. 이 데이터가 수신 번호로 전송되는지 몰랐다. 여러 검색에서 전체 이름이 존재한다. 그래서 휴대폰으로 전화를 걸 때 콜러 ID 표시에 통화자 이름이 눈에 띌 수 있다.

Bulk Solutions(bulkcnam.com)

Bulk CNAM은 Caller ID Services와 아주 유사하게 작동한다. 무료 계정에 등록해야 하며, 제한된 무료 검색이 주어진다. 등록 동안 유효한 이메일 주소를 제공해야 하며, 라이선스 키와 함께 이메일을 받은 후 그 주소를 검증해야 한다. 생성할 때 필요한 커스텀 주소(URL)는 라이선스 키, 타깃 번호만 요한다. 사용자 이름은 불필요하다. 내 무료 체험 키 포맷은 다음과 같다.

cnam.bulkcnam.com/?id=b03c6513f688f89ee3f&did=6187271233

도메인(bulkcnam.com), 내 무료 체험 라이선스(b03c6513f688f89ee3f), 내 타깃 전화 번호(6187271233)를 쿼리한다. Bulk Solutions의 프리미엄 구독은 쿼리당 0.009달러가 든다.

CID Name(cidname.com)

무료 체험을 위해 이 서비스에 연락해야 하지만, 간단한 전화 통화면 된다. "운영 중인 VOIP 시스템에서 결과를 테스트"하려면 무료 체험을 요청하는 편이 좋다. 대화 중인 사람이 이해할 가장 흔한 설정이다. 나는 상담원에게 현재 Bulk Solutions를 사용 중이라는 얘기도 했는데, 사실 맞기도 했다. 그리고 CID Name이 더 나은 결과를 제공하는지 보고 싶다고도 했는데, 그 또한 사실이었다. 열성적인 영업 인력은 재빨리 25회 무료 검색에 유효한 체험 키를 보내준다. 이 서비스에 쿼리를 날릴 주소 포맷은 다음과 같다.

https://dip.cidname.com/6187271233/d3a6e863c&output=raw&reply=none

도메인(cidname.com), 타깃 번호(6187271233), 라이선스 키(d3a6e863c)를 쿼리한다. 이 서비스는 이름을 확인하지 않는다. 하지만 이름이 사용 불가일 때 가능한 경우 전화를 등록한 일반 지역을 제공한다. 한 서비스로 결코 충분하지 않은 훌륭한 이유다. 나는 이 서비스 모두를 매번 사용하도록 권장한다.

Open CNAM Plus(opencnam.com)

Open CNAM은 이 장에서 논한 최초의 API 옵션이다. 이 제한된 무료 버전은 보통 휴대폰에서 결과를 내보내지 않는다. 더 이전의 타깃 번호 검색은 다음 에러를 낳는다.

CNAM for phone "+16187271233" is currently unavailable for Hobbyist Tier users.

이 번호의 결과는 프리미엄 계정을 요하는데, 현재 성공적인 쿼리당 가격이 0.004달러다. 전체 프로세스는 웹사이트를 통해 완료할 수 있다. 최소 1.00달러 결제 후 계정 번호, 라이선스 키가 이전 튜토리얼에서 설명한 대로 발급된다. 다음 주소는 적절한 쿼리 구조가 있다.

http://api.opencnam.com/v2/phone/+16187271233?accoun_sid=fl00cef5&auth_token=AU5c43d8

도메인(opencnam.com), 타깃 번호(16187271233), 계정 ID(f100cef5), 라이선스 번호(AU5c43d8)를 쿼리한다. Open CNAM이 10자리 숫자 앞에 "1"을 요함에 주의하자.

Everyone API(everyoneapi.com)

이 서비스는 Open CNAM(Telephone Research LLC)과 같은 회사가 보유한다. 이 옵션은 포팅 전의 번호를 보유한 휴대폰 회사를 표시한다는 차이점이 있다. 소셜 네트워크 데이터베이스에서도 번호를 검색한다. 조사 결과, 그냥 3장에서 논한 방식과 마찬가지로 페이스북 데이터를 끌어왔다. 이 프리미엄 서비스는 이전 옵션보다 약간 비싸지만, 10센트 이하로 완전한 전화번호 검색을 확보할 수 있다. 요청 시 URL 포맷은 다음과 같다. "8475551212"를 타깃 번호로 대체하고, "xxx"를 계정 SID로 대체하며, "yyy"를 라이선스 키로 대체한다. 이 URL 아래에 전형적으로 받는 응답이 있다.

https://api.everyoneapi.com/v1/phone/+18475551212?data=name,carrier&accoun_sid=xxxx&auth_token=yyyy&pretty=true

```
"carrier": {"nalue": "Verizon Wireless"},
"carrier_o": {"name": "Cricket Wireless"},
"name": "Brian Parker"
"number": "+16189720091",
```

이 결과는 타깃 번호가 버라이즌 와이어리스로 현재 등록되기 전에 크리켓 와이어리스로 등록됐음을 나타낸다. 이 번호는 현재 소셜 네트워크 프로필 "Brian Parker"에 연관된다.

Data 24-7(data24-7.com)

이 서비스는 계정을 생성하는 모두에게 무료 크레딧으로 0.15달러를 제공한다. 이 잔액은 리버스 콜러 ID 서비스의 무료 검색 약 40회를 제공한다. 등록 프로세스는 Caller ID Service와 아주 유사하다. 하지만 이메일 검증은 없으며, 검증 없이 사용자 정보를 제공받는다. 사용자 이름, 비밀번호를 등록 프로세스 동안 선택해야 하는데, 검색마다 등록된 URL 내에서 사용한다. 사용자 이름이 jwilson인데 비밀번호가 lamp면, 다음 주소를 웹브라우저에 직접 입력할 경우 휴대폰 번호 6187271233로부터 구독자 정보를 확인한다. 결과는 데모 아래에 있다.

https://api.data24-7.com/v/2.0?user=jwilson&pass=lamp&&api=I&p1=6187271233

```
<response>
<results>
```

```
<result item="1">
<status>OK</status>
<number>16187271233</number>
<name>Craig Williams</name>
</result>
</results>
</response>
```

Next Caller(nextcaller.com)

나는 최상의 서비스를 마지막에 남겨뒀다. Next Caller는 큰 차이점 하나와 함께 전형적인 리버스 콜러 ID 서비스를 제공한다. 일반 전화, 휴대폰 타깃 번호의 구독자 주소도 제공한다. 이 서비스를 우리 수요에 맞춰 실행하려면, 약간의 노력이 더 필요하지만 가치는 있다. 이 웹사이트로 이동하면 무료 사용자 계정을 생성할 수 있다. 담당자가 무료 체험을 활성화하기까지는 사용할 수 없다. 보통 수요에 관한 짧은 전화 통화를 요한다. 다시 한 번 말하지만, 번호 검색만 원한다고 말하도록 권장하지 않겠다. 훨씬 더 잠재 고객처럼 보이면 유리하게 작용한다. 계정을 활성화한 후 쿼리 수행을 시작할 수 있다. 이 체험은 30일처럼 제한된 시간이 아니며, 쿼리 25건 등 제한된 검색 횟수도 아니다. 그 대신 무료 계정은 무료 검색을 월간 250건 제공한다. 다른 어떤 서비스도 이 수준의 무료 사용을 제공하지 않는다.

사용자 포털은 다양한 컴퓨터 프로그래밍 언어로 이 서비스를 어떻게 프로그래밍하는지 확인한다. 이전 사례와 유사한 URL 솔루션은 제공하지 않는다. 그 대신 약간의 기술을 더해야 한다. Next Caller는 데이터베이스의 컬 리퀘스트를 허용하며, 완전한 결과를 돌려준다. 컬은 URL 신택스로 파일을 주고받는 명령문이다. Next Caller는 무료 체험 계정의 사용자 이름, 비밀번호를 제공한다. 이 데모의 목적으로 사용자 이름이 aaaaa며, 비밀번호는 bbbbb라 가정한다. 타깃 전화번호는 202-555-1212다. 명령문 프롬프트에서 다음 명령문을 등록할 수 있다.

```
curl-X GET \
-u "aaaaa:bbbbb" \
-H "Content-Type: application/json" \

"https://api.nextcaller.com/v2.1/records/?phone=2025551212&format=json"
```

여러 검색을 수행하면 꽤 지칠 수 있다. 그 대신 다음의 정확한 URL을 웹브라우저 주소 바에 입력한다.

https://aaaaa:bbbbb@api.nextcaller.com/v2/records/?phone=2025551212&format=json

사용자 이름(aaaaa), 비밀번호(bbbbb)가 있는 컬 리퀘스트를 Next Caller(@api.nextcaller.com)에 보낸다. 타깃 번호의 JSON 스타일 리퀘스트도 요청한다. 응답은 이전 서비스보다 훨씬 더 길다. 다음은 편집된 정보와 함께 플로리다의 휴대폰 번호에서 나온 실제 사례다. 모든 필드는 내 결과에 보였다.

```
first_name: "Stephen",
last_name: "REDACTED ",
name: "Stephen REDACTED",
language: "English",
phone: number: "618972XXXX",
address city: "Tampa",
line1: "28XX Falcon XXXXXXX",
state: "FL",
zip_code: "XXXXX"
line_type: "Mobile",
carrier: "New Cingular Wireless Pcs, Llc",
```

결과는 완전한 고객 이름, 빌링 주소, 휴대폰 제공업체를 제공했다. 콜러 ID 데이터베이스 결과는 전화번호에서 휴대폰, 일반 전화 정보를 추출할 때 내가 현재 선호하는 방법이다. 종종 부정확하고 철 지난 정보를 표시하는 표준 웹사이트 검색 엔진보다 훨씬 더 안정적이다. 거의 매일 내게 조사 시 전화번호에서 막힌 조사관이 연락한다. 최근에는 크레이그즈리스트 스타일의 도난 사건, 휴대 기기로 아이들에게 부적절하게 접촉한 대상이었다. 전화번호가 누군가에게 등록됐다면, 이 방법으로 그 사람을 확인할 성공률이 90%다. 전화가 누구에게도 등록되지 않은 "버너" 스타일 기기면, 이 방법은 어떤 유효한 결과도 산출하지 못한다.

인터넷에 다른 콜러 ID 옵션도 있다. 이 조사 이래 등장한 어떤 회사도 조사하는 편이 좋다. 일부 서비스는 데이터베이스 테스트를 위해 더 이상 무료 체험 기간을 제공하지 않을 수 있다. 나는 CID Name, Open CNAM으로 프리미엄 회원을 구매했다. 10달러를 구매하면 제공업체마다 쿼리가 1,000회 이상 허용된다. 14장에서 단일 전화번호를 제공할 때 이 서비스를 한 번에 모두 쿼리하는 간단한 웹페이지를 어떻게 만드는지 설명한다. 결과는 모두 즉시 표시된다. 매일 내 커스텀 페이지를 사용한다. 수요가 너무 과하면, 사용이 쉬운 웹 기반 검색 엔진도 많다.

Pipl(pipl.com)

전화번호의 가장 쉬운 검색 엔진 중 하나는 Pipl이다. 이름 검색을 위해 논한 검색 페이지와 같다. 같은 검색 필드가 전화번호를 다룬다. 이 번호는 555-445-8543 등 표준적인 구분된 포맷으로 입력하면 안 된다. 그 대신 5554458543과 유사하게 대시, 공백 없이 번호를 입력한다. 이러면 결과 수, 정확도가 늘어날 수 있다. 결과 페이지는 일단 타깃 번호로 생성된 프로필을 모두 확인한다. 이 프로필은 번호 관련 추가 콘텐츠를 위해 방문할 수 있다. 이 프로필에서 얻은 정보는 종종 전체 이름, 주소, 출생일, 친척이 있다. "Suggested searches" 영역은 종종 출생년, 완전한 주소, 여러 친척을 확인하는 Pipl이 생성한 프로필이 있다. 이 페이지에서 더 아래로 스크롤하면, 이 정보를 검증할 추가 결과 링크가 표시된다.

전화번호에 관해 Pipl에서 얻을 수 있는 정보는 한계가 없다. 공식 프로필에 더 검색할 것은 없지만, 원하는 경우 저장 가능한 데이터는 있다. Pipl은 전화번호가 상호 참조하는 특정 거리의 가구 중 주소 리스팅을 모두 유지한다. 불행히도 Pipl 웹사이트에서 여기 접근할 간단한 방법은 없다. 이 정보를 얻기 위해 구글을 사용할 수 있다. 구글 메인 페이지에서 다음 스타일의 검색을 수행하되, 리스팅된 번호를 타깃 번호로 대체한다.

site:pipl.com 5554458543

타깃 전화번호가 있는 집과 같은 거리에 있는 거주지를 모두 확인하는 Pipl 페이지에 링크 거는 단일 결과를 제공한다. 가구마다 전화번호, 주소를 리스팅한다. 전화번호는 그 번호 관련 프로필을 여는 링크다.

실제 적용: 탐정으로서 경찰 지원자의 배경 확인을 돕는 과업을 여러 번 맡았다. 가끔 지원자의 현재 주소는 정상적이지 않아 동네 방문에 최적이 아니다. 지원자 거주지 전화번호를 이 방식으로 입력하면 동네 전화번호, 주소가 모두 표시된다. 관련 프로필을 방문하면 전화로 접촉하고 인터뷰를 수행하기에 충분한 정보를 확인한다.

That's Them(thatsthem.com)

이 서비스는 실명, 이메일 주소, 사용자 이름의 강력한 검색 엔진으로 언급했다. 또한 다른 카테고리를 모두 상호 참조하는 전화 검색도 있다. 상단의 "Reverse Telephone"을 클릭해 타깃 전화번호를 입력하면, 가능한 쿼리를 모두 실행한다. 한 검색 사례는 소유주 이름, 주소, 메일 주소, 휴대폰 번호, 최근 IP 주소, 차량 정보를 확인했다.

10Digits(10digits.us)

2013년, 2014년 동안 신뢰하기 어려운 결과 때문에 나는 이 서비스에 거의 관심을 두지 않았다. 알 수 없는 설명과 함께 이 서비스는 2015년에 아주 가치가 높아졌다. 갑자기 결과는 다른 데서 찾을 수 없는 세부를 포함했다. 검색 규칙은 아주 단순하다. 숫자를 입력하면 결과가 나온다.

Phone Search(phonesearch.us)

이 서비스는 검색을 하루 한 번만 허용하며, 사용자는 검색 옵션에 접근하기 위해 구글 계정에 로그인해야 한다. 극히 제한적이지만 결과는 리버스 콜러 ID 데이터, 이따금 물리적 주소가 있다. 나는 타깃이 휴대폰 번호일 때 마지막 수단으로 사용한다.

411(411.com)

411은 여러 리버스 검색 옵션을 제공한다. 전화번호는 "Reverse phone" 탭에 집중하자. 단일 검색 필드를 제시한다. 전화번호는 대시, 공백 없이 5554458543과 유사하게 이 필드에 입력해야 한다. 결과는 리뷰를 위해 411에서 생성한 프로필이 있다. 이 프로필 중 아무것이나 클릭하면 전체 프로필 정보가 나온다. 가구 거주자마다 별도 프로필이 있는 경우가 흔하다. 모두 확인해야 한다. 이 웹사이트는 종종 White Pages와 같은 결과를 제공한다. 같은 회사 소유기 때문이다. 가끔 White Pages에 나타나지 않을 때 일반 전화번호가 아닌 결과가 여기 나타날 수 있다.

Cell Revealer(cellrevealer.com)

휴대폰 번호를 리버스 검색한다고 주장하는 웹사이트가 여럿 있다. 대부분은 철 지났거나 부정확한 정보의 데이터베이스를 사용한다. Cell Revealer는 이런 데이터베이스를 사용하지 않는다. 전에 논한 대로 휴대폰 번호에 결부된 콜러 ID 정보 외에 제공업체 정보도 접근한다. 여러 검색은 이름이 아닌 위치를 확인한다. 게다가 보통은 그 번호의 등록 날짜, 시간 외에 제공업체도 확인한다.

Reverse Genie(reversegenie.com/reverse_phone)

Reverse Genie는 여러 리버스 검색 옵션을 제공한다. 가장 큰 장점은 전화, 이메일 검색이다. 휴대폰이 Reverse Genie 데이터베이스 내에 위치하면, 그 번호 소유자와 결부된 주소를 찾는다. 이어서 타깃의 지역을 확인하는 지도, 전화번호 서비스 제공업체를 제공한다. 이 서비스의 대안은 Number Guru(numberguru.com)다.

Infobel(infobel.com)

Infobel은 거의 모든 국가 출신의 해외 대상 관련 전화번호, 주소를 검색할 수 있다. 링크 중 상당수는 Infobel 창에 나타나는 외부 서드파티 서비스로 포워딩한다. "Infobel"이라고 확인된 어떤 링크도 번호의 내부 데이터베이스를 검색한다. 결과는 검색한 타깃의 전화번호, 주소를 확인한다.

Who Calls Me(whocallsme.com)

Who Calls Me는 텔레마케터, 자동 시스템으로부터 온 짜증나는 전화 통화를 사용자가 등록 보고하는 웹사이트다. 전화를 받으면, 사용자는 콜러 ID에 리스팅된 번호를 입력해 발신자를 확인할 때 다른 사람의 경험을 조회할 수 있다. 이 웹사이트는 검색 사용자에게 검색한 번호 관련 댓글을 남기도록 권장한다. 데이터베이스는 놀라울 정도로 방대하며 정확하다. 사법 집행부는 이 정보로 전화 희롱에 관한 시민의 불평을 조사할 수 있다. 민간 부문은 이 정보로 텔레마케팅 직원 관련 고객 불만을 측정할 수 있다. 이 웹사이트의 대안은 800Notes(800notes.com), Number Guru(numberguru.com)다. 마찬가지로 정확한 데이터로 인해 경험은 아주 유사하다. 둘 모두 검색하면 콜러 ID 로그, 휴대폰 히스토리, 전화 상세 청구서에서 찾은 수상한 번호를 재빨리 확인한다.

True Caller(truecaller.com)

이 서비스는 가장 창의적이며, 돋보이는 전화번호 룩업 서비스다. True Caller는 수신 전화의 콜러 ID 정보를 표시하는 스마트 기기용 앱이다. 전화에서 전화를 받았는데 번호가 주소록에 없는 경우, True Caller는 데이터베이스를 검색해 화면에 어떤 결과도 제공한다. 이어서 통화를 허용, 거부할 수 있다. 꽤 표준적이며, 이 서비스에서 흥미로운 부분은 아니다. 내게 매혹적인 부분은 콜러 데이터베이스의 출처다. 완전히 크라우드소싱이다. 앱을 설치하면 모든 연락처를 수집해 마스터 데이터베이스에 업로드하도록 퍼미션을 준다. 기본적으로 세상이 볼 수 있도록 수백만 명이 연락처 목록을 업로드했다. 그 다음으로 놀라운 일은 True Caller 웹사이트의 이 데이터 내에서 검색하는 기능이다. 위장용 페이스북, 야후 계정으로 서비스에 연결해야 하지만, 어렵지는 않다. 처음 이 서비스를 발견했을 때는 회의적이었다. 정부에서 발급한 휴대폰 번호를 입력했을 때는 아무 결과도 보지 못하리라 예상했다. 응답은 "Mike Bazell"이었다. 입이 떡 벌어졌다. 초특급 비밀번호가 세상에 보였다. 즉, 내 무리 중 누군가, 아마도 또 다른 정부 직원이 True Caller를 전화에 설치했는데 내 정보가 주소록에 있었다는 뜻이다. 다른 누군가 이 번호에 데이터를 채우기까지는 항상 데이터베이스에 존재한다.

☑ IntelTechniques Telephone Search Tool(inteltechniques.com/intel/OSINT/telephone.html)

앞서 언급한 대로 나는 구글, 빙의 완벽한 쿼리를 돕기 위해 커스텀 검색 도구를 만들었다. 게다가 이 도구는 서드파티 웹사이트로 여러 검색을 자동화한다.

그림 11.01은 도구의 현 상태를 표시한다. 첫 섹션은 타깃 전화번호를 입력하고, 모든 나머지 필드를 채우는 단일 영역을 제공한다. 이어서 이 번호를 WhoCalld, 10Digits, Pipl, Privacy Star, That's Them, True Caller, Reverse Genie, Mr. Number, 411, OpenCNAM, 구글, 빙으로 입력할 수 있다. 내 경험상 이 서비스 모두 3초 이내에 쿼리할 수 있다. 결과마다 쉽게 아카이브하도록 웹브라우저 개별 탭에 열린다.

▲ 그림 11.01: IntelTechniques Custom Telephone Search 도구

크레이그즈리스트(craigslist.org)

크레이그즈리스트는 이미 이전 장에서 논했지만, 전화 검색 옵션을 더 상세히 설명해야 한다. 여러 사람이 크레이그즈리스트로 품목, 서비스를 판다. 구매 가능한 품목, 서비스를 알리는 포스트는 종종 전화번호가 있다. 이 번호는 일반 전화, 휴대폰 제공업체에 속한다. 모르는 전화번호를 확인하는 훌륭한 방법일 수 있다. 크레이그즈리스트의 일부 포스트는 포스트에 전화번호 표시를 허용하지 않는다. 특정 유형의 포스트에서 규칙 위반이다. 일부 사람들은 번호를 포착해 데이터베이스에 추가한 후, 문자 메시지로 스팸을 보내는 자동 "스크레이퍼" 때문에 번호를 리스팅하지 않는다. 어쨌든 사용자 대부분이 이 장애를 우회하려고 전화번호를 글자로 바꿔 해결한다. "314-555-1212"를 입력하는 대신 사용자는 "three one four five five five one two one two"를 입력할 수 있다. 일부는 창의력을 발휘해 "314 five five five 1212"를 올린다. 이러면 크레이그즈리스트 서버 외에 스패머 모두를 혼

란에 빠뜨리기에 충분하다. 분석가도 검색이 어려워진다. 이 경우, 다음과 같은 여러 검색을 하는 방법은 어렵다.

    site:craigslist.org "314-555-1212"
    site:craigslist.org "314" "555" "1212"
    site:craigslist.org "three one four" "five five five" "one two one two"
    site:craigslist.org "314" "five five five" "1212"

이 목록은 가능한 검색 포맷을 모두 검색하려면 꽤 길어진다. 이 검색어 대부분을 단일 검색 시도로 커버하는 한 검색은 다음과 같다.

    site:craigslist.org "314"|"three one four" "555"|"five five five" "1212"|"one two one two"

이 검색에서 "|" 기호는 구글에게 "or"을 말하는 셈이다. 본질적으로 구글에게 "314" or "three one four"에 이어 "555" or "five five five" 다음 "1212" or "one two one two"를 검색하라 하는 셈이다. 이 검색으로 다음 중 어떤 조합도 사용할 경우 결과가 나온다.

    314-555-1212
    314.555.1212
    3145551212
    314555 one two one two
    three one four 555-1212

이 검색은 전화번호를 올리는 가능한 방법을 모두 포착하지는 못한다. 예를 들어 사용자가 "314 555 twelve twelve"라 입력하면, 위 기법은 작동하지 않는다. 조사관은 타깃이 웹사이트에 번호를 올리는 대안적인 방법을 고려해야 한다. 타깃 번호를 웹사이트에 어떻게 창의적으로 올릴지 상상한 후, 그 방법을 검색하면 도움이 될 수 있다. 게다가 번호 중 일부만 검색하면 결과가 나올 수 있다. 번호 중 마지막 4자리만 검색할 수도 있다. 이러면 여러 원하지 않는 결과가 나올 수 있지만, 타깃은 "모래밭"에 있을 수 있다. 이 기법은 크레이그즈리스트만 고유하지는 않다. 같은 검색을 다음과 같이 도메인명을 바꾸면 Backpage 등 다른 웹사이트에서도 결과가 나온다.

site:backpage.com "314" I"three one four" "555" I"five five five" "1212" I "one two one two"

페이스북(facebook.com)

3장에서 휴대폰 번호를 페이스북에서 검색하는 법을 설명했다. 이 기법은 현재 휴대폰 소유자를 확인하는 가장 성공적인 방법 중 하나다. 타깃이 페이스북에 있을 가능성이 조금이라도 있다면, 번호는 그 기법으로 검색해야 한다.

Spy Dialer(spydialer.com)

이 서비스는 휴대폰 사용자를 확인하는 새 접근법을 취한다. 휴대폰 사용자 대부분은 이름으로 그들을 확인하는 보이스메일 발신 메시지가 있다. 어떤 사용자는 자신의 음성으로 커스텀 메시지를 만든다. 어떤 것도 그 번호 사용자를 확인하는 데 유용할 수 있다. Spy Dialer는 휴대폰 번호 서비스 제공업체를 연결해 보이스메일 발신 메시지를 추출한 후, 듣고 다운로드할 수 있게 mp3 포맷으로 제시한다. 이 모두 정상적으로 타깃 전화에 걸지 않고 완료된다. 어떤 경우는 타깃 전화번호가 테스트 동안 울리니 주의해야 한다. 발신자가 확인되지는 않지만 이상하게 한 번 울리면 편집증적인 타깃의 의심을 살 수 있다. 내 경험상 전체 중 10퍼센트 정도 이런 일이 생긴다. 타깃에게 네바다 기반의 번호로 부재중 전화가 걸리면, Spy Dialer 통화가 이뤄졌음을 알아차린다. 이 방법은 내게 위험보다 성과가 많았다. "익명" 선불 휴대폰을 여러 번 조사했는데, 소유자 이름이 발신 메시지에 나왔다. 성공적인 결과가 표시되면, 플레이어 하단 링크를 클릭해 오디오 파일을 컴퓨터에 다운로드할 수 있다.

Sly Dial(slydial.com)

이 서비스는 Spy Dialer의 시도와 같은 방식으로 휴대폰 관련 질의를 수행한다. 전화번호의 이동통신 제공업체에 연락해 타깃의 보이스메일 발신 메시지에 직접 전송한다. 하지만 두 가지 큰 차이점이 있다.

Sly Dial은 웹사이트로 작동하지 않는다. 그 대신 일반 Sly Dial 전화번호에 통화를 해 자동 프롬프트를 따라야 한다. 통화가 이뤄지기 전, 간략한 광고를 들어야 한다. 마침내 서비스가 이 들을 수 있는 전화 통화로 타깃의 보이스메일 발신 메시지를 재생한다. 웹사이트가 개입하지 않기에, 통화의 오디오 파일을 다운로드하는 옵션이 없다. 구글 보이스로 통화해 다이얼패드의 "4" 버튼을 눌러, 세션을 녹음해야 이 메시지의 오디오 사본을 확보할 수 있다.

Sly Dial은 보통 용의자의 전화를 울리지 않는다. "부재중 전화", 통화가 발생했다는 다른 어떤 단서도 표시하지 않는다. 내 테스트 결과, 실제 시도 중 5퍼센트 이내만 타깃 전화가 단 한 번 울렸다. 부재중 통화에 콜백하면 번호의 신원을 아무것도 드러내지 않는다. 궁극적으로 타깃이 누군가 통화를 시도했는지 알 가능성은 극히 적다. 전화가 울리는 드문 경우도 타깃은 결코 통화자 신원을 알지 못한다. Sly Dial 서비스를 사용하려면 일반 전화, 휴대폰 전화, VOIP 등 어떤 전화 서비스로도 267-759-3425(267-SLYDIAL)에 전화 건다. 통화 동안 안내를 따른다. 이 번호가 작동하지 않으면, slydial.com을 방문해 업데이트를 확인한다.

Burner(challenge.burnerapp.com)

Burner는 휴대폰과 조합해 사용하는 1회용 번호를 제공하는 VOIP 앱이다. 제품에 새로 관심을 모으기 위해 전화번호에 결부된 민감한 정보를 확인하는 온라인 도구를 만들었다. 제공되는 데이터 중 상당 부분은 전에 언급한 같은 출처에서 나오는 듯하다. 하지만 VOIP 번호를 검색할 때 다른 어떤 자료보다 더 효과가 좋다. 구글 보이스 번호 중 하나의 쿼리를 수행했는데, 다음 정보를 받았다.

Mike Bazz***   1700 E. B***dway, *****, IL

정보는 상당히 편집됐지만, 논리적으로 데이터가 내 실제 정보와 일치한다 가정할 수 있다. 주소는 내 이전 직장이다. 내가 이 번호를 아주 과하게 사용했고, 일부 웹사이트에서는 실명에 결부했다는 점을 지적해야 한다. 하지만 다른 어떤 서비스로도 이 세부를 재생하지 못했다. 이 무료 서비스를 사용하려면 어떤 타깃 번호도 그냥 입력한다. 결과는 화면에서 재빨리 사라질 테니, 검색 전에 스크린 캡처 도구를 준비한다.

Escort Ads(escortads.xxx)

조사 중인 타깃이 매춘, 마약 및 기타 관련 활동에 개입했다는 어떤 의심도 들면, 대상의 전화번호로 Escort Ads를 확인해야 한다. 이 웹사이트는 매춘 광고, 리뷰 웹사이트 모두를 검색 하나로 취합한다. 모든 온라인 클래서파이드 페이지에서 전화번호를 추출해 타깃 전화번호로 검색할 수 있다. 내 훈련 사례 중 하나는 온라인 사진 37건, 매춘 광고 20건, "고객"의 여러 리뷰, 타깃이 사용한 나이, 마지막으로 알려진 지역, 온라인 클래서파이드 포스트를 근거로 방문 지역을 확인했다. 범죄 활동에 개입할 가능성이 큰 타깃 전화번호가 있을 때마다 이 웹사이트에서 간략히 검색을 수행했다.

식료품 리워드 카드/로열티 카드

식료품 체인 대부분은 참여자가 프로그램에 등록해야 하는 리워드/로열티 카드 시스템을 수용했다. 소비자는 신청을 완료하면 플라스틱 카드를 받아, 계산 동안 할인을 위해 사용한다. 이 상점 중 상당수는 프로그램 회원일 경우만 할인가를 제공한다. 소비자 대부분은 프로그램에 휴대폰 번호를 제공하며, 그 번호를 계산 동안 사용한다. 그러면 할인을 받기 위해 물리적인 카드가 있을 필요가 없다. 그 대신 휴대폰 번호를 카드 스와이프 기기에 입력해 구매와 회원제를 결부짓는다. 이 프로그램은 방대한 전화번호, 등록 사용자 데이터베이스가 있다. 이 데이터에 접근하는 온라인 데이터베이스는 없다. 하지만 창의적이면 이 데이터를 확보할 수 있다.

타깃 전화번호가 847-867-5309라 가정한다. 이 시점에 언급한 모든 기법을 시도해 소유자를 확인하다 실패하면, 지역 식료품 체인으로 쿼리를 고려할 수도 있다. 상점에 들어가, 검 한 통 구매하고, 타깃 전화번호를 리워드/로열티 프로그램 번호로 입력하는 방법이 가장 쉽다. 타깃 이름이 하단에 찍힌 영수증을 받을 가능성이 크다. 그림 11.02(좌측)는 내가 이 번호로 사용할 때 받는 실제 영수증의 일부를 표시한다. 상점에 들어가기를 피하고 싶다면, 상점 밖의 회사 주유소로 차를 몰고 간다. 그림 11.02(우측)는 같은 번호를 주유기에 입력할 때 받는 노티를 표시한다. 이 번호가 가공임에 주의하자. 하지만 실제로 미국 내 모든 식료품에 등록됐다. 다음번 구매할 때 사용해보자.

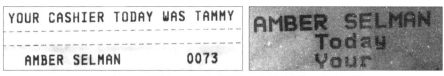

▲ **그림 11.02**: 휴대폰 소유자를 확인하는 영수증(좌측), 주유기(우측)

☑️ 주소

조사 타깃이 주소일 수도 있다. 거주지에 누가 사는지, 특정 주소로 보낸 메일을 누가 받는지 알고 싶을 수도 있다. 현재 임차인 이전에 어떤 지역에 어떤 업체가 있었는지 알고 싶을 수도 있다. 주소 정보 데이터베이스가 있는 웹사이트가 수십 개 있다. 나는 과거에 성과를 거둔 일부만 개괄한다.

White Pages(whitepages.com)

리버스 주소 검색을 하는 공식 White Pages 웹사이트다. "Address & Neighbors" 탭을 클릭해 주소를 입력한다. 도시, 주 대신 우편번호를 입력하면 철자법 오류, 포맷 불일치가 없어진다. 결과는 알려진 거주자, 이웃이 있다. 종종 이 리스팅된 이웃은 현재, 이전 거주자를 포함한다. 이 데이터는 공공 정보에서 끌어와, 좀처럼 완벽하지 않다.

Voter Registration(blackbookonline.info/USA-Voter-Records.aspx)

여러 사람이 주소, 전화번호를 공공 전화번호부에 리스팅하지 않는다. 이러면 일부 웹사이트에서 정보가 나타나지 않는다. 이 사람 중 일부가 등록된 투표권자면, 주소는 여전히 공개일 수 있다. 이 데이터를 찾으려면 거주하는 행정구역 공무원에게 연락해야 한다. 여기 링크는 50개 주 전체 목록을 표시한다. 타깃 주를 클릭하면 투표권자 등록 콘텐츠의 알려진 온라인 데이터베이스와 함께 모든 행정구역을 제시한다. 종종 투표권자의 전체 이름, 전체 주소를 표시한다. 타깃의 어떤 정보가 있는지에 따라 이름, 주소로 정렬할 수 있다.

Melissa Data(melissadata.com/lookups/zipnumber.asp)

Melissa Data는 공공 데이터를 필터링하는 여러 도구가 있다. 이 특별한 도구는 우편번호, 번지를 허용한다. 결과는 전체 주소명, ZIP+4 우편번호, 주소의 항공 지도 링크 등 이 기준에 맞는 모든 가능한 주소다. 번지는 알지만 거리명은 모를 경우 유용하다. 검색 중인 타깃 주소가 실제 존재하는지 검증하는 방법이기도 하다.

Zillow(zillow.com)

인기 부동산 정보 웹사이트다. 주소를 입력하면 구매가 이력, 판매 상태, 위성 뷰 지도, 예측가, 주변 부동산 정보 등의 데이터를 확인한다. 집이 판매 중, 최근 판매 중이었고, 부동산 웹사이트에 리스팅된 경우, 아마 여기서 판매 정보가 보인다. 대부분 내부 사진을 포함하는데 그 경우 집 인테리어를 볼 수 있다. 건물 도면을 확인할 때 유용하다.

구글(google.com)

다른 모두 실패거나 뭔가 누락됐다면, 구글을 확인한다. 주소를 검색하면 타깃 주소의 어떤 남은 정보도 확인한다. 검색 시 도시를 제외하고 인용부호 내에 주소를 배치한다. 사례인 검색은 다음과 같다.

"1234 Main" "Bethalto" IL

어떤 결과도 정확한 주소, 정확한 도시명이 있지만 페이지에서 반드시 서로 바로 옆에 있을 필요는 없도록 강제한다. 단일한 인용부호 셋 내에 도시가 있는 전체 주소를 배치하면, 같은 행에서 이 데이터를 연결하지 않은 어떤 건도 누락된다.

Spokeo(spokeo.com)

Spokeo는 전에 타깃 실명을 검색하는 도구로 설명했다. 리버스 주소 검색도 흥미로운 정보를 제공한다. "Address" 옵션을 선택하고 전체 주소를 공급하면, 어떤 거주자든 성을 확인한다. 공공요금 청구서, 송장 등의 출처에서 획득한다. 대상 이름은 가려져 있으며, 첫 글자만 보인다. 월간 요금을 지불하면 이 마스킹을 제거하겠지만, 보통은 불필요하다. 그 대신 구글 커스텀 검색은 보통 타깃 이름을 확인한다. 다음 사례는 설명에 도움이 된다. 구글에서 타깃 주소를 검색하면 종종 너무 결과가 많아 효과적이지 않다. 그림 11.03은 주소 검색 결과를 표시한다. 이 중 무엇도 거주자를 전혀 확인하지 못한다. Spokeo에서 같은 검색을 하면 타깃의 첫 이니셜이 "P"며 성은 "Bazzell"로 확인한다. "bazzell" "757 Purvis" 검색은 즉시 타깃의 전체 이름을 확인한다. 이 기법은 유용하지 않은 결과를 제거하고 관련 콘텐츠에 집중한다. 그림 11.04는 전체 이름, 전화번호, 결혼 알림, 친척을 확인하는 구글의 첫 두 결과를 표시한다. 추가 결과는 이전 주소, 동료, 추가 가족을 확인했다.

---

757 Purvis Drive, Wood River IL - Trulia
www.trulia.com/.../3084232536-757-Purvis-Dr-Wood-River-IL-620...
Photos, maps, description for **757 Purvis Drive**, **Wood River IL**. Search homes for sale, get school district and neighborhood info for Wood River, IL on ...

757 Purvis Dr, **Wood River**, **IL** 62095 - Zillow
www.zillow.com › Illinois › Wood River › 62095
Very nice **Wood River** home??This all brick 3 bedroom, 2 BA home is located in Fox Acres. Features newer furnace and water heater, finished LL and ?? master ...

▲ **그림 11.03**: 주소의 구글 검색 결과

```
Metro East-Central Residence Pages - Page 23 : DexPages - Metro ...
pageserver2.dexpages.com/guide/IL/Metro_East-Central/.../23.asp
Tel:(618)462-4985. BAZZELL, Paul & Freda Contact Details: Main address: 757 PURVIS
DR WD RVR 62095- - - - - Metro East-Central, IL ,. Tel:(618)259-7625 ...

Page 22, Alton Telegraph, Sunday, May 29, 1988 - Newspaper ...
newspaperarchive.com/alton-telegraph/1988-05-29/page-22/
May 29, 1988 – ... Bazzell Bob Harvey The engagement of Paula Baz zell to Bob
Harvey is announced by her Paul and Freda Bazzell of 757 Purvis Wood Her ...
```

▲ **그림 11.04**: 성이 있는 주소의 구글 검색 결과

실제 적용: 인질 상황에서 SWAT 팀은 진입 전 타깃 빌딩의 가능한 한 모든 정보가 필요하다. 위성, 스트릿 뷰는 유용하지만, 인테리어 뷰가 더 중요할 수 있다. 구글, 빙으로 빌딩을 검색하면 현재, 이전 부동산 판매 정보를 모두 확인한다. 지난 10년 내였다면, 이 페이지는 보통 빌딩 내부의 디지털 사진이 있다. 철지났을 수 있지만, 여전히 빌딩 도면에 관해서는 유용한 정보를 제공할 수 있다. 그런 지식은 막 진입 하려는 SWAT 팀이 감사히 여긴다.

온라인 지도(4장)

온라인 지도는 4장에서 설명했지만, 이 서비스는 또 다시 언급할 만하다. 주소를 온라인 지도 웹사이트 중 어디든 입력하면 그 주소의 위성 뷰, 스트릿 뷰, 45도 뷰 가 나온다. 이 데이터는 차량, 보트 등의 자산 확인에 가치 있다.

추가 리소스

전화번호, 주소 검색 웹사이트 중 상당수는 같은 정보를 제시한다. 가끔 더 추가 정 보를 제공하는 웹사이트 하나를 찾을 수도 있다. 이런 옵션을 다 쓰고 싶다면, 다음 을 방문해야 한다.

wp.superpages.com   freephonetracer.com

people.yahoo.com   fonefinder.net

searchbug.com   mobilephoneno.com

phonenumber.com   skipease.com/reverse

## 12장

도메인과 IP 주소

IP 주소, 웹사이트는 조사의 타깃이 될 수 있다. IP 주소는 종종 인터넷 조사, 이메일 메시지, 인터넷 접속 등으로 확보한다. 온라인 콘텐츠 제공업체에 법적 절차를 진행할 때 계정 로그인에 사용한 IP 주소 목록은 보통 정보 제공의 일부로 제시된다. IP 주소의 확인, 획득을 위한 법적 지시 이행은 이 책의 범위 밖이다. 하지만 OSINT를 이용한 타깃 IP 주소 수집의 여러 기법은 이 장에서 설명한다. 개인 웹사이트는 흔히 타깃의 온라인 프로퍼티 분석 동안 발견한다. 실제 온라인 콘텐츠에서 사용 불가하지만 웹사이트에 관해 확보할 대량의 정보일 수 있다. 이 장은 IP 주소, 웹사이트와 마주칠 때 분석의 가능성을 설명한다.

☑ 도메인

도메인으로도 알려진 웹사이트는 특정 주소의 메인 웹사이트다. 예를 들어 웹사이트 www.computercrimeinfo.com/blog는 computercrimeinfo.com의 도메인에 있다. ".com" 뒤의 "www"든 무엇이든 도메인의 일부가 아니다. 이 주소는 항상 추가 정보를 위해 검색해야 한다. 타깃에게 mikebazzell.com 등 커스텀 도메인에 블로그가 있다면, 웹사이트의 콘텐츠는 명백히 검토해야 한다. 하지만 도메인 등록과 관련 접속에 더 깊이 파고들면 더욱 더 많은 정보가 드러날 수 있다. 나는 조사 관련 도메인과 마주칠 때마다 즉시 가능한 한 현재, 이전의 등록 데이터를 모두 확인하려 한다.

모든 웹사이트는 도메인 관련 등록자, 관리 계약, 기술 계약 관련 정보를 요한다. 고유한 개인 3명이거나 모두 동일인일 수 있다. 연락처 정보는 전체 이름, 회사명, 물리적 주소, 전화번호, 이메일 주소가 있다. 이 세부는 도메인명 등록 기관이 구매한 서비스에 제공한다. 이 서비스는 이어서 이 세부를 ICANN^{Internet Corporation for Assigned Names and Numbers}에 제공한다. 거기서부터 정보는 공개 활용 가능하며 온라인 자료 수백 곳에서 획득한다. ICANN은 제공된 정보가 정확하다 선언하지만, 좀처럼 강제하지는 않는다. 업체 대부분은 적절한 연락처를 공급하지만, 여러 범죄자는 그러지 않는다. 종종 Whois 세부정보라는 공개 활용 가능한 정보를 검색해야 하지만, 관련 결과를 획득하기 위해 도메인 분석도 더 깊이 파고들어야 한다. 일단 쉬운 쿼리에 집중한다.

Whois

Whois(Who is라 발음) 쿼리는 아주 단순한 검색이지만 모두 동일하지는 않다. 이 데이터는 공개지만 종종 바뀔 수 있다. 일부 Whois 검색 웹사이트는 뼈대만 있는 정보를 표시하는 반면, 보강된 정보를 제공하는 웹사이트도 있다. 선택 가능한 옵션 수십 개가 있고, 내게 유용한 옵션을 설명한다. 데모 후 여러 프로세스를 자동화하는 내 커스텀 온라인 도구를 소개한다. 모든 사례에서 전화 해킹, 장난 전화 조직 Phone Losers of America 웹사이트 phonelosers.org의 타깃 도메인을 사용한다. 이 웹사이트가 조사의 초점이며, 웹사이트, 소유자, 콘텐츠 제공업체 정보를 가능한 한 많이 확보하고 싶다 가정하자. 표준 Whois 검색 외에 여러 다른 옵션으로 나는 ViewDNS.info를 선호한다.

ViewDNS Whois(viewdns.info/whois)

이 서비스는 도메인, IP 주소 룩업의 수많은 온라인 검색을 제공한다. 그 메인 페이지(viewdns.info)는 올인원 툴박스를 제공하지만, 위 웹사이트는 Whois 검색에 직접 연결한다. phonelosers.org를 여기 입력하면 다음 정보가 나온다.

```
Updated Date: 2015-08-17T17:58:11Z
Creation Date: 1997-08-13T04:00:00Z
Registry Expiry Date: 2016-08-12T04:00:00Z
Registrant Name: Brad Carter
Registrant Organization: Phone losers of America
Registrant Street: PO Box 465
Registrant City: Albany
Registrant State/Province: Oregon
Registrant Postal Code: 97321
Registrant Country: US
Registrant Phone: +1.8144225309
Registrant Email: brad@notla.com
```

관리, 기술 계약은 위에 보이는 등록업체와 동일했다. 이 데이터는 웹사이트 소유자가 Brad Carter며, 1997년에 생성됐고, 2016년 8월에 만료됐으며, 오레건 알바니의 사서함을 확인한다. 전화번호, 이메일 주소는 이전 장에서 설명한 방법으로 검색할 수 있다. 제공된 세부가 정확하다면, 훌륭한 출발점이다.

ViewDNS Reverse IP(viewdns.info/reverseip)

다음으로 도메인명을 웹사이트 IP 주소로 옮겨야 한다. ViewDNS는 이 일을 하는데, 같은 서버에 호스팅된 추가 도메인을 표시한다. 이 서비스는 phonelosers.org의 IP 주소를 104.28.10.123으로 확인했고, 웹 서버가 추가 도메인을 134개 호스팅한다 진술했다. 공통 테마 없이 전 세계에 걸친 웹사이트 도메인이 있었다. 그가 공유 서버를 사용함을 시사하는데, 아주 흔하다. 서버에 도메인 몇 개만 보이면, 그가 그 특정 도메인에도 관련될 수도 있다. 나중에 논하는 도구로 그 IP 주소를 검색할 수 있다.

ViewDNS Port Scanner(viewdns.info/portscan)

이 온라인 포트 스캐너는 공개일 수 있는 흔한 포트를 찾는다. 오픈 포트는 서비스가 공개 접속을 허용하는 웹 서버에서 구동 중임을 나타낸다. phonelosers.org 검색은 포트 21, 80, 443이 외부 접속에 공개임을 드러냈다. 포트 80은 웹페이지용이며, 포트 443은 보안 웹페이지용이다. 사실상 모든 웹사이트에서 열려 있다. 하지만 포트 21은 흥미롭다. ViewDNS는 FTP 서버에 사용하는 포트로 확인하는데, 2장에서 논한 대로다. 웹사이트가 FTP 서버를 호스팅한다는 뜻인데, ftp.phonelosers.org에 연결하면 흥미로운 정보가 드러날 수 있다.

ViewDNS IP History(viewdns.info/iphistory)

이 도구는 도메인명을 IP 주소로 풀이하며, 그 도메인이 사용하는 이전 IP 주소를 확인한다. phonelosers.org를 검색하면 다음 세부가 드러난다. 첫 컬럼은 도메인과 이전에 결부된 IP 주소며, 둘째 컬럼은 그 IP 주소에 결부된 현재 사용자, 회사를 확인하며, 마지막 컬럼은 이 세부를 ViewDNS가 수집한 날짜를 표시한다.

104.28.10.123	Reserved	CloudFlare, Inc.	2016-01-24
104.28.11123	Reserved	CloudFlare, Inc.	2016-01-24
104.28.10.123	Reserved	CloudFlare, Inc.	2016-01-24
208.97.152.79	Brea - United States	New Dream Network, LLC	2015-08-14
162.213.253.190	San Francisco - United States	Namecheap, Inc.	2015-01-15
104.28.10.123	Reserved	CloudFlare, Inc.	2015-01-11
104.28.11.123	Reserved	CloudFlare, Inc.	2014-10-29
104.28.10.123	Reserved	CloudFlare, Inc.	2014-10-17
192.185.46.66	Chelmsford - United States	WEBSITEWELCOME.COM	2014-08-08
74.208.175.23	Wayne - United States	1&1 Internet Inc.	2014-07-04
74.208.211.36	Aliance - United States	1&1 Internet Inc.	2011-05-02

ViewDNS TraceRoute(viewdns.info/traceroute)

이 도구는 ViewDNS가 서버부터 타깃 도메인명까지 취한 경로를 확인한다. 타깃 웹사이트와 커뮤니케이션을 확립하는 동안 접촉한 서버의 IP 주소를 확인할 수 있다. 가끔 관련 네트워크, 라우터, 서버를 확인한다. 타깃은 다음 결과를 표시했다. IP 주소는 나중에 더 세부 사항을 위해 검색할 수 있다. IP 주소 뒤 숫자는 "호핑"마다 걸린 밀리초를 표시한다.

traceroute to phonelosers.org(104.28.10.123), 30 hops max, 60 byte packets

1 obfuscated.internal.network.com(0.0.0.0) 0.000 ms 0.000 ms 0.000 ms

2 obfuscated.internal.network.com(0.0.0.0) 1.000 ms 1.000 ms 1.000 ms

3***

4 66.231.179.114(66.231.179.114) 8.246 ms 7.446 ms 8.263 ms

5 66.231.179.86(66.231.179.86) 7.057 ms 7.085 ms 7.108 ms

6 69.169.95.198(69.169.95.198) 164.512 ms 155.652 ms 155.599 ms

7 xe-0-6-0-1.r06.asbnva02.us.bb.gin.ntt.net(128.242.179.169) 11.003 ms 8.818 ms 8.831 ms

8 xe-0-6-0-26.r06.asbnva02.us.ce.gin.ntt.net(165.254.106.30) 8.062 ms 8.114 ms 7.247 ms

9 104.28.10.123(104.28.10.123) 7.377 ms 7.875 ms 7.901 ms

Whoisology(whoisology.com)

이 서비스는 2014년에 나타났는데 매달 더 강력해진다. Whois 룩업 도구보다 훨씬 더 강력하다. 기술적으로는 리버스 Whois 룩업이다. 하지만 그 설명은 이 웹사이트에서 가능한 검색 옵션을 표현하기에 충분히 강력하지 않다. Whoisology의 홈페이지는 도메인, 이메일 주소를 요청하는 단일 검색 필드를 제시한다. 어떤 것이든 입력하면, 관련 웹사이트, 공개 활용 가능한 Whois 데이터를 표시한다. 바로 거기서 기능이 시작된다. 보이는 첫 기본 기능은 등록된 관리용 연락처, 등록업체 연락처, 기술 관련 연락처, 빌링 관련 연락처를 확인하는 표준 후이즈 데이터 표시다. 종종 개인 웹사이트 대부분에서 동일인이다. 이 콘텐츠 내 고급 기능은 이 데이터의 어떤 필드에도 결부된 추가 도메인의 즉각적인 검색 기능이다. 한 사례로 phonelosers.org 도메인 검색은 다음 데이터를 드러낸다.

Name	Brad Carter (88)
Email	brad@notla.com (7)
Street	PO Box 465 (1,091)
City	Albany (42,428)
Region	Oregon (492,506)
Zip / Post	97321 (3,080)
Phone	8144225309 (4)

이름, 주소, 기타 데이터는 어떤 후이즈 검색 웹사이트도 찾을 수 있다. 하지만 괄호 안 숫자는 그 기준과 매칭되는 추가 도메인 수를 확인한다. 이 사례는 Brad Carter에 등록된 도메인 총 88개, brad@notla.com 이메일 주소에 등록된 도메인 7개가 있다. 이 데이터 중 어떤 부분도 클릭하면, 매칭되는 도메인 정보 모두와 함께 새 페이지가 열린다. 한 사례로 brad@notla.com을 클릭하면, 그의 이메일 주소와 결부된 도메인명 4개를 표시한다. 8144225309를 클릭하면 그의 전화번호에 결부된 도메인명 4개를 표시한다. 하나는 그와 직접 결부되지 않은 새 도메인이다. 하지만 같은 주소로 등록됐기에, 이제 관계가 있다.

이런 상호 참조 검색은 다른 서비스로는 찾을 수 없었다. Whoisology의 강력한 기능은 통시적 아카이브도 있다. 이 서비스는 지속적으로 도메인 등록 업데이트를 스캔한다. 새 콘텐츠를 찾으면, 변경 사항을 문서화해 이전 데이터를 검색할 수 있다. 한 사례로 computercrimeinfo.com 검색은 현재 관리용으로 연락하는 전화번호가 6184628253임을 드러낸다. 하지만 통시적 기록을 관찰하면 2012년 10월 16일에 같은 연락처 번호가 6184633505였음이 드러난다. 기록에서 삭제된 관련 전화번호를 확인하는 훌륭한 방법일 수 있다. Whoisology는 이메일 주소 검색에서 나온 세부 사항도 제공한다. 내 경험상 Whoisology는 다른 자료 대부분보다 더 상세하고 정확한 응답을 제공한다. 이메일 주소 brad@notla.com 검색은 그 계정에 결부된 다음 도메인을 드러냈다.

notla.com	callsofmassconfusion.com
phonelosers.com	snowplowshow.com
albanyscavengerhunt.com	phonelosers.org
bigbeefbueno.com	

웹사이트를 보유하는 도메인, 회사에 관한 조사를 경험한 적 있다면, Whoisology 로 조사하도록 강력히 권장한다. 비용을 내면 API를 통한 접속도 제공한다. 웹사이트를 통한 개별 쿼리는 무료다.

Domain History(domainhistory.net)

Domain History는 Whoisology와 유사하다. 하지만 데이터 필드의 상호참조 검색에 많은 옵션은 제공하지 않는다. Whois 등록 데이터의 통시적 뷰 외에 이메일 주소를 근거로 한 관련 도메인은 제공한다. 도메인 notla.com 검색은 표준 후이즈 데이터, brad@notla.com 관련 이메일 주소, 그 이메일 주소와 결부된 추가 도메인 2개를 드러냈다. 이 도메인의 등록 세부 사항에 대해 통시적 기록이 수십 건 이상 있었다. 대부분은 아주 최근이며 중복 정보를 확인했다. 하지만 통시적 기록 1건은 6개월 전이었고, 이전 도메인 등록기관을 확인했다.

Who Is Hosting This(whoishostingthis.com)

웹사이트가 어디 호스팅됐는지 빨리 보려면 WhoIsHostingThis를 시도한다. 결과는 최소며 요점에 맞는다. phonelosers.org 검색은 호스트로 클라우드플레어, 그 서버의 IP 주소를 드러냈다. 모든 정보의 완벽한 검색은 아니지만 혼란 없이 정보의 핵심부만 확인한다. 사법 집행부는 종종 영장을 집행해 웹사이트 호스트로부터 정보를 얻는다. 이 웹사이트는 콘텐츠를 호스팅 회사를 찾을 때 출발점을 제공한다. 일단 조사관이 웹사이트 호스팅 위치를 알고나면, 더 세부를 위해 법원 명령을 송달할 수 있다.

WhoIsMind(whoismind.com)

"후이즈" 웹사이트는 아주 많고, 고유한 경우가 드물다. 모두 도메인명의 사용자 등록 데이터를 쿼리해 가능한 어떤 호스팅 세부 정보도 제공한다. WhoIsMind는 다른 웹사이트에 존재하지 않는 추가 검색 옵션을 제공한다. 표준 검색 페이지는 도메인명, IP 주소, 이메일 주소 등의 쿼리를 허용한다. 도메인, IP 주소 검색은 다른 서비스와 동일한 정보를 제시한다. 하지만 이메일 주소 검색은 주소와 통시적으로 연관된 어떤 도메인명도 제시한다. 이 고유한 옵션으로 이런 검색이 일상화되기 전, 타깃이 예전에 등록한 웹사이트를 찾을 수 있다. brad@notla.com를 검색하면 웹사이트 callsofmassconfusion.com의 이전 등록이 확인된다. 이 서비스는 전에 설명한 이메일 가정의 검색과 조합해 타깃의 사용자 이름에 결부된 웹사이트 발견으로 이어질 수 있다.

리버스 도메인 분석

도메인 분석은 사용 정보 추적을 위해 흔히 웹사이트에 설치한다. 이 데이터는 종종 방문자가 있는 도시, 주, 사용자가 사용 중인 웹브라우저 관련 정보, 웹사이트를 찾으려는 검색 키워드를 확인한다. 웹사이트 소유자만 이 분석 데이터를 조회할 수 있다. 분석 검색 서비스는 웹사이트 분석 관련 특정 번호를 판단한다. 이 웹사이트 소유자가 분석으로 다른 웹사이트를 모니터링하면, 분석 번호도 아마 같을 것이다. 이 서비스들은 이제 분석 번호를 리버스 검색해 같은 번호의 다른 웹사이트를 찾는다. 달리 말해 웹사이트를 검색해 같은 소유주가 보유할 다른 웹사이트를 찾는다. 게다가 다른 웹사이트에 보이며, 한 웹사이트에 저장된 사용자에 특수한 광고를 확인하려 한다. 리버스 검색해 서로 연관된 웹사이트를 더욱 더 많이 확인한다. 아무것도 후이즈 데이터에 의존하지 않는다. 몇 가지 사례는 프로세스를 단순화한다.

Spy On Web(spyonweb.com)

Spy On Web은 도메인명을 검색해 IP 주소, 위치를 확인하는 여러 웹사이트 중하나다. 웹사이트 등록 정보를 제공할 후이즈 쿼리도 수행한다. 더 중요하게, 타깃 도메인에서 찾는 웹사이트 분석 데이터를 확인해 상호참조한다. phonelosers.org 웹사이트 검색은 "구글 애드센스" ID pub-3941709854725695를 드러낸다. 더 나아가 온라인 광고를 위해 같은 구글 애드센스 계정을 사용 중인 도메인 5개도 확인한다. 타깃 웹사이트와 이 새 웹사이트 간의 관련성을 확인한다. 이제 phonelosers.org를 누가 유지하든 페이지에 광고를 싣는 사실을 안다. 그 같은 광고와 계정 번호가 다섯 도메인에 존재하는 사실도 안다. 즉 타깃이 다음 도메인 모두를 유지할 가능성이 크다.

www.notla.com   www.phonelosers.org
www.oldpeoplearefunny.com   www.signhacker.com
www.phonelosers.com

SameID(sameid.net)

Spy On Web은 전반적으로 강력한 분석 도구지만, 리버스 분석을 위해 확인할 추가 옵션이 있다. SameID는 같은 유형의 쿼리를 수행해 타깃과 같은 분석, 광고 사용자 번호를 공유하는 다른 도메인을 모두 찾는다. 타깃 관련 새 웹사이트를 제공한다. phonelosers.org 검색 동안 전에 언급한 구글 애드센스 ID를 확인했다. 아마존 제휴 프로그램 ID phonelosersof-20, 아마존 상품 ID 1452876169도 드러났다. 타깃이 웹사이트로 책을 팔고, 고객 구매 시 아마존에서 보상을 받기에 존재할 가능성이 크다. 이 새 정보는 아주 가치 있을 수 있다. 아마존 제휴 프로그램 ID를 클릭하면 같은 코드를 보유하는 도메인 5개를 제시한다. 아마존 상품 ID는 특정 제품도 광고하는 웹사이트 7개를 표시한다. 이런 데이터와 마주치면, 다음 구글 검색을 고려한다. 타깃이 임베딩된 광고에서 판매 중인 실제 상품을 확인한다.

amazon product 1452876169

이 검색은 Phone Losers of America라는 타깃이 자가 출판한 책이 상품임을 드러낸다. SameID는 프리미엄 서비스며, 도메인 검색을 하루 5번만 허용한다. 검색 중 일부가 이 제약 때문에 편집됐음이 눈에 띌 수 있다. 그림 12.01는 타깃 아마존 제휴 프로그램 ID 관련 도메인의 내 원래 검색을 표시한다. 그림 12.02는 "sameid net amazon phonelosersof-20"의 인용부호 없는 검색으로 구글 저장된 페이지 결과를 표시한다. 저장된 보기는 편집 없이 전체 콘텐츠가 있다. phonelosers.org 를 조사 중인데, 편집된 결과만 나오면, 다음 구글 검색은 2장에서 설명한 저장된 페이지 서비스로 차단되지 않은 결과를 표시할 가능성이 크다.

site:sameid.net "phonelosers.org"

Domain / Last seen export: txt	IP	Available details
www.**onelosers.org >> 2016.01.15	104.28.10.123 >>	Amazon affiliate: phonelosersof-20 Amazon products: 1452876169 Powered by: wordpress
**gnhacker.com >> 2015.12.19	198.84.70.195 >>	Adsense: pub-3941709854725695 Amazon affiliate: phonelosersof-20 Powered by: wordpress
www.**onelosers.com >> 2016.01.05	192.64.118.79 >>	Adsense: pub-3941709854725695 Amazon affiliate: phonelosersof-20 Amazon products: 1452876169 Powered by: wordpress
www.**tla.com >> 2016.01.11	192.64.118.79 >>	Adsense: pub-3941709854725695 Amazon affiliate: phonelosersof-20 Amazon products: 1452876169 Powered by: wordpress

▲ **그림 12.01**: 편집된 Same ID 결과

Domain / Last seen export: txt	IP	Available details
www.phonelosers.com >> 2015.10.10	192.64.118.79 >>	Adsense: pub-3941709854725695 Amazon affiliate: phonelosersof-20 Amazon products: 1452876169 Powered by: wordpress
www.notla.com >> 2015.11.13	192.64.118.79 >>	Adsense: pub-3941709854725695 Amazon affiliate: phonelosersof-20 Amazon products: 1452876169 Powered by: wordpress
signhacker.com >> 2015.10.26	198.84.70.195 >>	Adsense: pub-3941709854725695 Amazon affiliate: phonelosersof-20 Powered by: wordpress
www.phonelosers.org >> 2015.10.27	104.28.10.123 >>	Amazon affiliate: phonelosersof-20 Amazon products: 1452876169 Powered by: wordpress

▲ **그림 12.02**: 마스킹이 풀린 Same ID 결과

Spy On Web, SameID는 타깃의 여러 새 정보를 제공했다. 타깃의 이 결과에서 구글 웹사이트 분석 ID를 전혀 보지 못했지만, 흔하다. "UA-"로 시작하는 ID를 본 적이 있다면, 구글이 웹사이트를 조회한 사람을 모니터링하는 구분자일 가능성이 크다. 이 도구에서 그 번호를 검색하면 관련 웹사이트도 확인된다. 웹사이트마다 방문해 어떤 관련 증거의 콘텐츠도 분석해야 한다. 나중에 다른 자료를 고려해야 한다.

PubDB(pub-db.com)

또 다른 무료 도메인 분석 서비스는 PubDB다. 전에 언급한 다른 것 만큼 탄탄하지는 않다. 하지만 가끔 다른 서비스에서 쓸 수 없는 정보를 확인한다. 웹사이트 내에서 타깃의 구글 애드센스 계정 번호를 확인했고, 그 데이터를 다른 관련 도메인 3개와 상호 참조했다.

Domain Crawler(domaincrawler.com)

이 서비스의 결과는 전에 언급한 웹사이트와 중복일 가능성이 크다. 하지만 여기서는 데이터로 이미 수집한 정보를 검증할 수 있다. Domain Crawler는 어떤 분석, 광고 코드도 확인해 다른 웹사이트와 상호 참조할 수 있다. computercrimeinfo.com 검색은 관련 웹사이트 3개만 확인했다. 결과는 정확했다. 또 다른 유사 웹사이트는 Reverse Internet(reverseinternet.com)이다.

실제 적용: 보고된 사기건의 사진 증거를 표시하는 "익명" 웹사이트를 조사하는 동안 등록 정보가 부정확했다. 이 서비스에서 웹사이트 검색은 구글 분석 번호와 같은 번호가 있는 추가 웹사이트를 확인했다. 그 추가 웹사이트는 용의자의 개인 블로그였다. 같은 날 구속이 이뤄졌다.

Nerdy Data(search.nerdydata.com)

Nerdy Data는 2장에서 웹사이트 소스 코드를 색인하는 검색 엔진으로 언급했다. 웹사이트의 구글 분석, 애드센스 ID, 아마존 ID를 이전 방법으로 찾았다면, 이 번호의 Nerdy Data 검색도 고려해야 한다. 타깃의 구글 애드센스 번호 검색은 같은 데이터가 있는 도메인 5개를 드러냈다.

검색 엔진 마케팅 도구

상용 웹사이트 대부분에서 궁극 목표는 매출 발생이다. 이 웹사이트는 새 고객을 끌어들이고, 제품을 판매하며, 회사에 공적인 면모를 제공하려 존재한다. 그래서 회사가 고객에 도달하도록 돕는 방대한 서비스 커뮤니티가 생겼다. 검색 엔진 최적화^{SEO}는 검색 엔진 결과에서 웹사이트, 웹페이지 노출에 영향을 주는 다양한 기법을 적용한다. 일반적으로 검색 결과 페이지에서 더 높은 순위에 있고, 더 자주 웹사이트가 검색 결과 목록에 등장하면, 더 많은 방문자를 얻는다. 검색 엔진 마케팅^{SEM} 웹사이트는 자신의 웹사이트 최적화 책임자에게 가치 있는 세부정보를 제공한다. SEM 서비스는 보통 웹사이트의 전반적 순위, 자주 검색하는 키워드, 백링크, 다른 웹사이트에서 나온 레퍼럴을 제공한다. SEO 전문가는 이 데이터로 잠재적인 광고 제휴를 판단하고, 경쟁사를 연구한다. 온라인 조사관은 타깃 웹사이트에 결코 보이지 않는 중요한 세부를 수집할 수 있다. 개별 서비스 4개가 어떤 도메인에서든 쉽게 소화 가능한 데이터를 제공한다. 데이터를 완성하기 위해 사례마다 내 도메인을 사용한다. 무료 버전만 논한다.

SEM Rush(semrush.com)

SEM Rush는 보통 무료 옵션 중 가장 포괄적이다. inteltechniques.com을 타깃 제품으로 입력하면 도메인에 관해 부분적인 다음 정보를 산출한다.

> The majority of the traffic is from the USA, followed by UK, DE, FR.
> There is no paid search or advertisements on search engines.

There are 56 websites that possess links to the target, and 15 are visible.
"Facebook Search" led more people to the site than any other search term followed by OSINT.
Over 5,000 people visit the site monthly
There are five main online competitors to the target, and the largest is onstrat.com.

Similar Web(similarweb.com)

Similar Web은 중복 정보가 있는 유사한 뷰를 제공한다. 하지만 이 세부 중 일부 정보는 보통 다른 서비스와 어긋난다. 이 데이터 중 상당 부분은 여러 요인을 근거로 한 "추측"이다. inteltechniques.com 검색은 도메인에 관해 부분적인 다음 정보를 산출했다.

71% of the visitors navigated directly to the domain without a search engine.
12% of the traffic was referrals from other websites and search engines.
The referrals included my other website(computercrimeinfo.com).
The top destination sites visited after the target domain included Facebook and Pipl.
Top search terms included Intel Techniques, OSINT, and Michael Bazzell.
3% of the traffic to this site originated from the social networks Facebook, Twitter, and Reddit. Similar websites include onstrat.com and automatingosint.com.

Compete(siteanalytics.compete.com)

이 웹사이트는 방문자가 대량인 도메인에서 가장 효과있지만, 가끔 더 작은 웹사이트의 세부 사항을 제공한다. 메인 페이지로 검색하면 등록을 요하지만, 직접 URL은 보통 이 요건을 우회한다. 다음은 내 도메인의 데이터를 표시한다.

https://app.compete.com/website/inteltechniques.com/

결과는 고유의 월간 방문자, 유사 웹사이트를 무료 데모의 일부로 확인한다. 내 도메인 관련 데이터는 이전 서비스와 중복이며, 추산된 총합과 일치한다. 추가 정보는 프리미엄 사용자만 보인다.

알렉사(alexa.com)

이 서비스는 웹사이트의 글로벌 순위를 인용할 때 표준으로 간주된다. 수집 데이터 중 대부분은 인터넷에서 웹사이트의 전반적 인기도에 순위를 매기기 위해 타기팅된다. 다음 세부는 inteltechniques.com에 관해 제공됐다.

> It is ranked as the 330,033rd most popular site on the internet.
> The average visitor clicks on three pages during a visit.
> Popular searches used to fmd the domain include OSINT Links and Intel Techniques.
> Facebook, Twitter, and Google referred more traffic than any other source.

이 네 서비스 모두 페이지 콘텐츠에 보이지 않는 타깃 도메인의 일부 세부 사항을 제공했다. 이 분석 데이터는 조사관에게 가치 있을 수 있다. 유사 웹사이트를 알면, 다른 잠재 타깃으로 이어질 수 있다. 웹사이트의 트래픽 출처를 보면, 사람들이 타깃에 관해 어디서 들었는지 확인할 수 있다. 글로벌 인기도는 타깃이 지리적으로 단일 지역과 결부되는지 설명할 수 있다. 타깃 도메인에 도달하기 전 수행한 검색어를 확인하면 사람들이 웹사이트에 관여하는 방식의 이해에 도움이 된다. 무엇도 뭔가를 입증하거나 반증하지는 않지만, 수집 정보는 타깃의 의도를 전반적으로 조망할 수 있다. 유사 서비스를 제공하는 세 가지 추가 웹사이트는 아래 열거한다.

Search Metrics(suite.searchmetrics.com)
SpyFu(spyfu.com)
Majestic(majestic.com)

Change Detection(changedetection.com)

일단 관심 웹사이트를 찾은 후, 지속적으로 웹사이트를 방문해 어떤 변화도 찾으면 시간이 많이 걸릴 수 있다. 대규모 웹사이트는 엄청난 양의 분석할 콘텐츠 때문에 변화를 놓치기 쉽다. 바로 이 때 Change Detection 같은 웹사이트가 편리하다. 관심 타깃 페이지 주소 외에 연락 가능한 이메일 주소를 입력한다. 이 서비스는 페이지를 모니터링해 어떤 변화도 있으면 이메일을 보낸다. 부각된 점은 모두 신규, 변경 콘텐츠다. 스트라이크스루는 모두 삭제된 텍스트를 나타낸다. 부모는 이 서비스를 설정해 아이의 웹사이트를 모니터링하는 편이 좋다. 페이스북 등 일부 소셜 네트워크는 잘 작동하지 않지만, 트위터의 공개 페이지는 꽤 잘 처리할 수 있다.

Visual Ping(visualping.io)

Change Detection이 제공하는 서비스가 유용했지만, 더 탄탄한 옵션을 찾는다면, Visual Ping을 고려해야 한다. 이 현대적인 스위스의 웹사이트로 모니터링할 타깃 도메인을 선택할 수 있다. Visual Ping은 웹사이트의 현재 스냅샷을 생성하며, 모니터링 수준을 선택할 수 있다. 시간 단위 모니터링 및 어떤 "사소한 변화"도 노티하는 편이 좋다. 이제 시간 단위로 도메인을 확인해 어떤 변화도 있으면 이메일을 보낸다. 광고, 자주 변하는 어떤 동적 데이터든 있는 웹사이트를 관찰 중이면, 페이지에서 그 부분을 피할 수 있다. 그림 12.03은 phonelosers.org의 모니터링 옵션을 표시한다. 이 사례에서 나는 메인 페이지의 블로그 콘텐츠 주변에 있는 선택 박스를 배치했다. 또한 시간 단위 조사, Tiny Change 옵션도 선택했다. 이 선택 영역 내에서 어떤 변화가 있으면, 차이를 알리는 이메일을 받는다.

▲ **그림 12.03**: Visual Ping이 변화를 모니터링하는 웹페이지의 일부

Built With(builtwith.com)

타깃 웹사이트의 빠른 분석은 구축, 유지에 사용하는 기술을 확인할 수 있다. 워드프레스, 텀블러 등의 환경에서 구축한 여러 페이지는 종종 이 기술의 명백한 증거를 포함한다. 임베딩된 동영상 내에서 유튜브 로고가 눈에 띄면, 웹사이트 제작자가 그 동영상 서비스 계정이 있다는 뜻이다. 하지만 다양한 서비스의 존재가 항상 명백하지는 않다. Built With는 이 중요한 발견에서 추측을 한다. phonelosers.org 도메인을 Built With 검색에 입력하면, 즉시 웹 서버 운영체제(리눅스), 이메일 제공업체(DreamHost), 웹 프레임워크(PHP, 워드프레스), 워드프레스 플러그인, 웹사이트 분석, 동영상 서비스, 메일링 리스트 제공업체, 블로그 환경, 웹사이트 코드 함수를 확인한다. 이 중 상당수는 조사에 가치를 더하지 않는 기술적 언어지만, 일부는 다른 네트워크를 통한 추가 검색 옵션에 도움이 된다. 이런 검색에서 또 다른 옵션은 Stats Crop(statscrop.com)이다.

Pentest-Tools(pentest-tools.com/reconnaissance/find-subdomains-of-domain)

이 고유한 도구는 도메인의 숨은 페이지를 찾으려 여러 과업을 수행한다. 일단 종종 실패하겠지만 DNS 존 이동을 수행한다. 이어서 수많은 흔한 서브 도메인명 목록으로 존재하는 어떤 것도 확인한다. 무엇이든 찾으면, 그 서브 도메인에 할당된 IP 주소를 정리해 그 범위 내에서 254개 IP 주소를 모두 스캔한다. 달리 말해 홈페이지 내에서 보이지 않는 웹사이트의 새 영역을 확인한다. 다음 사례가 분명히 해준다.

phonelosers.org 웹사이트는 분석할 추가 콘텐츠가 없는 블로그다. Pentest-Tools에서 검색하면 추가 정보가 나온다. 다음 서브 도메인이 웹 서버에 존재함을 확인한다.

webmail.phonelosers.org	www.phonelosers.org
ssh.phonelosers.org	mail.phonelosers.org
ftp.phonelosers.org	

이제 이 도메인에 웹메일 서버, SSH 연결, FTP 서버, 메일 서버가 있음을 안다. 이 방법으로 나는 웹사이트 사용자의 여러 포럼 메시지가 있는 "숨은" 페이지를 찾을 수 있었다. 이 책의 이전 판은 이런 서비스의 추가 제공업체를 논했다. Pentest-Tools는 계속 기능하는 유일한 제공업체. 나머지는 사라졌다.

Shared Count(sharedcount.com)

이 웹사이트는 간단하지만 고유한 서비스 하나를 제공한다. 타깃 도메인을 검색해 페이스북, 트위터 등 소셜 네트워크에서 인기도를 확인한다. labnol.org 검색은 다음 결과를 산출했다.

Facebook Likes: 348	Google+1s: 4202
Facebook Shares: 538	Pinterest Pinned: 1
Facebook Comments: 148	LinkedIn Shares: 172
Facebook Total: 1034	Delicious Bookmarks: 44
Twitter Tweets: 0	StumbleUpon Stumbles: 0

이 정보로 인해 일단 구글 플러스, 페이스북에 집중한다. 내게 여러 사람이 이 서비스에서 웹사이트에 관해 얘기 중임을 말한다. 이제 나는 딜리셔스에서 웹사이트를 44명이 즐겨찾기했음을 알기에, 그 사람을 추적할 수 있다. 이 도구로 아동 포르노그래피 웹사이트에 관심 있는 소아성애자, 그리고 특정 학생의 희롱을 권장하는 블로그 댓글을 남기는 고등학생을 확인하는 데 성공했다.

Small Tools: Backlinks(smallseotools.com/backlink-checker)

소셜 네트워크에서 웹사이트 인기도를 판단한 후, 타깃 도메인 링크가 있는 어떤 웹사이트도 확인하고 싶을 수 있다. 종종 조사 대상에 대해 관심사가 유사한 사람, 동료를 확인한다. 특정 웹사이트의 "백링크"를 모두 확인하는 여러 온라인 서비스가 있다. 최근 나는 Small SEO Tools의 백링크 확인기에서 가장 성과를 많이 봤다. 내 웹사이트 inteltechniques.com을 검색하면 내 웹사이트에 링크 거는 웹사이트가 264개 나온다. 이 결과는 inteltechniques.com에 링크 거는 내 웹사이트의 페이지도 있기에, 이 숫자는 어느 정도 오해를 낳을 수 있다. 결과 중 상당수는 내가 타깃일 경우 관심 있을 친구, 동료가 소유한 웹사이트를 노출했다.

Small Tools: Plagiarism Checker(smallseotools.com/plagiarism-checker)

관심 웹페이지를 확인했다면, 콘텐츠가 원본인지 확인해야 한다. 나는 개인 블로그에서 폭력 위협을 받은 조사관으로부터 1번 이상 연락을 받았다. 뭔가 나쁜 일이 일어나기 전에 대상을 추적하도록 요청받았다. 콘텐츠를 재빨리 검색했더니 노래 가사로 확인됐다. 이런 쿼리의 여러 옵션 중 하나는 Small SEO Tools의 표절 확인기다.

이 도구로 웹사이트에서 어떤 의문이 드는 텍스트도 복사해 이 무료 도구에 붙여넣을 수 있다. 텍스트를 분석해 같은 단어를 보유하는 다른 웹사이트를 표시한다. 이 서비스는 구글로 관심 있는 무엇이든 확인한다. 직접 구글을 사용하는 대신 이 도구를 사용할 때 공급된 콘텐츠를 근거로 여러 쿼리를 구조화한 후, 찾은 텍스트의 변형이 나온다 혜택이 있다. 결과를 클릭하면 텍스트를 찾은 구글 검색 페이지가 열린다. 이런 검색에서 또 다른 옵션은 Copy Scape(copyscape.com)다.

레딧 도메인(reddit.com)

레딧은 7장에서 아주 인기 있는 온라인 커뮤니티로 논했다. 서비스의 주목적은 관심 온라인 웹사이트, 사진, 동영상, 댓글의 링크 공유다. 타깃 웹사이트가 레딧에 올라 간 적 있다면, 사건 리스팅을 추출할 수 있다. 웹브라우저에 직접 입력한 특정 주소로 이뤄진다. 타깃 웹사이트가 phonelosers.org 라면, 다음 웹사이트로 이동한다.

reddit.com/domain/phonelosers.org/

이 사례는 이 도메인을 언급하는 레딧 포스트 16건을 낳았다. 분석해서 토론, 포스트 관련 사용자 이름을 문서화할 수 있다.

☑ 로봇 텍스트

사실상 모든 전문 웹사이트는 "루트"에 로봇 텍스트 파일이 있다. 이 파일은 웹사이트의 어떤 웹페이지에서도 보이지 않는다. 키워드를 찾아 웹사이트를 크롤링하는 검색 엔진에게 안내하기 위해 존재한다. 이 안내는 검색 엔진이 색인하지 말아야 하는 웹사이트 내 파일, 폴더를 확인한다. 엔진 대부분은 이 요청을 준수하며, 열거된 영역을 색인하지 않는다. 이 파일을 찾기란 상대적으로 쉽다. 파일을 조회할 때 웹브라우저로 여는 방법이 가장 쉽다. 관심 웹사이트를 입력하고, 포워드 슬래시(/) 뒤에 "robots.txt"를 포함시킨다. 레딧의 파일은 다음 주소에서 찾을 수 있다.

http://www.reddit.com/robots.txt

이 기법의 결과가 나오지 않으면, 구글, 빙 쿼리를 수행해 어떤 파일도 확인할 수 있다. 두 검색 중 아무 데서나 site:twit.tv "robots.txt"를 검색하면 Twit.tv 전체 웹사이트에서 로봇 텍스트 파일이 확인된다. twit.tv, inside.twit.tv 모두에서 서로 다른 로봇 텍스트 파일을 찾았다. twit.tv/robots.txt에 있는 메인 로봇 텍스트 파일은 다음과 같다.

```
#
#  88888888888 888        888 d8b 88888888888  888
#      888      888    0   888 Y8P    888        888
#      888      888  d8b   888        888        888
#      888      888 d888b  888 888    888       888888 888   888
#      888      888d88888b888 888     888        888     888   888
#      888      88888P Y88888 888     888        888     Y88  88P
#      888      8888P   Y8888 888     888  d8b  Y88b.    Y8bd8P
#      888      888P     Y888 888     888  Y8P  "Y888     Y88P
#
```

```
User-agent: *
Crawl-delay : 10
Sitemap: https://twit.tv/sitemap.xml
```

검색 엔진에 웹사이트의 정확한 색인을 위해 웹사이트맵을 제공하는 한편, 호기심 많은 웹 방문자에게 메시지를 표시하는 흥미로운 방법으로 사용했다. 하지만 inside.twit.tv/robots.txt에 있는 로봇 텍스트 파일은 아래 보이는 대로 더 유익한 정보를 제공한다.

```
# Squarespace Standard Robot Exclusion
# Access is disallowed to functional/filtering URLs

User-agent : *
Disallow:  /display/admin/
Disallow: /display/Search
Disallow: /display/Login
Disallow: /display/RecoverPassword
Disallow: /login
Disallow: /contributor

Disallow: /blogold/category
Disallow: /blogold/week
Disallow: /blogold/month
Disallow: /blogold/recommend
```

```
Disallow: /blogold/author
Disallow: /login
Disallow: /blog/category
Disallow: /blog/week
Disallow: /blog/month
Disallow: /blog/recommend
Disallow: /blog/author
Disallow: /contests/category
Disallow: /contests/week
Disallow: /contests/month
Disallow: /contests/recommend
Disallow: /contests/author
```

첫 행은 이 웹사이트를 스퀘어스페이스로 만들었다는 뜻인데, 그 서버에 저장될 가능성이 크다. 파일의 나머지는 실제 블로그, 이전 블로그, 컨테스트 영역, 로그인 포털이 있는 온라인 폴더를 확인한다. 이 콘텐츠 중 상당부는 Disallow 설정 때문에 검색 엔진에서 찾을 수 없다. 이 Disallow 안내는 검색 엔진에게 폴더 로그인, 컨트리뷰터, RecoverPassword 스캔을 피하도록 검색 엔진에게 알려준다. 이 디렉터리에 구글, 빙에서 사용 불가한 민감한 정보가 있을 가능성이 크다. 이제 타깃 도메인 이름 뒤에 이 디렉터리를 입력해 추가 정보를 확인할 수 있다. 다음 주소를 웹브라우저에 직접 입력하면 흥미로운 결과가 발생한다.

http://inside.twit.tv/blog
http://inside.twit.tv/blogold
http://inside.twit.tv/display/RecoverPassword

로봇 텍스트 파일 대부분은 비밀번호, 난잡한 사진, 범죄 증거 등을 표시하는 웹사이트의 비밀 영역을 확인하지 않는다. 그 대신 보통은 웹사이트 중 어떤 영역을 소유자가 민감하다 간주하는지 통찰력을 제공한다. 타깃 웹사이트가 있고 다른 모든 검색 방법을 다 썼다면, 이 파일도 방문해야 한다. 검색 엔진이 무시한 데이터를 찾기 위해 새 쿼리 셋으로 안내할 수 있다.

☑ IntelTechniques Domain Search Tool(inteltechniques.com/intel/OSINT/domain. search.html)

IntelTechniques.com에 호스팅한 이전 커스텀 검색 도구와 유사하게, 나는 더 쉬운 도메인 검색을 위해 페이지를 만들었다. 여기서 논한 모든 서비스가 있지는 않지만, 가장 유용한 옵션들에 걸쳐 쿼리를 자동화할 수 있다. 첫 박스는 어떤 도메인명도 허용하는데 www, http, 기타 리더가 없는 편이 낫다. Populate All 버튼을 클릭하면 수동 쿼리를 수행할 수 있는 검색 옵션을 모두 이 도메인에 삽입한다. 마지막 옵션은 페이지에 리스팅된 쿼리마다 제시하는 웹브라우저에서 여러 탭을 연다. 그림 12.04는 서비스의 현 상태를 표시한다.

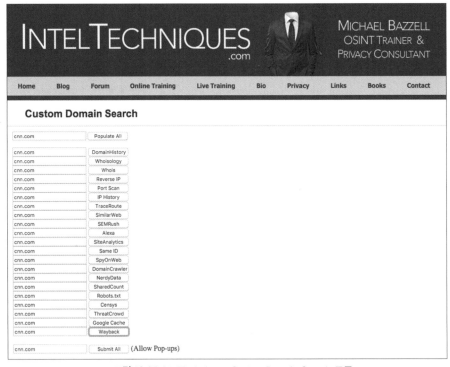

▲ **그림 12.04**: IntelTechniques Custom Domain Search 도구

☑ IP 주소

이전 안내는 도메인명을 조사 중이라 가정했다. 웹사이트와 결부된 이 이름은 단지 실제 콘텐츠를 호스팅하는 숫자 주소로 포워딩한다. IP(인터넷 프로토콜) 주소라 부른다. 웹사이트의 IP 주소를 알면, 도메인명 대신 입력할 수 있다. 한 사례로 웹브라우저에 google.com을 입력하면, 연결 시 74.125.224.72로 포워딩한다. 이 IP 주소를 웹브라우저에 직접 입력하면 구글 랜딩 페이지를 제시한다. 조사 타깃으로 IP 주소와 마주치는 방식은 아주 다양하다. 사법 집행부는 인터넷 제공업체에 영장을 등록한 후 범죄자의 IP 주소를 받을 수 있다. 온라인 조사관은 이전 방법으로 도메인을 조사하는 동안 IP 주소를 찾을 수 있다. 한 도메인에 한 웹사이트만 있을 수 있는 반면, 한 IP 주소에 여러 도메인을 호스팅할 수 있다. 다음 자료는 사용 가능한 유틸리티 중 일부다.

MaxMind(maxmind.com)

MaxMind는 매일 25개까지 무료로 IP 주소를 제공한다. 결과는 내가 본 무료 웹사이트 중 가장 포괄적이다. IP 주소의 GPS 좌표를 사용할 수 있는 반면, 대부분 인터넷 서비스 제공업체로 되돌린다. 보통은 IP 주소를 사용 중인 정확한 위치를 확인하지 못한다. 국가, 지역, 도시 정보는 정확해야 한다. 조직명이 결과에 나오면, 주소가 확인된 회사로 되돌아갔다는 뜻이다. 여기서 예외는 인터넷 서비스 제공업체를 확인하는 경우다. IP 주소가 특정 제공업체에 속한다는 사실만 가리킨다. 결과 대부분은 회사명, 일반적 위치, 인터넷 서비스 제공업체 등 IP 주소를 정보로 풀이한다. 타깃이 사용 중인 IP 주소가 무료 무선 인터넷 제공 회사에 속하는지 판단할 수 있다. 결과에 리스팅된 "Starbucks", "Barnes & Noble", 기타 인기 인터넷 카페가 보이면, 타깃의 중요한 정보일 수 있다. 대안적인 웹사이트는 IP Fingerprints(ipfingerprints.com), IP2Location(ip2location.com) 등이 있다.

빙 IP(bing.com)

일단 타깃의 IP 주소를 확인한 후, IP 주소에 호스팅된 웹사이트를 검색할 수 있다. 빙의 특정 검색은 서버에 있는 다른 어떤 웹사이트도 제시한다. 타깃이 고대디 등 대형 호스트에 저장되면, 제공되는 정보가 별로 없다. 서버를 공유하는 웹사이트만 리스팅하겠지만, 반드시 서로 결부되지는 않는다. 사용자가 개별 웹 서버에 웹사이트를 호스팅 중이면, 이 검색은 사용자가 호스팅하는 다른 웹사이트를 모두 표시한다. 이 검색은 빙에서만 작동하며 IP 주소 앞에 "ip:"가 있어야 한다. 빙의 적절한 검색 사례 하나는 ip:54.208.51.71처럼 보인다. 이 검색 결과는 특정 지역의 웹사이트 디자인 회사가 호스팅하는 지역 내 웹사이트를 모두 확인한다.

ViewDNS Reverse IP(viewdns.info/reverseip)

이 페이지로 전에 도메인명을 IP 주소로 옮겼다. 개별 IP 주소에 호스팅된 추가 도메인도 표시한다. 이 서비스는 104.28.10.123에 호스팅된 도메인 134개를 확인했다. 공통 테마 없이 전 세계에 걸친 웹사이트 도메인이 있었다. 그가 공유 서버를 사용한다는 뜻인데, 아주 흔하다. 서버에서 도메인 몇 개만 봤다면, 그 특정 도메인과도 연관됐을 수 있다.

ViewDNS IP Location(viewdns.info/iplocation)

이 유틸리티는 IP 주소와 결부된 어떤 도메인도 호스팅하는, 서버에 연결된 공개 사용 가능한 위치 데이터로 IP를 상호 참조한다. 54.208.51.71 검색은 다음 정보를 드러냈다.

City:	Ashburn
Zip Code:	20147
Region Code:	VA
Region Name:	Virginia
Country Code:	US
Country Name:	United States

ViewDNS Port Scan(viewdns.info/portscan)

이 온라인 포트 스캐너는 열려 있는 흔한 포트를 찾는다. 공개 포트는 서비스가 공개 접속을 허용할 웹 서버에서 구동 중이라는 뜻이다. 54.208.51.71 검색은 포트 21, 53, 80, 443이 외부 접속에 열려 있음을 드러냈다. 포트 21은 FTP 접속용이고, 53은 DNS 설정, 80은 웹페이지용이며, 포트 443은 보안 웹페이지용이다.

ViewDNS IP Whois(viewdns.info/whois)

이 서비스는 개별 도메인 등록 정보를 표시하려, 전에 사용했다. IP 주소 입력은 주소에 결부된 어떤 도메인 등록의 세부 사항도 확인한다. 54.208.51.71 검색은 아마존 소유임을 드러냈고, 공개된 등록 세부 정보를 제공했다.

ViewDNS IP Traceroute(viewdns.info/traceroute)

이 도구는 ViewDNS가 서버부터 타깃 IP 주소까지 취하는 경로를 확인한다. 타깃의 주소와 통신을 확립하는 동안 접촉한 서버 IP 주소를 확인할 수 있다. 가끔 관련 네트워크, 라우터, 서버를 확인한다. 추가 IP 주소는 나중에 더 세부 사항을 찾아 검색할 수 있다. IP 주소 뒤 숫자는 "호핑"마다 걸리는 밀리초를 나타낸다.

☑ IntelTechniques IP Address Search Tool(inteltechniques.com/intel/osint/ip.search.html)

전에 언급한 도메인 도구와 유사하게, 이 페이지는 가장 흔한 IP 주소 검색 중 일부를 자동화한다. 첫 박스는 어떤 IP 주소도 허용한다. Populate All 버튼을 클릭하면, 이 주소를 수동 쿼리가 수행 가능한 검색 옵션 전부에 삽입한다. 마지막 옵션은 웹 브라우저에서 페이지에 리스팅된 쿼리마다 제시하는 여러 탭을 연다. 그림 12.05는 서비스의 현 상태를 표시한다.

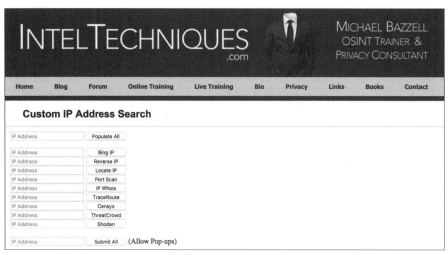

▲ **그림 12.05**: IntelTechniques Custom IP Address Search 도구

Exonerator(exonerator.torproject.org)

The Onion Router(Tor)는 2장에서 설명했고, 15장에서 더 논한다. IP 주소를 다른 국가 서버에 접속하는 사용자에게 발급해 익명성을 제공하는 네트워크다. 타깃의 IP 주소가 있는데, 이전 기법으로 어떤 가치 있는 정보도 찾지 못하면, 주소가 Tor 네트워크의 일부라서 관련 데이터를 찾지 못할 가능성이 있다. Exonerator는 Tor 네트워크에서 IP 주소 사용을 검증하는 도구다. IP 주소, 사용 날짜를 제공하면, 서비스는 Tor 접속으로 사용했는지 여부를 표시한다. 날짜가 필요하지만, 타깃 타임프레임을 모르면 현재 날짜를 제공할 수 있다. IP 주소 대부분은 항상 Tor 네트워크의 일부거나, 전혀 접속하지 않았을 것이다.

이메일 헤더

나는 더 이상 실제 과정에서 이메일 헤더 분석을 가르치지 않는다. 사용자 대부분은 지메일, 야후 등 웹 기반 이메일에 의존하지 않는다. 이 서비스는 이메일 헤더에 개별 사용자의 IP 주소를 노출하지 않는다. 내가 지난 3년 넘게 마주친 이메일 헤더 중 가치 있는 IP 주소가 있는 것은 아웃룩 등 데스크톱 클라이언트에서 메일을 보낸 기업 사용자 뿐이었다. IP 주소, 발신자 정보를 확인하기 위해 이메일 헤더를 분석하고 싶다면, 두 옵션이 있다. 몇몇 웹사이트를 모두 검토하고 이 혼란스러운 데이터를 어떻게 읽는지 스스로 터득하거나 자동 서비스를 사용할 수 있다. IP2Location(ip2location.com/free/email-tracer)은 큰 텍스트 박스를 제공하는데, 거기에 전체 이메일 헤더를 복사해 넣어 분석할 수 있다. 응답은 발신자 IP 주소, 위치, 출발 위치를 확인하는 인터랙티브한 지도, 인터넷 서비스 제공업체, IP 주소에서 나온 추가 정보 링크가 있다. 이메일 협박으로부터 추가 정보를 원하면 누구나 여기서 출발해야 한다. 대안적인 웹사이트는 MX Toolbox(mxtoolbox.com/EmailHeaders.aspx)다.

타깃의 IP 주소 획득

인터넷 서비스 제공업체가 제공하기에, 조사 대상의 IP 주소를 알고 싶을 수 있다. 이 주소로 그 사람의 대략적 위치를 검증하거나, 법원 명령에 필요한 세부정보를 사법 집행부에 제공하거나, 여러 이메일 주소가 같은 대상에 속하는지 판단할 수 있다. 이 시나리오들 모두 여기서 설명하는 한편, 사용 가능한 다양한 서비스를 설명한다.

What's Their IP(whatstheirip.com)

여러 해 동안 타깃의 IP 주소를 확인할 때 내가 즐겨찾는 옵션이었다. 현재 여러 옵션이 있으며, 그 모두 여기서 설명한다. 이 특정 기법은 일부 사기 건에 연관되며, 위장 계정으로 타깃에 접근해야 한다. 이 데모를 위해 타깃이 정기적으로 확인하는 페이스북 페이지가 있다 가정하자. 그에게 온라인 링크 형식으로 "미끼"를 포함하는 비공개 메시지를 보낼 수 있다. whatstheirip.com으로 이동해 이메일 주소를 제공한다. 타깃은 이 주소를 보지 못하겠지만, 나는 익명 계정을 권장한다. 이러면 고유한 웹사이트 링크 2개가 나온다. 덜 의심스러워 보이기에, 항상 첫 옵션을 선호한다. 내게 발급된 두 링크는 다음과 같다.

http://www.bvog.com/?post=IDAftMfYZQx9Sj7rp

http://www.hondachat.com/showthread.php?t=IDAftMfYZQx9Sj7rp

한 사람이 첫 링크를 방문하면, 더 이상 사용 불가한 웹사이트라는 고지를 받는다. 기본적으로 상단에 에러가 있는 빈 페이지다. 둘째 링크는 자동차 관련 온라인 포럼에 연결하지만, 요청한 포스트는 사용 불가다. 이 링크는 둘 다 타깃에게 이 페이지에 무엇이 있었든 더 이상 사용 불가하다 믿게끔 고안됐다. 타깃이 이 링크 중 하나를 클릭한다는 목표다. 그럴 때 이 서비스는 그 IP 서비스를 포착해 포워딩한다. 가장 쉬운 실행은 이메일로 링크 보내기다. 하지만 그냥 링크를 보내고 최상의 결과를 희망해서는 안 된다. 최근 용의자가 웹사이트로 도난당한 아이패드를 판매 중인 크레이그즈리스트 조사를 했다. 나는 다음 사례와 같이, 말 그대로 위장 계정으로 이메일을 보냈다.

> Hi. I saw your ad on craigslist. I want to buy that iPad for my dad. I have cash and I live about 20 minutes away. I just need to know if it is the model 1 or 2. This link has a picture of what the back should look like. If it does, let me know and I can bring you cash today.
>
> http://www.bvog.com/?post=IDAftMfYZQx9Sj7rp

타깃이 첨부 링크를 클릭할 때 "페이지를 찾을 수 없습니다"라는 에러 메시지를 봤다. 링크를 클릭한 지 1초 이내에 나는 그림 12.06에 보이는 이메일을 받았다. 즉시 용의자의 대략적 위치, IP 주소를 파악했다. 인터넷 서비스 제공업체에 보내는 영장은 실제 주소를 검증했다.

97.92.227.166 has just clicked your link   Inbox   x

noreply@whatstheirip.com via tunitascreek.   2:27 PM (0 minutes ago)
to me

97.92.227.166 has just clicked on http://www.bvog.com/index.php?t=IDAftMfYZQx9Sj7rp.
Our Geo IP script shows the following location data for this IP: Country Code=US,
State/Province=IL, City=Edwardsville, Postal Code=62025, Latitude=38.8490,
Longitude=-89.9385, Metro Code=609, Area Code= 618. To stop receiving email
notifications, simply go to http://www.whatstheirip.com/stop.php?id=IDAftMfYZQx9Sj7rp To
prevent abuse and overload of our email server, this script will only work 25 times per each
time you sign up. This script has been used 0 times.

▲ 그림 12.06: 타깃의 IP 주소를 확인하는 "whatstheirip.com"의 응답

IP Logger(iplogger.org)

whatstheirip.com의 대안은 IP Logger다. 이 서비스는 whatstheirip.com 과 같은 개념을 적용하지만 다르게 작동한다. 타깃이 링크를 클릭할 때 이메일을 보내는 대신 IP Logger 웹사이트에서 로그 파일을 조회해야 한다. 게다가 이 서비스는 추가적인 위장 개인 정보를 찾아 타깃을 추적하는 커스텀 이미지를 지원한다. 상세 안내는 여러 옵션과 함께 프로세스를 설명한다. 메인 웹사이트는 여러 옵션을 제시하지만, "Short Link", "Your Image" 서비스만 설명한다.

Link: 제공하는 어떤 웹사이트로도 리다이렉션하는 URL을 생성할 수 있다. IP Logger는 링크를 클릭하는 사용자마다 IP 주소를 저장한다. 제공된 박스에서 타깃이 링크를 클릭할 때 보여주고 싶은 어떤 주소도 입력한다. cnn.com처럼 총칭적일 수 있다. 등록 후 일련의 링크를 받는다. 이 페이지는 방문자 로그 역할도 하는데, 나는 문서화하도록 권장한다. 한 사례에서 이 목록 처음에 다음 링크를 받았다.

http://www.iplogger.org/3ySz.jpg

링크가 jpg 이미지처럼 보이지만, 링크를 클릭하거나 웹브라우저에 입력하면 타깃을 cnn.com으로 포워딩한다. 이 액션은 그의 IP 주소, 운영체제, 웹브라우저 세부 사항을 수집한다. 이 세부는 포착한 날짜, 시간과 함께 전에 생성한 링크에서 조회할 수 있다. 비틀리(bit.ly) 등 URL 단축 서비스는 링크를 덜 의심스럽게 만든다.

Image: 이 서비스에 디지털 이미지를 제공할 수 있는데, 웹사이트, 포럼, 이메일 메시지 등에 배치하기 위해 트래커를 생성한다. inteltechniques.com/img/bh2016.png의 내 웹사이트에 존재하는 이미지를 제공했다. 이전 사례와 유사한 페이지를 제시했고, 다음 링크를 제공받았다.

> http://www.iplogger.org/23fq.jpg
> 〈 img src="http://www.iplogger.org/23fq.jpg"〉

첫 링크는 내가 제공한 이미지로 포워딩한다. 이 프로세스 동안 IP 주소, 운영체제, 웹브라우저 세부 사항이 수집돼 링크를 저장하는 페이지에 저장됐다. 둘째 링크는 웹페이지, 이메일 주소에 직접 삽입할 수 있다. 둘 중 하나를 로딩하면 이미지가 존재하며, 같은 데이터를 수집한다. 한 번은 해킹, 도난된 신용카드 번호에 관해 웹 포럼에서 불법적인 소재에 관한 미지의 대상과 연락하고 있었다. 법원 명령으로 실제 신원을 발견하려고 그의 IP 주소를 알아내고 싶었다. 나는 해커에게 내가 공유할 최근 도난된 직불 카드 이미지가 있다 했다. 그가 증거를 요청했기에, 나는 총칭적인 온라인 이미지를 근거로 IP Logger 링크를 생성해 그 링크를 연락 중이던 웹 포럼에 임베딩했다. 몇 분 내에 이 이미지의 로그를 방문했고, 뉴저지 뉴어크의 IP 주소를 발견했다.

Blasze(blasze.tk)

IP 확인의 더 새로운 옵션은 Blasze다. 이 글을 쓰는 시점에 이전 두 방법보다 더 인기 있었다. What's Their IP와 아주 유사하게 작동한다. 타깃을 어떤 의심도 없을 기대하던 링크로 포워딩할 수 있다는 차이가 있다. 한 사례로 타깃에게 IP 주소를 확인하는 이메일 메시지를 보내고 싶다 가정한다. 링크를 클릭하게 하고 싶지만, whatstheirip.com 이 제시한 것과 유사한 에러는 받고 싶지 않다. 그 대신 그가 위협을 받는다는 우려가 전혀 들지 않도록 실제로 안전한 웹사이트로 이동시키고 싶다.

Blasze 웹사이트는 타깃이 보기 바라는 실제 웹사이트를 입력하도록 요청한다. 이 사례에서 나는 reddit.com/r/netsec에 있는 레딧 Netsec 페이지를 사용한다. 이 링크를 Blasze에 공급하자, blasze.tk/DQ7ORY라는 고유한 인터넷 주소(URL)를 생성했다. 타깃이 열기 바라는 페이지다. 레딧 웹사이트로 포워딩하지만, 일단 그의 정보를 포착한다. Blasze는 포착한 세부 사항을 모니터링해주는 웹페이지도 생성한다. 링크를 즐겨찾기, 저장해야 한다. 이 사례에서 포워딩 링크의 모니터링용 주소는 http://blasze.tk/track/JYHFLR이다.

타깃이 blasze.tk/DQ7ORY 링크를 클릭하면, Blasze는 그의 인터넷 접속으로부터 정보를 추적한다. 하지만 이 의심스러운 URL은 타깃에게 의심을 살 수 있다. 링크를 보내기 전에 나는 링크가 더 신뢰할 만하도록 URL 단축 서비스를 사용하도록 권장한다. 나는 이 경우 구글을 사용하는 편이다. 웹사이트 goo.gl로 이동해 제공된 Blasze 링크를 입력한다(이 사례에서는 blasze.tk/DQ7ORY). 구글은 http://goo.gl/dIviMz 와 유사한 새 링크를 생성한다. 이제 덜 의심스러운 링크를 보낼 수 있다.

이 사례는 goo.gl/dIviMz의 타깃 링크를 보낸다. 이 링크를 클릭하면 자동으로 Blasze 서비스로 포워딩해 blasze.tk/DQ7ORY에 연결한다. 이 링크를 실행하면 원래의 "안전한" 웹사이트인 reddit.com/r/netsec로 자동 포워딩한다. 전반적으로 타깃은 구글 단축 링크를 클릭하고 레딧 페이지를 본다. 내 조사였다면, 다음과 유사한 메시지를 보낸다.

> Hi David. Sorry, you don't know me, but I thought you should know that the project that you have been working on has leaked and is currently being discussed on Reddit here: goo.gl/dIviMz.

분명히 익명 이메일 계정을 사용하고 싶을 것이다. 타깃이 링크를 열어 레딧 페이지를 보면, 혼란을 낳을 가능성이 크지만, 에러 메시지를 생성하는 링크를 여는 것보다는 덜 의심스럽다. 이어서 Blasze 링크 모니터링 페이지로 이동할 수 있는데,

이 사례는 http://blasze.tk/track/JYHFLR며 결과를 볼 수 있다. 그림 12.07는 내 테스트 결과를 표시한다. 타깃이 2015년 2월 2일 22:30시에 링크를 클릭했다. 크롬 웹브라우저(버전 40.0)를 사용 중이었고, 68.225.11.142의 IP 주소가 있으며, 인터넷 서비스 제공업체(ISP)로 Cox를 사용한다. MaxMind는 거주지 IP 주소로 캘리포니아 어바인을 보고한다.

2015-2-11 22:30:30	68.225.11.142	Chrome/40.0.2214.111	ip68-225-12-142.pv.oc.cox.net

▲ **그림 12.07**: 타깃의 IP 주소를 확인하는 Blasze의 링크 모니터링 보고서

이제 타깃의 IP 주소, 일반적 위치를 획득하는 여러 옵션이 있다. Grabify(grabify.link) 등 신규 서비스는 전에 언급한 제품과 중복된 기능을 제공하지만, 더 유용할 수도 있다. 궁극적으로 모두 친숙해진 후, 가장 자신에게 효과적인 것을 선택해야 한다. 항상 VPN, Tor, 기타 형식의 IP 마스킹 등의 기술은 부정확한 결과를 낳을 수 있음을 기억해야 한다. 가로챈 이메일 계정으로 이 링크를 보낼 수도 있다. mikethehacker@gmail.com으로 이메일을 보내 링크를 열도록 요청하면, 메시지가 삭제될 가능성이 크다. 하지만 이메일이 동료로부터 오면 어떻게 하는가? 발신자 이메일 주소, 이름 표시를 제어하기는 쉽다. 이런 조작을 허용하는 소프트웨어 애플리케이션은 많다. 하지만 가장 쉬운 방법은 온라인 서비스다.

Emkei(emkei.cz)

이 서비스로 즉시 웹사이트 내에서 익명 이메일 메시지를 보낼 수 있다. 발신자 이름, 이메일 주소, 제목, 메시지를 완벽히 제어할 수 있다. 수신자는 정상적으로 이메일을 받는다. 하지만 "발신" 섹션은 기대하는 가로챈 정보가 있다. 이 유틸리티를 전에 언급한 추적 서비스와 조합하면 방법의 성공률이 높아질 수 있다. 항상 자신에게 먼저 메시지를 보내 이 기법을 테스트한다.

Anonymous Email(anonymousemail.me)

나는 최근에 Emkei의 익명 메시지를 지메일이 스팸으로 마킹한다는 사실을 알아차렸다. 이 때문에 Anonymous Email의 무료 서비스로 다른 누군가로부터 오는 것처럼 메시지를 보냈다. 나는 지메일이 현재 스팸으로 확인하지 않는다는 사실을 발견했다. 내 테스트는 모두 수신자의 받은편지함에 직접 도착했다.

소셜 네트워크

타깃의 이메일 주소를 모르면, 같은 링크를 페이스북 등 소셜 네트워크로 보낼 수 있다. 2013년 9월 폭력적인 협박으로 여러 사람을 희롱하는 익명 페이스북 프로필 관련 사건을 조사 중이었다. 페이스북의 수색 영장으로 내가 필요한 바를 얻을 수 있었다. 하지만 그러면 여러 주가 걸릴 수 있다. 그 대신 나는 다음 텍스트와 함께 페이스북 프로필에 비공개 메시지를 보냈다.

> I don't know who you are, but I thought you should know that another Facebook user has posted your home address over on another site. You may want to take it down or at least be aware: http://www.bvog. com/?post=IDAftMfYZQx9Sj7rp

분명히 이 비공개 정보는 존재하지 않았다. 하지만 타깃이 링크를 클릭할 정도로 충분히 유혹적이었다. 타깃의 IP 주소, 대략적 위치 확인에 필요한 전부였다. 관심 인물이 아주 기술에 숙련되면, 이 트릭을 안다. 조사를 위험에 빠뜨릴 수 있다면, 이 기법을 피해야 한다.

BananaTag(bananatag.com)

이 프리미엄 서비스는 매일 이메일 5건으로 제한된 무료 버전을 제공한다. 지메일 계정으로 웹브라우저를 통해 플러그인을 설치하도록 요구한다. 내 테스트 시 안티 바이러스 업체는 프로세스를 경고하지 않았다. 계속 이 서비스를 사용하면, 스스로에게도 가끔 테스트해야 한다. 계정을 생성하고 플러그인을 웹사이트의 지시 대로 설치한 후, 지메일 계정에 새 기능이 생긴다. 새 메일을 작성할 때 보이는 표준 "보내기" 버튼 옆에, "Track & Send"라는 제목의 버튼이 보인다. 이 버튼을 클릭하면 메시지에 작은 코드를 주입한다. 메시지를 읽을 때 이벤트를 알리는 이메일을 받는다. BananaTag 계정에 로그인해 세부 사항을 봐야 한다. 그림 12.08은 내가 상사에게 그의 위치를 판단하려 보낸 다음 이메일의 세부 사항을 표시한다(감독관님, 죄송합니다).

LT, disregard that last message, I figured it out. MB

응답은 그의 IP 주소, 컴퓨터 운영체제, 컴퓨터 유형, 웹브라우저, 대략적 위치를 확인했다. 이 정보는 내게 그가 집에 있을 가능성이 크며, 모바일 기기로 응답하지 않는다 말해준다. 조사하는 여러 이메일 주소에 메시지를 보낼 수 있다. 메시지마다 변경하면 여러 계정을 사용하는 단일 인물을 링크마다 클릭하도록 납득시킬 수도 있다. 여러 계정이 실제 같은 타깃에 속하는 사실을 검증할 수 있다.

BananaTag에 대한 내 불만은 서비스 접근의 수많은 단계다. 이런 기법을 수행할 때 나는 등록 소프트웨어 설치를 요하지 않는 방법을 즐겨쓴다. 정기적으로 해야 한다면, 설정 시간의 가치가 있다. IP 주소 한두 개만 확인해야 하면, 나는 "Whats Their IP", 약간의 창의성을 권장한다.

▲ **그림 12.08**: BananaTag 응답

Get Notify(getnotify.com)

BananaTag과 유사하게 Get Notify는 이메일 메시지 개봉을 추적해 타깃의 접속 정보를 제시한다. 하지만 이 서비스는 완전히 무료며 이메일 제공업체로 지메일을 요하지 않는다. Get Notify 웹사이트로 계정을 생성해야 하며, 하루에 이메일 메시지 5통으로 제한된다. 사용하는 이메일 주소를 등록한 후, 그 계정에서 여느 때처럼 이메일을 보낼 수 있다. 하지만 이메일 수신자마다 뒤에 ".getnotify.com"을 추가해야 한다. 이메일 주소를 michael@inteltechniques.com의 유효한 계정에 보내는 대신 메시지를 michael@inteltechniques.getnotify.com에 보낸다. 그래야 이메일 메시지가 Get Notify 서버를 통과해 메시지를 유효한 메시지로 라우팅한다. 타깃이 이메일 메시지를 읽으면 Get Notify는 사용자의 IP 주소, 지리적 위치를 추적해 메시지를 일정 기간 조회했는지, 즉시 삭제했는지 알려준다.

Get Notify는 발신 이메일에 보이지 않는 작은 추적용 이미지를 추가해 작동한다. 이메일 수신자가 메시지를 열면, 이 이미지가 Get Notify 서버에서 다운로드된다. Get Notify는 정확히 보낸 메일을 개봉했는지 알려주며, 이메일로 보낸 메시지를 수신자가 읽었다고 알려준다. 온라인 계정 내에서 로그 파일을 조회할 수도 있다. Get Notify가 삽입한 추적용 이미지는 수신자에게 보이지 않는다. 옵션으로 GetNotify.com에 로그인한 후 환경설정 섹션으로 가서 추적용 이미지로 사용할 자신의 이미지를 지정할 수 있다. 수신자는 그의 이메일 주소 끝에 있는 ".getnotify.com"을 보지 못한다. 단일 이메일을 여러 수신자에게 보내고 싶다면, 모든 이메일 주소 끝에 ".getnotify.com"을 추가해야 한다.

이 기법이 온라인 조사에 유용한 시나리오가 많이 있다. 나는 특히 크레이그즈리스트에서 도난품을 추적할 때 등, 사법 집행용으로 사용하는 반면, 민간인은 여러 다른 데에 사용할 수 있다. 사설 탐정은 바람난 배우자를 추적하는 동안 데이팅 웹사이트에 사용한다. 독신자는 여러 주 동안 채팅했는데 실제 지역 사람이며 다른 주, 국가 사람이 아닌지, 잠재적인 상대를 검증할 때 사용한다. 가능성은 끝이 없다.

Wigle(wigle.net)

Wigle은 무선 AP의 크라우드소싱 기반 데이터베이스다. 국가의 모든 지역 사용자는 자신의 지역에서 무선 기기 스캔을 한다. 그리고 웹사이트에서 발견한 기기를 지도로 그리기 위해 이 데이터를 Wigle에 등록한다. 이러면 누구나 무선 AP를 지역에서 브라우징하거나, 주소를 검색해 특정 기기를 찾을 수 있다. 게다가 특정 라우터 이름, MAC 주소를 검색해 일치하는 기기를 모두 찾을 수 있다. 결과는 인터랙티브한 지도에 결과를 표시하는 링크가 있다. 세계의 대부분을 커버한다. 검색 기능을 활용하려면 무료 계정을 등록해야 한다. 확인하지 못하는 총칭적이거나 잘못된 정보를 사용할 수 있다.

여러 조사 시 이 서비스의 용도가 있다. 타깃의 집에 가까운 지역에서 무선 AP를 확인할 수 있다. 한 사례로 주유소 주소 검색은 관련 라우터와 함께 그 지도를 드러냈다. 이 뷰에서 나는 민감한 정보가 있는 라우터 이름을 확인할 수 있다. AltonBPStore, tankers_network, Big Toe 등의 무선 라우터 SSID를 표시한다. View를 클릭한 후, 페이지 좌상단의 Search를 클릭하면, 상세한 쿼리 엔진이 나온다. 지도 뷰에서 전에 확인한 대로 tankers_network를 검색하면, 무선 AP의 세부가 표시된다. MAC 주소 00:lF:C6:FC:1B:3F, WPA 암호화였고, 2011년에 처음 목격됐으며, 채널 11에서 작동한다. 조사관은 타깃 이름으로도 검색할 수 있다. 타깃 이름이 SSID에 있는 라우터를 확인할 수도 있다. "Bazzell"을 검색하면 아마 나와 성이 같은 친척에게 속할 AP 7개를 확인한다. 이 결과는 기기의 라우터 이름, MAC 주소, 날짜, 암호화 방법, 채널, 위치를 확인한다. 그러면 타깃의 집으로 조사관을 쉽게 안내할 수 있다.

여러 인터넷 사용자는 사용 중인 무선 라우터에 온라인 사용자 이름과 같은 이름을 사용한다. 타깃의 사용자 이름이 "Hacker21224"라 가정하자. Wigle에서 "Hacker21224"를 라우터 이름으로 검색하면 적용 가능한 결과가 나올 수 있다. 라우터의 MAC 주소, 암호화 유형, GPS 좌표를 확인할 수 있다. 공급된 GPS 좌표의 구글 지도 검색은 즉시 집 주소, 동네의 위성 뷰, 타깃인 집의 스트릿 뷰를 확인한다. 이 정보 모두 간단한 사용자 이름에서 확보할 수 있다. 이 결과는 어떤 표준 검색 엔진에도 나타나지 않는다.

Shodan(shodan.io)

Shodan은 다양한 필터로 특정 컴퓨터(라우터, 서버 등)를 찾는 검색 엔진이다. 구글, 빙 등 일반 검색 엔진은 웹사이트를 찾을 때는 훌륭하다. 하지만 컴퓨터, 기기는 검색하지 못한다. Shodan은 "배너"를 색인하는데, 기기가 클라이언트로 돌려보내는 메타데이터다. 서버 소프트웨어 관련 정보, 서비스가 지원하는 옵션 유형, 웰컴 메시지 등일 수 있다. Shodan으로 흔히 확인되는 기기는 서버, 라우터, 온라인 스토리지 기기, 감시 카메라, 웹캠, VOIP 시스템이다. 네트워크 보안 전문가는 이 웹사이트로 시스템 취약성을 확인한다. 범죄자는 네트워크에 불법 접속하고 기기를 변경할 때 사용한다. 우리는 타깃 위치 근처의 특정 시스템을 찾을 때 이용한다. Shodan의 전체 검색 기능을 활용하려면 이름, 이메일 주소만 있으면 된다. 다음 사례는 위치를 근거로 실제 공공 감시 카메라를 어떻게 찾는지 확인한다. 이 검색의 타깃은 유타 주 마운트플렌전트다. 다음 Shodan 검색 결과는 9,684건이었다.

country:US city:"Mount Pleasant"

이 검색에 결점이 2개 있다. 첫째, Mount Pleasant라는 다른 도시 결과를 받을 수 있다. 둘째, 효과적으로 분석하기에 결과가 너무 많을 가능성이 크다. "geo:39.55,-111.45"를 검색하면 관심 있는 특정 GPS 위치(Lat=39.55, Long=-111.45)만 집중한다. 이 검색 결과가 238건 있다. 훨씬 더 관리 가능하며, 모든 결과는 타깃 지역의 기기다. 더 구체적인 검색 기준을 추가하면 결과를 더욱 필터링한다. "geo:39.55,-111.45 netcam"을 검색하면 한 기기만 확인한다.

결과는 이 기기를 "Netcam"으로 확인한다. 인터넷 서비스 제공업체를 "Central Utah Telephone"으로도 확인하는데, 사용자가 DSL 접속을 한다는 점도 나타낸다. 기기 연결을 위해 63.78.117.229로 확인된 IP 주소를 클릭한다. 이 결과마다 클릭해 들어가면 시간이 많이 걸릴 수 있다. 검색어를 추가해 결과를 필터링할 수 있다. 대도시의 GPS 위치에 이 검색어를 복제하면 여러 결과가 나온다. IP 주소를 클릭하면 기기마다 연결되는 페이지로 안내한다. 여기서 조심해야 한다. 일부 기기는 접속하려면 사용자 이름, 비밀번호를 요한다. "admin" / "admin"이나 "guest" /

"guest"를 시도할 수 있지만, 법을 어길 수도 있다. 컴퓨터 침입으로 간주될 수 있다. 하지만 웹캠, 넷캠 결과 중 상당수는 비밀번호를 프롬프트하지 않으며, 자동으로 기기에 연결한다. 정보를 위해 프롬프트하지 않는 기기에 연결할 때는 법을 위반할 가능성이 없다. 지역 법규가 이 활동을 금할 수도 있다. Shodan Maps(maps.shodan.io)로 위치를 근거로 이 검색어 중 어떤 것도 실행할 수 있는 반면, Shodan Images(images.shodan.io)는 공개 기기에서 수집한 웹캠 캡처를 표시한다. 그림 12.09는 Shodan Maps에 있는 미주리의 자동 조명, 기후 조절 시스템으로 집을 표시한다. 이 두 옵션은 프리미엄 서비스며 적정한 요금을 요한다. 모든 Shodan 기능은 다음 정보를 입력해 필터링을 허용한다.

City: 도시 이름(예를 들어 city:"San Diego")

Country: 두 글자의 국가 코드(예를 들어 country:US)

GPS: 위경도(예를 들어 geo:50.23,20.06)

OS: 운영체제(예를 들어 os:Linux)

IP Address: 범위(예를 들어 net:18.7.7.0/24)

Keyword:(예를 들어 webcam)

▲ **그림 12.09**: Shodan Maps 검색 결과

정부 기록

이제 공개된 정부 정보를 이보다 더 획득하기 쉬울 수는 없다. 더 투명한 정보, 더 값 싼 디지털 스토리지 비용, 폭넓은 초고속 인터넷 접속으로 전보다 훨씬 더 많은 정보를 온라인에 둔다. 이 데이터를 검색하는 표준 방법은 없다. 행정구역마다 서로 다르게 쿼리를 처리할 수 있다. 다음 자료, 기법으로 미국에서 착수할 수 있다.

☑ County General Records(blackbookonline.info/USA-Counties.aspx)

미국 전역의 카운티는 공공 기록 중 대부분을 디지털화했고, 인터넷으로 무제한 접속을 허용한다. 카운티 웹사이트를 검색하면 여러 정보 옵션을 제시할 가능성이 크다. 과할 수 있으며, 웹사이트 페이지에서 길을 잃기 쉽다. 나는 Black Book Online의 무료 국가 공공 기록 페이지를 사용하는 편이다. 주에서 카운티까지 드릴다운할 수 있다. 결과적인 페이지는 조회용으로 모든 가능한 기록을 분리한다. 한 사례로 나는 일리노이에 이어 매디슨카운티를 타깃으로 선택했다. 다음 데이터베이스를 제시받았는데, 각각 출처에 직접 링크를 건다.

Coroner Reports

Delinquent Tax Sale

Government Expenditures

Property Tax Search

Public Employee Salaries

Recorded Documents

Registered Lobbyists

Press Releases

Voter Registration Verification

Voter Registration Address Search

Unclaimed Property

Crime Map

Building Contractors

Building Permits

Foreclosed Properties

☑ County Court Records(www.blackbookonline.info/USA-County-Court-Records.aspx)

관심 카운티의 구글 검색은 온라인 법원 기록 데이터베이스가 활용 가능한지 확인한다. 한 사례로 일리노이의 세인트클레어 카운티는 전체 민사, 형사 법원 기록이 온라인에 있는 웹사이트가 있다(circuitclerk.co.st-clair.il.us/courts/Pages/icj.aspx). 성만 검색하면 전체 이름, 출생일, 물리적 구분자, 사건 이력, 벌금, 보류 중인 출두 상태와 함께 프로필을 제시한다. 웹사이트 내비게이션은 전과를 철회됐더라도 노출한다. 민사 소송에서 극히 유용하다. Black Book Online 등 공개 활용 가능한 카운티 정부 기록에 연결하는 여러 웹사이트가 있다. 지역 기록으로 드릴다운할 수 있다. 메인 페이지는 기대하는 주의 프롬프트를 띄운다. 결과는 카운티의 법원 정보마다 접근하는 링크 목록이다. 여러 시골 지역은 온라인이 아니지만, 추가됐는지 보려고 가끔 검색해야 한다. 전의 내 일리노이 매디슨카운티 검색을 반복하면, 다음 법원 관련 데이터베이스가 나온다.

Circuit Court Complete Docket

Circuit Court Attorney Docket

Family and Civil Pro Se Dockets

Felony State's Attorney Jury Trials

Traffic, Misdemeanor, DUI Docket

Traffic Citations

Crash Reports

Police Blotter

Daily Crime Log

Jail Inmate Search

Black Book Online 옵션이 최적의 결과를 제공하지 않으면, Public Records Online(publicrecords.onlinesearches.com)을 검토하기 바란다.

☑ PACER(pacer.gov)

PACER는 Public Access to Court Electronic Records의 약어다. 미국 연방 법원 문서의 전자 공공 접속 서비스다. 사용자는 미국 지방 법원, 미국 상소 법원, 미국 파산 법원의 판례, 소송건 정보를 획득할 수 있다. 2013년 기준으로 문서가 5억 건 이상 있다. PACER는 페이지 당 0.10달러를 과금한다. 단일 문건의 접속비는 최대 3.00달러인데, 30페이지에 해당한다. 한도는 이름 검색, 사건에 특수하지 않은 보고서, 연방 법원 소송 원고에 적용되지 않는다. 계정 생성은 무료며, 분기 당 15달러를 초과해 사용하지 않으면 요금이 면제된다. 나는 여러 해 동안 계정이 있었지만, 결코 최소 사용으로 청구된 적이 없다. PACER는 사용하기 어려우며, 공공 영역의 기록에 요금을 요구한다는 비난을 받았다. 그 반응으로 비영리 프로젝트가 그 문서를 온라인에서 무료로 제공했다.

RECAP(archive.recapthelaw.org)

RECAP(PACER를 거꾸로)으로 사용자는 PACER 검색 동안 자동으로 무료 사본을 검색하고, Internet Archive의 대안적인 무료 데이터베이스 구축을 도울 수 있다. PACER 문서마다 Internet Archive에 또 다른 사용자가 이미 업로드했는지 확인하는 파이어폭스, 크롬 웹브라우저 익스텐션이다. 무료 버전이 존재하지 않는데, 사용자가 PACER에서 문서를 구매하면, 사본을 Internet Archive의 PACER 데이터베이스에 자동 업로드한다. 웹브라우저 익스텐션은 검색에 상당히 유용한 반면, 검색 페이지는 위 주소의 RECAP에 있다.

주별 회사 기록

사실상 모든 주는 주에서 설립, 등록된 모든 회사의 검색 가능한 데이터베이스를 제공한다. 보통은 소유주, 이사, 기타 관련자를 확인한다. 모든 주가 있는 통합 검색은 없지만, 적절한 데이터베이스로 연결하는 웹사이트는 있다. Dun & Bradstreet(dnb.com)는 홈페이지에서 회사 검색을 제공한다. 어떤 주로 검색해도 전체 회사명, 주소를 표시한다.

더 상세한 뷰를 위해 "Corporation Search Illinois"의 구글 검색을 권장하는데, 일리노이를 타깃 주로 대체한다. 한 사례에서 나는 컴퓨터 포렌식 업체를 검색했는데, 즉시 소유주의 전체 이름, 집 주소, 제출한 세부 사항을 얻었다. 관심 주의 현재 검색 페이지를 찾지 못하면, Black Book Online은 주의 랜딩 페이지마다 blackbookonline.info/USA-Corporations.aspx에서 직접 링크를 제공한다. 구글 검색이 더 최신에 정확했다.

Birthday Database(birthdatabase.com)

이 웹사이트는 타깃의 전체 이름, 출생일, 출생 도시 및 주를 확인한다. 유일하게 가능한 검색 필드는 이름, 성, 대략적 나이다. 나이 필드는 필수가 아니지만, 여러 결과를 제거할 수도 있다.

SSN Validator(ssnvalidator.com)

번호가 유효한지 검증하는 간단한 방법은 SSN Validator다. 번호에 결부된 개인 정보는 제공하지 않고, 번호가 유효한지 검증만 한다. 전형적인 응답은 번호를 발급한 주, 발급 연도, 번호가 할당됐다는 검증, 적용 가능한 경우 사망 확인이 있다.

Social Security Death Index(genealogybank.com/gbnk/ssdi)

이 사망 기록의 공공 색인은 족보 웹사이트에 저장된다. 요구 정보는 이름, 성 뿐이다. 결과는 출생년, 사망년, 마지막 거주한 주, SSN을 발급한 주를 확인한다.

Legacy(legacy.com)

사회 보장 색인 및 족보 기록 등 사망 관련 정보를 검색하는 여러 웹사이트가 있다. 이 영역에서 리더는 Legacy다. 이 웹사이트는 전체 온라인 신문 중 약 80퍼센트에서 온라인 부고, 추도사를 색인한다. 이 웹사이트 검색은 단순하며, 결과는 가족, 지역을 확인한다.

Asset Locator(www.blackbookonline.info/assetsearch.aspx)

Black Book Online의 Asset Locator는 부동산, 재판, 파산, 세금 유치권, 주인없는 자금을 검색하는 자료의 가장 포괄적 목록이다. 이 페이지로 조사 중인 자산 유형, 타깃 주를 선택할 수 있다. 이어서 그 주의 모든 옵션과 함께 새 페이지를 생성한다. 타깃 검색을 위한 웹사이트에 직접 링크를 제공한다. 종종 공무원 임금, 차량 등록, 자산, 세무 기록, 기타 카테고리 수십 개의 온라인 데이터베이스가 있다.

☑ 차량

여러 사람이 차량 등록 관련 정보 및 면허가 내부 네트워크로 사법 집행부만 활용 가능하다 가정한다. 전체 운전 면허 검색 및 완전한 번호판 쿼리는 공개 활용이 불가하지만, 관련 데이터 중 놀라울 정도로 온라인에서 부분적으로 누구나 조회할 수 있다. 다음 방법론은 모든 공개 활용 가능한 세부를 표시한다.

VIN Place(vin.place)

VIN Place는 차량 구매 데이터에 무료 접근을 제공하는 웹사이트다. 이 웹사이트의 모든 정보는 공개 정보며, 데이터는 신차 구매를 참조하는 딜러, 자동차 보험사에서 나온다. 이름, VIN을 검색해 차량 구매 기록 차량 스펙, 연비 정보를 검색할 수 있다. 나는 고유한 이름 4개를 등록해 긍정적인 응답을 2건 얻었다. 기록을 발견하면 꽤 많은 정보가 드러난다. 내 사례 중 하나는 다음 정보가 있었는데, 개인 정보 보호를 위해 여기서는 편집했다.

Address: REDACTED   Make: VOLKSWAGEN

City: COLORADO SPGS   Model: JETTA

State: CO   VIN: 3VWRL7AJ6AM13xxxx

Zip: 80906-6544   Trim Level: TDI

Year: 2010   Style: SEDAN 4-DR

Check That VIN(checkthatvin.com)

실명을 차대번호^{VIN}로 변환한 후, 또 다른 서비스로 세부를 검증하고 싶을 수 있다. Check That VIN으로 어떤 VIN도 입력해 연식, 제조사, 관련 차량 모델을 추출할 수 있다.

NICB YIN Check(nicb.org/theft_and_fraud_awareness/vincheck)

이전 두 검색이 차량, 소유주 관련 세부를 확인하지만, 도난, 구조 기록 관련 정보는 전혀 표시하지 못한다. National Insurance Crime Bureau^{NICB}는 어떤 VIN 검색도 허용해 고유한 정보 두 가지를 표시한다. VINCheck Theft Record는 도난 사건이 보고된 차량을 확인하는 반면, VINCheck Total Loss Records는 구조된 차량에 속하는 VIN을 확인한다.

Cycle VIN(cyclevin.com)

오토바이 VIN은 표준 VIN 엔진에서 글자수 때문에 검색 가능하지 않을 수 있다. Cycle VIN은 연식, 제조사 외에 자산 데이터베이스에 VIN이 존재한다는 표식도 표시한다. 만약 그럴 경우 25달러면 소유권, 마일리지 정보를 획득한다. 나는 현재 정확한 연식, 제조사로 오토바이 VIN을 검증하는 무료 자료로만 사용한다.

That's Them(thatsthem.com/vin-search)

이 서비스는 전에 훌륭한 인물 검색 도구로 설명했다. 또한 다른 무료 유틸리티와 경쟁하는 VIN 검색도 제공한다. 한 사례로 나는 VIN Place 검색 동안 찾은 VIN 을 입력해 전체 이름, 주소, 연식, 제조사, 모델을 이미 알려진 대로 받았다. That's Them은 소유주의 유효한 이메일 주소, 페이스북 페이지 링크도 공급했다.

Reverse Genie(reversegenie.com/license_plates)

이 서비스는 번호판을 등록하면, 차량 연식, 제조사, 모델을 확인한다. 테스트로 나 는 이 섹션을 작성하는 동안 공항에서 나오는 TV 프로그램에 표시된 차량 등록 번 호를 등록했다. 결과는 정확히 2010년형 닷지 어벤저로 차량을 확인했다. 작은 정 보일 뿐이지만, 다른 검색 기법과 조합하면 효과가 있다.

Progressive(progressive.com)

공식 차량 검색이 아니지만, 보험 제공업체 Progressive는 흥미로운 정보를 제 공한다. 처음에 내 온라인 OSINT 포럼의 일원인 S.L.로부터 이 기법을 배웠다. progressive.com에서 홈페이지를 조회하면 무료 보험 견적을 요청하는 프롬프트 가 뜬다. 어떤 타깃이든 우편번호, 주소를 제공하면, 그 주소에 등록한 모든 차량의 연식, 제조사, 모델의 요약을 받는다. 물리적 주소 외에 어떤 무작위적인 데이터를 공급해도 결과를 얻을 수 있다. 견적 프로세스를 더 효율적이고 정확하게 만들려고 고안됐을 가능성이 크지만, 조사관은 무료 유틸리티로 높이 평가한다.

DMV 기록

Track Somebody(tracksomebody.com/?cat=3)는 주마다 연락처 정보 목록을 제공 한다. 서면 요청은 찾고 있는 정보를 확보할 수 있다. 개인적으로 요청을 요하는 주 에 관한 명기도 있다. 이 페이지는 어떤 온라인 검색 기능도 제공하지 않지만, 정보 는 유용하다.

해운 및 보트 정보

전 세계의 해운 관련 세부 사항은 소유주 기록 실시간 모니터링에서 풍부하다. Marine Traffic(marinetraffic.com)은 모든 등록된 배, 보트의 현위치를 표시하는 인터랙티브한 지도가 있다. 어떤 배도 클릭하면 이름, 속도, 집합 시간, 목적지를 제공한다. Boat Info World(boatinfoworld.com)는 보트 이름 검색을 허용하며 다음 세부 사항을 제공한다.

Boat Name	Hailing Port
Boat Owner	Vessel Build Year
Record Date	Ship Builder
Service Type	Hull Shape
Boat's Length	Lloyd's Registry Number
Boat's Gross Tons	Call Sign
Registered Address	Coast Guard Vessel ID
Hull ID	Propulsion Type

항공 정보

비행 동안 항공 모니터링, 통시적 소유권 기록 검색은 상대적으로 쉽다. 상용기는 지속적으로 자동 보고 시스템으로 위치를 알리며, 테일넘버는 차량 번호판과 유사하게 작용한다. 오늘날 이 정보는 여러 웹사이트에서 공개 활용 가능하다. Plane Finder(planefinder.net)는 비행 중인 알려진 항공기를 모두 확인하는 인터랙티브한 전 세계 지도를 표시한다. 선택한 곳을 호버하면 항공기, 비행 번호, 원출발지, 목적지, 속도, 고도를 표시한다. 통시적 소유권 기록은 여러 웹사이트에서 사용 가능하며, 어떤 것도 완벽히 정확하지는 않다. 나는 Black Book Online의 Aviation page(blackbookonline.info/Aviation-public-Records.aspx)를 권장한다. 이 글을 쓰는 시점에 다음 데이터베이스에 직접 링크를 제공했다.

Aircraft N Number Search	Certified Pilots
Aircraft Ownership Search	Cockpit Voice Recorder Database
Airline Certificates	Flight Tracker
Airport Profiles	Military Aviation Crash Reports

Campaign Contributions(data.influenceexplorer.com)

정치 캠페인의 어떤 기부도 공공 기록이다. 개별 웹사이트 세가지 덕분에 그 검색은 이제 쉽다. Influence Explorer가 가장 포괄적이다. 캠페인 재무, 로비, 준비금, 운동원의 잘못된 행동, 연방 지출 데이터 개요를 제공한다. 메인 페이지는 개인, 회사 이름 검색을 허용한다. 웹사이트는 20년 이상의 과거 데이터를 제공한다.

Money Line(politicalmoneyline.com)

이 웹사이트는 성과 같은 최소한의 정보로 검색한다. 전체 이름, 연도를 포함하면, 타깃의 여러 세부 사항을 제공한다. 직업, 기부금 수령자, 양, 기부 유형, 정보가 있는 공식 자료 링크가 있다. 초기 검색을 한 후, 우편번호, 직업, 연도별로 검색할 수 있는 추가 검색 탭이 나온다.

Melissa Data(melissadata.com/lookups/fee.asp)

Melissa Data는 Money Line의 대안이다. 웹사이트로 우편번호를 검색해 특정 연도의 정치 기부를 모두 확인할 수 있다. 결과는 Money Line과 동일하지만, 가끔 고유한 데이터를 포함할 수 있다.

☑ 범죄 정보

타깃에게 전과가 있다면, 아마 인터넷에 그 증거가 있다. 카운티 법원 검색은 그 정보 중 대부분을 확인하지만, 카운티마다 웹사이트를 별도로 검색해야 한다. 이름으로 전국의 정보를 찾는 서비스가 꽤 있다.

Family Watch Dog(familywatchdog.us)

성 범죄자에 관해 공개된 범죄 정보를 확인하는 선도 웹사이트 중 하나다. 메인 페이지는 좌측에 "Find Offender" 영역이 있다. 여기서 주소, 이름으로 검색할 수 있다. 이름 검색은 결과를 표시하려고 성만 요구한다. 이러면 지정한 기준에 맞는 등록된 성 범죄자를 확인한다. 타깃 사진, 범죄 상세 정보가 있다.

Felon Spy(felonspy.com)

이 웹사이트는 처음에 내비게이션이 어려워 보일 수 있다. 정보 검색 필드 중 대부분은 정보에 요금을 요구하는 스폰서 결과로 포워딩한다. 이 데이터를 검색하려면 페이지 중간의 지도를 덮어쓰는 "Begin Search" 버튼을 클릭하는 방법이 있는데 무료다. 이 페이지에서 검색해야 하는 필드는 현재 상단에만 있고, 주소, 도시, 주가 있다. 어떤 주소든 타깃 동네에 입력하면, 그 지역에서 사기범의 지도에 마커로 표시한다.

Crime Reports(crimereports.com)

Crime Reports는 범죄 사건, 교통 사고, 등록된 성 범죄자, 경찰 보고서, 응급 사건의 아주 포괄적인 지도를 전달한다. 유일한 검색 옵션은 주소다. 대안으로 지도로 이동해 기대하던 지역으로 이동할 수 있다. 지도에서 관심 영역을 선택한 후, 알림 유형을 선택해 지도를 채울 수 있다. 폭력 범죄, 재산 관련 범죄, 교통 이슈, 응급 사건이 있다. 특정 동네만 조회하고, 전체 광역을 조회하지 않는 한, 모든 보고서를 선택해도 괜찮다. 지도에 모든 사건을 마킹한다(그림 13.01). 이 마커는 사건 관련 추가 정보를 위해 선택할 수 있다. 마커는 사건에 쓸 수 있는 어떤 세부도 표시하도록 확장된다. 종종 날짜, 시간, 주소, 범죄, 보고서 번호, 조사 기관이 있다. 이런 세부 사항은 Freedom of Information Act(FOIA) 요청을 정확히 등록할 때 유용하다. 게다가 동네 경찰서는 흔한 보고 관리 시스템 없이 다른 관할에서 데이터에 접근할 수 있다.

▲ **그림 13.01**: Crime Reports 상세 요약

죄수 검색

연방, 주 감옥 모두 죄수 상세 정보를 온라인으로 제공한다. 세부 정보량은 주마다 다르지만, 대부분 타깃 사진, 범죄 세부 정보가 있다. 주 대부분에서 이 정보는 대상이 여전히 조사 중, 가석방 중일 경우, 타깃의 출소 후에도 공개로 조회 가능하다. 연방 죄수는 www.bop.gov/inmateloc에서 찾을 수 있다. 성, 이름이 검색에 필요하다. 주마다 그 자체로 죄수 정보 데이터베이스를 유지한다. 구글에서 "Inmate locator", 관심 주를 검색하면 그 주의 공식 검색 옵션이 나온다.

VINE Link(vinelink.com)

VINE Link는 VINE의 온라인 포털인데, 희생자 고지 네트워크다. VINE는 수십 년 동안의 정보를 희생자와 관련 시민에게 제공했는데, 개인은 감독 상태 변화, 범죄 사건 정보의 신뢰할 만한 정보에 접근할 수 있다. 관심 주를 선택한 후 다음 옵션에서 선택할 수 있다.

Find an Offender: 정보 취득 외에 감독 상태 변화를 고지받도록 등록.
Find an Offender Court Case: 정보 취득 외에 범죄자 법원 일정을 고지받도록 등록.
Find Sex Offender Registry Status: 성 범죄자 등록 상태 변화의 정보 취득.
Find a Protective Order: 정보 취득 외에 보호 명령 상태 변화를 고지받도록 등록.

High Programmer(highprogrammer.com/cgi-bin/uniqueid)

주 대부분은 일종의 알고리즘으로 개인 운전 면허 번호를 생성한다. 종종 이 번호는 개인 이름, 성별, 출생일로 생성한다. 전에 언급한 웹사이트에서 타깃의 중간 이니셜, 출생일을 판단한 후, 이 데이터로 타깃의 운전 면허 번호를 확인할 수 있다. High Programmer는 다음 주에 대해 이 프로세스를 자동화한다.

Florida	Michigan	New York
Illinois	Minnesota	Washington
Maryland	New Hampshire	Wisconsin

Military Duty Status(dmdc.osd.mil/appj/scra)

이 웹사이트는 현재 활성인 복무 상태 보고서에 접근하려고 성, 출생일만 요한다. 이 PDF 문서를 열면 현재 상태, 예편일, 미래 소집일을 확인할 수 있다. 이 양식에서 요구하는 정보는 전에 논한 방법으로 쉽게 확보 가능하다.

Selective Service Verification(sss.gov/Home/Verification)

이 웹사이트는 타깃 이름, 사회 보장 번호, 출생일을 요한다. 결과는 그 개인의 전체 이름, 징병 번호, 등록일을 확인한다.

추가 조사

수많은 온라인 정부 기록에 링크를 제공하는 여러 웹사이트가 있다. 미국 내 카운티 3,000개 이상에 대해 여러 출처를 항상 사용해야 한다. 더 나은 컬렉션 중 일부는 다음 웹사이트에서 찾을 수 있다.

brbpub.com/free-public-records

publicrecords.searchsystems.net

14장

애플리케이션 프로그래밍 인터페이스

이 장은 책에서 가장 기술적이다. 별도로 존재하며, 장의 나머지를 이해하려고 반드시 읽을 필요는 없다. 이 검색 방법 중 아무것도 타깃 관련 OSINT 정보를 찾을 때 필요하지 않지만, 프로세스를 가속해 새 데이터를 찾는다. 이 기법은 여러 자료에 걸쳐 검색 프로세스를 자동화한다. 결과는 텍스트온리 페이지에 광고, 그래픽도 없기에, 혼란스럽거나 원하지 않는 콘텐츠도 없다. 약간 시간을 투자해 프로세스를 학습할 의지가 있다면, 가치 있는 보상이 있다.

애플리케이션 프로그래밍 인터페이스API는 서로 커뮤니케이션하는 소프트웨어 컴퍼넌트의 인터페이스다. API는 인터넷 전반에 걸쳐 사용한다. 예를 들어 AllMyTweets, Followerwonk 등 전에 언급한 웹사이트를 사용할 때 API를 활용하는 셈이다. 이 웹사이트는 타깃 관련 트위터 정보를 표시한다. 이 정보를 트위터 API에서 획득한다. 여러 소셜 네트워크처럼 트위터도 그 콘텐츠 API에 공개 접근을 허용한다. 그래서 개발자는 데이터의 새 용도를 만들어내 더 많은 사용자를 끌어모을 수 있다. API를 트위터 같은 웹사이트 콘텐츠가 모두 있는 큰 서버의 링크로 생각하자. twitter.com에 가도, 트위터가 저장한 정보에 접근하는 한 방법이다. 웹사이트를 우회해 서버 데이터 전부에 직접 링크가 있는 API와 커뮤니케이션하는 옵션도 있다. 이 API 접근은 특정 유형의 데이터에 더 효율적이다.

단일 서비스의 API를 활용하는 웹사이트는 훌륭하지만, 빙산의 일각일 뿐이다. 새 서비스는 여러 API에서 데이터를 수집해 결과를 조합한다. 이 API로 어떤 사용자든 전체 소셜 네트워크 정보에 접근할 수 있다. 사용자 이름, 이메일 주소를 적용하면, 이 서비스는 그 대상 관련 모든 온라인 계정에서 값을 가져온다. 이러면 타깃 관련 프로필 목록이 즉시 나올 수 있다. 이러면 전통적인 웹사이트에서 정보 접근에 걸리는 여러 시간을 절약할 수 있다.

여기서 상세히 소개하는 API 중 일부는 공식 웹사이트에서 얻을 수 있을 정보만 제공한다. 이 API 접근은 타깃 관련 콘텐츠만 나오는 혜택이 있다. 스폰서 링크, 광고, 악의적 텍스트, 그래픽 등을 받지 않는다. 여러 타깃을 조사해야 하면, 웹 인터페이스 대신 API를 사용할 경우, 훨씬 더 빨라진다. 검색을 자동화하고 한 번에 수백 쿼리를 실행할 수도 있다. 이상적으로는 이 기법 모두의 자체 웹 폼을 생성해 그림 14.01에 보이는 내것처럼 필요 시 사용할 수 있다. 이 장은 전체 프로세스를 설명한다. 어떤 API 검색도 시도하기 전에 파이어폭스 웹브라우저, JSONView 애드온을 모두 설치하도록 권장한다. 둘 다 1장에서 설명했다. 이 소프트웨어의 조합은 모든 결과를 표준 웹페이지 내에서 제시한다. 그 다음, 이 페이지를 출력, 저장, 스크린샷 캡처할 수 있다. 웹사이트를 문서화하는 방식과 마찬가지다. 인터넷 익스플로러로 이 섹션에서 API 웹페이지 대부분을 열면 기대하던 결과나 나오지 않는다.

이 서비스 중 대부분은 대량의 요청을 처리하려 고안됐다. 이름, 이메일 주소, 전화번호 등 긴 목록이 있다면, API는 전통적인 웹사이트 검색보다 훨씬 더 빨리 결과를 산출할 수 있다. 이 자동 기능을 활용하려면, 스크립트, 배치 파일의 작동 방식을 이해해야 하지만, 이 책의 범위 밖이다. 기관에서 벌크 쿼리 수요가 있다면, 프로그래머에게 접근해 커스터마이징 솔루션을 생성할 가치가 있다. 그렇지 않으면 몇 가지 설명이 수동 검색 기법의 이해에 도움이 된다.

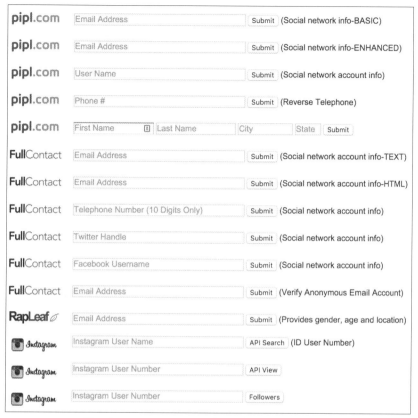

▲ **그림 14.01**: inteltechniques.com에 호스팅된 커스텀 API 검색 페이지

Pipl(dev.pipl.com)

전에 Pipl이 실명, 이메일 주소, 전화번호, 사용자 이름 등에 관한 정보의 엄청난 자료라 설명했다. 이 웹사이트는 내비게이션이 쉽지만, API는 관련 데이터만 제공해소화하기 더 쉽다. 어떤 검색을 수행하든 Pipl API 키가 필요하며, 웹사이트에서 무료로 얻을 수 있다. 이 모든 결과에서 XXXXXXXXXX는 자신의 API 키로 대체해야한다. 같은 API 키는 여기서 상세히 설명하는 기법 네 가지 모두에 통한다. 이 글을쓰는 시점에 다음 사례에서 "XXXXXXXXXXXX"를 "samle_key"로 대체하면 유효한 키의 필요성을 우회한다. 하지만 IP 주소에서 일간 10회 검색으로 제한된다.

Real name search:

https://api.pipl.com/search/v5/?first_name=freda&last_name=bazzell&city=wood%20river&state=il&exact_name=false&no_sponsored=true&key=XXXXXXXXXX

Email address search:

https://api.pipl.com/search/v5/?email=jennifer.brandel@gmail.com&no_sponsored=true&key=XXXXXXXXXX

User name search:

https://api.pipl.com/search/v5/?username=osintgeek&no_sponsored=true&key=XXXXXXXXXX

Telephone number search:

https://api.pipl.com/search/v5/?phone=##########&no_sponsored=true&key=XXXXXXXXXX

이 구조화된 요청은 이제 친숙해 보일 것이다. 이전 사례에서 데이터는 다음과 같이 상세화된다.

https://api.pipl.com/search/v5?: Pipl에게 최신 버전(v5)을 사용하도록 알려준다.

first_name=freda&last_name=bazzell: 타깃의 이름, 성을 확인한다.
city=wood%20river&state=il: 타깃의 도시, 주를 확인한다.
email=jennifer.brandel@gmail.com: 타깃의 이메일 주소를 확인한다.
username=osintgeek: 타깃의 사용자 이름을 확인한다.
phone=##########: 실제 타깃 전화번호를 나타낸다.
&no_sponsored=true: Pipl에게 어떤 광고도 제외하도록 알려준다.
&key= XXXXXXXXXX: API 키를 나타낸다.

이 API 요청 중 이메일 주소 검색이 가장 유용하다. 수행 시 타깃의 이메일 주소를 어떤 소셜 네트워크, 온라인 커뮤니티와도 연관지어 표시한다. 공급된 이메일 주소로 생성한 어떤 계정도 하이퍼링크로 포함될 수 있다. 이 링크는 대상의 개인 웹사이트를 확인할 수 있다. 링크를 클릭하면 대상의 웹사이트로 포워딩한다. 이제 정보 획득을 위해 생성한 URL을 즐겨찾기할 수 있다. 또 다른 이메일 주소를 확인하고자 할 때마다 즐겨찾기를 방문해 타깃에 맞춰 이메일 주소를 편집한다. 나는 이 프로세스를 단순화하는 폼을 생성하는 편이다. 그러기 위해 웹페이지를 생성해야 한다. 페이지는 인터넷의 어디서든 업로드할 필요가 없고, 컴퓨터의 하드 드라이브에서 페이지를 실행할 수 있다. 웹 개발 소프트웨어가 있다면 쉽다. 그렇지 않다면 텍스트 에디터도 꽤 괜찮다. 윈도우 사용자라면 노트패드를 열어, 다음을 새 텍스트 문서에 입력한다.

```
<html><head></head><body><script type="text/javascript">
function dopipl1(firstpp, lastpp, citypp, statepp) {
window.open('https://api.pipl.com/search/v5/?first_name=' + firstpp +
'&last_name=' + lastpp + '&city=' + citypp + '&state=' + statepp +
'&exact_name= false&no_sponsored=true&key=XXXXXXXXXX', 'pp1window');}
</script>
<form onsubmit="dopipl1(this.firstpp.value, this.lastpp.value, this.
citypp.value,
this.statepp.value); return false;">
<input type="text" name="firstpp" size="18" value="First Name" />
<input type="text" name="lastpp" size="18" value= "Last Name" />
<input type="text" name="citypp" size="12" value="City" />
<input type="text" name="statepp" size="5" value="State" />
<input type="submit" /></form>
<script type="text/javascript">
function dopipl2(email) {
window.open('https://api.pipl.com/search/v5/?email=' + email +
'&no_sponsored=true&key= XXXXXXXXXX, 'pipI2window');} </script>
<form onsubmit="dopipI2(this.pp2.value); return false;">
<input type="text" name="pp2" size="40" value="Email Address" />
<input type="submit" /></form>
< script type="text/javascript">
function dopipI3(ppuser) {
```

```
window.open('https://api.pipl.com/search/v5/?username=' + ppuser +
'&no_sponsored= true&key= XXXXXXXXX, 'pipI3window');} </script>
<form onsubmit="dopipl3(this.pp3.value); return false;">
<input type="text" name="pp3" size="40" value="Screen Name" />
<input type="submit" /></form>
<script type="text/javascript">
function dopipI4(ppphone) {
window.open('https://api.pipl.com/search/v5/?phone=' + ppphone +
'&no_sponsored=true&key= XXXXXXXXX, 'pipI4window');}</script>
<form onsubmit="dopipl4(this.pp4.value); return false;">
<input type="text" name="pp4" size="30" value="Phone #" />
<input type="submit" /></form>
</body></html>
```

이 파일을 pipl.html로 저장한다. 파일을 열면, 웹브라우저에 나타나 그림 14.01의
Pipl 부분과 유사하다. 이 파일의 디지털 버전은 inteltechniques.com/api/4.txt에
유지하며, 웹사이트에서 복사 후 붙여넣을 수 있다. 나는 이 코드로 온라인 검색 도
구를 유지하고, 다음 주소에서 "sample_key" 라이선스도 임베딩한다.

https://inteltechniques.com/OSINT/api.html

Full Contact(developer.fullcontact.com)

Full Contact는 타깃 이메일 주소와 연관된 어떤 소셜 네트워크, 개인 웹사이트도
리버스 검색을 한다. 이 서비스는 기다리는 동안 새 정보를 찾는 장점도 있다. 둘째
검색이 가끔 필요하다. Full Contact는 어떤 관련 데이터에 대해서도 소셜 API 수
백 개를 뒤진다. 결과에 대해 원하는 포맷도 지정할 수 있다. 아이콘, 사진을 제공
하는 HTML 뷰의 추가 옵션을 제공한다. 다음은 텍스트 뷰의 기본 URL이다.

https://api.fullcontact.com/v2/person.json?email=lorangb@gmail.
com&apiKey=XXXXXX

이 URL은 다음과 같이 상세화된다.

https://api.fullcontact.com/v2/person: 웹사이트, 버전을 가리킨다.

.json: 포맷 출력물이다. 또 다른 옵션은 HTML이다.

email=lorangb@gmail.com: 검색할 이메일 주소를 지정한다.

apiKey=XXXXXXX: 제공할 API 키를 나타낸다.

이 검색 결과는 관련 소셜 네트워크, 사진, 프로필, 직접 링크 수십 개가 있는 조직이 있다. 다음은 작은 발췌 부분이다.

```
"familyName": "Lorang",
        "givenName": "Bart",
        "fullName": "Bart Lorang",
        "chats": [
                "client": "gtalk",
                "handle": lorangb@gmail.com
                "client": "skype",
                "handle": "bart.lorang"
        "websites": [
                "url": "http://rainmaker.cc/"
"photos": [
                "typeName": "Twitter",
                "url":
                "http://a0.twimg.com/profile_images/1364842224/Bart_
Profile_1_normal.jpg"
        },
                "typeName": "Tungle Me",
                "type": "tungleme",
                "typeId": "tungleme",
                "urI": https://tungle.me/public/bartlorang/Image
                "typeName": "Myspace",
                "type": "Myspace",
                "typeId": "Myspace",
                "urI": "http://a2.ec-
                images.Myspacecdn.com/profile01/114/97c130815ed44e47a19
080f970706dbe/s.jpg"
```

```
       ],
"demographics": {
       "age" : "32",
       "locationGeneral": "Denver, Colorado, United States",
       "gender": "Male",
       "ageRange": "25-34"
       },
"socialProflles": [
       {
               "id": 5998422,
               "typeName": "Twitter",
               "following": 489,
               "followers": 662,
               "username": "lorangb",
               "bio": "CEO & Co-Founder of @FullContactApp and @
FullContactAPI-Tech Entrepreneur and Angel Investor.",
               "url": "http://www.twitter.com/lorangb",
               "typeName": "Facebook",
               "type": "facebook",
               "typeId": "facebook",
               "url": "http://facebook.com/bart.lorang",
               "id": "651620441",
               "usernalne": "bartlorang"
```

이 링크는 전통적인 검색 방법으로 찾는 데 여러 시간이 걸리는 정보로 이어질 수 있다. HTML 뷰 옵션은 대량의 데이터를 사용 가능할 때 더 나을 수 있다. 뷰는 압축된 결과를 표시하는데, 타깃의 소셜 네트워크 프로필 아이콘 링크가 있다. URL은 다음 주소로 바꿀 텐데, 결과는 그림 14.02에 표시된다.

https://api.fullcontact.com/v2/person.html?email=lorangb@gmail.com&apiKey=XXXXXX

Bart Lorang
Co-Founder & CEO, FullContact
Male, 32 years old
Denver, Colorado, United States

Other Organizations:
CEO & Co-Founder, FullContact
Techstars
CEO, FullContact

▲ **그림 14.02**: HTML 뷰의 Full Contact 결과

2012년 Full Contact는 API에 새 검색 기능을 추가했다. 현재는 페이스북 이름, 트위터 핸들, 전화번호로 검색할 수 있다. 또한 이메일 주소를 검색해 익명의 계정일 가능성을 확인할 수 있다. 페이스북 검색 URL은 다음과 같다.

https://api.fullcontact.com/v2/person.html?facebookUsername=bart.lorang&apiKey=XXXX

Full Contact는 페이스북 사용자 이름만 요하지, 전체 주소는 요하지 않는다. 이 사례에서 "bart.lorang"은 사용자 이름이며, 전체 페이스북 프로필 주소는 https://facebook.com/bart.lorang일 것이다. 타깃의 이메일 주소는 모르지만 페이스북 페이지는 찾았을 때 아주 유용할 수 있다. 이제 이메일 주소로 이어질 타깃의 소셜 네트워크 전체를 확인한다. 트위터 URL은 트위터 핸들이 "bartlorang"일 경우 다음과 같다.

https://api.fullcontact.com/v2/person.html?twitter=bartlorang&apiKey=XXXXXXXX

Full Contact의 전화번호 검색 API는 여전히 베타 단계지만, 이 부분이 장래에 아주 가치를 입증할 수 있다. 타깃 전화번호가 소셜 네트워크와 연관되면 성공 가능성이 더 크다. 검색 URL은 다음과 같다.

```
https://api.fullcontact.com/v2/person.html?phone=+16182597625&apiKey=
XXXXXXXX
```

이 검색에서 전화번호는 618-259-7625다. 하이픈, 공백은 URL을 구성할 때 사용해서는 안되며, "1"은 10자리 번호 앞에 와야 한다.

Full Contact의 마지막 상품은 내가 전에 마주친 고유한 서비스를 제공한다. 이메일 주소를 제공할 때 Full Contact는 익명 계정으로 확인 가능한 정보를 제공한다. 타깃 이메일 주소가 john@hushmail.com이면, 분석가 대부분은 도메인이 비공개 이메일 서비스에 연루됐다 확인한다. 하지만 john@sharklasers.com은 명확하지 않을 수 있다. 두 계정 모두 1회용 이메일 계정을 제공하는 서비스에 속한다. Full Contact가 대신 확인한다. 요청의 URL은 이메일 주소가 john@sharklasers.com 일 경우 다음과 같다. 결과는 URL 아래 나타난다.

```
https://api.fullcontact.com/v2/email/disposable.html?email=john@
sharklasers.com&apiKey=XXXX
```

```
<message>
Email username is not sub addressed. Email's domain is likely
associated with disposable email addresses.
</message>
```

이 검색 모두를 위한 웹 폼 생성은 나머지 모두와 마찬가지로 이뤄진다. 다음은 페이지를 생성하는 정확한 텍스트다. 잊지 말고 XXXXXXXXXX를 Full Contact가 제공하는 정확한 API 키로 바꿔야 한다.

```
<html><head></head><body>
<script type= "text/javascript">
function dofullcontact(femail) {
window.open('https://api.fullcontact.com/v2/person.html?email=' +
femail +
'&apiKey=XXXXXXXX', 'contactwindow');} </script>
<form onsubmit="dofullcontact(this.femail.value); return false;">
<input type="text" name="femail" size="40" value= "Email Address" />
```

```
<input type="submit" /></form>
<script type="text/javascript">
function dofullcontact2(phone) {
window.open("https://api.fullcontact.com/v2/person.html?phone=+1' +
phone +
'&apiKey=XXXXXXXX', 'contactwindow2');} </script>
<form onsubmit="dofullcontact2(this.fcp.value); return false;">
<input type="text" name="fcp" size="40" value="Telephone Number(10
Digits Only)" />
<input type="submit" /></form>
<script type="text/javascript">
function dofullcontact3(twitter) {
window.open("https://api.fullcontact.com/v2/person.html?twitter=' +
twitter +
'&apiKey=XXXXXXXX, 'contactwindow3');} </script>
<form onsubmit="dofullcontact(this.fct.value); return false;">
<input type="text" name="fct" size="40" value="Twitter Handle" />
<input type="submit" /></form>
<script type="text/javascript">
function dofullcontact4(fb) {
window.open("https://api.fullcontact.com/v2/person.
html?facebookUsername=' + fb +
'&apiKey=XXXXXXXXX, 'contactwindow4');} </script>
<form onsubmit="dofullcontact(this.fb.value); return false;">
<input type="text" name="fb" size="40" value="Facebook Name" />
<input type="submit" /></form>
<script type="text/javascript">
function dofullcontact5(anon) {
window.open('https://api.fullcontact.com/v2/email/disposable.
html?email=' + anon +
&apiKey=XXXXXXXX, 'contactwindow'5);} </script>
<form onsubmit="dofullcontact(this.anon.value); return false;">
<input type="text" name-"anon" size="40" value="Email Address" />
<input type="submit" /></form>
</body></html>
```

이 파일을 fullcontact.html로 저장한다. 파일을 열면, 웹브라우저에 나타나 그림 14.01의 Full Contact 부분과 유사하다. 이 파일의 디지털 버전은 inteltechniques. com/api/6/txt에 있으니, 웹사이트에서 복사해 붙여넣을 수 있다.

인스타그램(instagram.com/developer)

인스타그램 API의 검색 기능은 9장에서 설명, 예시했다. 중복을 피하기 위해 이 장은 토큰을 확보해 커스텀 인스타그램 검색 웹페이지를 생성하는 프로세스만 설명한다.

instagram.com/developer으로 이동해 인스타그램 계정에 로그인한다. 필요하다면 새 계정을 생성한다. "Manage Clients" 버튼에 이어 "Register a New Client" 버튼을 클릭한다. 새 클라이언트 이름, 설명문, 웹사이트 주소를 제공하고, "OAuth" 라인에 그 주소를 반복한다. 내가 이 사례에서 사용한 같은 웹사이트를 사용할 수 있는데, 그림 14.03에 보인다. 응답은 Client ID, Client Secret이 있다. 이 정보로 토큰을 생성한다. 페이스북과 유사하게 인스타그램에 토큰을 요청해야 한다. 다행히 이 토큰은 만료되지 않으니, 1번만 하면 된다. URL 기반을 다음 구조로 생성한다.

> https://instagram.com/oauth/authorize/?cliencid=CLIENTID&redirect_
> uri=WEBSITE&response_type=token#

CLIENT ID	c027a4ea360b46b49954704bb2803d95
CLIENT SECRET	6f9216944521454fbf3c7a72b7dce1bc
WEBSITE URL	http://inteltechniques.com
REDIRECT URI	http://inteltechniques.com

▲ **그림 14.03**: 인스타그램 API 상세 페이지

그림 14.03의 정보를 근거로 한 주소는 다음과 같다.

https://instagram.com/oauth/authorize/?cliencid=c027a4ea360b46b49
954704bb2803d95&redirect_uri=http://inteltechniques.com&response_
type=token#

응답은 인스타그램의 확인 박스가 있는데, 승인해야 한다. 이어서 제공한 주소
(inteltechniques.com)로 포워딩된다. 이 페이지의 주소 바는 인스타그램에서 나온
새 토큰이 있다. 내 페이지의 주소는 다음과 같았다.

inteltechniques.com/#access_token=241310026.c027a4e.66b6a1616d6d491
c93e0af9f6261652

이 토큰으로 9장에서 설명한 검색에 사용 가능한 커스텀 웹페이지를 생성할 수 있
다. 다음은 페이지를 생성하는 정확한 텍스트다. 잊지 말고 인스타그램이 제공한
정확한 토큰 키로 내 토큰을 바꿔야 한다. 마지막 GPS 옵션이 인스타그램에서 제
공하는 Client ID를 요함에 주의한다.

```
<head></head><body>
<script type="text/javascript">
function dotw1(tw1) {window.open("https://api.instagram.com/v1/
users/search?q=' + tw1 +'&count=999&access_token=241310026.c027a4e.
66b6a1616d6d491c93e0af9f6261652', 'twitterwindow');}</script><form
onsubmit="dotw1(this.tw1.value); return false;"><input type="text"
name="tw1" size="40" value="Instagram User Name" /><input
type="submit" value="API Search" />Identifies user number for next
searches<br /><br /></form>

<script type="text/javascript"> function dotw2(tw2)
{window.open('https://api.instagram.com/v1/users/' + tw2 +
'/media/recent?access_token=241310026.c027a4e.66b6a1616d6d491c93e0af
9f6261652', 'twitterwindow');}
</script> <form onsubmit="dotw2(this.tw2.value); return false;">
<input type="text" name="tw2" size="40" value="Instagram User
Number" />< input type="submit" value="API View" /> Identifies most
recent posts and GPS info if available< br />< br />
```

```
<script type="text/javascript"> function doig4(ig4)
{window.open("https://api.instagram.com/v1/users/' + ig4 +
'/follow?access_token=241310026.c027a4e.66b6a1616d6d491c93
e0af9f6261652', 'twitterwindow');} </script></form> <form
onsubmit="doig4(this.ig4.value); return false;"> <input type="text"
name="ig4" size="40" value="Instagram User Number" /><input
type="submit" value="Following" />Identifies people target is
following<br /><br /></form>

<script type="text/javascript">function doig5(ig5)
{window.open('https://api.instagram.com/v1/users/' + ig5 + '/
followed-by?access_token=241310026.c027a4e.66b6a1616d6d491c
93e0af9f6261652', 'twitterwindow');} </script></form> <form
onsubmit="doig5(this.ig5.value); return false;"><input type="text"
name="ig5" size="40" value="Instagram User Number" /><input
type="submit" value="Followers" />Identifies people following the
target<br /><br /></form>

<script type="text/javascript">function dotw3(lat, long, distance)
{window.open('https://api.instagram.com/v1/media/search?lat=' +
lat + '&lng=' + long + '&distance=' + distance +'?client_id=c027a
4ea360b46b49954704bb2803d95&access_token=241310026.c027a4e.66b6a
1616d6d491c93e0af9f6261652', 'twitterwindow');} </script> <form
onsubmit="dotw3(this.lat.value, this.long.value, this.distance.
value); return false;"> <input type="text" name="lat" size="20"
value="LAT" /><input type="text" name="long" size="20" value="LONG"
/> <input type="text" name="distance" size="10" value="1" /><input
type="submit" value="GEO View" /> Displays posts from a location<br
/><br /></form></body></html>
```

이 파일을 instagram.html로 저장한다. 파일을 열면 웹브라우저에 나타나 그림
14.04처럼 보인다. 이 파일의 디지털 버전은 inteltechniques.com/api/8.txt에 유
지하니, 웹사이트에서 복사해 붙여넣을 수 있다.

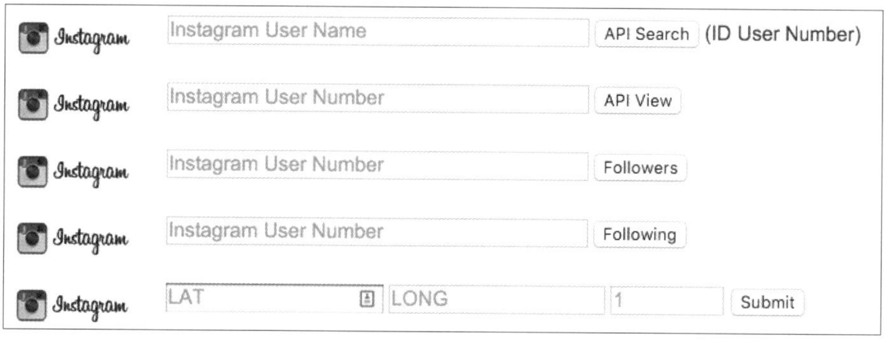

▲ **그림 14.04**: 인스타그램 API 검색 페이지

리버스 콜러 ID 엔진

11장은 일반 전화, 휴대폰 번호를 확인하는 다양한 리버스 API 방법을 설명했다. API 프로세스는 콜러 ID 정보를 찾아 개별 회사마다 검색하려고 문서화했다. 이 섹션은 단일 전화번호에 대해 모든 회사에 걸쳐 검색하는 웹페이지 검색 도구를 어떻게 만드는지 설명한다. 다음은 페이지를 만드는 정확한 텍스트다. 잊지 말고 각 행의 "XXX"를 콜러 ID 서비스마다 제공하는 정확한 토큰 키로 바꿔야 한다.

```
<head></head><body>
<script type="text/javascript">function docidall(cidall) {
window.open('http://api.opencnam.com/v2/phone/+1' + cidall, 'frame1');
window.open('http://api.opencnam.com/v2/phone/+1' + cidall + '
?account_id=XXX&auth_token=XXX', 'frame2');
window.open('http://cnam.bulkcnam.com/?id=XXX&did=' + cidall, 'frame3');
window.open('http://cnam.calleridservice.com/query?u=USERNAME&k=XXX&n='
+ cidall, 'frame4');
window.open('http://trial.serviceobjects.com/gppl/geophoneplus.
asmx/GetPhoneInfo_V2?P honeNumber=' + cidall + '&TestType=
full&LicenseKey=XXX', 'frame5');
window.open('https://dip.cidname.com/' + cidall + '/
XXX&output=raw&reply=none', ,frame6');}
window.open('https://XXXX:XXXX@api.nextcaller.com/v2/
records/?phone=' + cidall + '&format=json', frame7);
</script>
```

```
<form onsubmit="docidall(this.cidall.value); return false;"> <input
type="text" name="cidall" size="40" value="Phone Number" /><input
type="submit" />(BASIC Caller ID Database)
<br /><br /></form>
<iframe allowScriptAccess='always' name='frame1' id='frame1'
width='650px' height='40' frameborder=0> </iframe> <br />
<iframe allowScriptAccess='always' name='frame2' id='frame2'
width='650px' height= '40' frameborder=0> </iframe><br />
<iframe allowScriptAccess='always' name= 'frame3' id='frame3'
width='650px' height='40' frameborder=0> </iframe>< br />
<iframe allowScriptAccess='always' name= 'frame4' id='frame4'
width='650px' height='40' frameborder=0> </iframe><br />
<iframe allowScriptAccess='always' name= 'frame5' id='frame6'
width='650px' height='40' fameborder=0> </iframe><br />
<iframe allowScriptAccess='always' name='frame6' id='frame5'
width='650px' height='540' frameborder=0> </iframe>
<iframe allowScriptAccess='always' name='frame7' id='frame7'
width='650px' height='540' frameborder=0> </iframe>
</form> </body> </html>
```

이 파일을 phone.html로 저장한다. 파일을 열면 웹브라우저에 나타나 그림 14.05
처럼 보인다. 이 파일의 디지털 버전은 inteltechniques.com/api/cid.txt에 있는
데, 웹사이트에서 복사해 붙여넣을 수 있다.

▲ 그림 14.05: 여러 리버스 콜러 ID 서비스를 검색하는 커스텀 웹페이지

Service Objects(serviceobjects.com/products/email/email-insight)

Service Objects는 데이터 출처를 근거로 여러 API 검색 옵션을 제공한다. 11장은 무료 체험 기반으로 웹사이트로 리버스 콜러 ID를 어떻게 사용하는지 설명했다. 이 회사는 가끔 계정 사용자 위치, 연령대, 성별, 소득, 학력, 거주 정보를 확인하는 이메일 룩업 유틸리티도 제공한다. TowerData와 유사한데, 나중에 논한다. 하지만 Service Objects는 무료 평가 동안 추가 정보를 표시한다. 무료 체험을 획득하면 30일 기간 내에 검색을 500회까지 허용된다. 이메일 주소, 이름, 전화번호를 무엇이든 제공하면 즉시 활성 API 키가 발급된다. 다음 구조를 근거로 URL을 생성한다.

http://trial.serviceobjects.com/ei/emailinsight.asmx/GetContactInfoByEmail
?Email=EMAIL ADDRESS
&LicenseKey= XXXX-XXXX-XXXXX

내 API 키, 샘플 이메일 주소를 근거로 다음 URL로 이동했는데, 그 아래 바로 보이는 결과가 나왔다.

http://trial.serviceobjects.com/ei/emailinsight.asmx/GetContactInfoBy
Email?Email=m.wilso n72@hotmail.com&LicenseKey=WS67-QRI1-OZH4

```
<EmailInsightResult>
<City>Santa Barbara</City>
<County>Santa Barbara</County>
<State>CA</State>
<Country>United States</Country>
<PostalCode>93105</PostalCode>
<AddressType>Residence</AddressType>
<Latitude>34.446925</Latitude>
<Longitude>-119.742822</Longitude>
<Age>45-54</Age>
<Gender>Male</Gender>
<HouseholdIncome>100K-125K</HouseholdIncome>
<Education>Unknown</Education>
<Homeowner>True</Homeowner>
```

```
<HomeMarketValue>350K-500K</HomeMarketValue>
</EmailInsightResult>
```

이제 이 이메일 주소에 대해 활용 가능한 데이터로 사용자가 45-54세인 남성에, 캘리포니아 산타바바라에 살며, 35만에서 50만 달러 사이 가치의 주택에 거주하는 소유자임을 안다. 이 데이터 검색을 위해 웹페이지를 생성하기란 아주 쉽다. 다음 코드를 serviceobjects.html로 저장한다. 파일을 열면, 웹브라우저에 나타나 이 장에서 생성한 다른 커스텀 도구와 유사하다. 이 파일의 디지털 버전은 inteltechniques.com/api/so.txt에 있고, 웹사이트에서 복사해 붙여넣을 수 있다.

```
<html><head></head><body>
<script type="text/javascript"> function doservice(email) {window.open
(' http://trial.serviceobjects.com/ei/emailinsight.asmx/
GetContactInfoByEmail?Email' +
email +'&LicenseKey=XXXX-XXXX-XXXX', servicewindow');}
</script>
<form onsubmit="doservice(this.service.value); return false;">
<input type="text" name="service" size= "40" value="Email Address"
/>
<input type="submit" /></form>
</body> </html>
```

TowerData(dashboard.towerdata.com/users/sign_up)

예전에는 Rapleaf였던 TowerData는 대량의 정보 분석 제품을 구축하는 회사다. 회사에서 대량의 고객 이메일 데이터베이스를 분류하고, 고객 관련 정보를 획득하도록 돕는다. 데이터로 전달하는 기본 API에 무료 접근을 제공한다. 이 서비스는 특정 이메일 주소 사용자의 위치, 성별, 연령대를 제공한다. 소셜 네트워크, 마케팅 데이터 등 여러 데이터 출처를 사용한다. 적은 요금으로 이 세 카테고리보다 추가 정보를 획득할 수 있지만, 이 튜토리얼은 무료 데이터만 집중한다. TowerData의 API 외에 API 대부분은 고유의 API 키를 요한다. 다른 누구도 아닌 자신에게만 발급되는 라이선스다. 위 웹사이트를 방문하면 계정을 생성해 키를 요청할 수 있다. 일단 키가 생기면, 아주 구체적인 URL, 혹은 인터넷 주소를 구성해 검색해야 한다. 이 주소의 사례는 다음과 같다.

https://api.towerdata.com/v5/td?email= test@test.com&api_key= xxxx&format=html

이 검색은 다음과 같이 상세화된다.

http://api.towerdata.com: 서비스의 주 도메인이다.

v5/td?: API의 최신 버전(v5)을 사용 중인 TowerData임을 확인한다.

email=test@test.com: 검색하려는 이메일 주소를 지정한다.

api_key=xxxx: TowerData가 발급한 API 키를 나타낸다.

format=html: TowerData에게 표준 HTML 뷰로 결과를 제시하도록 알려준다.

API 키, 유효한 이메일 주소로 이 데이터를 요청하면 결과는 다음과 같다.

"location": "Chicago, Illinois, United States",

"age": "25-34",

"gender": "Female"

이제 정보를 얻기 위해 생성한 URL을 즐겨찾기할 수 있다. 또 다른 이메일 주소를 확인하고 싶을 때마다 즐겨찾기를 방문해 타깃에 맞춰 이메일 주소를 편집할 수 있다. 나는 전에 논한 것과 유사한 폼을 만드는 편이다. 노트패드를 열어, 다음을 새 텍스트 문서에 입력한다.

```
<html><head></head><body>
<script type="text/javascript"> function dotower(email) {window.open
('https://api.towerdata.com/v5/td?email=' + email +'&api_
key=xxxx&format=html',
'towerwindow');}
</script>
<form onsubmit="dotower(this.raf2.value); return false;">
<input type="text" name="raf2" size="40" value="Email Address" />
<input type="submit" /></form></body></html>
```

이 파일을 towerdata.html로 저장한다. 파일을 열면 웹브라우저에 나타나, 그림 14.06과 같다. 이 파일의 디지털 버전은 inteltechniques.com/api/1.txt에 있는데, 웹사이트에서 복사해 붙여넣을 수 있다.

▲ **그림 14.06**: TowerData 쿼리 폼

이제 어떤 이메일 주소도 입력해 Submit Query를 클릭하면, 새 탭이 TowerData 결과와 함께 열린다. 이 장에서 논한 서비스마다 별개 페이지를 만들 수 있다. 그 대신 그림 14.01과 유사한 페이지를 생성하는 것도 고려하자. 그래픽, 설명문은 필요하지 않다. 뭔가 더 시각적으로 만족스럽게 만들고 싶다면, 웹 디자인 관련 정보는 인터넷에 풍부하다.

추가 조사

새 API는 날마다 나타나고 사라진다. 옵션을 모두 추적하면 지칠 수 있다. 이 장 때문에 더 세부 사항을 원하면, 나는 다음 두 서비스를 권장한다. 업데이트를 위해 둘 다 주간 모니터링한다.

Programmable Web(programmableweb.com)

이 웹사이트는 극히 가치 있는 서비스 2개를 제공한다. API 검색은 특정 서비스 쿼리, 활용 가능한 어떤 공개 API 확인도 허용하는 꽤 표준적인 옵션이다. 트위터 같은 소셜 네트워크, Full Contact 등 서비스용일 수 있다. 게다가 방대한 "Mashups" 셀렉션도 제공한다. 이 제품은 둘 이상의 API를 조합해 다양한 쿼리를 위해 공개 웹사이트를 공급하는 웹사이트다. 내가 전에 제시한 사용자 이름 검색 서비스 중 상당수는 이 옵션으로 발견했다. 새 매쉬업이 매일 나타나기에, 주간으로 브라우징한다.

Mashape(mashape.com)

Mashape는 여러 회사의 API 모음이다. 또한 다른 회사 데이터에 접근하려고 사용할 수 있는 자체 API도 제공한다. 이 모음은 유무료 서비스가 모두 있는데, 대부분이 웹사이트에서 제품을 테스트할 수 있다. 현재 나는 이 웹사이트를 다양한 Social Media Search API로 개별 이메일 주소를 테스트하려 사용 중이다. 결과는 다양할 수 있지만, 이런 조합된 서비스에 잠재력이 많다. 무료 계정 생성, 다양한 API 실험을 권장한다.

소프트웨어 애플리케이션

이 시점까지 논한 기법은 모두 윈도우, 맥, 리눅스 등 운영체제[OS]와 상관없이 어떤 컴퓨터에서도 작동한다. 시스템이 인터넷 접속, 웹브라우저가 있는 한, 검색 방법을 모두 수행할 수 있다. 이 장은 OSINT 검색을 돕는 소프트웨어 애플리케이션에 집중한다. 이 프로그램은 모두 윈도우 운영체제의 컴퓨터에서만 작동한다. 독자 대부분을 포함한다. 맥, 리눅스 OS가 있다면, 1장에서 설명한 대로 그 안에서 윈도우를 구동하기 위해 가상화 소프트웨어를 사용할 수 있다.

여기서 상세히 설명하는 프로그램 중 상당수는 "휴대용 애플리케이션"으로 실행할 수 있다. 즉 프로그램을 다운로드해 설치 없이 시작할 수 있다는 뜻이다. 필요한 파일 모두는 애플리케이션 내에 있고 실행할 준비가 돼 있다. 다른 컴퓨터에서 애플리케이션이 필요할 때 편리할 수 있다. 포터블 플래시 드라이브에 프로그램을 다운로드해 드라이브에서 직접 실행할 수 있다. 포터블 드라이브에 이 애플리케이션을 저장하면 어떤 위치에서도 계속 쿼리를 수행할 수 있다. 나는 Portable Apps(portableapps.com), Pen Drive Apps(pendriveapps.com), Portable

Freeware(portablefreeware.com) 방문을 추천한다.

이 장에서 언급한 모든 소프트웨어는 개인 용도로는 무료다. 사용 전에 포함된 도움말 파일을 모두 읽어, 어떤 서비스 약관도 위배하지 않는다. 나는 아직 어떤 우려도 생기지 않았다. 이 프로그램 중 대부분은 정기 업데이트된다. 이 업데이트는 아주 중요하다. 종종 소프트웨어 버그를 정정하고 신기능을 추가한다. 이 애플리케이션 중 전부는 아니지만, 일부는 업데이트가 사용 가능할 때 알려준다. 가끔 애플리케이션 웹사이트를 방문해 어떤 업데이트라도 있는지 보자.

이 책에서 언급한 모든 프로그램은 합법적으로 사용 가능하다. 책임을 갖고 사용해야 하는 도구다. 일부는 해커 도구로 간주될 수 있는데, 종종 개인이 악의적, 악마적 목적으로 사용한다. 내 의도는 프로그램을 합법적 정보만 취득하려고 사용하리라는 것이지만, 실제로는 독자의 책임이다. 반드시 권한 있는 컴퓨터에만 이 프로그램을 설치하기 바란다. 정부, 기업 직원이면 직장에서 컴퓨터 활용을 논하는 정책이 있을 것이다. 아마 네트워크에서 어디든 허가받지 않는 프로그램을 설치하지 못할 것이다. 이 애플리케이션 중 어떤 것이든 맹목적으로 다운로드해 설치하기 전에 IT 담당에게 연락해야 한다.

☑ Tweet Deck(tweetdeck.com)

이 애플리케이션은 3장에서 논한 트위터 검색 방법 중 일부를 복제한다. 애플리케이션의 혜택은 두 가지다. 전반적으로 애플리케이션은 웹사이트 버전보다 훨씬 더 안정적이다. 긴 시간 동안 여러 쿼리를 모니터링할 계획이면, 웹브라우저는 쫓아가지 못할 수 있다. 다른 탭, 플러그인과 공유해야 하는 부족한 하드웨어 자원 때문에 충돌할 수 있다. 애플리케이션은 더 안정적이며, 웹사이트보다 하드웨어 지원을 활용할 수 있다. 애플리케이션은 사용자 설정을 모두 저장해 프로그램 구동 시 그 설정을 다시 로딩한다. 프로그램을 사용하려면 무료 계정을 생성해야 한다. 사실은 좋은 일이다. 이 계정으로 어떤 컴퓨터의 프로그램 사본에 로그인해도 저장된 설정에 접근할 수 있다. 계정은 반드시 어떤 사적인 정보도 있지 않으며, 단지 사용자 이름, 비밀번호 뿐이다. 프로그램에 로그인한 후 트위터 계정을 결부해야 한다. 개인용 트위터 계정을 위한 사용자 이름, 비밀번호다. 나는 지금 쯤이면 가공의 계정을 생성했기 바란다. 이제 화면 설정 준비가 됐다.

프로그램의 컬럼마다 수정할 수 있다. 나는 현재 컬럼을 삭제하도록 제안한다. 메시지 보기가 아니라, 보내고 싶은 사람을 위해 설정됐기 때문이다. 삭제하려면 컬럼을 하이라이트해 컬럼의 우측 상단 구석에 있는 기어 아이콘을 클릭한다. "Remove column" 옵션이 나온다. 일단 깨끗한 상태가 되면, 화면을 커스터마이징할 수 있다. 특정 사용자의 트위터 스트림을 추가하려면 "Add Column"에 이어 "Timeline"을 클릭한다. 사용자 이름을 검색한다. 찾으면 이름을 하이라이트해 "Add Column"을 클릭한다. 이제 타깃이 주고받은 포스트의 실시간 스트림을 조회할 수 있다. 검색 결과 컬럼을 추가하려면 "Add Column"에 이어 "Search"를 클릭한다. 검색어를 입력한 후 "Add Column"을 선택한다. 주제의 어떤 멘션도 표시하려면 "Add Column"에 이어 "Mentions"를 클릭한 후 관심 단어를 검색한다. 완료 시 "Add Column"을 선택한다. 이제 소프트웨어를 채우는 정보의 새 컬럼이 있다. 이 도구는 실시간 트위터 데이터를 모니터링할 책임 있는 분석가에게 권장할 만하다. 아카이브는 불가하지만, 스크린 캡처나 동영상 캡처는 작동한다. 그림 15.01은 활용 사례를 표시한다.

▲ **그림 15.01**: 사용 중인 TweetDeck 애플리케이션

Sone Image Downloader(michelstevelmans.com)

이 무료 휴대용 애플리케이션으로 타깃이 트위터에 업로드한 사진을 전부 다운로드할 수 있다. 타깃의 프로필을 스캔해 이미지가 있는 어떤 포스트도 확인한다. 이어서 전체 이미지를 추출해 컴퓨터에 저장한다. 프로그램을 시작하자마자 타깃 사용자 이름을 입력하고, 이미지를 다운로드하고 싶은 컴퓨터 폴더를 선택한다. 디폴트로 리트윗한 포스트, 인스타그램 이미지를 포함한다. 나는 리트윗 옵션은 비활성화하는 편이 유용하다 생각하지만, 항상 인스타그램 사진은 포함한다.

☑ Creepy(ilektrojohn.github.com/creepy)

Creepy는 사용자 위치를 지도에 표시하려고 생성한 애플리케이션이다. 트위터, 인스타그램 포스트에 저장된 GPS 데이터, 플리커 사진 내 Exif 데이터로 결정한다. 타깃이 제시된 날짜, 시간에 방문한 장소를 확인할 수 있다. 프로그램으로 트위터 사용자 이름, 인스타그램 사용자 이름, 플리커 사용자 ID를 어떻게 해서든 조합해 검색할 수 있다.

2013년 12월 Creepy의 새 버전이 발표돼 오랜 버그를 수정하고 신기능을 도입했다. 설정 프로세스도 복잡해졌지만, 소프트웨어는 단계별로 안내한다. 검색 시도 전에, 메뉴의 "Edit"에 이어 "Plugins Configuration"을 클릭한다. 플리커를 사용하려면 그 API 키가 필요하다. 이 프로세스는 flickr.com/services/api에서 설명한다. 인스타그램, 트위터 플러그인은 계정마다 로그인하도록 요청하고, API 설정 프로세스를 안내한다. "Run Configuration Wizard"라는 버튼을 찾는다. 새 프로젝트를 생성하고 타깃 사용자 이름을 입력한다. 검색하고 싶은 네트워크를 선택해 "Search"를 클릭하고 계정을 찾는다. 확인된 어떤 계정도 아래 표시된다. "Add to Targets"를 클릭해 기대하던 계정을 선택한다. 타깃 계정을 추가하기까지 이 프로세스를 계속한다. 디폴트 옵션을 수용해 "Next", "Finish"를 클릭하고 쿼리를 시작한다. 그림 15.02는 분석 준비가 된 트위터 계정을 표시한다.

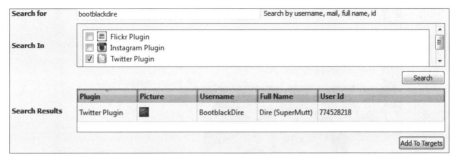

▲ 그림 15.02: Creepy 사용자 검색 화면

애플리케이션은 선택한 계정의 GPS 정보가 있는 포스트를 찾는다. 이어서 임베딩된 구글 지도의 포스트마다 매핑한다. 우측 컬럼은 연대기 순으로 위치 기반 포스트를 모두 표시한다(그림 15.03). 어떤 것도 추가 정보를 얻으려면 더블클릭할 수 있다. 지도는 중앙 마커가 선택한 메시지의 위치도 바꾼다. 우측 하단 창은 메시지, 원 출처 링크를 표시한다. 인스타그램, 플리커 위치의 Creepy 응답 결과는 트위터 결과와 유사하다. 하단 창은 사진 제목, 원본 파일 링크를 표시한다. 지도는 GPS, Exif 데이터에 따라 사진의 위치 마커를 중앙으로 옮긴다(그림 15.04). 최신 버전으로 수많은 계정의 여러 타깃을 입력할 수 있다. 프로젝트마다 자동으로 애플리케이션 내에 저장되며, 다음 구동에 사용 가능하다. 어떤 프로젝트든 삭제하려면 우클릭할 수 있다. 프로그램으로 프로젝트를 표준 CSV 파일, 구글 지도 KML 파일에 익스포트할 수 있다. KML 옵션으로 프로젝트마다 구글 지도 내에서 분석을 열 수 있다. 2013년에는 대부분 쓸모없었지만, 현재 이 애플리케이션은 내 OSINT 조사에 아주 가치 있다.

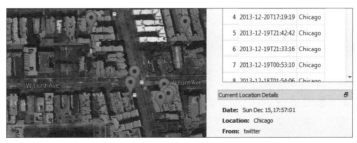

▲ 그림 15.03: Creepy 트위터 결과

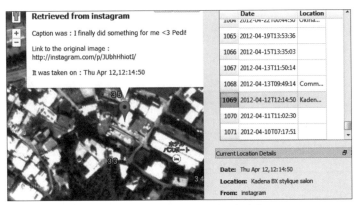

▲ **그림 15.04**: Creepy 인스타그램 결과

☑ 4K Stogram(4kdownload.com/products/product-stogram)

4K Stogram은 내가 인스타그램 다운로더라 부르는데, 별도의 PC, 맥, 리눅스용 소프트웨어 애플리케이션이다. 프로그램으로 한 사용자의 인스타그램 사진, 동영상을 모두 즉시 다운로드, 백업할 수 있다. 디폴트 다운로드 옵션은 컴퓨터에 설치되는 설정 파일이다. 하지만 포터블 옵션도 "Download" 탭에서 사용 가능하다. 프로그램 구동은 어떤 인스타그램 사용자 이름에 대해서도 준비된 단일 입력 필드만 제공한다. "Follow"를 클릭하면 공개 사진, 동영상 모두를 지정한 계정에서 추출한다.

파일은 디폴트 문서 디렉터리의 4kstogram이라는 하위 디렉터리에 저장된다. 이 프로그램 내 옵션은 명백하지 않다. 다음 안내는 프로그램을 최대한 활용하도록 돕는다.

- 콘텐츠 폴더로 이동하기 전에 수집 프로세스 완료를 허용한다. 우측 상단의 회색 카운터는 수집된 사진, 동영상의 수를 확인한다.
- 수집된 사진 바로 위 사용자 이름을 호버링한다. 이러면 우측에 즉시 두 아이콘이 활성화된다. 첫째는 수집 프로세스를 중단하고, 둘째는 파일이 수집 중인 폴더를 연다.

- 사용자 이름의 가장 우측에 바로 있는 붉은 "X"를 클릭한다. 이러면 프로그램 뷰에서 현재 검색을 제거한다. 어떤 파일도 제거하지 않는다. 원하는 경우, 운영체제로 모든 콘텐츠를 수동 제거해야 한다.
- 비공개 계정의 파일을 찾고, 타깃의 "친구"인 계정이 있다면, 4K Stogram에 정보를 입력해 제한된 계정에 접근할 수 있다.

▲ **그림 15.05**: 진행 중인 4K Storgram 익스포트

☑ 4K Video Downloader(4kdownload.com/products/product-videodownloader)

4K Video Downloader는 가능한 한 최상의 화질로 유튜브에서 동영상, 오디오, 자막을 다운로드할 수 있다. 컴퓨터, 연결이 허용하는 만큼 빠르게 파일을 다운로드한다. 다운로드는 간단하고 단순하다. 타깃의 유튜브 페이지로 이동해 업로드된 콘텐츠를 전부 보는 비디오 탭을 선택한다. 이 페이지의 전체 주소(URL)를 복사해 4K Video Downloader를 구동한다. "Paste Uri" 제목의 첫 아이콘을 클릭한다. 이러면 업로드한 동영상을 확인하고, 링크를 파싱하며, 다운로드 옵션을 제시하는 프로세스를 시작한다. 그림 15.06(좌측)은 프로그램을 구동할 때 받는 빈 입력 폼을 표시한다. 그림 15.06(우측)은 다운로드 화면을 표시한다. 이 사례는 모든 동영상 24개를 MP4로 다운로드하기로 선택했다. 가장 고화질 버전을 얻어, 어떤 자막 정보도 텍스트 파일로 다운로드한다. 전체 콘텐츠는 내 데스크톱에 저장한다. 무료 버전은 페이지, 채널 당 동영상 25건 이하의 다운로드로 제한한다.

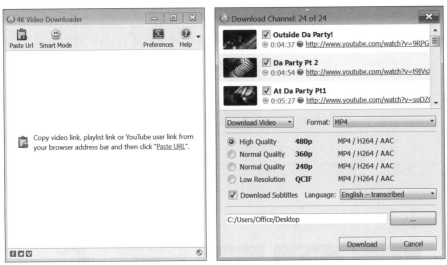

▲ **그림 15.06**: 4K Video Downloader의 입력 화면(좌측), 다운로드 옵션(우측)

유튜브 사용자 채널의 무제한 무료 다운로드를 제공하는 여러 프로그램이 있다. 어떤 것도 실험할 때 조심해야 한다. 대부분은 광고 기반 소프트웨어로 매출을 발생시키는데, 애플리케이션에 번들링된다. 이 프로그램은 종종 디폴트 검색 엔진을 바꾸거나, 쓸데없는 버튼을 웹브라우저에 추가하거나, 인터넷 사용 중에 팝업을 로딩한다. 1장에서 설명한 대로 가상 머신에서 의심스러운 애플리케이션을 모두 테스트할 것도 고려하자. 그러면 깨끗한 조사용 운영체제의 감염을 막는다.

☑ Video Manipulation Utilities(ffmpeg.org)

사법 집행관이었을 때 나는 다양한 범죄 현장에서 어떤 동영상 증거도 확보하는 임무도 있었다. 편의점 카메라 시스템의 무장 강도 동영상, 증인이 휴대폰 카메라로 포착한 개인 동영상일 수도 있다. 어쨌든 나는 종종 여러 문제와 마주쳤다. 일부 감시 시스템은 미디어를 표시하려면 드문 동영상 코덱을 요했다. 어떤 개인 동영상은 아주 짧아서 빠른 움직임 때문에 보기 어려웠다. 나는 스크립트를 개발해 관련 디지털 동영상에 대해 여러 시도로 도움을 주는 공개된 도구를 활용했다. 다음 기법은 실행 가능한 파일 ffmpeg.exe, ffplay.exec을 요한다. 정확한 버전의 FFmpeg 를 다운로드하기는 어려울 수 있다. 위 웹사이트로 이동하면 다양한 운영체제의 옵션 수십 가지가 나온다. 더 쉽게 하려면 아래 정확한 주소를 입력해 윈도우용 최신 버전을 다운로드할 수 있다. 이 섹션의 모든 스크립트도 있다.

https://Iinteltechniques.com/data/ffmpeg.zip

동영상 코덱 플레이어

조사에 가치를 제공하는 온오프라인 동영상을 확인할 때 파일을 저장, 아카이브해야 한다. 이 동영상은 디지털 감시 시스템에서 수집할 경우, 보유하지 않은 동영상 코덱을 요할 수 있다. 동영상을 조회할 수 없다면 가치가 없다. 나는 알려지지 않은 코덱을 요하는 동영상을 조회할 가능성이 아주 큰 만큼, ffplay.exe를 사용하도록 권장한다. 명령문으로 안내를 실행해 동영상 파일을 재생할 수 있다. 하지만 매번 프로세스를 단순화하는 배치 플레이를 생성하는 편이다. 전에 언급한 압축 파일에서 두 파일(ffplay.exe과 ffmpeg.exe)을 추출한다. 데스크톱의 "video" 폴더 안에 저장한다. 같은 폴더에서 새 텍스트 파일을 생성해 player.bat라 제목 붙인다. 반드시 txt에서 bat로 파일 확장자를 바꿔야 한다. 윈도우는 이제 이 텍스트 파일을 일련의 안내로 인식한다. 다음 텍스트를 이 새 파일에 입력한다.

```
set /p VIDEO=Video file name(with extension) on Desktop:
ffplay.exe "%userprofile%\desktop\%VIDEO%"
```

이 새 배치 파일을 더블클릭하면 재생 불가한 동영상 파일 이름을 입력하라는 프롬프트가 뜬다. 파일 확장자 등 전체 파일 이름을 공급해야 하며, 동영상 파일은 데스크톱에 바로 배치해야 함에 주의한다. 이제 전에 재생 불가하던 파일을 재생할 수 있다. 일부 동영상 파일은 여전히 재생되지 않는 점에 주의한다. 하지만 이 방법은 여러 문제를 없앤다.

동영상 변환기

전에 재생 불가하던 동영상 파일을 이제 재생할 수 있다면, 더 보편적인 포맷으로 변환할 것을 고려해야 한다. 내 조사 동안 종종 어떤 동영상 증거도 검사에게 전달하도록 요청받았다. 동영상을 재생하기 어렵다면, 분명히 검사도 어려움이 있다. 그러므로 나는 항상 원본 증거 동영상, 어떤 컴퓨터에서도 재생될 변환한 사본을 모두 등록했다. ffmpeg.exe 파일로 어떤 재생 가능한 동영상도 표준적인 MP4 포맷으로 변환할 수 있다. 동영상 폴더 내에 또 다른 텍스트 파일을 생성해 converter. bat로 제목을 단다. 다음 텍스트를 문서에 입력해 저장한다.

```
set / p VIDEO=Video file name(with extension) on Desktop:
ffmpeg.exe -i "%userproftle%\desktop\%VIDEO%" -vcodec mpeg4
"%userprofile%\desktop\%VIDEO%.mp4"
```

이 새 배치 파일을 더블클릭하면 재생 가능한 동영상 파일명을 입력하라고 프롬프트가 뜬다. 파일 확장자 등 전체 파일명을 공급해야 하며, 동영상이 데스크톱에 직접 위치해야 함에 주의한다. 이전 파일과 같은 제목이지만 MP4 확장자인 새 동영상 파일이 데스크톱에 생성된다. 이 파일은 어떤 현대적인 컴퓨터 시스템에서도 재생된다.

동영상 프레임 추출

더 심층 분석을 위해 동영상에서 스틸 프레임을 추출할 수도 있다. 사법 집행부는 용의자를 확인하려는 희망으로 미디어 배포를 위해 온라인 동영상 스틸을 추출할 수 있다. 솔루션을 제공하기 위해 설계된 여러 비싼 프로그램이 있지만, 무료 프로그램도 그만큼 효과적이다. 전에 다운로드한 ffmpeg.exe 파일은 사실상 어떤 동영상에서도 스틸 이미지를 추출해 압축하지 않은 비트맵(BMP) 파일로 저장한다. 동영상 폴더에 또 다른 텍스트 파일을 생성해 extract.bat으로 제목을 붙인다. 다음 텍스트를 문서에 입력해 저장한다.

set / p VIDEO=Enter full name of video file on desktop:

md "%userprofile%\desktop\frames"

ffmpeg.exe -y -i "%userprofile%\desktop\%VIDEO%" -an -r 10

"%userprofile%\desktop\frames\img%%3d.bmp"

이 파일에 "txt" 확장자가 없음이 아주 중요하다. 이 파일을 더블클릭해 노트패드에서 열면, 파일 확장자가 "bat"가 아닌 "txt"다. 파일 확장자를 바꾸면 검은 박스가 열린다. 그림 15.07에서 내 컴퓨터 데스크톱에 1.dav라는 동영상이 있다. 동영상 파일명을 입력한 후, 키보드의 엔터를 누르면 프로그램이 동영상을 처리한다. 완료 시 연대기순으로 여러 스틸 이미지가 있는 "frames" 제목의 새 폴더가 데스크톱에 보인다. 이제 출력, 배포, 개선 가능한 동영상 프레임이다. 처리할 동영상이 여럿이면, 반드시 매번 새로 실행하기 전에 Frames 폴더 이름을 바꾸거나 제거해야 한다. 그림 15.08은 이전 사례에서 사용 가능한 스틸 프레임의 일부를 표시한다.

▲ **그림 15.07**: 동영상 프레임 추출을 위한 배치 파일

▲ **그림 15.08**: FFmpeg에서 나온 스틸 프레임 캡처

동영상 오디오 추출

2015년의 사법 집행부 훈련 행사 동안 한 형사는 동영상 파일의 오디오 피드만 추출 가능한지 물었다. 용의자 취조 등 여러 동영상 파일이 있었고, 녹화물 검토를 위해 컴퓨터에 붙어있고 싶지 않았다. 그는 어떤 모바일 플랫폼에서도 보편적으로 재생 가능한 오디오 파일을 얻는 기능이 가치 있다 믿었다. 수업 동안 나는 FFmpeg로 어떤 동영상 파일에서든 오디오를 추출하는 배치 파일을 생성했다. 다음을 텍스트 파일에 입력해 전에 생성한 같은 동영상 폴더에 audio.bat로 저장한다. 스크립트는 공급한 동영상에서 오디오 트랙을 추출해 데스크톱에 320k MP3 파일로 저장한다. 파일명 끝에 MP3가 추가되지만, 동영상 파일명과 동일하다.

```
set / p VIDEO=Video flie name(with extension) on Desktop:
ffmpeg.exe  -i "%userprofile%\desktop\%VIDEO%" -vn -ac 2 -ar 44100
-ab 320k -f mp3
"%userprofile%\desktop\%VIDEO%.mp3"
```

상기하자면 이 모든 동영상 조작 스크립트 외에 최근의 FFmpeg 바이너리도 https://inteltechniques.com/data/ffmpeg.zip에서 사용 가능하다. 컴퓨터에 이 파일의 압축을 풀어, 즉시 어떤 액션도 실행하자.

☑ Video Metadata(mediaarea.net/en/MediaInfo/Download/Windows)

스마트폰 기기 대부분은 포착한 동영상 모두에 데이터를 저장한다. 소프트웨어 버전, 전화 모델, 동영상의 날짜, 시간, 캡처 동안 기기의 GPS 위치가 있다. 또한 내부 가속계로 판단하는 캡처 동안의 전화 방향도 문서화한다. 이런 정보를 추출하는 여러 방법이 있다. MediaInfo가 가장 쉬운 솔루션이었다. 이 다운로드 웹사이트로 이동하면 여러 옵션이 나온다. 사용자 대부분은 필요한 소프트웨어를 재빨리 설치하는 유니버설 인스톨러를 다운로드한다. 불행히 광고도 표시하며, 제거하기 어려운 불필요한 소프트웨어도 설치를 유도한다. 나는 32비트 "CLI" 옵션을 다운로드하는 편이다. 커맨드라인 버전인데, 구동하려면 약간 더 작업이 필요하다. 하지만 원하지 않는 어떤 번들링 소프트웨어도 받지 않는다.

압축 파일을 다운로드해 metadata 폴더에 압축을 푼다. 새 텍스트 파일을 같은 폴더에 생성하고 metadata.dat라 제목 붙인다. 반드시 이 파일이 더 이상 txt 파일 확장자를 가지지 않도록 주의한다. 다음 텍스트를 새 배치 파일에 입력한다.

set / p VIDEO=Enter full name of video flie on desktop:
mediainfo.exe "%userprofile%\desktop\%VIDEO%" 〉"%userprofile%\desktop\%VIDEO%".txt

metadata.bat 파일을 더블클릭하면 데스크톱에 상주하는 동영상 파일명을 입력하도록 프롬프트가 뜬다. 관심 있는 어떤 동영상 파일도 데스크톱에 배치하고 그 파일명을 입력한다. 데스크톱에 타깃 동영상과 같은 이름의 새 텍스트 파일이 생성된다. 이 새 "리포트"의 내용은 메타데이터에 그 동영상의 가능한 모든 정보가 있다. 다음의 부분적인 정보는 내가 동료 휴대폰에서 추출한 테스트 동영상에서 나왔다.

Complete name:	C:\Users\Office\desktop\2.mov
Format:	MPEG-4
Format proflie:	QuickTime
File size:	1.00 MiB
Duration:	lOs 712ms
Overall bit rate:	787 Kbps
Recorded date :	2013-08-26T07:46:36-0500
©xyz:	+38.8890-090.1599+161.000/
Model :	iPhone 4S
Writing application:	6.1.3

이 정보는 타깃 동영상의 포착 위치, 기기의 제조사 및 모델, 아이폰 내 운영체제까지 확인한다. 여러 사람은 전화가 찍은 사진에 GPS를 기록함을 깨닫지 못하지만, 항상 동영상에도 적용된다는 사실을 알아야 한다.

☑ CamStudio(camstudio.org)

다른 모두가 실패해 동영상의 순수한 사본을 추출하지 못하면, 언제나 동영상 재생 동안 동영상 스크린 캡처를 생성할 수 있다. 추천하는 계획은 아니지만, 동영상을 아카이브 못하는 것보다는 낫다. CamStudio는 완전 무료며 사용하기도 쉽다. 플래시 드라이브로 포터블 애플리케이션으로도 기능할 수 있다. 구동하자마자 프로그램은 녹화할 준비가 된다. 리코드 버튼을 클릭하기 전에 나는 "Options" 아래 "Video Options" 메뉴 방문을 추천한다. 이 녹화를 조사의 공식 문서화로 사용하면, 화질을 100%로 올려야 한다. 큰 파일이 생성되지만, 화질은 크기 만큼 가치 있다. 이제 녹화하고 싶은 "Region"을 선택해야 한다. 옵션은 "Full Screen", "Fixed Region"이다. 단일 모니터로 작업 중이면, "Full Screen"도 꽤 효과적이다. 여러 모니터가 있지만, 모두 포착하고 싶지는 않다면, Region을 선택해야 한다. 이러면 필수 설정만 바뀐다. 이제 녹화 준비가 됐다.

▲ **그림 15.09**: CamStudio Options 메뉴

붉은 버튼을 클릭하면 녹화가 시작돼 태스크 바에 메뉴 아이콘가 배치된다. 화면 녹화를 마치면, 태스크 바 메뉴를 우클릭해 "Stop"을 선택한다. 동영상에 제목을 달고 저장 위치를 선택하도록 프롬프트가 뜬다. 이 동영상은 이제 아카이브할 준비

470

가 됐다. 이 화면 녹화 기법으로 OSINT 검색 및 분석 전체를 캡처할 수도 있다. 어떤 검색도 수행하기 전에 동영상을 시작하고 웹사이트를 내비게이션하는 동안 녹화하도록 내버려둘 수 있다. 이어서 어떤 중요 데이터를 찾기 위해 취한 단계를 검토하려고 나중에 참고할 수도 있다. 일부 조사관은 법원을 위해 보관해서, 획득한 데이터가 실제 법적으로 오픈소스 방법을 통해 파악됐음을 확인하는 편이다. 조사를 녹화하기로 한다면, 나는 "Record Audio" 기능을 비활성화하도록 권장하는데, 마이크가 음성 녹화를 하지 않도록 막는다.

☑ FastStone Capture(faststone.org)

화면에서 무엇이든 스틸 캡처가 필요하면, 생성하는 여러 옵션이 있다. 화면 출력 버튼으로 스크린샷을 캡처해 나중에 저장할 수 있게 프로그램에 붙여넣을 수 있다. 하지만 귀찮고 시간도 많이 걸린다. 조회 중인 페이지를 출력할 수 있지만, 페이스북 등 일부 웹사이트에서 어렵다. 전체 웹페이지를 하드 드라이브에 저장해 필요 시 재생성할 수 있지만, 과하다. 나는 자동 스크린 캡처를 권장한다. FastStone Capture는 이 일을 무료로 해준다. 일부 설정은 필요하지만, 애플리케이션이 포터블이기에 변경 사항을 저장할 수 있다.

프로그램을 구동하면 태스크 바 우측 하단 영역에 작은 아이콘을 제시한다. 붉은 색, 녹색 삼각형 같다. 우클릭해 "settings"를 선택한다. 수요에 따라 커스터마이징 할 수 있는 여러 설정이 나온다. 어떤 키를 조합해 새 캡처를 생성할지, 캡처를 어디 저장할지 선택할 수 있다. 또한 생성할 파일 유형도 선택할 수 있다. 나는 PDF 옵션을 사용한다. PDF 파일은 이미지 파일보다 수정하기 더 어려운데 법정 증언에서 유용할 수 있다. 디폴트로 생성된 파일은 현재 컴퓨터 날짜, 시간에 따라 제목이 붙는다. 요약 보고서에서 행위의 문서화에 도움이 된다. 선택할 마지막 한 옵션은 자동 저장 옵션이다. 이미지를 생성할 때마다 저장을 확인할 필요가 없어진다. 이 설정에 접근하려면 태스크 바 아이콘을 우클릭해 "Output"에 이어 "To File(Auto-Save)"를 선택한다. 이제 스크린 캡처를 생성할 때마다 자동으로 PDF 파일을 프롬프트 없이 컴퓨터에 저장한다. 디폴트로 작업 중인 전체 애플리케이션의 캡처를 생성한다. 대부분의 상황은 웹브라우저다. 이러면 조회 중인 페이지의 콘텐츠, URL이 모구 있다. 이 도구로 모든 발견 내용을 문서화, 아카이브할 수 있다. 나는 종종 이 프로그램이 구동되도록 내버려둬, 타깃의 어떤것도 발견할 때마다 스크린 캡처한다. 이어서 모든 파일을 CD, DVD로 저장해 보고서와 함께 디스크를 등록한다. 그림 15.10은 메뉴 옵션을 표시한다.

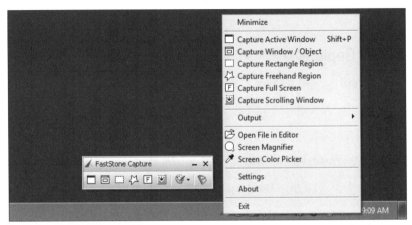

▲ **그림 15.10**: FastStone Capture 애플리케이션 박스(좌측), 태스크 바 메뉴(우측)

☑ Photo Trail Mapper(github.comlexcocitato/PhotoTrailMapper)

이 무료 프로그램은 이제는 작동하지 않는 페이스북, 트위터 시각화 도구를 배포하던 팀이 만들었다. Photo Trail Mapper로 사진 폴더를 분석해 시각적으로 지도 위의 캡처마다 지역을 찍을 수 있다. 그림 15.11은 다양한 지역에서 포착한 사진 9장을 표시한다. 연결선은 사진의 캡처 날짜를 기반으로 취한 경로를 확인한다. 사진마다 줌인해 캡처의 정확한 지역을 확인할 수 있다. 게다가 익스포트 옵션으로 모든 사진의 부분적인 메타데이터 스프레드시트를 생성할 수 있다. 그림 15.12는 이 샘플 이미지에서 익스포트한 결과를 표시한다.

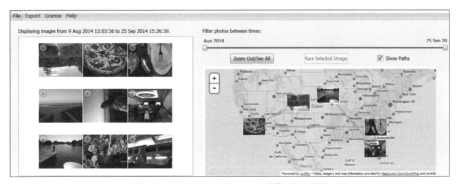
▲ 그림 15.11: Photo Trail Mapper를 통한 사진 위치 분석

Camera Make	Date	Latitude	Longitude	Position Data Source
SAMSUNG SCH-I545	8/9/2014 12:03	39.35263822	-104.7643585	GPS from EXIF data in photo
SAMSUNG SCH-I545	9/16/2014 18:16	33.78931044	-117.9193802	GPS from EXIF data in photo
SAMSUNG SCH-I545	9/17/2014 17:57	33.50652311	-86.79887386	GPS from EXIF data in photo
SAMSUNG SCH-I545	9/21/2014 18:39	33.77067947	-78.78749844	GPS from EXIF data in photo
SAMSUNG SCH-I545	9/22/2014 8:26	33.74721525	-78.80355831	GPS from EXIF data in photo
SAMSUNG SCH-I545	9/23/2014 9:11	28.25308036	-81.62351222	GPS from EXIF data in photo
SAMSUNG SCH-I545	9/25/2014 11:08	41.25836944	-95.92529292	GPS from EXIF data in photo
SAMSUNG SCH-I545	9/25/2014 12:07	41.25821303	-95.92536161	GPS from EXIF data in photo
SAMSUNG SCH-I545	9/25/2014 15:26	41.32160944	-95.89912414	GPS from EXIF data in photo

▲ 그림 15.12: Photo Trail Mapper가 생성한 메타데이터를 익스포트한 스프레드시트

☑ Exif Tool(sno.phy.queensu.ca/~phil/exiftoo)

Exif 데이터가 이미지에 어떻게 저장되는지 세부 사항은 9장에서 논했다. 이 데이터는 조사에 아주 가치 있을 수 있다. 전에 언급한 자료는 인터넷 접속, 웹사이트에 업로드할 이미지를 요한다. 대부분의 상황은 문제가 아니다. 일부 조사는 어떤 공개 네트워크에도 업로드하지 못하는 기밀로 분류된 자료에 관련될 수 있다. 이 상황에서 Exif Tool은 유용하다. 프로그램은 휴대용이며, 이미지를 브라우징할 수 있다. 이어서 이미지에 관해 저장된 Exif 정보를 모두 표시한다. 카메라 세부, 가능한 경우 GPS 좌표가 있다. 이 애플리케이션이 정보를 위해 인터넷을 사용하지 않기에, 지역의 지도는 받지 못한다. 숫자 좌표만 얻는다.

JPEG Snoop(impulseadventure.com/photo)

Exif Tool이 충분히 데이터를 제공하지 않거나, 마음에 들지 않는 데이터 뷰를 표시하면, JPEG Snoop을 보자. 이 포터블 애플리케이션은 저장된 Exif 정보 모두의 아주 상세 보고서를 제공한다. 보고서는 로그 파일로 저장하거나 출력할 수 있다. 이 소프트웨어에서 최고의 기능은 배치 프로세스다. 이미지의 전체 폴더를 선택해 한 번에 모두 분석할 수 있다. 보고서는 결과에 대해 생성할 수 있는데, 디스크에 아카이브할 수 있다. JPEG Snoop은 지도를 표시하지 않으며 인터넷 접속을 요하지 않는다(그림 15.13).

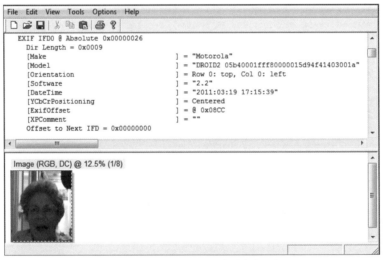

▲ **그림 15.13**: JPEG Snoop의 이미지 분석

☑ SmartDeblur(github.com/Y-Vladimir/SmartDeblur)

결국 흐릿하거나, 왜곡되거나, 결함 있는 조사 관련 디지털 이미지를 찾을 수 있다. 감시 카메라 사진, 동영상 스크린샷 형식으로 내게 종종 일어난다. 이 상황을 돕는 상용 애플리케이션을 활용할 수 있지만, 비쌀 수 있다. 또 다른 솔루션인 포토샵은 비쌀 뿐 아니라 사용하기도 어렵다. 내 현재 무료 솔루션은 SmartDeblur다. 그림 15.14(좌측)는 SmartDeblur 애플리케이션에서 로딩한 흐릿한 사진을 표시한다. 결

474

함있는 글자, 반경, 스무스니스, 보정 강도를 조정하면 종종 이미지가 정리된다. 그림 15.14(우측)는 이 도구로 약간 조작한 후, 같은 이미지를 표시한다. 새 설정은 그림 15.15에 보인다. 추가 조정은 남은 텍스트의 가독성을 높일 가능성이 크다. 나는 중요 이미지에 필요하기 전에 이 프로그램으로 많은 연습을 하도록 권장한다.

실제 적용: 최근에 이 애플리케이션으로 가정용 감시 시스템에서 포착한 용의 차량 번호판을 확인했다. 원본 이미지는 너무 흐릿해 도움이 안됐다. 조작한 이미지는 차량 등록 번호 전부를 제공했다. 이 기법은 7장에서 설명한 레딧의 "PicRequest"에 있는 여러 사람도 사용한다.

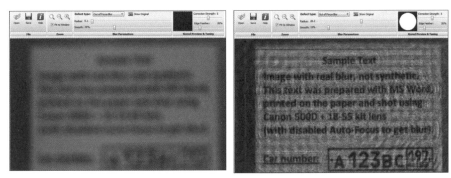

▲ **그림 15.14**: SmartDeblur에서 연 흐릿한 이미지

▲ **그림 15.15**: SmartDeblur의 설정 메뉴

☑ 구글 어스(earth.google.com)

구글 지도는 4장에서 논한 온라인 웹사이트다. 구글 어스는 구글 지도 데이터를 한 차원 끌어올리는 별도 애플리케이션이다. 이 애플리케이션에서 여러 지도 도구에 접근한다. 이 도구는 스프레드시트에서 데이터를 임포트해 콘텐츠를 시각화한다. 공개 정보 수집의 범위를 유지하려고 나는 몇 가지 특정 도구만 집중한다. 애플리

케이션에서 첫 단계는 관심 지역 표시다. 좌상단 검색 필드에 주소, GPS 좌표를 입력하면 가능하다. 타깃 지역을 보고 줌을 적절한 수준으로 설정하면, 레이어를 추가할 수 있다. 디폴트로 지역의 위성 이미지만 보인다. 좌측 메뉴는 이 뷰에 새 콘텐츠를 추가하는 옵션이 있다. 이 메뉴의 마지막 박스는 "Layers" 제목이다. 이 메뉴 안에 각각 옆에 있는 체크박스로 활성화, 비활성화할 수 있는 여러 데이터 세트가 있다. 다음 세부 사항은 관심 레이어를 설명한다.

Photos – 소셜 네트워킹 웹사이트 Panaramio, 360cities를 통해 업로드한 디지털 이미지

Roads – 도로명 텍스트 레이어

3D Building – 일부 지역의 대안적인 3D 뷰

Gallery – 유튜브 동영상 등 사용자가 등록한 콘텐츠

나는 모든 레이어를 비활성화한 후 한 번에 하나를 활성화해 지도 뷰에 추가된 데이터를 분석하도록 권장한다. 그림 15.16은 Photos, Roads, Gallery 레이어가 있는 시카고의 뷰를 표시한다.

▲ **그림 15.16**: 레이어를 활성화한 구글 어스 뷰

사용 가능한 구글 어스 도구는 종종 간과하는 Historical Imagery 옵션도 있다. 애플리케이션 상단 메뉴 바의 "시계" 아이콘을 선택해 활성화할 수 있다. 아이콘 바로 아래의 슬라이더 메뉴를 연다. 이 슬라이더를 움직일 수 있는데, 여러 시기에 찍

은 타깃 지역의 다양한 위성 이미지가 결과다. 그림 15.17은 History Imagery 옵션을 활성화한 같은 타깃 지역을 표시한다. 뷰는 2008년 5월 30일에 확보한 위성 이미지로 변했다. 보통 이미지 화질은 시기를 더 거슬러 올라가 내비게이션하면 떨어진다. 빌딩 보수, 추가 차량, 지형 변화 등 타깃 지역의 변화를 확인할 때 유용하다. 마약 관련 집행 기관은 종종 이 도구로 타깃 지역의 마약 재배 의심 지역을 모니터링한다.

▲ 그림 15.17: 2008년부터의 통시적 구글 어스 이미지 뷰

▲ 그림 15.18: 2000년부터의 구글 어스 뷰

☑ **FOCA**(informatica61.com/foca.aspx)

FOCA는 용도가 많다. 일부는 합법적이고 일부는 약간 수상하다. 프로그램이 할 수 있는 일은 모두 합법적이지만, 나는 어떤 윤리적 논란도 뛰어넘는 영역만 집중한다. FOCA의 최대 강점은 문서에서 메타데이터를 추출하는 기능이다. 문서를 프로그램에 드래그 앤 드롭할 수 있고, 파일의 숨은 데이터를 분석해 요약을 제시한다. 이 일을 하는 여러 프로그램이 있지만, FOCA는 거의 입력 없이 웹 서버의 모든 문서를 검색, 다운로드, 분석해 검색 프로세스를 자동화하기에 돋보인다. 전체 프로세스는 다음과 같다.

FOCA를 구동하면 거의 액션의 선택이 없는 메인 프로그램이 보인다. "Project"에 이어 "New Project"를 클릭한다. 프로젝트 이름을 생성하고, 만약 있다면 타깃 웹 사이트를 제공한다. 찾은 문서를 모두 저장할 위치를 선택하고, 필요한 어떤 메모도 포함한다. "Create" 버튼을 클릭해 프로젝트를 생성한다. 프로젝트 파일에 이름을 붙이도록 프롬프트가 뜨는데, 디폴트로 타깃 도메인명이다. 문서를 저장하기로 했던 같은 위치를 선택한다. 이제 분석을 시작할 수 있다.

로컬에 저장한 어떤 문서든 분석하면, 이제 프로그램으로 "드래그 앤 드롭"할 수 있다. 파일이 프로그램에 보이면, 우클릭해 "extract all metadata"를 선택한다. 좌측 컬럼은 이제 분석한 콘텐츠를 준비한다. "Documents" 섹션 아래 파일명을 클릭하면 문서의 전체 메타데이터를 표시한다. 종종 파일 수정에 관련된 날짜, 시간이 있다. 수정한 사람들의 사용자 이름, 파일을 출력한 프린터, 수정 이력, 소유자 이메일 주소, 소프트웨어 버전 정보 등이다. 그림 15.19는 타깃의 회사, 컴퓨터 사용자 이름, 이메일 주소를 표시하는 파일 요약의 부분적 결과를 표시한다.. 이 정보는 아마 그 컴퓨터에서 생성한 모든 문서에 저장될 것이다.

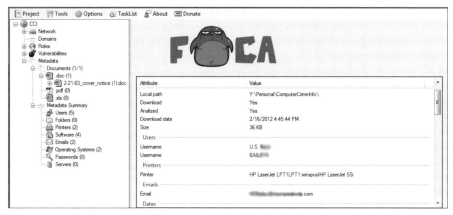

▲ **그림 15.19**: 부분적인 FOCA 분석

분석할 개별 문서가 전혀 없다면, 이제 찾을 수 있다. 같은 메인 메뉴의 우측 상단 구석에 다양한 체크박스가 보인다. "Exalead" 옆의 박스를 언체크한다. 활성화한 채 검색할 수 있지만, Exalead의 API 규칙 때문에 문제를 일으키는 경향이 있다. 이제 "search all" 버튼을 클릭한다. 프로그램은 구글, 빙으로 검색 엔진이 색인한 타깃 웹사이트의 어떤 문서도 검색한다. 내 사례에서는 아주 정보성 있는 웹사이트 irongeek.com의 문서 107건을 찾았다. 검색이 끝나면, 찾은 파일 중 무엇이든 우클릭해 "Download All"을 클릭한다. 전에 선택한 컴퓨터 위치에서 발견한 모든 문서의 사본을 저장한다. 문서량, 크기에 따라 시간이 좀 걸릴 수 있다. 아직 어떤 문서도 분석하지 않았지만, 단지 모두 사본만 있어도 추가 정보에 유용할 수 있다.

파일의 다운로드 후, 그중 무엇이든 우클릭해 "Extract All Metadata"를 선택한다. 문서마다 로메타데이터를 추출한다. 완료 시 어떤 파일이든 우클릭해 "Analyze Metadata"를 선택한다. 추출한 콘텐츠를 모두 분석해 다양한 주제로 결과를 분류한다. 좌측 컬럼은 이제 "Documents" 아래 여러 새 서브폴더를 표시한다. 이 분석은 문서 수가 많을 경우 시간이 좀 걸릴 수 있다. 첫 섹션은 파일 유형으로 문서를 확인한다. 그림 15.20은 웹사이트 irongeek.com의 문서 107건을 확인한다. 문서는 PDF 51건, 파워포인트 52건, 오픈오피스 1건이다. "Users" 요약은 웹사이트 소유자 Adrian Crenshaw 등 계정 관련 사용자 이름 5개를 확인한다.

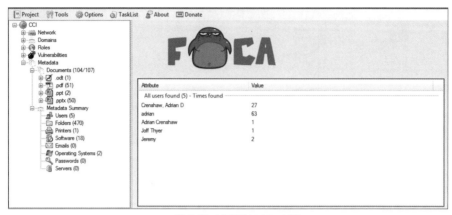

▲ 그림 15.20: 부분적인 FOCA 분석

이 프로그램이 그 자체로 가치를 입증하는 여러 시나리오가 있다. 불법 웹사이트 운영자는 종종 등록 프로세스 동안 사기성 정보를 사용한다. 웹사이트를 타깃으로 확인한 경우, 이 등록(후이즈) 정보는 쓸모없어진다. 타깃이 어떤 문서든 구글, 빙이 색인한 웹사이트에 저장하면, 이 파일에서 메타데이터를 추출할 수 있다. 종종 이 대상은 컴퓨터의 로그인 이름, 소프트웨어 등록의 일부로 실명을 사용한다. 이 데이터를 문서에서 포착하면, 이제 타깃의 신원에 관해 단서가 생긴다. 공개 정보 수집 대부분에서 이 데이터는 사용자가 생성하며 항상 정보가 정확하다 가정할 수는 없다. 하지만 추가 검색에 훌륭한 정보를 제공할 수 있다. 이 도구를 사용하는 또 다른 훌륭한 이유는 웹사이트 분석 동안 어떤 문서도 놓치지 않도록 확인하기 때문이다. 웹사이트 대부분은 폴더, 서브폴더에 여러 페이지가 있다. 공개로 사용 가능한 문서를 모두 찾는 방법 중 하나다.

☑ HTTrack(httrack.com)

웹사이트의 정확한 사본을 만드는 여러 방법이 있다. 나는 휴대용 소프트웨어에 빠르게 작동하기에 HTTrack을 택한다. 소프트웨어는 웹사이트의 저장 프로세스를 안내한다. 타깃 웹사이트를 찾았는데, 웹사이트가 다운됐을지 우려될 때 사용하고자 할 수 있다. 법정에서 사용할 어떤 콘텐츠도 찾을 때마다 전체 웹사이트를 아카이브해야 한다. 이 애플리케이션은 프로세스를 자동화한다. 결과는 활성인 것처럼 내비게이션할 수 있는 로컬에 저장된 사본이다. 인터넷 접속이 적절하지 않을 때 법정에서 유용하다.

애플리케이션이 로딩되면 "next" 버튼을 클릭해 프로젝트 화면으로 이동한다. 프로젝트에 가능하면 웹사이트 이름으로 제목을 부여하고, 모든 데이터의 저장 위치를 선택한다. next에 이어 "add URL"을 클릭한다. 아카이브하려는 정확한 웹사이트를 입력한다. 어떤 로그인, 비밀번호도 입력하지 않는다. "next"에 이어 "finished"를 클릭하면 된다. 애플리케이션은 웹사이트에서 공개 정보를 모두 추출한다. 웹사이트 크기에 따라 꽤 걸릴 수 있다. 완료 시 오프라인으로 내비게이션, 검색이 가능한 정확한 사본이 생긴다. CD, DVD로 아카이브하면 미래의 분석을 위해 유보할 수 있는 복제본이 생긴다.

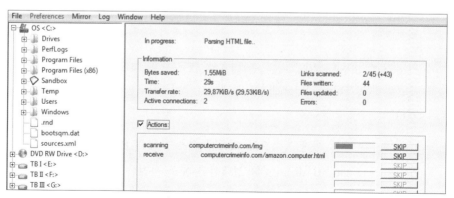

▲ **그림 15.21**: HTTrack 웹사이트 아카이브

☑ ExtractFace(le-tools.com/ExtractFace.html)

조사관, 연구원, 기타 분석가는 종종 페이스북 데이터의 로컬 사본을 얻어야 한다. 페이스북의 인터페이스는 그 용도로 설계되지 않아, 출력, 저장 기능을 제공하지 않는다. 사용자가 프로필 내 대화의 사본을 원하면, 간단한 솔루션은 없다. 이 프로그램은 여러 유용한 과업 자동화 기능을 제공해 페이스북으로부터 데이터를 수집하도록 설계됐다. 설치를 요하지는 않지만, MozRepl 파이어폭스 애드온(addons. mozilla.org/en-US/flrefox/addon/mozrepl)을 요한다. 나는 Tools ➤ MozRepl 아래 "Activate on Startup" 옵션을 선택하도록 권장한다. ExtractFace를 사용하려면 태스크 바 메뉴의 앱을 로딩하는 실행 파일을 구동한다. 태스크 바 아이콘을 우클릭하면, 프로필을 확장해 개인의 포토앨범, 친구 목록 채팅 메시지를 "덤프"하는 옵션과 함께 메뉴가 나온다. 수집 완료 시 PDF 문서, XLSX 스프레드시트의 저장 위치를 선택하도록 프롬프트가 뜬다. 이 소프트웨어, 파이어폭스 애드온의 조합으로 자동 페이스북 콘텐츠 수집 방법이 나온다. 컴퓨터는 핸즈프리로 보는 동안 파일을 스크롤, 로드, 아카이브, 생성한다. 다음 안내는 그림 15.22에서 사용 가능한 가장 자주 사용하는 기능을 설명한다.

- 타깃의 페이스북 프로필로 이동해 태스크 바의 ExtractFace 아이콘을 우클릭하고 "Scroll and Expand"를 선택한다. 모든 포스트를 로딩해 모든 댓글을 확장한다.

- 타깃의 페이스북 친구 목록으로 이동해 태스크 바의 ExtractFace 아이콘을 우클릭하고 "Dump Friends"를 선택한다. 모든 친구를 스프레드시트로 저장한다.

- 타깃의 페이스북 사진 목록으로 이동해 태스크 바의 ExtractFace 아이콘을 우클릭하고 "Dump Albums"를 선택한다. 모든 사진을 폴더에 아카이브한다.

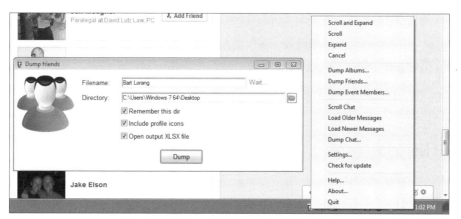

▲ 그림 15.22: ExtractFace 메뉴(우측), 친구 아카이브 옵션(좌측)

☑ SEO Spider(screamingfrog.co.uk)

이 프로그램은 검색 엔진 최적화[SEO]를 도우려고 설계됐다. 검색 엔진 결과에서 더 높이 나타나도록 웹사이트를 수정하는 프로세스다. 모든 공개 페이지, 이미지, 링크, CSS 파일, 기타 데이터를 타깃 웹사이트에서 확인할 수 있다. 무료 소프트웨어를 설치, 실행한 후 나는 "phonelosers.org"를 검색했다. 전체 프로세스는 대략 4분 후에 끝났다. 전반적으로 이 프로그램은 타깃 웹사이트에서 찾은 고유한 페이지 2,436개, 이미지 4,604건, 외부 링크 6,123건을 확인했다. 이 도구는 종종 개인이 수동으로 찾을 수 있는 이상으로 훨씬 더 많이 확인한다. 여러 경우 이 애플리케이션은 누락될 수 있는 증거를 제공했다. 어떤 결과든 우클릭해 웹브라우저에서 데이터를 열 수 있다. 타깃의 실제 웹사이트에서 선택한 콘텐츠로 연결한다. 완벽한 사용자 가이드는 위 웹사이트에서 찾을 수 있다.

☑ Domain Hosting View(nirsoft.net)

이 애플리케이션은 어떤 웹사이트 도메인도 취해 등록 호스팅 관련 공개 정보를 모두 추출한다. 흔히 계정 관련자 이름, 연락처 정보가 있다. 물리적 호스트를 확인하는데, 법적 절차를 진행하는 경우 필요하다. 12장에서 수행한 "후이즈" 검색과 같은 정보지만, 더 깔끔한 인터페이스다. 이 도구로 한 번에 한 도메인만 검색할 수 있다. 여러 도메인을 검색해야 하면, 같은 웹사이트의 WhoisThisDomain 도구를 사용해야 한다. 실행하자마자 여러 IP 주소, 도메인명을 허용하는 창이 나온다. "View" 메뉴는 모든 쿼리를 단일하게 조합한 보고서를 제공한다.

☑ IP Net Info(nirsoft.net)

도메인 대신 IP 주소가 있다면, IP Net은 일련의 같은 검색을 대신 수행한다. 첫 화면으로 여러 IP 주소를 입력해 모두 검색할 수 있다. 조사관이 야후, 페이스북 등 온라인 제공업체에서 로그인 IP 주소를 받을 때 편리하다. Domain Hosting View, IP Net Info 모두 결과를 아카이브하려고 텍스트 파일로 익스포트한다.

실제 적용: 아동 포르노그래피 조사에서 나는 용의자가 아동의 불법 누드 이미지를 거래하는 동안 사용한 IP 주소 200개 이상을 공급받았다. 이 주소가 인터넷 서비스 제공업체에서 용의자에게 할당했음을 확인해야 했던 동안 나는 일단 그것을 보유하는 서비스에 따라 주소를 분리하고 싶었다. IP Net Info로 모든 주소의 벌크 검색을 1분 내에 수행했다. 결과로 즉시 그의 가정용 인터넷 서비스 제공업체와 연관될 가능성이 가장 큰 주소를 확인할 수 있었다. 또한 재빨리 결과에 나타나는 단일한 비거주용 주소의 패턴을 볼 수 있었다. 이 주소는 그가 와이파이로 범죄를 저지른 지역 커피숍에 속했다. 이 위치의 동영상 감시는 극히 가치를 입증했다. 그가 거기서 컴퓨터를 사용하던 유일한 인물임을 보여줬다. 수동으로 완료할 수도 있었지만, 자동화 도구로 즉시 결과가 나올 수 있었다.

16장

안드로이드 에뮬레이션

여러 해 동안 온라인 조사관은 다양한 소셜 네트워킹 웹사이트를 내비게이션하며 개인의 정보를 찾았다. 프렌드스터, 마이스페이스 등 더 오랜 웹사이트이든, 트위터, 페이스북 등 더 새 네트워크든, 항상 웹브라우저에 몰려들어 데이터 추출을 시작했다. 시대는 변했다. 오늘날은 소셜 네트워크 사용자의 모든 세대가 전통적인 컴퓨터를 거의 건드리지 않는다. 완전히 휴대폰, 태블릿으로 한다. 개인이 참여하는 네트워크 중 상당수는 모바일 기기에서만 운영한다. 스냅챗, 틴더, 킥 등의 서비스는 사용자가 콘텐츠를 전통적인 웹브라우저로 접근하도록 허용하지 않는다. 이 전환이 발생하면서 조사관도 그에 맞춰 이행해야 한다.

이 장은 웹브라우저로는 접근할 수 없지만 모바일 플랫폼으로 사용 가능한 방대한 정보량에 집중한다. 나는 전통적인 컴퓨터에서 휴대 기기를 에뮬레이션하는 세 가지 방법을 설명한다. 일의 기본 작동 방식에 뛰어들기 전에 왜 에뮬레이션이 방법인지 논해야 한다. 내 조사에서 문서화는 컴퓨터 운영체제에서 모바일 기기의 시뮬레이션을 구동하는 주된 이유다. 실제 스마트폰에서 조사를 수행하면, 발견 내용의 문서화는 어려울 수 있다. 모바일 화면은 보이는 콘텐츠 소량만 캡처한다. 어떤 캡처 이미지든 추출하기 어려울 수 있다. 내 발견 사항을 최종 보고서에서 참조기도 아주 지루할 수 있다. 안드로이드 에뮬레이션을 전통적인 컴퓨터에서 사용하면, 쉽게 수많은 화면 캡처를 생성하고, 전체 조사 동영상을 녹화하며, 결과를 직접 보고서에 붙여넣을 수 있다.

개인 정보, 보안도 직접 휴대 기기에서 하는 조사 대비 에뮬레이션을 고려하는 중요한 이유다. 여러 사법 집행 조사관이 개인용, 업무용 전화에서 직접 앱을 검색, 사용한다. 이러면 기기를 조사, 발견할 수 있다. 변호사는 독립적인 포렌식 분석을 수행하기 위해 정당하게 조사관의 전화 사본을 요청할 수 있다. 그러면 대부분은 초조해진다. 게다가 내가 악의적인 소프트웨어, 바이러스와 휴대 기기에서 마주치면, 그 하드웨어를 사용하다 장래의 모든 조사에 영향을 줄 수 있다. 에뮬레이션은 이 상황을 모두 해결한다.

안드로이드 에뮬레이션은 컴퓨터 애플리케이션에서 모바일 운영 경험을 재창조하는 아이디어다. 이 애플리케이션은 웹브라우저, 워드 프로세서, 이메일 클라이언트를 여는 것과 같이 실행한다. 전화, 태블릿에서 시작할 때와 정확히 같은 외관이다. 이 에뮬레이션된 기기에서 취하는 어떤 행동도 컴퓨터의 나머지에 영향을 주지 않는다. 캡슐에 넣은 박스로 생각하자. 아무것도 들락날락하지 않는다. 에뮬레이션은 무제한의 가상 기기를 생성할 수 있는 기능도 훌륭하다. 모든 조사마다 하나씩 둬서 어떤 감염도 막을 수 있다.

일부 독자는 왜 내가 아이폰 대신 안드로이드 에뮬레이션을 설명하는지 궁금할 것이다. 가장 명백한 이유는 옵션의 수다. 나는 안드로이드 환경을 컴퓨터로 재창조하려고 두 소프트웨어 솔루션, 온라인 옵션을 설명한다. 아이폰 시뮬레이터는 애플 컴퓨터에서만 기능하지만 아주 제한된 기능이다. 안드로이드 기법은 어떤 주요 운영체제에서도 작동한다. 게다가 원래 기능을 모두 보유하는 안드로이드 가상 기기를 만들 수 있다. 아이폰 시뮬레이터는 애플리케이션, 기능 대부분에 연결되지 않는다.

이 장에서 내가 제시하는 것보다 안드로이드 에뮬레이션에 옵션이 더 있다. 비용 없이 사용 가능한 가장 사용자 친화적이면서도 기능이 풍부한 솔루션에 집중하려는 내 목표다. 내가 보통 선택하는 에뮬레이터는 Genymotion이다.

☑ Genymotion(genymotion.com)

이 애플리케이션 기반 솔루션은 극히 사용하기 쉽다. 윈도우, 맥, 리눅스 운영체제에서 작동한다. 나는 윈도우 설치의 세부 사항을 제공하지만, 원칙은 모든 플랫폼에 걸쳐 적용된다. 설치 후 가상 기기의 동작은 모든 운영체제에서 동일하다. 일단 애플리케이션을 설치해야 한다.

웹사이트의 다운로드 영역으로 이동해 "Get Genymotion" 링크를 클릭한다. 무료 서비스를 위해 계정을 생성해야 한다. 접근권 있는 익명 정보, 어떤 실제 이메일 주소로도 완료할 수 있다. 이 설정 파일은 Genymotion 애플리케이션, Virtual Box라는 버추얼 머신 애플리케이션이 모두 있다. 모든 디폴트 설치 옵션을 허용하면, 필요한 파일을 모두 설치한다. 설정 프로세스를 완료하면, 데스크톱에 Genymotion이라는 새 아이콘이 생긴다.

이 애플리케이션을 실행하면 구글 넥서스 10 버추얼 머신이 미리 설치돼 있고 구동 준비가 돼 있음에 주의한다. 이 디폴트 옵션을 허용하는 대신 자신의 기기를 생성해 미래의 조사를 위해 프로세스를 익히는 것도 고려하자. 나는 제목 우측의 휴지통 아이콘을 클릭해 이 머신을 삭제하도록 권장한다. 다음 안내를 따라, 커스텀 안드로이드 기기를 생성한다.

- 메뉴에서 "Add" 아이콘을 클릭해 새 기기를 생성한다. "Custom Phone - 4.4.4 - API 19 - 768x1280"이나 "Custom Phone - 5.1.0 - API 22 - 768x1280" 옵션을 선택한다. 이러면 전에 공개된 안드로이드 릴리스(4.4.4), 현재 릴리스(5.1.0)의 새 에뮬레이터를 디폴트 수직 전화 뷰(768x1280)으로 생성한다. 특정 제조사의 어떤 브랜딩도 없다. 복제하는 동안 더 최근 버전이 있을 수 있다.

- "Start" 아이콘을 클릭해 새 기기를 런칭한다. 머신은 안드로이드 전화 화면과 유사한 새 창을 로딩한다. 어떤 기능 노티도 "OK"를 클릭한다. 그림 16.01(좌측)은 버전 4.4.4의 홈 화면 디폴트 뷰를 표시한다.

- 아이콘을 한 번 클릭하고, 좌측을 향한 화살표와 유사한 좌하단의 "Back" 아이콘을 사용해 안드로이드 에뮬레이터 내에서 이동한다.

- 기기의 룩앤필을 개선하려면, 다음 커스터마이징을 고려한다. 그림 16.01(우측)은 이 설정 후 홈 화면의 뷰를 표시한다.

카메라 아이콘을 위로 드래그해 "Remove" 옵션에 드롭한다.
"Applications" 아이콘(원 안의 점 6개)을 클릭해 "Settings"를 선택한다.
"Display"에 이어 "Sleep"을 선택하고, "30 Minutes"를 선택한다.
"Security"에 이어 "Screen Lock"을 선택하고, "None"을 선택한다.
시계를 계속 누른 후, 위로 드래그해 제거한다.

▲ **그림 16.01**: 디폴트 안드로이드 화면(좌측), 복잡함이 없는 커스텀 버전(우측)

이제 표준 안드로이드 기기의 작동하는 복제물이 있다. 하지만 여러 기능이 누락된다. 구글 플레이, 지메일 등 핵심 애플리케이션이 없다는 공백이 가장 크다. 핵심 구글 서비스 없이는 조사 도구의 일부로 기기에 앱을 다운로드할 수 없다. 에뮬레이션에서 가장 큰 장애물이었다. 결과적으로 마침내 해결책이 있다. 다음 안내를 따라, 구글 플레이 리파지터리에서 어떤 앱도 다운로드하는 기능을 추가한다.

- https://inteltechniques.com/data/gplay.zip으로 이동해 파일을 다운로드한다.

- 다운로드한 압축 파일을 열려 있는 안드로이드 버추얼 머신에 드래그 앤 드롭한다. "File transfer in progress"라는 메시지가 보인다. 파일이 "flashable archive" 경고를 받는다. "OK"를 클릭해 경고를 수용한다. 파일을 성공적으로 복사했다는 노티를 받으면 "OK"를 클릭한다.

- "OK"를 클릭해 설치 후 보고되는 어떤 에러도 수용한다. 활성 창을 닫아 가상 기기를 끈다.

- 버추얼 머신을 다시 시작한다. 모든 시동 오류를 제거하려면 여러 번 재시작해야 할 수 있다.

기기는 이제 기존, 신규 구글 계정에 연결하라는 프롬프트를 띄운다. 어디에도 사용하지 않는 익명 계정을 사용할 것도 고려하자. 구글이 검증을 위해 휴대폰 번호를 요구할 가능성이 크기에, 나는 버추얼 머신에서 새 계정을 생성하도록 권장하지 않는다. 가상의 안드로이드 기기에 연결하기 전에, 전통적인 컴퓨터에서 구글 계정을 생성하는 편이다. 활성 구글 계정을 신규 기기와 동기한 후, 구글 플레이 스토어를 활성화할 수 있다. 이제 애플리케이션 메뉴 내에 모든 핵심 구글 서비스가 보인다. 그림 16.02(좌측)은 에뮬레이터에 포함된 표준 애플리케이션을 표시하고, 그림 16.02(우측)는 새 구글 옵션을 표시한다.

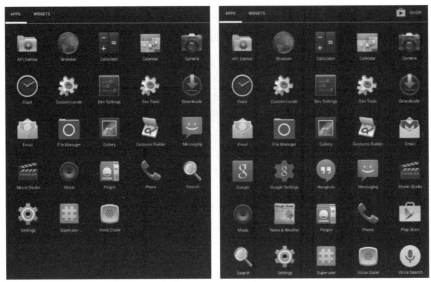

▲ **그림 16.02**: 디폴트 애플리케이션 목록(좌측), 구글 서비스를 설치한 버전(우측)

구글 플레이 추가로 마치 실제 전화, 태블릿을 쥐듯 네이티브로 안드로이드 애플리케이션을 설치할 수 있다. 구글 플레이를 런칭하면 새 가상 기기에서 어떤 앱도 검색, 설치, 실행할 수 있다. 새 프로그램을 설치한 후, 애플리케이션 메뉴(안에 점 6개가 있는 원)를 클릭한다. 새 앱을 클릭해 계속 누르면, 홈 스크린에 드래그할 수 있다. 그림 16.03은 내 조사용 디폴트 에뮬레이터를 표시한다. 상단 열은 채팅 앱이 있고, 둘째 열은 소셜 네트워크 앱이 있으며, 셋째는 위치 기반 앱이 있고, 넷째는 구글 서비스가 있으며, 마지막은 안드로이드 유틸리티가 있다. 나중에 이 프로그램을 정보 수집에 어떻게 사용할 수 있는지 설명한다. 일단 Genymotion 소프트웨어에 임베딩된 기능을 이해해야 한다.

안드로이드 버추얼 머신을 런칭하면, 창 우측의 행, 하단의 수평 아이콘 열이 보인다. 하단 아이콘은 에뮬레이션된 안드로이드 시스템의 일부다. 첫 아이콘을 클릭하면 현재 위치로부터 뒤로 한 화면 이동한다. 앱에 있다면, 누를 때마다 한 단계 되돌아간다. 둘째 아이콘은 "Home" 옵션을 나타내며 항상 홈스크린으로 되돌린다. 셋째 버튼은 "Recent Apps" 옵션이며, 최근 연 애플리케이션 뷰를 로딩한다.

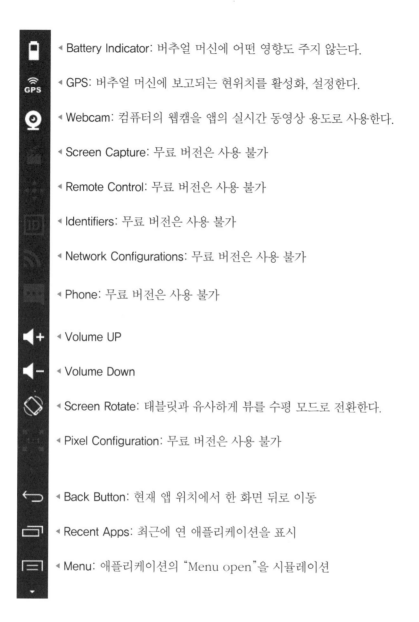

◄ Battery Indicator: 버추얼 머신에 어떤 영향도 주지 않는다.

◄ GPS: 버추얼 머신에 보고되는 현위치를 활성화, 설정한다.

◄ Webcam: 컴퓨터의 웹캠을 앱의 실시간 동영상 용도로 사용한다.

◄ Screen Capture: 무료 버전은 사용 불가

◄ Remote Control: 무료 버전은 사용 불가

◄ Identifiers: 무료 버전은 사용 불가

◄ Network Configurations: 무료 버전은 사용 불가

◄ Phone: 무료 버전은 사용 불가

◄ Volume UP

◄ Volume Down

◄ Screen Rotate: 태블릿과 유사하게 뷰를 수평 모드로 전환한다.

◄ Pixel Configuration: 무료 버전은 사용 불가

◄ Back Button: 현재 앱 위치에서 한 화면 뒤로 이동

◄ Recent Apps: 최근에 연 애플리케이션을 표시

◄ Menu: 애플리케이션의 "Menu open"을 시뮬레이션

에뮬레이터 우측 아이콘은 Genymotion의 기능이며 에뮬레이터 밖에서 안드로이드 머신의 측면을 제어할 수 있다. 그림 16.03은 이 옵션 행을 표시한다. 다음 페이지의 가이드는 이 기능 각각을 설명한다.

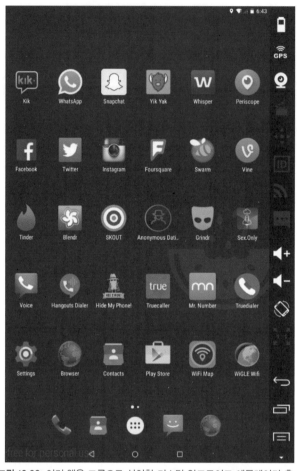

▲ **그림 16.03**: 여러 앱을 그룹으로 설치한 커스텀 안드로이드 에뮬레이터 홈 화면

Genymotion 내 GPS 옵션은 툴셋 중 가장 유익한 기능이다. 이 아이콘을 클릭하면 GPS 메뉴가 뜬다. Off/On 스위치를 클릭하면, 지역 변조 서비스를 실행하고, 미리 설정된 GSP 위경도가 제공된다. 직접 정확한 좌표를 공급하거나, "Map" 버튼을 클릭해 인터랙티브한 구글 지도로 위치를 선택할 수 있다. 그림 16.04(우측)는 입력된 덴버 국제 공항의 정확한 좌표와 함께 메뉴를 표시한다. 나는 경도, 정확도, 베어링 설정을 "0"으로 바꾸도록 권장한다. 이 창을 닫으면 지역 설정을 활성화한다 확인하는 GPS 버튼 내 녹색 체크 마크가 보인다.

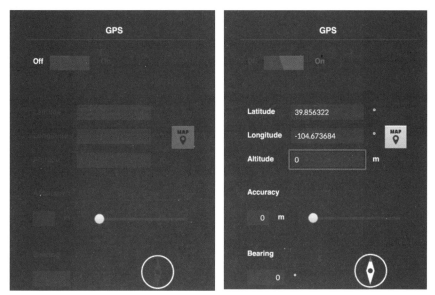

▲ **그림 16.04**: 비활성화된 Genymotion GPS 메뉴(좌측), 변조된 GPS(우측)

이제 기기로 브로드캐스트할 지역을 선택했으니, 이 설정을 테스트해야 한다. 이때 나는 안드로이드 에뮬레이터 내 구글 지도를 열어, 좌하단 하얀 원에 있는 작은 파란 타깃을 클릭하는 방법을 선호한다. 이러면 현재 위치하는 지역으로 구글 지도를 줌한다. 웹브라우저에서 빙 지도 웹페이지를 열어, 현위치로 중앙을 맞추도록 요청할 수도 있다. 이 옵션 모두에서 지역 세부 사항을 획득하려고 기기를 "Allow" 하거나 "Deny"하도록 프롬프트가 뜰 수 있다. 작동하려면 "Allow"를 선택해야 한다. 기대하던 지역을 설정하고 정확도를 확인한 후, 이 기능을 작동할 수 있다. 다음 튜토리얼은 지역을 인지하는 애플리케이션을 조사 시 어떻게 사용할 수 있는지 설명한다. 이 앱을 각각 안드로이드 버추얼 머신의 구글 플레이 스토어에서 다운로드할 수 있다.

페이스북: 안드로이드 페이스북 앱은 표준 프로필 페이지의 압축된 뷰와 유사하다. 모바일 앱의 혜택은 장소를 체크인하는 기능이다. 우측 상단 구석의 "Check In" 탭을 클릭하면 페이스북은 현재 가장한 위치 주변의 업체를 소개한다. 내 설정에서 페

이스북은 덴버 공항 터미널, 항공사를 제시했다. 위치를 선택해 타임라인에 포스트를 작성하면 페이스북은 거기 있는지 검증한다. 나는 사실 가지 않은 어딘가에 있는 척해야 할 때 사용했다. 이 방법은 가짜 프로필에 신뢰를 확립할 수 있다. 하루 종일 회사에서 일하고 있었다거나, 밤새 클럽에 갔다는 착각을 쉽게 일으킬 수 있다.

실제 적용: 예전에 가정 폭력 희생양이 전남편을 이 기법으로 혼란에 빠뜨리도록 도운 적이 있다. 그는 그녀의 모든 움직임을 온라인에서 스토킹했다. 무작위적인 장소로 가서 그녀를 찾으려 시간을 낭비하다, 항상 닫힌 장소를 발견한 후, 그는 그녀의 위치에 관해 발견한 정보를 의심했다.

트위터: 안드로이드 환경에서 처음 트위터를 사용하면, 위치를 공유하고 싶은지 질문을 받는다. 나는 보통 이런 활동은 권장하지 않지만, 가짜 위치를 공유하면 여러 혜택이 있을 수 있다. 페이스북과 유사하게 스스로를 실제 있지 않은 다른 곳에 있는 것처럼 보일 수 있다. 타깃을 혼란에 빠뜨리고 싶을 수 있다. 3장의 기법으로 그가 내 소셜 네트워크를 모니터링한다는 사실을 알면, 이 방법은 그를 따돌린다.

Yik Yak: 이 익명 소셜 미디어 앱은 시위자, 조직적 모임에 아주 인기 있다. 위치 데이터를 사용하며, 10마일 반경 내 이방인과 소통할 수 있다. 내 설정으로 덴버 공항의 사람들 채팅을 볼 수 있다. 예전에 나는 이 앱을 평화적인 시위를 망치는 도둑 집단을 조사하는 동안 사용했다. 약탈에 참여한 무리 중 상당수는 서로를 몰랐기에, 이런 앱에 의존해 소통한다. 그들이 노리던 다음 도둑질에 관한 실시간 커뮤니케이션에 끼어들 수 있었다. 사용 시 반드시 항상 리플라이를 개별 포스트로 확장해야 한다.

틴더: 이 데이팅 앱은 "만남"을 원하는 지역 내 사람들을 추천하려고 위치에 의존한다. 기기에서 사용 중인 페이스북 계정을 로그인 정보로 이용한다. 설정 메뉴로 성별, 연령대, 타기팅된 개인의 거리를 지정할 수 있다. 대부분 이것으로 현위치에서 1마일 이내의 상대를 확인한다. 사용자는 이어서 앱에서 채팅할 수 있다. 나는 이것으로 타깃이 집에 있는지, 다른 위치에 있는지 확인했다.

실제 적용: 조사 동안 타깃이 틴더 사용자였다. 나는 안드로이드 시뮬레이터의 GPS를 그의 거주지로 설정했다. 이어서 그 나이대 남자를 검색해 그가 집에 있음을 확인할 수 있었다. 결과로 그의 프로필을 확보하지는 못했지만, GPS를 직장 주소, 즐겨찾는 술집으로 바꿀 수 있었다. 결과에서 그의 프로필을 얻었을 때 위장된 장소에 있음을 알았다. 이 모두를 세상 어디서든 할 수 있다.

Blendr/Badoo: 이 두 앱은 같은 사용자 프로필 데이터베이스를 사용한다. 틴더와 유사하지만 페이스북 계정을 요하지 않는다. 데이팅 앱을 사용하는 타깃을 찾을 때 추가 옵션일 수 있다. 틴더에 적용한 방법이 이 네트워크에서도 효과적이다.

Skout: 이 앱은 페이스북 계정으로 프로필 데이터를 채운다. "Meet People" 영역은 공급된 GPS 좌표 영역에 현재 있는 개인을 제시한다. 타깃인 개인의 위치 확인 외에, 이 앱으로 현재 범죄 현장, 모임에 있는 사람을 확인할 수 있다. 예전에 이 기법으로 신뢰할 만한 폭파 위협 동안 수도 주변에 있는 사람을 그냥 문서화한 적이 있다. 이 사람이 취조 동안 거기 있던 사실을 부정했을 때 나는 그 진술과 어긋나는 데이터가 있었다. 거짓말한 사람은 재빨리 거짓 진술을 번복했고, 조사관은 상당한 시간을 벌었다.

Down: 공식적으로는 "Bang with Friends"라 불리는 페이스북 프로필 내 친구 기반의 또 다른 데이팅 앱이다. 타깃이 친구인 위장 프로필이 있다면, 이 앱을 런칭할 경우 Down에도 있는 친구를 확인한다.

실제 적용: 예전에 바람피는 배우자 조사 동안 사용한 적이 있다. 바람핀다 의심되는 배우자와 친구인 위장용 여자 페이스북 프로필에 연결했다. Down 앱을 런칭했더니 그가 계정이 있었다. 프로필에서 "Down"을 스와이프했더니 내가 그와 "자고" 싶다고 알렸다. 나중에 법적 절차에서 사용한 아주 범죄적인 채팅이 곧 이어졌다.

FireChat: FireChat은 무선 메시 네트워킹으로 스마트폰을 블루투스, 와이파이, 애플의 멀티피어 커넥티비티 프레임워크로 인터넷 접속 없이 연결해주는 모바일 앱이다. 설계 목적과 달리 2014년 내내 시위 현장의 커뮤니케이션 도구로 사용됐다. 에뮬레이터에서 앱을 구동하면 실시간 메시징, 수많은 채팅룸이 확인된다. 이 룸은 종종 직접적인 관련자로부터 나온 실시간 이벤트의 가치 있는 정보가 있을 수 있다. 소셜 네트워크 로그인은 필요하지 않으며, 기대하던 어떤 가명도 사용할 수 있다. 나는 이벤트 세부 사항 확보를 위해서만 사용했다. 서비스 내 개인을 확인할 때는 성공한 적이 전혀 없다.

다른 유사 앱이 여럿 있다. 모바일 애플리케이션을 조사에 어떻게 통합할지 아이디어를 얻었으니, 이제 같은 기법을 차세대 인기 앱에 적용할 수 있다. 여러 소셜 네트워크 앱은 위치와 관련이 없지만, 콘텐츠는 여전히 조사에 가치 있을 수 있다. 스냅챗, 킥 등 일부 앱은 휴대 기기에서만 작동한다. 전통적인 컴퓨터 웹브라우저를 로딩해 이 네트워크에 참여할 수는 없다. 하지만 안드로이드 버추얼 머신에서는 접근 가능하다. 다음 튜토리얼은 이 인기 앱의 새 용도를 찾아줄 수 있다.

스냅챗: 이 인기 사진 메시징 애플리케이션으로 사용자는 사진을 포착하고, 동영상을 녹화하며, 텍스트, 드로잉을 추가하고, 제한된 수신자 목록에게 보낼 수 있다. 이 보낸 사진, 동영상은 "스냅"으로 알려져 있다. 사용자는 수신자가 스냅을 얼마나 오래 볼 수 있는지 시간 제한을 설정하는데, 그 후에는 수신자 기기에서 숨고, 스냅챗 서버에서 삭제된다. 여러 십대는 누드 사진을 주고받으며 이 앱을 "섹스팅"에 사용한다. 스냅챗 네트워크에 참여하려면 휴대 기기를 사용해야 한다. 안드로이드 에뮬레이터로 모바일 기기를 사용하듯이, 사용자와 인터랙션을 할 수 있다. 하지만 나는 스냅챗 앱을 정보 수집 도구로 사용하는 편이다. 다음 튜토리얼로 휴대폰 번호를 검색해 관련 스냅챗 사용자 이름을 확인할 수 있다.

- 안드로이드 버추얼 머신을 구동해 "People" 앱을 열어 연락처를 본다. 비어 있을 가능성이 크다. 창의 우측 상단 부분에서 "Add User" 옵션을 클릭해 새 연락처를 생성한다. 그림 16.05(좌측)는 이 아이콘을 표시한다. 타깃 휴대폰 번호를 "Name", "Phone" 필드에 입력한다. 다 끝나면 "Done"을 클릭한다.

- 스냅챗 앱을 구동해 새 계정을 생성하거나 기존 계정에 로그인한다. 에뮬레이터로 새 계정 생성도 허용된다. 화면 우측 하단 부분의 "menu" 옵션(수평선 3개)을 클릭하면, "My Friends" 메뉴를 제시한다.

- 우측 상단 구석의 "Add Friend" 아이콘을 클릭한다. "Add User" 아이콘 바로 우측의 "Address Book" 아이콘을 클릭한다. 주소록에 있는 전화번호를 추출해 스냅챗으로 리버스 검색을 한다. 사용자 관련 어떤 번호도 여기 있고, 번호, 사용자 이름이 보인다. 그림 16.05(우측)는 결과를 표시한다.

▲ **그림 16.05**: 안드로이드 연락처 프로필(좌측), 스냅챗 친구 발견(우측)

실제 적용: 나는 이 기법을 여러 번 지난 3년 간 사용했다. 개인의 실명을 확인하지는 못하지만, 사용자 이름을 제공한다. 대부분 이 사용자 이름을 트위터 등 다른 네트워크에서 조사하면, 타깃의 실제 구분자를 제공한다. 예전에 지역 고등학교의 다양한 학생에게 살해 위협을 보낸 대상을 확인할 수 있었다.

킥 메신저: 킥은 모바일 기기용 인스턴트 메시징 애플리케이션이다. 블랙베리 메신저를 모델링했고, 스마트폰의 데이터 요금제, 와이파이로 메시지를 전송하고 받는다. 사용자가 사진, 스케치, 모바일 웹페이지, 기타 콘텐츠를 공유할 수 있다. 앱에서 무료 계정을 생성해야 하며, 이어서 어떤 사용자 이름, 킥 번호도 검색할 수 있다. 여러 사용자는 개인 세부정보를 공유하지 못하지만, 여전히 타깃과의 위장 커뮤니케이션을 위해 조사 동안 앱을 사용할 수 있다.

실제 적용: 킥 메신저는 아동 착취가 두드러진다. 아동 성애자의 다음과 같은 말을 뉴스 출처에서 인용했다. "전 지금 거기 들어가면 아마 20분 내에 앱에서 동영상, 사진을 전부 구할 수 있어요. 바로 거기서 온갖 아동 포르노가 나와요", "전 원하면 누구든 낚을 수 있어요. 이 앱으로 성욕을 채울 수 있어요." 2014년 한 부모는 그녀의 15살 짜리 딸 휴대폰을 압수했는데, 그 미성년자가 누드 사진을 노인의 요청으로 전송 중이었다. 내 안드로이드 에뮬레이터로 그 아이로 로그인해 계속 아동성애자와 대화를 이어가며 기소 동안 사용할 증거를 발전시킬 수 있었다. 화면 캡처, 녹화로 문서화는 쉬웠다.

왓츠앱: 왓츠앱 메신저는 구독 사업 모델로 운영되는 스마트폰용 인스턴트 메시징 앱이다. 독자적인 크로스플랫폼 앱으로 일부 피처폰 사용자는 인터넷으로 소통한다. 텍스트 메시징 외에 왓츠앱으로 이미지, 동영상, 오디오 미디어 메시지를 보낼 수 있다. 통합 지도 기능을 사용하면 위치도 공유할 수 있다. 활성 사용자가 6억 이상인 가장 글로벌한 인기 메시징 앱이다. 계정을 생성해 검증용으로 전화번호를 제공해야 한다. 이 번호는 휴대폰, 일반 전화, VOIP 번호일 수 있다. 나는 무료 구글 보이스 번호로 성공했다. 계정이 생긴 후 직접 어떤 타깃과도 이 서비스로 소통할 수 있다. 타깃 중 여럿이 전통적인 텍스트 메시지로는 대화를 거부하지만 왓츠앱으로는 자유롭게 문자를 보낸다. 온라인 위장 근무를 수행 중이면 미리 이 설정을 해야 한다.

연락처 활용

3장은 지메일, 야후 등 이메일 계정을 페이스북, 트위터 등 소셜 네트워크와 조합해 연락처 목록의 이메일 주소, 휴대폰 번호에 연결된 프로필을 어떻게 확인하는지 확인했다. 모바일 앱은 방금 전 스냅챗 사례 등 연락처의 프로필 정보 추출에 더욱더 성공적이다. 휴대폰 번호를 전화 주소록에 추가하면, 종종 타깃의 다음 정보를 확보했다.

- "친구 찾기" 기능에서 나온 관련 페이스북 계정

- 행아웃 앱에 연결된 구글플러스 계정

- 구글 플레이 스토어의 구글 플레이 구매, 리뷰

- "친구 찾기" 기능에서 나온 관련 트위터 계정

- 휴대폰에 등록된 왓츠앱 사용자 이름, 번호

기본적으로 타깃의 전화번호, 이메일 주소를 안드로이드 에뮬레이터 주소록에 입력하면, 여러 앱은 그 사람과 친구라 믿는다. 실제 세부정보에 연결된 프로필 연결을 보지 못하게 차단하는 여러 인증 프로토콜을 덮어쓴다.

Genymotion 익스포트

이제 수많은 안드로이드 에뮬레이터를 생성해 조사 수요마다 맞춰 설정하고 싶을 것이다. 그림 16.06은 컬렉션 사례를 표시한다. 첫째는 커스터마이징 없는 표준 안드로이드4.4.4 에뮬레이터다. 디폴트 설정만 있는 깨끗한 머신이다. 둘째 머신은 구글 보이스, 구글 행아웃 및 수많은 VOIP(IP 기반 음성) 프로그램 등 무료 전화 통화를 허용하는 음성 관련 앱만 있다. 위장 전화 통화를 걸 때 익명성의 추가 레이어로 사용할 수 있다. 셋째 옵션은 적극적인 조사에만 사용하는데, 전에 언급한 앱이 모두 있다. 넷째 옵션은 조사에 도입할 수 있는 신규 앱 테스트용이다. 위장 환경에서 구동하기 전에 애플리케이션을 이해해야 한다. 마지막 머신은 위치 기반 앱만 있다. 이 앱으로 가짜 위치를 알리거나 먼 위치를 조사할 수 있다. 사례일 뿐이지만, 설정에 아이디어를 제공할 수 있다.

▲ **그림 16.06**: 가상의 안드로이드 기기 옵션이 있는 Genymotion 메뉴

Genymotion의 유료 버전으로 어떤 머신이든 복제할 수 있다. 많은 설정이 있는 커스텀 에뮬레이터가 있을 때 아주 유용하다. 그 머신의 사본을 즉시 만들어, 조사마다 새 버전을 사용할 수 있다. 하지만 이 소프트웨어의 무료 버전은 이 기능을 비활성화했다. 그 대신 Virtual Box로 사용하고 싶은 머신마다 수동 생성하거나 머신을 복제해야 한다. 수동으로 가상 기기를 설치, 설정할 때 스킬을 예리하게 유지하는 혜택이 있다. 새 머신을 생성하고 구글 핵심 서비스를 통합하는 데 겨우 10분 밖에 안 걸린다. 하지만 모든 조사에 새 기기를 사용하면 시간이 너무 많이 걸린다. 다음 안내는 Genymotion의 어떤 가상 안드로이드 기기도 정확한 상태를 복제한다.

- 안드로이드 가상 기기를 생성해 원하는 대로 커스터마이징한다. 구글 플레이 및 복제한 사본 모두에 있기 바라는 다른 어떤 앱도 설정한다. 옵션으로 "Secure Eraser" 앱을 실행해 불필요한 하드 드라이브 공간을 제거한다. 머신에서 나가, Genymotion을 완전히 닫는다.

- 애플리케이션 폴더(맥), 시작 메뉴(윈도우)에서 VirtualBox를 연다. Genymotion에 보이는 안드로이드 머신과 동일한 이름이 보인다. 복제하려는 머신을 우클릭해 "Clone"을 선택한다. 그림 16.07은 활성 머신의 우클릭 메뉴 옵션과 함께 이 프로그램을 표시한다.

- 새 머신의 이름을 제공한다. "Investigation Master Copy", "Android 5.1.1 with Apps"일 수 있다. Full Clone 옵션과 Current machine state를 선택하고, Clone 버튼을 클릭한다. VirtualBox는 VirtualBox 머신의 디폴트 폴더에서 선택한 머신의 정확한 복제물을 생성한다. 새 머신을 우클릭하고 "파인더에서 표시"(맥), "디스크에서 표시"(윈도우)를 선택해 이 폴더를 확인할 수 있다.

이제 VirtualBox를 닫고 Genymotion을 런칭할 수 있다. 가상 기기 메뉴에 타깃 머신의 새 복제물이 보인다. Genymotion은 복제 프로세스 동안 생성된 이름을 표시한다. 나는 이 방법으로 언제든 준비된 여러 머신을 만든다. 원한다면 이 기법으

500

로 모든 조사에 새 안드로이드 기기를 쉽게 생성한다. 어떤 수정도 없이 안드로이드 커스텀 4.4.4, 안드로이드 커스텀 5.1.0 기기를 만드는 내 전략이다. 각각 안드로이드 4.4.4 클린, 안드로이드 5.1.0 클린으로 복제한다. 결코 변경하지 않고, 필요시 사용 가능하게 한다. 원래의 4.4.4, 5.1.0 기기를 구동해 각각 구글 플레이를 추가한다. 이어서 안드로이드 4.4.4 플레이, 안드로이드 5.1.0 플레이로 복제한다. 다시 한 번 나는 이 새 복제물을 보존하고, 원래 가상 기기를 다시 구동한다. 내 조사에 유용할 모든 앱을 추가하고 기기를 복제한다. 안드로이드 4.4.4 풀, 안드로이드 5.1.0 풀로 복제한다. 내 메뉴는 다음과 같다.

Android 4.4.4	Android 4.4.4 Play
Android 5.1.0	Android 5.1.0 Play
Android 4.4.4 Clean	Android 4.4.4 Full
Android 5.1.0 Clean	Android 5.1.0 Full

나는 절대 이 기기를 어떤 조사도 검색용으로 사용하지 않는다. 모두 어떤 사건의 감염도 면하며 사용할 준비가 돼 있다. 새 조사를 시작하려면 기대하는 가장 적절한 시스템을 복제한다. 앱이 많이 필요하면, 안드로이드 5.1.0 풀을 복제해 Android 5.1.0 Full 2016-876551 등 내 사건 번호로 제목을 달 수 있다. 용의 기기의 포렌식 리뷰 동안 발견한 앱만 테스트하려면, 안드로이드 4.4.4를 복제해 Android 4.4.4 Test App이라 제목 붙일 수도 있다.

안드로이드 버전 4.4.4, 5.1.0의 존재는 중복처럼 보일 수 있다. 이 숫자는 그 안의 안드로이드 운영체제 소프트웨어 버전을 가리킨다. 여러 버전을 보유하면, 현재 앱, 옛날 앱 때문에 중요하다. 관련 앱 대부분은 두 버전 모두에서 잘 작동한다. 하지만 일부 앱은 그렇지 않다. 플레이 스토어에서 4.4.4는 설치를 허용하지 않지만, 5.1.0는 잘 설치되는 앱과 마주친 적이 있다. 정확히 반대 현상도 있다. 두 버전 모두 사용 가능하면 어떤 상황도 대비한다. 이 글 이후 시간이 오래 지나 이 책을 읽다가, 더 많은 옵션이 있을 수도 있다. 궁극적으로 가장 최신 버전을 위해 생성한 기기, 적어도 한 버전 이전 기기를 둔다. 2021년이면 모두 상관없을 수 있다.

발견의 소재 중 일부로 조사에서 나온 디지털 증거를 모두 제공하도록 요청받을 수 있다. 민사 사건으로 고용된 포렌식 감찰관, 범죄 사건을 기소하는 사법 집행부에 일어날 수 있다. 내 모든 조사를 위해 새 가상 기기를 생성하는 정확한 이유다. 깔끔하고 정당한 환경일 뿐 아니라, 완료 시 쉽게 아카이브, 배포한다. 다음 안내는 조사에서 나온 전체 가상 운영체제, 앱이 있는 큰 단일 파일을 생성한다.

- Genymotion에서 나가, 전에 언급한 같은 방식으로 VirtualBox를 연다.

- 타깃 가상 기기를 선택해 메뉴 바에서 "File"을 클릭하고, Export Appliance 를 선택한다. 기기를 다시 선택해 같은 위치, 파일 이름을 제공한다. 그림 16.08은 메뉴를 표시하고 Android 5.1.0 2016.ova라는 파일을 내 맥의 문서 폴더에 저장한다.

- Export를 클릭해 프로세스 완료를 허용한다. 최종 결과는 DVD, 플래시 미디 어로 아카이브할 수 있는 단일 파일로 구성된다.

- 이 파일은 File 메뉴에서 Import Appliance를 선택해 VirtualBox로 임포팅 할 수 있다. 이러면 또 다른 조사관이 정확히 나와 같은 조사 환경을 조회할 수 있다.

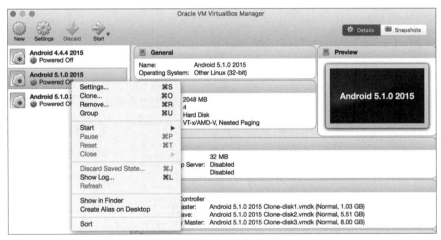

▲ 그림 16.07: 메뉴에 복제 옵션이 있는 VirtualBox 메뉴

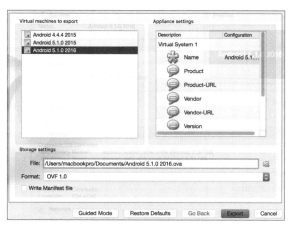

▲ 그림 16.08: VirtualBox 익스포트 메뉴

☑ 구글 안드로이드 에뮬레이터(developer.android.com)

Genymotion 외에 다른 안드로이드 에뮬레이션 옵션이 있다. 그 서비스로 계정 생성을 예약하면, 구글의 네이티브 에뮬레이터로 안드로이드 버추얼 머신을 실행할수 있다. Genymotion보다 더 어렵지만, 혹시 서비스가 사라질 경우에 대비해 옵션이 있어야 한다. 튜토리얼은 이전 만큼 상세하지는 않다. 머신을 구동하기에 충분한 정보는 제공한다. 구글 플레이 설치는 아주 어렵고, 정확한 운영체제 구동에따라 설정 기법도 다양하다. 이 옵션은 고급 사용자에게만 추천한다.

- http://developer.android.com/sdk/index.html에서 설치 파일을 다운로드한다. 원하는 위치에 설치한다.

- "SDK Manager.exe"를 실행한다. "Android SDK and AVD Manager"를 런칭한다. 디폴트로 "Installed packages"가 하이라이트된다. 팝업에서 "Choose Packages to Install"를 선택한다. 이미 선택된 일부 디폴트 패키지가 있다. "Install"를 클릭한다.

- "Virtual Devices"를 선택해 새 버추얼 머신을 생성한다. "New"를 클릭해 설명적인 이름을 입력한다. "Android 4.4 - API Level 17" 등 가장 큰 숫자를선택한다. "Create AVD"를 선택한다.

- 생성한 가상 기기를 선택해 Start를 클릭한다. "Start"를 클릭하면 또 다른 팝업이 뜬다. "Launch"를 클릭해 진행한다.

Genymotion과 유사한 안드로이드 버추얼 머신이 실행된다. Genymotion에 있는 사이드 바 기능은 없다. 구글 플레이의 설치 절차는 운영체제 버전마다 다르다. 현행 안내는 developer.android.com/google/play-services/setup.html을 방문한다.

☑ Manymo(manymo.com)

이 장에서 논하는 마지막 안드로이드 에뮬레이션 서비스는 Manymo다. 에뮬레이터 구동에 계정은 필요하지 않지만, 머신이 열려 있는 시간이 제한된다. 웹브라우저에서 안드로이드 에뮬레이터를 구동할 수 있다. 모든 프로세싱, 데이터 스토리지는 Manymo 서버에서 발생한다. 머신과 인터랙션을 하는 동안 약간의 지연이 두드러진다. 하지만 컴퓨터 자원의 요건은 없다. 이전 방법을 따라갈 수 없는 오래된 컴퓨터가 있다면, 더 나은 옵션일 수 있다. 계정 생성 후 다음 튜토리얼을 따라 첫 에뮬레이터를 구동한다.

- 웹사이트 우측 상단의 "Launch Emulators"를 클릭한다.
- 기대하는 안드로이드 기기 크기를 선택한다. 나는 첫째, 둘째 옵션을 권장한다. 첫째는 태블릿과 유사하게 수평이며, 둘째는 스마트폰과 유사하게 수직이다. "Launch"를 선택한다.

이제 웹브라우저에서 기능하는 에뮬레이터가 있다. 하지만 스톡 앱만 보이고 구글 플레이 접근권은 없다. 나는 Manymo 에뮬레이터에서 어떻게 구글 플레이 로딩을 허용하는지 찾을 수 없었다. 하지만 서비스에서 개별 앱을 로딩할 수 있다. 앱을 업로드하기 전에 앱의 APK 파일을 다운로드해야 한다. APK 확장자가 있는 파일을 EXE 확장자가 있는 애플리케이션과 유사하다 생각하자. 구글은 APK를 모든 앱에 사용한다. 다음 안내는 구글 플레이 계정에서 어떤 앱 파일도 확보해 Manymo 에뮬레이터에서 실행해준다.

- play.google.com으로 이동해 기대하던 앱을 검색한다. 스냅챗을 검색하면 앱은 play.google.com/store/apps/details?id=com.snapchat.android에 있다.

- http://apps.evozi.com/apk-downloader/로 이동해 기대하던 앱의 URL을 입력한다. "Generate Download Link"를 클릭한다. 파일을 가져와 "Click here to download"를 클릭한다. 앱의 APK 파일은 컴퓨터에 다운로드된다.

- manymo.com/emulators로 이동해 우측 상단 구석의 "Launch with" 옆에 있는 "App" 링크를 선택한다. 우측 상단의 "Upload an App"을 클릭하고, 다운로드한 APK 파일을 브라우징 후 선택한다. "Continue"를 클릭해 앱을 Manymo 서버에 업로드한다.

- 에뮬레이터의 기대하는 크기를 선택해 "Launch"를 선택한다. 새 탭이 열리며 에뮬레이터가 실행된다. 애플리케이션 메뉴로 이동해 업로드한 앱을 런칭한다. 그림 16.09는 웹브라우저의 안드로이드 에뮬레이터에서 로딩한 스냅챗 앱의 내 결과를 표시한다.

나는 컴퓨터에서 모바일 애플리케이션에 접근할 때 이 세 방법 모두 시도하도록 권장한다. Genymotion이 분명히 가장 탄탄하다. 하지만 다른 옵션도 이해하면, 한 서비스를 사용하지 못할 때 조사가 막히지 않는다. OSINT 수집의 미래는 웹사이트 검색 옵션이 없는 모바일 앱에 더 집중할 것이다. 온라인 조사를 위해 모바일 환경 에뮬레이션이 필요하다.

▲ **그림 16.09**: 스냅챗 APK 파일을 업로드한 Manymo 에뮬레이터

17장

USB 운영체제

모든 온라인 조사용 컴퓨터는 제거 가능한 운영체제 옵션을 준비해 언제라도 부팅할 수 있어야 한다. 컴팩트 디스크 등 옵티컬 미디어로 컴퓨터를 부팅할 수 있지만, 부팅 가능한 USB 기기를 만들면 가장 쉽고도 탄탄한 솔루션이다. 이 방법의 일반전제는 전체 운영체제를 그 자체로 부팅할 때 사용할 수 있는 USB 드라이브 생성이다. 메인 하드 드라이브 접근을 요하지 않으며, 거기서 데이터를 읽거나 쓰지 않는다. 컴퓨터에 있는 하드 드라이브 없이 작동하지 않는다. 중요 데이터에서 완전히 분리된 채, 정규 시스템에 어떤 사용 세부 사항도 노출하지 않는다. 부팅 가능한 USB 사용을 지원하는 여러 시나리오가 있다.

항상 악의적 소프트웨어, 바이러스가 없는 운영체제를 원할 수 있다. 일간의 전형적인 브라우징 행동은 원하지 않는 소프트웨어를 기기에 끌어들일 가능성이 크다. 대부분은 여러 해 동안 설치돼 구동 중인 운영체제가 있는 컴퓨터를 사용할 가능성이 크다. 안티바이러스 소프트웨어가 알려진 위험 요소는 확인하지만, 알려지지 않는 애플리케이션의 악의적 변형은 알 방법이 없다. 새 USB 기기는 어떤 개인 활동을 위해서도 사용한 적이 전혀 없는 완전한 운영체제가 있을 수 있다. 이전 사용으로 어떤 감염도 없다.

사법 집행부 일원은 조사의 통합성을 보호하려 엄청난 노력을 해야 한다. 조사용 컴퓨터 운영체제에 바이러스, 멀웨어가 있으면 사건의 각하가 발생할 수 있다. 또한 감염 이슈도 인식해야 한다. 이전 조사의 증거가 여전히 새 사건 동안 존재할 경우, 용의자에게 정당하지 않으며 증거로 인정할 수 없는 발견 사항을 낳을 수 있다. 사법 집행부는 항상 깨끗한 시스템을 보유해야 한다.

여러 컴퓨터에 걸쳐 온라인 조사에 특정 소프트웨어 수요가 있을 수 있다. 특정 웹브라우저, 고유의 웹브라우저 익스텐션, 커스텀 애플리케이션이 있을 수 있다. 이전 장은 안드로이드 에뮬레이션 소프트웨어를 논했다. 설치, 설정은 약간 귀찮겠지만, 결과는 OSINT 커뮤니티에 아주 유용하다. 어떤 컴퓨터에서도 작동하는 한 가지 설정, 여러 컴퓨터에서 동시에 작동하는 설정을 만들고 싶을 수 있다. 거의 끝에서 안드로이드 에뮬레이션을 미리 설정해둔 부팅 가능한 시스템을 어떻게 생성하는지 상세 안내를 제공한다. 사용할 준비가 된 시스템 링크도 제공한다.

이 장은 다양한 USB 부팅 기기를 생성할 때 필요한 전부를 포함한다. 어떤 경로를 취할지는 자신의 몫이다. 다음은 윈도우, 맥 사용자 모두에게 제시할 옵션 모두의 간략한 요약을 제공한다. 나는 폐기 가능한 USB 운영체제가 모든 온라인 조사의 미래라 믿는다.

★ 마이크로소프트 윈도우 컴퓨터 ★

리눅스 민트(상태 없음): 이 옵션으로 윈도우 기반 컴퓨터 대부분에서 작동할 부팅 가능한 USB 기기를 만들 수 있다. USB 기기에서 단일한 리눅스 운영체제로 부팅한다. 그렇다고 컴퓨터 내부 하드 드라이브 운영체제에 어떤 영향도 없다. USB에서 운영체제에 있는 동안 가한 어떤 변화도 유지되지 않는데, "상태 없음"이라 한다. 이전 세션에서 감염이 없어 사용할 때마다 깨끗한 운영체제를 제공한다. 어떤 데이터, 히스토리도 저장하고 싶지 않은 상황에 이상적이다. 윈도우 사용자에게 가장 간단한 옵션이다.

리눅스 민트(유지): 이 옵션으로 윈도우 기반 컴퓨터 대부분에서 작동할 부팅 가능한 USB 기기를 만들 수 있다. 리눅스 운영체제로 부팅한다. 그렇다고 컴퓨터 내부 하드 드라이브 운영체제에 어떤 영향도 주지 않는다. USB 운영체제에 있는 동안 가한 어떤 변화도 유지돼 "유지"라 부른다. 새 소프트웨어, 저장된 문서 등 어떤 데이터, 히스토리도 저장하고 싶은 상황에 이상적이다. 이 옵션으로 바이러스 등 기대하지 않은 데이터가 운영체제에 들어간 채 유지된다는 점에 주의한다. 나는 고급 사용자에게만 추천한다.

커스텀 리눅스 민트(상태 없음): 이 옵션은 내가 선호하는 솔루션이다. 기대하던 소프트웨어, 설정이 모두 있는 내 자신만의 커스텀 리눅스 운영체제를 생성할 수 있다. 웹브라우저, 어떤 익스텐션도 커스터마이징할 수 있다. 전체 룩앤필을 제어하고, 여러 조사용 애플리케이션을 추가할 수 있다. 완료 시 모든 변경을 잠가, USB로 부팅되는 상태 없는 버전을 만들 수 있다. 어떤 감염, 전염도 막는 적극적 조사의 변경 사항도 저장하지 않는다. 여러 온라인 조사를 수행하고 커스텀 소프트웨어 옵션을 원하는 사용자에게 이상적이다. 고급 기법이지만, 결과 실행은 간단하다. 온라인 조사 동안 내 자신의 커스텀 운영체제를 매일 사용한다.

리눅스 멀티플 운영체제(상태 없음): 윈도우 기반 컴퓨터 대부분에서 작동하는 부팅 가능한 USB 기기를 만들 수 있다. 여러 리눅스 운영체제를 제시하는 메뉴로 부팅한다. 전에 언급한 커스텀 버전이 있을 수 있다. 어떤 시스템이나 선택할 수 있으며, 각각 USB 기기에서 부팅한다. 컴퓨터 내부 하드 드라이브의 운영체제에 어떤 영향도 없다. USB 운영체제에 있는 동안 가한 어떤 변화도 유지되지 않는다. 이전 세션에서 감염 없이, 매번 사용할 때마다 깨끗한 운영체제를 제공한다. 어떤 데이터, 히스토리도 저장하고 싶지 않은데, 여러 시스템 옵션을 원하는 상황에 이상적이다. 이 장은 고유한 운영체제 3개가 있는 단일한 USB 부팅 드라이브를 어떻게 만드는지 설명한다. 다양한 시나리오를 근거로 선택할 수 있다.

나는 초심자가 첫 옵션으로 시작하는 반면, 고급 사용자는 셋째 옵션을 고려하도록 권장한다.

★ 애플 맥 OS X 컴퓨터 ★

리눅스 민트(상태 없음): 이 옵션으로 어떤 현대적인 OS X 기반 컴퓨터(맥)에서도 작동하는 부팅 가능한 USB 기기를 생성할 수 있다. USB 드라이브에서 단일 리눅스 운영체제로 부팅한다. 컴퓨터 내부 하드 드라이브 운영체제에 어떤 영향도 주지 않는다. USB 운영체제에 있는 동안 가한 변화는 보존되지 않는다. 이전 세션에서 어떤 감염도 없이 매번 사용할 때마다 깨끗한 운영체제를 제공한다. 어떤 데이터, 히스토리도 저장하고 싶지 않은 상황에 이상적이다. 맥 사용자에게 가장 간단한 옵션이다.

리눅스 민트(유지): 이 옵션으로 어떤 현대적인 OS X 기반 컴퓨터(맥)에서도 작동하는 부팅 가능한 USB 기기를 생성할 수 있다. 리눅스 운영체제로 부팅한다. 컴퓨터 내부 하드 드라이브 운영체제에 어떤 영향도 주지 않는다. USB 운영체제에 있는 동안 가한 어떤 변화도 보존된다. 새 소프트웨어 설치, 사용하는 동안 생성한 문서 등 어떤 데이터, 히스토리도 저장하고 싶은 상황에 이상적이다. 이 옵션으로 바이러스 등 원하지 않는 데이터가 운영체제에 들어와 남으니 주의한다. 나는 고급 사용자에게만 권장한다.

커스텀 리눅스 민트(상태 없음): 이 옵션은 내가 선호하는 솔루션이다. 어떤 기대하는 소프트웨어도 포함해 자체적인 커스텀 리눅스 운영체제를 생성할 수 있다. 전체 룩앤필을 통제하고, 여러 조사용 애플리케이션을 추가할 수 있다. 완료 시 모든 변경을 잠가 USB로 부팅되는 상태 없는 버전을 생성할 수 있다. 어떤 감염도 방지하는 적극적 조사에서 나온 변경을 저장하지 않는다. 여러 온라인 조사를 수행하고 커스텀 소프트웨어 옵션을 원하는 사용자에게 이상적이다. 고급 기법이지만, 결과 실행은 간단하다. 온라인 조사 동안 내 자신의 커스텀 운영체제를 매일 사용한다.

보조 OS X(유지): 맥 컴퓨터에서 작동하지 않는 부팅 가능한 USB 기기를 생성할 수 있다. USB 기기에서 전체 맥 OS X 운영체제를 부팅하며, 내부 하드 드라이브의 운영체제에 영향을 주지 않는다. USB 운영체제에 있는 동안 가한 어떤 변화도 보존된다. OS X 운영체제의 친숙함, 격리된 드라이브의 안전을 원하는 맥 사용자에게 이상적인 선택이다. 정상 운영체제로 정확히 어떤 변화도 저장한다. 개인용 컴퓨터 사용에서 격리된 채 온라인 조사를 유지하고 싶은 사람에게 훌륭한 옵션이다. 여러 사람이 데이터 감염 위험 없이 단일 컴퓨터를 공유하는 방법으로도 사용할 수 있다. 나는 모든 맥 사용자가 이 옵션을 고려하도록 권장한다. 내 배낭은 항상 이 기법으로 설정한 여러 기기를 포함한다. 내 훈련은 이 기법을 위해 특히 조사용으로 애플 노트북 구매를 권장한다.

나는 초심자가 첫 옵션으로 시작하는 반면, 고급 사용자는 셋째 옵션을 고려하도록 권장한다. 더 나아가 모든 맥 사용자가 마지막 옵션에서 논한 드라이브를 생성하도록 제안한다.

사법 집행부, 기타 정부 단체가 온라인 조사를 수행할 때 마주치는 큰 장애가 두 가지 있다. 첫째는 깨끗한 컴퓨터에서 인터넷 검색을 하는 것이며, 둘째는 조사 환경의 유지다. 나는 조사관 중 대부분은 둘 다 무시한다 믿지만, 이 USB 부팅 방법은 이슈를 해결할 수도 있다. 각각 개별적으로 다룬다.

여러 사법 집행 기관은 재정적으로 고군분투하며, 온라인 조사용으로 설계된 컴퓨터에 접근하지 못한다. 작은 부서는 같은 시스템으로 정부 보고서를 작성한 후, 용의자의 페이스북 페이지를 브라우징한다. 또한 어떤 부서는 온라인 조사에 더 오래된 윈도우 XP 머신을 사용한다. 이 두 시나리오 모두 극히 위험한 행동이다. 같은 컴퓨터를 모든 온라인 조사에 사용하면, 한 조사가 다른 조사에 연루될 가능성이 있다. 어떤 디지털 증거도 분리하지 못하면, 조사의 위협으로 이어질 수 있다. 리눅스 USB 드라이브를 사용하면, 시스템은 바이러스의 공격 대상이 되지 않으며, 네트워크의 민감한 데이터에 연결되지 않는다.

분명히 부팅 가능한 USB 기기는 사법 집행을 하지 않는 단체에도 유용할 수 있다. 사설 탐정, 정보 분석가, 기타 온라인 조사원은 가능한 한 컴퓨팅 환경을 보호해야 한다. 다음 기법은 직업에 따라 다르지 않다. 보편적으로 적용 가능하다.

진행 전에 모든 장에서 가장 기술적임을 지적해야 한다. 이 모든 옵션을 복제해 성공에 이를 필요는 없다. 상황에 맞춰 한 솔루션만 필요할 수 있다. 나는 어떤 기법도 실행 전에 전체 장을 읽도록 권장한다. 방법 상 차이를 더 잘 이해할 수 있다. 컴퓨터에서 사용 가능한 옵션을 모두 시도할 의지가 있다면, 이 전략 중 적어도 하나는 일상적인 컴퓨터 습관으로 수용할 것이다. 이 장 거의 끝에서 내 USB 부팅 전략을 노출해 모범 사례를 예시한다.

첫째, 나는 사용 중인 컴퓨터의 주 하드 드라이브에 완벽한 디스크 암호화를 적용하도록 권장한다. 윈도우를 사용 중이면, BitLocker라 한다. 맥을 사용 중이면, FileVault라 한다. 암호화의 전반적 주제는 이 책의 범위를 벗어난다. 하지만 수요에 맞춰 주요 혜택을 요약한다. 주 하드 드라이브에서 데이터를 암호화하면 새 USB 운영체제가 그 데이터에 접근하지 못한다. 새 USB 기기로 부팅하면, 주 기기를 해독할 기능이 없다. 이러면 주 데이터가 안전하게 유지된다. 또한 바이러스 등 악의적 소프트웨어가 오래된 기기로 확산되지도 않는다.

다음으로 적절한 USB 플래시 스토리지 기기를 선택해야 한다. 나는 USB 3.0 기기, 포트만 사용하도록 강력히 권장한다. 컴퓨터가 USB 3.0 포트를 지원하지 않으면, 이 방법은 느리고 사용하지 못할 수 있다. 지난 3년간 제작된 대부분은 노트북은 이 기능이 있다. USB 버전 2.0 대비 3.0의 혜택은 속도다. 3.0 드라이브는 2.0 기기 보다 비율 상 10배 이상으로 빨리 읽을 수 있다. 여러 윈도우 노트북은 파란 내장 과 함께 USB 3.0 포트를 지정한다. 맥 컴퓨터는 그러지 않는다.

정확한 USB 플래시 스토리지 드라이브는 적절한 포트만큼 중요하다. USB 3.0은 표준이지만, 모든 드라이브가 같은 속도로 기능하지는 않는다. 기술적으로는 3.0인 드라이브가 아주 값싼 기기지만, 2.0 대비 속도가 좀처럼 빠르지 않다. 내장 하드 드라이브와 거의 같은 속도로 운영하는 극히 비싼 드라이브도 있다. 상황, 예산이 가장 적절한 드라이브를 결정한다. 이 섹션에서 내 테스트는 모두 샌드스크 Ultra Fit USB 3.0 드라이브로 완료했다. 여러 이유로 최상의 옵션으로 선택했다.

가격: 이 드라이브는 8달러(16GB), 11달러(32GB), 20달러(64GB)로 아주 저렴하 다. 나는 일부 기기 속도가 400MB/s의 읽고 쓰기임을 인정하지만, 100달러 비용 은 마음에 들지 않는다.

크기: 마이크로 USB 기기가 중요다. 이 드라이브는 USB 포트에 맞고, 컴퓨터에 수 평으로 거의 맞는다. 원한다면 영원히 포트에 상주할 수 있고, 감지도 안 될 가능성 이 크다. 그림 17.01은 사용 중인 바람직한 샌디스크 드라이브를 표시한다. 분명히 존재하지만, 여행 동안 깨지지 않고 의심스러워 보이지도 않는다.

속도: 이 드라이브는 시중에서 가장 빠른 USB 드라이브는 아니다. 하지만 가격, 물리 적 크기 대비 속도가 가장 빠르다. 이 드라이브로 분명한 랙이나 지연 없이 여러 운 영체제를 부팅하는 데 성공했다. 측정 속도는 130MB/s(읽기), 40MB/s(쓰기)다. 테 스트 결과 실제 속도는 115MB/s(읽기), 30MB/s(쓰기)였다. 모두 목적에 적절했다.

▲ **그림 17.01**: 사용 중인 샌디스크 UltraFit USB 3.0 기기

구매 가능성: 이 기기는 아주 인기 있고 쉽게 구할 수 있다. 테스트 드라이브는 아마존에서 구입했지만, 과거에 베스트바이에서도 봤다. 다음 웹사이트에 현재 최저가의 링크가 있는 온라인 웹페이지를 유지한다.

https://inteltechniques.com/usb

기기의 생성

이제 USB 3.0 드라이브, 포트를 작동할 준비가 됐으니, 부팅 가능한 기기를 생성해야 한다. 다음 안내는 기본부터 고급의 순서다. 섹션마다 주어진 기법에 윈도우, 맥 컴퓨터 모두의 솔루션을 확인한다. 진행하면서 섹션마다 이전 방법의 이해를 가정한다. 나는 순서대로 읽도록 권장한다. 옵션마다 주 운영체제를 가리는 비공개 운영체제를 제시한다. 일상적인 컴퓨터 사용에는 절대 부정적인 영향을 주지 않는다.

32비트 대비 64비트

이 안내 동안 그 안에 리눅스 운영체제가 있는 파일을 다운로드하도록 요청받는다. 항상 32비트, 64비트 운영체제 중 하나를 획득하는 옵션이 있다. 궁극적으로 수요는 하드웨어에 따라 다르다. 맥북 프로, 맥북 에어 등 애플 제품을 사용 중이면, 항상 64비트 옵션을 다운로드해야 한다. 윈도우 8, 10을 구동하는 PC에 있다면, 역시 64비트 프로세서를 사용할 가능성이 크다. 더 오래된 기기, 저가 넷북을 사용 중이면, 32비트 프로세서일 수 있다. 전반적으로 나는 항상 64비트 옵션을 먼저 시도하도록 권장한다. 실패하면 32비트 버전으로 반복해야 할 수 있다. 구글에서 컴퓨터 모델을 조사하면 앞으로의 두통이 사라질 수 있다.

민트 대 우분투

다음 사례에서 나는 표준 리눅스 우분투 시스템보다 리눅스 민트 운영체제를 선호한다. 민트는 기술적으로 우분투의 한 버전이지만, 전반적인 룩앤필은 내 의견상 더 유연하다. 윈도우에 익숙한 사용자는 보통 우분투 대비 민트로 더 부드럽게 전환한다. 궁극적으로는 선택의 문제다. 리눅스는 여러 훌륭한 버전이 있다. 이 방법을 위해 나는 민트에 우선순위를 둔 채, 민트, 우분투만 집중한다. 나중에 셋째 옵션을 논한다. 리눅스의 선호도에 상관없이 이제 첫 USB 부팅 드라이브를 생성한다.

왜 리눅스인가?

리눅스가 윈도우, 맥이 아님을 지적해야 한다. 둘 모두의 대체재인 운영체제다. 완전히 무료며, 라이선스도 필요없고, 놀라울 정도로 안전하다. 윈도우 컴퓨터는 바이러스, 악의적 소프트웨어를 많이 들어봤을 것이다. 리눅스는 드물게 발생한다. 안티바이러스, 멀웨어 클리닝 애플리케이션이 전혀 필요없다. 리눅스는 가볍기도 하다. 전체 설치된 시스템은 보통 약 3GB 이하다. 윈도우, 맥 시스템은 어떤 커스텀 설정 전에도 30GB를 훌쩍 넘을 수 있다. 리눅스는 아주 빠르다. 맥, 윈도우처럼 많은 자원을 요하지 않는다. 이 드라이브는 윈도우 최신 버전을 따라가지 못하는 버려진 컴퓨터에서도 아주 잘 작동할 수 있다. 분명히 리눅스에 학습 시간은 필요하다. 나는 이 장애를 뚫으면 OSINT 검색, 조사에 놀라운 새 옵션이 나오리라 장담한다. 이제 시작하자.

🖥 리눅스 민트 USB 드라이브(상태 없음)
윈도우 컴퓨터

엄격히 윈도우 사용자면, 가장 쉬운 옵션일 가능성이 크다. 다음 안내는 리눅스 ISO 파일을 다운로드해 USB 드라이브에 설치하고, 기기에서 부팅할 수 있도록 시스템을 설정한다. 단계별로 리눅스 민트 운영체제를 설치하지만, 우분투 등 어떤 리눅스 설치 파일도 사용할 수 있다. 생성된 부팅 가능한 운영체제는 절대 어떤 활동 데이터도 저장하지 않는다. 시스템을 종료할 때 모두 잊어버린다. 사용 중인 운영체제에 악의적 파일이 없는지 확인하는 방법이다. 이 드라이브를 생성하기 위해 윈도우 컴퓨터가 필요하다. 이 윈도우 시스템에서 다음 단계를 순서대로 수행한다.

- www.linuxmint.com으로 이동해 Downloads 섹션에서 민트 최신 버전을 다운로드한다. 이 파일은 아주 크고, ISO 파일 확장자가 있다. 이 글을 쓰는 시점에 최근 버전 17.3이 발표됐다. "Cinnamon"이라는 이 첫 옵션을 사용하도록 권장한다. 하드웨어가 지원한다면 64비트 버전을 선택한다.

- 덮어쓰리라 기대하던 USB 드라이브를 삽입한다.

- https://rufus.akeo.ie/에서 Rufus 애플리케이션을 다운로드한다.

- 프로그램을 실행해 USB 드라이브를 선택한다.

- "MBR ... for BIOS or UEFI Computers"의 파티션 스키마를 선택한다.

- CD와 유사한 버튼을 클릭해 Mint ISO 파일을 선택한다.

- "Start"를 클릭해 프로세스 완료를 허용한다.

결과는 리눅스 민트 운영체제로 부팅될 드라이브다. 유사한 USB 드라이브(4GB 이하)나 여러 기기가 있으면, 나는 이 솔루션을 선호한다. USB 기기는 이제 부팅 드라이브로 사용할 준비가 됐다. 윈도우 컴퓨터의 BIOS가 내부 드라이브 이전에 USB에서 부팅하도록 설정됐는지 확인해야 한다. 컴퓨터 대부분에서 컴퓨터를 처음 켤 때 F2, FlO, F12, DEL, ESC 버튼 중 하나를 반복해서 누르면 이 메뉴가 나온다. 컴퓨터마다 고유하지만 구글에서 "Enter BIOS(컴퓨터 모델)"을 검색하면, 필요한 답이 나온다. 부팅 드라이브가 애플 컴퓨터에서 작동하겠지만, 이제 더 적절한 옵션을 만든다.

▦ 리눅스 민트 USB 드라이브(상태 없음)
애플 컴퓨터

이전 안내의 마지막 단계에서 BIOS, UEFI 컴퓨터를 부팅하는 USB 드라이브를 생성하도록 옵션을 선택했다. 이 단어는 컴퓨터의 시작 방식을 가리키며, BIOS는 전통적으로 윈도우와 관련되는 반면, UEFI는 애플과 관련된다. 이 옵션으로 생성된 드라이브는 윈도우, 애플 컴퓨터에서 작동할 수 있지만, 윈도우 운영체제는 드라이브를 만들어야 한다. 다음 단계는 윈도우가 필요없이 애플 컴퓨터에서 리눅스 USB 부팅 드라이브를 생성한다.

- https://sevenbits.github.io/Mac-Linux-USB-Loader/로 이동해 Mac Linux USB Loader 애플리케이션을 다운로드한다. 소프트웨어를 구동한다.

- Create Live USB 옵션을 클릭하면, 파인더 창이 나타난다. 전에 다운로드한 Linux Mint ISO 파일을 선택한다.

- 덮어쓰고 싶은 데스티네이션 USB 드라이브를 선택해 next를 클릭한다.

- 적절한 Distribution Family를 선택한다. 민트, 우분투를 사용한다면, 디폴트인 우분투 옵션을 선택한다. 다른 어떤 디폴트도 수용한다.

- Begin Installation을 클릭해 프로세스 완료를 허용한다.

결과는 어떤 현대적인 애플 컴퓨터에서도 네이티브로 로딩하는 USB 부팅 기기다. 운영체제는 정확히 윈도우의 Rufus로 전에 생성한 버전과 같다. 이 버전이 윈도우 아닌 애플 기기에서만 작동하는 차이점이 가장 크다. 이 드라이브를 전원 끈 맥에 삽입해 켠다. 옵션 키를 부팅 동안 계속 누르면 새 옵션이 보인다. 다른 어떤 옵션에서도 가장 우측에 있는 오렌지 아이콘으로 나타난다. 선택하면 네이티브 애플 운영체제 밖에서 리눅스가 로딩된다.

전반적으로 USB 드라이브 부팅이 윈도우 기기 대비 애플 컴퓨터에서 훨씬 더 안정적이었다. 또한 모든 현대적인 애플 기기는 리눅스 빌드 대부분으로 지원됐다. 개인적으로 모든 조사, 테스트, 훈련에서 애플 맥북 프로를 사용한다. 윈도우 시스템 대부분보다 더 비싸지만, 프리미엄이 결국 제값을 한다. 사용자는 하드웨어를 더 오래 쓰고, 더 오랜 윈도우 기기를 더 늙게 만드는 "소프트웨어 업데이트"도 덜하는 경향이 있다. 수많은 OSINT 조사를 수행하거나 지속적으로 부팅 가능한 USB 드라이브를 사용할 계획이면, 애플 노트북을 강력히 권장한다.

윈도우든 애플이든 어떤 경로를 선택해도 이제 그 안에 전체 운영체제가 있는 USB 드라이브가 있다. 파이어폭스 웹브라우저, 기타 텍스트 편집기 등 기본 소프트웨어가 있다. 민트 운영체제는 네트워킹 하드웨어, 기능을 정상적으로 인식해야 한다. 인식하지 못하는 고유의 와이파이 하드웨어가 있다면, 내가 해결책을 제공할 수 있다.

나는 항상 배낭에 Panda Wireless USB Wi-Fi 어댑터를 갖고 다닌다. 이 작은 기기는 대략 전에 언급한 Ultra Fit USB 드라이브와 같은 크기인데, 작동하려면 유니버설 드라이버를 사용한다. 모든 현대적인 리눅스 버전은 이 기기를 인식하며, 사용 가능한 어떤 무선 네트워크에도 연결할 수 있다. USB 부팅 드라이브에 의존하면 이 기기는 중요하다. 다음 웹사이트에 항상 최저가 링크, 내가 추천하는 정확한 기기를 유지한다.

https://inteltechniques.com/usb

이 드라이버의 혜택은 OSINT 수요에 제한되지 않는다. 이 시스템의 보안은 다른 어떤 옵션보다 훨씬 더 강력하다. 극소수의 바이러스, 취약성 있는 리눅스 환경에 운영체제가 있을 뿐 아니라, 항상 새 설치를 사용한다. 이 기기가 어떤 활동도 기억하지 못하기에, 리부팅은 완전히 새 운영체제 사용과 같다. 일부러 어떤 바이러스로 USB 드라이브를 감염시키면, 단순한 리부팅으로도 제거된다.

조사관은 이것으로 신뢰를 확립할 수 있다. 나는 컴퓨터 포렌식 건 동안 여러 경우, 증거를 안전히 유지하는 내 관행을 증언했다. 이 방법으로 항상 환경에 어떤 악의적 소프트웨어도 없다 진술할 수 있다. 세션은 다른 어떤 사건의 증거, 이력이 전혀 없다. 게다가 솔직히 전체 세션이 어떤 라이선스, 소프트웨어 요건에도 의존하지 않는다 진술할 수 있다. 설정의 유효성을 의심하는 사람이 있더라도 독립적 테스트를 위해 업무를 쉽게 복제할 수 있다. 여기서 공개된 솔루션을 사용해 조사에 투명성을 제시하는 셈이다. 특정 회사 자산인 소프트웨어를 사용하지 않아, 여러 변호사가 추구하려는 논쟁을 제거하는 셈이다. 상대측은 증거를 압박하려는 핑계로 소프트웨어 라이선스 위반이 있는지 질의할 수 없다. 이 전체 설정은 100% 무료다.

결코 이 단계를 거쳐 진행하지 않으면, 이 드라이브 중 일부를 준비해 최소한 언제라도 실행할 준비를 하도록 고려하기 바란다. 현재 컴퓨팅 환경을 해치지 않으면서 리눅스를 배우는 훌륭한 방법일 수 있다. 실험을 위해 다른 리눅스 변형도 고려할 수 있다. 대안적인 운영체제가 있으면 여러 상황에 유용하다. 이 장의 끝에 여러 아이디어를 제시한다.

리눅스 민트 USB 드라이브(유지)
윈도우 컴퓨터

이전 방법은 어떤 변경도 저장하지 않을 USB 드라이브를 생성했다. 그 사용 동안 취한 액션에 상관없이, 어떤 파일도 실제로 변경되지 않는다. 같은 기기로 리부팅하면 첫 부팅 동안과 정확히 같은 상태를 제시한다(상태 없음). 모든 부팅에 정확한 경험을 원하고, 악의적 소프트웨어로 시스템을 감염시키기를 원하지 않을 때 유용하다. 이 다음 옵션으로 항상 다음에 리부팅할 때 제시될 사용 동안의 일부 변경을 저장할 수 있다. 나는 이 옵션을 정말 이 기능이 필요한 고급 사용자에게만 권장한다. 내가 별로 좋아하지 않는 기법이지만, 일부 독자는 이 방법을 선호할 수 있다. 핵심 운영체제의 변경을 허용하지는 않지만, 다음 부팅에서 사용 가능한 신규 소프트웨어를 설치할 수 있다. 다음 안내는 윈도우 사용자에게 적용된다.

- http://unetbootin.github.io/로 이동해 UNetbootin 프로그램을 다운로드한다. 데스크톱의 USB라는 새 폴더에 파일 압축을 푼다. 여기가 작업 디렉터리다.

- USB 폴더에 다운로드한 Mint ISO 파일을 배치한다.

- USB 3.0 부팅 드라이브를 컴퓨터에 삽입하고 UNetbootin을 구동한다.

- "Diskimage" 옆의 체크박스를 클릭해 Mint 파일로 브라우징한다.

- 아래에 저장된 데이터에 지정하고 싶은 MB 수를 입력한다. USB 드라이브 크기에 따라 다양하다. 드라이브가 적어도 8GB 크기면, 4GB(4,000MB)를 선택한다. 유지하는 드라이브의 최대 크기다.

- 마지막으로 생성을 원하는 물리적 USB 드라이브를 선택하고 OK를 클릭한다.

이 시스템은 부팅해서 모든 변경을 저장할 준비가 됐다. 이 USB로 부팅하는 동안 운영체제를 업데이트하면, 그 업데이트는 돌아올 때 존재하지 않는다. 핵심 파일은 변경되지 않는다. 어떤 애플리케이션을 설치하거나 어떤 데이터를 저장해도 다음에 이 USB로 부팅할 때 이 콘텐츠가 있다. 하지만 시스템에 들어온 악의적 소프트웨어도 계속 존재하는 점에 주의하자. 리눅스 멀웨어가 드물기는 하지만, 원하지 않는 데이터 수집을 걱정하지 않고 싶다면, 나중에 설명하는 커스텀 옵션을 고려하자.

🖥 리눅스 민트 USB 드라이브(유지)
애플 컴퓨터

전에 논한 애플 USB 드라이브는 Mac Linux USB Loader 애플리케이션을 사용했다. 이 프로세스를 반복해 유지하는 드라이브를 생성하지만, 추가 단계를 추가한다. 다음 안내로 윈도우 컴퓨터도 필요없이 세션 간에 데이터를 저장하는 USB 드라이브를 만들 수 있다.

- Mac Linux USB Loader 애플리케이션을 구동한다.

- Create Live USB 옵션을 클릭한다. 파인더 창이 나타난다. 전에 다운로드한 Linux Mint ISO 파일을 선택한다.

- 덮어쓰고 싶은 데스티네이션 USB 드라이브를 선택해 next를 클릭한다.

- 적절한 Distribution Family를 선택한다. 민트, 우분투를 사용하면, 디폴트 우분투 옵션을 선택한다. 다른 어떤 디폴트도 허용한다.

- Begin Installation을 클릭해 프로세스 완료를 허용한다.

- 애플리케이션을 닫고 다시 구동해 Persistence Manager를 선택한다.

- 방금 생성한 USB를 선택한다. 슬라이더 바로 유지하는 볼륨 크기를 선택한다. 기기가 적어도 8GB 크기면, 최대 옵션을 선택한다.

- Create Persistence를 클릭해 프로세스 완료를 허용한다.

결과는 전에 생성한 이 드라이브의 윈도우 버전과 아주 유사하다. 파일을 저장하거나 새 소프트웨어를 설치할 수 있는 전체 리눅스 운영체제가 있다. 온라인 조사 동안 유지하는 드라이브를 사용할 때 주의하기 바란다. 이전 사건의 증거가 존재할 수 있으니 컴퓨팅 환경의 통합성을 해칠 수도 있다. 애플리케이션 추가의 혜택을 위해서만 이 옵션을 고려한다면, 다음 옵션과 이 방법을 비교하기 바란다.

🖥 커스텀 리눅스 민트 USB 드라이브(상태 없음)
윈도우와 애플 컴퓨터

이 섹션은 가장 기술적 옵션이 있으며, 기술적으로 숙련된 개인에게 가장 적절하다. 하지만 이 방법을 실행에 옮기는 데 시간, 에너지를 들일 가치는 있다. 인터랙티브한 리눅스 운영체제로 부팅하고, 변경하며, 소프트웨어를 커스터마이징한 후, 그 상태를 부팅 가능한 USB 드라이브에 저장할 수 있다. 이 새 드라이브는 항상 생성한 정확한 조건으로 부팅되며, 개별 세션 데이터를 저장하지 않는다. 어커런스마다 감염을 허용하지 않고, 일간으로 사용하고 싶은 정확한 환경을 생성할 수 있다. 실제 사용 시나리오는 나중에 설명한다.

이 옵션은 상태 없는 환경을 유지하면서도 커스텀 설정이 있는 부팅 가능한 운영체제의 편리함을 제공한다. 원하는 어떤 소프트웨어도 추가해 적절히 룩앤필을 변경할 수 있다. 이어서 이 변경을 "잠가", 결코 미래의 어떤 데이터도 저장하지 않는 드라이브를 생성할 수 있다. 유입되는 악의적 소프트웨어를 두려워하지 않고, 일상적인 웹 브라우징 환경으로 사용할 수 있다. 다음 단계는 복잡할 수 있다. 하지만 이 방법의 가능성은 끝이 없다. 이 부분은 리눅스 운영체제, 터미널 명령문을 이해해야 한다. 끝에서 모든 조사에 사용하는 내 자신의 커스텀 운영체제 링크를 공유한다. 도전할 준비가 되면, 다음 안내로 계속하자.

- 리눅스 민트로 부팅 방법을 선택한다. 전에 설명한 라이브 USB 부팅 드라이브, 1장에서 설명한 버추얼 머신, 컴퓨터 하드 드라이브의 영구 설치일 수 있다.

- 원하는 어떤 방법으로든 운영체제를 변경한다. 1장에서 논한 커스텀 파이어폭스 웹브라우저 애드온, 데스크톱 배경 변경, 소프트웨어 프로그램 추가, 원하지 않는 애플리케이션 삭제가 있을 수 있다. 문서, 미디어 등 미래에 필요한 특정 파일을 포함하도록 고려할 수 있다.

- 터미널 세션(블랙박스)에서 다음 명령문을 입력해 Systemback 프로그램을 실행한다. 민트 아닌 OS를 사용하면, 위치는 다를 수 있다.

- 그림 17.02에 보이는 대로 우측 하단 구석의 우측 화살표를 클릭한다. 그림 17.03에 보이는 옵션의 둘째 페이지가 나온다.

- Settings 버튼을 클릭한 후, 그림 17.04에 보이는 대로 "Create Live ISO images automatically"를 활성화한다. 끝나면 Back 버튼을 클릭한다.

- 그림 17.03에 보이는 대로 "Include" 버튼을 클릭한다. 최종 USB 드라이브에 나타나기 바라는 어떤 폴더도 선택한다. 바로 여기서 매번 필요한 프로그램, 파일이 있는 폴더를 선택한다. 그림 17.05는 Desktop, Documents, Videos 폴더를 선택한 이 메뉴를 표시한다. 표준 운영체제 파일, 프로그램은 이미 디폴트로 포함된다. 끝나면 Back 버튼을 클릭한다.

- 그림 17.03에 보이는 대로 좌측 녹색 화살표를 클릭해 그림 17.02에 보이는 주 메뉴로 돌아간다.

- 그림 17.02에 보이는 대로 "Live System Create" 버튼을 클릭한다. 그림 17.06에 보이는 대로 새 커스텀 리눅스 ISO를 생성하는 메뉴가 나온다. 이전 단계의 폴더가 있으면 "Include the user data files" 옵션을 활성화한다.

- "Create New" 버튼을 클릭하면 프로그램이 파일 시스템 구축을 시작한다.

최종 산물은 두 파일이 있다. 첫째는 파일 확장자 ISO로 끝나며, 프로세스의 다음 부분에 사용한다. 둘째 파일은 .sblive로 끝나며, 사용하지 않는다. 둘 다 드라이브 생성을 끝낸 후 삭제된다. 진행 전에 여기서 무슨 일이 일어나는지 이해해야 한다. 리눅스 운영체제를 부팅할 때 라이브 USB라도 변경이 허용된다. USB에서 부팅하면 이 변화는 종료하는 순간 사라진다. Systemback이 생성하는 새 ISO 파일은 시스템 부팅, 새 ISO 생성 사이에 가한 변화를 모두 포함한다. 이제 이 ISO를 다른 USB 드라이브에 복사해 부팅 가능하게 해야 한다. 두 방법이 있다. 나는 가장 쉬운 방법으로 시작한다. 다음 안내는 부팅할 때마다 커스텀 설정을 모두 유지하는 USB 드라이브를 생성한다.

- 리눅스 운영체제를 구동하는 컴퓨터에 USB 드라이브를 삽입한다. 유일하게 설치된 운영체제면, USB 드라이브를 나타내는 아이콘이 리눅스 데스크톱에 나타난다. 버추얼 머신을 사용 중이면, 드라이브가 어떤 시스템을 연결하고 싶은지 질문받을 수 있다. 리눅스 시스템을 선택한다.

- 데스크톱의 "home" 폴더를 열어, 홈 폴더로 이동한다. 존재하지 않으면, 메뉴에서 "Files" 폴더를 연다. 이 모두 사용자의 홈 메뉴를 표시한다. 이 창의 뒷 방향 화살표를 클릭해 모든 사용자의 홈 폴더에서 한 걸음 뒤로 이동한다.

- 생성한 ISO 파일을 우클릭해 copy를 선택한다. 이 창의 좌측 패널에 있는 USB 드라이브를 우클릭해 paste를 선택한다. 이러면 전송에 사용할 새 USB 드라이브로 ISO 파일을 복사한다.

- USB 드라이브를 제거하고 리눅스 민트 USB 드라이브(상태 없음) 생성에 사용한 윈도우, 애플 컴퓨터에 삽입한다.

- USB 드라이브에서 ISO 파일을 윈도우, 애플 컴퓨터 데스크톱에 복사한다.
- 리눅스 민트 USB 드라이브(상태 없음) 튜토리얼의 이전 단계를 따라 Linux Mint ISO 파일 대신 새 ISO 파일을 선택한다. 윈도우를 사용 중이면 Rufus를 선택하고, 애플을 사용하면 Mac Linux USB Loader를 선택해야 한다.

애플, 윈도우 운영체제가 없고, 리눅스 컴퓨터만 있다면, 다음 안내는 리눅스에서 직접 USB 부팅 드라이브를 생성한다. 나는 다른 옵션이 없는 사용자에게 이 방법만 권장한다. 인용부호 내 모든 명령문은 인용부호 없이 입력해야 한다.

- 프로세스 완료 알림에 OK를 클릭한다. 이제 그림 17.07처럼 보이는 그림 17.06의 새 버전이 보인다. 우측 상단 박스의 새 디스크 이미지에 주목한다. 좌상단 박스는 이미지가 저장된 위치를 확인한다.
- 터미널에서 "sudo fdisk -1. l"을 입력한다. 현재 리눅스 시스템에 연결된 모든 디스크가 표시된다. 빈 USB 3.0 드라이브를 삽입하고 터미널에서 "sudo fdisk -1"을 다시 입력한다. 연결된 디스크 전체가 표시되며, 새 기기가 보이는데, 내 USB 드라이브다. 이름을 메모한다. 그림 17.08에서 내 드라이브는 /dev/sdb1이다. 새 커스텀 시스템의 타깃이다.
- 같은 터미널 창에서 생성한 ISO 파일을 저장하는 폴더로 이동한다. 디폴트 위치를 변경하지 않으면, "Home" 디렉터리에 있다. "cd .."를 입력해 이 디렉터리로 한 단계 뒤로 이동한다. "ls"를 입력한 후 엔터를 누르면, 디렉터리 목차가 보인다. 그림 17.09는 이 테스트 결과를 표시한다. ISO 파일과 생성한 원래 SBLIVE 파일을 볼 수 있다.
- 우리 사례는 다음 명령문을 같은 터미널 창에 입력한다. 파일명, USB 드라이브 스펙 차이 때문에 명령문이 달라 보이는 점에 주의한다.

sudo dd if=systemback_live_2015-12-09.iso of= /dev/sdb1

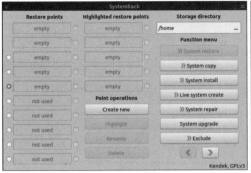

▲ 그림 17.02

▲ 그림 17.03

▲ 그림 17.04

▲ 그림 17.05

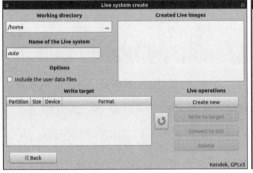

▲ 그림 17.06

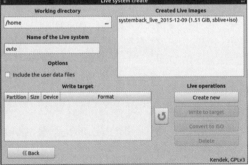

▲ 그림 17.07

```
Disk /dev/sdb: 15.6 GB, 15552479232 bytes
255 heads, 63 sectors/track, 1890 cylinders, total 30375936 sectors
Units = sectors of 1 * 512 = 512 bytes
Sector size (logical/physical): 512 bytes / 512 bytes
I/O size (minimum/optimal): 512 bytes / 512 bytes
Disk identifier: 0x00022a88

   Device Boot      Start         End      Blocks   Id  System
/dev/sdb1   *        2048    30375935    15186944    c  W95 FAT32 (LBA)
```

▲ 그림 17.08

```
Documents  dwhelper  Pictures  Templates
osint@osint-virtual-machine ~ $ cd ..
osint@osint-virtual-machine /home $ ls
osint          systemback_live_2015-12-09.iso
Systemback     systemback_live_2015-12-09.sblive
osint@osint-virtual-machine /home $
```

▲ 그림 17.09

어떤 방법이든 이제 이 새 USB 드라이브를 꺼진 장비에 삽입해 리눅스의 새 커스텀 버전을 부팅할 수 있다. 어떤 리눅스, 맥, 윈도우 컴퓨터든 삽입할 수 있다. 리눅스 민트 운영체제로 부팅되고, 정확히 커스터마이징한 대로 나타난다. 시스템을 종료하면, 그 세션 동안 생성한 데이터를 전혀 저장하지 않는다. 재시작하면 정확히 매번 같다.

안드로이드 에뮬레이션(상태 없음)
리눅스 USB 드라이브

이전 섹션에서 커스텀 리눅스 민트 USB 부팅 기기를 생성했다. 2단계는 원하는 어떤 방식이든 운영체제를 변경하도록 요청했다. 사용자 대부분은 단지 1장에서 언급한 파이어폭스 애드온을 설치해도 만족할 수 있다. 다음 온라인 조사에 대비한 깨끗한 운영체제가 나온다. 이전 장에서 조사 동안 안전한 모바일 앱 사용을 위해 컴퓨터에 가상의 안드로이드 기기를 어떻게 생성하는지 설명했다. 나는 커스텀 리눅스 USB 기기의 진정한 가치가 USB 드라이브에 안드로이드 에뮬레이션을 설치하는 기능이라 믿는다. 다음 안내는 Genymotion 안드로이드 에뮬레이터를 커스텀 리눅스 민트 운영체제에 설치, 설정한다.

- 리눅스 운영체제를 이전 섹션 2단계의 일부로 수정하는 동안 www. genymotion.com/#!/download의 Genymotion 웹사이트로 이동한다. Linux 옵션을 선택해 우분투 14.10 이전의 64비트 버전을 다운로드한다. 32비트 컴퓨터라는 사실을 알면, 그 옵션을 선택한다.

- www.virtualbox.org/wiki/Linux_Downloads로 이동해 Ubuntu 14.04 아래 AMD64 옵션을 다운로드한다. 32비트 하드웨어임을 알면, i386 옵션을 선택한다. 다운로드한 파일을 여는데, 홈 디렉터리의 Downloads 폴더에 있을 것이다. 파일을 더블클릭하면 충분하다. 어떤 경고도 무시하고 디폴트 설정을 허용하는 "Install package"를 클릭한다.

- Downloads 폴더로 다시 이동해 .bin으로 끝나는 Genymotion 파일을 찾는 다. genymotion-2.6.0-linux_x64.bin 과 유사할 것이다. 이 파일을 gm.bin 으로 이름을 바꾼다.

- Desktop의 메뉴 바에 있는 작은 검은 박스를 클릭해 터미널 세션을 연다. 다음 명령문을 입력한다. 운영체제에 Genymotion을 설치한다.
  cd Downloads
  chmod +x gm.bin
  ./gm.bin -d Genymotion

- Downloads 폴더에서 Genymotion, VirtualBox의 설치 파일을 삭제한다. Downloads 디렉터리의 Genymotion 폴더로 이동해 Genymotion 파일을 찾는다. 우클릭해 Desktop에 추가한다. 이 새 데스크톱 아이콘을 더블클릭하면 Genymotion이 구동한다.

하드웨어가 가상 환경을 지원하면, 이전 장에서 논한 대로 이제 완전히 기능하는 안드로이드 에뮬레이터가 있다. 추가 시나리오는 윈도우 컴퓨터 설치보다 이 방법으로 더 나은 성과가 있다.

⌨ Tor 웹브라우저(상태 없음)
리눅스 USB 드라이브

이전 페이지는 상태 없는 USB 드라이브 생성 전에 커스텀 리눅스 운영체제에 안드로이드 에뮬레이션을 추가하는 법을 안내했다. 이 안내는 앞으로 사용하기 위해 Tor 웹브라우저를 설치한다. Tor 웹브라우저는 15장에서 온라인에 있는 동안 IP 주소를 숨기는 자료로 설명했다. 실제 리눅스 민트 환경에 있는 동안 Systemback 으로 ISO 파일의 변경을 유지하기 전에, 다음을 수행한다.

- 터미널 창을 열고 다음 명령문을 입력하되, 각 행 끝마다 엔터를 누른다. 첫 명령문은 운영체제 비밀번호를 요한다.

    sudo add-apt-repository ppa:upubuntu-com/tor-bundle

    sudo apt-get update

    sudo apt-get install tor-browser

이러면 Tor 웹브라우저가 설치되고, 시작 메뉴에 단축 아이콘이 배치된다. 프로그램을 구동하면 15장에서 제공된 세부와 동일하다. 일부 독자는 왜 내가 그냥 Tor 웹브라우저가 있는 TAILS를 운영체제로 설치하지 않는지 의아할 수 있다. TAILS는 아주 비공개며 디폴트로 안전하며, 전체 연결을 즉시 마스킹할 수 있다. TAILS는 잠시 후 논하지만, 이 현재 방법은 여러 장점이 있다.

이 환경에 Tor를 추가해 다른 도구도 접근 가능하다. 안드로이드 에뮬레이터, 파이어폭스 웹브라우저를 구동할 수 있다. TAILS 운영체제는 둘 다 불가능하다. 세션 동안 사용 가능한 파이어폭스의 커스텀 애드온에 접근할 수도 있다. 이 시나리오에서 파이어폭스를 실제 IP 주소로 여는 동안 Tor 웹브라우저가 다른 IP 주소로 열릴 수도 있다. 조사가 더 유연해진다.

궁극적으로 나는 수요에 맞는 가장 적절한 커스텀 리눅스 운영체제를 생성하도록 제안한다. 이 옵션은 시스템 실행 방법의 아이디어일 뿐이다. 설치할 수 있는 애플리케이션이 수천 개 있다. 커스텀 파이선 스크립트를 시스템에 추가하도록 고려할 때 가능성은 진정 무한하다. 이 리눅스 명령문은 낯설 수도 있는데, 나도 이해한다. 여러 해 동안 리눅스를 기피했다. 하지만 이제 이 운영체제를 전적으로 수용한다. OSINT에서 열심히 일하려는 사람은 리눅스와 그 명령문을 이해해야 한다. 윈도우 등 표준 운영체제에 의존해 적절한 보안, 개인 정보 보호를 제공한다면 실수다. 개인 정보 보호 여러 층을 추가하려면 여러 주의는 할 수 있지만, 리눅스가 제공하는 환경을 복제할 수는 없다. 활용 가능한 가장 안전한 옵션일 뿐이다. 상태 없는 환경을 전략에 추가하면, 사실상 침투하기 불가능하다.

이전 방법에서 많은 일이 잘못될 수 있다. 이 방법을 조사하고 커스터마이징하는 동안 나는 여러 오류, 좌절에 직면했다. 다음 팁은 실험 동안 도움이 될 수 있다.

일부 컴퓨터는 리눅스 민트 17.3을 통해 Systemback으로 생성한 커스텀 리눅스 USB 드라이브로 부팅하지 못한다. 이 이슈와 마주치면, 리눅스 민트 17.2 이미지로 이 이슈를 정정할 수 있었다. 버전 17.4가 사용 가능하면, 문제를 해결할 수 있다.

커스텀 리눅스 민트 ISO 파일은 크기가 4GB 이해야 한다. 표준 리눅스 ISO는 2GB 이하니, 고려할 이슈가 아닐 수 있다. 불행히도 커스텀 리눅스 시스템의 전반적 크기는 변경할 때 곧 늘어날 수 있다. ISO 파일을 이전 튜토리얼로 생성하지 않으면, 너무 커서 저장하지 못할 수 있다. 항상 내 ISO 크기를 사용 가능한 크기로 최소화하는 이 세 가지 절차가 있다.

- 반드시 더 이상 필요없는 설치 파일을 삭제하고 휴지통을 비워야 한다.

- Software Manager 애플리케이션을 방문해 필요하지 않은 어떤 프로그램도 삭제한다. 다양한 미디어 프로그램, 메시징 유틸리티를 제거하면 영향이 있었다. 오피스 제품군이 필요하다 예상하지 않으면, LibreOffice, 오픈오피스를 제거할 경우 많은 공간이 생긴다.

- BleachBit을 설치해 실행하면 놀라울 정도로 불필요한 데이터량을 제거한다. bleachbit.sourceforge.net/download/linux로 이동해 우분투 14.04 옵션을 다운로드한다. 다운로드한 파일을 더블클릭해 프로그램을 설치한다. 숏컷이 메뉴에 나타난다.

거의 어떤 현대적인 컴퓨터도 USB 기기로 부팅되지만, 상당수는 안드로이드 에뮬레이터에서 구동하지 않을 수 있다. 컴퓨터는 VT-x, AMD-V 가상화를 지원한다. 모든 현대적인 애플 컴퓨터는 어떤 인터랙션 없이도 지원한다. 더 새로운 윈도우 컴퓨터 중 대부분은 문제가 없지만, 일부 머더보드는 이 기능을 활성화해야 할 수 있다. 부팅 시 컴퓨터의 BIOS를 입력해야 이 옵션을 찾는다. 이 옵션의 이전 메모를 참고한다.

완벽히 모든 단계를 따랐지만, 여전히 커스텀 리눅스 운영체제를 생성하지 못할 수 있다. 내 커스텀 ISO를 다음 웹사이트에서 공유한다.

https://inteltechniques.com/usb

파일을 다운로드해 윈도우, 애플 컴퓨터를 위한 첫 두 USB 부팅 기기(상태 없음) 생성 방법을 사용한다. 이 ISO 이미지는 애드온이 있는 내 파이어폭스 조사용 웹브라우저 설치, Genymotion 안드로이드 에뮬레이터, ARM 드라이버와 구글 플레이가 미리 설치된 커스텀 안드로이드 5.1.0 가상 기기, Tor 웹브라우저가 있는 리눅스 민트(17.2)의 커스텀 버전이다. 게다가 Systemback이 설치돼 실행 준비가 돼 있다. 완벽을 위해 내 설치에서 어떤 컴퍼넌트도 추가, 삭제할 수 있다. 그림 17.10은 내 커스텀 ISO 파일이 상태 없는 환경에서 구동 중인 스크린 캡처를 표시한다. 내가 파이어폭스, Tor, 안드로이드, VirtualBox, BleachBit, Systemback 아이콘을 Desktop에 배치했음에 주목한다.

▲ **그림 17.10**: 커스텀 리눅스 운영체제의 스크린 캡처

이 시점은 그냥 내 커스텀 리눅스 환경으로 온라인 조사를 시작할 수 있다. 여기서 문제는 전혀 없지만, 처음부터 직접 생성하도록 권장한다. 자신의 환경을 만드는 데서 얻는 지식은 미래에 도움을 준다. 일단 수요에 완벽한 설정을 한 후에는 매번 작동한다. 항상 어떤 감염, 사건과의 연루도 없다. 더 이상 컴퓨터의 배후에서 어떤 일이 일어나는지 걱정할 이유도 전혀 없다. 컴퓨터, 조사의 통일성을 유지하는 더 나은 방법은 없다. 이제 이 기법의 끝에 다다랐으니, 한 드라이브의 여러 시스템으로 넘어갈 수 있다.

📟 여러 리눅스 USB 드라이브(상태 없음)
윈도우 컴퓨터

다음 안내는 여러 리눅스 운영체제의 옵션을 부팅하는 USB 기기를 생성한다. 세 리눅스 운영체제인 민트, 우분투, TAILS를 포함한다. 다음 단계는 필요한 소프트웨어를 다운로드하고, 부팅 가능한 USB 드라이브를 생성하며, 적절한 파일을 복사하고, 프로세스를 완료한다. 드라이브 생성, 부팅은 윈도우 컴퓨터에서만 작동한다. 애플 컴퓨터는 이 안내 뒤에 논한다.

- pendrivelinux.com/yumi-multiboot-usb-creator/로 이동해 YUMI Multiboot 프로그램을 다운로드한다. 파일 압축을 데스크톱의 YUMI라는 새 폴더에 푼다. 여기가 작업 디렉터리다.

- tails.boum.org로 이동해 최신 Tails 버전을 다운로드한다.

- ubuntu.com/download로 이동해 최신 우분투 데스크톱 운영체제를 다운로드한다. 컴퓨터가 지원하는 경우 64비트 버전을 선택한다.

- linuxmint.com/download.php로 이동해 최신 버전을 "Download Links" 하에서 다운로드한다. 컴퓨터가 지원하는 경우 64비트 버전을 선택한다.

- 다운로드한 파일을 모두 YUMI 폴더에 배치한다.

- USB 3.0 부팅 드라이브를 컴퓨터에 삽입해 YUMI를 구동한다. 첫 화면의 약관을 수용하고, 다음 설정을 설정 화면에 적용한다.

- Step 1에서 새 USB 기기를 선택한다(주의). Step 2의 드롭다운 메뉴에서 Tails를 선택한다. 3단계에서 YUMI 폴더를 브라우징해 Tails ISO 파일을 선택한다. 그림 17.11은 이 메뉴를 표시한다. Create를 클릭해 디폴트를 허용한다. 또 다른 이미지 추가 관련 프롬프트가 뜨면 "yes"를 선택한다.

- Step 1에서 새 USB 기기를 선택한다(주의). Step 2의 드롭다운 메뉴에서 Ubuntu를 선택한다. 3단계에서 YUMI 폴더를 브라우징해 Ubuntu ISO 파일을 선택한다. Create를 클릭해 디폴트를 수용한다. 또 다른 이미지 추가 관련 프롬프트가 뜨면 "yes"를 선택한다.

- Step 1에서 새 USB 기기를 선택한다(주의). Step 2의 드롭다운 메뉴에서 Linux Mint를 선택한다. 3단계에서 YUMI 폴더를 브라우징해 Mint ISO 파일을 선택한다. Create를 클릭해 디폴트를 수용한다. 또 다른 이미지 관련 프롬프트가 뜨면 "no"를 선택한다.

- 원하는 경우 앞으로 드라이브 생성을 위해 YUMI 폴더, 파일을 유지한다.

일단 이 단계를 모두 완료한 후, 항상 새 옵션이 준비된다. USB 드라이브를 삽입해 세 가지 깨끗한 운영체제 중 하나를 부팅할 수 있다. 전에 논한 시나리오는 이 새 드라이브에 모두 적용된다. 부팅 후 Linux Distributions의 메뉴, 옵션이 나온다. 선택하면 기기에 추가된 세 운영체제가 표시된다. 다음은 시스템마다 설명한다.

리눅스 민트: 스톡 민트 설치다. 설정이 없고 어떤 활동도 저장하거나 로그를 남기지 않는다. 소스에서 변경하지 않았기에, 안전한 환경이다.

리눅스 우분투: 스톡 우분투 설치다. 설정이 없고 어떤 활동도 저장하거나 로그를 남기지 않는다. 룩앤필은 민트와 다르며, 더 나을 수도 있다.

리눅스 TAILS: 온라인 익명성을 보호하기 위해 여러 도구가 있는 보안 배포다. 일단 Tor 서버에 연결해 IP 주소를 가린다. 방문하는 웹사이트는 진정한 연결 정보를 알지 못한다. 이어서 네트워크 연결용 하드웨어 칩을 확인하는 MAC 주소를 가린다.

컴퓨터의 고유 일련번호와 비슷하다. 이어서 나, 내 연결, 온라인 활동을 확인하기 거의 불가능한 여러 보안 설정을 적용한다. 극히 강력하지만, 이 옵션은 더 느리다. 나는 민감한 조사를 수행할 때 사용하도록 권장한다.

이 USB 기기를 애플 컴퓨터에 삽입하면 다양한 결과가 나온다. 나는 2013 맥북 에어를 사용할 때 성공했지만, 2015 맥북 프로로 시도할 때는 실패했다. 애플 사용자가 이 기법을 하드웨어에서 시도할 때 64비트 운영체제만 선택하도록 권장한다. 또한 전에 생성한 커스텀 리눅스 민트 시스템도 추가할 수 있다. 이 커스텀 시스템을 추가할 경우 드롭다운 메뉴에서 "Linux Mint"를 선택하고, "Show All ISOs"를 선택한다. 그림 17.11은 내 빌드의 화면 캡처를 표시한다.

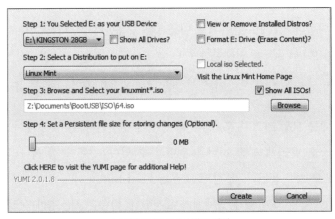

▲ **그림 17.11**: YUMI 빌드 화면

🖥️ 네이티브 맥 OS X USB 드라이브(유지)
애플 컴퓨터

마지막으로 한 USB 부팅 옵션을 소개하는데, 개인용으로 내가 즐겨쓰는 기법이다. 이 방법은 애플 컴퓨터만 적용되는데, 윈도우 기반 기기에서 전향하도록 납득할 수도 있다. 여기서는 전체 맥 OS X 운영체제를 그 자체 안에 두는 USB 드라이브를 생성한다는 전제다. 부팅 시 컴퓨터의 다른 어떤 실제 OS X 운영체제와도 동일하다. 전에 설명한 기술 중 상당수를 적용한다. 다음 안내는 맥 OS X 운영체제를 맥 기기에 다운로드하고, USB 드라이브에 설치하면, 시스템을 그 기기에서 부팅하도록 설정한다. 이후 유용할 수 있는 여러 이유를 설명한다.

- 주 맥 시스템에 있는 동안 USB 기기를 연결한다.

- 애플리케이션의 유틸리티 메뉴에서 디스크 유틸리티를 연다.

- USB 드라이브를 선택해 파티션을 클릭한다.

- Partition Layout를 선택해 1 Partition(Mac OS extended Journaled)을 선택한다.

- 드라이브에 이름(무엇이든 가능)을 제공한 후 Apply를 클릭한다.

- GUID partition Table을 선택한 후, OK에 이어 Partition을 클릭한다.

- 맥 앱 스토어에서 최신 OS X 설치 파일을 다운로드한다("OS X" 검색).

- 애플리케이션 폴더로 이동해 OS X 설치 파일을 데스크톱에 복사한다.

- 데스크톱에서 OS X 설치 파일을 실행하되, 하드 드라이브에 설치하지는 않는다.

- Show All Disks 버튼을 클릭해 USB 드라이브를 선택한다. Install을 클릭한다.

컴퓨터는 완료 후 재시작하며 자동으로 애플리케이션 폴더의 OS X 설치 파일을 삭제할 수 있다. 여러 USB 드라이브를 생성하고 싶은 경우 데스크톱 사본은 여전히 존재한다. 이 설치 파일 사본을 또 다른 휴대용 드라이브에 백업으로 배치하도록 고려할 수 있다. 설치가 끝난 후 컴퓨터는 USB 드라이브에 설치한 OS X 버전으로 리부팅된다. 컴퓨터는 이제 자동으로 매번 전력이 들어올 때마다 이 기기로 부팅된다. 주 하드 드라이브로 부팅하려면 옵션 버튼을 누르고 있다 적절한 드라이브를 선택해야 한다. 하드 드라이브에서 디폴트 OS X 주 운영체제로 다시 전환하고 싶다면, 시스템 설정으로 이동해 시작 디스크를 선택한 후, 원하는 디폴트 부팅 볼륨을 선택한다.

나는 이 옵션이 여러 목적으로 최상을 제공한다고 믿는다. 각각 고유의 독립적 운영체제를 가지는 여러 컴퓨터가 있는 셈이다. 생성하는 드라이브마다 그 사용 동안 가한 모든 변경을 저장한다. 전통적인 OS X 설치와 정확히 같은 방식으로 어떤 애플리케이션도 쉽게 추가, 제거할 수 있다. 사용해본 다른 어떤 애플 운영체제와도 룩앤필이 동일하다. 기술적으로 같은 데이터다. 아래 시나리오는 왜 이것이 유용한지 설명한다.

전에 진술한 대로 나는 현재 맥북 프로 노트북을 사용한다. 내부 스토리지는 훈련, 발표 동안 사용한 디폴트 운영체제가 있다. 이 책의 저술을 위해 사용했다. 내 "작업" 기기며, 여기서 내 이메일을 받고, 웹을 브라우징하며, 새 OSINT 방법을 조사한다. 조사를 수행하거나, 새 소프트웨어를 테스트하거나, 민감한 활동을 수행하는 운영체제는 아니다. 이 글을 쓰는 시점에 완전한 OS X 운영체제를 저장하는 64GB 샌디스크 Ultra Fit USB 3.0 드라이브가 3개 있다. 이 드라이브는 디폴트 부팅에 거의 동일하게 작동하며, 아주 사소한 속도 저하만 있다. 다음과 같이 사용한다.

조사용 드라이브: 조사에 상태 없는 커스텀 리눅스 드라이브를 선호하지만, 적절하지 않은 경우가 있다. 때로 현 상태를 내 세션에 저장해야 하며, 인터넷에서 문서를 많이 다운로드해야 할 수 있다. 지속적인 조사일 수 있으며, 내 발견 사항을 문서화하고 보고서를 유지하는 환경이 필요하다. 이 드라이브로 부팅해 내 내부 스토리지를 건드릴 수 없는 격리된 운영체제가 있을 수 있다. 내 주 하드 드라이브가 암호화돼 있기에, 데이터는 거기서 혹은 거기로 복사할 수 없다. USB 드라이브로 부팅될 때 어떤 방향으로든 감염 위험이 없다. 내 조사의 끝에서 이 드라이브는 발견 동안 요청받은 경우 고객에게 제공할 수 있다. 다음 고객이 접근하면, 그 사건을 위해서만 새 드라이브를 생성할 수 있다.

테스트 드라이브: OSINT 기법을 조사할 때 나는 인터넷에서 여러 신뢰할 수 없는 위치로 이동하는 경향이 있다. 이 의심스러운 웹사이트는 종종 바이러스, 악의적 소프트웨어가 있으며, 사적인 데이터에 접근한다. 내 USB 드라이브로 부팅하면, 걱정 없다. 절대 어떤 정보도 웹사이트에 공급하기 위해 사용하지 않는다. 나를 전혀 모르며, 어떤 개인 데이터도 저장하지 않는다. 또한 모르는 출처의 어떤 소프트웨어

를 테스트할 때도 이 드라이브를 사용한다. 윈도우 애플리케이션에 접근, 설치해야 할 경우, 윈도우 버추얼 머신을 설치한다.

민감한 드라이브: 마지막 드라이브는 이전과 정반대다. 내가 민감한 상황을 위해서만 사용하는 맥 OS X 운영체제다. 금융 웹사이트에 접근하거나 마스터 비밀번호를 변경하고자 하는 경우에는 이 드라이브만 사용한다. 결코 어떤 의심스러운 웹사이트로도 이동하지 않으며, 시스템이 어떤 악의적인 소프트웨어도 없다고 믿는다. 민감한 주제를 암호화된 채널로 소통해야 할 때는 이 드라이브만 사용한다.

윈도우 사용자는 이 전략이 자신에게도 사용 가능한지 의문이 들 수 있다. 짧게 대답하면 맞지만, 윈도우 엔터프라이즈 버전을 사용 중인 드문 상황만이다. 이 방법의 윈도우 변형인 Windows to Go라는 것은 완전히 불안정했다. 윈도우의 부팅 가능한 USB 버전을 산출할 수는 있었지만, 컴퓨터 대부분에서 부팅에 실패했다. 애플 제품의 이 기능은 윈도우에서 전환을 고려할 때 또 다른 이유일 수 있다.

윈도우 10 고려사항

일부 윈도우 10 사용자는 리눅스 USB 드라이브로 부팅하기가 아주 어렵다 보고 했다. 일부 기기는 안전 모드 부팅 설정을 비활성화해야 한다. 일부에게 상태 없는 USB 드라이브를 사용하는 기능을 활성화하는 듯하지만, 여전히 이 방법으로도 부팅을 거부하는 기기도 있다. Rufus로 "MBR … for BIOS or UEFI Computers" 옵션으로 ISO 파일을 로딩하면 가장 성공율이 높다. 다음 안내는 마이크로소프트의 안전 모드 부팅 옵션을 비활성화하는데, 윈도우 10에서 상태 없는 USB 드라이브의 성공율을 높일 수도 있다.

- 윈도우 10에서 **설정 > 업데이트 및 보안 > 복구 > 고급 시작 설정**에서 "지금 재시작"을 클릭
- 재부팅 후 **문제 해결 > 고급 옵션 > 추가 복구 옵션 > 안전 모드 비활성화**를 선택
- BIOS를 다시 활성화해 리부팅

요약

이제 USB 드라이브에 부팅 가능한 운영체제를 생성하는 기법을 이해했으니, 제발 어떻게 디플로이할지 고려하기 바란다. 나는 이 드라이브 중 여럿을 항상 보유한다. 내 조사용 배낭은 보통 다음 변형이 있다.

- 맥북 프로 노트북

- 전에 언급한 대로 OS X가 설치된 64GB USB 3.0 드라이브 3개

- 리눅스 민트(상태 없음)가 있는 16GB USB 드라이브. 변형하지 않은 표준 리눅스 민트 버전이다. 나는 이 드라이브를 노트북 외에 또 다른 컴퓨터를 사용할 때 어떤 민감한 것에도 사용한다. 종종 컴퓨터를 휴대하지 못하는 영역에 있다. 이 드라이브로 나는 어떤 식으로든 위협받을 걱정 없이 제공받은 컴퓨터를 사용할 수 있다.

- 커스텀 리눅스 민트 USB 드라이브(상태 없음)가 있는 16GB USB 드라이브. 이 기기는 내 조사용 드라이브며 수많은 애드온이 있는 파이어폭스의 커스텀 버전이 있다. 모바일 앱을 테스트하고 그 안에 데이터를 활용할 수 있는 안드로이드 에뮬레이터가 있다. 리부팅 후 내 활동은 전혀 저장되지 않으며, 깨끗한 상태로 돌아갈 수 있다.

## 18장

라디오 주파수 모니터링

라디오 주파수 모니터링은 공개된 기법으로 간주된다. 인터넷이 필요없으며, 획득한 정보는 꽤 가치가 있을 수 있다. 과거에 이 정보 수집 방법은 비상용 수신기, 콘솔 라디오 등 비싼 하드웨어로 수행했다. 오늘날은 몇 달러와 컴퓨터로 이 무료 정보 활용에 필요한 장비를 모두 제공할 수 있다.

☑ 하드웨어

주파수를 모니터링하기 위한 하드웨어 요건에 관해 취할 수 있는 경로가 둘 있다. 경찰용 스캐너, 데스크톱 수신기 등 전용 기기는 설정이 더 쉽다. SDR^{Software Defined Radio}은 더 복잡하며, 컴퓨터를 요한다. 하지만 SDR의 모니터링 가능성은 더 크다. 전반적으로 나는 초심자의 경우, 휴대용 경찰용 스캐너로 시작하도록 권장한다.

경찰용 스캐너

경찰용 스캐너로 불리는 이 저렴한 기기는 사실 비상용 라디오 트래픽 이상을 모니터링할 수 있다. 사실상 어떤 현대적인 유닛도 이 장에서 논한 주파수를 수신할 수 있다. "중계" 주파수를 허용하는 더 값비싼 유닛은 정부 기관의 커뮤니케이션 모니터링에 유용하지만, 많은 라디오 스펙트럼에는 필요하지 않다. 이 장에서 논한 방법 모두에 사용하는 내 개인용 스캐너는 Radio Shack PRO-2055다. 이 글을 쓰는 시기에 중고 기기는 크레이그즈리스트에서 50달러 이하로 구할 수 있다. 이런 스캐너는 수동으로든 컴퓨터 소프트웨어로든 프로그래밍할 수 있는 혜택이 있다. 스캐너의 프로그래밍 안내는 기기마다 다양하기에, 여기서 설명하지는 않는다. 기기의 안내 매뉴얼은 적절한 안내를 제공한다.

SDR(Software Defined Radio)

일부 라디오 수신기는 작동에 컴퓨터를 필요로 한다. 이 고급 시스템은 전형적인 하드웨어 스캐너에서 사용 가능하지 않은 여러 기능을 제공한다. 이 시스템은 주파수를 수신한 후, 데이터를 컴퓨터로 넘길 때 필요한 기본 하드웨어가 있다. 컴퓨터의 특수한 소프트웨어는 하드웨어를 제어하며, 고급 모니터링을 허용한다. 숫자, 알파벳으로 이뤄진 페이저 해독, 기상 위성의 디지털 위성 이미지 수신, 항공기, 배의 비콘 확인, 아마추어 라디오 신호, 모르스 부호 해독 등이다. 이런 기기의 설명은 이 책의 범위를 벗어난다. 관심 있다면, 나는 인터넷에서 주제를 조사하도록 권장한다. RTL2832U 기반 USB 리시버 등 초보용 기기는 30달러에 구매할 수 있다. 더 하이엔드인 기기는 수천 달러로 판매될 수 있다. 기술적으로 숙련된 사람에게만 추천한다.

안테나

적절한 안테나 생성, 정렬, 배치의 이론, 제안에만 집중하는 여러 책이 있다. 여기서 논한 기법은 그런 세련된 수준은 요하지 않는다. 경찰용 스캐너에 공급된 안테나도 잘 작동한다. 분명히 더 나은 안테나로 더 먼 거리의 신호를 수신할 수 있다. 여기서 설명한 기법이 조사에 성공적이면, 나는 더 나은 안테나를 더 조사하도록 고려한다.

주파수

사용 수신기 대부분은 25MHz에서 1,300MHz 사이의 라디오 주파수를 모니터링한다. 보통 여기서 설명한 기법에 영향을 주지 않는 커버리지 간극이 있다. 이 장에서 설명한 기법은 모든 모델에서 사용 가능한 공공 주파수를 모니터링한다. 이 장에서 열거한 주파수는 모두 메가헤르츠^{MHz}로 표시한다.

FRS(가정용 라디오 서비스)

지역 백화점에 가서 양방향 가정용 라디오 한 쌍을 구매하면, 스캐너로 모니터링할 수 있는 공공 라디오 주파수로 전송한다. FRS(가정용 라디오 서비스)는 1996년 이래 라이선스 없이 사용 인가를 받은 라디오 시스템이다. 특정 주파수 14개로 작동하는 FRS 채널 14개를 사용할 수 있다. 다음 표는 이 주파수를 확인한다.

Channel 01 - 462.5625	Channel 06 - 462.6875	Channel 11 - 467.6375
Channel 02 - 462.5875	Channel 07 - 462.7125	Channel 12 - 467.6625
Channel 03 - 462.6125	Channel 08 - 467.5625	Channel 13 - 467.6875
Channel 04 - 462.6375	Channel 09 - 467.5875	Channel 14 - 467.7125
Channel 05 - 462.6625	Channel 10 - 467.6125	

이 라디오 주파수의 가장 흔한 용도는 휴가, 큰 행사에 간 가족용이다. 부모는 아이와 연락할 수 있다. 범죄자도 용도를 발견했다. 종종 "스파터"라고 불리는 대상은 경찰이 특정 지역에 접근할 때 마약상에게 알린다. 게다가 도박장, 매음굴 등 불법 사업체는 값싸고 "익명으로" 소통한다. 사용자가 개인 신원 확인에 개인 정보 보호를 사용할 수도 있지만, 전송은 완전 공개다. 전송이 여러 마일을 여행할 수 있기에, 오디오는 안전하게 감지되지 않고, 간섭할 수 있다. 알려진 범죄 지역에서 이 주파수를 프로그래밍해 모니터링하면 조사에 가다듬지 않은 정보를 제공할 수 있다. 고려할 주파수는 이뿐만이 아니다.

MURS(다용도 라디오 서비스)

MURS(다용도 라디오 서비스)는 2000년에 확립된 라이선스 없는 양방향 라디오 서비스다. 라디오는 괜찮은 안테나를 사용하면 10마일 범위가 가능하다. 다음 표는 MURS 주파수를 확인한다.

151.820	151.940	154.600
151.880	154.570	

GMRS(범용 모바일 라디오 서비스)

GMRS(범용 모바일 라디오 서비스)로 알려진 추가 공공 주파수는 합법적으로 라디오를 전송하려면 라이선스가 필요하다. 대부분은 이 요건을 무시하고 거의 행정 집행도 없다. 이 주파수로 전송하는 라디오는 50와트까지 사용할 수 있어서 신호의 더 먼 여행을 허용한다. 모든 MURS, GMRS 주파수는 FRS 주파수와 같은 방식으로 프로그래밍, 모니터링해야 한다. 다음 표는 GMRS 주파수를 확인한다.

Channel 01 - 462.550	Channel 07 - 462.700	Channel 13 - 467.650
Channel 02 - 462.575	Channel 08 - 462.725	Channel 14 - 467.675
Channel 03 - 462.600	Channel 09 - 467.550	Channel 15 - 467.700
Channel 04 - 462.625	Channel 10 - 467.575	Channel 16 - 467.725
Channel 05 - 462.650	Channel 11 - 467.600	
Channel 06 - 462.675	Channel 12 - 467.625	

FRS, GMRS, MURS 주파수 모니터링은 여러 조사에 중요하다. 다음은 이 방법을 활용하는 몇 가지 시나리오다.

- 경찰관이 도시 지역의 마약 거래 등 범죄 활동의 일부로 양방향 라디오를 사용하는 범죄자를 모니터링할 수 있다.
- 보안 요원이 긴급 지원이 필요한 가정을 모니터링할 수 있다.
- 요원이 시위에서 폭력 활동을 계획하는 집단을 모니터링할 수 있다.
- 조사관은 조사 중인 업체를 모니터링할 수 있다.

☑ CB(시티즌 밴드)

여러 사람이 CB(시티즌 밴드) 라디오라고 하면, 트럭 운전수를 떠올린다. 종종 적절하지만, 트럭 운전사만 그 주파수로 전송하지는 않는다. CB가 저전력이기에, 수신기는 전송자로부터 몇 마일 내에 있어야 한다. 이 대역에서 채널 40개를 활용할 수있다. 이 채널의 커뮤니케이션은 교통 이슈, 주요 사건의 목격, 부주의한 운전자 보고, 간헐적인 훈계 등일 수 있다. 여러 주의 순찰 차량은 송수신용으로 CB 라디오가 있다. 다음 표는 주파수, 채널을 확인한다.

Channel 01 – 26.965	Channel 15 – 27.135	Channel 29 – 27.295
Channel 02 – 26.975	Channel 16 – 27.155	Channel 30 – 27.305
Channel 03 – 26.985	Channel 17 – 27.165	Channel 31 – 27.315
Channel 04 – 27.005	Channel 18 – 27.175	Channel 32 – 27.325
Channel 05 – 27.015	Channel 19 – 27.185	Channel 33 – 27.335
Channel 06 – 27.025	Channel 20 – 27.205	Channel 34 – 27.345
Channel 07 – 27.035	Channel 21 – 27.215	Channel 35 – 27.355
Channel 08 – 27.055	Channel 22 – 27.225	Channel 36 – 27.365
Channel 09 – 27.655	Channel 23 – 27.255	Channel 37 – 27.375
Channel 10 – 27.755	Channel 24 – 27.235	Channel 38 – 27.385
Channel 11 – 27.085	Channel 25 – 27.245	Channel 39 – 27.395
Channel 12 – 27.105	Channel 26 – 27.265	Channel 40 – 27.405
Channel 13 – 27.115	Channel 27 – 27.275	
Channel 14 – 27.125	Channel 28 – 27.285	

실제 적용: 아칸소의 두 트럭 운전사는 CB 라디오로 서로 열띤 논쟁에 참여했다. 논쟁은 여러 부상을 낳은 물리적 충돌로 바뀌었다. 대응하는 경찰은 두 다른 트럭 운전사가 용의자를 추격하는 동안 CB 주파수를 모니터링하고 있었다. 이 커뮤니케이션은 경찰이 용의자를 확인, 구속하는 데 도움을 줬다.

☑ 해상 채널

해상용 주파수는 다른 집단과 같은 방식이 아니다. 일부 채널은 건너뛰고, 일부는 끝에 글자 "A"로 수정된다. 채널마다 라디오 트래픽 유형에 대해 해상 운행에서 일반적인 이해가 있지만, 이 지칭의 행정 집행은 없다. 예를 들어 여러 채널은 상용 트래픽으로만 유지되지만, 일부는 이 규칙을 무시한다. 여러 사람은 이 라디오 트래픽을 무시한다. 수로 근처에 살지 않기 때문이다. 일부 범죄 집단은 휴대용 "워키토키" 스타일 해상 라디오를 수상 아닌 지역에서 구매해 진짜 배가 트래픽을 들을 염려 없이 커뮤니케이션한다. 나는 다른 시민용 주파수와 마찬가지로 스캐너에 모든 주파수를 프로그래밍하도록 권장한다.

실제 적용: 사법 집행 당국을 대규모 시위 동안 돕는 동안 의심스러운 트래픽을 찾아 해상 주파수를 모니터링했다. 큰 수상 지역, 여러 마리나 근처에 있었기에, 살펴볼 정보가 있다 가정했다. 나는 즉시 소규모 집단이 휴대용 해상 라디오로 소통하는 것을 확인했다. 그것으로 육로, 해로로 도착하던 대규모 집단과 만나는 장소를 조정하고 있었다. 이 간섭한 트래픽은 위협을 제기하지 않았지만, 정보는 모두를 안전하게 유지하는 미션에 유익했다.

01A	156.050	20A	157.000	72	156.625
05A	156.250	21A	157.050	73	156.675
06	156.300	22A	157.100	74	156.725
07A	156.350	23A	157.150	77	156.875
08	156.400	24	161.800	78A	156.925
09	156.450	25	161.850	79A	156.975
10	156.500	26	161.900	80A	157.025
11	156.550	27	161.950	81A	157.075
12	156.600	28	162.000	82A	157.175
13	156.650	63A	156.175	84	161.825
4	156.700	65A	156.275	85	161.875
15	156.750	66A	156.325	86	161.925
16	156.800	67	156.375	87	157.375

17	156.850	68	156.425	88A	157.425
18A	156.900	69	156.475	AIS 1	161.975
19A	156.950	70	156.525	AIS 2	162.025
20	161.600	71	156.575		

☑ 룸 모니터

개인용 기기가 사용하며, 연방 통신 위원회(FCC)가 할당한 여러 주파수 범위가 있다. 종종 "베이비 모니터"로 사용하는 단방향 모니터링 기기에 할당된 주파수 그룹 등이다. 이 기기는 쌍으로 나온다. 한 유닛은 아기방 등 방 안에 배치해 모니터링하는 송신기다. 둘째 유닛은 다른 유닛으로부터 오디오를 브로드캐스트할 1,000피트 거리까지 가능한 수신기다. 종종 두세 가지 채널을 전환하는 각 유닛의 스위치가 있다. 그렇게 이 모든 기기는 같은 주파수를 사용한다. 이웃 기기에서 간섭을 받으면, 채널을 전환할 수 있다. 이 유닛에 할당된 채널은 세 범위다. 49MHz 모델은 예전 무선 전화와 유사한 주파수로 작동하는 더 오래된 값싼 유닛이다. 다음 주파수는 이 단위에 할당된다.

49.300   49.830   49.845   49.860   49.875   49.890

900MHz 모델은 더 인기 있고, 오디오가 있는 무선 비디오 카메라에도 사용된다. 소비자용 무선 감시 카메라가 있는 집은 이 대역에서 작동한다. 종종 이 기기는 집 TV에 연결된 기지국으로 오디오, 비디오를 전송한다. 나는 이 중 상당수를 수색 영장 집행 동안 봤다. 어떤 좋은 전술 작전 계획도 이 주파수 범위를 수색 영장 집행 전에 제거해야 한다고 믿는다. 문에서 사법 집행의 사전 고지를 제공할 때 사용하는 무선 시스템의 존재를 확인할 수 있다. 공무원 안전에 엄청난 우려일 수 있다. 여기서 열거하기에 이 기기에서 활용 가능한 주파수는 너무나 많다. 그 대신 나는 다음 두 범위를 스캔하도록 권장한다. 이 범위에서 무선 전화와 마주칠 수 있음을 명심해야 한다. 그러면 어떤 법률 위반도 피하기 위해 주파수를 차단해야 한다.

902.000 MHz - 908.000 MHz   923.000 MHz - 928.000 MHz

2.4GHz 모델은 종종 암호화되며, 산발적으로 주파수를 변조한다. 게다가 기본 스캐너 대부분은 이 범위를 모니터링할 수 없다. 값비싼 고도의 전문 기기만 정확히 이 트래픽을 모니터링할 수 있다.

실제 적용: 시카고 교외의 경찰서는 아동 유괴자의 집에 수색 영장을 집행했다. 용의자는 무선 오디오 룸 모니터 수신기가 있는 지하실에서 진입하는 소리를 들었다. 이 사전 경고로 그는 증거를 파괴하고 지하실 유리창으로 도망갈 시간을 벌었다. 표준 주파수 스캐너면 경찰관은 무선 시스템의 존재를 알았을 것이다. 카메라의 근접 분석을 프롬프트했을 수도 있고, 작전 계획에 들어갈 수도 있었다.

☑ 무선 마이크

무선 마이크, 혹은 "선 없는" 마이크는 라디오 주파수 스펙트럼 전반에 걸쳐 송신을 발견할 수 있다. 대부분 42MHz, 70-74MHz, 170-220MHz, 580-800MHz 범위에 든다. 여러 현대적인 전문 무선 마이크 시스템은 주파수에 기민하며 다양한 주파수를 튜닝할 수 있다. 무선 마이크의 전력 수준은 잠재적 간섭을 줄이려, 보통 아주 낮다. 깨끗한 수신은 근접, 방향성 안테나 사용을 요한다. 다음 주파수는 기존 무선 마이크 시스템 대부분에서 나온 오디오를 수신한다. 무선 전송을 수신하리라 기대하는데, 이 중 어떤 주파수도 활성이 아니면, "Nearby Frequencies"로 검색해야 한다.

169.445	73.3000	178.2000	187.6000	199.6000
169.505	73.6000	178.6000	188.4000	200.4000
170.245	75.1000	179.2000	190.2000	202.2000
170.305	75.5000	180.8000	192.8000	202.6500
171.045	75.7000	181.2500	193.2000	204.8000
171.105	75.9000	181.6000	193.6000	205.6000
171.845	82.5000	182.4000	194.4000	206.3500
171.905	82.8000	183.2000	195.2000	206.4000
72.1000	83.8000	183.4000	195.4000	208.2000

72.3000	86.8000	184.2000	195.8000	208.6500
72.5000	174.8000	184.6000	196.2000	210.8000
72.7000	175.2500	184.8000	196.6000	211.6000
72.9000	175.6000	185.2000	197.4000	212.4000
73.1000	176.4000	186.8000	198.7500	

실제 적용: 컴퓨터 보안 컨퍼런스에 참석하는 동안 기업 네트워크에서 사용 중인 새 악용에 관해 예정에 없던 발표를 선택된 참석자에게 제공했다. 나는 초대를 받지 못했기에, 입장이 허용되지 않았다. 헤드폰을 휴대용 스캐너에 연결해 문단힌 세션 밖 복도에 앉아 무선 마이크로 흔한 범위를 스캔했다. 몇 분 내에 연사의 옷깃에 다는 무선 마이크가 사용하는 주파수를 발견했고, 전체 발표를 들을 수 있었다. 분리된 마이크 피드가 있었기에, 실제 청중 대부분보다 더 명료히 연사의 말을 들을 수 있었다.

호텔과 컨벤션 센터

호텔 대부분은 일상 운영의 일부로 양방향 라디오 시스템을 사용한다. 주요 도시의 큰 호텔 중 상당수는 채널 그룹을 사용하며, 유지보수, 하우스키핑, 보안, 발레용 트래픽을 분리한다. 이 트래픽은 타기팅된 조사 동안 가치 있는 정보를 확인할 수 있다. 유명한 대상에 할당된 보안 조치의 세부 사항은 대상이 투숙하는 호텔 주파수를 모니터링할 수 있다. 트래픽은 대상을 논하는 직원을 확인하고, 할당된 방 번호, 대상의 특정 요청 등 취약성을 알릴 수 있다. 차량 정보는 발레 채널에 브로드캐스트될 수 있고, 운영 채널에서 가십을 들을 수도 있다. 이 정보는 악의적으로 사용할 경우 끔찍할 수 있다. 게다가 호텔 보안 채널 트래픽은 보안 세부 사항이 개입하기 전에 타깃의 위협을 확인할 수 있다. 사법 집행 분석가는 폭발, 인질 상황, 폭파 위협, 대량 학살, 무장 강도 등 지역 내에 심각한 사건이 발생하자마자, 특정 호텔 주파수를 모니터링해야 한다. 호텔은 라디오 스펙트럼에서 표준 주파수 셋, 대역을 사용하지 않는다. 모니터링용 주파수 발견은 Radio Reference 덕분에 쉽다.

Radio Reference(radioreference.com)

인터넷에서 현재 정부 기관, 민간 사업체에 할당된 주파수의 가장 완벽한 모음이다. 7장에서 간략히 논했고, 긴급 커뮤니케이션의 온라인 모니터링을 설명했다. 이데이터베이스로 사실상 어떤 활성 주파수도 확인할 수 있다. 기본 검색 방법은 프리미엄 계정 없이 완료할 수 있다. 모든 페이지의 우측 상단 부분에 있는 검색 필드는 업체명 기반으로 주파수 셋을 찾을 수 있다. 게다가 지역으로 브라우징해 특정지역의 업체를 모두 확인할 수 있다. 이 섹션은 두 방법을 모두 설명한다.

Radio Reference에서 "Chicago Palmer House"를 검색하면, 시카고 시내 팔머하우스 힐튼 호텔 주파수를 모두 확인한다. 이 호텔은 종종 고관, 공무원이 사용한다. 그림 18.01은 할당된 콜 사인, 주파수, 주파수에 접근이 허용된 유닛 수 등의결과를 표시한다. 이 주파수 10개에 보안, 하우스키핑, 유지보수, 관리에 할당된 채널이 있다. 이 위치에서 발레는 현재 Nextel 이동통신 서비스를 사용한다. 이 활성채널은 여러 마일 떨어져 기본 스캔 기기로 모니터링할 수 있다.

Entity	Callsign	Frequency	Units
THOR PALMER HOUSE HOTEL DBA/PALMER	WQEB345	451.28750	50
THOR PALMER HOUSE HOTEL DBA/PALMER	WQEB345	451.58750	50
THOR PALMER HOUSE HOTEL DBA/PALMER	WQEB345	456.28750	50
THOR PALMER HOUSE HOTEL DBA/PALMER	WQEB345	456.58750	50
THOR PALMER HOUSE HOTEL DBA/PALMER	WQEB345	461.68750	50
THOR PALMER HOUSE HOTEL DBA/PALMER	WQEB345	461.96250	50
THOR PALMER HOUSE HOTEL DBA/PALMER	WQEB345	462.21250	50
THOR PALMER HOUSE HOTEL DBA/PALMER	WQEB345	466.68750	50
THOR PALMER HOUSE HOTEL DBA/PALMER	WQEB345	466.96250	50
THOR PALMER HOUSE HOTEL DBA/PALMER	WQEB345	467.21250	50

▲ 그림 18.01: Radio Reference 검색 결과

Radio Reference를 브라우징해 관심 주파수를 찾을 수도 있다. 모든 페이지 상단의 "Database" 링크를 클릭하면 인터랙티브한 미국 지도가 나온다. 어떤 주든클릭하면 그 주의 모든 카운티가 나온다. 카운티를 선택하면 그 지역의 정부, 사업체 주파수 옵션이 나온다. 그림 18.02는 US Cellular 필드의 결과를 표시한다. Security, Parking, Maintenance, Operations 등에 할당된 주파수 13개를 확인한

다. 위협, 재난이 그 지역에 발생할 경우 재빨리 이 주파수를 모니터링할 수 있다.

Frequency	License	Type	Tone	Alpha Tag	Description
461.45000	WQAU450	RM	67.0 PL	CWS Security	Security - Main (as of June 2010)
462.05000	WPXR683	RM	732 DPL	CWS Ops F-3	Guest Relations Operations [F-3]
461.20000	WPLI617	RM	67.0 PL	CWS Parking	Parking [F-6]
456.56250		M	051 DPL	CWS 456.5625	Food-Beverage service
463.72500	WPLL482	RM	466 DPL	CWS Maintnce	Maintenance
464.28750		M	67.0 PL	CWS Ticketng	Ticketing
464.51250		M	226 DPL	CWS Food	Food
464.55000		M	047 DPL	CWS Ops46455	Operations
464.67500	WQDD864	RM	223 DPL	CWS Concessn	Sportservice - Concessions
464.81250		M	466 DPL	CWS Food	Food
464.83750		M	051 DPL	CWS Janitor	Janitorial
464.95000	WPLL482	RM	67.0 PL	CWS Ops D	Operations (infrequently used)
464.75000		RM	67.0 PL	CWS Sec old	Security - Main (old)

▲ **그림 18.02**: Radio Reference 검색 결과

☑ 소매업체

월마트 등 대형 상점, 올드 네이비 등 의류점에서 다음에 쇼핑할 때면, 직원에 주의
를 기울여야 한다. 대부분은 주머니, 무선 헤드셋에 휴대용 라디오가 있다. 이렇게
추가 캐셔를 요청하고, 점심 휴식을 알리며, 가격을 검증하고, 직원에게 다른 지역
으로 안내한다. 패스트푸드 음식점에서 드라이브스루로 음식을 주문할 때 아마 양
방향 라디오 기기로 이야기할 것이다.

대형 콘서트에 갈 때 주변 여러 사람이 라디오 시스템으로 소통한다. 음료 주문 받는
서버, 보안, 뮤지션들과 작업하는 백스테이지 요원 등이다. 모두 라디오 주파수 모니
터링으로 활용 가능하다. 사실상 조사 때문에 가는 어디든 이 방법으로 정보를 수집
할 가능성이 생긴다. 지역 내 업체 주파수는 Radio Reference에서 구할 수 있다.

실제 적용: 세인트루이스 교외의 탐정은 지역 패스트푸드 음식점 직원이 업무 중에
코카인을 배급한다는 보고를 조사 중이었다. 회사 내 위장 직원은 결코 어떤 이상
한 활동도 눈치채지 못했다. 드라이브스루 주파수를 모니터링한 후, 메뉴에 없는
음식 아닌 특정 품목의 여러 주문 건을 들었다. 나중에 코케인 1그램의 암호라고
판독했다. 여러번의 구속이 이뤄졌다.

☑ 뉴스 매체

대규모 조사 동안 다양한 출판, 동영상 뉴스 매체는 가끔 경찰보다 먼저 정보를 입수한다. 증인, 숙련된 기자의 부지런한 노력일 수 있다. 보통은 미디어 회사의 재무 자료 때문이다. 이 회사는 재빨리 범죄 현장에 헬리콥터를 보내거나, 희생자의 집에 뉴스용 밴을 보내 동영상을 포착한다. 대부분의 육로 기자는 휴대폰으로 뉴스룸과 소통하지만, 헬리콥터는 라디오 주파수를 사용한다. 이 강력한 전송은 여러 마일 밖에서도 수신할 수 있다. 지역 내 주파수는 Radio Reference에서 찾을 수 있다.

실제 적용: 일리노이의 한 경찰서는 바위 부두 근처에서 마지막으로 목격된 실종자를 조사 중이었다. 뉴스 헬리콥터는 부두 바닥에서 걷는 경찰관을 머리 위에서 촬영하며 비행 중이었다. 파일럿은 희생양 시신을 관찰해 라디오 시스템으로 뉴스 데스크에 전송했다. 휴대용 라디오로 헬리콥터를 모니터링하던 경계 근무 중인 경관은 이 보도를 듣고, 파일럿이 동료에게 설명한 바를 토대로 시신 위치를 판단했다.

응급 커뮤니케이션

마지막으로 명백히 흥미로운 주파수 그룹은 경찰, 소방, EMS 등 응급 인력 그룹이다. 사법 집행관은 기관 주변 주파수를 스캐너에 저장해야 한다. 추적, 주요 사건, 자신의 관할 관련 범죄 등 가치 있는 정보를 제공할 수 있다. 사법 집행관이 아닌 사람도 이 기법으로 정보를 수집할 수 있다. 뉴스 기자는 다음 번 특종을 즉시 파악하기 위해 지역의 모든 응급 채널을 모니터링하고 싶을 것이다.

☑ 근접 주파수

스캐너에 로딩할 특정 타깃 주파수를 찾지 못하면, 다른 옵션 하나가 있다. 현대적인 기기 대부분은 근접 지역에 있는 어떤 주파수의 주요 대역도 모두 재빨리 스캔하는 기능이 있다. Uniden 라디오는 "Close Call" 옵션이라 부르는 반면, 다른 라디오는 "Signal Stalker"라 레이블링한다. 기본적으로 가장 강한 주파수를 스캔하고, 가장 약한 주파수는 무시한다. 찾는 주파수를 확인하는 유일한 방법일 수 있다.

종종 Radio Reference에 리스팅되지 않았거나, 라이선스 없는 지역 내 관심 주파수를 확인한다.

무선 비디오 카메라

DVR(디지털 비디오 레코더)이 있는 감시 시스템은 가정, 회사에 아주 흔하다. 중국산 가전이 넘쳐나면서 누구에게나 저렴해졌다. 과거에 이 솔루션은 DVR에 직접 연결된 카메라를 설치했다. 그래서 벽, 천장에 숨은 전선이 엉켜 있었다. 오늘날 대부분은 900MHz, 1.2GHz, 2.4GHz 스펙트럼에서 실시간 동영상을 브로드캐스트하는 무선 시스템을 선택한다. 소비자용 모델은 신호를 거의 암호화하지 않으며, 어떤 덕용 동영상 수신기도 실시간 스트림을 조회할 수 있다. FCC는 이 기기가 사용하는 무선 채널에 특정 주파수 블록을 할당했다. 이 때문에 새 휴대용 수신기는 이 모든 주파수를 스캔해 작은 화면에 어떤 무선 동영상도 표시하도록 제작됐다. 그 가격대는 400~500달러다. "wireless video scanner"를 구글에서 검색하면 여러 옵션이 나온다. 질 좋은 안테나가 있는 괜찮은 유닛은 전체 거주 블록에서 전송되는 어떤 무선 동영상도 표시한다. 허가 받지 않은 숨은 동영상 기기도 감지할 수 있다.

항상 무선 동영상 신호를 스캔할 때 신중해야 한다. 조회는 완벽히 합법적이지만, 수집한 동영상으로 누군가를 희롱하거나, 겁을 주거나, 스토킹하거나, 강도짓을 하거나, 사기치면 명백히 불법이며, 허용 불가하다. 여러 사람이 이 기술을 남용하다가 구속됐다.

Broadcastify(broadcastify.com)

Broadcastify는 스캐너 팬의 온라인 포털이다. 개인용 라디오, 스캐너에서 모니터링하는 가장 포괄적인 라디오 주파수 데이터베이스가 있다. 포럼은 응급 라디오 트래픽, 하드웨어 리뷰, 아마추어 라디오, 주파수 모니터링 소프트웨어에 관한 대화로 아주 활발하다. 모두 흥미로운 검색 콘텐츠일 수 있지만, 가치 있는 정보는 거의 제공하지 못한다. OSINT 분석의 실제 관심사는 실시간, 아카이브된 오디오다. 실시간 오디오 피드는 무료며, 접근에 계정을 요하지 않는다. 관심 주, 카운티로 이동할 수 있는 지도가 나온다. 인터넷으로 모니터링할 수 있는 공개 스캐너 주파수의 실시간 오디오 피드 전부를 제시한다. 이 실시간 오디오 피드는 주파수 커버리지 지역 내 개별 청취자가 제공한다. 한 사용자는 주파수에 개인용 스캐너를 남기고, 인터넷이 연결된 컴퓨터로 오디오를 브로드캐스트한다. 나라 전역에서 오디오 피드를 찾는다. 대도시, 작은 동네, 지역 카운티 등이다. 어디서든 실시간 이벤트에 관해 즉각적인 정보를 제공할 수 있다. 더 이상 특정 지역에 있어야 그 지역 라디오 트래픽을 수신할 수 있지 않다. 통시적 콘텐츠는 아카이브에서 정보를 획득할 수 있다.

실시간 라디오 피드 대부분은 "Feed Archives" 플레이어 창에 옵션이 있다. 거기서 선택한 여러 날, 선택일의 타임프레임, 지정한 시간부터 라디오 피드를 재생하는 플레이어가 임베딩된 메뉴로 이동한다. 게다가 "다른 이름으로 저장하기" 기능을 선택해 저장 목적으로 커뮤니케이션 사본을 MP3 파일로 다운로드할 수 있다. 관심 이벤트 동안 응급 서비스 라디오 트래픽을 제공한다. 아카이브 기능은 사용자 계정을 요한다.

Web SDR(websdr.org)

이전 기법은 특정 주파수의 공유 라디오 스캐너 셋으로 연결했다. 타깃 주파수를 제어해주는 커뮤니티가 또 있다. Web SDR은 인터넷에 연결된 Software Defined Radio 수신기다. 여러 청취자는 동시에 듣고 튜닝할 수 있다. SDR 기술로 모든 청취자는 독립적으로 튜닝할 수 있기에, 다양한 신호를 청취할 수 있다. 인터넷으로 이미 활용 가능한 여러 고전적인 수신기와 대조된다. 이 페이지는 연결을 기다리는 온라인 수신기 100개 이상으로 안내한다. 목록은 사용 중인 위치, 주파수 범위, 안테나를 확인한다. 페이지 하단 세계지도는 재빨리 타깃 지역의 수신기를 찾는다. 아날로그 신호로 디지털 커뮤니케이션을 모니터링할 수도 있다. 이 톤은 다른 기기로 전송하는 텍스트로 위장할 수 있다. 나는 과거에 활발히 조사하는 지리적 영역에서 해상, 시티즌 밴드, 햄 신호를 모니터링할 때 사용했다.

OSINT 워크플로 프로세스

나는 수많은 OSINT 훈련 프로그램을 지난 몇 년간 수행했다. 청중에 상관없이 모든 이벤트에서 한 질문을 받는다.

"OSINT에 표준적인 프로세스나 워크플로가 있습니까?

내 짧은 대답은 항상 "아니오"다. 항상 조사마다 고유하게 관찰했다. 조사 유형이 내게 가치 있는 정보로 인도할 채널, 경로를 지시했다. 모든 시나리오에서 사용 가능한 컨닝페이퍼는 없었다.

여전히 이런 작업의 템플릿 기반 솔루션은 없다고 믿지만, 이제 어떤 표준은 개발할 수 있다고 인정한다. 이 장은 방향성, 지침으로 유용하며, 가치 있는 워크플로를 만드려는 내 시도를 나타낸다. 이 문서는 검색 중인 정보를 근거로 여섯 가지 관점으로 제시된다. 사례마다 선택한 주제를 조사할 때 고려해야 한다. 카테고리는 이메일 주소, 사용자 이름, 실명, 전화번호, 도메인명이다.

사례마다 이메일 주소 등 선택한 데이터 유형을 제공받을 때 취할 표준 경로를 제시하려 한다. 내 조사는 다음 주제로 넘어가는 목표가 있다. 예를 들어 이메일 주소를 받으면, 사용자 이름, 실명을 찾는 목표가 생긴다. 사용자 이름이 있으면, 소셜 네트워크를 찾고 이메일 주소를 검증하는 목표가 생긴다. 실명이 있으면, 이메일 주소, 사용자 이름, 전화번호를 찾는 목표가 생긴다. 전화번호가 있으면, 이름의 검증, 물리적 주소, 친척의 확인이 목표가 된다. 도메인명이 있으면, 실명과 주소를 찾는 목표가 생긴다. 새 정보를 발견할 때마다 이후에 이 원이 계속된다.

사례마다 사용한 기법만 확인한다. 웹사이트로 이동하기 위한 실제 주소를 표시하지 않는다. 하지만 이 표에서 열거한 방법은 모두 이 책 전반에 걸쳐 설명한다. 이 문서에 좋은 정보를 제공하는 채널이 모두 있지는 않다. 기본만 표시한다. 검색할 타깃을 받을 때 취할 명백한 단계로 간주하자. 쿼리 결과는 이 책의 단일 페이지에서 찾을 수 있는 곳 이상으로 인도할 수 있다. 단지 최우선순위일 뿐이다. 다음 페이지는 이메일 주소 워크시트의 발췌가 있다.

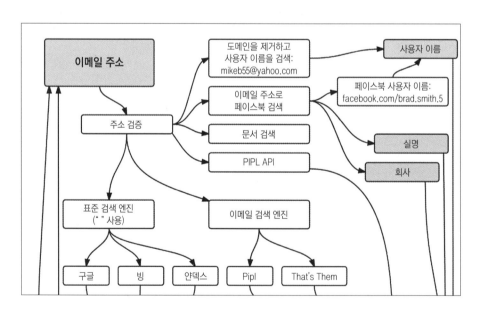

적어서 풀이하면 이메일 주소를 취해 온라인 이메일 검증 도구 둘 다에서 검색한다. 이어서 주소를 인용부호 안에 넣어 주요 검색 엔진에서 검색한다. 그 후 이메일 검색 엔진 둘 다에 걸쳐 검색을 수행한다. 어떤 결과도 이 사례의 보이지 않는 영역으로 보낸다. 나중에 다시 새 콘텐츠로 검색을 시작하러 돌아온다는 점을 알 수 있다. 다음 단계는 주소에서 도메인을 제거하고 사용자 이름 워크시트에서 지시한 대로 사용자 이름만 검색한다. 페이스북 기법으로 이메일 주소를 검색하고, 사용자 이름을 사용자 이름 워크시트로 넘긴다. 타깃의 실명을 실명 워크시트 기법으로 검색한다. 마지막으로 Full Contact, Pipl API로 추가 정보를 확인한다. 이어서 표의 나머지를 계속한다.

다음 정보가 유용하면, 다음 주소의 내 웹사이트에서 디지털 사본을 다운로드해도 좋다.

    inteltechniques.com/data/workflow.zip

배포, 퍼블리싱, 출력할 계획이면 그 안에 내 웹사이트의 참조를 남기도록 요청하겠다.

이 모두가 항상 진행 중인 작업이라 믿는다. OSINT의 나머지가 모두 변하듯이, 이것도 변한다. 나는 웹사이트에서 계속 업데이트하려 한다. 제안이 있다면, 기꺼이 받아 적용하겠다. 더 나은 공식을 만들고 싶다면, 더 창의적이기를 권장한다. 각각 웹사이트 LucidChart.com으로 생성했다. 또한 이 모두를 루시드차트에 공개했으니, 내 출발점을 활용할 수 있다. 다음 링크는 몇 초만에 작업물을 복제할 수 있는 실제 환경으로 연결한다. 계정 등록을 요하지 않는 유사 서비스가 좋다면, MindMup(mindmup.com)을 고려하기 바란다.

Email Address:

    http://www.lucidchart.com/invitations/accept/5282ad5a-b0dc-4442-a4a5-4a440a00dd05

User Name:

http://www.lucidchart.com/invitations/accept/5282ad70-58dc-4546-8758-0a460a00c875

Real Name:

http://www.lucidchart.com/invitations/accept/5282ad8b-c4d0-4db3-98f2-25d00a00c875

Telephone Number:

http://www.lucidchart.com/invitations/accept/5282ad9a-64a4-4435-9073-3ce80a00c875

Domain Name:

http://www.lucidchart.com/invitations/accept/5282acc9-f324-43b2-af40-04c00a00c875

Location:

http://www.lucidchart.com/invitations/accept/9d446294-580e-49ba-a88f-2437cc392b6f

이메일 주소 워크시트로 시작한다. 항상 타깃 정보 중 내가 선호하는 부분이기 때문이다. 이 고유한 데이터는 보통 가장 정확한 결과를 제공한다. 다음 표는 내가 주소로 시작해 타깃의 사용자 이름, 실명, 회사, 소셜 네트워크, 개인용 웹사이트를 향해 진행하는 방법을 안내한다.

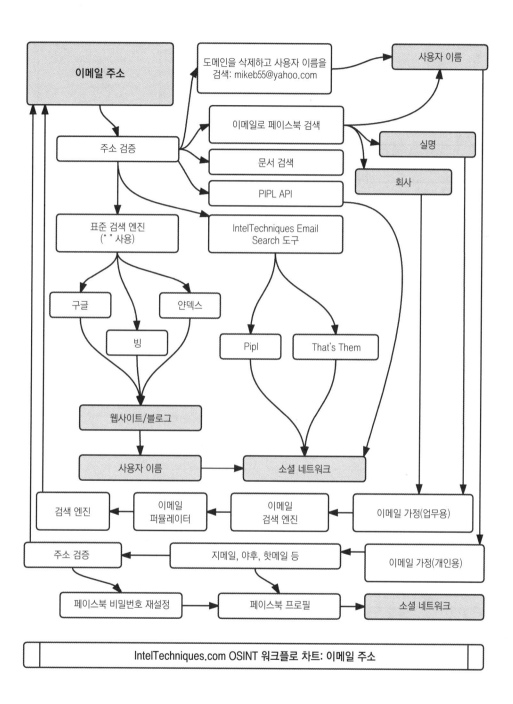

이메일 주소

도메인을 삭제하고 사용자 이름을
검색: mikeb55@yahoo.com

사용자 이름

주소 검증

이메일로 페이스북 검색

실명

문서 검색

회사

PIPL API

표준 검색 엔진
(" " 사용)

IntelTechniques Email
Search 도구

구글

얀덱스

빙

Pipl

That's Them

웹사이트/블로그

사용자 이름

소셜 네트워크

검색 엔진

이메일
퍼뮬레이터

이메일
검색 엔진

이메일 가정(업무용)

주소 검증

지메일, 야후, 핫메일 등

이메일 가정(개인용)

페이스북 비밀번호 재설정

페이스북 프로필

소셜 네트워크

IntelTechniques.com OSINT 워크플로 차트: 이메일 주소

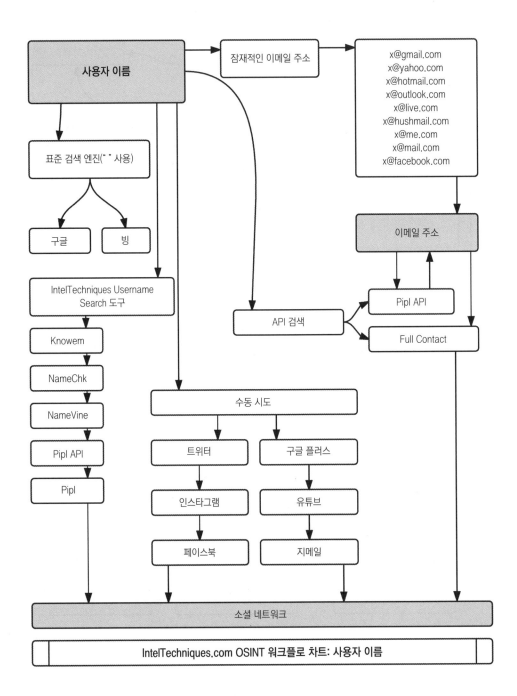

소셜 네트워크

IntelTechniques.com OSINT 워크플로 차트: 사용자 이름

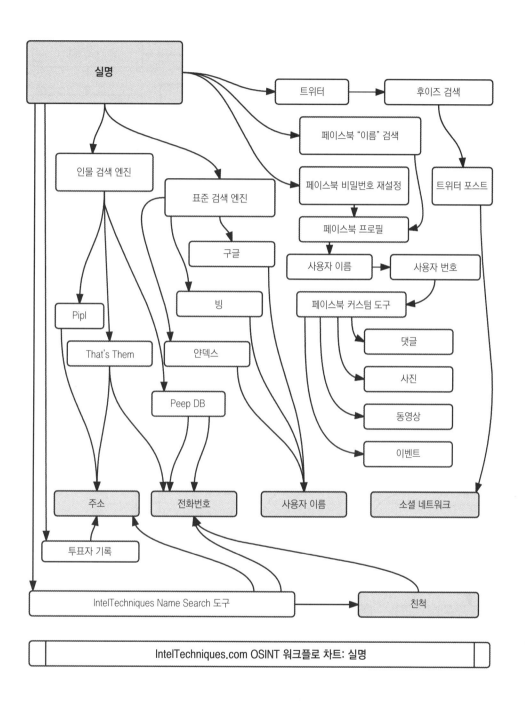

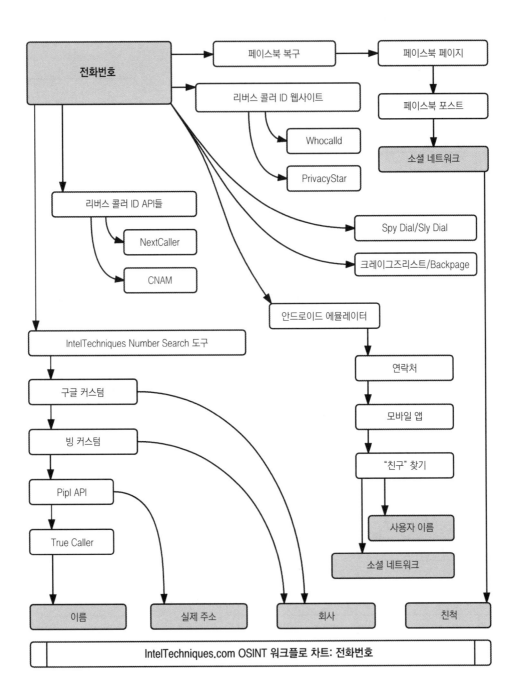

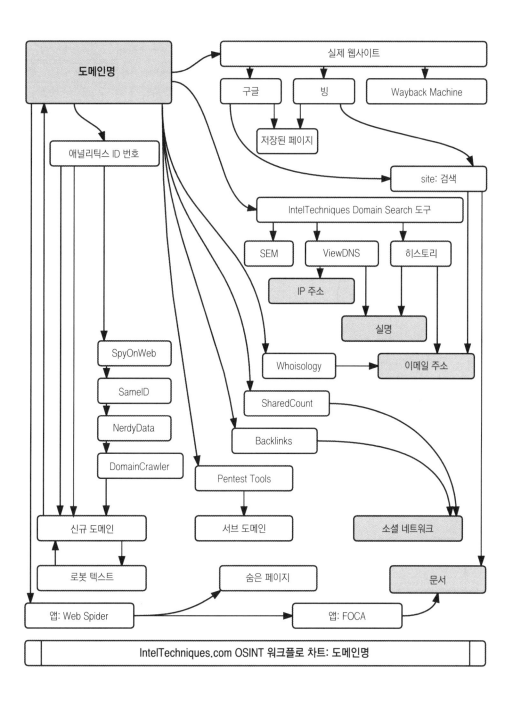

실제 웹사이트

도메인명

구글 빙 Wayback Machine

애널리틱스 ID 번호

저장된 페이지

site: 검색

IntelTechniques Domain Search 도구

SEM ViewDNS 히스토리

IP 주소

실명

SpyOnWeb

Whoisology 이메일 주소

SameID

SharedCount

NerdyData

Backlinks

DomainCrawler

Pentest Tools

소셜 네트워크

신규 도메인

서브 도메인

로봇 텍스트

숨은 페이지

문서

앱: Web Spider 앱: FOCA

IntelTechniques.com OSINT 워크플로 차트: 도메인명

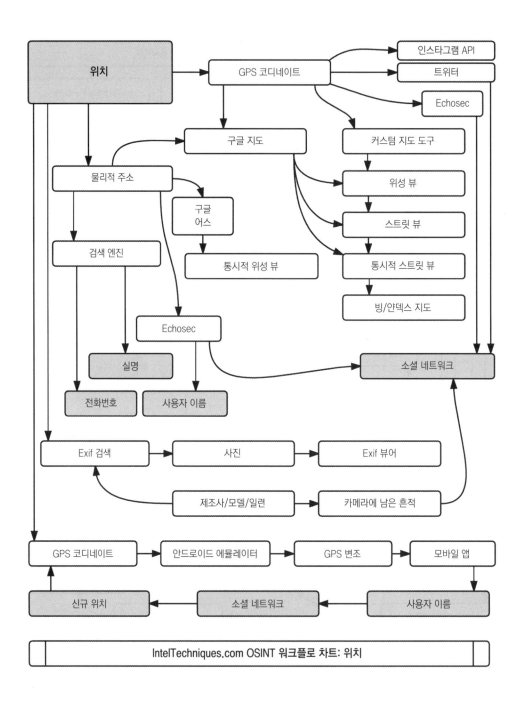

위치

GPS 코디네이트 → 인스타그램 API
GPS 코디네이트 → 트위터
GPS 코디네이트 → Echosec

구글 지도
커스텀 지도 도구 → 위성 뷰 → 스트릿 뷰 → 통시적 스트릿 뷰 → 빙/얀덱스 지도

물리적 주소
구글 어스 → 통시적 위성 뷰

검색 엔진

Echosec

실명

전화번호

사용자 이름

소셜 네트워크

Exif 검색 → 사진 → Exif 뷰어

제조사/모델/일련 → 카메라에 남은 흔적

GPS 코디네이트 → 안드로이드 에뮬레이터 → GPS 변조 → 모바일 앱

신규 위치 ← 소셜 네트워크 ← 사용자 이름

IntelTechniques.com OSINT 워크플로 차트: 위치

계정 익스포트 옵션

다음 유틸리티는 조사하는 동안 아주 유용할 수 있다. 타깃으로부터 협조를 얻어 소셜 네트워크 계정을 조회하도록 동의를 구하는 시나리오를 고려해보자. 여러 타깃은 용의자로서 받는 의심이 사라진다는 희망으로 온라인 활동을 들여다보는 것을 허용한다. 명시적 동의가 있다면, 타깃의 프로필에서 활용 가능한 콘텐츠를 모두 수집하도록 고려한다. 이 시점까지 나는 공개된 공공 인터넷에서 데이터를 어떻게 적절히 수집하는지 설명했다. 개인의 이메일 콘텐츠, 캘린더 항목, 진정한 비공개 사진, 개인적 커뮤니케이션은 포함하지 않는다. 언제라도 타깃의 허가만 구해 자발적인 정보로 계정을 조회하면, 콘텐츠의 아카이빙도 요청해야 한다. 수동으로 하면 아주 어려울 수 있다. 다음 기법은 가장 인기 있는 환경의 가장 쉽고 자동화된 솔루션을 확인한다.

페이스북(facebook.com/help/131112897028467)

페이스북은 데이터를 아카이브하는 특정 페이지를 제공하지 않지만, 기능은 모든 계정의 사용자 설정에 임베딩된다. 타깃으로 로그인하는 동안 어떤 페이스북 페이지든 우측 상단 메뉴를 클릭해 "설정"을 선택한다. 일반 계정 설정 탭 아래의 "페이스북 데이터 사본 다운로드"를 클릭한다. "내 아카이브 시작"을 클릭한다. 페이스북은 타깃의 파일에 있는 주소로 이메일을 보낸다. 그 메시지의 다운로드 링크는 타깃의 페이스북 프로필의 콘텐츠 전체에 대해 압축 파일을 제시한다. 이 방법이 작동하려면 페이스북 외에 타깃의 이메일 계정에서 동의를 구해야 한다.

트위터(support.twitter.com/articles/20170160)

페이스북과 유사하게 트위터로 타깃 사용자로 인증받을 때 전체 계정을 익스포트할 수 있다. 우측 상단 영역의 프로필 아이콘을 클릭한 후 "설정"을 선택한다. 좌측 메뉴에서 하단의 "트위터 데이터"를 선택한다. 페이지 하단으로 스크롤해 "트위터 아카이브"를 클릭한다. "아카이브 요청"이라는 레이블의 버튼을 클릭하면 프로세스가 시작된다. 타깃의 파일에 있는 이메일 주소로 링크가 전송되며, 전체 계정이 있는 압축 파일로 연결된다.

구글 테이크아웃(takeout.google.com/settings/takeout)

타깃에게 구글 계정이 있다면, 여러 다양한 지역에서 활용 가능한 데이터가 풍부하다. 지메일 메시지, 유튜브 채널, 블로그, 캘린더, 연락처 등 여러 다른 데이터를 포함할 수 있다. 타깃으로 로그인하는 동안 위 웹사이트로 이동한다. 디폴트로 모든 옵션을 선택해야 한다. "다음"을 클릭하면 다운로드 페이지로 포워딩된다. 디폴트 설정을 수용한 후 "아카이브 만들기"를 클릭한다. 구글은 사용자 계정에서 가능한 모든 데이터를 패키징해 아주 큰 압축 집 파일로 제시한다. 나중에 조회하기 위해 열거나 저장할 수 있다. 다음 이미지는 구글로 익스포트할 수 있는 콘텐츠를 표시한다.

Product	Details	Select none
Blogger	All blogs	✓
Bookmarks		✓
Calendar	All calendars	✓
Contacts	vCard format	✓
Drive	All files PDF and 3 other formats	✓
Fit	All data types	✓
Google Code Project Hosting		✓
Google Photos	All photo albums	✓
Google Play Books	All books HTML format	✓
Groups		✓

Product	Details	Select none
Hangouts		✓
Keep		✓
Location History	JSON format	✓
Mail	All mail	✓
Maps (your places)		✓
My Maps		✓
Orkut		✓
Tasks		✓
Voice		✓
Wallet		✓
YouTube	All data types OPML (RSS) format	✓

범죄 조사 동안 나는 항상 용의자 계정의 데이터를 조회, 수집하도록 서면 동의를 요청했다. 허용되면 비밀번호를 요청해 데이터 조회 및 수집 프로세스를 시작하겠다고 충고했다. 이어서 아카이브 수집 프로세스를 실행해 인터뷰로 돌아갔다. 이렇게 데이터를 다운로드하면 동의 기반이었고, 타깃은 언제든 동의를 철회할 수 있다. 사실상 모든 인기 서비스로 사용자는 자신의 데이터를 익스포트할 수 있다. 구글에서 제공업체와 "export my data"를 검색하면 튜토리얼이 나온다.

결론

이제는 무엇인가?

제시된 기법이 조사의 새 채널을 찾을 때 관심을 일으켰기 바란다. 인내심, 부지런한 노력과 함께 이 책은 공개 정보 수집의 더 정확하고 효율적인 검색을 수행할 때 유용한 참고 지침이다. 이 기법을 서면으로 영구히 문서화하면 철 지난 콘텐츠를 제공한다. 기술은 빠르게 변하고, 방법도 기술에 맞춰 적응해야 한다. 지금으로부터 10년이 지나면 이 책은 온라인 데이터를 예전에 어떻게 관리했는지에 관한 흥미로운 글이 될 수 있다. 다양한 방법, OSINT 데이터 수집의 변화를 따르기 위해 내 월간 이메일 뉴스레터를 IntelTechniques.com에서 구독하기 바란다. 이 글을 읽는 시점에 조사 중인 바로 그 주제에 관한 새 콘텐츠가 올라올 가능성이 크다. 같은 웹사이트로 현재 내 모든 OSINT 자료에 접근할 수 있다. "Tools" 탭을 찾자. HD 영상 45시간 이상, 고급 자료, 여기서 설명한 모든 API 접근, 사용할 준비가 된 모든 애플리케이션의 소프트웨어 팩이 있는 온라인 OSINT 동영상 훈련 과정도 제공한다.

읽어줘서 고맙다.

특히 Y. 바랄로, T. 스위프트, D.샵의 모든 도움에 감사드린다. 이들 덕분에 나는 실제보다 더 영리해 보인다. 이 책은 그들의 의견과 지침이 없다면 엉망일 것이다. 이 결구에서 줄 수 있는 것 이상으로 더 많은 빛을 졌다.

찾아보기

F

G

H

에이콘출판의 기틀을 마련하신 故 정완재 선생님 (1935-2004)

공개 정보 수집 기법

인터넷에서 구할 수 있는 정보로 인텔리전스 만들기

발 행 | 2017년 7월 10일

지은이 | 마이클 바젤
옮긴이 | 최 윤 석

펴낸이 | 권 성 준
편집장 | 황 영 주
편 집 | 이 지 은
디자인 | 박 주 란

에이콘출판주식회사
서울특별시 양천구 국회대로 287 (목동)
전화 02-2653-7600, 팩스 02-2653-0433
www.acornpub.co.kr / editor@acornpub.co.kr

한국어판 ⓒ 에이콘출판주식회사, 2017, Printed in Korea.
ISBN 979-11-6175-021-7
ISBN 978-89-6077-104-8 (세트)
http://www.acornpub.co.kr/book/Open-Source-Intelligence

이 도서의 국립중앙도서관 출판시도서목록(CIP)은 서지정보유통지원시스템 홈페이지(http://seoji.nl.go.kr)와
국가자료공동목록시스템(http://www.nl.go.kr/kolisnet)에서 이용하실 수 있습니다.(CIP제어번호: CIP2017015560)

책값은 뒤표지에 있습니다.